연세국학총서 **51**

고서해제 5

연세대학교 중앙도서관 소장

# 고 서 해 제

## V

**연세대학교 국학연구원 편**

평민사

# An Annotated Bibliography of Old Books

# in Yonsei University Central Library

# V

본 연구는 2005년도 교육인적자원부 학술연구조성비의 지원에 의한 것임

『經山北征錄』
鄭元容(1783~1873) 著.
手稿本. 10卷10冊：四周雙邊 半郭 23.6×16.4cm,
有界, 10行20字；32.0×20.5cm.
表題：北征錄.

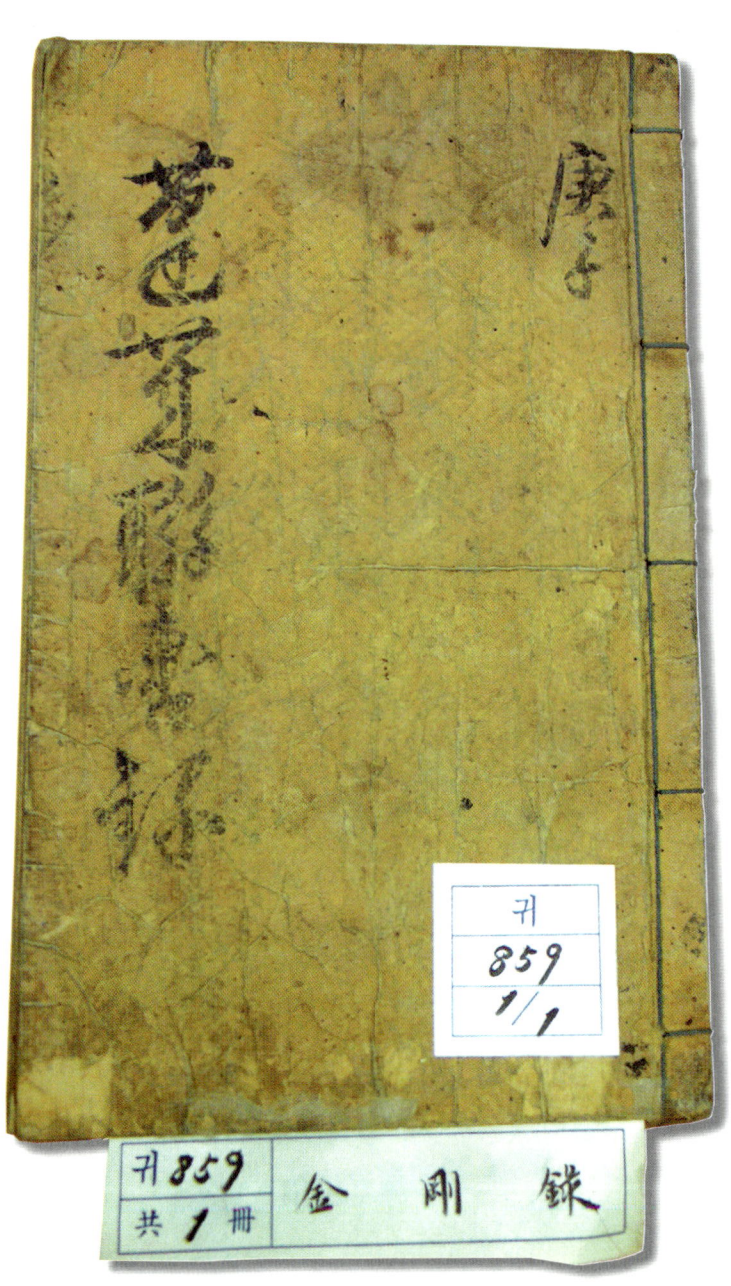

『金剛錄』

柳憲周(1735~?) 著.

寫本. 1冊(87張)：無界, 9行21字內外, 無魚尾；23.0×17.0cm 表題：蓬萊聯轡錄.

印記：柳憲周印, 載吉, 晉山之柳, 憲周載吉, 朝鮮國晉山民柳憲周字載吉, 柳憲周章,

載吉, 月峰崗樵, 英廟乙卯以降辛卯上庠堂壬寅及第口甲乙卯口慶恩口辛卯春,

口名口世婁名國多事上時無事月.

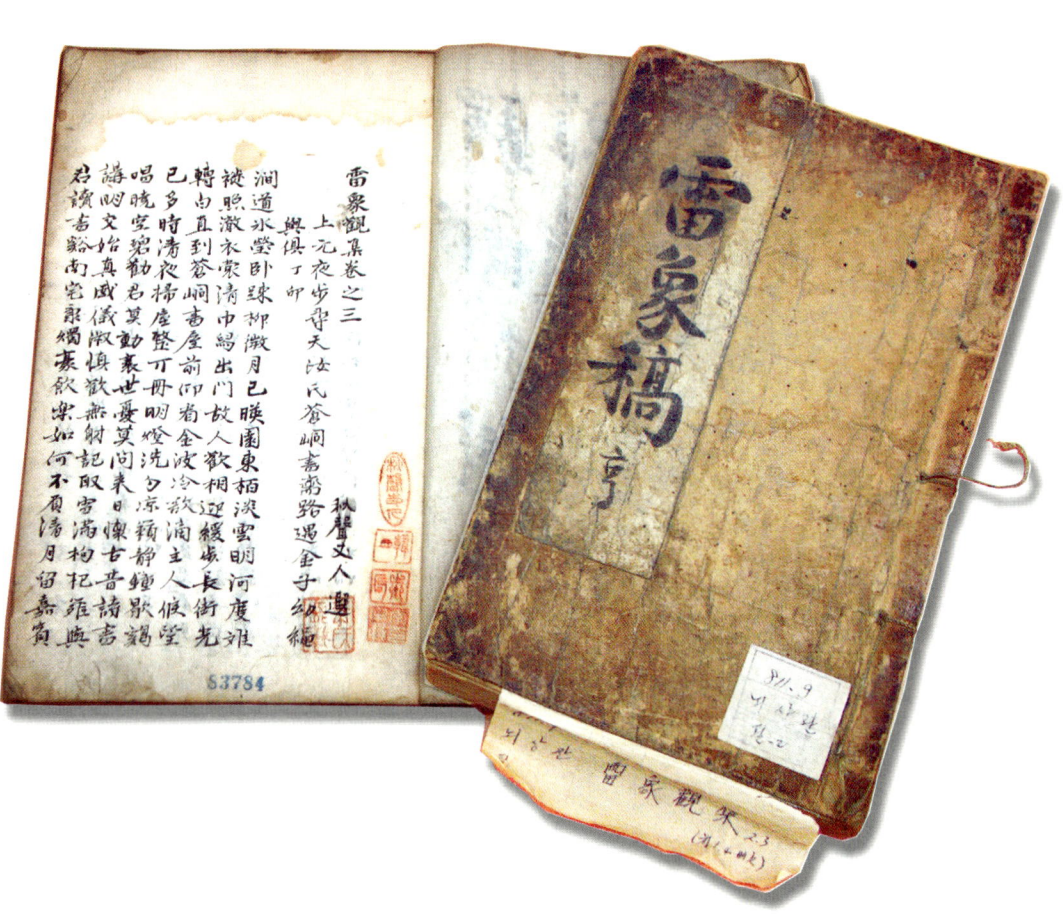

『雷象觀集』

李麟祥(1710~1760) 著.
寫本. 2卷(4卷中 卷1, 4 缺)：無界, 10行20字, 無魚尾；24.0×15.0cm.
表題：雷象稿.

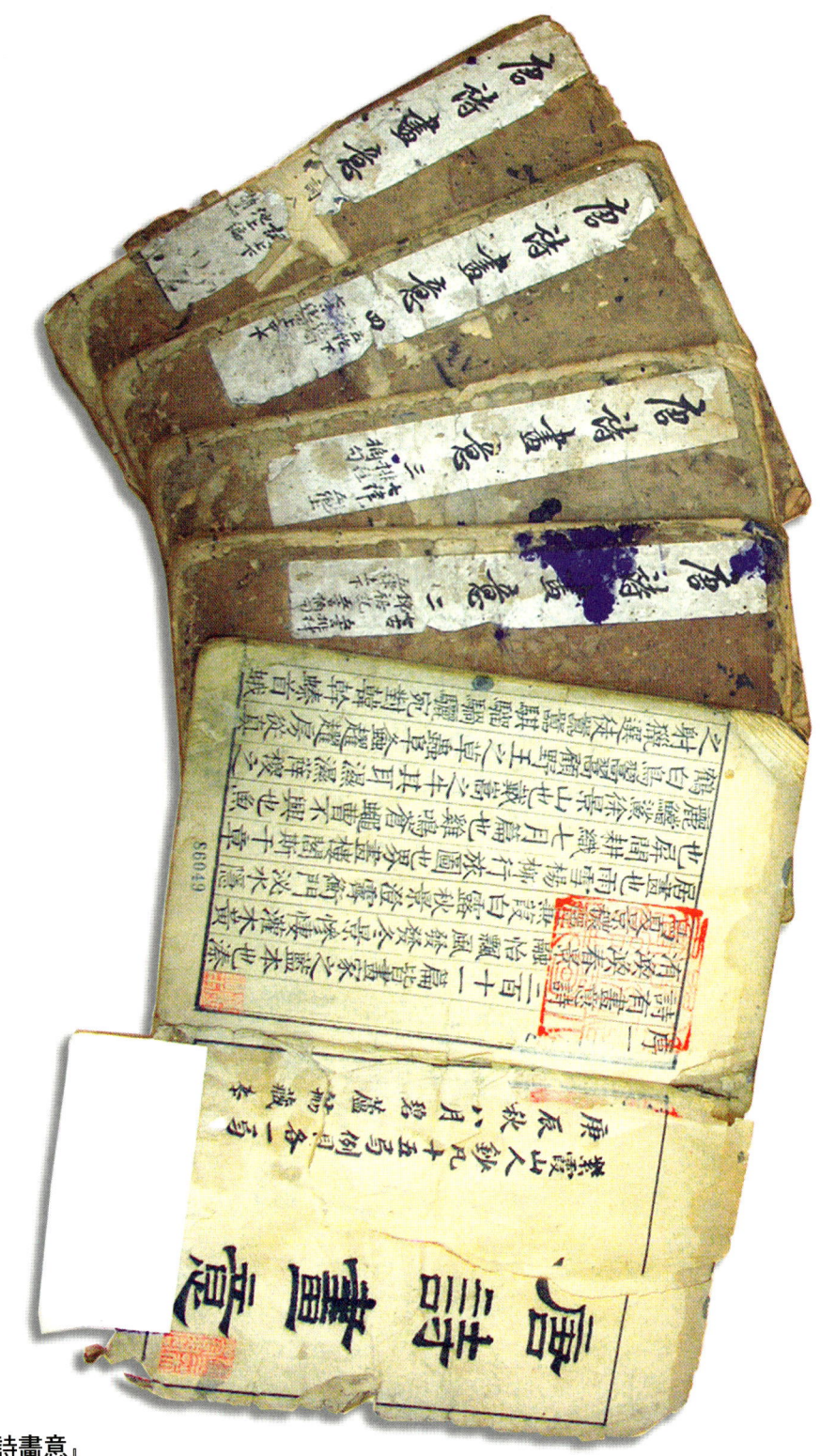

『唐詩畫意』

申緯(1769〜1845) 編.
藁本. 15卷5册: 上下單邊 左右雙邊 半郭 18.0×13.2cm,
烏絲欄, 10行18字, 無魚尾; 23.0×15.5cm.
印記: 漢叟讀中, 徐耕輔印, 任世.

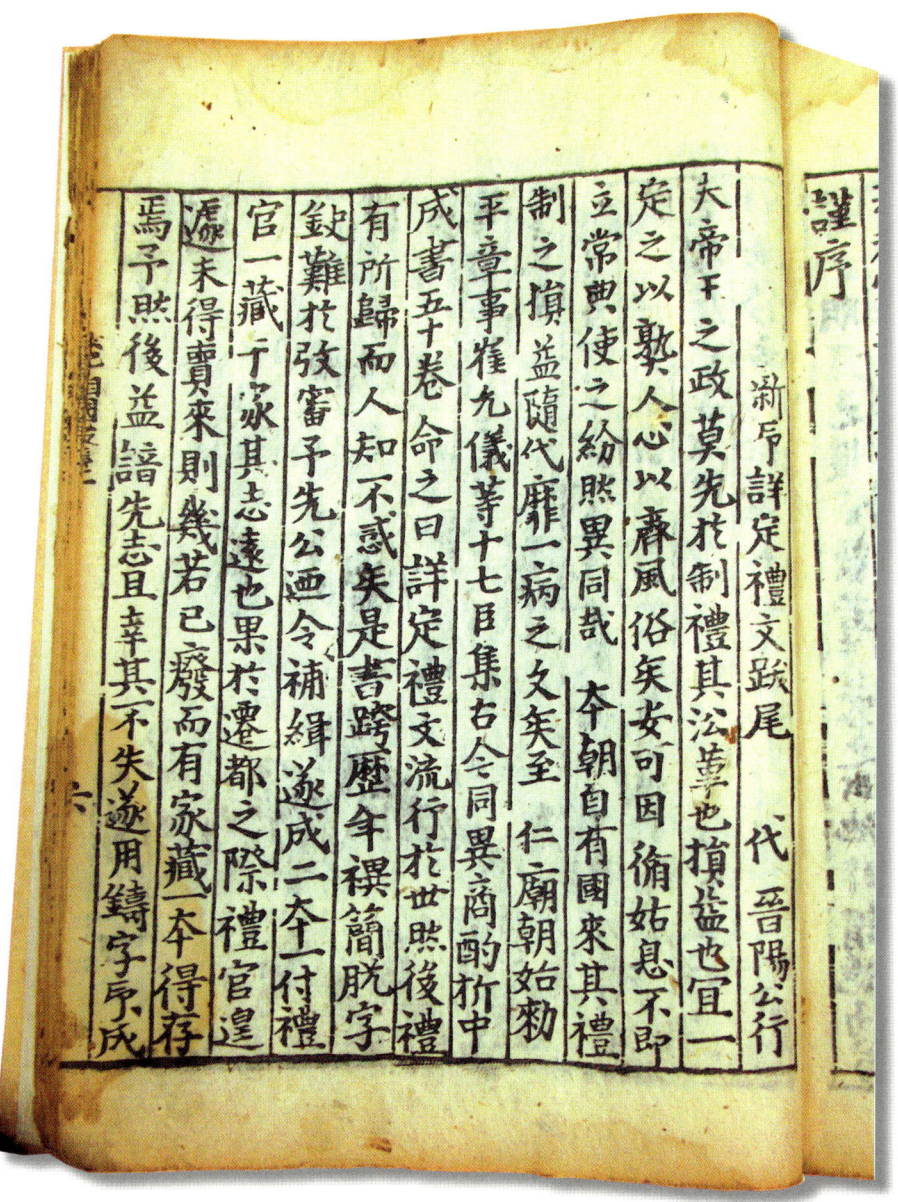

**『東國李相國後集』**

李奎報(1168~1241) 著.
木板本. 12卷2册：四周單邊 半郭 23.9×18.4cm, 有界, 12行18字內外,
無魚尾；32.0×23.0cm.
表題：李相國集.

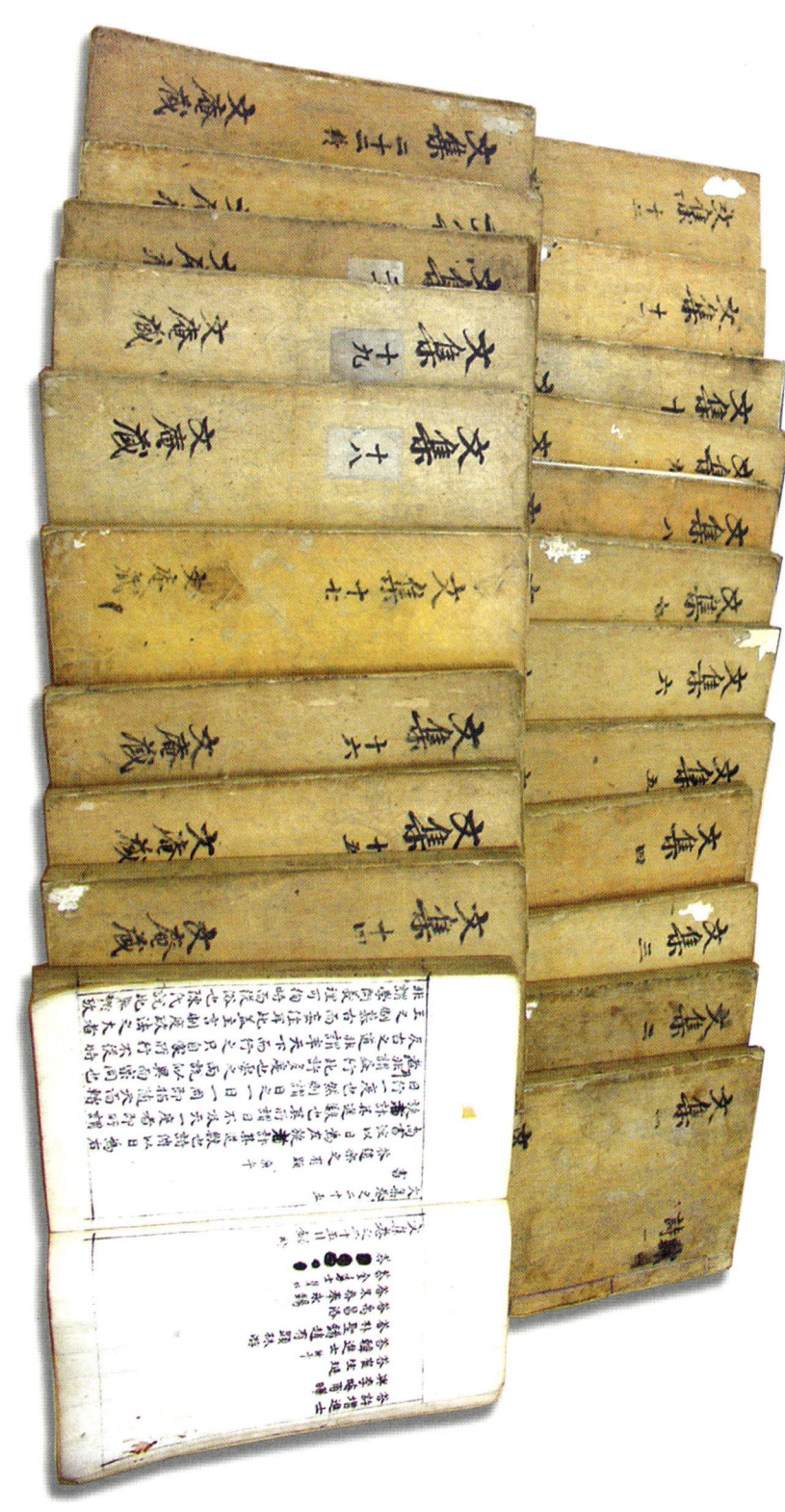

『文庵集』

李宜哲(1702~1778) 著.
寫本. 46卷22册：四周單邊 半郭 20.5×15.5cm, 無界, 10行20字,
無魚尾；29.0×18.5cm.
卷首題·表題：文集.

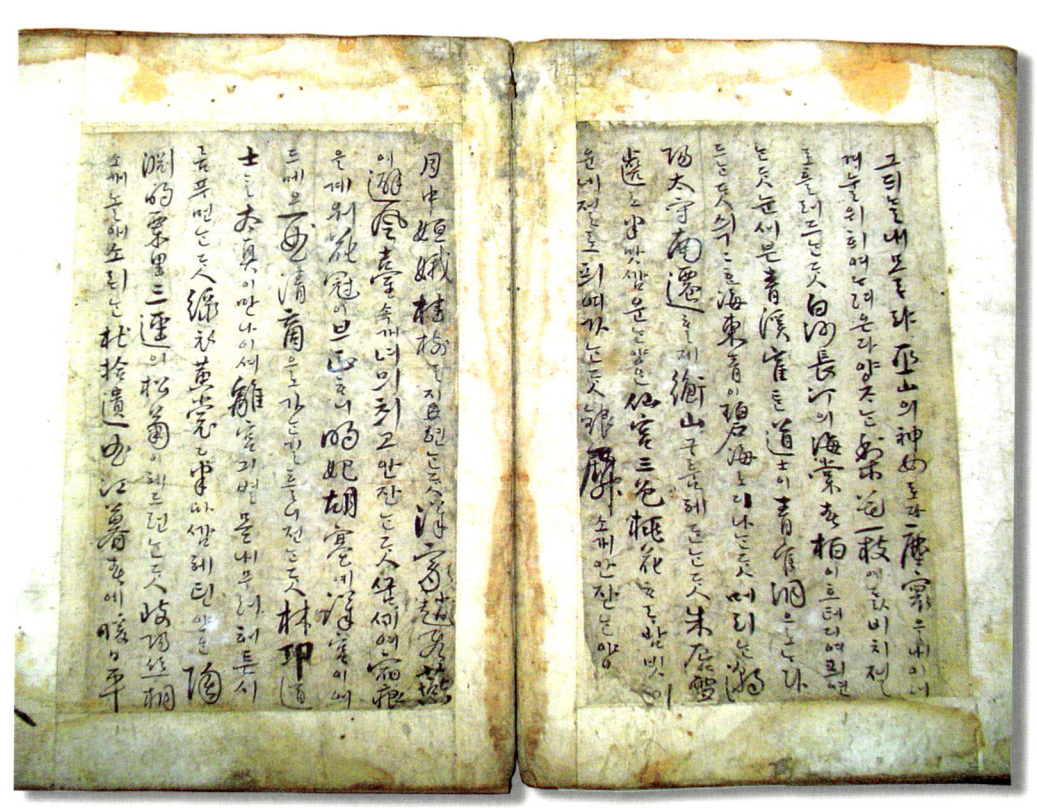

『蓬萊遺歌』

楊士彦(1517～1584) 著.
自筆藁本. 1册：無界, 行字數不定, 無魚尾；36.0×27.0cm.

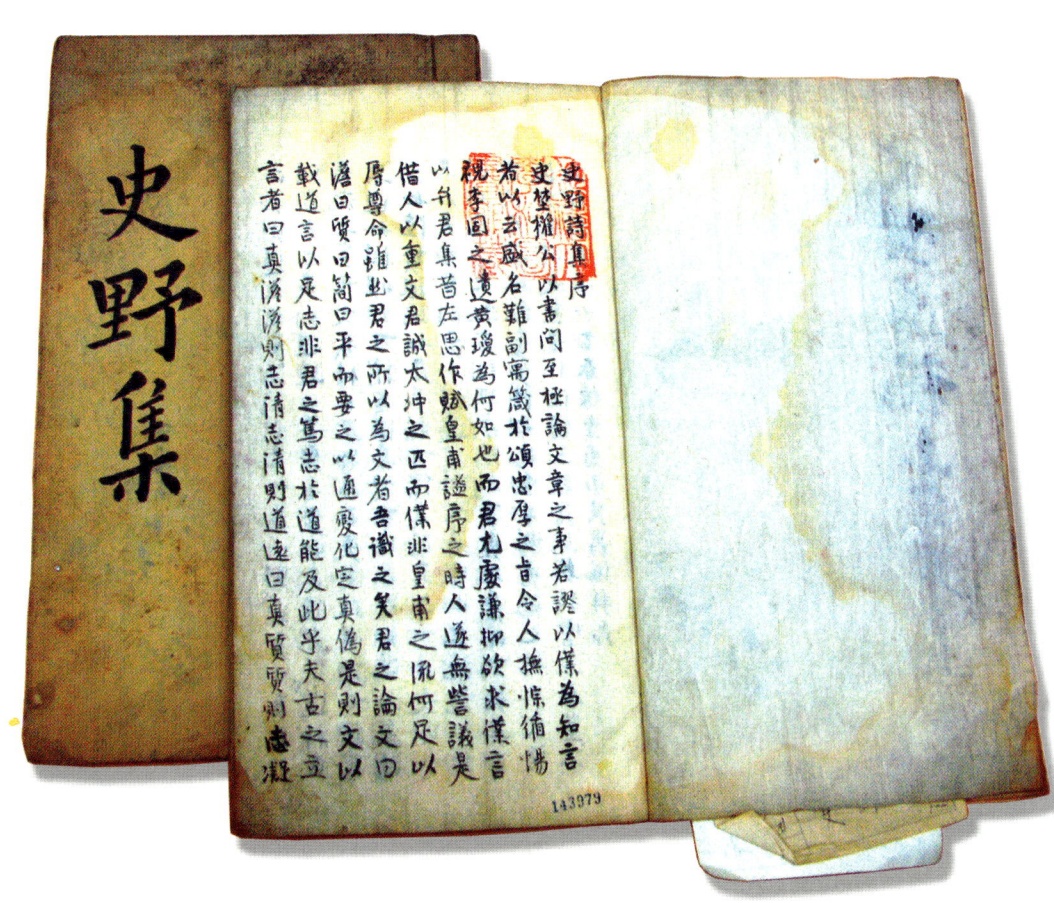

『史野集』

權大肯(1790~1858) 著.
寫本. 2卷2册 : 無界, 10行21字, 無魚尾 ; 32.5×20.5cm.

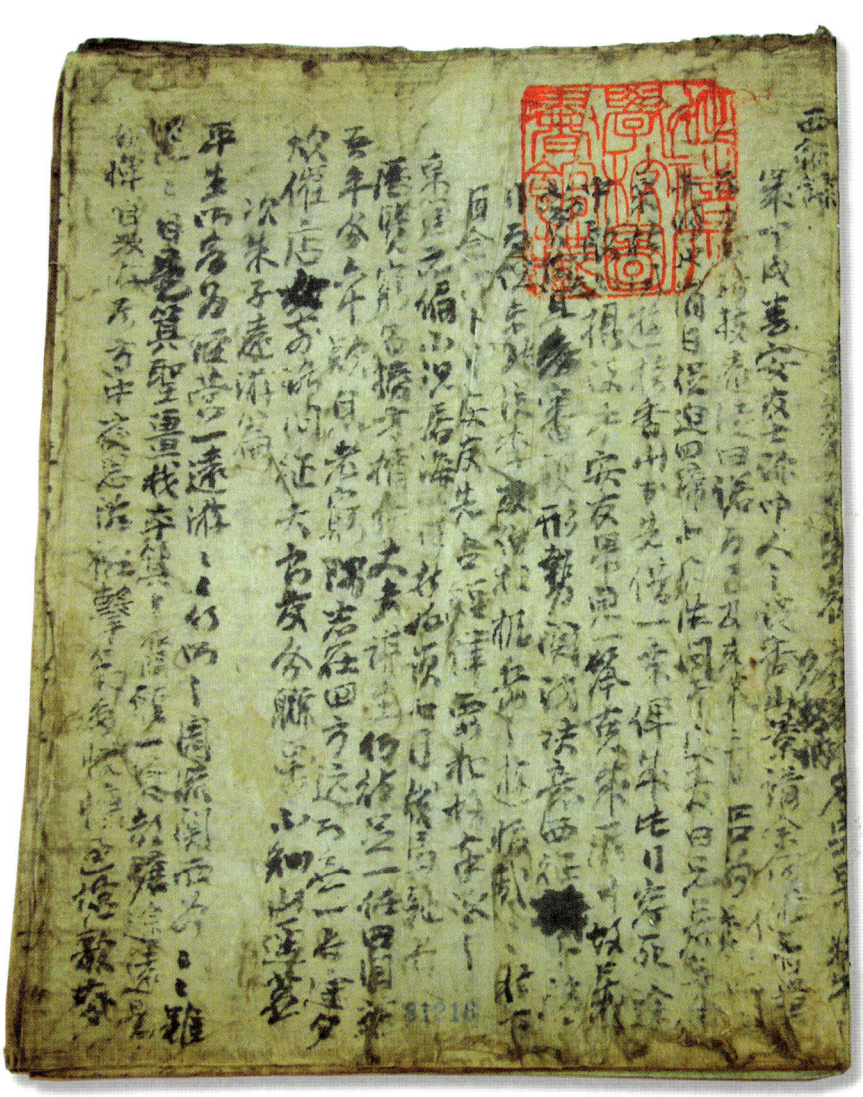

『西征錄』

韓元震(1682~1751) 著.
草稿本. 不分卷 1册(8張)：無界, 17行字數不定, 無魚尾；27.5×23.5cm.
表題：西征錄 南塘草稿.
本文：草書.

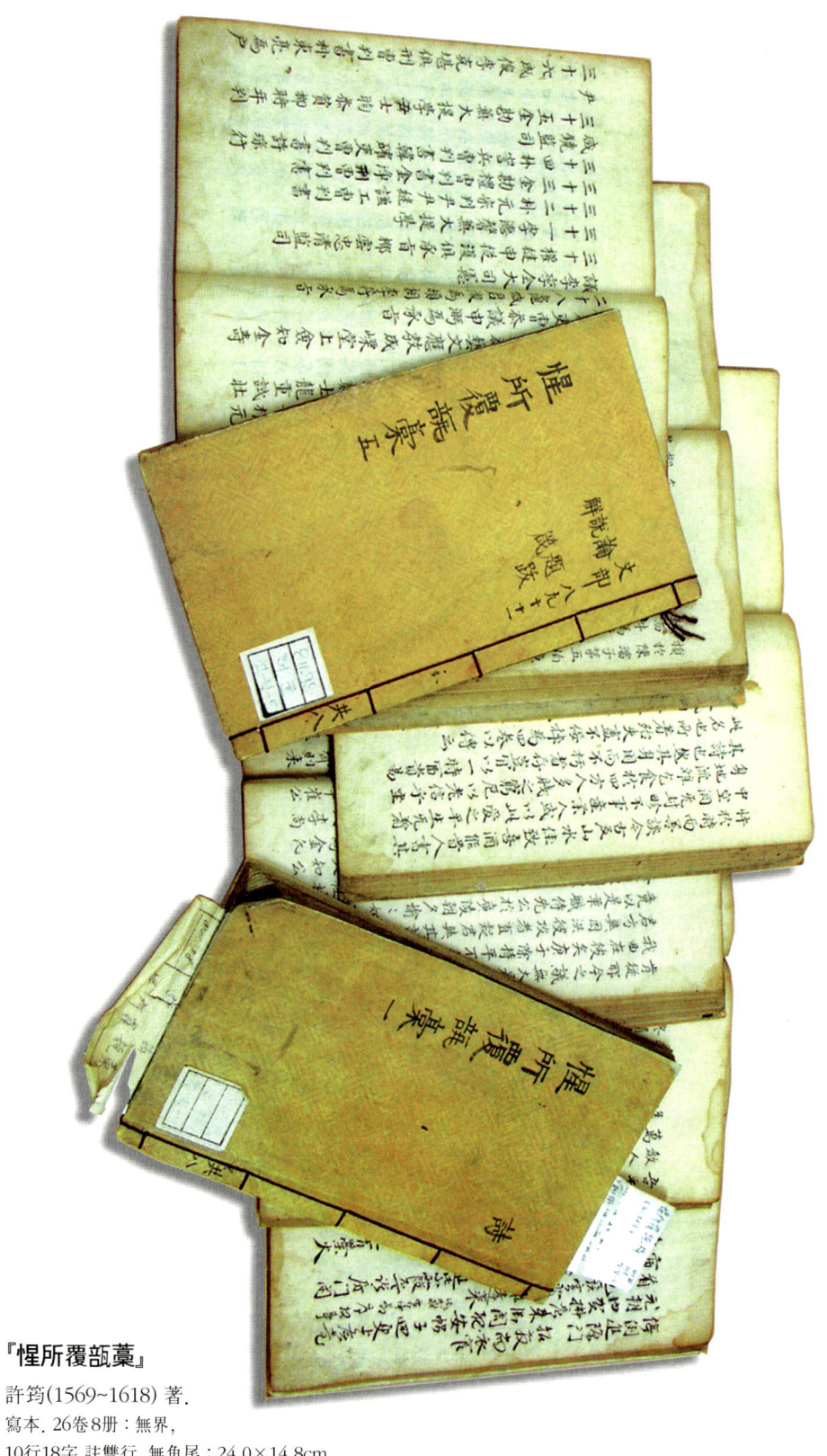

『惺所覆瓿藁』

許筠(1569~1618) 著.
寫本. 26卷8册：無界,
10行18字 註雙行, 無魚尾；24.0×14.8cm.

# 刊 行 辭

우리 국학연구원에서는 교육인적자원부 및 한국학중앙연구원의 지원과 연세대학교 중앙도서관의 협조로 2003년부터 향후 6년간 국학자료 해제 및 정리사업을 진행하고 있다. 이에 따라 우리 국학연구원에서는 미공개 자료의 공개, 이미 발굴되고 소개된 자료에 대한 이해의 심화, 조선시대 학술활동의 형성과정에 대한 이해라는 세 가지 필요성에 따라서 국학연구 자료의 제공, 국학연구의 심화, 未完의 자료에 대한 기초 연구 확립, 고문서 연구에 대한 기초 환경 제공, 국학연구에 대한 학문적 관심 고취 등을 목표로 하여 본 사업을 추진 중이다.

1차년도에 간행된 『고서해제』 I · II, 2차년도에 간행된 『고서해제』 III · IV에 이어서 올해 새로 발간되는 『고서해제』 V · VI은 2005년 3차년도에 이루어진 연구의 성과물로서 연세대학교 도서관 소장 희귀본 자료 가운데 크게 個人文集類, 詩話 · 詩選集類, 樂府類, 歌辭類, 紀行錄類 등으로 나누어 사업을 수행하였다.

우선 이번에 해제한 자료들 가운데 판본적 가치가 높은 것들을 살펴보면, 李奎報의 『東國李相國後集』은 고려시대에 간행된 것으로서 고려시대의 개인문집으로 지금까지 전해지는 것이 매우 드물다는 점에서 아주 중요한 판본이라고 할 수 있다. 특히 이 책에 대한 중요한 평가는 권11에 『詳定禮文』을 새로 인쇄하고 나서 쓴 발문인 「新印詳定禮文跋尾」가 실려 있다는 점으로 그 발문 자체가 한국인쇄사에서 귀중한 기록으로 받아들여지고 있다. 그뿐만 아니라 통행본과 대조하여 보았을 때 詩文 字句의 출입이나 탈락의 예가 많아 문학적으로도 중요한 자료가 될 수 있다. 또한 『月印釋譜』(권13 · 14)는 1459년(세조 5)경에 간행한 초판본으로 1983년 5월 7일 보물 제745-4호로 지정되었다. 兪好仁의 『㵢溪集』은 비록 零本이지만, 初刊本으로 현재 남아 있는 것으로 이 책이 유일하다는 점에서 커다란 의의가 있다. 楊士彦의 『蓬萊遺歌』는 확실한 親筆本으로 草書를 비롯하여 壬辰倭亂 以前의 書體를 연구할 수 있는 자료라는 점에서도 가치가 있다. 그리고 壬辰倭亂 以前의 歌辭 작품이 실려 있어 자료적 희소성을 지닐 뿐만 아니라, 당시 歌辭의 歌唱 방식을 연구하는 데도 큰 기여를 할 수 있는 자료이다.

자료적 측면에서 살펴보면, 鄭惟明의 『嶧陽先生文集』은 현재 연세대학교 중앙도서관에만 소장되어 있는 회귀 필사본으로 정통 유학자인 鄭惟明을 통하여 16세기 후반 유학의 대략적인 현실, 특히 경남 거창 지역을 基盤한 儒學의 系譜와 실상을 파악할 수 있는 좋은 자료이다. 金箕書의 『和樵謾稿』는 그가 書畵에 뛰어나서 스스로 그림을 그렸을 뿐 아니라, 이에 관련된 題畵詩나 문장을 남긴 인물이라는 점에서 19세기 전반기의 문예 동향을 파악하고자 할 때 상당히 중요한 자료가 될 것이다. 鄭元容의 『經山北征錄』 역시 유일본으로 그의 문학적 위상을 재조명할 수 있는 잣대가 될 수 있으며, 특히 당시만 해도 변방으로 여겨지던 關北 지역에 대한 상세한 정보를 담고 있다는 점에서 百科事典的 地理書 기능도 있다. 또한 화가로 알려져 있는 權用正의 『少遊雜著』는 그에 대한 기록이 소략하다는 점에서 그의 문학적 재능과 활동 모습뿐만 아니라 量田, 세시풍속 등 현실적인 데 관심을 가진 실학적 태도를 엿볼 수 있는 거의 유일한 자료라고 할 수 있다. 그밖에 趙萬永의 『楓山遊賞記』, 金炳冀의 『楓嶽日記』, 金元履의 『金剛日記』 등이 있는데, 이 자료들은 眞景山水의 본거지이기도 했던 金剛山에 대한 조선후기 사대부들의 생각과 태도를 살펴보는 자료들로 활용될 수 있다.

본 해제 작업을 진행하면서 해제 대상으로 삼은 자료와 기존에 발간된 자료들을 비교·고찰함으로써 이후 새로운 善本 작업이 가능하도록 하였다. 이런 점에서 본 해제집은 기존의 연구 결과에 대한 자료적 보충이라는 부수적 성과도 있다고 하겠다.

아무쪼록 본 해제집의 발간으로 많은 자료들이 새롭게 소개되면서 우리의 국학 발전에 더 많은 도움을 주었으면 한다. 더구나 지금까지 간단한 서지사항만으로 자신의 얼굴을 내비쳤던 많은 자료들이 이번 해제집의 발간으로 학계나 해당 연구자들에게 좀더 가까이 다가가게 된다면, 後生들을 위해 기록을 남겨 놓으신 先賢들도 흔쾌히 기뻐하시리라 믿는다. 옛 先賢들이 이르기를 한 가마솥 속의 고기 한 점으로도 그 가마솥 속의 모든 국 맛을 알 수 있고, 뛰어난 구슬은 땅속에 묻혀 있어도 스스로 그 빛을 감출 수가 없다고 했다. 이에 이번 해제집의 발간이 그러한 기회를 조금 앞당겨 주는 역할을 한다면 더 바랄 나위가 없을 것이다.

많은 어려움 속에서도 잦은 원고 독촉을 마다하지 않고 정해진 날짜 안에 玉稿를 보내주신 연구자들과 사업진행에 차질이 없도록 열심히 뛰어준 관련자 분들에게 이 자리를 빌어 그동안의 勞苦를 다시 한번 치하하며, 국학 사업의 발전을 위해 지원을 아끼지 않은 교육인적자원부와 한국학중앙연구원에도 깊은 감사의 말씀을 드린다.

2006년 9월
국학연구원장 설 성 경

# 일 러 두 기

1. 본 解題集은 국학 진흥 사업의 일환으로 연세대학교 중앙도서관 소장 국학자료 가운데 일부를 우선 해제한 것이다.

2. 제3차년도(2005년도) 解題集은 연세대학교 중앙도서관 소장 귀중본 가운데 個人文集類, 詩話類, 樂府類, 歌辭類, 詩選集類, 紀行錄類 등을 주요 대상으로 선별하여 해제하였다.

3. 각 항목의 제목은 해제 대상 책의 卷首題를 취하되, 이에 관련된 특기 사항은 '서지'에 기록하였다.

4. 항목의 차례는 가나다순으로, 동일한 제목일 경우에는 저자의 생몰년대의 선후를 따져 배열하였다.

5. 해제는 객관적 상황을 서술하는 것을 기본 원칙으로 하고, 아울러 책의 특징이나 가치 등을 밝혀 후속 연구가 진행될 수 있도록 하였다.

6. 解題의 끝마다 解題者의 姓名을 밝혔다.

# 차 례

# ■ 연세대학교 중앙도서관 소장 고서해제 Ⅰ

經山集 — 鄭元容 著. 未定草稿本. 6冊(附錄).
果庵散稿 — 申益均 著. 寫本. 20卷(卷1, 2, 3, 10 缺) 7冊.
觀復齋遺稿 — 金構 著. 未刊原稿本. 10卷6冊.
橘下遺稿 — 崔植民 著. 未刊原稿本. 4卷1冊(61張).
錦帆全集 — 尹致羲 著. 初稿本. 63卷(권12, 24, 30, 43은 내용 없이 공란) 31冊.
錦涯草稿 — 鄭赫逵 著. 寫本. 1冊.
記言本抄 — 許穆 著. 自筆稿本. 1冊(42張).
聾雲集 — 蘇秉澤 著. 寫本. 2冊.
淡圃漫錄 — 李碩載 著. 草稿本. 1冊(72張) 落帙本.
大溪利用 — 黃在英 著. 草稿本. 不分卷 2冊.
臺山遺集 — 金邁淳 著. 初稿本. 9冊(臺山初藁 9권 5책, 臺山集公移 4冊).
漫語 — 朴致文 著. 草稿本. 2卷2冊.
茗山集 — 成祐曾 著. 未刊原稿本. 8卷3冊.
蒙齋稿 — 李冕宇 著. 寫本. 4卷4冊(卷1(1冊) 缺).
無聞齋集 — 沈埈 著. 寫本. 14卷9冊.
無何堂遺稿 — 洪柱元 著. 原稿本. 6冊.
放言 — 黃德吉 著. 原稿本. 34卷11冊.
白雲筆 — 李鈺 著. 寫本. 2冊.
三當齋遺稿 — 姜俒 著. 原稿本. 4卷4冊.
石萊堂草稿 — 李憲球 著. 草稿本. 零本 3冊(卷3, 4, 8).
碩齋別稿 — 尹行恁 著. 未刊稿本. 23卷11冊.
先考新齋府君遺稿 — 張錫愚 著. 草稿本. 21卷11冊.
雪艇初集 — 徐翔龍 著. 寫本. 2卷2冊.
成齋集 — 趙秉鉉 著. 草稿本. 零本 3冊(冊 2, 3, 4) 落帙本.
少雲先生未定稿 — 韓星履 著. 寫本. 2冊.
松磵遺稿 — [著者未詳]. 寫本. 4冊.
松棲公文集 — 崔性全 著. 寫本. 1冊.
松棲公事實 — 崔性全 著. 寫本. 1冊.
松棲公詩集 — 崔性全 著. 寫本. 2冊.
松塢謾稿 — 朴宗永 著. 草稿本. 16冊.
松坡集 — 李瑞雨 著. 原稿本. 20卷10冊.
邃堂遺稿 — 白樂奎 著. 寫本. 5冊.
孰邃念 — 洪吉周 編著. 草稿本. 16觀[卷] 5冊.
新齋集 — 洪樂命 著. 草稿本. 7冊.
新齋集 — 李度中 著. 寫本. 12冊

# ■ 연세대학교 중앙도서관 소장 고서해제 Ⅱ

尋芳齋遺稿 — 鄭履侃 著. 寫本. 1冊(95張).
藥山錄 — 鄭元容 著. 未定草稿本. 不分卷 4冊.
御製祭文 — 肅宗 著. 寫本. 1冊(19張).
餘窩先生文集 — 睦萬中 著. 原稿本. 24卷12冊.
念齋雜考 — 尹光濩 著. 原稿本. 7冊.
愚潭集 — 丁時翰 著. 寫本. 不分卷 13冊.
月塘遺稿 — 姜碩期 著. 原稿本. 原集 4冊, 別集 1冊, 合5冊.
遺稿 — 韓聖佑・韓配義・韓師范・韓顯耉・韓後裕・韓用鼎・韓元履 著. 寫本. 5冊
自攷 — 韓元震 著. 初稿本. 1冊(67張).
周溪集 — 鄭基世 著. 未定草稿本. 5冊.
竹石叢函 — 徐榮輔 編著. 原稿本. 內集 3冊, 外集 7冊, 合10冊.
竹僋謾錄 — 韓星履 著. 草稿本. 10卷1冊.
芝溪姜公遺事 — 姜世忠 著. 寫本. 2卷1冊(64張).
稷下遺稿 — 金相福 著. 草稿本. 不分卷 2冊.
初稿 — 鄭範朝 著. 未定草稿本. 不分卷 5冊.
秋堂襍稿 — 申獻求 著. 草稿本. 2卷2冊.
楸軒遺稿 — 洪萬愚 著. 寫本. 3卷3冊.
贅言 — 姜浩溥 著. 草稿本. 本集 30卷16冊, 別集 2冊, 合18冊.
芭棲私藁 — 金鋼 著. 草稿本. 5卷5冊.
縹礱乙幟 — 洪吉周 著. 草稿本, 16卷7冊.
霞石謾稿 — 李學洙 著. 寫本. 13冊.
霞石遺稿 — 韓弼教 著. 寫本. 6卷3冊.
閒中隨筆 — 沈大允 著. 寫本. 2冊.
沆瀣丙函 — 洪吉周 著. 草稿本. 10卷7冊(3冊 缺).
海陽詩鈔 — 羅烈 著. 寫本. 2卷 1冊(83張).
峴首甲藁 — 洪吉周 著. 草稿本. 8卷4冊(卷9, 10 缺).
湖東西洛記 — 錦園堂 著. 寫本. 1冊(33張).
洪厓文集 — 李箕元 著. 手稿本. 6卷3冊(落帙本).
洪厓詩集 — 李箕元 著. 手稿本. 5冊(落帙本).
洪厓自編 — 李箕元 著. 手稿本. 2卷1冊.
孝田散稿 — 沈魯崇 著. 草稿本. 不分卷 38冊.

家乘 - 趙泰壽·趙龜命 共著. 草稿本. 5冊.
江北日記 - 崔宗範·金泰興·林碩根 共著. 寫本. 1冊(46張).
江上問答 外 - 編者 未詳. 寫本. 不分卷 1冊(88張).
遣閑雜錄 - 沈守慶 編. 寫本. 1卷1冊(56張).
經山日錄- 鄭元容 著. 草稿本. 不分卷 17冊.
庚申錄 - 李觀徵 著. 寫本. 1冊.
溪西野譚 - 編者 未詳. 寫本. 5卷5冊(金卷은 逸失).
恭嬪崔氏事畧 - 著者 未詳. 寫本. 1冊(27張).
紀聞叢話 - 編者 未詳. 寫本. 4卷4冊.
爛餘 - 金在魯 編. 寫本. 26卷(冊).
南漢日記 外 - 編者 未詳. 寫本. 不分卷 1冊(52張).
湛軒說叢 - 洪大容 著. 寫本. 2冊.
黨議通略 - 李建昌 著. 原稿本. 2卷2冊(卷2 缺, 1冊 83張存).
堂后日記 - 承政院 注書·假注書 編. 原稿本. 12冊.
大事編年- 編者 未詳. 寫本. 不分卷 30冊(全 34冊中 1, 2, 3, 6缺).
東史 - 著者 未詳. 寫本. 2卷1冊.
東史綱目 - 安鼎福 著. 原稿本. 20卷20冊.
東史證說 - 柳道昇 著. 寫本. 6卷1冊.
東稗洛誦 - 盧命欽 編. 寫本. 2卷1冊(79張).
潦霽錄 - 李敬一 著. 草稿本. 7冊.
漫筆三錄 - 編者 未詳. 寫本. 9卷8冊.
文貞公耳目所及 - 申欽 著. 寫本. 1冊(22張).
嵋巖登科後日記- 洪龜變 著. 寫本. 1冊(53張).
碧城消暑錄 - 著者 未詳. 寫本. 1冊(105張).
北槎錄 - 尹致定 著. 寫本. 1冊(61張).
北轅錄- 李義鳳 著. 草稿本. 5卷5冊.
北遊日記 - 李崙夏 著. 寫本. 1冊(32張).
四養齋外集桑蓬錄 - 姜浩溥 著. 原稿本. 12卷6冊.
山家菊露 - 著者 未詳. 草稿本. 2冊.
山房錄燕行裁簡 - 權魯郁 著. 寫本. 2卷1冊.
상봉녹 - 姜浩溥 著. 寫本. 2卷2冊.
敍任錄 - 著者 未詳. 寫本 1冊(147張).
石潭野史 - 李珥 著. 原稿本. 1冊(73張)
宣廟中興誌 - 閔百順 著. 寫本. 2卷2冊.

先朝御製校準閣日記抄 - 著者 未詳. 寫本. 1冊(12張)

셔원녹 - 李義鳳 著. 寫本. 11冊(總目 1冊, 本篇 10卷10冊, 卷7 缺).

曬史東征日記 - 鄭元容 著. 寫本. 1冊(31張).

瑣語 - 編者 未詳. 寫本. 1冊(77張).

守闕錄 - 尹仁敎 著. 親筆本. 1冊(8張).

隨槎錄 - 韓弼敎 著. 未刊印 草稿本. 6卷3冊.

승사록 - 黃仁點 著. 寫本. 3冊.

야ᄉ - 神貞王后 趙氏 著. 寫本. 1冊(33張).

藥坡漫錄 - 李希齡·李後衍·李漢宗 共編. 寫本. 100卷50冊.

陽坡年紀 - 鄭泰和 著. 寫本. 1冊(142面).

燕槎錄 - 鄭元容 著. 寫本. 不分卷 2冊.

燕槎隨錄 - 李承五 著. 寫本. 零本 1冊(卷3-4).

淵泉先生東史世家 - 洪奭周 著. 草稿本. 4卷 2冊.

燕行日記 - 金昌業 著. 寫本. 5冊.

熱河日記 - 朴趾源 著. 寫本. 26卷12冊·26卷4冊·7卷2冊 (이상 3종).

嶺南日記 - 林墰 著. 寫本. 2冊.

裕陵日記 - 著者 未詳. 寫本. 2冊.

日記 - 金宗植 著. 寫本. 2冊.

日記 - 李復榮 著. 寫本. 40冊.

日錄 - 鄭基世 著. 草稿本. 15卷 15冊.

日錄 - 鄭範朝 著. 草稿本. 17冊(全 19冊中 冊15, 16 缺).

壬辰雜事 - 著者 未詳. 寫本. 1책(65張).

壬辰筆錄 - 編者 未詳. 寫本. 1冊(127張).

立朝錄 - 金曾鉉 著. 寫本. 1冊(26張).

在朝隨錄 - 編者 未詳. 寫本. 1冊(39張).

宗海源流 - 金錫奎 著. 寫本. 1冊(86張).

辰巳亂離錄 - 著者 未詳. 寫本. 2冊.

倉可樓外史 - 金鑢 著. 原稿本. 61冊(全 74冊中 冊2-12, 43, 45缺).

靑箱備考 - 徐有寧·徐有慶·徐龍輔 著. 寫本. 9冊(8卷8冊, 目錄 1冊).

叢話 - 李玄綺 編. 寫本. 1冊(73張).

春坡堂日月錄 - 李星齡 著. 寫本. 全 14卷10冊中一部缺(落卷: 卷1-4, 13).

稗史 - 權守敬 編. 寫本. 1冊(172張).

平澤縣三正士實記 - 著者 未詳. 原稿本. 4卷.

閑居襍記 - 鄭道應 著. 寫本. 1冊(57張).

寒圃齋使行日記 - 李健命 著. 寫本. 不分卷 1冊(78張).

海西監營日記 - 吳命峻 著. 寫本. 1冊(75張).

海西日記 - 著者 未詳. 寫本. 1冊(159張).

海游錄 - 申維翰 著. 寫本. 3卷2冊· 2卷1冊 (第1-2)(이상 2종).

海行摠載 - 趙曦 著. 寫本. 5卷5冊.

休窩雜纂 - 任有後 著. 草稿本. 3冊.

小樂府 外 - 編者 未詳. 寫本. 不分卷 1冊.
小遊雜著 - 權用正 著. 寫本. 不分卷 1冊.
少痊公遺稿 - 金德承. 初稿本. 1冊.
小華詩評 - 洪萬宗 著. 寫本. 1冊(75張)・1冊(53張)・1冊(72張)・1冊(上卷, 36張 零本)・1冊(42張)(이상
5종).
松江江강歌가辭ᄉ - 鄭澈 著. 木板本(星州板). 2卷1冊.
松窩遺稿 - 崔纘 著. 原稿本. 2卷1冊.
詩史 外 - 編者 未詳. 寫本. 1冊.
申大將軍集 - 申櫶 著. 寫本. 4冊.
莘村集 - 洪啓能 著. 寫本. 7冊 1包匣.
莪庵散稿 - 朴會源 著. 原稿本. 不分卷 4冊.
暘谷集 - 洪義玄 著. 草稿本. 1冊.
嶧陽先生文集 - 鄭惟明 著. 草稿本. 2卷2冊(冊2缺).
櫟翁稗說 - 李齊賢 著. 木板本. 4卷1冊.
悟齋遺稿 - 白景炫 著. 寫本. 不分卷 1冊.
玉垂先生集 - 趙冕鎬 著. 寫本. 20卷20冊.
畏庵先生日記 - 李栻 著. 寫本. 15卷15冊.
龍西稿 - 柳基一 著. 原稿本. 25卷25冊 5包匣.
雲楚詩 - 金芙蓉 著 寫本. 1冊.
月印釋譜 - 世祖 命編. 木板本. 2冊(卷13~14)・2冊(卷21上,下)・1冊(卷21) 1冊(卷23)(이상 4종).
月坡集 - 柳彭老 著. 寫本. 3卷1冊.
西堂集 - 金魯敬・金台濟 等著. 寫本. 6冊.
林祭酒百家衣詩集 - 林惟正 著. 木板本. 3卷1冊.
藏六齋遺稿 - 文德龜 著. 寫本. 2卷1冊.
佔畢齋精選靑丘風雅 - 金宗直 編. 木板本. 4卷1冊(全 7卷中 4~7卷存).
佔畢齋集 - 金宗直 著. 木板本. 25卷8冊中 零本(卷之13~18) 2冊.
精言妙選 - 李珥 編. 木板本. 1冊(卷1,3,5. 권책미상의 零本).
拙稿 - 黃在英 著. 草稿本. 2卷2冊.
竹醉遺稿 - 申相箕 著. 寫本. 5卷.
止止堂詩集 金孟性 著. 木板本. 不分卷 1冊.
珍珠船襏存 - 趙秀三 著. 寫本. 3卷1冊.
靑北近調 外 - 編者 未詳. 寫本. 1冊.
叢珍片金 - 鄭元容 編. 草稿本. 零本 1冊(卷5, 卷6).
秋江集 - 南孝溫 著. 木板本. 全 5卷4冊中 零本(卷之一 存).
濯纓集 - 金馹孫 著. 木板本. 2卷1冊中 零本(卷2 存).
退溪雜詠 - 李滉 著. 木板本. 2卷1冊.
圃隱詩藁 - 鄭夢周 著. 木板本. 2卷1冊.
楓山遊賞記 - 趙萬永 著. 寫本. 1冊.
楓嶽日記 - 金炳冀 著. 寫本. 不分卷 1冊.
韓州稿 - 李溱 著. 原稿本. 零本 7冊(卷1~6, 卷18~27).
含光軒稿 - 李瀰 著. 寫本. 5冊.
海東詩話 - 李建直 編. 寫本. 1冊.
海東樂府 - 沈光世 著. 寫本. 1冊.
海東樂府 - 吳光運 編著. 寫本. 1冊.

虛白堂文集 - 成俔 著. 木板本. 1冊(卷之10~13)의 零本.
弘齋全書 - 正祖 著. 寫本. 3冊.
華岳山翁遺稿 - 金友行 著. 草稿本. 2卷2冊.
和樵謾稿 - 金箕書 著. 寫本. 不分卷 5冊.
後瘳先生集 - 金蓋國 著. 寫本. 3卷3冊(卷2, 1冊 缺本).

# 嘉梧樂府

李裕元(1814~1888) 著.

寫本. 1卷1冊(79張)：四周雙邊 半郭 21.6×14.6cm, 有界, 10行20字, 上下向黑魚尾；26.5×19.0cm.

山居樂府四章

李裕元 著

園有來禽園有肥韭我殽既備我酒既斗我友來思

鼓瑟鼓瑟今我不樂於焉其耇

園有穠荔園有肥芹我殽既嘉我酒既醺我友來思

載悅載欣今我不樂歲將暮云

園有青梅園有肥蔗我殽既多我酒既湑式燕以敖

我友迫暇今我不樂日月不暇

瞻彼流水沉沉其舟匪風匪雨使我不憂胡為老矣

一

# 1. 저자

李裕元(1814~1888)의 本貫은 慶州, 字는 京春, 號는 橘山·默農, 諡號는 忠文이다. 1841년 (헌종 7) 정시문과에 급제한 후 예문관검열·규장각대교를 거쳤다. 1845년 동지사의 서장관으로 청나라에 다녀왔다. 의주부윤·이조참의·전라도관찰사·성균관대사성·예방승지·이조참판·사헌부대사헌·형조판서·한성부판윤·예조판서·공조판서·황해도관찰사·함경도관찰사 등 내외직을 두루 거치고, 고종 때 왕의 신임을 얻어 좌의정까지 올랐다. 그러나 흥선대원군과 반목하여 1865년에 수원유수로 좌천되었으나 1873년 흥선대원군이 실각하자 곧 영의정이 되었다.

1874년 7월 우의정 朴珪壽와 함께 일본에서 征韓論이 일어나고 있는 상황에서 300년간의 조일관계를 書契의 格이 바뀌었다하여 단절할 수 없다고 상언하고, 渡海譯官을 對馬島와 일본 수도에 파견하여 외교교섭을 조사하도록 하는 등 대원군 때의 대일정책을 바꾸었다. 1875년 2월 일본의 外務大丞 森山茂가 조선에 도착하여 제출한 서계에 '대일본'·'皇上'이란 용어가 있었는데도 이를 수리하게 했다.

세자책봉문제로 배후에서 일본과 결탁하였고, 1875년 陳奏兼奏請使의 정사로 청나라에 가서 李鴻章을 방문, 拓[純宗]의 세자책봉을 공작하였다. 그 후 仁川의 개항을 주장하였으나 守舊派의 공격을 받았다. 1879년 8월말 이홍장으로부터 조선이 위기를 타개하기 위해서는 미국을 비롯한 서양제국들과 통상조약을 체결하고, 서양세력을 유입하여 일본과 러시아를 견제해야 한다는 권유 편지를 받았으나, 미국과의 수교권유를 거부했다. 1880년 致仕하고 奉朝賀가 되었다. 1881년 개화를 반대하는 유생 申㮣의 강력한 상소로 인해 거제도에 유배되었다가 곧 풀려났다. 1882년 6월 임오군란으로 민비의 生死가 불확실한 상황에서 대원군이 장례를 강행하자 극력 반대했다.

1882년 임오군란으로 일본 공사관이 불타자 일본 측에서 강경한 자세로 사후처리를 요구하였다. 이때 청나라 관리 馬建忠의 중재를 통해 全權大臣 이유원과 부관 김홍집이 일본 辨理公使 하나부사 요시타다[花房義質]와 협상하여 제물포조약에 조인하였다.

정치적 행보와는 달리 그의 학문의 성취가 뛰어났으며 예서에도 능했다. 문학적으로는 조선말기 악부시의 전통을 이은 작가로 평가된다. 저서로는 『林下筆記』·『嘉梧藁略』·『橘山文稿』 등이 있다. 『嘉梧藁略』의 嘉梧는 이유원이 살던 양주 嘉梧洞에서 연유한 것으로 1868년 고종으로부터 '橘山嘉梧室'이라는 御筆을 받은 바 있다.

# 2. 구성

이유원의 『嘉梧樂府』는 崔海宗의 『韓國漢文學史』, 李家源의 『韓國漢文學史』, 조동일의 『한

국문학통사』 등 여러 문학사에서 개별적인 작품들이 언급된 바 있는데, 이전 시대의 다양한
악부형식을 계승하여 창작에 힘씀으로써 악부시의 전통을 확대했다고 평가된다. 이전 연구에
서는 주로 이유원의 문집인『嘉梧藁略』에 실려 있는「嘉梧樂府」를 텍스트로 사용하였다.

　『嘉梧藁略』1책 樂府에 실린 시는「山居樂四章」·「飮一章」·「大射一章」·「南畝之什二章」·
「山有鳥矣三章」·「摩之山三章」·「穴居二章」·「古樂府三十一篇」·「海東樂府百首」·「補製散樂
十六首」·「訓民正音五首」·「俗樂十六歌詞」·「觀劇八令」·「靈山先聲五章」·「小樂府四十五首」
·「四時詞十三首」·「詩餘二十六調五十四闋」·「異域竹枝詞三十首」·「附金石索五十九首」이다.

　연세대 소장본『嘉梧樂府』는 위의 목록과 대동소이하다. 다만「穴居二章」뒤에「籠中鳥三
章」이 더 첨가되어 있고,「四時詞十三首」와「詩餘二十六調五十四闋」의 순서가 바뀌어 있을
뿐이다. 필사자는 누구인지 밝혀져 있지 않으며, 노산문고에 속해 있다.


## 3. 내용

　편집자는 분량에 상관없이 전권의 내용을 장 구분을 하여 크게 아홉 부분으로 나누어 놓았
다. 성격상 유사한 것끼리 묶어놓은 것으로 보인다. 따로 제목이 붙어 있는 것은 아니지만 그
구분에 따라 임의로 성격을 보여줄 만한 제목을 정해 내용을 살펴보면 다음과 같다.


### 1) 시경체 악부

　「山居樂四章」·「飮一章」·「大射一章」·「南畝之什二章」·「山有鳥矣三章」·「摩之山三章」·「穴
居二章」·「籠中鳥三章」은 제목, 사언체, 분장 형식, 쓰인 시어뿐 아니라 운자까지『시경』의 형
식을 그대로 채용했다. 따라서 여기에서는 시경체 악부로 묶었다. 일례로 약간의 변격이 시도
된「山有鳥矣三章」을 보자.

|  |  |
|---|---|
| 山有鳥矣 | 산에는 새가 있어 |
| 不罹于羅 | 그물에 걸리지 않네. |
| 胡爲下矣 | 어째서 내려와 |
| 啄彼嘉禾 | 저 훌륭한 벼를 쪼아 먹나? |
|  |  |
| 啄彼禾矣 | 저 벼를 쪼아 먹으나 |
| 莫知其他 | 다른 것은 알지 못하네. |
| 胡爲下矣 | 어째서 내려오나? |
| 不如返巢 | 둥지로 돌아감만 못하리. |
|  |  |
| 鳥兮鳥兮 | 새여, 새여! |

巢之未返　　둥지로 돌아가지 않네.
云如之何　　어찌 하리오?

　3장으로 이루어진 이 시는 곡식을 쪼아 먹는 새 때문에 겪는 괴로움을 노래한 것이다. 시장의 전개와 시어의 반복이 시경을 그대로 차용하고 있다. 4언4구의 전형적인 형식인데, 마지막 장만 3구로 변격이 시도되었다. 이러한 형식은 『詩經』의 「君子偕老」첫 장인 "君子偕老 副笄六珈 委委佗佗 如山如河 象服是宜 子之不淑 云如之何"에서도 쉽게 발견할 수 있다.
　내용은 「山居樂四章」·「南畝之什二章」처럼 소박한 삶의 즐거움을 읊거나, 「飮一章」·「大射一章」처럼 예에 관한 교훈적인 내용을 담거나, 「穴居二章」·「籠中鳥三章」처럼 우의적인 풍자를 보이는 등 다양하다. 그렇지만, 단순한 어휘의 사용을 통해 진솔한 뜻을 표현한다는 점에서 『시경』의 정신과 일맥상통한다.

### 2) 고악부

　「上雲樂」·「妾薄命」·「東飛伯勞西飛燕歌」·「艶曲二首」·「將進酒長曲」·「五色羅」·「成都鞋」·「春意」·「白紵詞」·「烏夜啼」·「鶹鵠二首」·「採蓮曲」·「長城行二首」·「折楊柳歌二首」·「踏浪詞」·「子夜四時歌四首」·「從軍五更轉五首」·「長相思」·「長干行」·「大堤曲」·「久別離」·「猛虎行」·「塞下曲」·「靑樓曲」·「少年行」·「楚宮詞三首」·「閨怨」·「明妃怨三首」·「俠客行二首」·「漢宮詞十首」·「吳宮詞三首」 등은 제목도 고악부를 그대로 따왔을 뿐 아니라 내용도 원시의 분위기를 그대로 담아내었다. 작가 역시 주석에 "옛사람의 악부를 지금 사람도 모방하기 때문에 엮은 것이다"라고 밝혀, 중국의 악부를 의고하려는 의도임을 분명히 하고 있다.
　김영숙은 그의 연구[1]에서 이를 擬題古樂府라고 명명하고, 이유원이 고악부 가운데에서도 淸商歌辭, 相和歌辭를 즐겨 수용하였고, 형식은 五言句齊言, 七言句齊言을 취했다고 설명하였다. 당시 사람들이 즐겨 지었던 악부시 유형을 망라하여 내용 역시 의고하여 지은 것으로 보인다.

### 3) 해동 악부

　「海東樂府百首」·「補製散樂十六首」·「訓民正音五首」가 여기에 속한다.
　'해동악부'라고 하는 것은 일반적으로 17세기 沈光世가 지은 「海東樂府」부터 19세기 말 朴致馥의 「大東續樂府」에 이르기까지 우리나라 역사를 읊은 15, 6종의 詠史樂府를 가리킨다. 그런데, 이유원이 명명한 '海東樂府'는 성격이 조금 다르다. 이유원은 다음과 같이 설명하였다.

　　　樂은 箕子부터 시작해서 본조에 이른다. 명나라 태종이 악기를 하사하였으나 소리가 음률에 맞지 않았고 팔음이 갖춰지지 않았다. 세종조에 해주에서 秬黍가 나고 남양에서 경석이 나자, 박연을

───────────────
1) 김영숙, 「이유원의 『가오악부』 연구」, 『대동한문학』 6집, 대동한문학회, 1994. 12, 87~121쪽.

관습도감으로 삼아 악부를 교정하게 하였다. 이에 두 敎坊을 설치하여 왼쪽에 있는 것을 東京, 오른쪽에 있는 것을 成都라 하였으니 고악보가 전하는 곳이다. 그 음악은 대동소이하여 삼한악부라고 합하여 일컫는데, 혹 전하는 동안 첨가되어 늘기도 하였으나 법도는 한결같다. 처음에 그 시작을 서술하고 말미에 그 시대 음악에 대해 써서 갖추었으니 참고하여 보라.

이유원은 우리나라 역사에 관한 것이 아니라, 우리나라 음악 역사에 관하여 읊기 위해 악부를 지었음을 밝혔다. 시작인 箕子 때부터 조선에 이르기까지 100수의 시를 통해 우리나라 음악의 역사를 읊은 것이다. 그는 『三國史記』와 『高麗史』의 「樂記」와 조선시대 『增補文獻備考』의 「樂考」 등의 사서류를 참고하여 소재를 광범위하게 채택하였고, 시 말미에 음악에 얽힌 史話까지 자세히 밝혀놓았다. 음악에 한정되어 있는 점이 특이하기는 하지만, 역사를 다루었다는 점에서 다른 海東樂府와 공통적인 면을 지니고 있다. 형식은 일률적으로 칠언절구를 취하였다.

「補製散樂十六首」는 「海東樂府百首」와 형식과 내용면에서 동일하다. 「樂記」와 「樂考」에서 빠뜨린 음악을 스스로 보충하여 16수를 지은 것이다. 「關東別曲」, 「關西別曲」, 「山有花」 등 가사나 민요 작품으로 익숙한 것들이다.

「訓民正音五首」도 동일한 형식으로 되어 있다. 훈민정음이 글자이기는 하지만, 소리를 표현하기 위해 만들어진 것으로서, 음이라는 면에서 樂과 상통한다고 파악하였다. 이유원은 "훈민정음이 宮商角徵의 음조를 다 하였기 때문에 음악이 아니면서도 음악이다"라고 설명하였다.

위의 작품들은 중국악부를 본뜬 고악부와 대비하여 우리 음악을 노래한 악부이다.

### 4) 속악

「俗樂十六歌詞」·「觀劇八令」·「靈山先聲五章」·「小樂府四十五首」를 함께 묶었다.

「俗樂十六歌詞」에는 「楚漢歌」·「春杵歌」·「漁父詞」·「將進酒」·「處士歌」·「彈琴詞」·「春眠曲」·「關東別曲」·「梅花詞」·「白鷗詞」·「黃鷄詞」·「道銃樂」·「名山詞」·「相思別曲」·「勸酒歌」·「十二月歌」이 속해 있다. 일반적으로 12歌詞라 불리우는 작품들은 판소리에 삽입가요로 남아 있는데, 상당수가 「俗樂十六歌詞」와 제목이 겹친다. 이 작품들은 잡가처럼 민간에서 불리던 작품을 원용하여 지은 것으로 보인다.

「觀劇八令」에는 「廣寒春第一令」·「燕子匏第二令」·「艾如帳第三令」·「中山君第四令」·「三絶一第五令」·「阿英娘第六令」·「花中兒第七令」·「長亭堠第八令」이 속해있다. 이들 가운데 여섯 작품은 「春香歌」·「흥보가」·「적벽가」·「수궁가」·「심청가」·「변강쇠타령」을 칠언절구로 표현한 것이다. 이 작품은 판소리 작품이 원형이 된 것임을 알 수 있다.

「靈山先聲五章」은 본가사를 부르기 전에 목을 틔우기 위해 부르던 虛頭歌에서 차용한 작품으로 보인다.

「小樂府四十五首」는 이제현의 악부시를 따라 지었던 「海東樂府」에 이어 시조를 번역한 작품이다. 이 가운데 28수는 황위주의 연구에서 본 시조작품이 밝혀진 바 있다. 이유원 스스로가 後敍에서 시조가 사라질 것을 염려하는 뜻을 분명히 밝히고 있으므로, 나머지 작품도 시조의 한역 작품일 것으로 추정된다.

이상의 작품들은 민간에서 불리던 잡가, 시조, 창과 같은 속악에서 내용을 차용하여 한역한 것들이다.

### 5) 詩餘二十六調五十四闋

'詩餘'의 의미는 이유원 자신이 後敍에 "고악부에서 갈라져 나와 후세에 가곡의 濫觴이 된 것"이라고 설명해 놓았는데, 詞를 가리킨다. 앞서 나온 한역시들이 대체로 칠언절구 형식을 빌어 지어졌는데, 이를 변조하여 여기에서는 詞의 형식을 사용하였다.

소재와 내용이 매우 다양해서 일괄적으로 말할 수 없다. 우리나라에서는 거의 지어지지 않는 詞의 형식을 실험하기 위해 다양한 주제로 창작을 시도한 것으로 보인다.

### 6) 四時詞

이 작품은 일년 열두 달과 윤달을 포함한 열세 달의 풍속을 칠언율시로 기록한 것이다. 그리고 각각의 시에는 그 풍속에 관한 자세한 설명이 부기되어 있다. 그런데, 소재로 사용된 풍속은 중국 풍습이다. 우리의 월령가를 차용하지 않고 중국 월령가를 따른 점에 대해 김영숙은 민족주체성이 결여된 것이 아니라 이국의 풍속을 소개하는데 작가가 주안점을 두었기 때문이라고 설명하였다.[2]

### 7) 異域竹枝詞

竹枝詞는 엄격한 양식의 제한이 없이 보통 칠언절구의 연작 형태로 지어지는 대표적인 악부시이다. 우리나라는 이제현이 劉禹錫의 「竹枝詞」를 본떠 「小樂府」를 지은 것이 처음이다. 조선 후기에는 신유한의 「日東竹枝詞」, 조수삼의 「外夷竹枝詞」, 최영년의 「海東竹枝詞」처럼 개인적인 체험이나 민간의 풍속을 연작으로 드러내는데 많이 차용되었다.

이유원의 「異域竹枝詞」는 청나라 사신으로 갔을 때 중국 명사에게 선물로 받은 『皇淸職貢圖』를 보고 이 책에 소개된 외국의 인물과 복식, 기계, 풍속에 따라 지은 연작시이다. 각 시에는 그 나라에 대한 설명이 부기되어 있다.

노래한 30국에는 일본·유구·베트남처럼 예부터 우리에게 익숙한 나라도 있지만, 프랑스·영국·스웨덴처럼 서양 국가도 다수 포함되어 있다. 실린 작품은 「琉球國」·「安南國」·「暹羅國」·「蘇祿國」·「南掌國」·「緬甸國」·「大西洋」·「合勒末祭亞省」·「翁加里亞國」·「波羅泥亞

---

2) 김영숙, 앞의 논문.

國」·「洋黑鬼奴」·「洋僧尼」·「小西洋國」·「英吉利國」·「法蘭西國」·「啞國」·「日本國」·「馬辰國」·「汶菜國」·「柔佛國」·「荷蘭國」·「俄羅斯國」·「宋腒勝國」·「東埔寨國」·「呂宋國」·「咖喇吧國」·「嘛六甲國」·「蘇喇國」·「亞利晚國」·「西藏諸番」이다.

### 8) 附金石索五十九首

중국의 옛 금속기명에 관해 소재별로 읊은 칠언절구 연작시이다. 소재는 鐘鼎부터 벽돌에 이르기까지 다양하다. 실린 시는 「闕里銅器十事」·「鍾鼎之屬」·「戈戰之屬」·「量度之屬」·「雜器之屬」·「泉刀之屬」·「璽印之屬」·「鏡鑑之屬」·「碑碣之屬」·「瓦甎之屬」이다.

## 4. 가치

이유원의 『嘉梧樂府』는 詩經體에서 詞體에 이르기까지 매우 다양한 악부시의 형식을 보여준다. 중국악부뿐 아니라 우리나라의 악부, 더 나아가 민간의 속요를 한역하여 소재나 내용면에서도 매우 다양하다. 조선시대 악부에서 볼 수 있는 거의 모든 유형을 망라한다.

국문문학에 대한 관심이 고조되고 전통적인 한시의 소재와 내용의 한계가 허물어지는 시기에 나타난 이유원의 『嘉梧樂府』는 음악성이 매우 강조되어 있는 동시에 악부문학의 총체적인 모습을 보여준다. 그러면서 악부에 대한 개념 역시 매우 융통성있게 정의되어 있다. 조선시대 악부의 집대성한 모습을 개인이 창작하여 보여주었다는 점에서 『嘉梧樂府』의 문학사적 의의는 크다.

연세대 소장본 『嘉梧樂府』는 『嘉梧藁略』의 일부분이 아닌 개별 편집된 악부시집이라는 점에서 특이성을 가진다. 뿐만 아니라 『嘉梧藁略』에서 볼 수 없는 「籠中鳥三章」이 실려 있는데, 『嘉梧藁略』이 편집되기 이전 독자적인 『嘉梧樂府』가 존재했고, 그 본이 이 책의 저본이 되었을 것이라는 추정을 가능하게 해준다.

【구지현】

# 艮觀錄

洪錫謨(1781~1857) 著.

　寫本. 1册(75張)：四周雙邊 半郭 20.5×13.5cm,
　烏絲欄, 10行22字, 上下內向2葉花紋魚尾；30.5×19.0cm.

# 1. 저자

洪錫謨(1781~1857)[1]의 本貫은 豊山, 字는 敬敷, 號는 玉灘居士·九華齋·陶厓·餐勝道人이다. 永安尉 洪柱元(1606~1672, 宣祖의 딸 貞明公主와 혼인, 李廷龜의 외손자)의 6대손이며, 대제학을 지낸 洪良浩(1724~1802)의 손자로 소론 명가 출신이다. 부친 洪羲俊(1761~1841, 초명 樂俊, 호는 薰谷, 洪良浩의 차남이나 洪挺漢에게 入系)은 1794년 庭試文科에 급제하여 홍문관 제학·左參贊·이조 판서 등을 역임했다. 홍양호·홍희준 및 사촌형 洪敬謨(1774~1851, 호 冠岩, 판돈녕부사)에 이르기까지 3대가 고위 관료를 하며, 여러 차례 중국 使行 경험을 갖는 등 학문과 문학으로 이름을 떨쳤다.

홍석모는 1781년 서울 熏陶坊에서 홍희준과 용인이씨(1760~1835, 府使 李章祜의 딸) 사이에 외아들로 태어나 1804년(24세) 생원시에 합격한 뒤 음직으로 刑曹郎, 과천현감, 황간현감, 세자익위사 翊贊, 太倉令, 남원부사, 장악원 첨정 등을 지냈다. 벗으로는 徐有敦, 宋持養, 李敎英, 曹鳳振, 崔瑗, 趙雲鉉, 朴永元, 李喜經, 鄭元容, 南進和, 李鐸遠, 吳彦誼 등이 있다. 아내 청주한씨(판서 韓用鐸의 딸)와의 사이에 2남(洪健周, 洪善周) 7녀(사위는 曹錫弼, 李晩器, 李公翼, 鄭元弼, 鄭文敎, 鄭基復, 李根弼)를 두었다. 홍석모는 1857년 향년 77세로 죽었는데, 영의정 鄭元容이 묘갈명을 쓰고 참판 宋持養이 묘지명을 썼다고 한다.

홍석모의 저술로는 편년순으로 自編한 『陶厓詩集』(手稿本 21책, 국립중앙도서관 소장), 詩文選集인 『陶厓集』(필사본 8책, 한국학중앙연구원 소장), 1826년 동지정사인 부친 홍희준의 子弟軍官으로 수행하며 남긴 『游燕藁』(필사본 3책, 국립중앙도서관 및 일본 京都大 소장), 우리나라의 세시풍속을 기록한 『東國歲時記』(1849년 무렵)[2] 등이 있다. 이상의 책들에 실린 홍석모

---

1) 『고서목록』 1집(연세대 중앙도서관, 1977)에는 『艮觀錄』이 저자 미상으로 되어 있으나, 내용을 통해 陶厓 洪錫謨의 1818년 金剛山 遊山日記임을 확인할 수 있다. 그 증거는 다음과 같다. ① 8월 17일조에 玉鏡臺의 石面에 冠岩從兄의 題名이 있는 것을 보았다는 기록이 나오는데 관암은 洪敬謨의 號로 홍석모의 종형이다. 홍경모는 1816년 금강산 유람을 했음이 확인된다. ② 8월21일조에서 저자는 楡岾寺의 古蹟들을 보다가 仁穆大妃가 貞明公主를 위해 쓴 『觀世音經』(1621년 인목대비의 小記, 1668년 정명공주 跋이 있음)을 보고 거기에 발문을 쓰는데 그 마지막에 "公主六世孫 洪錫謨拜手稽首恭記"라고 쓰고 있다. ③ 저자의 여행 동기는 永興에 觀親 가기 위함인데 홍석모의 부친 홍희준이 1817년 8월부터 1819년 6월까지 영흥부사로 재직하였음이 확인된다. ④ 본서에 수록된 「艮觀錄題辭」·「金剛山」·「八潭」·「正陽寺」·「須彌塔」·「降仙臺」·「海金剛」·「三日浦」·「叢石」·「國島」·「仁穆王后御筆觀世音經後識」가 홍석모의 『陶厓集』(필사본 8책, 한국학중앙연구원 소장)에도 수록되어 있다. ⑤ 홍석모의 『陶厓詩集』(필사본 전21책, 국립중앙도서관 소장) 제17책에 수록된 『楓嶽錄』의 시(52제 58수)와 本書의 내용이 그대로 일치한다.(『楓嶽錄』에는 벗 朗山 宋持養의 序(1844년)와 홍석모 및 斗山 趙英和의 後題가 있다. 홍석모의 後題(1844년)에 의하면, "1818년 자신의 풍악행 때에 얻은 시는 겨우 18수요 그것도 內外山에는 題詠이 없었으니 그 당시 시 짓는 것을 第一禁戒로 삼았기 때문이다. 지금 27년이 지나 『遊山日記』를 펼쳐보니 완연히 눈앞에 어른거리는데 『도애시집』에 『금강록』이 없을 수 없겠기에 그 주요 장소를 뽑아 약간 수(40수)를 추가로 짓는다"고 하였다.) 이를 통해 본서의 저자가 홍석모임을 확정할 수 있다.

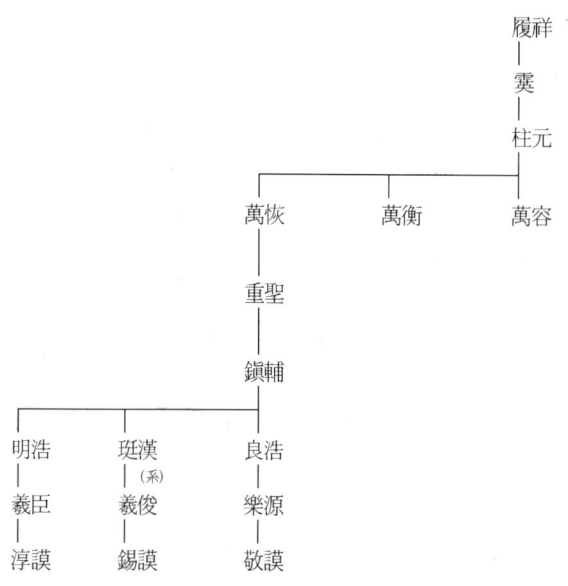

[표1] 홍석모의 가계도(『풍산홍씨세보』)

의 현존 시는 약 7,000수에 육박한다. 본 해제 대상인 『艮觀錄』은 홍석모의 저술로 새로이 추가되는 것이다. 홍석모의 『陶厓詩集』(필사본 전21책, 국립중앙도서관 소장) 제17책의 『楓嶽錄』에는 홍석모의 後題(1844년)가 있다. 거기에 자신의 1818년 『遊山日記』를 언급하고 있는데 이 『간관록』을 가리키는 것이 틀림없다. 이 외 편서로 '賞心契'라는 모임에서 주고받은 시를 모은 『賞心錄』(필사본 1책, 日本 天理圖書館 소장), 『황간읍지』(필사본 1책, 국립중앙도서관 소장) 등이 있다.

## 2. 구성

寫本 1책(75장)인 본서의 구성은 「艮觀路程記」(끝에 "歇惺樓眞面" 地圖 1장이 添附), 「艮觀錄題辭」에 이어 『艮觀錄』 본문이 시작된다. 본문은 「內山日記」와 「外山日記」로 나뉘어 있고, 끝에 「附 朴蒼岩金剛說」이 첨부되어 있다.3)

---

2) 우리나라의 한 해 행사와 각 지방의 민속들을 23개 항목으로 분류하여 기술한 것임. 조선 민속을 가장 잘 기록한 歲時記의 白眉로 꼽힌다.
3) 版心에 '內向二葉花紋魚尾'가 있는 絲欄空卷을 쓰고 있는데 『陶厓詩集』(국립중앙도서관 소장), 『陶

## 3. 내용

「艮觀路程記」는 서울 惠化門에서 출발하여 함경도 永興邑에 도착할 때까지의 노정을 날짜, 거리, 점심, 고을 境界, 숙박 장소 등을 정리하여 기록한 것이다. 지역 경계와 날짜는 작은 글씨로 썼다. 일부를 예시한다.

惠化門戊寅八月初十日自京發行→水踰店十五里→雙掛門五里→樓院十里楊州界宿所→議政府店十里→西月廊十里→祝石嶺→松隅三十里抱川界中火→(중략)→萬歲橋二十里永平界→白鷺洲→楊門十里宿所十一日→(중략)→地境店十五里金化界宿所十二日→(중략)→金城邑十里宿所十三日留一日→(중략)→通口倉五里宿所十五日→(중략)→摩訶衍十里中火宿所十九日→(중략)→內水岾十里內外山淮陽高城分界處→(중략)→新溪寺說禪堂三十里宿所二十四日→(중략)→溫井四十八里宿所二十五日→(중략)→安邊邑十五里宿所九月初一日→(중략)→文川邑十七里宿所初二日→(중략)→永興邑四里入抵初三日

노정기의 끝에는 "自京至永興合一千二百六十九里, 自八月初十日至九月初三日合二十三日"이라 하여 서울 혜화문에서 함경도 永興까지의 행로가 총 1,269리이며, 8월 10일에서 9월 3일까지 총 23일간의 여정이었음을 말해주고 있다.

노정기의 끝에는 "歇惺樓眞面"이라고 쓴 금강산 지도 한 장이 첨부되어 있는데 이는 이 여행의 핵심이 금강산 유람에 있었고, 금강산의 全景이 헐성루에서 가장 잘 보이므로 여기에 첨부한 것이다. 지도는 금강산의 모습을 圓形에 가깝게 그리고 있는데 그 하단 중심에 正陽寺 歇惺樓가 있고, 사면의 산봉우리 및 금강산의 명승지 위치와 명칭을 표시하고 점선으로 저자의 여행 행로를 표시하였다. 저자의 금강산 유람 행로를 일목요연하게 보여준다.

「艮觀錄題辭」는 이 책의 서문에 해당한다. 본서의 저술 동기와 책명을 '艮觀錄'이라고 한 이유를 설명하였다. 예전 吳나라 季札이 주나라의 음악을 듣다가 韶濩의 音(舜임금의 음악)을 듣고는 탄식하기를, "넘실넘실 성하도다. 음악이 이에 그칠진저"라고 하였다는데 금강산 역시 이와같은 존재임을 말하였다. '艮'이란 글자에는 '止'의 뜻이 있고, '山'의 뜻도 있으며, 또 '東北位'을 가리키기도 한다. 따라서 금강산을 유람한 이 일기를 '간관록'이라고 명하게 되었다고 한다.4) 그리고 끝에 "歲戊寅季秋上浣餐勝道人書于雙城館"이라고 題하였다. 무인년은 1818년이고, '雙城'은 '永興'의 옛이름이며, '餐勝道人'은 洪錫謨의 또 다른 호이다. 저자 나이 28세 때로 저자가 금강산을 경유하여 영흥에 도착한 직후 이 『간관록』을 바로 썼음을 알 수 있다.

본문은 「內山日記」와 「外山日記」의 두 부분으로 나뉘어져 있다. 8월10일부터 8월19일까지가

---

崖集』(한국학중앙연구원 소장)에 쓰인 종이와 동일하다. 다만 홍석모의 친필 여부는 미상이다.
4) "(전략)余雖不得遍盡天下大觀, 然一觀金剛, 則無異乎季札觀韶濩而止也. 止之時義艮爲大也, 艮者, 山也. 亦觀山而止於金剛之意也. 且天地之東北位乎艮, 而余於是行自東而北, 故遂總名遊覽之紀曰艮觀錄."

「내산일기」이고 8월20일부터 9월3일까지 「외산일기」이다. 금강산은 內水岾을 경계로 내·외산으로 구분하는데 내산은 淮陽에 속하고 외산은 高城에 속한다. 「내산일기」는 출발지 서울에서 회양에 속하는 금강 내산 즉 경계 지점의 楡岾寺에 도착하는 날까지의 여정을 기록한 것이고, 「외산일기」는 금강 외산의 시작 지점인 유점사에서 永興 官衙에 도착하는 날까지의 여정 기록이다. 일기는 날짜, 날씨, 출발지로부터 경과 지역 및 거리, 유숙 지점, 당일 행진 총거리를 순서대로 적고, 그 다음에 당일 구경한 명승지를 소항목별(소항목은 아래 해당일자에 작품 표시하였음)로 다시 상세하게 소개하는 구성으로 짜여있다.

8월10일조에 저자는 당시 秋曹(刑曹)郎으로 재직 중이었는데 부친의 병으로 呈辭를 올리고 이 날 출발하게 된 것이라고 한다. 이어서 벗 尹行德(자는 明甫)을 비롯하여 동행한 자들을 기록하였다. 홍석모의 부친 홍희준은 1817년 8월 영흥부사로 부임하여 1819년 6월까지 재직하였다. 홍석모는 1817년 10월에도 영흥으로 부친을 뵈러 간 적이 있다(『도애시집』 제8책 정축년 부분). 금번 영흥행은 제2차인데 여유롭게 유람을 하며 가는 것으로 보아 부친의 病을 살피기 위해 呈辭를 냈다는 것은 핑계로 보인다.

「內山日記」

· 8월10일: 5일 永興에서 사람과 말을 보내왔다. 나는 秋曹郎으로 미리 4일에 病親 呈辭를 올리고 이제 비로소 부모님을 뵈러 출발하게 되었다. 가는 길에 금강산을 들를 것이다. 벗 尹行德(자 明甫)이 이 얘기를 듣고 기꺼이 동행케 되었다. 이 외에 동행케 된 자는 家奴 晩福, 永興官奴 敬植, 陪吏 方春協, 驅從 仁根·德深, 使令 禹正信, 馬夫 奉學·就珎이다. 惠化門으로 나가 水踰店을 거쳐 樓院에 도착. 이 날 30리를 가다.

· 8월11일: 抱川 松隅를 거쳐 永平 楊門 도착하여 숙박함.

· 8월12일: 鐵原 芝瑟浦, 龍化山, 豊田을 거쳐 金化 地境店에 도착하여 숙박함. 도중에 삼부연 폭포를 구경.「三釜淵」

· 8월13일: 長林川, 金化 生昌驛을 거쳐 金城邑에 도착. 咸興巡將 安德煥이 합류. 원주 감영(관찰사 曹鳳振)[5]에서 편지와 酒饌을 보내옴. 別監 全榮采의 집에서 숙박.

· 8월14일: 人馬가 피로하고, 行具가 미비하여 하루 더 유숙함. 원주감영에 答書를 씀. 金城縣監과 退妓 松鶴이 찾아옴.

· 8월15일: 別監 全榮采는 금강산을 네 번이나 유람한 자라 이번 유람에 합류시킴. 方吏가

---

5) 홍석모는 도정 내내 강원감영에 편지를 주고받고 있으며 관찰사 曹鳳振의 각별한 배려를 입고 있다. 조봉진(1777~1838)은 이조 판서를 지낸 曹允大의 아들로 본관은 昌寧, 자는 儀卿이다. 양가는 모두 소론 명가로 대대로 교분을 갖고 있었다. 조봉진은 1802년(순조 2) 사마시에 장원, 1805년 증광문과에 급제한 후, 정언·부교리·弼善·이조참의·대사성·승지·강원감사·한성판윤 등을 역임했다. 1833년 冬至使로 청나라에 다녀온 뒤 헌종 때 공조판서·대사헌·이조판서를 역임했다. 후에 홍석모와 조봉진은 사돈이 되었다(홍석모의 장녀가 조봉진의 아들 曹錫弼에게 시집 감).

곧장 영흥부로 돌아간다 하기에 편지를 써서 보냄. 昌道驛, 上岐城, 掛釜峴, 下岐城 등을 거쳐 通口倉에 도착.「掛釜」,「觀音窟峴」,「大慶津」

· 8월16일: 斷髮嶺 아래를 지나 長安寺에 도착. 도중 墨浦 長北倉에서 거문고와 피리로 이름 높은 中軍 琴順采를 동행시킴. 금순채의 피리, 해금 연주를 듣다.「斷髮嶺」

· 8월17일: 長安寺 구경. 地藏峰과 釋迦峰 사이를 유람. 玉鏡臺에서 冠岩從兄이 바위에 題名한 것을 보다. 靈源洞, 三佛岩, 白華菴古基 등을 구경한 후 表訓寺에 도착하여 점심을 먹음. 正陽寺 歇惺樓에 올라 金剛全面을 구경. 석양 무렵 天逸臺 구경. 달밤에 헐성루에 다시 올라 琴順采의 피리 해금 연주를 들음. 정양사 無說堂에서 숙박.「金剛山」·「長安寺」·「玉鏡臺」·「面鏡臺」·「黃泉江」·「極樂門」·「鳴韻潭(일명 鬱淵)」·「三佛岩」·「白華菴」·「表訓寺」·「正陽寺」

· 8월18일: 萬瀑洞口에 들어감. 청학봉과 향로봉 사이로 올라 內圓通菴에 도착. 더 올라 須彌塔에 도착. 음주하고 금순채의 피리를 들음. 비가 내리는 중에 하산하여 표훈사 極樂寮에서 숙박. 밤에도 금순채의 해금, 피리를 들음.「萬瀑洞」·「金剛門」·「靑壺淵」·「龍曲潭」·「槽淵(일명 龍湫)」·「金剛臺」·「內圓通菴」·「獐項峯」·「萬折洞」·「太上洞」·「淸泠瀨」·「羽化洞」·「赤龍潭」·「降仙臺」·「須彌塔」

· 8월19일: 八潭으로 향함. 팔담의 초입이자 內山 瀑流의 제일 명승인 珍珠潭, 噴雪潭을 지나 摩訶衍菴에 도착. 栗峰大師와 그 제자 性日이 맞아줌. 암자의 주변을 살펴보니 골짜기는 깊고 땅은 가파라 금강 內山의 腹臟이라 할 만했다. 性日과 儒釋 心性의 辨을 논함. 저녁에는 승려들의 鳴鉢齋食을 구경하고 금순채의 연주를 또 들음. 저녁에 비가 와서 坐禪堂에서 숙박. 「八潭」·「洗頭盆」·「手巾厓」·「普德窟」·「獅子峯」·「摩訶衍菴」·「昭曠巖」·「妙吉祥」·「李許臺」·「白軒潭」·「內水岾(일명 雁門岾)」

「外山日記」

· 8월20일: 朝飯 후 七寶臺에 오름. 다시 암자로 와서 永興에 보내는 편지와 表訓僧 如訓에게 답하는 편지를 씀. 佛地菴을 지나 妙吉祥에 도착 石刻된 佛을 보다. 금순채는 여기서 작별. 李許臺, 白軒潭을 지나 內水岾에 오름. 표훈사 승려들은 떠나고, 楡岾寺 승려들이 옴. 고성 아전들도 문안 옴. 隱仙臺에 올라 산 전체를 조망. 內山을 벗어나 처음 보는 壯觀. 楡岾寺에 도착하여 山暎樓에 오른 후 절 전체를 구경하고 說禪堂에서 숙박.

· 8월21일: 비가 종일 와서 하루를 유숙함. 楡岾寺의 古蹟들을 구경. 『仁穆大妃御筆觀世音經』(1621년 인목대비 소기, 1668년 정명공주 跋)을 보고난 후 홍석모 題後를 씀.[6]「七寶臺」

---

6) 이 『관세음경』은 인목대비가 친필로 쓴 것이고 小記도 있으며, 이 帖의 하폭에는 정명공주의 친필 跋文도 있다. 小記에는 "佛不妄言, 世所共知. 貞明公主以銀手書成之. 惟願一生之內, 除千障百害百惡, 行住坐臥之間, 逢百喜千瑞, 所求所願, 隨心成就. 天啓元年辛酉(1621)八月日"라고 쓰여 있었다. 하폭의 정명공주의 친필 跋은 다음과 같다. "인목왕후가 西宮幽閉 시기에 나를 위해 祈福하여 친히 이 첩을 쓰신 것인데, 첩의 끝에 기록한 某(정명공주)가 손수 썼다는 것은 사실이 아니다.

·「隱仙臺」·「十二瀑」·「曉雲洞」·「楡岾寺」(1297년작 민지 「유점사기」 및 1308년 몽암거사 權昍의 跋 인용)

·8월22일: 船潭 구경. 歡喜嶺, 狗嶺을 지나 百川橋에 도착. 유점사 승도들은 떠남. 배로 廣橋川을 건너자 入山 후 처음으로 들판을 만남. 高城邑에 들어감. 「船潭」·「狗嶺」·「百川橋」

·8월23일: 海山亭에 올라 日出을 봄. 巡行 중인 강원관찰사에게 편지를 씀. 배를 타고 海金剛 등을 구경. 邑底에 도착. 소나무 숲을 지나 三日浦 도착. 배 타고 四仙亭에 오름. 점심 후 養珎驛村을 거쳐 神溪寺에 도착. 바로 萬歲樓에 오른 뒤 절 구경. 說禪堂에서 숙박. 「海山亭」·「海金剛」·「七星峰」·「羣玉臺」·「帶湖亭」·「三日浦」·「四仙亭」·「丹書岩」·「埋香碑」·「夢泉菴」·「神溪寺」

·8월24일: 九龍淵을 향함. 仰止臺, 金剛門 등을 지나 九龍 下流인 玉流洞에 도착. 珍珠潭, 連珠潭, 舞鳳瀑, 飛鳳瀑 등을 지나 九龍淵에 도착. 다시 神溪寺로 돌아와 說禪堂에서 숙박. 「玉流洞」·「九龍淵」(朴淵瀑, 寒溪瀑과 비교)

·8월25일: 溫井店을 지나 獅子項에 오름. 사자항은 萬物草를 찾는 사람들이 여기에서 구경을 하는 곳이다. 작자는 봉래 양사언이 기록한 만물초와는 다르다고 하면서 徐有敎가 새로 찾아낸 新萬物草를 구경. 溫井으로 다시 돌아옴. 洛伽僧 妙諶이 來謁. 묘심은 從兄 山行 때 길을 인도했던 이이자 서유교와 함께 신만물초를 찾아낸 이인데 마침 溫井店에 머물고 있어 만나게 된 것이다. 홍석모는 묘심에게 시를 써 줌. 「萬物草」·「九歧潭(일명 勺淵)」

·8월26일: 養珎驛, 松串峴(高城과 通川의 경계), 長田을 지나자 바다를 따라 길이 이어짐. 명사십리를 지나 甕遷을 거쳐 沙津村에 도착. 통천 아전이 기다리고 있다가 해산물로 점심 대접. 朝珎驛 등을 지나 頭白津倉에서 숙박. 妙諶과 同宿. 「甕遷」·「百井峯」

·8월27일: 妙諶과 헤어짐. 通川 邑底에 도착. 현감 李亨會[7]는 마침 서울을 가고 없어 관아에 편지를 남김. 강원 감영과 흡곡 현감 韓淳에게도 편지를 보냄. 叢石亭 아래 도착. 배를 타고 叢石을 구경한 후 총석정에 오름. 庫底村에서 숙박. 흡곡 현감의 답서가 옴. 「叢石」·「叢石亭」

---

崇禎戊申年(1668) 겨울 아이들이 우연히 이 첩을 금강산 스님한테서 얻으니 재삼 敬玩함에 나도 모르게 눈물이 난다. 이이들이 이것이 (인목왕후의) 御筆인지 알지 못할까 하여 이런 내용을 써 두는 바이다." 상자 안에는 "庚申(1800)五月御筆觀世音經文一冊, 自京洪氏家, 奉安於楡岾寺"라고 쓰여 있어 133년이 지난 뒤 이 첩이 다시 유점사로 봉안되었음을 알 수 있다. 『간관록』의 작자는 이 첩을 읽고 感泣하여 별지에 跋을 써서 함께 橫 안에 넣어 후세에 영원히 전하려고 하였다. 그 跋에서 작자는 小子로 스스로를 칭하면서 이 첩의 내력과 인목대비와 공주의 유필을 받들어 보는 심정을 토로하고 있는데 跋의 끝에 "公主六世孫洪錫謨拜手稽首恭記"라고 적고 있다. 인목대비는 宣祖의 繼妃로 광해군에 의해 아들 영창대군이 사사되고 1618년에 西宮에 廢黜되었는데 그때 정명공주도 함께 감금되었다. 인조반정후 봉호가 모두 회복되었다.

7) 본관은 全義로 역시 소론 명가 출신이다. 야담집 『綺里叢話』의 편자 李玄綺(1796~1846)의 부친이다.

· 8월28일: 魚水峴(통천과 흡곡의 경계), 丹原里를 지나는데 흡곡 아전 및 가마꾼이 대기. 날이 맑아 배를 타고 穿島를 구경. 뭍으로 돌아와서 尹友, 全生과 헤어짐. 翕谷 縣衙에 도착. 현감과 반갑게 해후. 「穿島」

· 8월29일: 강원 감영에 편지. 우연히 連山 사람의 가야금 연주와 노래를 듣다. 麻次津峴을 넘어 흡곡에서 安邊으로 들어옴. 황해도 長淵 金沙와 다를 바 없는 모래사장이 펼쳐짐. 君中村에서 숙박. 「侍中臺」·「白沙汀」

· 9월1일: 배 타고 國島에 감. 鶴浦(士大夫可居之地)를 거쳐 安邊 邑底에 도착. 부사 李墇가 저녁 대접. 「國島」

· 9월2일: 안변 관아에 들어가 부사에게 인사하고 헤어짐. 元山, 德源을 거쳐 文川邑에 도착. 영흥부에 편지 보냄. 문천현감 趙奎昇이 나와 인사.

· 9월3일: 高原에 도착. 현감 其允鼎과 인사. 永興 地境店에 이르자 아전들이 나와 맞음. 관아에 도착. 서울을 출발하여 1,269리 길을 23일에 걸쳐 도착.

「附 朴蒼岩金剛說」: 蒼岩 朴師海(1711~1778)의 글을 옮겨 적는 것으로 자신의 금강산 유람 총평을 삼은 것으로 보인다. 박사해는 본관이 반남으로 저자와 마찬가지로 소론계 인물이다. 鄭敾, 李秉淵과도 교분이 있고 금강산에도 여러 차례 유람하여 많은 시문을 남겼다. 이 글은 『창암집』(국립중앙도서관 소장) 권9에 수록된 「遊金剛說, 贈李從史季浩入山」에서 節錄한 것이다.

## 4. 가치

본서의 가치는 우선 우리나라 최고의 名山으로 알려진 금강산에 대한 수준 있는 遊山錄이 또 한 종 추가되었다는 데에 있다. 아울러 陶厓 洪錫謨(1781~1857)라는 조선후기 문학사에 비중있는 인물이 저자로 밝혀졌다는 점도 큰 의미가 있다. 요컨대 조선후기 산수문학 자료로서의 의미이다. 본서는 기록성이 단연 돋보이는 자료인데, 상대적으로 문학성은 조금 떨어지는 한계도 있다.

본서는 금강산과 금강산 명승지에 대한 소개를 아주 자세하게 기록하고 있다. 금강산의 주요 사찰(표훈사, 유점사 등)에 소장된 古蹟들을 낱낱이 기록하고 있는 점, 명칭과 유래에 관련한 설화를 풍부히 소개한 점, 해당 장소의 石壁 題詩 또는 題字 상황을 자세히 소개하고 있다는 점, 해당 유적과 관련된 금석문 및 저작 인용8) 등등에서 그 자료 가치가 매우 높다.

---

8) 도선의 시, 안축의 시, 김창흡의 시 등이 인용 또는 거론되고 있고, 문으로는 묵헌법희거사 민지의 「유점사고적기」와 몽암거사 權旽의 跋, 이곡 「東遊記」, 淸涼의 疏, 봉래 양사언의 記, 창암 박사해의 記 등이 인용되고 있다. 현지에서 직접 금석문으로 본 자료도 상당히 많이 기록되어 있는

　　본서를 통해 조선후기 사대부의 산수 유람 문화를 살필 수 있다. 저자가 소론 명문가의 인물이란 점 때문에 지나는 지역의 고을 원 및 아전들이 각별한 대접을 하는 점이라던가, 금강산에서 승려들이 가마를 메고 길을 인도하는 것, 예술인(주로 음악 관련)을 대동하고 유람을 한다는 점 등이 그 예이다.

【김영진】

---

데 이곡의 「金剛山長安寺重興碑銘」을 비롯하여 白華菴 舊基에 있다는 네 개의 비, 백천교 옆의 紀蹟碑 두 개(하나는 신완 찬, 또 하나는 권성중 찬) 등이 언급되어 있다.

# 剛齋遺稿

金鼎鉉(1778~1839) 著.

寫本. 13卷6冊 1包匣 : 揷圖, 四周雙邊 半郭 23.4×17.0cm,
有界, 10行24字 註雙行, 無魚尾 ; 32.0cm×20.9cm (冊1, 版
式 : 四周雙邊 半郭 21.4×17.0cm, 有界, 10行21字 註雙行,
無魚尾).

## 1. 저자

金鼎鉉(1778~1839)의 本貫은 金海, 字는 洛元, 號는 剛齋, 初名은 克鉉, 初字는 顔如이다. 증조부는 朴世堂에게 수학했고 星州牧使를 지낸 宇集이며, 조부는 令禩로 배움은 뛰어났으나 벼슬을 하지는 않았다. 아버지 獻祚는 眞寶와 龍宮의 현감을 지냈고 부인으로 全州 柳氏와 繼室로 전주 이씨가 있다. 맏형인 益鉉(1763~1821)은 유씨 부인의 소생이었으며, 정현은 이씨 부인의 소생으로 1778년(정조 2) 4월15일에 한양 義洞(於義洞) 집에서 태어났다.

11살 때인 1788년(무신) 진보 현감으로 있던 아버지를 따라갔다가 15살에 돌아왔다. 또한 18살 때인 1795년(을묘)에 아버지가 龍宮의 현감으로 갈 때 함께 갔다가 다음해 어머니의 喪을 당하였다. 26살 되던 해인 1803년(계미) 사마시에 합격하고 이해 가을 송도를 유람하였다. 이듬해인 1804년(갑자) 가을에는 柳文初, 좌랑 趙亨基 등과 함께 금강산을 여행하였다. 40살 되던 해인 1817년(정축) 가을 庭試에 합격하였다. 56살 되던 해인 1833년(계사) 겨울에 처음으로 貞陵參奉에 제수되었다. 1835년(을미) 겨울에 濟用監 副奉事로 옮겨가고, 이듬해 여름 尙瑞院 副直長, 직장이 되었다가 한성부 主簿에 제수되었다. 1837년(정유) 한성부 판관으로 승진되었다가 연기 현감에 제수되고 이듬해 연기 현감으로 부임하였으며, 실록의 差使員으로 파견되기도 했다. 2년 뒤에 任所 松竹堂에서 죽어 청주 江外二面 鶴峴에 묻혔다.


## 2. 구성

이 책은 문집을 간행하기 전에 편집하는 과정에 있는 상태라서 때로는 같은 글들이 중복되어 있으며, '刪'이라고 표시된 부분은 생략하였다. 자신이 쓴 序와 1851년(신해)에 재종질 濟晃이 쓴 跋을 포함하여 13권 6책 470장의 필사본이다. 문집의 구성은 다음과 같다.

**1冊(禮)**
권1~2: 詩(254首)

**2冊(樂)**
권3: 辨疑箚論(10편)
「辨浩然章疑」・「與金寤軒論四端以下與金玉如啓溫講論」・「論本原」・「答正蒙太和太虛問義以下與毅齋金啓泳講論」・「聚亦吾體條云云」・「氣聚則離明條方其散也安得遽謂之無也云云」・「再答太和太虛問義」・「論長子喪服制諸節附」・「論備要握手條」・「箚上神宗皇帝書疑」
권4: 詩(292首)
「南館倦遊錄」(63首)

「梨亭唱酬錄壬戌」(98首)

「東遊楓嶽錄」(52首)

「李戚德如容愚出接泮村方做終場工適得當以一律簡寄于余故余乃和之兼寓嘲意乙丑」 등 79首

### 3冊(射)

권5: 「南遊日錄」 詩(132首)

권6: 詩(335首)

### 4冊(御)

권7: 長篇 古詩 등(123首)

권8: 詩(329首)

권9:  詩(170首)

### 5冊(書)

권10: 詩(177首)

권11

祭文·碣誌銘狀·序記辭論(69편)

「祭鼻祖駕洛國王陵文」·「王世子翼宗入學賀箋文丁丑嶺伯代作」·「代人祭舅氏文乙丑」·「祭再從叔生員公性祚文」·「奉節祠李公夢台躋享祝文」·「焚黃告由文丁卯家親增秩通政告前後配位文代撰」·「憬夷樓中央祭祭文甲戌樓在泰安代作」·「祭社稷泰安祈雨文代作」·「祭白華山泰安祈雨文代作」·「祭文丙子代作」·「祭權承旨晙文戊寅」·「祭文代作」·「祭舍兄弼善公文辛巳」·「祭聘母孺人潘南朴氏文」·「祭朴樂正南源文癸未」·「聘父母祠宇自龍山還安坡州告由祭文乙酉」·「祭通德郎公再從兄炳鉉文丙戌」·「祭申知樞絢文丁亥」·「哀朴丹陽宗復辭戊子」·「祭申承旨綽文」·「祭進士宗姪濟民文」·「祭李東贊文」·「祭再從祖通德郎公郁凞文」·「祭兪擎柱文乙丑」·「擬祭呂參判東植致祭文」·「祭柳永平文陳辛卯」·「祭柳鼎根文丙申」·「祭姜奉事文奎文」·「祭朴參判齊聞文戊戌」·「祭朴承旨大圭文」·「祭洪進士秀臣文」·「祭社稷祈雨文以下幷燕岐祈雨文」·「祭城隍祈雨文」·「祭龍塘祈雨文」·「祭轉月山祈雨文」·「祭松峙祈雨文」·「再祭社稷祈雨文」·「再祭城隍祈雨文」·「再祭龍塘祈雨文」·「再祭轉月山祈雨文」·「再祭松峙祈雨文」·「三祭社稷祈雨文」·「三祭城隍祈雨文」·「大王大妃殿寶齡望六稱慶賀箋文己亥忠淸兵營代作」·「佐郎金公載鎭墓碣銘丁丑」·「宗兄通德郎公處鉉墓誌」·「再從叔生員公性祚墓誌銘」·「再從叔學生公憬祚墓誌」·「縣令趙公寅釆行狀」·「附第三子濟參妻龍仁李氏事行顚末壬辰」·「亡弟重鉉墓誌丙申」·「送李判書晩秀赴燕序癸亥」·「題蘇湖徐有洛小帖序己丑」·「喪祭便輯序庚寅」·「東遊楓嶽記甲子」·「蘆原記戊辰」·「剛齋記戊寅」·「次歸去來辭乙未」·「高麗史總論癸亥」

### 6冊(數)

권12

雜著 (26편)

「題南館倦遊錄後」・「又」・「義狗碑銘善山石峴」・「廣行日錄」・「申友龜徵席上記少年話」・「命義和以閏月定四時成歲詔」・「命義叔宅南交詔」・「賜百官玉井氷詔」・「大成殿銘幷引」・「敦化門銘幷引」・「壯元峯銘幷引」・「人日銘幷引」・「倉堂銘幷引」・「金橘頌並引」・「於樂辟雍頌並引」・「夙興夜寢箴並引」・「明日召白居易等合宴于冊中登臨泝泹顧四座賦之詩三下甲寅迎鑾應製御考」・「朝服濟河詩次下癸亥增廣監試初試發解」・「且當置兩子於度外詩三下同年會試」・「畵家有南宗北宗詩次上庚寅應令入格」・「闢四門明四目達四聰賦次上甲戌鶴製入格」・「擬魯羣臣賀孔子附魯頌於三百篇箋次上癸酉梧製入格」・「擬周羣臣賀日就月將學有緝熙于光明表次下丁丑庭試發解」・「猶子濟慶納幣書」・「納幣書代作」・「戲詠六甲」

書(36편)

「與成近思齋近默書」(7편)・「與李山雲亮淵書」(11편)・「上姜法隱必孝書」(7편)・「與金窹軒啓溫書」(5편)・「與金毅齋啓永書」・「與申駱棲錫疇尺牘」・「與族姪濟文書」(4편)

권13

附錄

「年譜」・「家狀」・「行狀」・「先府君遺事」・「書金哀濟大先府君遺事後」・「墓誌銘」・「墓碣銘幷序」・「墓碣銘」・「祭文」・「祭文」・「祭文」・「祭文」・「祭文」・「祭文」・「祭文」・「輓辭」・「剛齋說幷序」・「剛齋銘並序」・「剛齋銘」・「題剛齋散稿」・「題剛齋散稿」・「題剛齋散稿」・「送剛齋之任燕岐序附詩」・「書剛齋遺集後」・「跋剛齋遺稿後」・「殤兒元興壙誌」

## 3. 내용

### 1) 「南館倦遊錄」에 실린 시 작품들

그의 아버지가 경상도 眞寶의 현감으로 있을 무렵인 1788년부터 1792년까지 그 역시 진보에 가 있었고, 18살 때인 1795년(을묘) 아버지가 다시 龍宮의 현감이 되어 갔을 때 함께 모시고 갔는데, 이 시집은 진보에 있을 때인 10대 초반(11살~15살)의 작품 1편과 용궁에 있을 때의 일을 적은 작품들로 주로 이루어져 있다. 10대 후반까지 132편 정도의 작품을 남긴 것으로 보아 일찍부터 詩才가 뛰어났음을 알 수 있다.

「上忠原再從叔聖養惠祚氏戊申以後在眞寶衙時作」
泥燕巢邊噪　　진흙 문 제비는 둥지에서 지저귀고
海棠檻外紅　　난간 너머 해당화 붉게 피었습니다.
幾旬相別恨　　얼마 전 이별하며 한스럽더니
今日尺書中　　오늘 보내신 편지 속에 뵈옵니다.

| | |
|---|---|
| 愁夢朝窓雨 | 아침 창가에 비 내릴 때 시름 깊은 꿈만 꾸고 |
| 孤懷午月風 | 한밤 바람 불면 외로움만 생겨납니다. |
| 神珍要一見 | 옥체를 한번이라도 뵐 수 있다면 |
| 蒙養是眞工 | 어리석은 저에게는 공부가 될 것 같습니다. |

이 시는 그의 나이 11살 때인 1788년(무신) 봄 아버지가 현감으로 眞寶에 있을 때 재종숙 金惠祚에게 문안 인사차 올린 작품이다. 김혜조는 어린 김정현에게 집안 친척이기도 하지만, 학문적 스승이기도 했던 모양으로 전체적으로 시에는 스승에게 올리는 공손함이 배어 있다.

우선 제비가 처마에 집을 짓고 관아 주변에 해당화도 곱게 핀 모습을 통해 한동안 편지를 올리지 못한 미안한 마음을 대신 전하고 있다. 이어서 비 내리는 아침 창가에서 시름의 꿈을 꾸고 있는 모습과 한밤 부는 바람 속에 느끼는 외로움을 통해 먼 남쪽 타향에서 느끼는 객수심을 표현하면서 재종숙에 대한 그리움도 곡진하게 드러내 주고 있다. 끝에서는 재종숙을 빨리 만나 깊은 학문적 세계를 다시 접하고 싶다는 바람을 표현하였다.

「雨後觀野」

| | |
|---|---|
| 携筇何所之 | 지팡이 짚고 어디로 가나 |
| 登隴望田野 | 언덕에 올라 들판을 바라보네. |
| 綠樹斜陽裡 | 녹음은 저녁 햇살 속에 비치고 |
| 黃鸝任上下 | 꾀꼬리만 멋대로 이리저리 날아다니네. |

비가 그친 저녁 풍경은 조금 뒤면 금세 사라지게 마련이다. 전결구에서 햇살이 푸른 숲에 비치는 모습과 이를 배경으로 하여 꾀꼬리들은 이리저리 날아다니는 저녁 풍경 묘사는 시인의 재주가 범상치 않음을 느낄 수 있다. 특히 앞의 풍경은 정적인 반면, 뒤의 풍경은 동적으로 그려져 있어, 짧은 순간에 포착된 저녁 풍경은 마치 살아 있는 실경처럼 보는 이의 눈맛을 아주 시원하게 해준다.

「題畵扇」

| | |
|---|---|
| 携杖人長立 | 지팡이 짚은 사람 오래도록 서 있고 |
| 揮鞭馬不回 | 채찍을 휘둘러도 말은 돌아가지 않네. |
| 無香花亂發 | 향기 없는 꽃은 어지러이 피어 있고 |
| 有意蝶雙來 | 뜻 맞은 나비 떼 쌍쌍이 날아다니네. |
| 勝景毫端得 | 뛰어난 경치가 붓끝에서 태어나고 |
| 好顔紙上開 | 고운 얼굴 종이 위에서 펼쳐져 있네. |
| 莫曰非眞景 | 참된 경치 아니라 말하지 마라 |
| 丹靑亦美哉 | 그림 빛깔 또한 아름답도다. |

이 시는 이른바 그림을 대상으로 하여 쓰여진 題畵詩이다. 제화시는 이미 그림 속에 그림을 그린 사람의 주제가 전제되어 있기 때문에 일면 쉽게 시를 지을 수 있다고 볼 수도 있다. 그러

나 주어진 그림의 주제를 그대로 따라가기만 한다면, 시적 창조성이 크게 약화될 수밖에 없다. 이런 점에서 좋은 제화시를 쓰기는 생각처럼 쉽지는 않다. 또한 제화시는 그림 위에 직접 쓰여지는 작품이 있고, 단순히 그림을 소재로 하여 쓰여지는 매우 독립적인 작품이 있다.

이 시를 보면, 앞부분에서는 지팡이를 잡고 먼 곳을 응시하고 있는 인물과 그 인물이 타고 왔을 말 한 마리가 하나의 풍경을 형성하고, 만발한 꽃들과 그 꽃들 주변을 쌍쌍이 날아다니는 나비가 또 하나의 풍경을 형성하고 있다. 아마도 이 그림 속에 있는 인물은 꽃을 응시하고 있는 듯하다. 그런데 이 시에서는 두 가지 풍경을 뒷받침하는 배경으로서의 풍경이 모호하게 처리된 것이 단점이다.

「丙辰初吉南行夜宿三街晨發口呼」

| | |
|---|---|
| 晨發寒程露濕衣 | 새벽길 차가워 옷은 이슬에 젖고 |
| 蒼蒼海色望依微 | 푸른 바다 빛은 희미하게 보이누나. |
| 旅窓睡客聽鷄起 | 客窓가에서 자던 길손 닭소리에 잠을 깨고 |
| 峽路行人信馬歸 | 산길을 가는 나그네 말에 몸 맡기고 가누나. |
| 點點山圍平野闊 | 점점이 산들이 둘러치고 들판은 드넓은데 |
| 三三星掛遠天稀 | 먼 하늘에 걸린 별들은 빛을 잃어 희미해지네. |
| 俄然霧捲升紅日 | 갑자기 안개 거치고 붉은 해가 오르니 |
| 萬峀生明旭旭輝 | 수많은 골짜기에서 밝은 빛이 솟아나네. |

이 시는 1796년(병진) 김정현이 아버지의 任所인 龍宮縣으로 갈 때 지은 작품이다. 시는 새벽길을 가는 시간대에 자연스럽게 맞추어져 작품이 진행되어 읽기가 매우 편하다.

우선 새벽길에 이슬이 젖고 아직 해가 떠오르기 전의 희미한 모습을 통해 이른 아침 부지런히 길을 떠나려는 여행자들의 모습을 실감 있게 그리고 있다. 이어서 아침 닭소리에 이제 막 客舍의 잠자리에서 깨어난 사람들의 모습과 이미 말을 탄 채 산길을 가고 있는 모습을 대응시켜 새벽 여행길의 속도감을 잘 표현해내고 있다.

다음은 이미 客舍를 빠져나와 자신들이 가고 있는 주변에 펼쳐져 있는 산과 들판의 풍경과 새벽 하늘에 희미하게 사라지는 별들의 모습을 통해 본격적인 여행이 시작되었음을 보여 주고 있다. 끝으로는 아침 해가 떠올라 자신들이 걸어가고 있는 골짜기까지 훤하게 비치는 모습에서 오늘 하루의 여행길이 본격적으로 시작되고 있음을 알려 주고 있다.

「偶次竹下和贈鄭咸昌宗魯韻」

| | |
|---|---|
| 尺牘去來日再三 | 편지를 주고받은 게 하루에도 두세 번 |
| 天寒白屋武夷南 | 날씨 차가워 武夷의 남쪽 띠집 안에 계시네. |
| 空樓梧月共吟詠 | 빈 누대에서 오동나무에 뜨는 달을 벗 삼아 시 읊조리시고 |
| 陋巷簞瓢任苦醎 | 簞瓢陋巷의 삶 속에 모든 고초 맡겨버리셨네. |
| 嶺外幸逢千里面 | 영남에 와서 다행히 천리 밖의 얼굴 뵈오니 |

燈前何新一宵談　　등불 아래 나누는 하룻밤 이야기 어찌 이리 새로운가.
鳴琴堂上悄然立　　집안에 울리는 거문고 소리에 가슴 저미며 서 있자니
望裡孤峯夕陽銜　　눈앞에 외로이 솟은 봉우리 저녁 빛을 머금었네.

이 시는 용궁현에 있을 때 쓴 작품이다. 立齋 鄭宗魯(1738~1816)는 愚伏 鄭經世의 6대손으로 당시 경학과 문장이 영남의 제일이라고 칭송받던 인물이다. 젊은 김정현의 입장에서 보면, 용궁에서 처음으로 훌륭한 스승을 만난 것이라고 할 수 있다.

우선 시의 앞부분에서는 띠집 안에서 소박하게 살아가는 모습, 달이 떠 있는 빈 누대에서 시를 읊는 모습 등을 통해 아무런 욕심 없이 살아가는 정종로의 처사 적 삶에 경의를 표하고 있다. 뒷부분에서는 정종로를 처음 만나 밤새 토론하면서 그의 높은 식견에 대해 감탄한 일, 거문고를 타면서 자신에게 주어진 삶에 만족할 줄 아는 그의 安貧樂道的 삶의 자세 등에 대한 경외심을 드러내고 있다.

「夜坐寫懷」
窮臘他鄕倍憶家　　섣달 그믐에 집 생각 더욱 나니
窓前應着一枝花　　고향집 창 앞의 가지 분명코 꽃이 피었으리.
氷上呵硯殘燈影　　가물거리는 등불 아래 얼어붙은 硯滴을 호호 불며
雪閤含杯素月華　　흰 달빛 속에 방에서 술잔을 머금네.
客意悄悄依靜几　　안석에 기댄 채 나그네 마음 시름겹고
年光忽忽逐飜車　　세월은 내닫는 수레처럼 빠르기만 하구나.
碁朋已去書僮睡　　바둑 친구 이미 돌아가고 書童만 졸고 앉았는데
檻外鍾聲半夜賖　　한밤에 난간 너머로 종소리만 멀리서 들려오네.

이 시에는 당시 공부하는 젊은 선비의 하루가 잘 표현되어 있다. 우선 기련을 보면, 때는 섣달 그믐이다. 고향집 창 앞에 피어 있는 꽃가지가 꽃을 피웠는지를 물으며 고향에 대한 그리움을 표현하고 있다. 이는 타향 땅에서 고향에 있는 부인을 그리워한 王維의 「雜詩」에서 그 시상을 빌려온 것임을 알 수 있다. 함련에서는 추운 방 가물거리는 등불 아래 물이 얼어붙은 연적을 호호 불면서 녹이는 모습, 가끔씩 공부하는 일을 멈추고 술자리를 벌이는 모습에서는 한겨울 힘들게 공부하는 젊은 儒生의 일상이 잘 표현되어 있다.

경련에서는 밤새 공부하는 자신의 모습과 아무것도 이룬 일 없이 다시 한해가 가버리는 아쉬움이 진하게 표현되고 있다. 미련에서는 옆에 앉아서 졸고 있는 書童의 모습과 한밤에 들려오는 범종소리를 듣는 유생의 모습을 대비시킴으로써 공부하는 유생들의 고된 하루를 극명하게 드러내주고 있다.

## 2) 「梨亭唱酬錄」에 실린 시 작품들

그의 나이 25살 되던 해인 1802년(임술)에서 그가 사마시에 합격하던 해인 1803년(계해) 봄

사이에 松都를 유람할 때 쓰여진 작품들을 모아놓았다. 이들 작품 가운데 杜甫의 「秋興」을 흉내내거나 5언이나 7언배율 등이나 集句詩 등은 당시 과거시험 공부를 위해 詩作을 했던 것으로 보인다. 唱酬錄의 제목을 삼은 梨亭은 「和金正言景文氏深秋韻呈理亭」(권4)의 小註에 따르면, 校理 權曒(1758~?: 字는 陽仲)이 살던 곳으로 개경에서 서쪽으로 40리 쯤 되는 곳에 있는 梨浦 부근에 있는 듯하다.

「夜宿大興寺上大乘堂乘月作樂泉石可愛」

| | |
|---|---|
| 倦踏白雲小逕斜 | 지친 걸음으로 흰 구름 오솔길 지나왔는데 |
| 北門鎖鑰壯宮衙 | 北門에 있는 관아의 문 잠겨 있구나. |
| 巖盤可坐千餘客 | 커다란 너럭바위 천여 사람이 앉을 법하고 |
| 谷挾猶容十數家 | 골짜기는 좁아도 수십 집은 들어앉을 만하네. |
| 夜半鳴川懸玉卣 | 玉瓶을 들이붓는 듯 한밤 물소리 들리고 |
| 月中橫笛雜銅鑼 | 달밤 피리 소리 속에 바라 소리 끼어든다. |
| 禪窓一罷仙遊夢 | 절집 창 아래 자다가 仙遊夢을 깨고 일어나 |
| 更理芒鞋入曉霞 | 다시 짚신 고쳐 신고 새벽 안개 속을 걸어가네. |

이 작품은 박연폭포 주변에 있는 대흥사의 大乘堂에서 하룻밤을 묵었을 때 지은 작품이다. 시의 앞부분은 대흥사에 도착하는 날 밤을 그리고 있고, 뒷부분은 대흥사에서 묵는 날의 밤과 대흥사를 떠나는 새벽을 그리고 있다.

기련에서는 대흥사까지 힘들게 올라온 산행의 과정과 대흥사 주변 높은 곳에 위치한 관아 앞에 도착한 일을 그리고 있다. 함련에서는 인달봉에서 흘러내리는 물이 흘러드는 계곡의 바위와 커다란 골짜기의 뛰어난 모습을 그리고 있다. 경련에서는 밤새도록 대흥사 쪽으로 흐르는 계곡 물소리에 대한 묘사와 대흥사 승려들의 바라 소리를 대조시키면서 한밤 대흥사의 분위기를 그리고 있다. 미련에서는 아침 일찍 잠에서 깨어 새벽 길을 출발하는 여행객들의 모습을 그렸다.

「崧陽卽圃隱書院祇謁後敬次曾大夫右相公題壁韻」

| | |
|---|---|
| 驅馬荒城感舊朝 | 荒城으로 말 달려 오니 지난 왕조의 일 새롭고 |
| 崧陽院裡暮烟消 | 숭양 서원에는 저녁 안개 사라지네. |
| 一身猶繫存亡運 | 오직 한 몸에 나라의 存亡 달려 있었으니 |
| 萬世長瞻寂寞橋 | 오래도록 적막해진 돌다리만 바라보누나. |
| 寃結土花風節凜 | 원통한 마음 들꽃에도 스며 있어 그 정절 늠름하고 |
| 禮隆俎豆典章昭 | 예를 갖춰 제사하니 충절의 본보기로 빛나도다. |
| 漠然淸水高山在 | 맑은 물 아득히 흐르고 높은 산은 그대로인데 |
| 遺像于今正氣饒 | 남기신 肖像에는 아직도 바른 정기 그대로 남아 있네. |

이 시는 정몽주 등을 모신 숭양서원을 방문하고 쓴 작품이다. 기련에서는 망한 왕조의 성

터를 언급하면서 고려조의 이야기를 상기시키고 숭앙서원에는 저녁 안개가 사라지는 것을 통해서는 정몽주의 충절만은 이곳에 생생히 남아 있음을 암시적으로 드러내고 있다. 함련에서는 정몽주의 충절에 한 나라의 흥망이 달려 있었다는 것, 결국은 前朝를 위해 선죽교에서 장렬히 순사한 정몽주의 흔적을 통해 영원히 사라지지 않을 그의 충절에 경외심을 표하고 있다.

경련에서는 지금도 피어 있는 들꽃들이 마치 원통함을 잊지 못한 채 피어 있다는 묘사를 통해 정몽주의 충절이 아직도 남아 있음을 극명하게 드러내주고 있으며, 정몽주의 충절은 모든 사람이 본받아야 한다는 점을 주장하고 있다. 미련에서는 정몽주가 살아 있을 때의 물과 산이 아직도 그대로 남아 있으며, 서원에 모셔진 초상 속에서도 충절의 바른 정기가 아직도 남아 있다고 하여 정몽주의 충절에 대해 존경심을 표하고 있다.

### 3) 「東遊楓嶽錄」에 실린 시 작품들

그의 금강산행은 1804년(갑자) 가을 9월 3일에서 27일까지 이루어졌다. 이때 그는 柳文初, 좌랑 趙亨基 등과 함께 금강산에 갔다고 한다. 이때 그는 흥인문 밖에서 시작한 금강산행의 감회를 다음과 같이 노래했다.

「朝出興仁門」
朝日東城出麗譙　　아침 해 동쪽 성 누대로 떠오를 때
親知携酒餞吾曹　　친구들이 술병 들고 우릴 배웅하러 왔다네.
清袍坐下追風足　　푸른 도포 차림으로 날쌘 준마 위에 오르니
氣氣肯爭萬丈高　　다툴 듯한 기개들이 萬丈峰처럼 높구나.

대개 당시 금강산행은 동대문인 흥인문에서 집결하여 출발하는 경우가 많았다. 그 역시 함께 금강산에 갈 사람들과 흥인문에서 만나 새벽 일찍 출발하기로 했던 듯하다. 그런데도 그의 금강산행을 축하해 주기 위해 많은 친구들이 술병을 들고 아침부터 찾아왔다고 했다.

모두들 푸른 도포차림으로 말쑥하게 차려 입고 옛날 진시황이 탔다는 追風馬에 올라 타니 그 모습이 너무나 늠름해 보인다고 했다. 이러한 늠름한 모습을 바로 멀리서 보이는 삼각산의 한 봉우리인 높은 만장봉에 비유한 것은 아주 구체적이고 실감 있는 묘사라고 하겠다.

「九月九日始到長安寺」
金削峯巒玉漱流　　봉우리는 쇠로 깎은 듯하고 옥처럼 맑은 물 흐르는데
夕陽隱隱梵鐘樓　　석양 속에 범종 소리 은은하게 들리네.
清遊不負黃花節　　맑은 나들이에 국화 철 저버리지 않아
風物仙山取次收　　신선 사는 산에서 순식간에 좋은 풍경 만났네.

9월 3일에 서울을 출발한 김정현은 마침 9월 9일 중구절에 금강산 초입에 있는 장안사에 도착하였다. 장안사 앞에서 금강산을 바라보니 벌써 깎아 놓은 듯이 쭉쭉 솟아 있는 봉우리들이

즐비하고, 계곡마다 옥같이 맑은 물이 흘러내린다. 바로 금강산을 대표하는 뛰어난 봉우리들과 맑은 물이다. 게다가 저녁 무렵이라 절에서는 범종 소리까지 은은히 들려온다. 이런 풍경만 해도 부족함이 없는 금강산이다.

그런데 마침 장안사에 도착한 때가 중양절이다. 천하 명산 금강산이 국화꽃이 피기 시작한다는 중양절을 피해 갈 리가 없다. 이미 금강산의 많은 봉우리들은 마치 자신을 기다리기나 한 듯이 국화꽃으로 뒤덮여 있었던 것이다. 금강산에 막 도착한 일행들은 여행의 피곤함을 느낄 사이도 없이 순식간에 금강산이 펼쳐내는 국화꽃 풍경에 흠뻑 취하게 된 것이다.

금강산에 들어간 김정현은 靈源洞, 표훈사, 수미탑, 만폭동, 마하연 등을 돌아본 뒤에 내수점에 도착하여 다음과 같이 자신의 감회를 노래하였다. 그리고 내금강을 빠져 나가면서 다음과 같은 시를 남겼다.

「出內水店嶺」
一步回頭五步坐　한 걸음 가고 돌아보고 다섯 걸음 가서 앉게 하니
毗盧峯色似留我　비로봉은 날 여기 머물게 하려는가 보다.
依依潘閬倒騎地　潘閬이 거꾸로 말 타고 본 풍경 못내 아쉬우니
若不重來卽不可　다시 여기 오지 않는다면 불가하리라.

內水店은 鴈門嶺이라고도 하는데, 바로 내금강과 외금강의 경계가 되는 곳이다. 김정현은 내금강 구경을 마치고 외금강으로 넘어가면서 그 아쉬움을 한걸음 가고 돌아보고 다섯 걸음 가서 앉는다는 말로 표현하였다. 또한 비로봉의 산빛이 자신을 잡고 놓아주지 않는다는 말로 더 이상 볼 수 없는 비로봉에 대한 아쉬움을 표현하고 있다. 그리고 이렇게 머뭇거리며 차마 떠나지 못하는 자신의 마음을 일찍이 華山의 풍경을 구경하기 위해 나귀를 거꾸로 탔던 潘閬의 모습에 견주어 표현하면서 반드시 금강산을 다시 찾아올 것을 다짐하고 있다.

김정현은 여기서 다시 유점사, 신계사, 옥류동, 비봉폭포, 구룡폭포를 여행하고 고성 쪽으로 가서 삼일포, 해산정, 拜日巖을 구경한 뒤에 해금강 쪽으로 가서 총석정 등을 여행하였다.

그는 금강산행에 대한 감회를 다음과 같이 술회하였다.

「觀海二首」
於山見楓嶽　산으로는 풍악산을 보았고
於海見桑溟　바다로는 동해 바다를 보았도다.
大觀止於此　뛰어난 경치 여기에 모여 있나니
胸裡海山經　내 가슴 속에 산해경을 담아 놨노라.

사실 내외금강과 해금강을 모두 여행하고 금강산에 대한 느낌과 그 감동의 깊이를 정리해 말하기란 쉽지 않다. 이런 점에서 자신의 가슴 속에 산해경을 담아 놓았다는 그의 말은 비록 관념적이기는 해도 금강산의 경치와 동해바다의 풍경에 대한 느낌과 감동을 매우 단순하고 명

쾌하게 드러내는 데는 부족함이 없을 것 같다.

### 4) 記論·雜著

「東遊楓嶽記甲子」

1804년(갑자) 가을 9월 3일(기축)에 금강산을 여행하면서 쓴 기행문이다. 이때 그와 함께 동행했던 사람들은 柳文初, 좌랑 趙亨基 등이었다. 당시 이들 일행은 서울을 떠나 堅城(포천)의 銀溪에서 하루를 묵고, 金城縣에 이르러 披襟亭, 慶陽樓를 구경하고 觀瀾窟을 지나 摩尼村에서 묵고, 아침에 단발령에 올랐다. 여기에 도착한 것은 출발한 지 7일만이라고 했다. 이렇게 하여 10일(병신) 백천동을 시작으로 하여 내금강을 유람하기 시작하여, 14일(경자)에는 구룡폭포를 마지막으로 하여 외금강을 유람하고 나서 15일(신축)에 해금강 쪽으로 갔다. 16일(임인)에서 18일(을사)까지 해금강 여러 지역을 유람하였다. 19일(을사)에 귀로에 올라 27일(계축)에 서울로 돌아왔다고 했다. 전체적으로 볼 때 이 기행문은 여정과 자신이 들러본 승경처의 모습을 중심으로 전개되고 있고, 개인적인 느낌이나 감상은 부족한 편이다.

「蘆原記戊辰」

1808년(무진) 섣달에 자신의 친구 李景容이 『주역』을 강론하던 별장인 蘆原精舍에 쓴 記文이다. 이 해 김정현은 金毅齋(號임)와 함께 노원정사에 놀러가 열심히 공부하고 시를 지은 일, 노원정사에서 함께 있을 때의 마음으로 열심히 공부해야 한다는 점, 공부의 진척이 되고 안 되고는 장소가 문제가 아니라 스스로 얼마나 힘쓰느냐에 달려 있다는 점들을 주장하여 스스로를 권면한다고 하였다.

「剛齋記戊寅」

1818년(무인)에 자신의 號를 剛齋로 지은 연유에 대해 적을 글이다. 1798년(무오) 가을 쓸 山縣(龍宮縣)의 관아에서 『論語』公冶長篇을 읽다가 申棖의 군건함에 대한 이야기에 이르러 책을 덮고 자신의 품성이 나약하여 剛 자를 편액에 적어 걸어놓고 종신토록 버리지 않는 좌우명으로 삼게 된 이야기를 적고 있다.

「高麗史總論癸亥」

1803년(계해)에 고려의 역사에 대한 자신의 입장을 서술하였다. 궁예의 잔악함을 물리치고 천심을 얻어 고려가 건국한 이야기에서부터 불교를 숭상한 고려조의 문제점 그리고 광종의 科擧取士法, 경종의 田柴科, 성종이 종묘와 사직을 처음으로 세운 이야기 등 각 왕들의 업적과 그밖에 반대로 학정을 행한 왕들에 대한 비판, 묘청의 난, 고려 중기의 무신의 난, 몽고의 침입에 따른 강화도 천도, 고려 말 왕들의 문란한 정치, 주자학의 도입 등 각 시기별로 중요한 역사적 사실들을 언급하면서 결국은 조선 건국의 정당성을 주장하는 것으로 끝을 맺고 있다.

## 4. 가치

김정현은 詩와 文 모두를 남겼다. 그러나 文의 경우 특히 많이 쓴 제문 등은 그 현실적인 목적성에서 크게 벗어나지 못하고 있고, 성리학적 논설 역시 거의 남기지 못하고 있다. 이런 점에서 그의 문학적 특장은 아무래도 시에 있다고 해야 할 것 같다. 특히 시는 젊은 시절에 여러 곳을 여행하면서 쓴 작품들 가운데 좋은 작품이 많이 보인다. 또한 그의 문집에 실린 시 작품들은 쓰여진 시기별로 정리해놓거나 특정한 지역에서 일정기간 거주했을 경우에는「南館倦遊錄」,「梨亭唱酬錄壬戌」,「東遊楓嶽錄」 등처럼 묶어서 시기별로 정리해놓고 있기 때문에 시 작품의 내용과 특징 등을 연령대별로 살펴보는 데 큰 도움을 준다.

【전관수】

# 經山北征錄

鄭元容(1783~1873) 著.

　手稿本. 10卷10册；四周雙邊 半郭 23.6×16.4cm, 有界, 10行
20字；32.0×20.5cm.

　表題：北征錄.

## 1. 저자

鄭元容(1783~1873)의 本貫은 東萊, 字는 善之, 號는 經山이다. 돈녕부 도정 鄭東晚(1753~1822)의 아들이며, 5조 판서와 우찬성을 지낸 鄭基世(1814~1884)의 父親이다. 그가 90년 동안 기록한 일기『經山日錄』과 실록에 실린 사실, 문집 뒤에 실린 행장 등을 참조하여 정리한 저자의 생애에 대해서는 본『고서해제』Ⅰ의 經山集 附錄 편을 참조.

『經山北征錄』의 제작 시기와 관련해서는『經山北征錄』제10책의 단서로 확인할 수 있다. 『經山北征錄』제10책은 鄭元容의 日記인데, 己丑年인 1829년(순조 29)과 庚寅年인 1830년(순조 30)의 行狀 중 일부만을 담고 있는 것으로 미루어『經山北征錄』의 완성은 이 시기를 기점으로 하여 이루어진 것으로 보인다.

『經山北征錄』이 정리될 당시와 관련된 鄭元容의 생애는 다음과 같다. 그는 47세 되던 1829년(순조 29)에 奎章閣 直提學과 大司諫에 제수되었다. 8월에는 北關에서 홍수가 났다. 會寧府使가 모두 4차례 望單子를 고친 끝에 鄭元容이 낙점을 받았고, 그는 서둘러 會寧에 부임하였다. 16社 각각에 곡 100석을 설치하고, 이를 民倉이라 하였다. 烏啼嶺의 전토는 경작하여 수확하는 것을 허락하고, 세금은 서원에 귀속시켰으며, 海面城의 丁米布와 商稅는 감면하였다. 鄭元容은 北關이 關防에 중요한 땅인데도 준비태세가 매우 소홀하다고 여겨「北略擬議」와「鐵北拾錄」을 저술하였다. 鄭元容이 이 지역에 처음 부임하였을 때, 백성이 완악하여 형벌을 두려워하지 않았다. 鄭元容은 '가르치지 않고 벌을 주는 것도 학대하는 것'이라 하며, 형구를 모두 치우고 정성을 다해 타이르고 가르치니 실천한 지 몇 개월 만에 백성들이 감격하고 기뻐하였다. 淸商開市에는 한결같이 신의로 시행하였다.

48세 되던 1830년(순조 30)에 자헌대부에 올랐고, 知經筵과 司憲府 大司憲에 제수되었다. 이처럼 정원용이 40대에 關北 지방의 수령으로 재임하던 당시의 시문 등을 집대성한 책이 바로 『經山北征錄』이며, 이 시기를 기점으로 해서『經山北征錄』의 정리가 이루어졌다.


## 2. 구성

전체 10권 10책 분량이고, 책마다『經山北征錄』이라는 권수제가 있다. 또 각 책 표지의 우측 상단에 詩, 雜著 등 해당 책에 실린 내용을 포괄적으로 요약할 수 있는 갈래를 간략하게 정리하였다. 각 책의 우측 하단에는 '共十'이라 표기하여『經山北征錄』의 전체 분량을 명확하게 밝혔다.

본문의 맨 앞에는 '經山北征錄卷之一 詩' 등의 卷首題가 있고, 그 아래에는 각 책마다 '東萊 鄭元容善之著'라 하여 저자를 명확하게 밝혔다. 본문은 楷書로 비교적 깨끗하게 正書하였고,

수정한 흔적이나 덧댄 종이는 비교적 드물다. 각 책의 권수제와 갈래를 중심으로 정리한 구성 및 분량은 다음과 같다.

### 1) 제1책:『經山北征錄』一 詩

鄭元容이 지은 「北征詩序」와 「經山北征錄卷之一目錄」과 이에 해당하는 시 작품집이다. 10행 20자 54장. 전체 시 작품은 102題 167首이다. 작품 가운데 동일한 제목의 連作일 경우에는 目錄의 해당 작품 제목 아래에 '二首' 등으로 그 분량을 밝혔고, 본문에서는 첫 번째 수 다음부터 '其二', '其三' 등의 방식으로 다음 首를 배열하였다. 또 작품에 序가 있는 경우에는 목록의 작품 제목 아래에 '並序'라고 밝혔다.1) 이는『經山北征錄』제2책도 동일하다.

### 2) 제2책:『經山北征錄』二 詩

鄭元容이 지은 「經山北征錄卷之二目錄」과 이에 해당하는 시 작품집이다. 10행 20자 47장. 전체 시 작품은 73題 165首이다.

### 3) 제3책:『經山北征錄』三 雜著

鄭元容이 지은 書와 箋文과 墓誌銘 등이다. 10행 20자 55장. 「經山北征錄卷之三目錄」에 따르면, 전체 글은 30題 36篇인데, 이를 갈래별로 나누면 書 14篇, 序 7篇, 箋文 9首, 說 4首, 墓誌銘 1篇, 文 1篇이다.

### 4) 제4책:『北征錄』四 枕談錄

鄭元容이 지은 「枕談錄序」와 「枕談錄」으로 구성되어 있다. 본문의 卷首題에도 밝혔듯이 이는 雜著에 해당된다. 10행 20자 45장. 본문의 앞에 目錄은 없다.

### 5) 제5책:『經山北征錄』五 鐵北拾錄

鄭元容이 지은 「鐵北拾錄序」와 「鐵北拾錄」으로 구성된 地理書이다. 10행 20자 58장. 본문의 앞에 目錄은 없으며, 본문의 卷首題에도 밝혔듯이 이는 雜著에 해당한다.

### 6) 제6책:『經山北征錄』六 北略擬議 上

---

1) '並序'가 있는 작품으로는 제1책의 「摩天嶺歌」·「北遊述懷」·「岐豊歌」 등과 제2책의 「思卯君」·「寄北靑使君」 등이 있다.

鄭元容이 지은 「北略擬議序」와 「北略擬議」上篇이다. 10행 20자 53장. 본문의 앞에 「經山北征錄卷之六目錄」에 따르면, 「北略擬議」上篇은 「北關總錄邑官方附」, 「關防鎭堡城堞嶺隘附」, 「山川海路附」, 「聖蹟」으로 구성되어 있으며, 본문의 卷首題에도 밝혔듯이 이는 雜著에 해당한다.

### 7) 제7책: 『經山北征錄』七 北略擬議 下

鄭元容이 지은 「北略擬議」下篇이다. 10행 20자 53장. 본문의 앞에 「經山北征錄卷之七目錄」에 따르면, 「人物祠院附」, 「敎士科宦附」, 「田政缸稅附」, 「軍制軍器附」, 「糶政里社戶口附」, 「開市」로 구성되어 있으며, 본문의 卷首題에도 밝혔듯이 이는 雜著에 해당한다.

### 8) 제8책: 『經山北征錄』八 讀易日錄

鄭元容이 지은 「讀易日錄序」와 「讀易日錄」이다. 10행 19자 67장. 본문의 앞에 目錄은 없으며, 본문의 卷首題에도 밝혔듯이 이는 雜著에 해당한다.

### 9) 제9책: 『經山北征錄』九 選職攷綱

鄭元容이 지은 「選職攷綱」이다. 10행 20자 55장. 본문의 앞에 「經山北征錄卷之九目錄」에 따르면, 설명한 관직의 항목은 총 26개이다. 본문의 卷首題는 「選職考綱」이며, 본문의 卷首題에도 밝혔듯이 이는 雜著에 해당한다.

### 10) 제10책: 『經山北征錄』十 日記

鄭元容이 지은 日記이다. 10행 19자 37장. 본문의 앞에 目錄은 없다. 본문의 卷首題는 「北征日錄」이다. 제1책부터 제9책에 해당하는 詩文과 雜著는 모두 1행 당 20자를 배치하였지만, 日記가 실린 제10책은 행의 윗부분에 여백을 많이 두고, 1행 당 19자를 배치하였다는 특색을 확인할 수 있다. 이는 日記를 다른 글들과 구별하려 했던 鄭元容의 의도에 기인하거나, 평소 그가 日記를 쓰던 습관에 기인한 것으로 보인다.

## 3. 내용

### 1) 제1책: 『經山北征錄』一 詩

鄭元容이 47세 되던 1829년(순조 29) 8월에 北關에 홍수가 났는데, 會寧府使가 모두 4차례 望單子를 고친 끝에 鄭元容이 낙점되었고, 그는 서둘러 會寧에 부임하였다. 제1책에 실린 시

102제 167수 대부분은 이즈음에 지어진 시로, 이는 자신이 시 짓기를 즐겼고, 會寧에 부임한 뒤로도 그러했다고 밝힌 「北征詩序」에 술회한 내용을 통해서도 확인할 수 있다.

수록된 시는 대부분 「次明守韻呈巡使」(五首)처럼 會寧府使 시절 관리나 문인들과 酬唱한 작품과 「登鐵嶺」·「永興」 등 부임지 주변의 地理에 대한 감상을 술회한 작품들이다. 특히 北關 주변의 地理와 관련된 시들은 제5책의 「鐵北拾錄」이나 제6책과 제7책의 『北略擬議』 등 關北 지방의 수령으로 재임할 당시에 저술한 地理書 들과 함께 당시 그 지역에 대한 상세한 정보를 담고 있다. 따라서 이들은 국경까지의 여정이나 변방의 상황 등 당대 요충지의 지리적 정보와 관련하여 귀중한 가치를 지닌다.

### 2) 제2책: 『經山北征錄』二 詩

鄭元容이 지은 시 작품으로 특정한 수록 체제는 없다. 次韻詩와 본인의 감정을 술회한 시들이 대부분이다. 흥미로운 점은 「櫻桃」·「觀打麥」·「木頭菜」·「薇蕨」·「吉更」·「葱」·「芥」·「萵苣」·「南瓜」·「瓜」·「葵」·「茄」·「蒜」·「菘」·「蘿葍」·「枸杞菜」·「苦菜」처럼 당시의 식용 채소와 나물을 소재로 지은 시들이 실려 있다는 점이다. 이처럼 그가 物名의 考證에 관심을 가졌다는 사실은 두 가지 점에서 시사하는 바가 크다.

하나는 그가 지금까지 알려진 바대로 오랜 세월 관료로 활동함으로써 명성을 얻었을 뿐만 아니라, 실생활에서 쉽게 접할 수 있는 사물에 대해서까지 대단히 치밀한 학자적 관심과 소양을 지녔다는 점이다. 다른 하나는 그가 당대를 풍미하던 實學的 학풍에도 관심을 지니고 있었다는 점이다. 그리고 이것은 백성들의 실생활과 관련하여 그의 사상적 기저에 愛民정신이 자리 잡고 있었음을 방증한다. 실제로 그는 홍수가 난 會寧에 府使로 부임하자마자 民倉을 설치하고, 烏啼嶺의 전토는 경작하여 수확을 허락했으며, 海面城의 丁米布와 商稅는 감면하는 조치를 취하는 등 지방관으로서 곤궁한 처지의 백성들을 위한 시책을 적극 추진하였다.

### 3) 제3책: 『經山北征錄』三 雜著

鄭元容이 지은 書와 箋文과 墓誌銘 등이다. 書에 해당하는 14편은 차례대로 「上廟堂書」·「又上廟堂書」·「與籌堂書」·「又與籌堂書」·「上李參判奎鉉書」·「上領敎寧金祖淳書」·「上左議政李戚叔書」·「與金尙書鑑書」·「荅洪侍郎敬謨書」·「上巡使金箕殷書」·「上朴尙書宗薰書」·「上巡使金箕殷書」·「上領敎寧金祖淳書」이다. 이 가운데 『箕城錄』에도 수록된 「上廟堂書」는 弊局, 또는 敗局이라고 불리는 關西의 실태를 파악하고, 穀簿와 각 창고의 文簿를 살펴본 뒤에 구체적으로 세 가지를 건의한 글로서 「又上廟堂書」·「與籌堂書」·「又與籌堂書」가 이와 같은 성격의 글이다. 그 외의 글들은 대부분 鄭元容과 친분이 있던 인물들에게 보냈던 書簡에 해당한다.

序에 해당하는 7편은 차례대로 「圍棋聯句序」・「耦射聯句序」・「北征詩序」・「枕談錄序」・「鐵北拾錄序」・「北略擬議序」・「讀易日錄序」이다. 이들은 대부분 『北征錄』의 각 책에 실린 개별 雜著의 序文을 모아 넣은 것이다. 내용상 『北征錄』 개별 雜著의 서문과 다른 사항은 없다.

箋文에 해당하는 9수는 차례대로 「冬至箋文」(2수)・「正朝箋文」(2수)・「誕辰箋文」(2수)・「陳慰箋文」(3수)이다. 이 가운데 「冬至箋文」(2수)은 1835년(乙未)에 鄭元容이 동지를 하례하며 올렸던 전문인데, 곧이어 國喪을 당하자 다시 내려왔다. 「正朝箋文」(2수)은 1834년(甲午)에 설날 중화부에서 보낸 賀禮 箋文이다. 「誕辰箋文」(2수)은 각각 原任 閣臣의 신분으로 임금의 탄신을 축하하는 전문이고, 같은 내용을 관찰사의 신분으로 축하하는 전문이다. 「陳慰箋文」(3수)은 각각 純祖가 붕어하자 원임 각신의 신분으로 위로의 뜻을 아뢰는 箋文이고, 같은 내용을 평안도관찰사의 신분으로 아뢰는 箋文이며, 대비에게 위로의 뜻을 아뢰는 전문이다. 이들 역시 대부분 『箕城錄』에도 실려 있다.

說에 해당하는 4수는 차례대로 「碁說」(2수)・「碁說贈李君玉」・「烏騮說」이다. 이 가운데 「碁說」(2수)과 「碁說贈李君玉」은 바둑과 관련한 자신의 경험과 견해를 정리한 글이고, 「烏騮說」은 중국의 저자에서 판매되는 名馬에 대한 견해를 설명한 글이다.

墓誌銘에 해당하는 글은 「牧使尹公致赫墓誌銘」 1편이다.

文에 해당하는 글은 「進香文」 1편인데, 1790년에 태어나 1834년에 세상을 떠난 純祖의 영전에 향을 올리며 지은 글이다. 이 글 역시 『箕城錄』에도 실려 있다.

『箕城錄』은 鄭元容이 1833년 11월 9일 평안도관찰사에 임명되어 2년 9개월 동안 지은 시와 산문을 모은 책이다. 『北征錄』과 『箕城錄』의 저술시기가 비슷하고, 『北征錄』 제3책에 실려 있는 글들이 대부분 『箕城錄』에 실려 있다는 점을 감안하면, 각 책의 편집 과정 중 이 부분이 중복된 것으로 보인다.

### 4) 제4책: 『經山北征錄』四 枕談錄

47세이던 1829년 10월 초에 鄭元容이 조카 鄭允容(1792~1865)[2]과 나눈 이야기를 기록한 글이다. 鄭允容은 鄭元容의 叔父인 壞隱 鄭東逸(1766~1817)의 아들이다. 제목에 사용된 '枕談'은 漢代 桓寬이 편찬한 『鹽鐵論』의 '高枕談臥'에서 온 말이다. 이 글의 내용은 바둑과 시와 문학 및 세태에 대한 것인데, 古今 聖賢의 高談峻論을 끌어대 각각 자신의 견해를 피력했다. 특이한 점은 자신은 '經山'으로 표현하고, 鄭允容은 그의 字인 '景執'으로 표현하여 그 글을 시종

---

2) 조선 후기 학자. 자는 景執, 호는 睡庵. 본관은 東萊. 1819년(순조 19)에 성균관 유생이 된 뒤, 1831년 懿陵參奉을 지냈으며, 이어 공조참의가 되었다. 1846년(헌종 12)에 密陽府使가 되었고, 公州判官을 지낸 뒤, 1850년(철종 1)에 공직에서 물러났다. 어려서부터 서화에 뛰어났으며, 특히 글씨는 大字로 이름을 떨쳤다. 經史諸子에 능통하였고, 많은 저술을 남겼는데, 그 가운데 『字類註釋』은 국문학 연구에 귀중한 자료이다. 저서에 『睡庵漫錄』이 있다.

일관 '經山曰'과 '景執曰'로 시작하는 대화체로 서술하고 있다는 것이다. 앞서 언급한 『鹽鐵論』도 昭帝 때 御史大夫 桑弘羊과 선비들 사이에 일어난 鹽鐵法 등 專賣에 관한 논란을 모아서 토론하는 모양을 문답체로 서술했는데, 鄭元容은 제목은 물론, 서술 방식까지 『鹽鐵論』의 영향을 받았던 것으로 보인다. 이것은 상업과 경제에 대한 鄭元容의 평소 관심을 보여주며, 卷首題에도 밝혔듯이 『經山北征錄』의 雜著에 해당된다.

### 5) 제5책: 『經山北征錄』五 鐵北拾錄

鄭元容이 47세 되던 1829년(순조 29)에 지은 百科辭典的 地理書이다. 19세기 전반의 함경도 회령 및 關北 지역의 사정 전반에 대해 상세히 서술한 책이다. 총 125항목에 대한 설명은 크게 세 부분으로 나누어진다. 먼저, '鐵嶺'부터 '豆滿江'까지는 당시 조선에서 인식하고 있던 關北 지방 조선 국경 내의 지형 및 건축물 등에 대한 설명이다. 다음으로 '幹東八池'부터 '淸人始起'까지는 '豆外補聞'이라는 소제목 하에 關北의 조선 국경과 인접한 외부 지역의 지형과 부족에 대하여 설명하였다. 마지막으로 '北俗紀略'에서는 關北 지역의 풍속과 의식주, 특산물에 대한 설명을 하였다. 그리고 「鐵北拾錄」에서 설명하고 있는 내용은 다음과 같이 세분할 수 있다.

첫째, 이 지역의 지형으로 고개·마을·포구·나루·섬·산·강·굴·바위·폭포·샘·역참·연못·터 등이다. 둘째, 이 지역의 건축물로 사찰·다리·누각·정자·성곽·무덤·둑·비석·탑 등이다. 셋째, 이 지역의 특산물로 식물·어류·토산품 등이다. 넷째, 이 지역의 인물로 文士와 官妓 등이다. 그런데 이러한 내용을 단순한 나열에 그친 것이 아니라, 항목별로 자신의 견문을 중심으로 자세한 설명을 망라했기 때문에 「鐵北拾錄」은 명실 공히 당대 關北 지방과 관련한 최고의 地理的 情報書로서 기능한다고 할 수 있다. 「鐵北拾錄」은 「北略擬議」上·下와 더불어 『北行隨錄』[3]에도 수록되어 있다. 「鐵北拾錄」에 수록된 자세한 항목을 차례대로 나열하면 다음과 같다.

鐵嶺·鶴浦·國島·釋王寺·飄飄然亭·風流山·黃龍山·烏鴨山·湧珠里·銘石院·道昌樹·鐵關·門坪·元山·蛾眉山·濬源殿·黑石里·龍興江·玉樂峙·道安寺·本宮·掛弓松·讀書堂·土宇基·慶興宅·之陵·馳馬臺·擊毬亭·祭星壇·萬歲橋·樂民樓·知樂亭·玉篇亭·龜景臺·廣浦·金水窟·白岳瀑布·一遇巖·咸關嶺·金三百·照浦木·穿島·海月亭·鶴溪·東井水·西島·肅愼氏故都·侍中臺·觀音窟·南北松亭·摩雲嶺·懸德山·梨洞·遊仙臺·摩天嶺·城津·溫泉·臨溟驛·長白山·七寶山·瓶項坂·漁郞浦·元帥臺·穿串·兄弟巖·五國城·汗生臺·

---

3) 奎章閣 所藏本. 3권 3책 필사본. 古4794-1.

高嶺・皇帝塚・白頭山・童巾山城・吳憶洞・甑山・入巖・草島・羅端山・龍堂・西阿山・古珥島・訓戎碑・也郎城・寺洞石碑・淫德峰・赤島・赤池・陵坪・白岳山・勝戰臺・西水羅・立旌基・長城基・豆滿江[4]

**豆外補聞:**  幹東八池・黃山・我羊串山・鹿屯島・三峰島・外公巇鎭・縣城・麗塔・巨陽城・先春嶺・訓春・佟家江・分界江內・許全人・虜車國・蕃胡部落・忽刺溫・淸人始起

**北俗紀略:**  古俗・耕種飮食・衣服・屋制・田車・禁錢・文士・官妓・鄕音・燈紙・油鹽・酒餳・僧俗・花木・江魚

## 6) 제6책: 『經山北征錄』六 北略擬議 上

「北略擬議」는 「鐵北拾錄」과 마찬가지로, 1829년(순조 29)에 鄭元容이 지은 地理書이다. 제6책에는 「北略擬議序」와 「北略擬議」 上篇이 실려 있다.

「北關總錄邑官方附」은 關北지방에 대한 총론적 성격의 글이다. 關北 지방과 고을 및 벼슬아치에 대한 설명인데, 단순한 설명에 그치지 않고, 역사적 득실을 考證하여 시기별로 자세하게 설명하였다.

「關防鎭堡城堞嶺隘附」은 군사적 요충지로서 關北 지방의 방어 태세를 점검할 수 있도록 정리한 글이다. 적을 막을 수 있는 성곽과 수용인원 등에 대하여 자세히 설명하였다.

「山川海路附」은 유사시에 활용할 수 있는 지리적 조건에 대하여 서술한 글이다. 육지의 지리적 조건뿐만 아니라, 水路까지 정리함으로써 당대에도 육지 못지않게 水路 방어의 중요성을 주지하고 있었음을 확인할 수 있다.

「聖蹟」에서는 關北 지방이 조선을 창업한 太祖의 조상인 穆祖의 起源임을 강조하면서 이곳이 우리의 古土로서 매우 중요한 가치를 지닌 지역임을 역설하였다.

## 7) 제7책: 『經山北征錄』七 北略擬議 下

「北略擬議」 下篇이다.

「人物祠院附」에서는 역사적으로 關北 지방의 중요한 인물과 아울러 사당에 모시고 추앙하는 인물 등을 정리하였다.

「敎士科宦附」에서는 關北 지방 출신으로서 과거를 통해 官界에 진출한 선비들을 정리하였다.

「田政舡稅附」에서는 이 지역의 조세제도를 정리하였는데, 선박에 부과되는 세금까지 자세하게 정리함으로써 「北略擬議」 上편에서 水路를 정리했던 것과 맞물려 이 지역 해상의 지정학적 위치도 매우 중요함을 재차 보여주고 있다.

---

4) 「經山北征錄卷之五目錄」에는 '豆滿江'을 補寫하였다. 筆體가 다른 것으로 미루어 이는 후대에 본문과 目錄이 일치하지 않음을 확인한 제삼자에 의하여 補寫된 것으로 보인다.

「軍制軍器附」에서는 이 지역이 당시 국방의 요충지였던 만큼 단순한 軍制에 대한 설명은 물론이고, 당시 군대에서 사용되는 각종 기물까지 자세하게 소개하였다.

「糶政里社戶口附」은 당시 이 지역의 백성들의 식생활과 관련된 제반 사항 및 戶口의 수효 조사와 관련된 설명인데, 이 지역이 물자의 생산이 쉽지 않은 척박한 지역이었기 때문에 백성 삶의 안정이라는 측면에서 鄭元容이 중점을 두고 기록했던 것으로 보인다.

「開市」는 關北 지역의 시장 현황에 대한 기록이다. 특히 鄭元容이 부사로 재직하던 會寧開市는 조선 중기 이후, 함경북도 會寧에서 淸과 통상하던 무역시장으로서 이 글에는 함경도 지방 상인을 중심으로 서울 등에서 몰려든 상인까지 가세하여 私貿易이 성행하는 상황과 牛馬 거래 등 당시 關北 지역 상업과 국제 무역의 전반적 흐름을 확인할 수 있는 글이다.

「北略擬議」上·下 역시 「鐵北拾錄」과 마찬가지로 『北行隨錄』에 수록되어 있다.

### 8) 제8책: 『經山北征錄』八 讀易日錄

鄭元容은 「讀易日錄序」에서 『周易』의 공부가 역사의 공부와 마찬가지로 매우 중요하다고 역설하고 있다. 「讀易日錄」은 鄭元容이 자신의 경험에 비추어 어려서부터 『周易』을 공부하려는 아동들에게 도움을 주기 위하여 日錄식으로 '乾'과 '坤'을 비롯한 『주역』의 주요 원리들을 자세하게 설명한 글이다.

### 9) 제9책: 『經山北征錄』九 選職攷綱

鄭元容이 조선의 관직 중에서 중요한 26개 관직을 선별하여 역사적으로 고증하고, 자세하게 설명한 官制說이다. 그 내용에 포함된 관직의 항목을 차례대로 들면 다음과 같다.

師傅三公·左右丞相·尙書令·中書令·平章事·左右丞·參知政事·開府特進·吏部尙書·吏部侍郎·戶部尙書·禮部尙書·兵部尙書·刑部尙書·工部尙書·御史大夫·諫議大夫·集賢學士·翰林學士·國史院·秘書監·國子祭酒·龍圖閣學士·大理寺卿·京尹·東宮官

### 10) 제10책: 『經山北征錄』十 日記

鄭元容이 지은 日記이다. 본문의 卷首題는 「北征日錄」이다. 그가 會寧府使로 재임하던 1829년(己丑) 8월 13일부터 1830년(庚寅) 11월 23일까지 1년 남짓한 기록이다. 내용은 주로 만난 사람과 그를 만난 이유 및 行蹟, 하루 동안의 行蹟 등이다. 「北征日錄」의 보다 상세한 일자는 다음과 같다.

**1829년:**

8月 13, 14, 15, 30日

9月 3, 4, 5, 6, 7, 8, 9, 10, 11, 12, 13, 14, 15, 16, 17, 18, 19, 20, 21, 22, 23, 24, 25, 26, 27, 28, 29, 30日

10月 1, 2, 3, 4, 5, 6, 7, 8, 9, 13, 14, 15, 16, 17, 18, 22, 23, 24, 27日

11月 1, 4, 6, 8, 10, 11, 12, 15, 17, 19, 21, 27, 30日

12月 1, 7, 15, 16, 17, 18, 19, 20, 21, 24, 25, 26, 27, 28, 29, 30日

**1830년:**

正月 1, 2, 3, 4, 5, 6, 8, 9, 10, 12, 13, 14, 15, 16, 18, 22, 25, 26, 27, 29日

2月 1, 2, 3, 6, 7, 11, 13, 14, 15, 16, 20, 21, 22, 24, 25, 28, 29日

3月 1, 2, 5, 15, 18, 19, 20, 30日

4月 1, 7, 8, 11, 13, 15, 20, 22, 24, 25, 26日

閏4月 1, 2, 3, 10, 15, 23, 24, 27日

5月 1, 4, 5, 7, 8, 11, 13, 15, 17, 18, 21, 24, 27日

6月 1, 4, 15, 17, 18, 29日

7月 1, 3, 15, 16, 21, 22, 24, 26, 27日

8月 1, 4, 5, 7, 8, 13, 15, 17, 18, 19, 20, 21, 23, 24, 25, 26, 27, 29日

9月 1, 3, 4, 5, 9, 11, 13, 14, 15, 16, 19, 21, 23, 24, 25, 27, 28, 29日

10月 1, 2, 3, 4, 5, 6, 7, 9, 10, 11, 13, 14, 15, 16, 17, 18, 19, 20, 21, 22, 23, 25, 27, 28, 29日

11月 1, 2, 3, 4, 5, 6, 7, 8, 9, 10, 11, 12, 13, 14, 15, 16, 17, 18, 19, 20, 21, 22, 23日

## 4. 가치

鄭元容은 91세를 일기로 永眠할 때까지 무려 70여년을 관직에 있었다는 사실 하나만으로도 당대에 쌓은 관록과 영향이 지대하다. 예컨대, 哲宗 昇遐 후, 高宗이 즉위할 때까지 院相으로서 國政을 대행했고, 임금에게서 직접 几杖을 하사받기도 했다. 또 李元翼(1547~1634)과 함께 淸白吏로도 그 이름이 드높았다. 그러나 지금까지 그의 문학적 위상에 대한 조명은 지나치게 미약했다.

이런 점에서 연세대학교 소장 『經山北征錄』 유일본은 그의 문학적 위상을 재조명할 수 있는 잣대가 될 수 있으며, 당대의 문화사와 관련하여 매우 다양한 정보를 제시한다는 점에서 그 가치가 매우 높다고 하겠다. 더구나 당시 변방으로 여겨지던 關北 지방의 수령으로서 그 지역에 대한 상세한 정보를 시와 일기와 학술적 고증을 통해 기록함으로써 정보 수단이 발달하지 않았던 당시에 매우 중요한 百科辭典的 地理書로서의 역할도 수행하고 있다는 점은 『經山北征

錄』이 지닌 매우 중요한 가치이다. 『經山北征錄』에 수록된 작품은 詩 175題 332首, 개별 책 7篇을 제외한 雜著 30題 36篇 등인데, 이들은 1829~1830년 사이에 지어진 작품들로서 활자본 『經山集』보다도 그 분량이 방대하다. 따라서 이번에 소개되는 연세대학교 중앙도서관 소장 『經山北征錄』을 살펴봐야만, 이 시기 鄭元容의 문학과 생애 및 상업과 경제 등 다방면에 걸친 지대한 관심을 정확히 살펴볼 수 있다. 또한 이미 소개된 바 있는 『經山集』과 『箕城錄』, 연세대학교 중앙도서관 고서실에 소장된 『經山集 附錄』 6책과 鄭元容이 90년 동안 기록한 일기인 『經山日錄』 17책을 함께 참고하면 높은 상승효과를 기대할 수 있을 것이다.

【김형태】

# 廣寒樓樂府百八疊 外

編者 未詳.

寫本. 不分卷 1冊(41張)：無界, 10行21字, 無魚尾；25.5×18.2cm.

內容：廣寒樓樂府百八疊, 歲時風謠, 小樂府四十韻.

表題：廣寒樓樂府.

印記：完山, 往鄕, 松雲齋藏, 起鏞, 李浸鏞印, 春畫琴棋江山風月主.

# 1. 각 작품 저자

## 1) 廣寒樓樂府百八疊

尹達善에 대해서는 정확히 알려진 바가 없다. 다만 김태준의 고증을 참고하고 『海平尹氏大同譜』에 따라, 이 작품이 쓰여진 1852년경을 근거로 同名의 인물을 추정해본다면 1822년에 태어나 1850년에 진사가 되었고, 1878년에 남부도사를 지내고 그 이후 봉화현감을 했던 사람이 아닌가 한다.

## 2) 歲時風謠

柳晩恭(1793~1869)의 本貫은 文化, 字는 定甫, 號는 澗松居士이며, 幼學인 柳璉(1744~1822)의 3형제 중 셋째 아들로 柳得恭과는 사촌간이다. 증조부인 柳三益이 庶出이어서 신분적인 제약이 따랐으며, 조부 柳漢相은 높은 벼슬은 못했지만 품행과 학행으로 명성이 높았으며, 아버지 柳璉은 벼슬 없이 지내면서도 문장과 학문으로 士林에 이름이 높아서 홍대용이나 박지원 등과 교류한 인물이다. 1814년(순조 14) 式年試에서 급제하였고 漣川縣監을 지냈다.

## 3) 小樂府四十韻

申緯(1769~1845)에 대해서는 본 『고서해제』 Ⅵ의 소악부 외 편을 참조.


# 2. 구성

## 1) 廣寒樓樂府百八疊

속 표제 다음 줄에 '香娘舊譜 海平世人桐山居士尹達善撰'으로 명기되어 있으며, 7언절구의 한시 108수로 구성되고 맨 뒤에 著者의 跋文이 붙어 있다.

여기에 수록된 한시는 매 수마다 끝에 작은 글씨로 시 전체 내용을 압축하거나 해당 唱者를 명기한 후 '第○章'의 형식으로 일련번호를 매기고(제21장 이후는 생략됨), 간단한 설명을 덧보태는 방식을 택하고 있다. 가령 첫째 수와 일곱째 수의 뒤에는 각각 '要領第一章 帶方南原旧號', '李生唱第七章 善形容'이라고 附記되어 있다. 전체 108수는 要領 2수, 轉話 1수, 李生唱 35수, 香娘唱 35수, 官僮唱 3수, 月姥唱 4수, 農夫唱 5수, 檀郎唱 1수, 總論 2수로 구성되어서, 시작과 중간 끝을 체계적으로 이어나가는 방식을 택하고 있다.

### 2) 歲時風謠

표제 다음 줄에 '澗松居士 柳晩恭艸'로 명기되어 있으며, 맨 앞에 張琬('張之琬'의 誤記)이 쓴 序文이 있다. 이어서 詩가 나오는데 節氣나 날짜별로 몇 수씩 묶여 있다. 수록 방식은 1년의 세시풍속에 따라 몇 수씩 배속하는 것인데, 正朝[설날]에 30수, 子卯日에 2수, 人日에 2수, 立春에 4수, 上元에 17수, 元夕에 27수, 上元翌日에 1수, 2월1일에 1수, 2월6일에 2수, 2월12일에 1수, 2월20일에 1수, 寒食에 7수, 3월3일에 7수, 3월晦日에 1수, 4월8일에 17수, 5월5일에 7수, 5월13일에 1수, 6월15일에 6수, 伏日에 6수, 7월7일에 3수, 7월15일에 3수, 8월15일에 8수, 9월9일에 4수, 9월19일에 1수, 10월午日에 2수, 10월上旬에 3수, 10월20일에 1수, 冬至에 7수, 臘日에 5수, 歲訖에 15수, 除夕에 7수 등 총 200수이다.

특이한 것은 맨 앞의 '正朝'라는 제목 바로 아래 작은 글씨로 저자의 서문에 해당할 만한 내용을 마련하여 시를 짓게 된 동기를 설명해주는 것이다. 이에 따르면, 작가 유만공이 1843년 정월 초하룻날에 병들어 누웠다가 무료함을 달래기 위해 세시풍속시를 읊었고, 이어 대보름날에 또 시를 지어서 <歲時風謠>라고 이름 붙였다가, 그 후에 예전에 지은 시를 보다가 '歲時'가 정월뿐이 아니므로 일년 중의 名節에 대한 시를 덧보탰다고 했다. 따라서, 애초에 이 작품집은 정월 초하루와 대보름이 중심이었고 나머지는 후에 덧보태진 것임을 알 수 있다. 실제 작품 역시 절기의 중요도에 따라 안배한 것이 아니라 설날과 대보름에 집중된다. 또 맨 마지막 시에서 "복희씨 시절 즐거운 풍속이 우리 동쪽에도 있다네."(羲皇樂俗在吾東)라고 밝힌 데에서 그 창작동기의 일단을 헤아려볼 수 있다.

卷末에 '歲甲申(1884)仲春松雲抄藏莘堂'이라고 적혀 있다.

### 3) 小樂府四十韻

표제 바로 아래 '紫霞申 緯著'로 명기되어 있고 서문이나 발문은 없다. 7언절구 40수로 이루어져 있으며 매 수의 끝에 제목을 달아두었다. 그러나 맨 끝에 제목이 없는 시 한 수[誰勸儂眠竹囱外~]가 더 들어가 있어서 실제로는 총 41수이다.

## 3. 내용

### 1) 廣寒樓樂府百八疊

이 작품의 말미에 붙은 跋文에 따르면, 작가 尹達善은 申緯가 지은 觀劇詩에 영향을 받아, 1852년에 요양하기 위하여 僧伽寺에 들렀다가 「춘향가」에 의거하여 시를 지었다고 했다. 그는 특히 '슬프고 기쁘고 헤어지고 만나는 정'(悲歡離合之情)을 제대로 표현하지 못한 것을 아쉬

위하고 있는데, 이는 작품 전체 내용을 짐작케 해준다. 즉 슬픔과 기쁨 같은 정서적 표현에 중심을 두면서 그 만남과 이별을 그려낸 것이다.

작가가 '要領'으로 명기한 맨 처음의 두 수는 序詞의 구실을 한다. 첫째 수에서는 호남의 산수 경치와 남원의 풍물을 이야기하고, 둘째 수에서는 오작교와 광한루로 폭을 좁히면서 견우직녀의 佳緣을 노래한다. 셋째 수에서는 '轉話'라 이름 붙여진 그대로 이도령이 등장하여 책을 읽다가 바깥나들이로 나서면서 본격적인 이야기로 빠져들 채비를 갖춘다.

제4수부터는 등장인물의 입을 통해 唱을 하는 형식으로 전환되어 제106수까지 이어진다. 예를 들어 앞의 몇 수만 살펴보면, 제4, 5수는 이도령이 말을 타고 호사스럽게 꾸미고 나가 광한루에 당도하여 주위의 풍광을 즐기는 내용이고, 제6, 7수에서는 그네 뛰는 춘향이를 발견하고 그 빼어난 자태를 묘사하는 내용이다. 이어서 제8, 9수에서는 이몽룡이 춘향을 보고 정신이 산란하여 방자를 시켜 불러오게 하고, 제10수에서는 방자가 가운데 서서 둘 사이의 수작을 글로 주고받는다. 이렇게 「춘향가」의 줄거리를 충실하게 좇아가면서 제 106수에서 월매가 신이 나서 남들은 아들 낳기를 원하지만 자기는 딸이 더 중하다고 너스레를 떠는 대목까지 이야기를 충실하게 따라간다.

간단히 요약하면, 3-14수가 만남에서 기다림까지, 19-40수가 춘향집에서 사랑을 나누고 이별하기까지, 51-69수가 이별하여 춘향이가 하옥되기까지, 70-92수가 이도령의 과거급제에서 이도령이 춘향집을 다시 찾기까지, 93-106수가 춘향이와 이도령이 재상봉을 하고 어사출도하여 행복한 결말을 맺는 것까지이다.

끝으로, 제107, 108수는 '總論'으로 제목이 붙여져 있는 대로 結詞의 구실을 한다. 제107수에서는 기생의 정절이 시종 여일하기가 드물지만 춘향이는 그것을 해내었다고 칭송하면서, 악부를 짓게 된 경위를 서술한다. 끝으로, 제 108수에서는 판소리 열두 마당이 쾌활하기가 세상의 다른 데 견줄 수 없다고 하면서, 유명한 네 명창인 高壽寬, 宋興祿, 廉季達, 牟興甲의 공을 추켜세우며 끝을 맺는다.

## 2) 歲時風謠

이 작품은 1년의 세시풍속을 좇아 詩化한 것이다. 설날의 세배 풍습에서부터 子卯日의 쥐주둥이 태우기, 人日[寅日]의 科擧 시행 명령, 立春의 春帖 붙이기, 上元의 더위팔기, 元夕의 달맞이, 上元翌日의 踏橋놀이, 寒食의 省墓, 4월 8일의 燃燈, 端午의 그네 타기, 流頭의 머리감기, 7월7일의 견우직녀, 伏日의 濯足, 8월 15일의 觀親, 9월9일의 국화떡, 10월 上旬의 讀經, 10월 20일의 푸닥거리, 冬至의 冬至使, 臘日의 臘享祭까지 그 가짓수도 많을 뿐만 아니라 세부 표현 역시 생동감 있게 나타난다.

이처럼 이 작품은 계절별·월별 歲時節氣를 놀이나 행사, 음식, 신앙 등의 풍속을 다루고 있는데, 특이한 사항은 官과 民, 京과 鄕을 망라하고 있는 점이다. 흔히 歲時 관련 기록은 鄕村社

會의 民間에서 행해지는 것을 중심으로 서술될 것으로 여겨지지만, 유만공은 상당히 폭넓게 다루고 있다. 예를 들어, 2월 20일이나 5월 13일은 중국의 풍속으로 여겨지는 바, 실제로 우리 민간에서 그와 관련한 별다른 행사가 없었던 것으로 보이지만 작가는 百花生日이나 竹醉日이 라는 생소한 名節名을 들면서 그 의미를 부여하고 있다. 또 正朝에 시장 상인들이 한 해의 장 사를 開始할 날짜를 잡는 풍속이나 시장에서 蹴鞠 놀이를 벌이는 광경 역시 都市의 풍경인 것 이다.

아울러 시 뒤에 주석 형식으로 붙은 해설을 통해 당시의 풍속은 물론, 속담이나 언어 등을 아는 데 큰 도움이 되도록 하고 있다. 예를 들어, 셋째 수에서는 떡국을 먹는 내용 등이 담겨 있는데 그 뒤에는 "사람들의 나이를 이야기할 때는 '떡국 몇 그릇을 먹었다.'라고 말하곤 한 다."(言人年齒云喫湯餠幾盂)고 작은 글씨로 附記해두었다.

### 3) 小樂府

여기에 실린 한시 40수는 申緯가 시조를 듣고 漢譯하는 방식으로 지어졌다. 예를 들어, 둘 째 수인 "向儂恩愛悲眞辭 最是難憑夢見之 若使如儂眠不得 更成何夢見儂時"(虛言歌)는 "꿈에 뵈는 님이 信義업다 흐것마는 / 貪貪이 그리울졔 꿈아니면 어이보리 / 져님아 꿈이라말고 주 로주로 뵈시쇼"라는 시조를 옮긴 것이다.

작가가 붙인 詩題를 따라가면서 해당 時調의 초장만 보이면 다음과 같다.

1. 人月圓 금사오죽 모란반초와 연 포도 하국 매화를 2. 虛言歌(앞 단락 참조) 3. 滿庭芳 간 밤의 부던 ㅂ롭에 만정도화ㅣ 다지거다 4. 身至前 늡흐여 片紙 傳치 말고 當身이 졔오되여 5. 白馬靑娥 말은 가려 울고 님은 잡고 아니놋니 6. 梅花訊 梅花 녯등걸에 볼졀이 도라오니 7. 紅燭淚 방안에 혓는 燭불 눌과 離別ㅎ엿관디 8. 竹謔歌 百草룰 다 심어도 디는 아니 심으리라 9. 新來路 마누라님 어대가오 南山속에 松林가오 10. 子規啼 梨花에 月白하고 銀漢이 三更인제 11. 子規啼 後腔 子規야 우지 말아 울어도 쇽졀업다 12. 公莫拂衣 울며 줍운 식미 썰치고 가 지마쇼 13. 秋山淸曉 松間石室의 가 曉月을 보쟈ᄒ니 14. 玉斧桂樹 玉刀彩 돌刀彩 니 무되던 가 月中桂樹ㅣ 느남긴이시위도다 15. 影波歌 秋山이 夕陽을 믜고 江心에 줌겻는디 16. 掌中 盃 드른 말 卽時닛고 본 일도 못본드시 17. 蝴蜨靑山去 나뷔야 靑山에 가자 범나뷔 너도 가 쟈 18. 沒下梢 豪華코 富貴키야 信陵君만 홀가마는 19. 漁樂 우는 거시 벅구기가 프른 거시 버들숩가 20. 實事求是 風波에 놀란 沙工 빅 프라 몰을 사니 21. 醉不願醒 어제도 爛醉ᄒ고 오놀도 쏘 술이로다 22. 慣看賓 집方席 내지마라 落葉엔들 못안즈랴 23. 碧溪水 靑山裏 碧 溪水ㅣ야 수이 감을 쟈랑마라 24. 絲草靑江馬 絲草靑江上에 구레 버슨 몰이되야 25. 祝聖壽 千歲를 누리소셔 萬歲를 누리소셔 26. 冶春 黃山곡 도라드러 李白花를 것거 줘고 27. 落花 流水 조오다가 낙대를 일코 춤추다가 되롱이를 일헤 28. 一杵鐘 붑소리 들리는 저리 머다ᄒ 들 얼미나 멀니 29. 夢踏痕 꿈에 단니는 길이 즈최곳 나랑이면 30. 枕邊風月冷 흐희도 열두

둘이요 閏朔들면 열석쫄이라 31. 櫻寧 눔이 害흘지라도 나는 아니 겨로리라 32. 雙玉筋 百川이 東到海ᄒ니 何時에 復西歸오 33. 春去也 곳이 진다ᄒ고 새들아 슬허마라 34. 白鷗 冊덥고 窓을 여니 江湖에 비쪄잇다 35. 金鑪香 金鑪에 香盡ᄒ고 漏聲이 殘ᄒ도록 36. 響癢 내 언제 無信ᄒ여 님을 언제 소겻관듸 37. 小桃源 네집이 어드미오 뫼넘어 긴강우희 38. 人生行樂 인생이 둘가 셋가 이몸이 네다섯가 39. 十州佳處 뭇노라 져 禪師야 關東風景 엇더터니 40. 冬之永夜 冬至ㅅ달 기나긴 밤을 한 허리를 버혀내여(이상은 손팔주, 「申紫霞의 小樂府 硏究」, 『동악어문논집』제10집, 동악어문학회, 1977 참조) 41. (제목 없음) 뉘라셔 나 자는 窓밧긔 碧梧桐을 심으돗던고

## 4. 가치

이 『廣寒樓樂府百八疊 外』의 가치는 우선, 「廣寒樓樂府」, 「歲時風謠」, 「小樂府」를 合綴해놓은 것이라는 점이다. 일단은 어느 호사가가 자신의 취향대로 세 작품을 합쳐놓은 것으로 보이지만, 이처럼 작가와 창작동기, 내용 등이 상이한 작품을 한데 모았다면 편찬자가 그 공통점을 인식한 것으로 여겨진다. 이 셋은 형식상으로 7언절구라는 공통점을 지녔을 뿐만 아니라, 여느 창작 한시와는 달리 그 素材源이 되는 내용이 미리 마련되어 있고 그것을 바탕으로 詩化한 것이다. 각기 판소리와 풍속, 시조에서 그 내용을 취해 와서 한시 형식으로 빚어낸 것이어서, 비록 외래 문학양식인 漢詩의 외피를 입고 있기는 해도 우리 고유의 문화를 바탕으로 한 특별한 작품들이란 점에서 비슷한 양상을 띤다. 이런 의식에 입각해서 合綴한 예는 다른 데에서도 찾아볼 수 있어서, 奎章閣에는 「歲時風謠」와 「小樂府」가 합철되어 있으며, 『閭巷文學叢書』에서도 「歲時風謠」, 「廣寒樓樂府」가 합철된 사례를 찾을 수 있다.

### 1) 廣寒樓樂府百八疊

이 작품은 漢詩로 읊은 춘향전이다. 춘향전이 이본이 많은 소설인 만큼 한문본 역시 적다고 할 수는 없지만 漢詩로 지어진 작품은 희소하며, 演戲를 관람하고 난 뒤에 쓴 演戲詩로서 높은 가치를 지닌다. 또 한문을 빌려 썼음에도 불구하고 판소리의 분위기를 살리는 데 많은 노력을 기울이고 있다. 이는 여타의 漢詩로 된 작품들, 가령 만화본이나 신위의 「觀劇詩」, 송만재의 「觀優戱」 등이 작품을 작가의 시각으로 재편하거나 간단한 분위기 묘사에다 자신의 느낌을 적어둔 데 비해볼 때 사설치레나 삽입가요 부분 등이 비교적 누락 없이 등장하며, 판소리 현장에서 느낄 수 있는 해학 등의 정서적 국면도 잘 드러나는 데서 확인할 수 있다. 아울러 작품전체를 分唱 형식으로 꾸며놓아서 판소리를 劇의 일종으로 인식했다는 점이나, '弄

·別意·思' 등을 표시하여 감상의 길잡이 구실을 하고 있는 점이 특이하다.

이 작품은 <湖南樂府>(서울대), <香娘詞>(한국학중앙연구원) 등의 표제로도 전하는데 내용상 주목할 만한 차이점은 없으며, 연세대학교 소장본『靑北近調』에도 합철되어 전한다.

### 2) 歲時風謠

이 작품은 漢詩로 된 風俗誌라 할 수 있다. 18, 9세기에 이르면『京都雜誌』,『洌陽歲時記』,『東國歲時記』같이 우리의 풍속을 담은 저술이 속출하며 풍속에 대한 詩歌들도 많이 나온다. 그러나 이렇게 200수나 되는 漢詩를 통해 1년의 절기를 따라가면서 체계적으로 써나간 경우는 매우 이례적이다. 또 일반인에게 익숙한 민간풍속은 물론 궁중풍속까지 폭넓게 다루고 있는 점도 주목할 만하다. 예를 들어 설날의 경우, 守歲나 歲拜 같은 일상적인 풍습은 물론 궁궐에서 문신들에게 吉祥詩를 짓게 하여 詩帖을 붙이고 圖畵院에 辟邪를 위한 그림을 그리도록 하여 붙이는 풍습까지 적어놓고 있다. 그리고 시에 딸린 짧은 설명 등을 통해 당시의 생활상 등을 구체적으로 확인할 수 있다. 예를 들어, 俗說, 農談, 女謠 등에 있는 것이라고 하면서 속담이나 속언들을 대거 인용하며, 필요에 따라서는 한자를 이용하여 우리 고유어까지 생생하게 드러내고 있다. 끝으로, 풍속을 객관적으로 그려놓기만 한 것이 아니라 작가의 시선을 느낄 수 있을 만큼 形象化한 측면이 있다. 예를 들어, 正朝 條에는 귀밝이술을 적어두고 있는데, 귀를 밝힌다고 너무 많이 마시는 바람에 대취하여 불러도 대꾸도 못하여 도리어 더 귀가 멀었다고 해학적으로 적고 있다.

### 3) 小樂府四十韻

이 작품은 漢譯 詩歌의 전통을 잇고 있다. '小樂府'라는 題名부터 이제현의 小樂府를 의식한 것으로, 문학사적으로 번역이라는 측면에서는 물론 국문시가와 한시의 교섭양상을 보여주는 사례이다. 물론, 시조를 한시로 번역한 漢譯歌는 쉽게 찾아볼 수 있지만, 뛰어난 시인의 경우라면 몇 수 정도를 재미삼아 번역해보거나 漢詩 작가로서는 그다지 뛰어난 문인이 아닌 경우가 대부분인 데 비해 이 작품은 독보적이다. 정상급의 漢詩 작가가 이렇게 많은 작품을 한역한 예가 없기 때문이다. 작품을 훑어보면 원래의 시조 작품과 견줄 때 비교적 자유로이 첨가, 생략, 반복 등을 선보이는데, 이는 두 詩型 사이의 차이에서도 기인하지만 작가적 개성과도 연관되는 듯하다. 이 작품의 경우, 이본이 20여종 전하는데 40수 이외에 제목이 전하지 않는 작품(「誰勸儂眠竹囱外~」)이 添記되어 있는 점으로 보아 奎章閣의『歲時風謠』에 합철되어 있는 小樂府와 같은 본이다. 이는『歲時風謠』의 서문을 쓴 사람을 張琬으로 잘못 기록한 데서도 확인할 수 있다.

【이강엽】

# 克齋遺稿

姜鋧(1836~1896) 著.

寫本. 12卷6册 : 四周雙邊, 半郭 20.6×15.8cm, 有界 10行20
字, 上下內向2葉花紋魚尾 ; 31.0×20.0cm.

表題 : 遺稿.

## 1. 저자

姜鍰(1836~1896)의 本貫은 晋州, 字는 周卿, 號는 克齋이다. 그는 伯氏, 仲氏와 함께 부친 姜獻奎에게 수학하였다. 경학에 밝았으며, 벼슬길에 나가지 않고 향리에서 학문 연구와 후진 교육에 생애를 마친 것으로 보인다. 그의 생애를 보다 구체적으로 탐색할 자료는 전무하다. 필사본 『克齋遺稿』는 문집 간행을 위한 초고본으로서 서문과 발문이 없을 뿐 아니라 행장도 수록되어 있지 않기 때문이다. 그가 조부와 부친의 문집을 편집·간행하면서 남긴 발문을 통해 그의 家學적 전통을 추적할 수 있다.

祖父인 姜必孝(1764~1848)는 尹拯의 제자였던 姜璲의 후손으로, 『續五禮儀』 편찬에 참여한 尹光紹(1708~1786)를 스승으로 섬겼다. 1800년(정조 24) 집 동쪽에 朱熹의 敬義齋를 모방하여 書室을 짓고, 주자의 「白鹿洞規」와 成渾의 「牛溪書室儀」를 써서 걸고, 윤증의 畵一圖를 準則으로 삼았는데, 사방에서 많은 제자들이 모여들었다. 四書와 六經, 여러 성리서를 깊이 연구하였다. 그의 성리설은 대체로 윤증의 입장과 같은 것이었다. 1803년(순조 3) 遺逸로 천거되어 順陵參奉, 世子翊衛司洗馬 등에 임명되었으나 모두 사퇴하였다. 1842년(헌종 8) 造紙署別提에 임명되었다가 곧 충청도도사로 옮겼으며, 이듬해 통정대부에 승진, 敦寧府都正에 이르렀다. 저술로는 『古聖賢考經錄』·『近思續錄』·『素溪會話錄』·『夕洙錄』·『四遊錄』·『經書考異』 등이 있으며, 문집으로 『海隱遺稿』가 있다. 부친인 姜獻奎(1797~1860)의 자는 景仁인데 뒤에 景受로 고쳤다. 호는 守素齋, 農廬, 涵一堂이다. 1895년(고종 32)에 편집, 간행한 『農廬集』이 있다. 그 가운데 「三禮攷證序」는 『주례』·『의례』·『예기』의 잘못된 연대를 고증한 것이다.

家學의 측면에서 본 강면의 학문적 입장은 成渾과 尹拯으로 이어지는 李珥의 학통을 계승하고 있으며 예학적 전통이 강했던 것으로 판단된다.

## 2. 구성

6책 12권 필사본이다. 난외에 '刪'자를 쓴 籤을 붙여 삭제할 곳을 표시한 곳이 많으며, 또 수정할 글자에 줄을 긋고 옆에다 첨가한 것이 곳곳에 보인다. 따라서 문집을 간행하기 위해 마련한 초고본으로 보인다. 이를 기초로 정고본을 만들고 문집을 간행하였을 것으로 생각되나 간행된 문집은 찾을 수 없었다. 문집이 간행되지 않았다면, 본 필사본은 유일본일 가능성이 높은 것으로 판단된다.

책별 구성은 다음과 같다.

제1책: 권1(詩), 권2(書)

제2책: 권3(書), 권4(書)

제3책: 권5(書), 권6(書)

제4책: 권7(書), 권8(書)

제5책: 권9(序, 記, 跋, 祭文), 권10(祭文, 上樑文)

제6책: 권11(行狀, 墓誌), 권12(雜著)

각 권별 구성을 살펴보면 다음과 같다.

권1: 詩 144題 279首

권2: 書 10題 43篇

권3: 書 9題 42篇

권4: 書 8題 42篇

권5: 書 5題 35篇

권6: 書 32題 54篇

권7: 書 30題 63篇

권8: 書 11題 14篇

권9: 序 5편, 記 1편, 跋 8편, 祭文 23편

권10: 祭文 32편, 上樑文 1편

권11: 行狀 4편, 墓誌 6편

권12: 雜著 10편

권 1

모두 279수의 시가 실려 있다. 이 가운데 84수가 輓詩로서 전체의 1/3 가량을 차지하고 있다는 점에서 특징적이다.

권 2

<書>

「上莘憩堂敦榮」11・「與李進士寅章」2・「答成參判載瑗」4・「與李巖後晚愁」5・「答金法下燧」2・「與成經屋」・「與李宜庵敦禹」3・「與尹參奉相甲」4・「與李監役文稷」・「與李姑叔敦稷」5

권 3

<書>

「答李丈國明晚綏」10・「與金西山興樂」9・「與朴丈聞遠周錘」・「與權都正璉夏」・「答金監役輝濬」3・「答趙丈叔贊彦育」2・「答金丈達民道和」10・「答李丈晚華」2・「答金聖潑樂澧」4

<記>

「小下山房記」

<跋>

「王考海隱先生文集跋」·「書曾考晚松府君書夙興夜寐箴後」·「先考農廬府君文集跋」·「書白樵公絶筆後」·「書從姪濵抄朱子詩絶句十首後」·「書先考農廬府君呈芬副本後」·「書再從孫德元寫朱子書百選後」·「書古賦抄寫後」

<祭文>

「祭李岩後文」·「祭金法下文」·「祭宗叔柳溪公文」·「致祭成參判文」·「祭成參判文」·「致祭成侍郞載瑗文」·「祭成參判文」·「(祭成參判文)又」·「祭權姊兄文」·「祭鄭相國元容代」·「祭族大父必泰文」·「祭姪女權室文代」·「祭李丈致休文」·「祭李校理晩濘文代」·「祭金姨兄愼五文代」·「祭鄭表叔耆洛文代」·「祭再從孫建元文代」·「祭權希曾孝淵文代」·「祭仲兄進士公文」·「又」·「又代」·「祭伯父緬襄文」·「又代」

권 10

<祭文>

「祭李莘憩堂文」·「祭仲姑母文」·「祭再從叔母淑夫人金氏文」·「祭松月齋李公文代」·「祭從舅金公文代」·「祭校理族兄鐥文」·「祭李彝好文」·「祭權圭瑞文」·「祭李姑叔敦稷文」·「又代」·「祭伯兄文」·「又」·「又」·「祭從姪婦恭人李氏文」·「祭徐甥繼聖文」·「祭權甥擎日文」·「又代」·「祭李公晚協文」·「祭三從兄鎬文代」·「祭黃應護文」·「祭李參判敦禹文」·「祭鷹山神文代」·「祭城隍文」·「祭李尙州晚綏文」·「又代」·「祭金謹甫文」·「祭金丈樂洙文」·「生王考海隱先生遺稿告成文」·「祭或人文」·「祭或人文代」·「擬祭三從大父進士公文」·「擬祭徐姊兄五淳文」

<上樑文>「從先祖雪竹堂公別廟上樑文」

권 11

<行狀>

「族祖父進士公行狀」·「湖陰徐公行狀」·「先考農廬府君家狀」·「遺事」

<墓誌>

「從大父僉樞公墓誌」·「姑母李孺人墓誌」·「仲兄生員公墓誌」·「芝隱成公載瓊墓表」·「同樞崔公墓碣銘」·「再從孫建元墓誌銘」

권12

<雜著>

「元朝五箴」·「山寮十樂贊並序」·「三禮記疑」·「疑禮問答」·「講約條例」·「癸亥曆書」·「丁卯曆書」·「朱子出處攷」·「朱子編書年月攷」·「閒居瑣言」

## 3. 내용

### 1) 시

279수의 시가 실려 있는데, 그 중 84수 輓詩로서 전체의 1/3가량을 차지하고 있다. 「輓李巖後」는 1874년 李晩慤이 사망하였을 때 쓴 것이다. 이만각은 柳致明의 제자로 저자와는 학파적 입장에 차이가 있었다. 그러한 차이를 넘어 학문을 함께하는 동지적 결합을 유지하고 있었다는 점이 흥미롭다. 이 밖의 시들은 일상생활의 감흥을 읊은 것, 멀리서 찾아온 친구와 만난 소회를 기술한 것 등이 포함되어 있다.

권두에 실린 「敬次明齋先生文會韻示學舍諸君」는 明齋 尹拯의 시를 차운한 것으로, 그의 조부가 명재의 학통을 잇고 있는 점에서 보이듯 그의 학통에 대한 의식을 확인할 수 있다. 「與李兄成遠載基講近思錄臨別口占」은 외사촌 형인 이재기와 『近思錄』을 강론한 뒤 헤어질 때 읊은 시이다. 「金徵士繼孟貽書問求放心章疑義遂賦三十六韻以答之却請斥正」은 金興樂이 『孟子』의 '求放心'장에 의심나는 것을 질의해 온 것에 대하여 시로 자신의 의견을 개진한 것이다. 그 중 일부를 소개하면 다음과 같다.

|  |  |
|---|---|
| 惟心靈不昧 | 마음은 영명하여 어둡지 않고, |
| 愛理之所舍 | 사랑의 이치를 머금고 있네. |
| 我欲仁斯至 | 내 바라기만 하면 仁이 이르리니, |
| 豈容强索探 | 어찌 억지로 들추고 찾기를 용납하겠나. |
| 良心必擴充 | 양심을 넓히고 충실히 하기만 하면, |
| 本心常虛恬 | 본심은 항상 텅 비어 편안한 것을. |
| 心難遽謂仁 | 마음이 바로 仁이라 할 수 없으나, |
| 非心仁曷任 | 마음이 아니면 인을 어디에 맡길거나. |

「自警」

|  |  |
|---|---|
| 敬是常惺心 | 敬이란 항상 깨어있는 마음, |
| 誠由不妄語 | 誠은 망령되이 말하지 않는 것에서 오네. |
| 古人豈我欺 | 옛사람이 어찌 날 속이겠나, |
| 努力且前去 | 힘을 쏟아 앞으로 나가세. |

이처럼 성리학 또는 공부와 관계된 것이 다수 포함되어 있다.

### 2) 산문

<書>

문의 대부분은 편지글인데, 권2에서 권8까지 모두 293편이 실려 있다.

권2의 편지글은 대부분 知友들과 안부를 주고받은 것들이다. 「與李嚴後」과 「與李宜庵」은 李晩慇과 李敦禹에게 일상적인 안부를 물은 편지이다. 특기할 만한 것으로, 이만각은 李滉→金誠一→張興孝→李玄逸→李象靖으로 이어지는 퇴계학맥을 李震相·柳宗喬·李敦禹·權泳夏·李錫永·金興洛 등에게 전수한 외삼촌 柳致明에게 글을 배웠고, 이돈우는 유치명의 제자라는 점이다. 그 점에서 李珥→金集→宋時烈→尹拯으로 이어지는 율곡학파의 학맥을 계승한 강면과 철학적 입장 차이로 인한 논쟁이 불가피함을 알리는 전주곡과 같은 편지이다.

권3의 「與金西山興洛」은 바로 학파적 입장차이가 대립각을 세우고 논전으로 발화되고 있음을 구체적으로 보여주는 편지이다. 강면은 첫째, 明德을 氣를 위주로 볼 것인가 理를 위주로 볼 것인가 하는 문제, 둘째, 『대학』의 物格과 物理의 극처에 도달하지 못함이 없다'는 것에 대한 퇴계의 설, 즉 '情意와 造作이 없는 것은 理의 本然의 體이고, 만나는 것에 따라 발현하여 도달하지 않음이 없는 것은 理의 지극히 신묘한 用이다'라고 한 주장이 석연치 않음으로 이를 분명하게 설명해 줄 것, 셋째, 『대학』의 '正心'을 體用으로 구분하여 설명하는 입장에 차이가 있다는 문제, 즉 『章句』와 『或問』에서는 모두 경문의 정심을 體에 속하는 것으로 傳文의 정심은 用에 속하는 것으로 보는데 반하여 朱克履는 '경에서 말한 정심은 체용을 겸한 것이고, 전에서는 용만을 말한 것'이라고 한 것에는 차이가 있다는 것이다. 이에 대해 강면은 '체를 말하면 용이 포함되고, 용을 말하면 체가 갖추어지는 것'이라고 보고, 김홍락의 견해를 묻고 있다. 「答金丈達民道和」는 유치명의 제자인 金道和와 '太極의 動靜'에 대하여 토론한 내용이다. 太極의 動靜에 관한 문제는 퇴계학파와 율곡학파를 차이 짓는 핵심적인 주제이다. 강면은 '움직임과 고요함은 氣며, 움직이게 하고 고요하게 하는 것이 理다. 太極의 지극히 신묘한 운용은 실로 動靜에 있다. 一動一靜이 氣機에 인한 것이나 理의 動靜이라고 해도 무방하다.'는 율곡학파의 근본적인 입장을 제시한다. 이러한 입장으로부터 그는 理의 動靜을 理의 '본연의 체[本然之體]'와 '지극히 신묘한 용[至神之用]'으로 구분하여 보는 퇴계학파인 김도화의 입장을 비판하고 있다.

권4의 「答權濟亨經夏」는 경전의 해석과 관련하여 권경하와의 문답이 기록되어 있다. 이를 간단히 소개하면 다음과 같다.

문: '仁義禮智之性'의 小註에 胡氏가 "知는 곧 心의 神明으로 衆理를 妙하고 萬物을 主宰하는 것"이라고 하였는데, 『或問』에 근거한 것이다. 그런데 『或問』은 '知覺의 知'를 말했으므로 '妙衆理'라고 한 것이 가능하지만, 여기서는 '禮智의 智'를 말하였으니 智는 곧 理다. 따라서 '妙' 자 위에 '所以' 자를 붙여야 뜻에 구분이 될 듯하다.

답: 지금 '妙' 자 위에 '所以' 자를 붙이면 그렇듯 하지만 옳지 않다. '所以' 자를 神明에 소속시켜서 보면 氣를 理로 인식하는 병통이 있고, 智자에 놓고 보면 理를 妙理로 보는 잘못이 있게 된다. 퇴계선생은 호씨의 설을 거론하면서도 비판하지 않았는데, 농암은 호씨의 설을 비판하였으니 후학이 어떻게 절충할 것인가?

문: 首章 章句의 '止'는 '반드시 이에 이르러 옮기지 않는다'는 것이고, 그 아래 明明德과 新民은

모두 '止於至善'에 해당하여 옮기지 않는다는 것이다. '至'를 바꾸어 '止'라고 말한 것은 무슨 까닭인가? 至와 止가 음이 같고 글자가 서로 비슷하여 옮겨 적을 때 잘못된 것인가? 止 자에 不遷의 뜻이 있는데 중첩된 것이 아닌가?

답: 이 단락은 바로 윗 문장에서 止를 풀이한 것으로 인하여 明新을 합하여 통틀어 말한 것이다. 그러므로 말이 그럴 수밖에 없다. 또 상단은 단순히 止 자를 풀이한 것이므로 '반드시 이에 이르러 옮기지 않고'라고 했고, 하단은 명명덕과 신민이 모두 충분히 다한다는 데에 머물러 다시 옮기지 않는다고 하였다. 그러므로 하단의 止 자는 뜻이 이미 충분한데도 또 아래에 옮기지 않는다고 중언부언한 것은 번거롭고 반복되는 것을 혐의하지 않고 더욱 정녕한 뜻에 이르고자 함을 볼 수 있다. 그리고 「經筵講義」는 주자가 65세 때의 저작이고, 『儀禮經傳通解』는 67세 때 편찬된 것이다. 그러나 『대학장구』는 일생 동안 정력을 쏟고 죽기 직전까지 고친 것으로 어찌 옮겨 쓰면서 잘못이 있었겠는가?

권5의 「答白下兄載基」에는 외사촌 형인 李載基와 深衣說 및 구체적 禮制에 관해 토론하고 질의한 내용을 싣고 있다. 먼저 심의설과 관련하여, 강면은 이재기가 '심의는 상의와 치마를 합하여 12폭이라고 한 것'에 대하여 끝내 천착과 억지로 합하는 병통이 있는 듯 하다고 비판한다. 대개 상의는 4폭으로 四時를 본 뜬 것이고 치마는 12폭으로 12달을 본 뜬 것이니 상하를 합하여 음양으로 나눌 수 없다는 것이 비판의 요지다. 「答白下兄載基」(戊子二月)에는 강면이 이재기에게 첫째, '木主로 선조를 제사하는 것이 비록 程子에게서 시작되었으나 그 법은 대개 옛날에 있었다. 춘추공양전과 자치통감에 따르면 木主는 춘추시대부터 이미 있었는데, 그렇다면 목주를 진설하면서부터 시동을 세우는 예가 폐지되었는가?' 둘째, '아버지가 죽어 殯을 하기 전이면 할아버지에게 기년복을 입는다는 설은 처음 賀循에게서 나왔는데, 黃勉齋가 『儀禮經傳通解續』에 넣으면서부터 선유들이 이 설을 따랐다. 그러나 조상을 존중하는 의리는 무겁고 중생의 예는 가볍다. 할아버지의 무거움에 눌려 아버지의 은혜는 혹 어떤 때에는 빼앗을 수 있다. 이는 明齋가 하순의 설을 결코 따를 수 없음을 말한 것이다. 아버지 상중에 할아버지가 돌아가셨을 경우 유독 차마 아버지가 죽었다고 여기지 못하는 의리 때문에 할아버지를 위해 삼년복을 하지 않아서 되겠는가?' 셋째, '남편이 남의 후사가 되었을 때 그 아내는 시부모를 위해 大功服을 입는 문제' 등이다. 두 번째 질문은 尹拯의 입장을 강면이 대변하고 있는 것이다. 그 점에서 강면이 윤증의 학맥을 계승하고 있음을 단적으로 보여주는 것이라고 평가할 수 있다. 세 번째 질의는 雜著의 「三禮記疑」에 다시 구체적으로 거론되고 있다.

권8의 「答族侄養源祚永」에서는 예에 관한 조카 祚永의 물음에 답한 것이고, 「答族弟國衡鑣」에서는 성리설에 관한 族弟의 물음에 답하고 있다. 문답의 주제는, 첫째, '虛靈不昧'를 主理와 主氣로 나누는 것은 잘못이다. 둘째, '格物'의 '格'은 '至'의 뜻이 많고, '物格'의 '格'은 '到'의 뜻이 많다. 이와 함께 공부방법인 '敬', '程子의 主一無適', '整齊嚴肅', '常惺惺法', '存養', '仁孝와 推類', '絜矩之義'에 대한 문답이 실려 있다.

### <序>

「江陵金氏族譜序」는 金演政의 부탁을 받고 강릉 김씨의 족보에 서문을 작성해 준 것이다. 그는 족보를 만드는 의미로 '孝友謹訓'과 '惇親合族'을 강조하고, 예학자답게 『禮記』 「大傳」의 "조를 높이므로 종을 공경하고, 종을 공경하므로 친족을 거둔다(尊祖故敬宗, 敬宗故收族)"는 말을 전거로 들고 있다.

「趙世卿詩藁序」는 황산으로 趙世卿을 방문했을 때 조세경이 보여준 시집을 읽고 서문을 지어준 것으로, 載道論的 詩觀이 잘 드러나 있다.

### <記>

「小下山房記」는 金聖濚이 堂室을 신축하여 '小下山房'이라는 편액을 걸고, 그 뜻을 부연해 줄 것을 부탁받고 지은 글이다. "대저 사람은 조그만 성취에 안주하지 않은 뒤에야 큰 그릇을 이룰 수 있고, 추하고 낮은 곳에 얽매이지 않은 뒤에야 높은 명성을 세울 수 있다(夫人不安於 小成, 然後可以成大器. 不狃於汚下, 然後可以立高名.)"고 하여 宏遠한 식견을 가질 것을 강조하고 있다.

### <跋>

「王考海隱先生文集跋」은 할아버지인 해은 강필효의 문집을 편집하여 간행한 전말을 기록한 발문이다. 자신의 선친과 종형 鑠이 조부의 유고를 수습하여 문집 간행을 준비하다가 마치지 못한 것을 자신이 從姪인 濟와 함께 산정하여 본집 20권과 속집 2권으로 간행하게 되었다고 한다. 간행된 양은 원본의 1/3에 불과하며, 그 외 저술로 容思衍義, 白鹿洞規衍義, 七情之節, 近思續錄, 六禮大略, 家禮後編, 聖學指南, 五子旨訣, 古易, 顔子 등이 있으나 간행하지 못했다고 한다.

「書曾考晚松府君書夙興夜寐箴後」는 순조 기묘년(1819년)에 조부가 鐵城의 수령으로 나갔는데, 이듬해에 증조부 晚松府君이 그곳으로 가서 봉양을 받았다. 증조부는 琹嘯軒에서 독서를 하다가 夙夜箴을 병풍에 써서 스스로 경계를 삼았는데, 그 병풍이 오래되어 멸실될 것을 염려하여 帖으로 만들어 家寶로 삼으면서 쓴 발문이다.

「先考農廬府君文集跋」은 선친의 號가 守素齋인데 '農廬集'이라고 한 것은 선친이 '農廬漫錄'이라고 표제한 것을 감히 고칠 수 없어 그렇게 하였다고 한다. 백형과 중형이 원고를 수집하여 편집하다가 마치지 못한 것을 자신이 이어서 모두 9권에 부록을 더하여 간행하였다고 한다. 선친이 세상에 포부를 펼치지 못한 것을 식자들이 한으로 삼으나 斯文의 一脈을 조부가 앞에서 이어주고 선친이 뒤에서 이어받았으므로 때를 만나고 만나지 못한 것은 탄식할 필요가 없다고 하였다.

<行狀>

「先考農廬府君家狀」은 선친의 家狀으로 강씨의 내력을 서술하고 선친의 행적을 소상하게 서술하였다. 선친 강헌규는 가학을 계승해야 한다는 막중한 임무를 스스로 지고 해은 선생의 학문적 업적을 정리하는데 힘을 다하여 병을 얻기에 이르렀다는 것이다. 선친은 가학으로 예학과 성리학을 중점적으로 연구하였다고 한다. 이러한 가학의 학문적 특성은 강면에게도 이어진 것으로 보인다.

「遺事」는 선친의 家狀에 덧붙인 글로써 선친의 일화를 기록하고 있다.


<雜著>

「元朝五箴」은 1873년 38세가 되던 정월 초하루날에 조부가 晦齋 선생의 元朝五箴에 견주어 잠을 지은 것을 읽고 작성한 것이다. 그는 '회재의 잠은 27세에 지어진 것이고, 조부의 잠은 26세에 쓰여 졌는데, 나는 지금 38세이다'라고 하여 학업에 정진하지 못한 자신의 두렵고 부끄러운 마음을 표출하고 있다. 첫 번째는 '하늘을 두려워함[畏天]', 두 번째는 '마음을 기름[養心]', 세 번째는 '몸을 공경히함[敬身]', 네 번째는 '허물을 고침[改過]', 다섯 번째는 '뜻을 독실하게 함[篤志]'의 다섯 가지를 주제로 한 箴이다.

「山寮十樂贊並序」는 산중에 거처하자 한가로움으로 마음이 기쁘고 정신이 맑아져서, 그 속에서 누리는 10가지 즐거움을 서술하고 있다. 10가지 즐거움은 첫째 '음악을 가까이 함[抱琴]', 둘째 '술을 벗함[引觴]', 셋째 '산을 감상함[看山]', 넷째 '책을 읽음[讀書]', 다섯째 '매화를 감상함[賞梅]', 여섯째 '산책을 함[散步]', 일곱째 '시를 읊음[詠詩]', 여덟째 '구름을 마주대함[對雲]', 아홉째 '안석에 기댐[隱几]', 열 번째 '소나무 소리를 들음[聽松]'이다.

「三禮記疑」는 『周禮』, 『儀禮』, 『禮記』의 삼례서 가운데서 의심나는 부분을 15항목으로 분류하여 자신의 의견을 개진한 것이다. 예학과 성리학 중심의 家學적 전통을 보여주는 것이라고 생각된다. 『주례』에 관한 것이 4조목, 『예기』에 관한 것이 9조목, 『의례』에 관한 것이 2조목이다. 이를 간략히 소개하면 다음과 같다.

『주례』에 관한 것으로는 1) 賈公彦이 "천관은 하늘이 한바퀴 도는데 360여도가 되는 것을 본받은 것이다. 그러므로 천관 또한 모두 360관직이다"라고 한 것에 대하여 비판적으로 검토한다. 2) 『주례』에서 三公三孤를 언급하지 않은 것에 대한 의혹을 제기하고 있다. 강면은 呂氏가 "朝士가 外朝의 법을 관장하니 左九棘은 孤卿의 지위고, 右三槐는 三公의 지위이다. 삼공과 삼고를 말하지 않은 것은 아니라, 다만 그 직무를 말하지 않았을 뿐이다."라고 한 입장에 동의를 표시한다.

『예기』에 관한 것으로는, 「喪服小記」에 "남편이 다른 사람의 후사가 된 경우 그 처는 시부모를 위해 대공복을 입는다."고 한 것을 검토하고 있다. 강면은 고례에 따르면 본생시부모를 위해 대공복을 입어야 하지만, 송대에 개정된 복제에 의하면 '며느리가 시부모를 위해 모두 참최를 입으므로' 본생 시부모에게는 기년을 해야 하고, 이에 대해 퇴계, 신독재, 명재 등 여러 선생도 동의하고 있으므로 이에 따라 시행할 것을 주장한다.

『의례』에 관한 것으로는, '아버지가 돌아가시고 빈소를 차리기 전에 할아버지가 돌아가시면 할아버지에 대해 기년복을 한다'는 주장은 賀循에서 나온 것이다. 이는 '아버지의 시신이 아직 있는데 할아버지로부터 重을 계승하는 것이 자식으로서는 견딜 수 없는 것'이라는 논리로부터 나온 것이다. 이러한 주장은 황면재가 『의례경전통해속』에 기록함으로써 후대의 유자들이 정설로 받아들이게 되었다. 이에 대하여, 강면은 '조상을 높이는 의리가 무겁다'는 것을 논거로 할아버지로부터 중을 받게되는 적손은 할아버지에게 참최복을 해야 한다는 윤증의 주장을 근거로 잘못된 것임을 천명하고 있다.

「疑禮問答」은 혹자가 變禮에 관해 질의한 것에 대하여 답변한 글이다. 두 항목인데 모두 喪禮에 관한 것이다. 첫 번째는 부모를 매장하고 1년이 되지 않은 상태에서 산소에 문제가 생겨 이장을 하려 할 때, 연제와 변복을 어떻게 할 것인가 하는 것이다. 두 번째는 소생 없는 배우자를 잃은 뒤 재취를 하였으나 1년이 되지 못하여 다시 소생 없이 아내가 죽어 조카를 후사로 들였을 때, 양자들어온 사람이 전처에 대하여 어떤 복을 할 것인가 하는 문제에 관한 것이다.

「講約條例」는 조부 해은 선생 때부터 서실강회가 시작되었는데, 연소배들이 갈수록 제멋대로 놀고 게을러져서 예전의 규약을 복구하여 학업에 정진하도록 촉구한 것이다. 강규로는 10가지 규칙을 써서 게시하였다.

「朱子出處攷」는 주자가 관직에 나아가고 물러난 경위를 간략하게 기록한 글이다. 연보와 행장의 기록이 상반되는 경우 세주를 달아 근거를 밝히고 있는데, 연보가 아니라 행장을 신뢰하고 있다.

「朱子編書年月攷」는 주자가 언제 어떤 책을 편찬했는지를 연대순으로 기록한 글이다. 이 글은 『朱熹年譜』에 들어있는 것을 단순히 정리한 것이어서, 문집을 간행할 때는 빼어버리도록 표시가 되어 있다.

「閒居瑣言」은 평소 생각한 것이나 선유의 글귀를 기록한 것이다. 선유의 글귀 가운데는 荀子, 退溪, 程子, 衛玠, 孟子, 『周易』 등이 언급되고 있다. 대부분 마음을 수양하는 것과 대인관계를 처리하는 것에 관련된 내용이다.

## 4. 가치

『극재유고』는 문집을 간행하기 위해 마련한 草稿本이다. 이를 기초로 定稿本을 만들고 문집을 간행하였을 것으로 생각되나, 간행된 문집은 찾을 수 없었다. 따라서 본 필사본은 유일본일 가능성이 높은 것으로 판단된다. 현재 연세대학교 도서관 고서목록에는, 이 책을 申益愰의 저서로 잘못 기록하고 있다.

　18세기 초 기호학파 내부에서 발화되었던 인물성동이의 논쟁은 19세기 明德을 '理를 위주로 볼 것인가', '氣를 위주로 볼 것인가'하는 논쟁으로 再燃되었고, 급기야 영남학파로까지 확산되었다. 본 『극재유고』는 필자인 강면과 李敦禹·金興洛·金道和 등과의 서신을 통하여 논쟁이 기호학파내부의 논쟁에서 기호학파와 퇴계학파의 논쟁으로까지 확산되는 과정을 잘 보여주는 자료라고 판단된다.

【장동우】

# 金剛錄

柳憲周(1735~?) 著.

　寫本. 1册(87張)：無界, 9行21字內外, 無魚尾；23.0×17.0cm.
　表題：蓬萊聯轡錄.
　印記：柳憲周印, 載吉, 晉山之柳, 憲周載吉, 朝鮮國晉山民柳憲周字
　載吉, 柳憲周章, 載吉, 月峰崗樵, 英廟乙卯以降辛卯上庠堂壬寅及第口
　甲乙卯口慶恩口辛卯春, 口名口世婁名國多事上時無事月.

## 1. 저자

柳憲周(1735~?)의 本貫은 晉州, 字는 載吉, 호는 『금강록』에 찍힌 인장을 보면 月峰崗樵, 崗樵 등으로 불린 것으로 보이고, 李種徽의 『修山集』에는 月樵로 나오기도 한다. 아버지는 經漢, 조부는 星東, 증조부는 錫祚, 외조부는 李太元이다. 행장이 없어 『금강록』에 찍힌 인장 및 왕조실록 등을 참고해보면, 1771년(영조 47)에 사미시에 합격하고, 1782년(정조 6년) 별시문과 (2등)했다. 1783년 승문원 박사로 圈點을 찍으면서 洪儀泳과 李東埴에게 차점을 준 일로 강원도 삼척으로 유배되었다. 1786년에는 穆陵 別檢으로 있었다고 하였다.

## 2. 구성

不分卷 1책(87장) 필사본으로 연세대학교 소장 유일본이다. 卷首題는 '金剛錄'이라고 했고, 표제는 '蓬萊聯轡錄'이라고 했다. 이 책은 크게 금강산을 유람한 일을 날짜별로 적은 유람기가 중심이지만, 그밖에 강원도 삼척 지역을 유람한 일, 해서 지방을 유람한 일을 적고 있다. 첫장에는 柳憲周印, 載吉, 晉山之柳, 憲周載吉, 朝鮮國晉山民柳憲周字載吉, 柳憲周章, 載吉, 月峰崗樵, 英廟乙卯以降辛卯上岸堂壬寅及第□甲乙卯□慶恩□辛卯春, □名□世婁名國多事上時無事月 등 저자의 인장이 찍혀 있다. 책의 구성을 보면 다음과 같다.

「金剛錄」自序
「金剛錄」
「題錄後」
「陟州行錄」
「西淵行錄」
「跋」

## 3. 내용

### 「金剛錄」自序

1780년(경자) 3월 9일에 썼다. 저자는 이 글에서 금강산은 우리 나라 최고의 명승지라는 것, 尹師古와 함께 금강산에 가기로 한 일 등을 적고 있다.

## 금강산 유람기

· 1780년(경자) 3월 9일(무자) 날씨가 따뜻했음. 巳時에 홍인문 永美亭을 출발하여 양주 樓院에서 점심을 했음. 양주까지 30리 길임. 저녁에는 포천의 街店에서 묵음. 포천까지 60리 길임.

이날 여행 장구 등을 차리고 함께 갈 童奴인 15살짜리 命福에게 나귀를 끌게 하였다. 오후에 누원에서 쉬면서 점심을 먹었다. 의정부의 西月浪店을 지나 祝石嶺에 도착했다. 松隅店을 지나고 포천에 이르니 날이 저물었다. 장터거리 주막에서 묵었다.

· 10일 오전 맑았다가 흐리고 바람이 불었음. 저녁에 비가 내렸다가 달이 떴음. 아침에 출발하여 오후에 池濕浦店에서 점심. 철원까지 70리 길임. 저녁에 銀溪에서 묵음. 김화까지 40리 길임.

이날 아침 萬世橋店을 지났다. 북쪽으로 崔孤雲 영당이 있었다. 梁門驛을 지나고 양문교를 건넜다. 白鷺洲를 멀리서 보았다. 철원과 김화의 경계인 地境店에 이르렀다. 저녁에 銀溪驛에서 묵었다. 梁門 이북에 큰 개울이 흐르고 백로주 북쪽으로 蒼巖이 우뚝 서 있다.

· 11일 아침에 비가 내렸다가 맑음. 출발하여 山陽驛에서 점심. 狼川까지 50리 길임. 저녁에 낭천현에서 묵음. 40리 길임.

이날 아침 일찍부터 비가 올 것 같았다. 가랑비를 무릅쓰고 갔다. 낭천에서 30리 길을 가니 馬峴에 이르렀다. 狼川縣治에 도착하니 날이 어둑했다. 원님 洪聖言이 맞아주었다. 縣治의 書室에서 묵었다.

· 12일 하늘이 어둡고 비가 올 태세였음. 白雪樓에 머물렀음.

아침을 하고 앞 江에서 뱃놀이를 했다.

· 13일 아침에 가랑비가 옴. 느지막이 출발하여 芳古梅店에서 점심. 50리 길임. 저녁에 양구 縣治의 서실에 묵음. 40리 길임.

芳川驛을 지나 방고매점으로 들어갔다. 含春驛을 지나고 縣治에 도착하니 원님 尹和仲이 반갑게 맞이해주었다.

· 14일 온종일 바람이 불고 흙비가 내림. 양구의 서실에 머묾.

원님이 아침을 차려주었다.

· 15일 바람이 많이 불었다. 양구의 서실에 머묾.

원님이 낮에 작은 상을 차려주었다. 縣閣에서 射會가 있었다.

· 16일 새벽에 비가 약간 내리고 바람이 심했음. 늦게 비가 왔음. 오후에 출발하여 豆毛洞에서 점심을 먹었음. 30리 길이었음. 저물어 麟蹄 縣治에서 묵었음. 60리 길이었음.

20리 길을 가서 馬奴津을 건너고 다시 20리를 가서 葭蘆津을 건너고 10리를 가서 한 고개를 넘어서 인제의 縣治에 도착했다. 날이 저물어 縣校의 집에 머물렀다. 원님 呂聖浩가 먹을 것을 보내주었다. 여러 선비들이 술과 기생을 데리고 왔다. 기생들이 모두 늙고 추한데다가 노래

소리도 탁하여 즐길 수 없었다.

· 17일 날이 맑았으나 바람이 심했음. 오후에 浪溪驛에서 점심을 먹었음. 인제에서부터 35리 길임. 저녁에 龍垈店에서 묵었음. 인제에서 25리 길임.

아침에 출발하려니 원님이 와서 아침 밥을 보내왔다. 5리를 가니 合江亭이 나왔다. 文聲들이 술을 들고 와서 잠깐 쉬었다. 다시 10리 길을 가서 西灘津, 즉 합강정의 상류를 건넜다. 圓通驛을 지나 三歧嶺을 넘었다. 고개가 아주 험했다. 浪溪村에 도착하여 점심을 했다. 龍頭에 도착하기 전에 설악산 길에서 농부에게 길을 물었다. 龍頭店에서 묵었다.

· 18일 맑고 따뜻함. 길을 떠나 점심을 圓巖驛店에서 먹음. 간성까지는 40리 길임. 저녁에 낙산사에서 묵음. 양양에서 40리 길임.

아침 일찍 일어나 아침을 먹었다. 인제 원님이 찾아왔다. 屈峴을 넘어 窓店을 지나고 10리를 못 가서 煖井店에 이르렀다. 烟坡嶺에 올라 일망무제의 바다를 보았다. 원암역에서 점심을 먹었다. 10여리 길을 가 蕭川, 즉 양양의 경계에 도착했다. 物峙場을 지나니 산세가 아름다웠다. 낙산사에 도착했다. 서산 해가 아직 남아 있었다. (그 밖에 낙산사, 의상대, 관음굴에 대한 이야기를 적었음)

· 19일 날씨가 맑았음. 일출을 보러갔음. 길을 떠나 청간정에서 점심을 먹음. 간성까지 40리 길임. 저녁에 간성의 郡治에 묵었음. 40리 길이었음.

아침을 먹고 청간정을 향해 출발했다. 20길을 가니 어제 소천에서 낙산으로 가던 길이 나왔다. 소천을 지나 束沙津에 있는 영랑호를 지났다. 이곳은 간성의 경계이다. 바다를 따라 갔다. 길가에 온통 해당화가 피어 있었다. 길에 밟히는 모래 소리가 심히 기이했다. 바닷가에는 그물이 걸려 있고, 장사 배들이 많이 떠 있었다. 작살로 물고기를 잡는 것을 봤는데, 지나는 사람이 이 고기는 道味魚(도미 혹은 돔을 말함)라고 한다고 했다. 도미어는 서해에서나 잡히는 줄 알고 있었는데, 신기했다. 8전을 주고 도미어를 사서 점심을 대신했다. 청간정에 올라 쉬었다. 간성의 郡治에 도착했다. 태수 洪啓瑞가 우리가 온 줄을 알고 잘 곳과 술자리를 마련해 주었다. 저녁에 松娘, 月娥 등 4명의 기생들을 데리고 왔는데, 노래도 잘하고 비파도 잘 탔다. 송랑은 나이가 어려서부터 일찍이 춘천의 원님인 李穉聞에게 사랑을 받아 昭陽亭의 낙성식 연회에 가기로 되어 있었다. 월아는 李汝諧가 掌試都事로 있을 때 薦枕을 모셨다고 한다. (그 밖에 梨花亭에서 일출을 본 일, 仙遊潭과 駕鶴亭의 풍경, 청간정의 풍경 등을 소재로 쓴 저자의 시가 실려 있다)

· 20일 온종일 어두웠음. 저녁에 비가 왔음. 간성 縣治에서 머묾.

원님의 만류로 머물렀다. 아침으로 바닷가의 음식이 차려져 나왔다.

· 21일 아침에 맑음. 오후에 바람 붐. 출발하여 大津村에서 점심을 함. 간성에서 45리 길을 옴. 猪島津村에서 묵음. 15리 길을 옴.

화진포를 지나 40여리를 가는데, 온통 모래길이었다. 대진어촌에서 쉬었다. 바닷가 어촌 풍경이 기이했다.

· 22일 아침부터 바람이 불었음. 고성 郡治에 도착. 40리 길이었음. 朴敬大의 집에 머묾. 점심을 먹은 뒤 해산정에 올라서 삼일포를 바라보았음. 왕복 15리 길임. (그밖에 해산정, 帶湖亭, 삼일포 등에 대하여 기록했음)

· 23일 맑음. 오후 늦게 흙비. 일찍 해금강으로 갔음. 바닷가 마을에서 아침을 먹고 郡治로 돌아옴. 저녁에 금강산의 신계사에서 묵음. 고성에서 30리 길임.

아침에 해금강을 향해 출발했다. 10여리를 가서 사공들에게 배를 대게 하고 해금강을 거슬러 올랐다. 배에서 내려 점심을 먹고 장비를 갖추어 신계사 길로 접어들었다. 저녁에 신계사에서 묵었다.

· 24일 아침에 가랑비 오다가 그침. 옥류동으로 감. 20리 길이었음. 점심을 먹고 구룡연으로 감. 10길이었음. 저녁에 신계사로 돌아옴. 30리 길임.

비가 와서 길이 미끄러워 사흘 안으로는 구룡연에 갈 수 없을 듯했다. 얼마 뒤 비가 그치니 절의 스님들도 갈 만하다고 했다. 옥류동으로 출발했다. 나무 다리를 건너서 20리 길을 올라가 옥류동에 도착했다. 그곳에서 점심을 먹었다. 스님 둘을 데리고 구룡연으로 향했다. 비봉폭포를 보고 나서 구룡연으로 향했다. (그밖에 坐鼎巖, 옥류동, 비봉폭포, 구룡폭의 위치와 경치의 뛰어남을 서술했음)

· 25일 구름. 일찍 출발하여 발연사에 이르러 아침을 먹음. 고성에서 20리 길임. 오후에 원통암에서 점심을 먹음. 20리 길임. 저녁에 유점사에 묵음. 20리 길임.

(그밖에 발연폭포, 발연폭포를 타고 내려오는 폭포 타기, 松林屈, 五松臺, 風穴臺, 鶴巢臺, 불정대, 유점사 산영루 등에 대한 풍경과 흥취 등을 언급했다)

· 26일 아침에 가랑비 옴. 아침 일찍 출발하여 내금강의 마하연에서 점심을 먹음. 회양에서 30리 길임. 저녁에 표훈사에 묵음. 5리 길임.

(비로봉, 미륵대, 마하연, 백운대, 중향성, 十潭―만폭동은 대개 八潭이라고 하는데, 저자는 지금은 10개라고 하여 하나씩 그 위치와 모습을 적고 있다: 화룡담, 선담, 귀담, 진주담, 분설담, 벽파담, 비파담, 흑룡담, 백룡담, 청룡담―그밖에 보덕굴, 세두분, 청학대, 만폭동, 표훈사 등에 대해서도 언급했다)

· 27일 반나절은 맑고 반나절은 흐림. 그리고 가랑비가 오다가 밤에 더 심해짐. 아침을 먹고 수미탑을 봄. 점심은 내원암에서 먹음. 25리 길임. 표훈사로 돌아옴. 25리 길임. 천일대에 올랐다가 정양사로 찾아감. 헐성루에 오르고 표훈사로 돌아옴. 5리가 채 되지 않음.

(내원통암, 수미탑, 천일대, 정양사, 헐성루 등의 위치와 풍경의 모습을 일일이 적었음)

· 28일 새벽에 눈이 왔다가 그침. 오후에 바람. 아침을 먹고 정양사를 출발하여 영원동으로 들어감. 25리 길임. 장안사로 돌아옴. 20리 길임. 오후에 장안사에서 점심을 먹음. 저녁에는 新院村에 묵음. 회양에서 30리 길임.

(철 늦게 표훈사에 내린 설경의 아름다움, 백화암, 옥경대, 지옥문, 황천강, 명경대, 신라왕궁터, 신라성터, 영원동암, 장안사 등의 위치와 모습을 적었다)

· 29일 온종일 맑음. 출발하여 단발령을 넘었음. 오후에 통구에서 점심을 먹음. 45리 길임. 저녁에 昌道驛에 묵음. 30리 길임.

· 4월 1일 맑음. 늦게 비 오고 밤까지 계속됨. 金城縣 加乃谷店에서 아침을 먹음. 30리 길임. 오후에 은계역에서 점심을 먹고 그곳에서 묵음. 김화까지 오는 데 50리 길임.

· 2일 맑음. 일찍 출발하여 풍전역에서 점심을 먹음. 철원까지 50리 길을 옴. 저녁에 포천의 만세교에 묵음.

· 3일 맑음. 일찍 출발하여 西月浪店에서 점심을 먹음. 70리 길임. 저녁에 永美亭에 묵음. 50리 길임.

(금강산, 개골산, 봉래산, 기달산, 열반산, 중향성 등 금강산의 6가지 다른 이름을 기록했음. 그밖에 내외금강의 물길, 백탑동, 계선암, 만경대 등 여러 경치들의 모습을 첨기했다)

## 「題錄後」(1·2)

· 1783년(계묘) 중양절 眞珠(강원도 삼척)의 寓舍에서 썼다. 금강산을 유람하기도 어렵고, 금강산을 글로 쓰기도 어렵고, 금강산을 시로 읊어내기도 어려울 만큼 금강산은 산수가 신령하다고 했다. 그리하여 자신은 금강산의 모습을 제대로 시로 읊어내지도 못함을 탄식하였다.

· 1783년(계묘) 겨울에 황해도에서 썼다. 삼척으로 유배갔다가 다시 황해도 淵康縣으로 유배지를 옮겨와 있으면서 금강산을 다녀왔던 일과 진주에서 20일을 걸려 1, 200리 길을 걸어 황해도로 옮겨 와 모든 것이 낯설고 답답한 마음을 적었다고 했다.

## 「陟州行錄」

이 행록은 자신이 강원도 三陟으로 유배가는 모든 여정을 행록으로 적고 있다.

· 1783년(계묘) 5월 23일 임금님의 은혜를 입고 풀려나 삼척부로 유배되게 되었다.

· 26일 홍인문을 출발하여 40리 길을 가서 楊州 平丘驛에 도착했다. 다시 30리 길을 가서 廣州 奉安驛에 도착했다. 조금 쉬었다가 50리 길을 가서 古浪津을 건너 龍津과 杜湖를 지났다. 初更에 楊根 縣治에 들어가 묵었다. 120리 길이었다.

· 27일 아침부터 천둥이 쳤다. 아침에 출발하여 10리 길을 갔다. 기름옷(비옷)을 비로소 입고 20리 길을 가서 砥平縣에 도착했다. 천둥비는 그쳤지만, 길을 머출 수 없으매 비를 무릅쓰고 갔다. 그러나 1리도 가지 못해 비바람이 쳐서 온 몸이 떨렸다. 결국 교관의 집에 머물렀다. 30리 길이었다.

· 28일 비가 그치고 맑아졌다. 일찍 출발하여 兩松峙를 넘는데, 도적들이 나타날까 무서울

정도였다. 60리 길을 가서 원주 安昌驛에 도착했다. 延興府院君의 무덤이 근처에 있었다. 점심을 먹었다. 安昌津을 건너 30리를 갔다. 비를 맞으며 간 것이 10리였다. 원주의 관아에 도착하여 아전 安必孫의 집에 묵었다. 유배자라고 멸시하지는 않았고, 煙價(남의 집에 묵을 때 내는 땔나무 값)도 받지 않았다. 저녁밥이 정갈했다. 인심이 양주와 지평의 역참보다 넉넉했다. 이날 90길을 왔다.

· 29일 일찍 출발하여 40리 길을 와서 원주 神林驛에 도착했다. 여기서 제천으로 가는 길을 따라 가다가 삼척 죽령을 넘어갔다. 40리 길을 가서 원주 酒泉驛村(지금은 영월군에 있음)에 도착해서 묵었다. 밤에 유배가는 꿈을 꾸었다. 이날 80리 길을 왔다.

· 30일 아침 일찍 출발했는데 길이 자꾸 좁아졌다. 60리 길을 가서 평창군 관아에 도착했다. 점심을 먹고 荒峙를 넘어 30리를 가 평창 平安驛에 도착해서 묵었다. 새벽에 유배의 꿈을 꾸다가 깨어났다. 이날 90리 길을 왔다.

· 6월 1일 일찍 출발하여 星摩嶺을 넘었다. 고개가 높아 말 그대로 하늘의 별을 만질 것 같았다. 그곳에서는 石摩嶺이라고 하는데, 星摩의 잘못인 것 같다. 고개의 동쪽으로는 정선이다. 10리 길을 가서 정선의 碧灘驛村에 도착했다. 점심을 먹었다. 15리를 가니 거의 정선의 관아에 가까웠다. 날은 아직 저물지 않았지만 이곳에서 묵었다. 이날 40리를 채 못 왔다.

· 2일 일찍 출발했는데, 길은 더욱 험했다. 45리를 가서 정선의 黎陽驛에 도착했다. 점심을 먹고 黎陽津을 건너 동쪽으로 갔다. 비를 무릅쓰고 밤처럼 어두운 골짜기로 들어갔다. 이 골짜기는 夜郎谷이라고 하는데 몇 리를 가도 인적 하나 없었다. 45리를 가서 강릉의 仁溪驛에 도착해서 묵었다. 이날 90리 길을 왔다.

· 3일 일찍 출발하여 40리 길을 가 白茯嶺을 넘었다. 삼척의 神興驛에 도착하여 점심을 먹었다. 이곳을 지나면서 길이 비로소 평탄해지고 바다를 볼 수 있었다. 40리를 가서 삼척의 관아에 도착했다. 해는 아직 지지 않았다. 삼척의 부사가 잘 곳을 알려 주었다. 鄭就旭의 집으로 들어갔다. 사람들이 순박했다. 처음 만났는데도, 조금도 거리낌이 없었다. 자기 말로 圃隱의 후손이라고 했다. 족보를 보여주는데, 과연 무과출신이었다. 이날 80리 길이었다. 서울에서 삼척까지 강릉 대관령을 거쳐올 경우에는 660리 길이고, 정선 백복령을 거쳐올 경우에는 610리 길이다. 삼척 부사 鄭日煥이 와서 음식을 내주었다. (그밖에 眞珠館의 凝碧軒, 竹西樓, 燕謹堂, 七分堂, 晏海樓, 凌波臺, 珊瑚碧樹軒, 叢竹軒, 무릉계곡 등에 대해 적고 있다)

## 「西淵行錄」

· 1783년(계묘) 10월 5일 移配의 命이 있었다. 12일 저녁 他道의 押邏 秦春起가 와서 傳敎를 전했다.

· 13일 갑자기 일어난 일이라 이날에는 출발하지 못했다. 삼척에서 長淵까지 가는데, 백봉령을 넘어 서울을 거쳐 서쪽 벽란도를 지나 해주로 가는 길은 거의 1,140리 길이다. 강릉 대

관령, 서울을 거쳐 가는 길은 거의 1,190리 길이다. 양양, 강원도 伊川, 新溪를 거쳐 가는 길은 거의 1,200리 길이다. 세 길이 비록 거리가 다르지만, 대략 비슷하다. 만약에 서울을 거쳐 서쪽으로 가면 집에는 도착할 수 없어도 성문밖에서 가족들과 만나고 갈 수는 있다. 하지만 押邏꾼은 郡站을 거쳐 가면서 오고가는 길이 다르면 자기들의 호주머니를 채울 수 있어 좋을 것이다. 어찌 유배객의 사정을 봐줄 것인가. 곧 다음날 떠나기로 하고 강릉에서 묵기로 했다.

· 14일 일찍 출발하려 했으나, 命이 늦어졌다. 坪川을 지나 松蘿亭을 거쳐 平陵驛에서 묵었다. 이날 30리 길이었다. 鄭就旭이 10리 길이나 따라왔다가 이별했다. 그의 이별의 목소리가 슬펐다. 가고 머무는 나그네의 마음이 더욱 신산했다.

· 15일 아침 일찍 출발하여 30리를 와서 강릉 羽溪驛에 도착해서 점심을 했다. 花飛大嶺을 넘어 힘들게 갔다. 그러나 백봉령보다는 험준하지 않았다. 40리 길을 와서 安仁驛에 도착하여 요기를 했다. 다시 20리 길을 가서 강릉 縣治에 도착했다. 밤이 벌써 二更이 되었다. 90리 길이었다. 원님 李汝諧가 찾아왔다.

· 16일 늦은 밤을 먹고 출발했다. 10리 길을 가서 鏡浦臺를 지났다. 옛날에 놀러왔다가 못 들렀었는데, 이제 오게 되었다. 10리 길을 가서 沙花津에 이르러 묵었다. 이날 20리 길이었다.

· 17일 일찍 출발하여 10리 쯤 가서 連谷驛에 도착했다. 비로소 아침 밥을 먹고 다시 출발했다. 40리 길을 가서 洞山驛에 이르러 묵었다. 50리 길이었다.

· 18일 해가 뜨기 전에 출발하여 바닷가를 따라 갔다. 작은 언덕을 넘어 가는데, 막 해가 떠올랐다. 말에서 내려 바닷가로 가서 해 뜨는 것을 보았다. 지난해 낙산에서 본 일출보다 좋았다. 30리 길을 가서 祥雲驛에 도착했다. 점심을 먹고 20리 길을 가서 양양의 縣治에 도착했다. 20리 길을 가서 降仙驛에 도착해서 묵기로 했다. 저녁에 物峙에 갔다가 돌아오는데, 달이 떴다. 이날 70리 길이었다.

· 19일 일찍 출발하여 20리 길을 가서 神興寺에 도착했다. 절에서 점심을 먹고 곧장 출발했다. 조금 가니 煙樹路가 나왔다. 옛날 이곳을 지나다가 고생한 일이 생각났다. 고개를 넘어 40리 길을 가서 煖井店에 도착했다. 비로소 말을 타고 30리 길을 가서 초경 쯤에 인제의 狼溪驛에 도착하여 묵었다. 이날 90리 길이었다.

· 20일 일찍 출발하여 30리 길을 가서 元通驛에 도착하여 점심을 먹었다. 출발하여 西灘津을 지나는데, 새벽 비 기운에 홀연 광풍이 불고 눈비가 내렸다. 옷이 목욕한 것처럼 젖었다. 15리를 가서 인제 邑治에 도착했다. 조금 쉬고 나니 날씨가 맑아졌다. 출발하여 5리를 가서 또 큰 비바람을 만났다. 삿갓이 몽땅 망가졌다. 길이 칠흑같이 어두웠다. 25리를 가서 馬盧驛에서 묵었다. 이날 75리 길이었다.

· 21일 府隷가 자기가 사는 渠鄕里가 가깝다고 묵고 가라고 했다.

· 22일 일찍 출발하여 25리를 가다가 豆毛村에 도착해서 요기를 했다. 5리를 가서 豆毛嶺을 넘고 30리를 가서 양구 縣治에 도착하여 含春驛에서 묵기로 했다. 이날 60리 길이었다.

· 23일 일찍 출발하여 40리를 가다가 비를 만났다. 狼川 芳川驛에 도착해 요기를 했다. 觀佛峴을 넘어 大利津을 건너 40리를 가서 낭천 縣治에 도착해서 묵었다. 이날 80리 길이었다.

· 24일 일찍 출발하여 40리를 가서 山陽驛에 도착하여 요기를 했다. 20리를 가서 馬峴을 넘고 30리를 갔는데, 눈이 내렸다. 10리를 가서 김화 縣治에 도착했다. 栢田의 민가에서 묵었다. 양양의 강선역에서 낙산동, 煙樹,에서 김화현에 이르는 길은 옛날에 지금은 죽은 친구와 함께 거쳐온 길이었다. 여기에서 서울까지는 불과 하루 묵으면 갈 수 있는 길인데, 갈 수 없으니 슬펐다. 이 참담한 마음을 어찌 말로 하겠는가. 이 날 90리 길이었다.

· 25일 일찍 출발하여 50리를 가서 艾峴을 넘어서 平康 縣治에 도착해 묵었다. 50리 길이었다.

· 26일 40리를 가서 玉洞 西倉驛에 도착하여 요기를 했다. 25리를 가서 玉實峴을 넘어 서쪽 伊川界를 지났다. 30리를 가서 날이 저물어 이천의 府治에 도착해서 묵었다. 이 날 90리 가까운 길이었다.

· 27일 40리를 가서 西坡岺 아래 民家에 도착해서 요기했다. 서쪽으로 新溪界를 넘으면 황해도이다. 20여리를 오니 날이 어둑해졌다. 신계 縣治 쯤 왔는데, 府隷가 병이 나서 곧장 王堂村의 민가에 들어가 묵었다. 이날 60리 길이었다.

· 28일 20리를 가서 신계 縣治 府隷의 병이 심하여 머물기로 했다. 날씨가 어둡고 찬비가 내렸다. 퇴직한 아전 趙良佐의 집에 묵었다. 이날 20리 길이었다.

· 11월 1일 葛峴을 넘어서 서쪽 瑞興界를 지나고 40리를 가서 瑞興 縣治에 도착했다. 府隷의 병 때문에 지체되었다. 이 날 40리 길이었다.

· 2일 30리를 가서 興水院을 지났다. 물을 사이에 두고 서쪽이 鳳山界이다. 10리를 가서 黔水院에 도착했다. 오후에 말에게 먹이를 주고 30리를 가서 봉산 郡治에 도착해서 묵었다. 이 날 70리 길이었다.

· 3일 30리 길을 가서 雲坡場店에 도착해서 요기했다. 조금 가자 載寧界가 나왔다. 10리를 가서 唐灘津을 건넜다. 바닷물이 빠져 뻘이 미끌거리고 말의 배까지 빠졌다. 20리를 가서 재령 郡治에 도착해서 묵었다. 이날 60리 길이었다.

· 4일 눈바람을 무릅쓰고 일찍 출발했다. 10리 쯤 가서 地境峴을 넘으니 곧 여기는 信川界였다. 눈보라가 그쳤다. 20리를 가서 오전에 신천 郡治에 도착해서 묵었다. 먼저 府隷를 文松兩縣으로 보내고 장연현에서 만나기로 약속했다. 이 날 30리 길이었다.

· 5일 출발하여 얼마 뒤에 눈보라가 치기 시작했다. 겨우 5리를 가니 松禾境이었다. 25리 쯤 가서 三歧院에 도착해서 요기했다. 다시 출발하려니 거센 바람이 불고 눈발이 휘날렸다. 겨우 5리 쯤 가서 長阿永店에서 묵었다. 이 날 30리 길이었다.

· 6일 20리를 가서 艾洞縣에 도착하니, 이곳은 長淵界였다. 말 발굽이 차가운 눈발에 얼어붙어 앞으로 나아갈 수 없었다. 30리 쯤을 가 장연 縣治에 도착했다. 날이 저물었다. 마을의

민가에서 묵기로 했다.

· 7일 향교촌으로 거처를 옮겼다. (그밖에 장연 부근에 있는 金沙의 경치, 沙峰의 落照, 龍井 등의 모습을 적었다)

### 「跋」(2편)

· 친구인 伯殷이 쓴 글은 유헌주가 금강산을 유람한 일을 적은 「금강록」은 敍事가 조리가 있고 立論이 격식을 갖추었다고 했다.

· 朴彝源이 쓴 글은 1799년(기미)에 유헌주의 아들의 부탁으로 썼다. 그는 자신도 14~5년 전 쯤에 한 달 동안 금강산을 여행했지만, 주마간산 격으로 금강산을 구경했을 뿐인데, 유헌주의 「금강록」을 읽어보니 금강산의 경치가 자신의 눈앞에 펼쳐지는 것 같다고 칭찬하고 있다.

## 4. 가치

「金剛錄」은 다른 금강산 유람기에 비해 크게 특기할 만한 것이 있는 것은 아니다. 그러나 그가 강원도 삼척으로 유배 가는 일 그리고 다시 삼척에서 황해도 장연으로 移配되는 중에 일어난 일을 기록한 「陟州行錄」과 「西淵行錄」은 流配客의 이배 가는 길에서 겪은 힘든 일과 그에 따른 자신의 날마다의 심경, 이배되는 서글픈 심경, 유배객의 입장에서 바라보는 주변 풍경과 인심 등이 잘 나타나 있어 유배일기로서 좋은 자료로 삼을 수 있다.

【전관수】

# 金剛日記

金元履(?~?) 著.

　寫本. 1冊(39張)：四周雙邊 半郭 21.0×14.5cm,
　藍絲欄, 10行20字, 無魚尾；27.0×19.0cm.

## 1. 저자

金元履(?~?)의 本貫은 安東, 號는 石樵이다. 絅堂 徐應淳(1824~1880: 字 汝心)이 친구인 것으로 보아 19세기 중반 인물임을 알 수 있다.


## 2. 구성

불분권 1책(39장)으로 이루어진 필사본이다. 序와 跋이 없이 금강산을 여행한 여행기와 여행 중에 쓴 詩로 이루어져 있다.

- 「金剛日記」(1편)
- 漢詩(100수)


## 3. 내용

이 글은 봄을 맞아 한 달 가량 이루어진 금강산 유람을 적은 遊覽記이다. 그의 집은 당시 관동에서 멀지 않았고 젊어서부터 금강산의 뛰어남을 듣고 있었지만, 나이가 들어서야 금강산을 유람하게 되었다고 술회하고 있다. 1878년(고종 15) 가을 친구인 絅堂 徐應淳이 강원도 杆城의 원님이 되어 자신의 집에 들러서 함께 가자는 약속을 했는데, 다음해인 1879년(기묘) 늦봄에 함께 가게 되었다고 했다. 이때 翊鉉은 말을 타고 金宗喬는 걸어서 가기로 했고, 윤3월 16일(기축) 地主 李承耆와 楊口의 원님 朴善卿도 함께 가기로 하여 馬老店에서 만나서 설악산 신흥사를 넘어서 鏡浦와 낙산사를 구경하고 금강산으로 향해 갔다.

- 40리 길을 가다 斗峴에 이르러 申景浩의 집에서 점심을 먹었다. 여기서 沈伯賢과 申景儀라는 사람을 만나 함께 가게 되었다. 10리 길을 가서 泉甘驛에 도착하였다. 20여리 길을 간 뒤 覽德洞 洪景七의 집에서 묵었다.
- 다음날 17일(경인) 아침 비를 무릅쓰고 출발해서 30리 길을 간 뒤 馬老峰에서 점심을 먹었다. 다시 30리 길을 가 麟蹄邑에 도착하여 朴喜永의 집에서 묵었다.
- 18일(신묘)에 일찍 출발하여 合江亭에서 잠시 쉬었다. 설악산의 물과 인제의 물이 이곳 합강정 아래에서 합쳐져 흐르는데, 前 원님 朴宗永이 중건했다고 한다. 정자에는 陶庵 李縡(1680~1746)의 '觀漲詩'가 걸려 있고, 정자의 북쪽에는 오래된 소나무들이 있는데 도암 선생이 살

던 곳이다. 비석이 있는데, 趙寅永(1782~1850)이 찬한 것이다. 무진년 가을 양양에 왔다가 이 정자에 오른 지 30여 년이 되었다. 또 비를 무릅쓰고 20리 길을 가서 圓通에 이르렀다. 나와 紬堂은 藍郊를 향해 가고, 다른 두 원님들은 寒溪山(인제 쪽의 설악산을 말함) 南望洞으로 떠났다. 20리 길을 와서 남교에 이르러 점심을 먹고 다시 20리 길을 가서 鎗岩에 이르렀다. 다시 10여리 길을 가니 客店이 하나 나오는데, 下馬場터라고 했다. 동쪽으로 30리 길을 가면 杏桃源이라고 했다.

· 19일(임진) 아침에 杏桃村 백성 30여 명이 와서 번갈아 가마를 매어 주었다. 행도촌에 이르니 간성 아전들이 와서 기다리고 있었고, 全 아무개 별감의 집에서 점심을 했다. 五里津에 이르러 홀로 산에 올라 바다를 구경했다. 오후에 郡衙에 도착하니 행도원에서 여기까지 40리 길이었다. 致中과 함께 동헌에서 묵었다.

· 20일(계사) 관아에 머물렀다.

· 21일(갑오), 22일(을미)까지 관아에 머물면서 주변 풍경을 둘러보았다.

· 23일(병신) 紬堂과 함께 華嚴寺를 향해 갔다. 橋巖까지 30리 길을 간 뒤에 점심을 하고 다시 10여리를 가서 청간정에 이르렀다. 날이 저물고 바람이 거세어 발길을 채촉하여 20여리를 간 뒤에 洞口寺에 도착했다.

· 24일(정유) 아침에 일어나 절집을 구경했다. 출발하여 華嚴寺에 이르렀다. 阿野津에 이르렀다. 掛津에 이르러 凌波臺를 구경하고 土城에 있는 친척 金鳳鉉의 집에 묵었다.

· 25일(무술) 군아로 돌아와 보니 沈伯春이 먼저 와 있고, 아들 翊이 신흥사에서 돌아와 있었다.

· 26일(기해) 致中과 伯賢이 토성에서 돌아오고, 直鉉과 金宗喬가 낙산에서 돌아왔다.

· 27일(경자) 백현이 먼저 고성을 향해 출발했다. 홍천의 아전 林膌善이 왔다. 건봉사를 향해 출발했다. 절에 도착해 보니, 원래가 큰 절인데 지난해 봄에 불이 나서 30여칸의 건물이 잿더미가 되어 보기에 황량했다. 밤에 절의 스님들이 떡과 국수, 과일을 내왔다.

· 28일(신축) 아침부터 비가 내리더니 저녁이 되어 개었다. 이날 그냥 머물렀다.

· 29일(임인) 아침에 출발하여 烈山倉을 지나 大津에 도착했다. 40여리를 가서 점심을 먹고 다시 20여리를 가서 豬津에 도착했다. 물길을 따라 배를 타고 해금강으로 15리 갔다. 蒲津에 묵기로 했다. 북쪽을 바라보니 봉우리가 깎아지른 듯하고 연꽃송이처럼 생겼다. 바로 금강산이었다.

· 30일(계묘) 일찍 일어나 일출을 구경했다. 5리를 가서 懸鍾巖에 올랐다. 정상에 구멍이 있는데, 佛龕처럼 생겼다. 전하는 이야기로 53佛이 배에 실려 이곳에 도착했었다고 한다. 앞으로는 돌산 봉우리 7~8개가 있는데, 바둑판처럼 생겼다. 10여 리를 가니 큰 개천이 바다로 흘러 들어간다. 금강산 밖에 있는 산에서 합쳐져 고성읍에 이르러 南江이 된다. 頭津浦의 주점에 도착했다. 어부들이 물고기를 팔고 있었다. 엽전 10닢을 주고 2마리를 사서 膾를 쳐서 먹었다.

邑店에 도착하여 絅堂은 郡衙로 들어가 고을 원님을 보러 가고, 나는 일행과 함께 海山亭에 올랐다. 10여리를 가서 立石津에 도착했다. 두 배로 나누어 타고 뱃놀이를 했다. 해금강의 총석정으로 들어갔다. 삼일포를 향해 갔다. 5리쯤 가니 섬이 있고, 四仙亭이라는 정자가 우뚝 솟아 있었다. 배를 타고 丹書巖을 지나 사선정에 올랐다. 해가 저물어 돌아왔다.

· 4월 1일(갑진) 일찍 출발하니 바로 4월 朔日이었다. 안개가 가득하고 구름이 어두웠다. 고개를 넘어 廣橋에 이르고 通天大路로 향해 갔다. 왼쪽으로 금강산을 끼고 갔다. 20여리를 가 養珍驛에 이르렀다. 15리를 가 통천의 長田에 도착하여 점심을 했다. 비가 내려 묵었다.

· 2일(을사) 비가 내리고 바람이 일었다. 일찍 출발하여 甕遷을 지났다. 우리 말로 棧을 遷이라고 한다. 禮雲嶺을 넘어 40리쯤 가 雲岩의 동쪽에 이르렀다. 산이 우뚝 솟아 있는데, 百鼎峰이라고 하고, 그 봉우리 위에는 수백 척의 물웅덩이가 있어 맑은 물이 담겨 있는데, 병을 치료한다고 한다. 絅堂이 이 말을 듣고 가고자 했으나 말려서 가지 못했다. 몇 리를 가니 바닷속에 섬이 어릿어릿 보였다. 다시 20리 길을 가서 묵었다.

· 3일(병오) 叢石亭을 향해 가서 원님을 찾았다. 15리를 가 庫底村에 있는 徐相琦의 집에 도착했다. 술과 안주를 내와서 먹었다. 총석정으로 가서 노는데, 원님이 술과 안주를 보내주었다. 四仙峰, 四仙亭, 金蘭窟 등을 구경했다. 동쪽을 바라보니 둥근 봉우리가 있는데, 알섬[卵島]라고 했다. 돌아와 庫底村에 와서 점심을 먹었다. 伯賢이 溫井에서 왔다. 月峴에 이르러 묵었다. 무릇 50리를 왔다.

· 4일(정미) 바람이 그쳤다. 50리를 가서 南土津에서 점심을 먹었다. 甕遷을 지나는데 가랑비가 내렸다. 長田에 도착했다. 멀리 바다를 바라보니 파도가 크게 일고 커다란 고래가 물을 뿜어내는 것이었다. 급히 神溪寺를 향해 갔다. 40리를 오니 날이 저물고 절에 도착했다. 젖은 옷을 말렸다.

· 5일(무신) 비가 그쳤다. 커다란 물줄기가 쏟아져 내려 절을 나가서 구경했다. 앞 산은 모두 돌산으로 우뚝한데, 쏟아지는 물줄기들이 마치 비단폭을 끌고 가는 것 같았다. 이날은 불어난 물 때문에 멀리 나가지 못했다. 오후에 普光庵에 갔다.

· 6일(기유) 絅堂은 절에 머물고 모두들 極樂嶺을 넘어 溫井에서 쉬었다. 여기서 20리를 가도 고개를 끝이 없었다. 외딴 驛店이 하나 있어 주인에게 요기를 부탁했다. 역점의 왼쪽을 따라 獅子項에 올랐다. 이곳은 바로 萬物草의 풍경을 볼 수 있는 곳이다. 그 모습이 황홀하기 그지없었다. 이날 오후가 지나 배가 너무 고파서 당귀 줄기를 따서 먹었다. 고개 아래에 있는 역점으로 들어가 점심을 했다. 다시 가마를 타고 절로 돌와왔다. 돌아오는 길은 60리였다. 校理 魚允中과 大士 趙性愚가 내금강에서 와서 이야기를 나누고 돌아갔다. 조금 뒤 寶光庵에 가서 묵었다. 함께 九龍淵에 가기로 했다.

· 7일(경술) 玉流洞에 이르렀다. 尤庵 선생이 쓴 玉流洞이라는 글씨가 있었다. 이곳부터 길은 더욱 위험했다. 비봉폭포에 도착했다. 물줄기가 거의 100여 丈이나 되었다. 구룡연에서 내

려오는 물을 합쳐서 폭포를 이루니, 이것이 바로 舞鳳瀑布이다. 다시 사다리를 타고 올라가 보니, 물소리가 마치 천둥치는 소리 같았다. 고개를 들어 보니 다만 폭포가 쏟아져 내리는데, 장관이었다. 폭포의 물이 쏟아져 내리는 곳에 돌확이 만들어졌는데, 이게 바로 九龍淵이었다. 절벽에는 우암이 쓴 '萬斛眞珠 千丈匹練'이라고 쓰여 있었다. 노한 폭포 줄기는 현기증을 일으킬 정도여서 가까이 갈 수 없었다. 한 사람이 말하기를 박연폭포와 대승폭포와 비교하면 어떤가 하니, 모두들 말하기를 박연폭포는 장대하지만 높지 못하고, 대승폭포는 높지만 장대하지 못하다고 했다. 九龍淵에서 다시 動石洞을 보러 갔다.

· 8일(신해) 40여리를 가 稊庫에 이르렀다. 10리를 가 百川橋에 이르렀다. 楡岾寺에 이르러 점심을 먹었다. 53불 부처상이 있었다. 월지국에서 왔다고 했다. 절에는 성종의 어필과 사명대사의 旗竿 등이 보관되어 있었다.

· 9일(임자) 내금강으로 가기 위해 절을 나와 서북쪽으로 갔다. 般若庵을 구경하고 수 리를 가니 曉雲洞이라는 곳이 있었다. 이른바 아홉 용이 하루를 묵은 곳이다. 다시 5리를 가니 隱仙臺라는 곳에 이르렀다. 폭포가 하나 있는데, 그 길이를 알 수 없었다. 선배들이 이른바 불정대에 올라 봤다는 폭포와 어느 것이 과연 나을 것인지 모르겠다. 10여리를 가니 雁門岾으로 내금강과 외금강의 경계이다. 四仙巖에 이르니, 풍광이 자못 달랐다. 길가에 부처를 새겨놓았는데, 妙吉祥이라고 했다. 언덕을 넘어 수 리를 가니 작은 암자가 나오는데, 풍경이 좋았다. 佛地菴이라고 했다. 계곡을 따라 4~5리를 가니 摩訶衍이 나왔다. 이곳에 묵었다.

· 10일(계축) 아침 일찍 일어나 七寶臺에 올랐다. 아침밥을 먹고 수 리를 가니 萬灰庵이 나왔다. 만회암은 백운봉 아래 있는데, 주변이 조용했다. 백운대를 올라 수 리를 가니 깎아지른 바위가 있었지만 갈 수 없었다. 급히 표훈사를 향해 갔다. 八潭으로 이루어진 만폭동 사이를 지났다. 火龍潭이 제일 먼저 나오고, 이어서 船潭, 龜潭을 지났다. 眞珠潭은 아래로 물이 쏟아지는 것이 마치 구슬 같아서 붙여진 이름이다. 수백 걸음 가면 碧霞潭이다. 噴雪潭은 물이 돌 사이로 쏟아져 물방울이 흰 눈처럼 보였다. 普德窟에 올라갔다. 암자는 마치 경쇠가 매어달린 것 같았다. 다시 내려와 潭의 바위에 무수한 글씨들이 쓰여 있는데, 楊蓬萊가 草書로 '蓬萊楓嶽 元化洞天'이라고 쓴 글씨가 있었다. 그 옆으로는 李運永이 그린 바둑판이 있고, 鏡岩 아래 큰 돌 위에는 尤齋(尤庵) 선생이 朱子의 詩를 각해 놓은 것이 있었다. 만폭동의 경치가 그치는 곳에 넓은 바위가 있는데, 金剛門이라고 바위에 쓰여 있었다. 이곳을 빠져 나가니 곧 표훈사였다. 산을 넘어 5리쯤 가 正陽寺에 이르렀다. 정양사 歇惺樓에서 쉬자니, 스님이 다과를 내왔다. 뒤쪽에 佛殿이 있는데, 대장경 5,000여권이 보관되어 있다고 했다. 표훈사로 돌아와 묵었다. 이날 밤 달빛이 절의 뜰에 가득하고 소나무 그림자 어른거리고, 수많은 봉우리에서 물소리가 들려와 정신이 아득했다.

· 11일(갑인) 致中과 直鉉 등과 함께 須彌洞으로 갔다. 수미동은 만폭동의 서쪽 계곡으로 들어가면 있다. 그곳에는 靑壺淵, 龍曲潭, 九留淵 등이 있는데, 그 위에 암자가 있으니 곧 內圓庵

이다. 獐項峰을 지나면 萬折洞과 太上洞, 淸泠瀨, 慈雲潭, 羽化洞, 赤龍洞, 降仙臺, 九留潭 등이 있는데, 합쳐서 須彌八潭이라고 한다. 10여리를 가면 須彌塔이 나온다. 수미탑에서 올라가면 수미봉이 병풍처럼 둘러쳐 있다. 舊路를 따라 표훈사까지 오니 40리 길이었다. 점심을 먹고 白華庵에 가서 指空, 懶翁, 無學, 西山, 四溟, 靈圭 대사 등 6명의 초상을 보았다. 普賢庵 동구를 지나 三佛庵의 鳴淵에 이르렀다. 장안사의 승려가 가마를 들고 찾아왔다.

· 12일(을묘일) 地藏庵을 찾았다. 다시 5~6리를 가니 明鏡臺가 나타났다. 다시 10여리를 가니 靈源庵에 이르렀다. 장안사로 왔다.

이리하여 금강산 유람을 마치고 庚申日에 星山店에 이르고 집으로 돌아오니, 4월 14일(정사)이었다. 왕복 32일간의 여행이었다.

다음으로 유람시를 살펴보면, 주로 저자와 함께 동행한 絅堂의 작품 등이 旅程의 순서에 따라서 배치되어 있다. 우선 금강산행을 시작하면서 松亭에 이르렀을 때 봄날의 홍취를 노래한 絅堂의 작품인 「發金剛行松亭途中」과 斗村이라는 마을을 지나면서 역시 봄날의 홍취를 노래한 저자의 작품인 「斗村途中得新字」을 필두로 하여, 금강산에 이르기 전 覽德洞, 乾泥峴, 麟蹄邑, 合江亭, 圓通 등 인제 주변 지역을 노래한 작품, 이어서 동해가로 가면서 들렀던 청간정, 華嚴寺, 安養庵, 凌波臺, 乾鳳寺 등을 지날 때 쓴 작품 등이 실려 있다. 이들 작품들 역시 대부분 주변 풍경과 여행의 홍취를 노래하였다. 다음은 삼일포, 해산정, 통천, 총석정 등 해금강 주변을 들렀을 때 쓴 작품들, 신계사, 만물초, 구룡연, 유점사 등 외금강 지역을 둘러볼 때 쓴 작품들, 마하연, 백운대, 만폭동, 헐성루, 수미탑, 장안사 등 내금강 지역을 둘러볼 때 쓴 작품들이 실려 있다.

## 4. 가치

대개 금강산에 가는 길은 조선 중기까지만 해도 내금강으로 갔다가 내금강으로 돌아오거나 내금강에서 외금강으로 넘어가는 경우가 많았다. 반면에 강원도에서 벼슬을 살러 간다든가 강원도에서 벼슬을 사는 사람을 지인으로 갖고 있는 사람들의 경우는 해금강에서부터 외금강, 내금강 코스를 택하는 경우도 흔해진다. 특히 조선 후기로 올수록 그런 경향을 띠고 있다. 이 금강산 유람기 역시 해금강에서 외금강, 내금강으로 이어지는 코스를 택하고 있어, 당시 사람들의 금강산 여행의 한 행태를 살펴볼 수 있다.

【전관수】

# 金三品

李森煥(1729~1813) 等 編著.

寫本. 3卷1冊(14張)：無界, 3段, 10行21字, 無魚尾；24.0×17.5cm.

金三品卷之一

詩百韻
黃金屋迎石家故郎

石北申光洙聖淵著

玉臺前宵金谷夢　三生帝綱斷續緣　今間今夕即何夕
分明泣見先姑嫜　萬車浮雲翻覆場　席上新郎元舊郎

阿郎身世更何似　曾聞知子父莫如　翻將薄命視福面
欲說當年心自傷　更要居貧妻得良　配與佳兒承寵光

全身裹以錦繡裳　駝羹三日通舅性　進環纏絡大真珠
貯我深深金玉堂　中姑炊花廚下嘗　十行金釵鷄舌香

## 1. 편저자

　李森煥(1729~1813)의 本貫은 驪州, 字는 子木, 號는 木齋, 堂號는 少眉山房이다. 星湖 李瀷의 형 李溵의 손자로 1729년 6월 29일에 경기도 安山 膽星里에서 태어났다. 어려서부터 이익의 문하에서 수학하였으며, 후에는 湖西지방의 성호학파를 주도하여 성호의 저술들을 교정하고,「洋學辨」등의 저술을 남겼으며, 강론 등의 활동도 하였다. 1813년 85세의 나이로 별세했다. 과문에 능했다고 전해지며, 남인들의 과체시를 모은『近藝儶選』에 5수의 과체시를 남기고 있다. 문집은『少眉山房藏』이 전한다.

　申光洙(1712~1775)의 本貫은 고령, 字는 聖淵, 號는 石北 또는 五嶽山人이다. 비교적 늦은 나이인 39세에 進士科에 급제하고, 禁府都事, 漣川縣監 등을 역임하였으며, 61세(1772) 때에는 耆老庭試에 장원하여, 敦寧府都正에 오르고 1775년 右承旨에 이르렀다. 그는 특히 당대에 시로써 문명을 떨쳤으며, 樂府 색채의 작품을 많이 남기고 있다. 그는 또한 科體詩로도 유명했는데, 특히「登岳陽樓嘆關山戎馬」는 조선 과체시 역사상 가장 대표적인 작품으로 평가된다. 문집으로는『石北集』이 전하고 있으며, 기타 다수의 과체시 작품들이 여러 과체시집에 광범위하게 전하고 있다.

　李儒修(1758~1822)의 本貫은 함평, 字는 周臣, 號는 綺里이다. 1758년 면천에서 태어났으며, 1783년 26세 때, 생원·진사시 兩場과 문과에 동시에 합격하였고, 月課文臣으로 정조의 총애를 받았다. 承文院副正字, 成均館典籍, 司憲府掌令, 稷山縣監, 寧海府使 등을 역임하였다. 1792년 이후에는 이렇다 할 벼슬을 하지 못하고, 茶山 丁若鏞 등과 竹欄詩社의 일원으로 활동하였다. 1802년 李家煥과 丁若鏞 등과 교유하였다는 이유로 茂山府로 유배를 갔다가, 1803년에 면천으로 돌아왔으며, 다시 사헌부장령으로 복직되고, 영해부사로 재직하다가 1822년 서울에서 영해로 돌아가는 길에 별세하였다.

## 2. 구성

### 1) 구성

　이 책은 李森煥이 엮은 것으로, 申光洙, 李森煥, 李儒修가 각각 과체시 형식으로 쓴 100韻의 詩가 합철되어 있다.

　구성은 이삼환의「金三品記」,「金三品卷之一」,「金三品卷之二」,「金三品卷之三」, 그리고 卷之二와 卷之三 사이의 이유수의 評語로 이루어져 있다. 卷之一에는「黃金屋迎石家故郞」이라는 제목의 신광수의 작품이 실려 있으며, 卷之二에는 이삼환, 卷之三에는 이유수의 작품이 실려 있다. 시는 7언으로 각각 100韻이다.

「金三品記」에는 이 책이 엮이게 된 과정이 설명되고 있다. 이삼환은 신광수의 「黃金屋迎石家故郞」을 젊을 적에 접하고, 감동하여 그 체를 본떠 이어 지으려고 했으나, 하지 못하다가, 50여년이 지난 1811년 12월 19일부터 3일 동안 작품을 완성했다. 같은 시사의 이유수에게 이 시를 보여주었더니, 찬탄하며 평어를 쓰고, 자신도 동 제목의 작품을 써서 가져왔다. 이에 이 삼환은 이 세 작품을 묶어 한 책으로 만들고, '金屋三詩品'이라 하고, 이를 줄여 '金三品'이라 했다.

### 2) 이본 소개

국립중앙도서관 성호문고에는 동 제목의 필사본(성호 3643-593)이 존재한다. 「金三品記」에 의하면, 이삼환 자신의 작품이 완성된 것은, 1811년 12월 22일이고, 「金三品記」가 쓰여진 것은 12월 27일이다. 그런데 성호문고본『金三品』에는 장책일이 12월 29일로 표시되어 있으며, 이 삼환이 성호의 저술들을 교감했다는 사실 등을 미루어 볼 때, 이 책이 원본일 가능성이 커 보인다. 본 도서관의『金三品』은 이유수 작품 몇 부분이 성호문고본과 다르다.


## 3. 내용

이삼환은 「金三品記」에서 이 작품들이 '科體詩'라고 밝히고 있다. 과체시는 대략 16세기 중 반부터 진사시에서 고시되던 詩 양식으로, 당시 조선에서만 존재했던 독특한 시체이다. 대략 18句(韻)로 이루어지며, 일운도저(一韻到底)하는 특징이 있다. 韻字는 주로 제목 중의 한 글자 에서 정해진다. 평측법은 주로 내구에 二平三仄, 외구에 二仄三平이 계속 반복되는 行詩體가 주류를 이루나 강제적인 조항은 아니며, 7언 고시의 평측법이나 排律의 평측법도 쓰이기도 한 다. 각 句들은 破題, 立題, 鋪頭, 回題 등의 程文 규칙에 따라 배열되는 경향이 있다. 과체시의 제목은 주로 역대 중국의 고전에서 출제되는데, 그 범위는 經典, 史書, 詩文, 筆記, 小說 등의 내용까지 포함한다. 제목에는 특정 주체가 직면한 상황이 제시되는데, 詩는 그 주체의 입장에 서 서술된다. 예를 들어, '登岳陽樓嘆關山戎馬'라는 제목이 주어지면, 악양루에 올라 전쟁을 걱 정하는 두보의 목소리로 시가 전개된다. 역사 속 인물 혹은 특정 내러티브 안의 주인공의 목소 리에 假託하는 것은 과체시의 가장 큰 특징이다.

이삼환의 「金三品記」를 보면, '黃金屋迎石家故郞'의 이야기가 稗官譚說[1]에서 나온 것임을 밝 히고 있다. 정확한 출전은 명시되고 있지 않지만, 黃金屋에서 石家 옛 남편을 맞이한다는 모티

---

1) 且石家事 本出稗官譚說 非如史冊傳信 故余多引小說家言句

프는 당시에 유행하던 특정 소설에서 나온 것으로 추정된다. 첫째, 과체시가 본래 특정한 내러티브에 기반해서 쓰여지는 갈래라는 점, 둘째, 이 세 작품의 전체적인 줄거리가 일치하고, 같은 話素들이 겹친다는 점, 셋째, 다른 당시의 문헌에서도 이 모티브가 발견된다는 점 등이 그 이유이다.

石家는 중국 西晉 시대의 부호 石崇(249-300)이다. 그리고 그의 애첩 綠珠와 관련된 이야기들이 『太平廣記』, 樂史(930-1007)의 「綠珠傳」 등 여러 문헌에 전하고 있다. 당시의 세도가였던 孫秀는 석숭에게 당시 金谷에 있던 녹주를 요구하였으나, 석숭은 이를 거절했다. 그러자 손수는 군사들을 보내 석숭을 잡아들이게 하였다. 군사들이 들이닥치자 석숭은 녹주에게, '너 때문에 내가 잡히게 되었다'고 말하고, 녹주는 '당신 앞에서 지금 죽겠어요'라고 말하고는 누각에서 떨어져 죽었다. 여기까지는 석숭과 녹주와 관련되어 널리 알려진 이야기이다. 각각의 「黃金屋迎石家故郞」에서 이 부분의 내용은 녹주의 시점에서, 작품의 초반부에 서술되고 있고, 또 석숭과 녹주가 만나게 되는 과정, 석숭의 富와 사치한 생활에 대한 내용들도 이 부분에서 묘사된다.

하지만 녹주가 누각에서 떨어져 죽은 이후에 서술되는 내용의 줄거리에 대해서는 현재까지 알려진 바가 없다. 이 작품들에서 공통적으로 서술된 줄거리는 다음과 같다. 녹주는 洛陽에서 환생하게 되고, 돈을 많이 벌어 '黃金屋'을 짓고 석숭을 기다린다. 어느 날 어느 걸인이 집에 구걸 왔다가 돌아가는데, 환생한 녹주는 그 이야기를 나중에 듣고 그가 석숭이라 생각하고, 乞人宴을 베푼다. 잔치의 마지막 날에 그가 나타나고, 녹주는 그를 '黃金屋'에 맞아들여 해후한다. 신광수의 작품에서 이 '해후'의 장면은 다음과 같이 묘사된다.

| | |
|---|---|
| 低徊錦筵末至客 | 배회하는 잔치 마지막에 도착한 손님 |
| 宛轉簞瓢前度裝 | 구부정한 모습과 표주박은 지난번 모습 |
| 樓前相望卽相識 | 누대 앞에서 서로 보고 이내 서로 알아보니 |
| 疑夢疑眞心欲狂 | 꿈인지 생시인지 마음은 미칠 듯 |
| 千船悲喜一層新 | 千船의 희비는 한층 새로워 |
| 未呼卿卿先涕滂 | 끝내 여보 부르기도 전에 눈물 쏟아지네 |

이 작품에서 이 만남의 장면은 작품의 클라이맥스에 해당된다. 보통 과체시에서 대략 전체 분량의 2/3 되는 부분(보통 제 12구)에 '回題'라는 鋪置가 사용되는데, 이 회제에서는 제목에서 암시된 주제가 집약적으로 표현될 수 있는 문구가 배치되며, 실제 시험관도 이 부분을 중시해서 평가했다고 전해진다. 이 '回題'로 대표되는 과체시의 글쓰기 방식은 이 작품에서도 적용된다고 볼 수 있는데, 결국 '황금옥에서 석숭을 다시 맞이하는' 제목의 내용이 이 부분에서 구체화 되어 표현되고 있기 때문이다. 이 이후에 서술되는 내용은 특별한 줄거리의 전개 없이 녹주와 석숭이 행복하게 잘 사는 모습이 묘사되는데, 이 또한 회제 이후에 진행되는 과체시의 작

품 구성 방식과 동일하다. 또, 세 작품의 시의 서정적 자아는 모두 녹주이며, 대부분의 줄거리
는 녹주의 시점에서 서술되고 있고, 이야기와 관련된 녹주의 감정도 시에서 직접 토로되고 있
다. 이 또한 과체시의 전형적인 서술방식이며, 평측법도 과체시의 그것과 대략 일치한다.

  '黃金屋'에서 옛 남편 석숭을 기다리는 내용의 소설은 현재까지 알려진 바가 없다. 하지만
당시의 다른 문헌에서 이 내용들을 암시하는 대목들이 있는 것으로 보아, 이 내용을 가진 소설
이 있었음을 예상할 수 있다. 신재효가 정리한 심청가 판소리 사설에는 다음과 같은 구절이 있
다.

> 저승에 들어가면 연화대에 오를 테요, 후생에 다시 나면 황금옥에 앉았으리2)

  심봉사가 뺑덕어멈과 황성 가는 길에 부르는 노래 사설 중의 한 대목이다. 후생에 다시 태
어나서 '黃金屋'에 앉겠다는 모티프가 「黃金屋迎石家故郞」의 그것과 동일한 것임을 알 수 있다.
또, 李德懋의 시 「輪回梅十箋」3)에는 다음과 같은 대목이 있다.

蠟啼金谷怨齊奴   밀랍은 금곡에서 齊奴(=석숭)를 원망하여 울며
爇盡輕明雪樣膚   흩날리는 눈빛 같은 살을 모두 태웠지만
試看如花樓下隊   보라, 꽃처럼 누대 아래 떨어진
綠珠冤債報凡夫   녹주는 원통한 빚 범부에 갚았네.

녹주가 범부에게 원통한 빚을 갚았다는 내용이 앞에서 소개된 내용과 일치한다.


## 4. 가치

심경호는 이 『金三品』의 가치에 대해 다음과 같이 논하였다.

> 이삼환의 『金三品』은 1책 15장밖에 되지 않지만, 문학사적 의의는 매우 크다. 즉 앞서 말하였듯
> 이 이 책은 科文이 민족적 양식으로서 일반 문사들 사이에 선호되었던 사실을 증거하기 때문이다.
> …(중략)… 그것(공령문)은 이윽고 불우한 문사, 奇絶한 문학세계를 추구하는 빈한한 문사들의 문
> 학세계를 담는 양식으로 애호되기에 이르렀던 것이다.4)

  주지하다시피, 특히 과체시는 조선에서만 존재하던 고유한 문학양식으로, 특히 조선 후기에

---

2) 강한영 교주, 『한국고전문학대계8-신재효판소리사설집』, 교문사, 1984.
3) 李德懋, 『靑莊館全書』卷之六十二.
4) 심경호, 「少眉山房藏 등 解題」, 『近畿實學淵源諸賢集』, 第六冊, 성균관대학교 대동문화연구원,
  2002. 13쪽.

들어서는, 담화의 차원에서 천시되었던 사실과는 별개로 일반 문사들 사이에서 상당한 인기를 끌었다. 18세기 중반을 전후해서 늘어나는 여러 종류의 과체시집의 편선은 이를 방증한다.

과체시는 풍부한 자료를 남기고 있음에도 불구하고, 아직 본격적인 연구가 되고 있지 않은데, 그 이유는 과체시가 단순히 '과거 합격을 위한 유목적적 수단'으로만 인식되고 있기 때문이다. 하지만 『金三品』은 과체시가 어떤 미학적 독자성을 가지고 당시의 일반 문사들 사이에서 인기를 끌 수 있었는지를 가장 직접적으로 보여줄 수 있는 자료이다. 세 작품 모두 작자들이 科擧에 대한 심리적 압박감이 없는 비교적 말년에 쓰여진 작품들이라는 점, 대부분의 과체시의 특질들은 모두 유지한 채, 보통 18구인 과체시를 100구로 늘여 썼다는 점, 서로 보여주고 그에 대한 적극적인 비평을 가했다는 점에서, 본서는 과체시가 당시의 문사들에게 어떤 미학적 '재미'를 촉발시켜 창작에 몰두하게 했는지를 보여줄 수 있을 것이다.

또 한 가지 주목되는 것은 소설과의 관련성이다. 이 작품은 소설에서 제시된 가상적 공간을 배경으로 하고, 해당 주인공의 입을 빌려 시를 써내려 간 형식을 갖고 있다. 당시의 불우한 문사들이 '과체시'를 통해 자신들만의 글쓰기를 구축해 갔다고 가정했을 때, 본서의 작품들은 여기에 어떻게 소설적 글쓰기 방식이 수용되어 착종되고 있는 지를 보여 줄 수 있는 직접적인 텍스트가 될 것이다.

【이상욱】

# 箕城錄

鄭元容(1783~1873) 著.
　未定草稿本. 不分卷　1册(78張) : 四周雙邊　半郭　23.5×
15.5cm, 有界, 10行19字內外, 上下向2葉花紋魚尾 ; 33.0×
21.0cm.

# 1. 저자

鄭元容(1783~1873)의 本貫은 東萊, 字는 善之, 號는 經山이다. 돈녕부 도정 鄭東晩(1753~1822)의 아들이며, 5조 판서와 우찬성을 지낸 鄭基世(1814~1884)의 아버지이다. 이 책 어디에도 저자가 정원용이라고 밝혀져 있지 않지만, 본문에 실린 「送兒子基世還家」라는 시 제목을 보아 (정)기세의 아버지인 정원용의 저작임을 알 수 있다. 그가 90년 동안 기록한 일기 『經山日錄』과 실록에 실린 사실, 문집 뒤에 실린 행장 등을 참조하여 정리한 저자의 생애는 『고서해제』 Ⅰ에 실린 『經山集 附錄』 해제에 자세히 소개하였다. 정기세의 생애에 관해서는 『고서해제』 Ⅱ에 실린 『日錄』 해제에 자세히 소개되어 있다.

『기성록』과 관계되는 생애는 다음과 같다. 49세 되던 1831년 4월 28일 형조판서에 임명된 정원용은 7월 13일 홍문관 제학에 임명되었으며, 10월 16일 冬至正使로 임명되었다. 중국에 다녀온 뒤 51세 되던 1833년 4월 20일 수원유수로 임명되었다가 11월 9일 평안도관찰사로 임명되었다. 이때부터 지은 글을 모은 책이 바로 『箕城錄』이다. 정원용이 언제까지 평안도관찰사로 재임했는지 확실치 않다. 52세 되던 1834년 2월 9일 조정에 올린 狀啓가 『헌종실록』에 실려 있어 이때까지는 재임중인 것이 확인되고, 53세 되던 을미년(1835) 7월에 지은 「題正俗契帖」이 『기성록』 마지막 장에 실려 있다. 1835년 8월 3일 실록에는 "전 평안감사 정원용을 희정당에서 召見하였다"고 했으니, 7월말에 물러난 듯하다. 2년 9개월 동안 평안도관찰사로 머물렀던 셈이다.

(『기성록』 마지막 장의 「冬至箋文」에 "을미년(1835) 동지에 지어 바친 뒤에 國喪을 만나 다시 내려왔다(乙未封進後, 以國恤還下來)"라는 小註가 덧붙었는데, 이에 따르면 평안도관찰사 재직기간이 3년을 넘는 셈이다. 그러나 정원용은 을미년(1835) 10월 17일에 이미 사헌부 대사헌에 임명되었다. 위에서 말한 國喪은 純祖가 갑오년(1834) 11월 13일에 승하한 사실을 가리키는데, 정원용이 그 사실을 모르고 지어 올렸다가 돌아온 箋文에다 을미년이라는 小註를 잘못 붙인 것이다.)

# 2. 구성

『箕城錄』은 문체별로 정리되지 않은 不分卷 상태이다. 시기를 본다면 정원용의 91년 생애 가운데 극히 일부인 1833년 11월 9일 평안도관찰사에 임명되어 2년 9개월 동안 지은 시와 산문을 모은 책이다. 평양은 箕子가 머문 곳이라 하여 箕子陵을 만들었으므로, 箕城이라고도 불렀다. 『箕城錄』이라는 이 책의 표제만 보아도 평양 시절에 지은 글들을 모은 책임을 짐작케 한다.

이 책은 卷首題 없이 본문이 시작되며, 체제별로 분류하지 않았다. 평안도관찰사 사직을 청하는 상소문의 번호 순서가 바뀐데다, 「辭疏2」 경우에 "마땅히 위에 있어야 한다[當在上]"라는 小註가 덧붙은 것만 보아도 알 수 있듯이, 시기순으로 편집된 것도 아니다. 문집을 만들기 위한 草稿本 형태인데, 몇 사람의 글씨가 뒤섞여 있다. 草稿가 발견될 때마다 일단 필사해 둔 듯하다. 작품 제목 위에 '謄'이라는 글자가 써 있는 작품들이 많은데, 문집에 실을 작품들을 골라 定本을 만들려고 필사한 듯하다. 그러나 현존하는 활자본 『經山集』에 실린 작품과 대조해보면, '謄'자가 표시된 작품 가운데 실리지 않은 작품들도 많다. 이 책을 대본으로 하여 일단 淨寫本을 만들어 놓았지만, 실제 활자본을 만들 때에는 또다시 작품을 選別해서 실은 듯하다. 이 책에 실린 작품 분량은 문체별로 다음과 같다. (文體는 활자본에 실린 순서이다. 활자본에서 聯句는 詩에 포함하지 않고, 권4에 따로 실었다.)

한시 40題 56首 (오언율시 3題, 칠언절구 6題 7首, 칠언율시 25題 40首, 오언고시 5題, 칠언고시 1題)
聯句 5題. 疏箚 4편. 箋文 16편. 書 11편. 序 2편. 記 1편. 跋 2편. 祭文 5편. 雜著 8題 16篇. 墓碣 2편.

정원용의 작품을 손자 범조가 체제별, 시대순으로 편집해 1895년에 간행한 것이 바로 활자본 『經山集』이다. 정원용은 생전에 자신의 작품을 시기별로 묶고 그 지역이나 벼슬의 이름을 붙여 몇 권의 초고를 편집했는데, 『기성록』은 그 가운데 하나이다.

## 3. 내용

이 초고본 『箕城錄』에 실린 작품 가운데 시는 활자본 『經山集』권3에 11題가 실렸다. 聯句는 권4에 2수가 실렸다. 陳賀할 일이 있을 때마다 原任 閣臣의 신분으로 의례적으로 지어 올린 箋文은 문집에 하나도 실리지 않았다. 활자본에 실린 작품도 제목이 몇 글자 달라진 경우가 있다. 『箕城錄』에 실린 작품들은 대부분 활자본에는 실리지 않은 작품들이라, 제목만 소개하는 것으로도 가치가 있다고 생각된다. 활자본에 실린 작품은 *표로 표시하여 구분한다.

「金川途中和安岳趙倅見寄韻」 (7절) 금천 가는 도중에 안악군수 조두순에게 시를 받고 和韻하여 지었다.
「平山途中奉寄庚從海西觀察使」 (7율) 평산 가는 도중에 황해도관찰사에게 지어 보내며 우의를 다짐한 시이다.
「瑞興路中夕風吹地上積雪皆作波濤雲霧之狀儘是奇景也率占五古奉主人金使君永錫」* (5고) 평양 부임길에 황해도 서흥을 지나다가 저녁 바람이 불어 쌓인 눈을 흩날리게 하자 파도 같기도 하고 안개 같기도 한 기이한 경치를 보고 갑자기 오언고시를 지어 서흥부사 김영석에게 준 시이다.

「雪月甚明登樓獨酌悵懷主人金府使奉一詩」(7절) 눈 내린 달밤 다락에 올라 혼자 술 마시며 지어 김영석 부사에게 준 시이다.

「臘望夜宿映波樓默思己巳以關西掌試初過流光已二紀矣口占寫懷」(7절) 섣달 보름날 밤 영파루에서 자며 24년 전에 鄕試를 주관하러 관서에 처음 왔던 일을 생각하고는 세월이 빠름을 탄식하여 지은 시이다.

「入海壤以來聞棠舍治聲藉藉甚愧余不能及也燈下寫懷使兒子書之待便奉寄」(7율) 평양에 부임한 이래 잘 다스린다는 평판을 들으며, 실제로 그에 미치지 못하는 자신을 부끄러워한 시이다.

「宿黃岡回思年來道路之役令人催老仍思冠巖洪尙書以謝恩別使二月將下來...」(7율) 황강에서 잠을 자다가 사은사와 동지사가 되어 평양을 지나갈 친구들을 생각하며 지은 시이다.

「甲午正朝箋文 內閣中和府封辰」(箋文) 갑오년(1834) 설날 중화부에서 보낸 賀禮 箋文이다.

「巡營」(箋文) 관찰사의 신분으로 함께 보낸 箋文이다.

「奉和北伯彛齋權台敦仁寄示韻」(7율 2수) 함경도관찰사 권돈인이 보내준 시에 화운하여, 북변을 다스리는 공통 관심사를 나타낸 시이다.

「僕於己丑新墓及今年過歲於西北邊塞之間邇來光陰多屬客中遂分律詩韻作二絶奉寄要和」(7절 2수) 서북 변방에서 세 차례나 설날을 맞으면서 세월이 빠름을 느껴 (권돈인에게) 지어 보내며 화운을 요구한 시이다.

「上廟堂書」(書) 弊局, 또는 敗局이라고 불리는 關西의 실태를 파악하고, 穀簿와 각 창고의 文簿를 살펴본 뒤에 구체적으로 세 가지를 건의하였다.

「成都伯李令嘉愚安陵牧洪令彦謨俱余同庚書要元宵遊約」(7율) 동갑내기인 성천부사 이가우와 안주목사 홍언모에게 정월 보름날 밤에 함께 놀자고 약속하는 시이다.

「箕城歲夕吟示兒輩」(7율) 평양에서 설날 민속을 즐기며 아이들에게 읊어준 시이다.

「思家弟金城守吟寄」(7율) 김화군수로 있는 아우를 그리워하며 읊은 시이다.

「歲夕箕城與阿世阿年鬮韻聯句」*(聯句) 1834년 설날 저녁에 아들 기세·기년과 함께 韻을 제비뽑아 지은 聯句이다.

「正朝口占」*(5율) 1834년 설날 아침에 부임 10일 동안의 감회를 읊은 시이다.

「送兒子基世還家」(5율) 아들 기세를 집으로 돌려보내면서 지은 시이다.

「正旬溫和與兒子步上至喜亭拈韻」(5율) 정월에 날씨가 따뜻하자 아들과 함께 지희정에 걸어 올라가 운을 골라서 지은 시이다.

「寧邊守徐令箕淳上元日延命夜會練光亭賦贈」(7율) 영변부사 서기순과 정월 보름날 밤에 연광정에서 만나 지어준 시이다.

「微雨中與庶尹金應根及幕賓上多景樓」*(7율) 가랑비 속에 평양서윤 김응근 및 막료들과 함께 다경루에 올라가 지은 시이다.

「中軍金晉淵遞還詩以送之」(7율) 중군 김진연이 교체되어 돌아가게 되자 송별하며 지어준 시이다.

「鄭生漸年前燕行時隨副使金侍郞同行路中與余或唱酬今來箕城見在本府冊室贈余近體詩聊此走和」(7율) 정생은 지난해 연행 때에 부사 김홍근의 수행원으로 함께 가며 수창했던 사람인데, 평양 책실에 와 있으며 근체시를 지어 주었기에 화운하여 지어 준 시이다.

「次元宵韻」(7율) 설날 밤에 차운하여 지은 시이다.

「二月初八日爲迎祠宇出往栽松院寫懷贈貞夫人」* (7고) 1834년 2월 8일에 재송원에 나와 祠宇를 맞으면서, 부인과 몇십년 살아온 생활을 돌이켜보며 지어준 시이다.

「見冬至上使愼庵曺尙書自玉河舘寄書於先來便書中有感舊之語又求酒送寄兮作近體三首專致灣上」(7율 3수) 동지사 조의경이 옥하관에서 편지를 먼저 보냈는데 예전에 만났던 이야기와 술을 보내달라는 사연이 들어있기에, 의주로 지어보낸 근체시 3수이다.

「巡城日書示同行」(7율) 평양성을 순시하는 날 동행에게 지어보인 시이다.

「洪進士鼎彬履彬以其大人回巹宴需來見書贈一律」(7율) 홍정빈·이빈 진사 형제가 부모의 回巹宴을 위해 시를 부탁하자 지어준 시이다.

「與年貢上使愼菴曺尙書塔西朴侍郞同會浮碧樓基世錫興隨坐拈取板上徐竹石五古韻節作八句同賦」* (5고) 年貢使 일행과 함께 부벽루에 올라 서영보의 시에 차운한 오언고시이다.

「大殿誕辰箋文內閣」(箋文) 原任 閣臣의 신분으로 임금의 탄신을 축하하는 전문이다.

「大殿誕辰箋文監營」(箋文) 같은 내용을 관찰사의 신분으로 축하하는 전문이다.

「會寧吳生遠來留三旬課做臨歸兒輩賦聯句及近體輒率和書贈盖寫懷要歸示舊時相識云爾」(5고) 회령에서 오생이 찾아와 한 달을 머물다가 돌아간다기에, 회령부사로 재임하던 시절의 관계를 생각하며 지어준 시이다.

「又步七律韻」(7율) 역시 오생과 회령에서 함께 지내던 일을 생각하며 지어준 시이다.

「上左相洪奭周書」* (書) 좌의정으로 승진한 홍석주에게 朝野의 기대를 저버리지 말고 어진 정치를 하기 바라면서, 蘇軾·司馬光 등의 고사를 들어 권면한 편지이다.

「上右相朴宗薰書」(書) 우의정 朴宗薰에게 청명하고 相和한 자질과 忠藎하고 貞固한 절조로 재상 직임을 잘 감당하여 후진들에게 모범이 되어 주십사고 당부하는 편지이다.

「上領相沈象奎書」(書) 영의정 沈象奎에게 "關西는 廢할 수 없다"고 한 그의 말을 상기시키면서, 현재 곡식을 충당할 방법이 없는 게 급선무임을 호소한 편지이다.

「與冠巖洪上使敬謨方野李副使光正石世金書狀鼎集乘舟遊江舟中令紅妓拈韻共賦聊識萍緣」(聯句) 동지사 홍경모 일행과 함께 대동강에서 배를 타고 놀다가, 기생으로 하여금 운을 부르게 하여 함께 지은 聯句이다.

「又呼韻各賦近體」(7율) 같은 자리에서 운을 불러 풍류를 즐긴 시이다.

「用前韻送冠野兩行人」(7율) 같은 운으로 관암(홍경모)·방야(이광정) 두 사람을 송별한 시이다.

「與回還曹上使鳳振朴副使來謙會碧樓賦詩少妓眞珠捧硯墨華偶點裙戲賦贈之」(7절) 회환사 조봉진 일행과 부벽루에 올라 시를 짓다가 벼루를 들고 있던 기생 진주의 치마에 먹물이 떨어지자 장난삼아 지어준 시이다.

「坐茅亭吟奉賢尹練光遊席」(7절) 茅亭에 앉아 평양부윤과 연광정에서 놀던 잔치에 대해 읊은 시이다.

「共定遠守尹令秉烈安陵守洪令彦謨會園亭率書」(7율 2수) 정주군수 윤병렬, 안주목사 홍언모와 함께 園亭에서 만나 지은 시이다.

「又令妓拈韻聯句」(聯句) 기생으로 운을 뽑게 하여 위의 두 사람과 함께 지은 聯句이다.

「箕乙五七帖」(聯句) 5월 7일에 아우, 두 사촌아우, 세 아들과 함께 을밀대에 올라 함께 지은 聯句이다.

「月夜與群弟上多景樓呼韻」(7율) 달밤에 여러 아우들과 함께 다경루에 올라 지은 시이다.

「安陵牧洪聖源以詩請由暇和之」(7율) 안주목사 홍성원이 시를 지어 휴가를 청하기에 화답한 시이다.

「甲午初夏試南北儒生取優等居接每以十五抄爲一計畫凡三巡課做各滿五十至初秋將告還會諸儒設酒果陳笙竽䦨韻聯句以識文會云爾」(聯句) 1834년 초여름에 남북 유생들을 시험하여 50명씩을 뽑고 잔치를 베푼 다음, 試官과 接生들이 함께 지은 聯句이다. 接生들의 이름이 구절마다 밝혀져 있다.

「重陽前日海西伯稚世賢從巡到黃崗寄書敍思仍以一律代書答之」* (7율) 중양일 전날 황해도관찰사가 황강을 순시하다가 편지를 보냈기에 편지 대신 화답한 율시이다.

「祭李妹孺人李室文」(祭文) 현감 李龜遠에게 시집간 누이가 1833년 7월 16일에 세상을 떠나자 아들 기세를 대신 보내어 조문하며 지은 제문이다.

「好菴朴進士文梯墓碣銘」(墓碣) 영변부사로 재임 중에 學行으로 이름난 진사 박문제(1758~1833)를 조정에 천거한 적이 있었는데, 10여년 뒤에 평안도관찰사로 부임하자 그의 셋째아들이 부친의 家狀을 가지고 와서 부탁하기에 지어준 묘갈명이다.

「祭安州牧使洪公彦謨文」(祭文) 안주목사 홍언모가 1834년 6월 13일에 세상을 떠나자 지어준 제문이다.

「答廟堂書」(書) 錢穀 문서를 사열한 뒤에, 병자년에 軍制의 減數를 청했던 것이 임시로 감한 것인지, 아니면 영원히 감한 것인지 질의하고, 본도 輕殖錢 12만냥 가운데 각 고을에 있는 절반에 한해 作穀했음을 廟堂에 답한 편지이다.

「答笙陔蔣立鏞」(書) 蔣立鏞이 보낸 편지를 받고, 그의 두 아들을 칭찬하는 편지이다.

「奉別冬至上使李尙書」(7율) 동지사 李翊會와 헤어지면서 지어준 시이다.

「純宗大王陳慰箋文內閣」 (箋文) 純祖가 붕어하자 원임 각신의 신분으로 위로의 뜻을 아뢰는 箋文이다.

「又監營」 (箋文) 같은 내용을 평안도관찰사의 신분으로 아뢰는 箋文이다.

「大王大妃殿陳慰箋文」 (箋文) 純祖가 붕어하자 대왕대비에게 위로의 뜻을 아뢰는 전문이다.

「王大妃殿陳慰箋文」 (箋文) 같은 내용을 왕대비에게 아뢰는 전문이다.

「嗣位陳賀箋文內閣」 (箋文) 헌종이 순조의 대를 이어서 즉위했음을 하례하는 전문이다.

「又監營」 (箋文) 같은 내용을 평안도관찰사의 신분으로 아뢰는 전문이다.

「辭疏三」* (疏箚) 평안도관찰사 사직을 청하는 세 번째 疏이다.

「辭疏二」 (疏箚) 평안도관찰사 사직을 청하는 두 번째 疏이다.

「與李直閣景在書」 (書) 직제학 이경재에게 『牧民心書』가 牧民에 크게 유익함을 말하며 16책 1부를 필사하여 보낸다는 편지이다.

「答慈山府使鄭鴻慶書」 (書) 자산부사 정홍경 덕분에 산성을 둘러보고 돌아와 사례하는 편지이다.

「辭平安監司疏一」 (疏箚) 평안도관찰사 사직을 청하는 첫 번째 疏이다.

「贈女」* (5고) 평양까지 歸寧온 딸이 시댁으로 돌아갈 무렵에 지어준 시이다. 아들딸 구별없이 사랑하며 키운 딸을 벼슬살이하는 동안 여러 지방에 데리고 다녔던 기억을 회상했으며, 시댁의 법도를 지켜 집안살림과 자녀교육에 힘쓰라고 당부하였다.

「畵屛跋」 (跋) 1831년 冬至使로 燕京에 갔을 때에 玉河館에서 중국의 여러 文士들과 만났는데, 그때 少渠 馮震東이 墨花 4폭을 그려 주었다. 1833년에 평안도관찰사로 부임할 때에 가져왔다가 1834년 가을에 표구했는데, 1834년 늦봄에 至喜亭에 앉았다가 그 생각이 나서 이 발문을 지어 墨緣을 기록하였다.

「疑題」 (雜著) 克己復禮 天下歸仁의 방법과 효능을 물어본 疑題이다.

「策題」 (雜著) 田·軍·糴 三政과 仁政의 관계를 물어본 策題이다.

「祭族人誼文」 (祭文) 능력이 있으면서도 출세하지 못하고 세상을 떠난 친척을 위해 지어준 제문이다. 전형적인 제문의 형식을 지키지 않고, 서글픈 마음을 표현하는 것으로 그쳤다.

「輪疾死亡人慰安祭文」 (祭文) 돌림병으로 죽은 백성들을 위해 제사지내며 읽었던 제문이다.

「祭故寧邊府使李肯愚文」 (祭文) 영변부사 이긍우를 위해 지은 제문인데, 문장이 뒤섞여 있다.

「世室陳賀箋文」 (箋文) 헌종이 순조의 대를 잇게 되자 축하하는 전문이다.

「又監營」 (箋文) 같은 내용을 관찰사의 신분으로 아뢰는 전문이다.

「大王大妃殿」 (箋文) 같은 내용으로 대왕대비전에 올린 전문이다.

「王大妃殿」 (箋文) 같은 내용으로 왕대비전에 올린 전문이다.

「純宗大王挽詞」* (7율) 순조가 붕어하자 지어올린 만사인데, 칠언율시 12수 가운데 목판본에는 11수가 실렸다.

「進香文」(雜著) 1790년에 태어나 1834년에 세상을 떠난 순조의 영전에 향을 올리며 지은 글이다.

「策題」(雜著) 농업 진흥에 관해 질문한 策題이다.

「又」(雜著) 四端 가운데 하나인 禮讓에 관해 질문한 策題이다.

「又」(雜著) 經傳을 읽으면서 章句 訓釋에 치우치고 旨義를 窮究하지 않으며, 小技에 지나지 않는 功令에 공력을 쏟는 선비들의 폐단에 관해 질문한 策題이다.

「與黃山金逌根書」(書) 김유근이 「荷香山詩軸」을 보내오자 고마워하며, 글씨를 칭찬하는 편지이다.

「辭疏四」(疏箚) 평안도관찰사 사직을 청하는 네 번째 疏이다.

「箕城司馬齋題名錄記」(記) 평양 司馬齋 題銘錄에 그 유래를 설명한 글이다.

「箕城魯陽祠儒契帖序」(序) 평양 魯陽祠 儒契의 유래를 설명한 글이다.

「義烈祠桂月香碑文」(墓碣) 임진란에 순절한 桂月香의 사당 의열사를 다시 세우면서 비석에 새긴 글인데, 「迎神曲」과 「送神曲」도 함께 실었다.

「爲迎北家有宣城有懷舊遊次斗室相公板上五古韻」(五古)

「渭江硯石銘」*(雜著) 渭江石으로 벼루를 만들어 아들과 딸 등 주위 사람들에게 나눠주며 지은 銘 9수이다.

「題洪生敬淵會山圍棊聯句序帖後」(跋) 홍생이 會寧圍棊聯句序帖을 가져와 발문을 부탁하자, "마음을 오로지하지 않으면 쏘아도 맞지 않는다"는 말을 들어 모든 일에 전념하라고 당부한 글이다.

「書贈李君悌赫」(書) 감영의 막료 이제혁이 활을 잘 쏘아 상을 받자, 한문에도 힘쓰기를 권면한 편지이다.

「爲迎北使留灣奉贈儐使平泉李尙書羲甲」(7율) 접반사가 의주에 머물자 판서 이희갑의 시에 차운하여 지은 시이다.

「先君子庚午莅茲縣歲荒賙振嘉山土賊之亂以肅川兼官領軍赴安營邑人至今思之二十五年之後小子按節巡過桐鄕陳跡風樹增感謹作一律志懷」*(7율) 아버지가 25년 전에 다스리던 영유현을 지나다가 고을 사람들의 회고담을 듣고, 아버지를 그리워하며 지은 시이다.

「冬至箋文內閣」(箋文) 을미년(1835) 동지를 하례하며 올렸던 전문인데, 곧이어 國喪을 당하자 다시 내려왔다.

「又監營」(箋文) 같은 내용이다.

「戲題射劃紙」(雜著)

「書贈聖若叔」(書)

「題正俗契帖」(序) 박천 서참봉이 보여준 「正俗契帖」에 "以友輔仁하라"는 뜻으로 권면의 뜻을 써준 글이다.


## 4. 가치

이 책들은 정원용이 평안도관찰사로 재직하던 2년 9개월 동안에 지은 시와 문장만 실려 있어서, 정원용 문집 전체를 보여 주지는 못한다. 그러나 현재 간행되어 있는 정원용의 문집 『經山集』에 실리지 않은 글들이 대부분이어서, 오히려 그 시대의 자료는 더 많이 보여 준다. 현재 간행되어 전하는『경산집』에 실린 글 말고도, 그가 평생 얼마나 많은 글을 지었는지 짐작할 수 있게 해주는 자료이기도 하다.

이 가운데 시는 활자본에 일부만 실었으며, 16편이나 되는 箋文은 한 편도 싣지 않았다. 이 책은 현재 간행되어 전하는『경산집』이 그 많은 작품 가운데 일부만 골라 뽑았음을 보여주는 좋은 자료인데다, 51세부터 53세까지 장년 시절의 작품을 숨김없이 보여주는 자료로 가치가 높다. 연세대학교 중앙도서관 고서실에 소장된 미정초고본 『경산집 부록』 6책과 정원용이 90년 동안 기록한 일기『경산일록』17책을 함께 참고하면 상승효과가 더욱 높아질 것이다.

【허경진】

# 懦軒集

朴潢(1597~1648) 著.

寫本. 6卷3册 : 年譜, 四周雙邊 半郭 22.2×17.2cm, 有界, 10
行20字, 上下向2葉花紋魚尾 ; 31.5×20.8cm.

## 1. 저자

朴潢(1597~1648)의 本貫은 潘南, 字는 德雨, 號는 懦軒·贅翁이다. 아버지는 관찰사 東說, 어머니는 고령신씨이다. 養父는 司僕寺正 東彦, 養母는 承旨 鄭淹의 딸인 광주정씨이다. 1621년(광해군 13) 庭試에 병과로 급제하여 權知 承文副正字가 되었다. 1622년 生父가 죽어 喪을 치루고 1624년에 비로소 檢閱 겸 侍講院 說書가 되었다가 홍문관 正字로 옮겨갔다. 仁祖反正 이후에 司諫院 正言이 되었다. 1626년(병인) 副修撰이 되었다가 얼마 뒤 사간원 獻納으로 옮겨갔다. 그 해 4월 전라도 右水使 金完의 일로 南下했다가 돌아왔다. 1631년 전라도 영광 현령으로 갔다가 이듬해 邑弊疏를 올리기도 했다.

이조참의로 있을 때 병자호란을 맞아 임금을 모시고 남한산성으로 들어갔다. 다음해 斥和臣 17인이 청나라로 압송될 때 한두 명만 보내자는 주장을 하여 관철시켰다. 1637년 2월 볼모로 가는 昭顯世子를 모시고 瀋陽에 갔다. 1638년 가을 병으로 심양에서 돌아와 병조참판이 되고 다음해 대사헌이 되었다. 1639년 8월 삼도순검사로 三南에 갔다가 돌아와 대사헌이 되었다가 이듬해 다시 순검사로 三南에 갔다 왔다. 1641년 3월에 金尙憲 등과 함께 심양에 압송되었다가 12월에 義州로 이송되었다. 1644년 전라도관찰사로 갔다가 沈器遠의 역모로 김해에 유배되었으며, 이듬해 풀려나 돌아왔다. 1647년 전주 부윤이 되었는데, 이듬해 5월에 병이 들어 죽었다. 9월에 경기도 積城에 장사지냈고 양주 금곡으로 移葬되었다.

## 2. 구성

연세대학교 중앙도서관 소장 유일본으로 6권 3책으로 구성되어 있다. 版心題와 魚尾, 卷數 등이 모두 쓰인 종이에 정서되어 있고, 일부 頭註도 보인다. 문집의 처음에는 1815년(崇禎紀元後四乙亥) 1월 15일(上元日)에 저자의 6세손인 朴士文의 친구 李晩秀가 쓴 序와 같은 해 1월 24일(경술)에 徐榮輔가 쓴 序가 실려 있다. 문집의 맨 끝에는 1808년(무진)에 6대손 朴宗正(1755~?)이 쓴 跋이 실려 있다. 문집의 구성은 다음과 같다.

**제1책(天)**
**卷之一**
· 詩(14): 「愛蓮乙丑月課」 등
· 疏箚(27): 「論睦性善柳碩等疏乙亥十月副修撰時」·「玉堂以不論仁城君珙處置兩司箚同月副修撰時」·「以仁城君珙事聯箚十一月」·「玉堂論啓運宮喪制聯箚丙寅正月副修撰時」·「再箚同月」·「三箚同月」·「以延平府院君李貴疏斥辭職聯箚同月」·「玉堂論啓雲宮喪制聯箚同月副修撰時」·「再箚同日」·「三箚同日」·「又以

延平疏辭職聯箚同月」·「處置兩司聯箚同月」·「辭獻納疏三月」·「處置兩司聯箚六月副校理時」·「玉堂乞從權
聯箚七月副校理時」·「再箚同月」·「論和事不可疏丁卯二月直講時」·「辭修撰疏八月」·「玉堂論仁城君珙聯箚戊
辰正月副校理時」·「再疏二月」·「三疏同月」·「四疏同月」·「五疏同月」·「六疏同月」·「七疏三月」·「八疏同月」·「九
疏同月」

### 卷之二
· 疏箚(15):「樂安郡守林慶業發論臺諫削黜還收事聯箚同月」·「請寢啓雲宮祔廟親祭聯箚同月」·「再
箚同日」·「處置兩司聯箚同月」·「玉堂論仁城君珙聯箚四月」·「再箚同月」·「三箚同月」·「四箚同月」·「辭校理
疏庚午十月」·「處置兩司聯箚十二月校理時」·「處置兩司箚辛未四月副校理時」·「論削職遠竄諸臣聯箚同日」·「以
處置事待罪疏同月」·「靈光陳邑弊疏壬申八月」·「論兵曹判書李聖求特授聯箚同月」

### 제2책(地)
### 卷之三
· 啓辭(17):「李尹義立家揀擇事避嫌啓乙丑七月正言時」·「請前判書李貴副提學崔鳴吉罷職啓 丙寅二
月正言時」·「請改鴻山縣監卞悌元賞資革罷諸宮家魚鹽免稅啓同月」·「以具仁堅事避嫌啓五月獻納時」·「以
世子冠服事同僚聯名避嫌啓六月獻納時」·「處置出仕後再次聯名避嫌啓同月」·「革罷諸宮家魚鹽免稅啓八
月獻納時」·「再啓」·「三啓」·「四啓」·「論澳洛事啓同月」·「玉堂箚批經宿不下避嫌啓癸酉正月司諫時」·「因兵
判事避嫌啓同月」·「奉禮引接大君還寢事統制使邊瀗拿鞫事憲臺處置事黃海兵使李元江都留守申埈
遞差事啓二月執義時」·「因禮曹草記避嫌啓同月」·「論追崇避嫌啓甲戌」·「論柳碩避嫌啓庚辰正月」
· 箋(1):「擬本朝訓練都監進忠烈錄箋辛酉庭試」
· 帖(1):「告全州父老士子等書戊子二月」
· 祭文(3):「祭藥峯徐公渚文辛未」·「祭月沙李公廷龜文」·「祭沙溪先生文」
· 「藩中日記」·「辛巳西行錄」·「藩中記聞」

### 卷之四
· 附錄:「年譜」·「南漢日記」·「政院日記」·「春坊日記」

### 제3책(人)
### 卷之五
· 附錄:「遺事」·「行狀( 從姪 南溪公)

### 卷之六
· 附錄:「墓誌銘」(六代孫 宗正撰)·「敎三道巡檢使朴潢書」(知製敎 金世濂作)·「敎全羅道觀察使朴
潢書」(知製敎 蔡裕後作)· 知人들이 보낸 詩(30수)·「賜祭文」(知製敎 梁曼容作)·「祭文」(上同)·「又」
(上同)·「又」(惺菴 李壽仁作)·「又」(表從姪 李慶億作)· 尹順之가 준 詩(3수)· 知人들의 輓詞(8편)

## 3. 내용

### 1) 詩

작품 수는 모두 10편인데 대체로 題畵詩・輓詩・詠物詩・次韻詩 등이다. 徐榮輔가 쓴 序에 그의 시는 '辭采가 峻潔하며 忼慨하다'고 했다.

「愛蓮」

| | |
|---|---|
| 不共春芳較後先 | 고운 봄꽃들과 함께 앞뒤를 다툴 것 없고 |
| 天然秀色正堪憐 | 天然의 뛰어난 모습 분명코 사랑함직하구나. |
| 風飄翠盖含秋淨 | 바람 부니 푸른 덮개에 맑은 가을 머금은 듯하고 |
| 雨裛紅衣出水娟 | 비에 젖은 붉은 옷은 물 밖으로 곱게 솟았구나. |
| 池面晚香淸更遠 | 연못가에 저녁 향기 맑고도 그윽한데 |
| 葉心新露碎還圓 | 잎사귀에 새로 내린 이슬은 부서졌다가 다시 동그래지네. |
| 濂溪千載留眞賞 | 천년 전에 周濂溪 선생 참된 연꽃 취미 글로 남기셨듯이 |
| 薇盥晴牕續舊篇 | 장미 이슬에 손 씻고 맑은 창가에 앉아 글을 이어 짓노라. |

이 작품은 月課詩로 1625년(인조 3) 侍講院 說書로 있을 무렵에 지은 작품인 듯하다. 월과시의 속성상 궁궐의 분위기에 어울리게 단아하고 차분한 느낌을 주고 있다.

봄에 피는 다른 꽃들과 다툴 염려도 없이 한여름에 홀로 자신의 아름다움을 마음껏 뽐내는 연꽃의 빼어남, 비바람이 불 때마다 연잎에 떨어지는 빗방울들이 순간순간 흩어졌다가 다시 물방울을 만들어내는 생동감, 푸른 잎사귀 사이로 붉은 꽃을 터뜨린 연꽃의 화사함 등을 통해 한여름 연꽃의 아름다움을 시각적으로 매우 실감 있게 그려내고 있다. 그리고 끝으로 이러한 아름다운 연꽃을 감상하는 자신의 마음을 일찍이 『愛蓮說』을 지었던 周濂溪에 견주어 연꽃을 대하는 자신의 마음과 태도를 표현하고 있다.

「徐藥峯渻挽」

| | |
|---|---|
| 夢罷槐枝七十春 | 한바탕 꿈을 깨고 나니 일흔 번의 봄 지나고 |
| 秦春輟響泣都民 | 절구 소리 그치고 백성들 슬피 우네. |
| 明時已失經綸手 | 밝은 세상에 뛰어난 경륜을 가진 인물을 잃고 |
| 聖主偏傷社稷臣 | 임금님은 社稷의 신하에 가슴 아파하셨네. |
| 慶溢人間全五福 | 좋은 일 넘쳐 이 세상에선 五福을 두루 갖추셨고 |
| 德尊天上列三辰 | 높으신 덕은 하늘에선 해와 달, 별에 견주시리라. |
| 洛中他日耆英會 | 언젠가 서울에서 耆英會를 베풀 때 |
| 遍揷宮花少一人 | 궁궐의 꽃가지 꺾어 꽂을 때 한 사람이 비겠구나. |

이 輓詩는 조선 전기 대표적인 관각문인 徐居正의 현손인 藥峯 徐渻(1558~1631)의 죽음을 슬퍼하여 쓴 작품이다. 우선 사람의 죽음을 느티나무 아래 꿈을 꾸면서 온갖 부귀영화를 누리

다가 깨어나니 느티나무 아래였다는 고사를 인용하여 인생의 덧없음을 슬퍼하였다. 이어서 徐
涒을 경륜이 뛰어난 존재이자 社稷을 지키는 신하에 견주어 뛰어난 인물의 죽음을 안타까워하
고 있다. 그러나 그는 인생 70을 살면서 그래도 좋은 일이 많아 五福을 누리고 살았다는 점과
덕이 높아 많은 사람이 해와 달, 별처럼 우러러볼 만큼 뛰어난 삶이었다는 점을 높이 평가하였
다.

마지막 구절은 唐나라 詩人 王維의 「送元二使安西」의 끝 구절에서 따온 것이다. 이를 통해
작가는 뒷날 나이 들어 벼슬살이를 그만 둔 뒤에 나라에서 베풀어줄 耆英會를 찾아가더라도
죽은 徐涒은 자신과 달리 그 잔치에 참석하지 못하겠다는 앞날에 대한 상상을 통해 자신보다
앞서 간 徐涒의 죽음을 안타까워하고 있다.

### 2) 疏箚

모두 17편의 작품이 수록되어 있으며 대략적인 내용은 다음과 같다.

「論睦性善柳碩等疏」

1625년 10월 부수찬으로 있을 때 쓴 글로서 仁祖가 이괄의 난에 연루되었던 仁城君을 죽이
지 않고 골육의 은혜를 생각하여 방면해준 일, 睦善性·柳碩 등이 인성군을 두둔하여 올린
疏의 부당함 등을 주장하였다.

「玉堂以不論仁城君珙處置兩司箚」·「以仁城君珙事聯箚」

仁城君 李珙이 인목대비의 廢母論을 주장한 것의 부당성, 이에 동조한 睦性善을 인조가 처
단하지 않은 일은 잘못되었다는 점 등을 주장하였다.

「玉堂論啓運宮喪制聯箚」·「再箚」·「三箚」

延平府院君 李貴 등이 仁獻王后(元宗妃)의 喪期를 2년으로 주장한 일의 부당함, 인헌왕후의
喪에 능원군이 喪主가 되었기 때문에 인조가 主祭하려는 것은 부당하다는 점 등을 주장하였다.

「論和事不可疏」

1627년(인조 5) 2월에 直講으로 있을 때 청나라와의 화친의 부당함을 주장한 疏이다. 여기
서 그는 청나라와 화친을 하면 사방의 민심을 수습할 수 없고, 三軍의 사기가 떨어지고, 원근
의 義士들이 모두 흩어져 후일을 도모할 수 없다는 것, 청나라로 압송되기로 한 17명의 斥和
臣 가운데 한두 명만 보내자는 것 등을 주장하였다.

「靈光陳邑弊疏」

1632년(인조 10) 8월에 저자가 영광 현감으로 있을 때 올린 疏이다. 이 글에서 그는 임금이
란 구중궁궐 안에 있어 먼 곳의 물정을 직접 살펴볼 수 없기 때문에 자신이 다스리는 작은 마
을의 폐단을 직접 올린다고 하였다.

우선 호남지방은 나라의 府庫로 임진왜란 이후에 국가 재정의 상당량을 의존하고 있으나 다른 지역보다 貢賦가 갑절이나 되고, 연해 지역은 이보다 더하다고 하였다. 특히 이곳 영광 지역은 魚鹽이 풍족한 지역으로 가렴주구가 아주 심한데, 오늘 장씨 성을 가진 자가 오면 내일은 김씨 성을 가진 자가 와서 貢賦를 요구한다고 하여 바닷가 백성들이 당하는 폐해의 실상을 극명하게 보여 주고 있다. 또 백성들의 배는 원래 자신이 원하는 대로 그 소속된 관청을 정하여 貢賦를 바치는 것인데, 요즘에 와서는 이와 상관 없이 餫餉使, 內需司, 의정부, 기로소, 성균관, 충훈부, 돈녕부, 훈련도감 등 여러 관청에서 나와서 貢賦를 마구 거두어 가기도 한다고 하였다. 또 영광 서남쪽에는 3월에서 6월까지 波市가 서 원근의 수많은 배들이 이곳으로 모여 고기를 잡으면 本道에서 액수를 정하여 漁稅를 거두는데, 역시 여러 관청에서 거두어 간다는 것, 그 결과 배의 수도 줄고, 어부들도 일을 잃게 되거나 심지어는 사방으로 흩어져 도적이 되기도 한다는 등의 폐단을 지적하고 있다.

그밖에 일본 등 주변 지역과의 물건을 교환하여 國富를 키울 것을 주장하면서 무역의 중요성을 설파하거나, 군졸의 일 가운데 가장 고되다는 水軍의 군역을 줄여 주어야 한다는 것, 漕運船을 효율적으로 운행하기 위해 사람들을 48명으로 한 조를 만들어 번갈아 入役하게 하였으나 갈수록 도망가는 사람들이 많아 결국 연약자들만 남아 힘들게 일을 하고 있다는 것, 束伍軍은 그 숫자는 많으나 실제로는 허수로 편제되어 있다는 것, 속오군의 전력을 높이기 위해 날마다 2~3명 혹은 4~5명씩 관아에 와서 수령으로 하여금 재주를 시험토록 해야 한다는 것 등 당시 전라도 지방 및 해안 지역에서 벌어지는 제반 폐해와 개선책 등을 주장하거나 제시하고 있다.

### 3) 啓辭

모두 17편이 실려 있다. 그 대체적인 내용을 살펴보면 다음과 같다.

「請改鴻山縣監卜悌元賞資革罷諸宮家魚鹽免稅啓」

1626년(병인) 2월 正言으로 있을 때 전라도 우수사 金完의 일로 南下했을 때 지은 글로 鴻山 현감의 공로를 치하하여 관직을 올려주기를 청하거나 어염을 거두기로 정해놓은 期日이 지났는데도 계속해서 거두는 여러 宮의 폐단과 그 혁파를 주장하고 있다.

「臺處置事黃海道兵使李崇元江都留守申垓遞差事啓」

統制使 邊潝이 직책을 멋대로 부려 인심이 나빠져 어느 지방에서는 사람들이 兵船을 불태우고 兵器가 탕진되고 人物에 손상이 발생한 일에 대해 推鞫해야 한다는 것, 豊德·通津 등에서 선박을 멋대로 착복하는 폐단, 황해도·강화도는 군사적 요충지이기 때문에 적임자를 잘 선정해야 한다는 것 등을 주장하였다.

「論追崇避嫌啓甲戌」

元宗大王(宣祖의 아들)은 寶位에 오르지 않았기 때문에 大統을 이은 것이 아니며 어디까지나 仁祖의 입장에서는 私廟일 수밖에 없다는 것 등을 언급하면서 임금으로서 追崇의 원칙을 잘 지켜야 함을 주장하였다.

### 4) 日記

일기는 1637년(인조 15) 청나라에 볼모로 가는 소현세자를 모시고 심양에 갔을 때 일, 1641년(인조 19) 3월에 金尙憲 등과 함께 심양의 北館으로 끌려갔을 때의 일을 적은 것으로 병자호란 당시 청나라 심양으로 잡혀간 斥和臣들의 사정을 잘 알려 주고 있다.

「瀋中日記」

일기의 기록은 소현세자를 모시고 청나라에 갈 때인 1637년(정축) 1월 30일부터 윤사월 3일까지 대략 3개월이다. 이 일기는 그의 일기류 가운데 가장 분량이 많고 사료적 가치 역시 크다. 그 대체적인 내용은 다음과 같다.

· 1월 30일. 왕세자를 모시고 임금의 수레를 따라서 남한산성을 출발하여 소파곳으로 갔다. 임금의 수레는 저물 무렵 궁으로 돌아가고, 세자는 삼전도 탄천에 머물렀다. 봉림대군 등이 江都에서 와서 함께 머물렀다.

· 2월 1일. 세자 일행이 청나라 九王(叡親王)의 陣營에 머물렀다.

· 2일. 淸帝가 북으로 돌아갔다.

· 3일. 영중추부사 尹昉이 종묘의 신주를 모시고 江都에서 돌아왔다. 이때 九王이 望遠亭으로 진영을 옮겼다.

· 4일. 일찍 출발하여 망원정에 도착하였다. 通津 水站村에 머물렀다. 눈길을 무릅쓰고 삼경이 되도록 가서 陽川 철곳에 머물렀다.

· 5일. 세자대군이 도성으로 들어갔다가 돌아왔다. 江都의 백성들이 갑곶진에서 세 길로 나누어 돌아오는데, 그 길이가 100여리나 되었다.

· 6일. 임금님의 수레가 九王의 진영으로 찾아갔다.

· 8일. 임금님의 수레가 일찍 도성을 출발하여 昌陵 부근으로 九王을 보러 갔다. 저녁에 벽제관에 도착하여 묵었다.

· 9일. 아침 일찍 출발하여 파주 梨川에 도착했다.

· 10일. 일찍 출발하여 積城을 지나고 강을 건너 長湍 板浮村에 묵었다.

· 11일. 板門을 지나고 길에서 노숙했다.

· 12일. 일찍 출발하여 松京 塞垣村에 도착했다.

· 13일. 송경에 머물렀다.

· 15일. 塞垣에서 출발하여 저녁에 金郊에 도착했다.

· 16일. 平山館에 도착했다.

· 17일. 평산 船巖村에 묵었다.

· 18일. 선암 은율현에 묵었다.

· 19일. 선암을 출발하여 평산 長波串村에 묵었다. 九王이 말에게 먹이를 먹이고자 하여 오래 머물렀다. 세자가 머무는 곳에 불이 나서 淸人들이 불을 껐다.

· 20일. 鳳山縣에 도착하여 묵었다. 洪霆·朴弘蹃 등이 인사하러 왔다.

· 21일. 鳳山 草丘村에 도착하여 묵었다. 新溪 현감 長連 현감 등이 약간의 양식을 가지고 왔다.

· 22일, 23일, 24일, 25일, 26일, 27일, 28일, 29일. 그냥 묵었다.

· 3월 1일, 2일. 그냥 묵었다.

· 3일. 출발하여 황주성에 도착하였다. 허씨네 집에서 묵었다. 판관 李郭齊가 양식을 보내주었다.

· 4일. 中和府에 도착해서 묵었다. 龜城 부사 黃允後, 三和 현감 宋震, 三登 현감 李禮範, 殷山 현감 李舜民, 중화 현감 金迲 등이 夫馬와 음식을 보내주었다.

· 5일. 일행은 대동강변으로 나갔다. 평안도사 田鬮, 江西 현감 등이 와서 함께 뱃놀이를 했다.

· 6일. 永柔縣에 도착했다.

· 7일. 德淵堤 쪽으로 거처를 옮겼다.

· 8일. 덕연에 머무는데, 大朝管餉使 李袨이 保山에서 오고, 大朝護行內官 白大奎가 서울로 돌아갔다.

· 9일, 10, 11일, 12일, 13일, 14일, 15일, 16일, 17일, 18일, 19일. 그냥 머물렀다.

· 20일. 일찍 덕연을 출발하여 저녁에 안주 長坪에 도착하여 노숙했다. 義州 副尹 임경업, 영변 부사 李浚, 宣川 부사 閔應騫, 肅川 부사 南宮漳, 泰川 현감 金仁, 熙川 군수 申機 등이 찾아왔다.

· 21일. 안주 橫灘에 도착했다. 兵使 柳琳 등이 찾아왔다.

· 22일. 비로 그냥 머물렀다.

· 23일. 嘉山 長串에서 노숙했다.

· 24일. 定州를 지나 鼈巖에 도착했다.

· 25일. 정주 玉女洞에 도착하여 노숙했다.

· 26일. 鐵山에 도착하여 판교에서 노숙했다.

· 27일. 의주 好津江가에 도착했다. 철산 부사 李庭彦이 와서 인사하고 갔다.

· 28일. 의주성을 지나 九龍淵에 도착하여 그곳에서 노숙했다. 碧潼 군수, 渭原 군수가 찾아

왔다.

· 29일. 비로 머물렀다.

· 30일. 압록강을 건너 中江赤島에 이르러 묵었다.

· 4월 1일. 勝河島에 도착하니, 淸人들이 술과 안주, 양고기 등을 들고 찾아왔다. 저녁에 九連城 앞에 도착해서 노숙했다. 의주에서 30리 길이다. 함께 왔던 숙천 부사 등이 돌아갔다.

· 2일. 金石山에 도착했다.

· 3일. 龍山에 도착했다.

· 4일. 獐項에 도착했다.

· 5일 通遠堡 水田洞을 지나 連山館에 못 미쳐 노숙했다.

· 6일. 甛水站을 지나 노숙했다. 연산에서 50여리 길이다.

· 7일. 靑石嶺을 넘어 狼子山 아래에 도착했다.

· 8일. 午未庄을 지나 太子河를 지나 瀾泥浦에 도착하여 묵었다.

· 9일. 白塔坪에 도착해서 노숙했다. 요동에서 여기까지는 들판이 끝이 없고 모래먼지가 하늘을 가려 눈을 뜰 수 없었다.

· 10일. 渾江을 건너서 쉬었다. 九王이 먼저 城으로 들어가니 淸帝가 諸將들에게 명령하여 잔치를 베풀어주었다. 세자 이하 從官들이 北面을 하고 三拜, 九叩頭한 뒤에 술자리에 참석하였다. 술자리는 잔이 세 번 돌고 그쳤다. 嬪宮의 장막에도 따로 잔치를 베풀어 주었다. 城으로 들어가려는데 嬪宮과 大君夫人은 수레를 타고 가지 못하게 하였다.

· 11일. 帝命으로 일행의 인원, 마필의 숫자를 줄였고, 일행들이 먹는 음식의 양 역시 예에 따라 정해졌다.

· 12일. 다시 잔치를 베풀어주었다.

· 13일. 嬪宮의 건강이 좋지 않아 청심보혈탕을 올렸다.

· 15일. 세자가 從官들을 데리고 東向을 하고 望殿禮를 행하였다.

· 16일, 17일, 18일. 館所에 머물렀다.

· 19일. 尹集, 吳達濟를 堂下로 끌고 오니 황제가 이들을 죽이지 않고 처자들을 데리고 여기와서 살게 해주겠다고 했다. 그러나 오달제는 죽음을 참고 이곳에 온 것은 살아서 내 임금과 부모를 뵙고자 함이니 만약에 이곳을 나가지 못한다면 죽는 것이 낫다고 했다. 윤집은 처자들이 병란으로 흩어져 生死를 알 수 없다고 했다. 이들은 皇上의 덕을 생각하지 않고 帝命을 좇지 않으니 마땅히 죽여야 한다고 했다. 이에 西門으로 끌고 갔으나 宰臣들이 간청하였다.

· 29일. 세자가 宰臣들을 보고, 講官들은 『貞觀政要』를 읽으며 정치의 득실을 논하였다. 이에 술을 내려주고 파하였다.

「南漢日記」

이 일기는 1636년 병자호란이 일어났을 당시 仁祖를 모시고 남한산성에 들어가 있을 때의 일을 적고 있다. 기록된 날짜는 1636년 12월 16일부터 1637년(정축) 정월 26일까지이다. 남한산성으로 피신해 있던 당시 조정의 급박한 정황을 살필 수 있는 좋은 자료이다.

내용은 남한산성에 들어온 인조와 박황 사이에 나눈 이야기들로 이루어져 있는데, 청군에 포위된 남한산성 안에서 산성을 견고히 하기 위해 성문을 굳건히 만들어야 하는 일, 성안의 백성들을 격려해야 하는 일, 병력을 모집하는데 강원도 군졸 가운데 뛰어난 포수들이 많아 급히 데려오라는 일, 강화도로 보낸 검찰 2명이 소식도 없이 아직 돌아오지 못하는 일, 노인들이 직접 성가퀴를 지켜야 할 만큼 어려워진 성안의 상황 등 남한산성의 급박한 제반 상황들을 적고 있다.

「政院日記」

이 일기는 1624년 (갑자) 10월 5일부터 1643년(계미) 4월 27일 사이에 史官으로 있을 때의 기록이다. 대체적인 내용을 살펴보면, 승정원 注書 임명을 윤허 받을 때의 일, 비변사 도체찰사의 從官이 될 때의 일, 전라도 巡安御史로 임명된 때의 일 등 주로 그가 새로운 벼슬을 받을 때마다 임금의 윤허를 받은 내용을 자세히 적고 있다.

「春坊日記」

이 일기는 우선 1638년(무인) 10월 1일의 기록은 한해 전에 소현세자를 모시고 심양에 갔다가 이듬해 돌아올 때 淸人들이 잔치를 베풀어준 일을 적고 있다. 그리고 1641년(신사) 6월 6일 다시 심양으로 직송되어 갔을 때 받은 곡식의 수량과 8월 11일 北館에 갇혀 있는 박황을 포함한 4명의 斥和臣들이 받은 곡식의 수량 등까지도 기록하였다. 그밖에 12월 18일 斥和臣들이 寒疾과 여러 질병으로 고생하는 일, 23일 소현세자가 김상헌 등에게 술을 보내 준 일, 1643년(계미) 2월 27일 박황에게 90세 된 老母가 있어 그의 귀국을 허락받았다는 일, 1644년(갑신) 1월 21일 전라도 감사로 내려갈 때의 일 등을 짧게 기록하고 있다.


## 4. 가치

『憬軒集』은 朴潢의 문학과 관리로서의 생활을 가장 자세하게 알 수 있는 기록이다. 특히 문집 가운데, 영광 군수로 갔을 때 올린 글은 당시 전라도 바닷가 지역의 경제적 상황을 아는 데 좋은 자료로 활용될 수 있다. 뿐만 아니라 볼모가 되어 간 소현세자를 직접 모시고 청나라에 다녀오고, 병자호란 당시 斥和臣들인 金尙憲, 趙漢英, 申得淵, 蔡以恒 등과 함께 심양으로 불려 가면서 그 때의 일을 적어놓은 일기는 병자호란 당시 심양으로 잡혀간 斥和臣들의 사정을 전해주는 사료로서 가치가 크다고 할 수 있다.

【전관수】

# 潘溪集

俞好仁(1445~1494) 著.

木板本. 3卷1冊(全7卷中 卷5~7存) : 四周雙邊 半郭 19.5×
15.5cm, 有界, 10行18字 註雙行, 上下黑口, 上下向黑魚尾 ;
27.0×18.5cm.

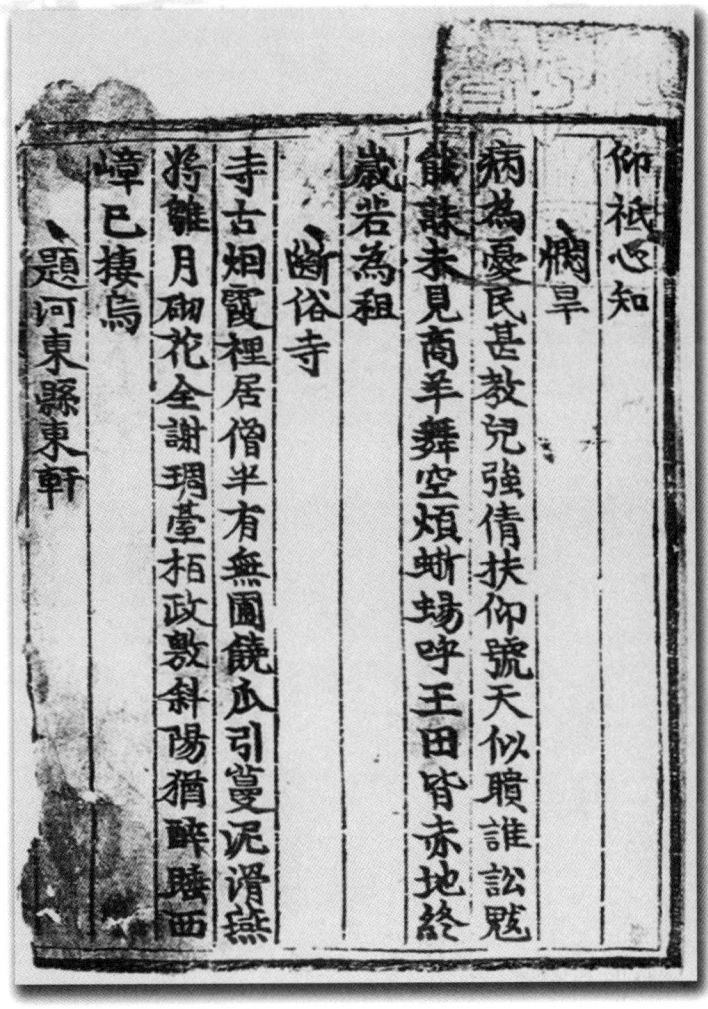

# 1. 저자

俞好仁(1445~1494)의 本貫은 高靈, 字는 克己, 號는 㵢溪이다. 김종직에게 글을 배워 세조 8년(1462)에 생원이 되고, 성종 5년(1474) 식년문과에 병과로 급제했다. 奉常寺 副奉事로 있던 1476년 6월에 성종의 특명으로 賜暇讀書하였으며, 1480년에 거창현감으로 나갔다. 늙은 어버이를 봉양하기 위해, 임금을 가까이서 모시던 經筵官을 사퇴하고 고향 가까운 고을의 수령을 자원했던 것이다. 성종도 그의 뜻을 말릴 수 없어서 거창 현감으로 보냈다. 그러나 그는 곧 喪을 당했기에 벼슬을 내어놓고 服을 입었다. 그는 상을 마치고도 함양에 머물렀는데, 그가 지은 시들을 경상도관찰사 李克基가 함양군수 曹偉의 시와 함께 책으로 묶어 1485년 2월 28일에 성종께 바쳤다. 성종은 그의 시를 다 읽고 나서 '편마다 모두 뜻과 격률이 있다[篇篇皆有意思格律]'고 칭찬하며, 그를 기쁘게 하기 위해 어머니에게 쌀과 콩을 15석씩 하사하였다.

그는 1486년에 검토관을 거쳐 『동국여지승람』의 편찬에 참여했지만, 1488년에 다시 의성현령으로 나갔다. 성종은 그가 늙은 어머니를 모시기 위해 외직을 자원했음을 알았기에, 쌀 4석, 콩 2석, 소금 5석, 미역 1상자, 청주 10병을 하사하면서 그 뜻을 장려하였다. 1490년 3월 2일에 유호인이 다시 자신이 지은 詩稿를 성종께 바치자, 성종이 다 읽고 나서 승정원에 보여주며 "예전처럼 어버이에게 食物을 하사하라"고 명하였다. 1494년에 사헌부 장령을 거쳐 합천군수로 재직하다가 4월 8일에 병으로 죽었다. 그 소식을 들은 성종은 "호인은 범상한 인물이 아니다"고 아까워하면서 장례 치를 물건을 그의 집으로 보내 주었다. 情義로 맺어진 성종과 유호인의 군신 관계는 뒷날에도 신하 사랑의 모범으로 자주 일컬어졌다. 임금의 지극한 은총을 입고 감격하여 지은 시가 문집에 10여 편 실려 있다. 그는 죽을 때에 아들에게 "군자는 모름지기 임금을 속이지 말아야 한다"고 유언하였다. 죽은 뒤에 장수의 청계서원과 함양의 남계서원에 배향되었다.

# 2. 구성

이 책은 3권 1책 목판본으로 전체 113장인데, 7권 2책 가운데 권5~7 1책이다. 첫 장 앞면이 떨어져 나가 卷首題를 확인할 수는 없지만, 표제와 版心에 '㵢溪集'이라고 밝혀져 있다. 序跋을 비롯해 문집 편찬이나 간행을 알려주는 내용은 따로 없는데, 異本의 경우에도 마찬가지이다.

## 1) 체재 및 작품 분량

권5와 권6에는 한시가 실려 있고, 권7에는 文이 실렸다. 편제상으로는 文이라고 했지만, 앞에만 문장이 실렸으며, 중간부터는 歌謠들이 여러 편 섞여 실렸다.

권5

오언율시 62제 124수. 첫 장 앞 면이 떨어져 나가, 여기 실린 작품은 확인할 수 없다.

권6

칠언율시 148제 189수. 마지막 시 「謝恩榮排律十二韻」은 5언배율인데, 칠언율시에 함께 편집되어 있다.

권7

문 36편.

「遊松都錄」·「黃山谷集跋」·「題曹大虛詩集序」·「新刊靖節先生詩集跋」·「洛江泛舟詩跋」·「跋尹和夫詩集後」·「咸陽郡三姓族譜序」·「孫君墓誌銘」·「參判李公母氏墓誌銘」·「判官鄭君墓誌」·「謝恩箋」·「謝恩箋」·「百官暨大學生等謝幸學賜恩」

「天眷曲」4수·「敎坊謠」·「歌謠」4수·「永川鄕校謠」6수·「安東鄕校謠」10수·「花山鄕校謠」5수·「泣麟摻」·「飮中歌」·「在輿岭第先寄矗石樓」·「寄菁川樓舩」·「漢水三疊辭」 3편·「感春賦」·「夢遊靑鶴洞辭」·「題烈婦崔氏傳後」·「城隍祭迎送神歌」 2수·「祭高陽府院君文」·「馬屹山祈雨祭文」·「伽倻津三度祈雨祭文」·「修道山龍潭祭文」·「北方黑龍祈雨祭文」·「祭高陽府院君文」·「題訓導劉順孫等契軸文」·「祝六神」

낙질 부분인 권1~4까지는 일본 尊經閣文庫에 소장된 後刷本의 체제와 작품 분량을 대신 소개한다.

권1

오언소시 6제 9수.

권2

칠언소시 138제 431수.

권3

오언고풍 19제 61수.

권4

칠언고풍 52제 61수.

권5

오언율시 첫 장 앞 면에 2제 2수가 더 실려 있다.

절구를 小詩, 고시를 古風이라 한 것이 특이하며, 칠언고풍을 특히 많이 지은 것도 남다르다. 유호인은 다작의 시인인데, 칠언소시나 오언고풍은 한 제목에 여러 수를 지었다. 그러나 칠언고풍은 「和曹大虛西都八詠兼柬申次韶」 8수 말고는 거의 한 제목에 한 수씩 지었다. 오언소시는 6제 9수 밖에 안되지만, 문체를 나누기 위해 특별히 한 권으로 편집하였다. 문집 이름은 그가 살던 고향의 시냇물 이름에서 따왔다.

## 2) 이본 소개

그가 부친상을 당해 벼슬에서 물러나 있자, 성종이 그의 시를 편집해 올리게 했다. 경상도 관찰사 李克基가 1485년 2월 28일에 함양군수 曺偉의 시와 함께 그의 詩稿를 편집해 성종에게 올렸는데, "이 사람들의 저술을 歲抄마다 書啓하라는 명이 일찍이 있었다"는 註가 실록에 덧붙어 있다.

그는 의성현령으로 나가 있던 1490년에도 자신의 詩稿를 엮었다. 이때 엮은 詩藁가 성종에게 올려지자, 성종이 그의 시를 읽고 감탄하며 表裏를 하사하였다. 이 시고는 현재 실물이 확인되지 않는다. 유호인이 1494년에 세상을 떠나자 시집이 다시 엮어졌는데, 1496년에 성현이 지은 「潘溪詩集序」를 보면, 이때를 전후하여 『潘溪詩集』이 편집 간행되었음을 짐작할 수 있다. 그러나 현재 전하는 『潘溪集』에는 이 서문이 실려 있지 않다. 『연산군일기』 10년(1504) 12월 23일 기사에 "죄인 성현이 지은 서문이나 발문을 삭제하라."는 명이 실려 있어, 그의 서문이 삭제된 사정을 알 수 있다. 다른 사람의 序跋도 실려 있지 않아서, 편찬하고 간행한 경위를 정확히 확인할 수는 없다.

성현이 서문을 지은 뒤에도 유호인의 문집은 한동안 간행되지 않았다. 유호인은 김종직의 제자라서 연산군 시대에는 문집을 간행할 수 없었는데, 中宗反正 뒤에 분위기가 달라졌다. 1511년(중종 6) 3월 14일 夕講에서 참찬관 李世仁이 아뢰었다. "성종조에 문사들을 교육 양성하여 인재가 크게 성했으니, 최숙정·성현·조위·유호인·박은·김맹성·어세겸 같은 이들이 모두 한때의 명현입니다. (줄임) 그런데 그 문장 遺稿가 모두 묻히고 없어져 전하지 않습니다. (줄임) 위의 몇 사람의 자손이 반드시 선인의 유고를 가지고 있을 것이니, 청컨대 모아 거두어서 편집하여 開刊 전파함이 마땅합니다." 그러자 중종이 "전에 이미 명하여 이 사람들의 문집을 모아 편집하여 개간하게 했으니, 다시 명하여 속히 간행하게 하는게 좋겠다"고 하였다. 위의 인물 가운데 조위와 유호인은 성종이 詩稿를 편집해 올리게 할 정도로 좋아한 시인이었고, 성현은 유호인의 시집에 서문을 써준 사람이다. 중종반정 뒤에 가장 먼저 유고가 간행된 인물은 갑자사화에 희생된 朴誾인데, 친구 李荇이 1507년(중종 3)에 간행하였다. 그러나 중종의 명에 의해 유호인의 문집이 간행되었다는 기록은 발견되지 않는다.

魚得江이 지은 유호인의 묘갈명이나 林薰이 지은 「潘溪先生兪公行狀에 아들 瑍이 여러 친구의 도움을 받아 遺稿를 간행한 사실이 기록되어 있는데, 환은 1492년 진사에 그치고 벼슬하지 못했으므로 친구들의 도움을 받아 간행한 것이다. 초간본은 연세대학교 중앙도서관에 소장되어 있는데, 권5~7 1권 낙질이며, 권5 첫 장의 앞 면은 떨어져 나갔다. 초간본을 追刻 補板한 刊年 미상의 후쇄본이 일본 尊經閣文庫에 소장되어 있다. 민족문화추진회에서 문집총간을 간행할 때에 尊經閣文庫 소장본을 저본으로 했지만, 판본의 상태를 고려하여 일부는 연세대학교 중앙도서관 소장본으로 대체하였다. 이외에 성암문고나 규장각에도 낙질이 소장되었는데, 모두 7권 2책에 10행 18자로 짜였지만 匡郭의 크기가 조금씩 다른 것을 보면 몇 차례 간행한 듯하다. 일본 內閣文庫에는 필사본도 소장되어 있어, 그 수요가 많았음을 알 수 있다.


## 3. 내용

그는 문장력이 뛰어난 시인이어서 長篇 古詩와 連詩를 많이 지었다. 자기 주위의 꽃과 나무를 읊은 칠언율시 「四十八詠」과 『삼국사기』를 읽고나서 읊은 칠언절구 「東都雜詠」 25수를 비롯해서 10絶 이상의 연작시가 많다.

그는 또한 신라의 풍속과 역사에도 관심이 많아서, 김유신·무열왕·첨성대를 비롯한 여러 인물과 사물을 수십 편의 시로 읊었으며, 기행시도 많이 지어 남겼다.

그는 불교에도 관심이 많아서 절간에 찾아가 지은 시가 많으며, 중에게 지어준 시도 또한 매우 많다. 그러나 佛心이 깊었던 것 같지는 않다. 죽산 대평원을 지나다가 커다란 돌부처를 보고 지은 시

征驢撫古抱酸辛　나귀 등에 타고 와보니 쓰라린 옛 일들 저절로 생각나네.
一佛功成萬姓嗔　한 부처 세운 공이야 이뤘지만 만 백성 불만 많았지.
人國已亡渠獨在　사람의 나라 망했지만 저 혼자 아직 남아서
長年風雨院邊身　오랜 세월 비바람을 한 몸에 다 맞았구나.

를 보면, 부처를 만든 공보다도 백성들의 원망을 더 중요시했다. 그렇게 공들여 만든 돌부처가 고려왕조를 끝내 지켜주지 못하고 排佛崇儒의 조선왕조에 와서 비바람을 온통 맞고 섰다는 풍자까지도 곁들여 있다.

권4에서 특이한 작품은 「安東教坊謠」를 비롯한 教坊謠 4수이다. 「壽母生辰」은 1490년 3월에 성종에게 바친 詩稿에 실려 있어 칭찬을 받은 시이고, 「秋月揚明輝排律十韻」은 1485년 文臣製述에서 장원한 작품이다.

권5에는 「登鳥峀」, 「何處難忘酒」 등이 실렸는데, 그가 새재에 올라가 지은 시 「登鳥峀」에서

北望君臣隔　북쪽 하늘 바라보며 임금과 신하는 떨어져 있지만
南來母子同　남쪽으로 왔기에 어버이와 아들은 함께 있구나.

라는 구절은 성종이 읽어보고 "호인이 몸은 비록 밖에 있어도 임금을 잊지는 않았구나"라고 감격했던 부분이다.

권6에는 梅牕素月·竹逕淸風·日本躑躅·海南琅玕 등의 「四十八詠」에서 그의 문장력이 드러난다. 끝에 실린 「謝恩榮排律十二韻」은 1486년 文臣都試에서 장원하여 表裏를 하사받고 명을 받아 그 자리에서 지어 바친 시이다. 오언배율은 그의 문집에 1수밖에 없기에, 따로 권을

나누지 않고 칠언율시 뒤에 덧붙였다. 함양 가까이 있는 지리산을 비롯해 송도와 경주를 유람하며 지은 시가 많다.

　권7에는 다양한 문장이 실렸는데, 「遊松都錄」은 賜暇讀書하던 1477년 4월 하순부터 5월 초순까지 송도를 유람하며 기록한 글이다. 「黃山谷集跋」·「贈曺大虛詩序」·「新刊靖節先生詩集跋」·「洛江泛舟詩跋」·「跋尹和夫詩集後」 등의 序跋은 그의 문학관을 엿볼 수 있는 글들이다. 「永川鄕校謠」 6수·「安東鄕校謠」 10수·「花山鄕校謠」 5수 등은 경상도 지방의 가요 자료를 보여준다. 「城隍祭迎送神歌」와 「祝六神」 및 여러 편의 祈雨祭文도 실려 있어 한시가 지닌 呪術로서의 역할까지도 찾아볼 수 있다. 그는 자기 생활 주변에서 여러 형태의 시를 지었던 것이다. 유호인의 문집은 그의 생전에 여러 차례 편집되었지만, 그가 세상을 떠난 뒤에야 간행되었다. 몇 군데 목판본이 소장되었지만, 초간본으로는 이 책이 유일하다. 임란 이전에 간행되었다는 점에서 가치가 있다.

## 4. 가치

　유호인의 문집은 그의 생전에 여러 차례 편집되었지만, 그가 세상을 떠나고 중종반정이 이루어진 뒤에 간행되었다. 몇 군데 목판본이 소장되었지만, 초간본으로는 이 책이 유일하다. 임란 이전에 간행되었다는 점에서 가치가 있다.

　성종은 그의 시를 사랑하여, 지방에 있을 때에도 그의 詩稿를 자주 엮어 올리게 했다. 군신 간의 사랑을 읊은 시가 많다는 점에서, 조선시대 君臣之義의 문학을 확인할 수 있는 자료로도 의의가 있다.

【허경진】

# 雷象觀集

李麟祥(1710~1760) 著.
　寫本. 2卷(4卷中 卷1, 4 缺)：無界, 10行20字, 無魚尾；24.0
×15.0cm.
　表題：雷象稿.

# 1. 저자

李麟祥(1710~1760)의 本貫은 全州, 字는 元靈, 號는 凌壺觀·寶山子로 널리 알려져 있다. 경기도 양주군 회암면에서 태어났다. 호 보산자는 天寶山에서 따온 것이다. 한편 서울 집은 남산에 있어, 그 집을 능호관이라고 하였다. 宋文欽의 『閒靜堂集』 권7에 「凌壺觀記」가 있다.

고조부는 인조 때 영의정을 지낸 李敬輿이지만 증조부 李敏啓가 서자였기 때문에 이인상은 문과에 응시할 수 없었다. 1735년(영조 11) 진사시에 합격했으며, 蔭補로 한양의 北部 參奉을 지낸 후, 內資寺 主簿와 경상도 沙斤驛 察訪을 거쳐, 1750년 음죽 현감이 되었다. 1752년 관찰사와의 불화로 현감의 직을 사퇴한 후, 음죽현 雪城에 鍾崗茅樓를 짓고 은거하였다. 그 뒤 丹陽의 龜潭에서 여생을 보냈다. 英淵, 英章, 英夏, 英雲의 네 아들을 두었다.

李德懋는 『靑莊館全書』 제68권 「寒竹堂涉筆 上」의 '數樹亭' 조항에서, 이인상이 서화와 문사에 종사하면서도 吏治를 잘하였다고 예찬하였다. 곧, 이인상은 사근역 찰방이 되었을 때 설치한 것이 많고 마음가짐을 공명하고 廉直하게 지녀 관리들을 단속해서, 늙은 아전들이 그를 칭송하였다고 전한다. 이인상은 관아의 동헌에 직접 大篆으로 판 寒竹堂이라는 편액을 걸었으며, 조그마한 기와 정자를 나무 사이에 세우고, 文義 縣令이던 宋文欽의 八分體 글씨로 쓴 數樹亭이라는 세 글자의 편액을 걸었다고 하였다. 그리고 북쪽 기둥에는 이인상이 스스로 다음과 같이 써서 걸었다고 전하였다. "옛사람을 닮았지 거만한 관리가 아니기에, 스스로 세상 경영하는 사무를 빠뜨렸네. 우연히 하나의 미관에 기탁하여, 두어 그루 나무 아래 너울거린다오(古人非倣吏, 自闕經世務. 偶寄一微官, 婆娑數株樹)"라고 하였으니, 王維 시의 뜻을 취한 것이라고 한다.

평소 가정이 궁핍하고 몸은 병약했으나 성격이 고결하고 강직했으며, 노론의 입장에서 崇明排淸思想을 고수했다. 당대의 名儒들과 교유했는데, 특히 李胤永·宋文欽·金茂澤 등과 가깝게 지냈다. 시·서·화 三絶로 추앙받았으며, 그림 이외에 篆書와 篆刻을 잘했다.

그림은 18세기 남종화에 있어서 강세황과 쌍벽을 이루었다고도 평가된다. 그는 특히 粉紙法을 이용하였다. 분지법이란 쌀가루를 물에 타 거기에 종이를 축여 다듬질해서 종이 빛이 몹시 鮮潔해진 다음, 딴 종이로 난초와 댓잎사귀처럼 오려 그것을 粉紙 위에 놓고 먹이나 혹은 여러 가지 채색을 지면에 뿌려서 아롱아롱 빛나는 무늬가 그림처럼 아른거리게 하는 것이다. 20대에는 남종화법에 의거한 畵譜나 趙榮祏의 화풍을 주로 따랐고, 30대에는 금강산 등지의 山水와 문인들의 淸遊나 詩會의 장면을 즐겨 그렸다. 40대에는 隱逸者의 심회를 소재로 한 작품을 많이 남겼다. 메마른 渴筆線과 깔끔한 담채 및 渲染에 뛰어났다. 그의 화풍은 이윤영과 尹濟弘 등에게 이어져 조선 후기 문인화의 일맥을 형성했다. 60여 점의 유작이 전한다. 대표작으로 「樹下閑談圖」(개인 소장)·「松下觀瀑圖」(국립중앙박물관)·「雪松圖」(국립중앙박물관) 등이 있다. 그밖에 「老松圖」·「山水圖」·「玉流洞圖」·「劍仙圖」·「寒林秀石圖」 등이 있다.

글씨로는 「大司成金湜墓表」가 전한다. 行書七言律詩가 남아 있는데, 고법에 충실하면서도 독창적인 필법을 드러내고 있다. 그의 서체를 두고 '元靈體'라 부르며 많은 사람들이 따랐다고 한다. 전각은 삼촌인 이최지에게 배워 일가를 이루었다.

李德懋는 『靑莊館全書』 제35권 「淸脾錄」 4 '凌壺館' 조항에서 이인상의 「金剛山」 시에 "만줄기 계곡물은 다투어 명월을 담가 쏟아지고, 일천 봉우리는 맑은 구름 따라 날려 하네(萬瀨 爭涵明月瀉, 千峯欲和霽雲飛)"의 구절이 襟懷가 상쾌하다고 평하고, 丹陵處士 李胤永(자 胤之) 이 이인상의 글씨를 평하여 "봄 숲의 외로운 꽃이요, 가을밭의 선명한 백로다."라고 한 말이 비단 書法에만 해당되는 것이 아니라 詩評으로 삼아도 될 것이라고 하였다. 그러면서 詩集이 刊行되지 못하여 작품을 많이 볼 수 없음을 아쉬워하였다.

국립중앙도서관에는 화가 미상의 이인상 초상이 한 점 있다. 초본 형식으로서, 복건에 야복을 걸친 반신상이다.

## 2. 구성

이 책은 凌壺觀 李麟祥의 작품을 韓山 李氏 '秋聲丈人'이 選한 문집으로, 元亨利貞의 4권 가운데 亨과 利(곧 권2와 권3)만 남은 필사본 殘卷이다. 권2(亨)는 55장이고, 권3(利)은 49장이다. 외표지의 제목은 '雷象稿'로 되어 있으나, 서지목록 작성의 원칙에 의거, 이 책의 서명을 '雷象觀集'으로 표기한다. 각 권의 첫 면에 추성장인의 장서인이 찍힌 것으로 보아, 韓山 李氏 '秋聲丈人'의 자필 선집인 듯하다. 유일본이다. 산문은 없고, 시만 실었다.

### 1) 李麟祥의 문집 芸閣活字本 『凌壺集』과의 관계

李麟祥의 저서로는 芸閣活字로 간행된 『凌壺集』 4권 2책이 전한다. 이 운각활자본은 이인상의 아들 英章 등이 家藏 草稿를 수집, 편차하여 尹昷東의 刪定과 평안도 관찰사 金鍾秀의 협조를 받아 1779년에 간행하였다. 운각활자본 『凌壺集』은 권1과 권2에 詩, 권3과 권4에 文을 수록하였고, 권말에 金鍾秀의 발문을 붙였다.

연세대 소장 필사본 『雷象觀集』은 시만을 선록한 것으로, 『凌壺集』의 底本 가운데 일부였던 듯하다. 『凌壺集』의 권1과 권2 수록의 시들과 『雷象觀集』 亨과 利의 권은 각각 편년식으로 배열하였데, 그 둘을 비교하여 보면 전자가 후자의 시 가운데 일부를 선택하여 수록하였음을 알 수 있다. 또한 같은 시를 수록하였을 때 편차의 순서, 제목, 이름(자호) 표기를 약간 개정하였다.

단, 『雷象觀集』은 李麟祥 자신이 정리한 것은 아니다. 본래 각각 시기별, 행사별로 묶여 있던 것들을 후인이 한데 모아 필사한 것이다. 그것은 『雷象觀集』 속에, 본래 별권으로 묶었을 때의 제목인 '七郡遊集', '桂山錄', '島山集', '南觀續錄', '鐘崗錄' 같은 제목이 전재되어 있는 것을 보면 알 수 있다. 또한 오기도 있다. 利권의 「枰亭雜詩三十九首」 가운데 「掌仙掌」은 「銅仙掌」의 잘못이다. 『凌壺集』은 39수 가운데 22수만을 싣되, 「銅仙掌」의 제목을 바로잡았다.

편년의 관계로 볼 때 『凌壺集』에 실려 있되 『雷象觀集』에 없는 시는 「李明煥與李士晦明煥吳敬父李胤之遊三藐寺」 4수가 유일하다. 하지만 이것은 『雷象觀集』의 다른 권에 실려 있었을 가능성이 있다. 따라서 『凌壺集』이 별도의 底本을 참조하였으리라는 유력한 증거가 되지는 못한다.

### 2) 『雷象觀集』의 구성

연세대본 『雷象觀集』은 元亨利貞 4권 가운데 亨과 利의 2권만 남았다. 권2는 「獄中司直偶書簡宋子士行」으로 시작한다. 庚申의 해 즉 1740년(영조 16)에 宋文欽에게 부친 시로, 당시 의금부 관원으로 있었던 듯하다. 『凌壺集』 권1이 丙午의 해 즉 1726년(영조 2)에 지은 「夜坐」로 시작하는 것과 대비할 때, 『雷象觀集』의 첫 권(元의 권)에는 1726년부터 1740년까지의 사이에 지은 시들을 수록하였을 것으로 추정된다.

연세대 소장 『雷象觀集』 殘卷의 구성을 보면 다음과 같다.

『雷象觀集』의 亨권은 우선 1740년(영조 16)에 지은 「獄中司直偶書簡宋子士行」으로 시작해서, 갑자의 해 즉 1744년(영조 20)에 지은 「元曉罷太廟祀班還家」 시까지 실었다. 그리고 본래 『七郡遊集』에 들어 있던 「渡銅雀津同元房駿祥氏賦」 시부터 「華陽洞有感」 시까지 수록하였다. 다시 「巖棲齋次洪養之韻」 시부터 그해(1744년) 가을이나 혹은 겨울에 지은 「贈成進士範朝」 시까지 수록하였다. 그리고 1744년 겨울, 吳瓚(자 敬夫)이 두 조카(載純, 載維)를 데리고 桂山洞으로 들어가자, 李胤永(자 胤之), 金純澤(자 孺文), 尹冕東(자 子穆) 등과 함께 찾아가 지은 시들을 모았던 『桂山錄』을 수록하였다. 그리고 다시 「追贐金稷山善行赴郡」 시로 시작해서 「追次石山丈記永春寧越游事」 4수까지를 수록하였다. 그리고 『島山集』에 수록되어 있던 시들을 수록한 뒤, 병인의 해 즉 1746년(영조 22) 겨울에 지은 「冬日送李仁夫與洪公雲紀李公原明哭寒泉先生因赴溫泉陵齋舍」 시로 마쳤다.

『雷象觀集』의 利권은 우선 정묘의 해 즉 1747년(영조 23) 정월에 지은 「上元夜步尋天汝氏蒼洞書齋路遇金子幼繩與俱」 시로 시작해서, 같은 해에 지은 「和洪養之澗亭韻」 시까지 수록하였다. 그리고 다시 『南觀續錄』 가운데 1747년에 지은 「定川路中感賦」 시부터 무진의 해 즉 1749년(영조 25) 봄에 지은 「板橋路中望漢師」 시까지 수록하였다. 그리고 다시 1749년 봄에 서울로 돌아와 지은 「與諸公約遊淸潭路遇雨入洗劍亭」부터 「次謝鄭丈文述氏寄贈韻」까지 수록하였다. 「次謝鄭丈文述氏寄贈韻」 시는 『凌壺集』의 경우 권1 끝에 수록되어 있다. 『雷象觀集』 利권은 이 뒤에 다시 『鐘崗錄』의 시들을 수록하였다. 곧 무진의 해인 1749년(영조 25)에 지은 「次湛

翁韻」부터 임신의 해인 1752년(영조 28)에 지은 「復次退漁丈雨後韻」까지 수록하였다.

## 3. 내용

연세대 소장 『雷象觀集』 잔권에만 수록되어 있는 시들을 보면 李麟祥의 시 세계의 일단을 알 수 있다.

### 1) 노론 지식인으로서의 계파의식

李麟祥은 노론 준론으로서 '의리'를 존중하였다. 그의 벗 李胤永(1714~1759)은 明에 대한 절의의 뜻으로 은둔을 선택하였고, 벗 吳瓚(1717~1751)은 소론의 徵討를 주장하며 귀양을 갔다. 운각활자본 『凌壺集』을 통해서도 그 사실을 살필 수 있지만, 『雷象觀集』 수록 시들을 통해서 그 점을 더욱 확실하게 알 수가 있다. 그 대표적 예로 亭권에 수록된 「和任子白玄李子胤之石室書院詩」와 「又」를 들 수 있다. 전자만을 소개하면 다음과 같다.

| | |
|---|---|
| 勸君一笑暮江廻 | 그대에게 웃으면서 저문 강으로 돌아가라 권하였으나 |
| 雪滿祠門未忍開 | 흰 눈이 사당 문에 가득하여 차마 열지 못하네. |
| 衰菊丹心誰種看 | 시든 국화의 붉은 마음을 누가 심어서 보랴 |
| 浮槎紫氣幾時來 | 공자 말했듯 동해로 뗏목 타고 떠나고 노자처럼 |
| | 함곡관에 자색 기운 가득한 날이 이제 곧 오리라. |
| | |
| 人間花甲輸銅狄 | 인간세계의 화갑이 동으로 주조한 사람보다 못하구나 |
| 地底雷聲閟劫灰 | 땅 밑 우레 소리가 영겁토록 멈추었네. |
| 積水層氷前月夜 | 고인 물 쌓인 얼음이 달 앞에 번들거리는 밤 |
| 幽懷獨向古龕梅 | 홀로 상념에 젖어 감실 속 매화를 바라본다. |

석실서원은 남양주시 양수리에 있던 노론의 서원이다. 서원은 흥선대원군의 서원철폐 때 없어졌지만. 본래 우리나라 3대 서원의 하나였다. 이곳은 효종 북벌론의 상징적인 존재로서 '大老'로 추앙받던 金尙憲과 강화도에서 순절한 金尙容의 위패를 모셨다. 곧, 노론의 정치적 중심지로, 金昌協·金元行 등으로 이어지는 석실파의 중심지이자, 鄭歚·李秉淵·洪大容 등이 수학한 곳이기도 하다. 李麟祥의 위의 시는 金尙憲·金尙容의 우국정신이 잊혀 가는 것을 우려하는 마음을 담았다.

### 2) 민족의식의 시적 표현

그런데 이인상의 의리 천명은 민족의식과 연계되어 있었다. 『雷象觀集』 잔권의 「南觀續錄」

에 수록되어 있는 「林將軍書壁」을 통해서 그 점을 엿볼 수 있다. 이 시는 충주 부근 丹月驛 月隱菴에서 서쪽으로 십여 보 떨어진 곳에 林慶業 書堂의 옛 자취라고 전하는 곳을 둘러보고 지은 것이다. 다음과 같은 서문이 있다.

> 단월역으로 향하는데 길 왼켠에 벼랑이 있고, 그 위에 작은 암자가 있는데 대림산 월은암이라고 한다. 월은암에서 서쪽으로 십여 걸음 떨어진 곳에 옛날 주춧돌이 여섯 개 있는데, 충민공 임경업 의 서당 유지라고 하므로, 절구 두 수를 지어 기념하였다. 충민사에 들러 유상에 절하였다. 충민공 의 방손 정설이 와서 문안하기에 내가 서당의 유적지에 대해 물었더니, "이 마을 사람들이 옛날부 터 그렇게 전하고 있으나 집안의 행장에는 기록되어 있지 않으므로 闕疑로 두어야 할 듯합니다"라 고 대답하였다.

시는 다음과 같다.

| | |
|---|---|
| 林公讀書處 | 임공이 독서하던 곳 |
| 葱蒨艸樹深 | 무성하게 초목이 깊도다. |
| 瀰瀰前川水 | 세차게 흐르는 앞내 물이 |
| 留看航□心 | 중국으로 도항했던 그 마음을 지켜보고 있구나. |
| | |
| 荒臺下百尺 | 황량한 누대가 일백 길 아래를 굽어보는 곳 |
| 上有愁雲繞 | 위에는 수심 가득한 구름이 감돌고 있구나. |
| 曲湔馬停步 | 굽은 강물 가에 말이 걸음을 멈출 때 |
| 古礎返夕照 | 옛 주초를 석양이 비추누나. |

주지하다시피 林慶業(1594~1646)은 忠州 출신으로, 1636년 병자호란 때 백마산성을 지켜 적의 진로를 차단하였고, 청나라가 가도의 명나라 군을 섬멸하려고 조선에 병력을 요청했을 때 수군장에 발탁되었지만 명나라와 내통해 명나라의 피해를 줄였다. 1640년 청나라의 요청 으로 舟師上將이 되어 명나라 공격에 나섰으나 명군과 싸우지 않았다. 1642년 그 사실이 드 러나 청나라로 압송 도중 金川郡 金郊驛에서 탈출하여 檜巖寺 승려가 되었다. 1643년 뱃길로 명나라에 망명해서 平虜將軍으로서 청나라 공격에 나섰다가 포로가 되었는데, 1646년 鄭命壽· 金自點 등이 沈器遠의 모반사건에 그를 연루시켜 본국으로 송환시켜 인조의 親鞫을 받게 하 였다. 임경업은 이 때 국법을 어겼다는 죄로 杖殺당하였으나, 1697년(숙종 23) 복관되었다. 이 인상은 임경업을 민족적 영웅으로 추억하면서, 청나라의 간섭을 받고 있는 당시 현실을 근심 하였던 것이다.

### 3) 의고적 작풍과 청신한 작풍의 조화

이인상의 시는, 이덕무가 평가하였듯이 매우 청신한 맛이 있다. 그런데 이인상의 청신한 시 세계는 옛것의 모방을 통해 스스로 이루어낸 것이기도 하다. 연세대 소장 『雷象觀集』 잔권에는 의고시들이 있어, 그의 學詩 과정을 엿볼 수 있다. 곧 신유의 해 즉 1741년(영조 18)에 「擬古拜和□下示諸作」이라는 제목 하에 '涉江采芙蓉' '西北有高樓' '靑靑河畔草' '靑靑陵上栢'의 5수를 남겼고, 다시 임술의 해 즉 1742년(영조 19)에 '擬行行重行行' '回車薄言邁' '超超牽牛星' '東城高且長'의 5수를 남겼다. 이 1741년 의고작은 原韻의 작자 이름이 드러나 있지 않다. 다만 그가 1742년과 1743년에 걸쳐 古詩의 擬作을 통해서 고담한 시풍을 연마하였음은 분명하다. 『凌壺集』에는 이 시들이 빠져 있어서 그의 이러한 학시 과정을 알 수가 없다.


## 4. 가치

연세대 소장 『雷象觀集』 잔권은 1740년(영조 16)부터 1752년(영조 28)까지 李麟祥이 지은 시들을, 芸閣活字本 『凌壺集』보다 충실하게 수록하였다. 따라서 이 잔권은 李麟祥의 삶과 예술, 교유관계를 살피는 데 매우 귀중하다. 특히 『凌壺集』에 수록된 서간이나 서발, 기타 산문 가운데 해당 기간에 작성된 것들은 『雷象觀集』 수록의 시들과 대조함으로써 그 실질적 합의를 보다 명확하게 구명할 수 있을 것이다.

【심경호】

# 唐律廣選

李敏求(1589~1670) 編.
　木活字本. 7卷2册 : 四周雙邊 半郭 21.0×15.0cm, 有界, 11行
19字, 上下內向3葉花紋魚尾 ; 29.4×18.5cm.
　表題 : 唐律廣選. 版心題 : 唐律.
　印記 : □軒, 驪興閔□□章, 閔蓍重藏.

# 1. 편자

李敏求(1589~1670)의 本貫은 全州, 字는 子時, 號는 觀海·東州이다. 태종의 아들 敬寧君 裶의 후손으로 芝峰 李睟光(1563~1628)의 둘째 아들이다. 모친은 金大涉의 따님으로, 김대섭은 허균의 장인이기도 하다. 伯兄 分沙 李聖求(1584~1644)는 인조조에 李元翼 이후 남인 인물로서는 유일하게 영의정을 지낸 인물이다. 21세(1609년) 때 進士試에 장원하고 이어 會試와 殿試에 장원에 합격하여 三試壯元이 되었다. 인조 즉위년인 1623년 10월에 趙翼, 任叔英, 吳翻, 李明漢, 鄭百昌, 金世濂, 張維, 李植, 鄭弘溟 등과 함께 사가독서에 뽑힌 바 있으며, 1624년 36세 나이로 경상도 관찰사의 직책을 수행하였으며 이때 지어진 「南征賦」가 유명하다. 1626년 다시 堂上官으로 李敬興, 李景義, 李景奭, 李昭漢, 尹堧, 李明漢, 李植 등과 함께 사가독서에 뽑혔다. 두 차례의 사가독서 선발에 뽑힌 인물들은 이민구의 知己로, 가계와 사우관계를 볼 때 목릉 성세와 광해군 시절 '아버지 세대'의 문학을 계승하면서도, 문단의 新進으로 성장하여 인조 이후 문학의 향방을 새로이 주도했던 인물들이다. 1631년 대사성, 1632년 부제학, 1635년 강원도 관찰사 등 내외직의 관직을 閱歷하였다. 1633년 도승지, 1634년 7월에 병조 참판을 제수 받았던 바, 『唐律廣選』의 서문은 이 해 6월에 작성한 것이다. 李植(1584~1647)의 「杜詩批解跋」(1640)에 의하면, 이민구가 자신의 갖고 있던 杜甫詩 註本으로 이식의 비해본을 斤正하고자 했다는 기록이 있다. 실제 일본 궁내성 서릉부에 舊註를 심리하여 붙인 傍點과 권말에 杜詩 分類千家註正誤가 墨書되어 있는 『纂註分類杜詩』가 남아 있는데, 이민구가 작업한 것으로 추정된다.[1] 杜詩를 전범으로 삼아 학습했다(金得臣, 『終南叢志』)는 전언과 함께 학시 배경을 볼 수 있는 대목이다.

1636년, 중국의 명나라 이전과 조선 이전의 納諫과 拒諫 사례를 수집하여 政治에 도움이 되도록 『諫言龜鑑』(규장각, 2책)을 상하편으로 엮어 인조에게 올렸다. 이 해 12월 병자호란의 발발로 檢察 副使의 직책을 받았으나, 다음해 강화도 실수의 책임으로 평안도 영변 鐵甕城에 圍籬安置 되었다. 영변 유배시기에 自編 文集 서문(1639)인 「東州先生前集序」가 쓰여지고, 이후 문집 간행시 서문으로 얹혀졌다. 유배시기를 기점으로 明詩(嘉靖, 隆慶 년간의 시)를 학습했다는 전언이 있다. 1643년 牙山으로 量移 되었다. 이때 胡譯을 맡아 조정을 농락한 鄭命壽가 量移하도록 조정을 압박했다는 여론이 있었는데, 정명수의 처제가 이민구의 첩이었기 때문이다. 1647년 4월, 사면되어 西湖에 살았으며, 1649년 3월, 직첩이 환급되었다. 효종과 현종 조에 서용 논의가 있었으나 끝내 대간의 반대로 서용되지 못했다. 1652년 중국의 당송 이전 역사 평론집인 『讀史隨筆』(8권)을 만들었다.

---

1) 심경호, 「조선전기의 註解本 간행과 문헌 가공에 대하여」, 『대동한문학』(제20집), 2004. 207~208 면.

## 2. 구성

본서는 7권 2책(乾·坤)이다. 표제와 권수제가 모두 '唐律廣選'이며, 판심제는 '唐律'로 되어 있다. 乾册에는 서문과 권1-4까지 初唐(권1), 盛唐(권2), 中唐(권3-4)의 七言律詩가, 坤册에는 권5~7까지 晚唐 칠언 율시가 수록되어 있다. 수록 시인과 선발된 시는 다음과 같다.

권1(초당, 31인 87수): 杜審言(3), 沈佺期(14), 宋之問(3), 蘇瓌(1), 徐彦白(1), 盧懷愼(1), 盧藏用(2), 宗楚客(1), 邵升(1), 李邕(1), 李乂(5), 韋元旦(3), 馬懷素(5), 薛稷(1), 李適(5), 崔湜(1), 岑羲(1), 鄭愔(2), 趙彦昭(3), 武平一(2), 劉憲(2), 崔日用(3), 李嶠(3), 徐安貞(2), 張說(6), 蘇頲(9), 閻朝隱(1), 李憕(1), 孫逖(2), 儲光羲(1), 賈曾(1).

권2(성당, 8인 52수): 崔顥(3首), 王維(19首), 岑參(10首), 高適(6首), 孟浩然(4首), 李白(7首), 王昌齡(2首), 賈至(1首).

권3(중당, 25인 163수): 李頎(6), 李嘉祐(10), 萬楚(2), 崔曙(1), 陶峴(1), 盧象(1), 張濯(1), 祖咏(1), 嚴武(2), 郭受(1), 元結(1), 張志和(1), 張謂(4), 獨孤及(8), 劉長卿(49) 錢起(30), 韋應物(6), 秦系(2), 王渙(1), 郎士元(10), 皇甫冉(9), 皇甫曾(5), 楊郇伯(1), 戴叔倫(9), 苗發(1).

권4(중당, 36인 170수): 韓翃(21), 包何(2), 包佶(2), 李端(10), 盧綸(17), 司空曙(7), 耿湋(8), 劉方平(2), 崔峒(8), 竇叔向(1), 嚴維(4), 戎昱(3), 張南史(2), 朱長文(1), 張繼(1), 李益(4), 周朴(1), 于鵠(3), 盧宗回(1), 許玫(1), 朱灣(5), 韋渠牟(1), 權德輿(5), 鄭絪(1), 羊士諤(4), 竇常(1), 王表(1), 劉禹錫(20), 柳宗元(12), 韓愈(6), 楊巨源(4), 武元衡(1), 呂溫(1), 陳羽(1), 王建(7), 歐陽詹(1)

권5(만당, 10인 166수): 白居易(66), 元稹(11), 張籍(14), 李紳(2), 朱慶餘(6), 賈島(2), 姚合(2), 蘇廣文(3), 李商隱(38), 杜牧(22).

권6(만당, 18인 148수): 許渾(61首), 李遠(5), 雄陶(1), 姚鵠(4), 柴襞(1), 馬戴(1), 薛逢(2), 趙嘏(5), 項斯(3), 溫庭筠(18), 李群玉(3), 李頻(2), 紀唐夫(1), 李郢(7), 曹鄴(3), 劉滄(36) 張泌(1), 崔珏(1).

권7(만당, 35인 148수): 陸龜蒙(9), 韋承貽(1), 方干(3), 李山甫(4), 曹唐(19), 章孝標(2), 李昌符(1), 來鵬(1), 羅隱(22), 羅鄴(11), 秦韜玉(1), 崔魯(1), 崔塗(2), 翁承贊(1), 章碣(2), 鄭谷(8), 皮日休(3), 曹松(3), 韓偓(4), 胡曾(1), 韋莊(24), 劉兼(6), 張蠙(4), 李建勳(1), 顧雲(1), 黃滔(1), 滕倪(1), 趙象(1), 譚用之(1), 魚玄機(1), 僧 護國(1), 靈一(3), 皎然(1), 貫休(2), 虛黙(1).

## 3. 내용

기왕에 알려진 唐 七言律詩 專選書는 중국간본으로 『唐詩鼓吹』(元好問 編, 郝天挺 註)[2]가

알려져 있으며, 이보다 앞서 우리나라에서 고려 초에 편선된 것으로 알려진 『十抄詩』(고려 名儒로 알려진 인물이 선발하고, 이후 神印宗派의 子山 스님이 협주를 달고 『夾注名賢十抄詩』로 간행)가 있다. 『당시고취』는 송대 시인을 뽑는 등 고증의 문제와 中晩唐詩에 치우쳤다는 비판을 받았다. 『십초시』 역시 만당, 오대 시인(유우석, 백거이, 장적 등 중당 시인으로 분류되는 시인의 경우도 作詩 編年을 보면 후기작들이다)을 축으로 선발하여 北宋 문단의 학시 경향을 공유하고 있으며, 科詩 학습서로 활용되었다.

본서는 칠언 율시가 酬唱, 登高, 贈送類 등의 작품에 주요 詩體로 제작된다는 점과 근체시에 있어서 唐詩(특히 盛唐)를 위주로 학습하던 시대적 분위기와 만나 편찬된 것이다.

이민구의 唐代 칠언 율시 선발 기준은 몇 가지 특징적인 면이 보인다.

우선, 唐代의 특정 시기가 아닌 唐 一代를 아우르는 선집이 독자적인 역량으로 간행되었다는 점이다. 『虞註杜律』, 『須溪先生批點杜工部七言律詩』(杜啓 集註), 『蘇詩摘律』(명 劉弘 集註, 6권) 등의 개인 칠률만 뽑은 선집과 『鼓吹續編』(明 朱紹, 朱積 編, 10권)와 같이 송, 원, 명대 칠률만을 선발한 중국본이 학습서로 간행된 바 있다. 이외에 『瀛奎律髓』·『唐音』·『三體詩』·『唐詩品彙』 등은 칠률 專選書는 아니지만, 여기에 실린 칠률시는 중요한 학시 대상이 되었다. 『唐百家詩』와 같은 당대 시인 총집도 간행되었다. 그러나 조선 문인의 손으로 선발하여 간행한 당대 칠률 전선서는 처음이 아닌가 싶다.

둘째, 盛唐을 중심으로 선발하되, 『당음』의 三唐說(初中晩唐)을 이은 『당시품휘』의 四唐說(初盛中晩唐)의 영향을 받아 편집방식에 적용하였다. 그러나 전대 체례를 따르면서도 李頎 등을 중당 시인으로 처리하는 등 독특한 選詩觀이 적용되어 있다.

셋째, 성당을 학시의 전범으로 인정하면서도 중만당시를 편입하여, 성당만을 고집하지 않았다. 그 이유로 학시재[혹은 시론가]의 취향과 감식의 차이에 따라 달라질 수 있다는 점을 강조하여 시 선집을 '廣選'이라 명명하였다.

넷째, 선발된 시인과 작품의 고증과 교감 문제이다. 간혹 앞서 언급한 선본과 차이나는 시어가 발견되고(권3, 李嘉祐의 「送朱中舍遊江東」 등), 작품의 작가 비정도 다른 선집과는 차이가 나는 것이 있어 어떤 자료를 통해 선발했는가 하는 문제를 되짚어 볼 필요가 있다.

이민구의 서문은 문집에 실리지 않은 바, 四唐에 대한 품평과 선발 기준 등을 제시하고 있다.

---

2) 조선간본 『唐詩鼓吹』는 10권본으로 을해자(건국대), 갑인자(고려대), 갑진자(고려대) 등이 간행되었으며, 4권본(목판본)으로 『新刻蘇板古本句解唐詩鼓吹大全』이 존재한다. 후자는 중국 복각본임에도 『明代板刻綜錄』 등에 알려지지 않은 희귀본이다. 알려진 『당시고취』와는 선발된 시와 주석이 차이가 있다. 楊淙이 쓴 서문(1581년)과 권수제 하단의 '金陵 山川 近泉 周顯 梓'라는 기록을 볼 때 明代 金陵의 書肆 大有堂으로 유명한 周近泉 간본인 듯하다. 근천은 號, 현은 이름이란 사실도 이 책을 통해서 확인되는 것이 아닌가 싶다.

시는 당나라가 으뜸이니, 唐詩는 진실로 글 짓는 사람의 표준이 되는 것이다. 대개 시는 말의 정수이고, 율시는 또한 시의 정수이니 옛사람은 '七言詩는 (오언에 비해) 두 글자를 더하는 것이니 더욱 어렵다'고 여겼다. 그래서 이것이 역시 가장 정수가 되는 것이다. 이것을 짓는 자는 더욱 어려운 것에 나아가서 가장 정수인 것을 구하는 것이니 많은 작가가 섞여 나오고, 여러 소리가 번갈아 울려서 더욱 많아질수록 더욱 眞을 잃는 것은 이상할 것이 없다.

당에는 네 번의 변화가 있었으니 글 쓰는 선비들이 잘 알고 있는 것이다. 처음(초당)에는 자연스런 시를 쓰지 못하고 자연스런 맛에 조화를 이루지 못하였으나 元氣는 이어받을 만하다. 성당시대에는 체재와 기운이 갖추어져 있어 보탤 것이 없으니 軌度를 본받을 만하다. 중당에 와서는 비로소 聲格이 조금 늘어지고, 체재가 조금 달라졌으나, 그 風調가 맑고 깊어 오히려 匠門의 수준 높은 기술자가 될 만하다. 만당은 비약하여 힘이 모자라고, 그 자잘한 것이 이미 심해져, 완전한 작품이 없고 완전한 격조를 갖추지 못했다. 그러나 사물을 끌어들여 흥을 부치고 경물을 취하여 뜻을 부쳐서 오히려 찾아보면 唐詩임을 알 수 있으니 몇 구절을 뽑으면 될 것이다. 내가 이런 이유로 초당과 성당에서는 열에 아홉, 중당에서는 다섯에 셋을, 만당에서는 셋 중에 하나를 남겨두었고, 두보의 시는 모두 아름답고 全集이 있어 함께 뽑지는 않았다. 백거이의 시는 거질인데다 俳諧와 비슷하여 취한 것이 매우 적다. 어떤 자가 나를 힐난하며 "당신이 논한 四唐은 진실로 핵심을 짚었으나 유독 그 뽑은 것이 초성당에 그치지 않고 아래로 중만당에 이르렀다. 葛弘은 上林苑의 여러 品目을 서술하면서 萬年長生樹, 金明樹가 館閣의 이곳 저곳에 심어 있고 含桃와 紫柰와 같은 종류도 아래쪽에 열거하였는데 생각이 여기에 있는가, 생각이 여기에 있는가?"라고 하였다. 내가 말하기를 "아니다. 冰桃와 雪梨는 사람들이 모두 진기하게 여기는 것이나 역시 마름과 대추를 좋아하는 자가 있지 않겠는가? 어진 이는 도를 보고 '仁'이라고 하고, 지혜로운 이는 도를 보고 '智'라고 하는 것이니, 내가 널리 뽑은[廣選] 뜻이다." 라고 하였다. 드디어 잘못된 것은 살피고 교정하여 책 만드는 이에게 맡겼으니 五言 이하의 여러 시체는 진실로 다른 날에 이어 도모하기를 기다린다.

당대 네 분기의 품평과 선발기준이 『당음』(目錄幷序), 『당시품휘』(叙目) 등의 안목을 공유하는 부분이 없지 않으나, 실제 시인과 시의 선발에서는 이민구 자신의 선시관으로 長短取捨하여 선발에 반영하였다. 이민구는 申濡(1610~1665)의 「燕臺錄」에 쓴 발문(1663)에서 明나라 李東陽의 『懷麓堂詩話』에서 언급한 具眼論(詩必有具眼, 亦必有其耳. 眼主格, 耳主聲)에 영향을 받아 안목이 정해진 다음에 詩格이 정해지고, 시격이 정해진 다음에야 좋은 시를 쓸 수 있기에 결국 시는 唐詩를 학습해야한다는 논의를 펼친 바 있다.[3] 당시의 칠률에 국한되어 있지만, 성당시를 높이 평가하면서 체재와 기운을 언급하고 초당시의 元氣, 중당시의 風調, 만당시의 寓興과 寄意 등을 장처로 거론하고 있는 점은 그의 비평안이 어디에 있는가를 보여준다.

또한 『당음』의 전례처럼 두보를 싣지 않았는 바, 유행하는 시집이 있고 두보시를 모두 아름답다고 하였으니, 결국 칠언 율시의 전범으로 두보를 가장 높이 치고 있는 셈이다. 앞서 지적

---

3) "詩道難能, 亦難言也. 夫志乎珎臺閒舘者, 必審其所處, 詣其藩, 入其門, 拾其階, 以升堂, 故爲詩者必先眼定, 眼定然後, 格定, 格定然後, 無出入走竄之病矣. 夫三百篇古也, 漢魏質也. 六朝靡也. 今之沈潛歸宿, 不可須臾離者, 其惟仙李乎"『竹堂集』 규장각 소장의 15권 6책 稿本에만 보인다.

하였듯이 두보에 대한 존숭이 선집관에도 적용되어 있다.

아울러 서문을 통해서 칠언 율시만이 아닌 여타의 시체 간행도 그의 기획 속에 있었음을 알 수 있다.

## 4. 가치

이민구는 부친 이수광이 명 高棅의 『唐詩品彙』에서 再選하여 『唐詩彙選』(『唐詩彙選』해제 참고)를 간행하였듯이 당대 칠언 율시만을 선발하여 간행함으로써 選詩家의 전통을 이어 나 갔다. 특히 이민구의 선집은 국립중앙도서관, 규장각, 장서각 등 각 도서관 등에 간본 혹은 寫 本 형태로 다수 소장되어 있어 學詩書로 애용되었던 듯하다. 이후에는 조선에서 『唐律輯選』 (임방 편, 불분권 사본 1책, 138인, 800수. 인용서목에 『당률광선』이 포함되어 있음), 『唐律集 英』(장혼 편, 간본, 4권 2책), 『唐詩七律分韻』(강세황 편, 사본, 102수) 등의 당 칠률 전선서가 보인다.4)

중국에서는 원호문의 선집 이후 30여 종의 당대 칠언 율시 전선서가 있으나, 조선 후기에 따로 간행되지는 않았으며, 김성탄의 『貫華堂選批唐才子詩』5), 옹방강의 『七言律詩鈔』 등이 수 입되어 읽힌 흔적이 확인된다.

본서와 관련하여 金魯善의 「書唐律廣選後」(『奇溪集』권5), 鄭成朝의 「唐律廣選跋」(石蘊集) 등의 평론이 확인된다. 濂洛風 시를 좋아한 정성조의 경우 도학가의 시론을 적용하여 본서를 비판적으로 기술하고 있다. 본서는 이민구의 시세계를 파악할 수 있는 단초는 물론, 조선 중 기 이후 選集과 唐 七律 연구에 유용한 자료이다.

【부유섭】

---

4) 정조가 두보와 육유의 율시를 韻에 따라 간행한 이후, 율시를 운에 따라 선발하는 방식이 유행하 였다. 드물게 권필, 신광수 등 조선의 유명 시인의 시들도 운에 따라 선발되었다. 이외에 분류 본으로 『唐律類選』(일본 동북대, 영본 20권, 藤本行夫, 『日本現存朝鮮本研究』참고), 『唐律彙髓』(李 祥奎 편, 김풍기 해제 참고) 등도 보인다. 다만, 五律과 함께 편집되었다.
5) 이덕무, 『淸脾錄』一, 「金聖嘆評李楚望詩」.

# 唐律彙髓

李祥奎(?~?) 編.
　寫本. 6卷6册(卷1缺)：四周雙邊 半郭 22.0×14.0cm, 烏絲欄,
11行21字, 無魚尾；27.5×17.0cm.

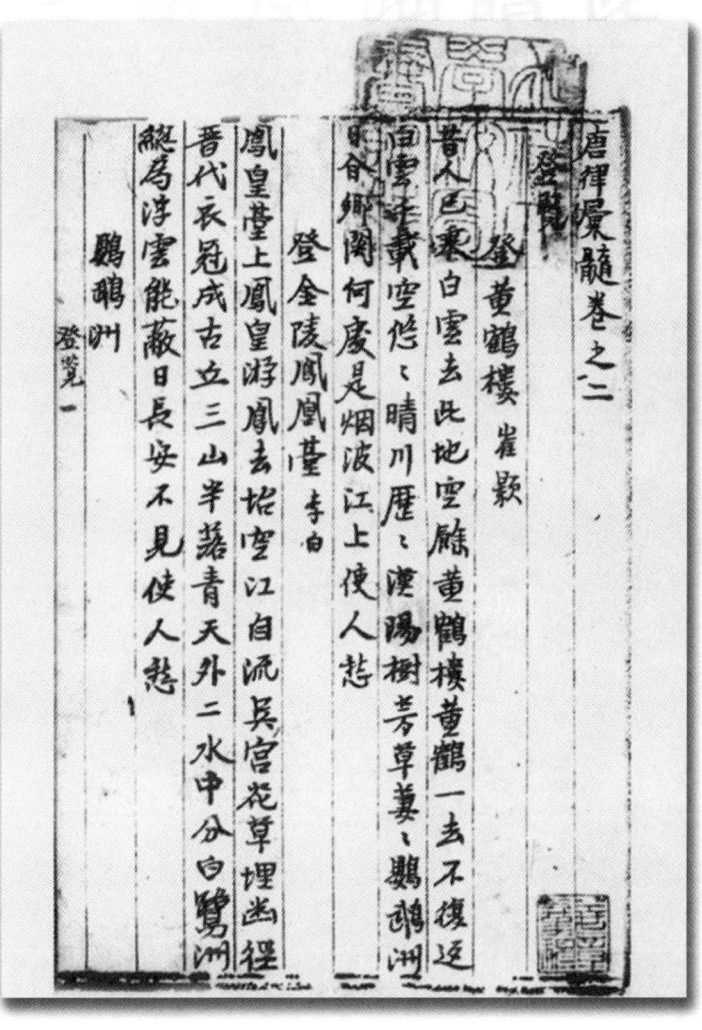

## 1. 편자

李祥奎(?~?)의 本貫은 巴山, 號는 惠山이다. 경상도 丹城 지역에서 살았던 인물이며, 그에 관한 자세한 정보는 알려져 있지 않다.

이 책의 마지막 부분에는 1898년(광무 2) 당시 단성군수를 지낸 姜敎錫의 발문이 실려 있다. 그 기록에 의하면 이상규는 巴山李氏(지금의 咸安李氏) 參議公派에 속하는 사람으로 단성 지역에서 오래 거주하면서 시문에 힘썼던 사람으로 보인다. 그의 作詩 능력은 당시 그의 가문뿐만 아니라 인근 지역에서도 널리 인정받았던 것으로 보인다. 또한 집안이 가득할 정도로 상당량의 시문을 지었으며 주변의 인사들과 활발한 교유를 하였다고 한다. 강교석의 발문에 다른 언급이 없는 것으로 보아 특별히 관직 생활을 한 것으로 보이지는 않는다.

이상규는 慶尙道 丹城 지역에 뿌리를 둔 士族 출신으로, 지역에서 활발한 詩文 활동을 하는 한편 기존의 시선집을 참고하고 그 장점을 취하여 시선집을 편찬한 인물로 보인다.


## 2. 구성

『唐律彙髓』는 6권 6책으로 이루어진 시선집이다. 그러나 권1에 해당하는 제1책은 전하지 않기 때문에, 현존하는 것은 5권 5책(권2~권6)이다. 일반적인 시문 선집의 관례로 보아 편자의 서문, 選詩集의 범례, 기타 여러 가지 정보가 권1에 수록되어 있을 것으로 추정되지만 현재로서는 확인할 수 없다.

제목에서도 알 수 있듯이, 이 책은 唐詩 중에서도 律詩를 뽑아서 주제별로 엮었다. 깔끔하게 淨書된 필사본이며, 다른 곳에서는 발견되지 않는 유일본으로 보인다. 이 책은 이상규가 출판을 전제로 편찬해 둔 草稿를 그의 아들 李漢穆이 필사하여 전승한 家藏本으로 여겨진다. 강교석의 발문에서 謄寫者로 이한목을 지목하고 있기 때문이다.

『唐律彙髓』는 작품의 내용에 따라 부문을 나누고 편집한 시선집이다. 현재 남아있는 것만을 대상으로 했을 때, 모두 40개 부문 총 1,526수가 수록되어 있다. 그 구체적인 내용과 각 부문의 수록 작품 편수는 다음과 같다(괄호 안의 숫자는 수록 작품 편수임).

권2: 登覽(38), 遠外(12), 邊塞(46), 風土(38), 遣謫(41), 守宰(58), 藩鎭(35), 幕佐(23), 科第(23), 宦情(21)

권3: 詠懷(52), 傷時(34), 尋訪(19), 送別(108)

권4: 閑適(62), 退逸(44), 旅況(56), 紀行(93), 宴遊(44), 漁獵(26)

권5: 親戚(32), 仙道(100), 釋梵(96), 艶情(57), 俠少(26), 技藝(19), 詩畵(18)

권6: 音樂(58), 果實(4), 禽獸(43), 雲月(12), 霜雪(11), 晴雨(18), 春(35), 夏(7), 秋(37), 冬(29), 朝暮(9), 山巖(5), 川瀆(37), 姜敎錫의 唐律彙髓跋

강교석의 발문에 의하면 권1에 수록된 첫 번째 항목은 '應制'(應製의 오자로 보임)이다. 임금과의 酬答 성격을 지닌 작품을 앞에 배치함으로써 다른 시선집과는 편찬 기준에서 차이를 보인다.

각 권에 수록된 작품들이 미리 준비된 상태에서 필사되었다기보다는 정해진 항목에 계속 추가하는 방식으로 편집되었다. 이 때문에 같은 항목 안에서 한 작가의 작품이 여기저기 흩어져서 수록되는 현상이 보인다. 조선 시대에 상당한 영향력을 가지고 있었던 『瀛奎律髓』나 『虞註杜律』의 항목을 참조한 것으로 보인다. 그러나 『瀛奎律髓』의 경우처럼 항목에 대한 해설은 없으며, 일반적인 시문 선집처럼 작가의 생몰연대에 의한 자세한 분류도 보이지 않는다.

범례에서 기준을 제시했을 가능성도 있겠지만, 현재로서는 이들이 왜 이 같은 항목으로 분류되었는지 알 수 없다. 각각의 분류가 서로 겹치거나 상당한 교집합적 속성을 내포하고 있기 때문에 작품 분류에서도 불분명한 부분이 보인다.

## 3. 내용

발문의 연대가 광무 2년(1898)인 것으로 보아 이상규는 그 이전부터 많은 시선집 및 문집을 보면서 꾸준히 자료를 수집했을 것으로 보인다. 다만 그의 생몰연대를 정확히 알 수 없기 때문에 편자 생존 당시에 이 책이 편찬된 것인지, 아니면 그 아들 이한목 代에 와서 편찬되었는지 추정하기는 어렵다.[1] 현재로서는 가장 많은 정보를 제공하는 것은 강교석의 발문이다. 그 글은 다음과 같다.

> 알기 쉬운 것은 情이고 잊기 어려운 것은 誼다. 하물며 친척의 정의임에랴! 아! 우리 집안은 巴山李氏(咸安李氏)와 인척 관계로 10여 代를 지냈으나, 집안의 후예들이 남북으로 흩어져 떠도는 바람에 生死를 알지 못한 것이 거의 백여 년이나 되었다. 정유년 봄에 나는 고을살이의 직임을 받아 丹邑을 다스리게 되었다. 며칠 지나지 않아 문에 通刺를 하는 선비가 있었다. 돌아보고 물어보니 바로 巴山 李鎬奎 大雅였으니, 이분은 바로 옛 參議公의 후손이었다. 흔연히 書榻을 열고 소매를 나란히 하고 앉아 백 년 동안 선조들의 情誼를 노래하면서 천 리의 그윽한 정회를 풀었으니, 그리운 정과 끊임없는 교유로 역시 잠시도 서로 떨어지기 어려웠다.
> 하루는 그가 나에게 말하였다: "저의 從弟 惠山 역시 風雅로 문장을 지어 그 책이 집에 가득하며, 賢人才士들과 많이 교유하고 있습니다."

---

1) 함안이씨 대동보를 참조하면 이들의 가계를 찾아낼 수도 있을 듯하다. 현재로서는 족보를 확인하지 못했으며, 추후에 기회가 된다면 주변 상황을 확인하여 더 자세한 글로 다루고자 한다.

그 말을 듣고 나는 펄쩍 뛰며 좋아했다. 대개 평소에 전하던 바를 들어보면 글자마다 구절마다 정묘하지 않은 것이 없어서 감히 한 마디도 덧붙이지 못하였다. 그가 시를 쓰매 명성은 이백 두보와 같고 공교롭기는 유종원 한유와 같아서 진실로 당나라 사람의 아래가 아니었으며 또한 江南의 風月之士였다. 어떻게 그를 말할 수 있을까. 아름답게 이루어진 문장과 천하를 위한 찬란한 계책이 배 속에 가득하고 위장 속에 수를 놓으니, 붓 한 번 휘두르면 말이 사람들을 놀라게 하였다. 입에서는 읊조리는 시편이 끊이지 않았고 손에는 강독하는 책을 놓지 않았다. 산에 올라 회포를 풀어 노래하기도 하고 물에 임하여 노래를 부르기도 하였으며, 바람 속에서 읊기도 했고 달빛 속에서 읊기도 했다. 좋은 날 아름다운 계절이면 벗들을 불러서 이르렀고 그림 같은 정자와 이름난 누각에서는 손님들과 從遊하며 술 한 잔에 시 한 수를 읊었다. 그 회포는 풀어내고 그 정은 담박하였으며 그 지취는 성숙하고 그 격조는 교묘하였으며 그 글은 아름답고 그 말은 오묘했으며 그 기상은 엄숙하고 그 체격은 무거웠고 그 얼굴은 단정하고 그 얼굴빛은 장엄하였고 그 재주는 웅걸차고 그 울림은 훌륭했다. 봄에 새가 지저귀는 듯 벌레가 가을에 우는 듯, 옥이 부서지는 듯 번성한 소리에 금을 던지는 듯 쟁쟁거리는 울림으로 八音에 맞고 六律에 어울렸다. 惠山子의 시는 위대했다.

　　대저 내가 공무의 여가에 인척으로서의 정의로 공경과 사모함을 이기지 못하고 혜산자를 방문했더니, 엮은 책을 올려놓았는데 그 이름을 題하되 '唐律彙髓'라고 하였다. 아! 좋구나. 혜산자의 공교로움은 '모은 것(彙)'에서 뽑아 '골수(髓)'로 들어가서 당나라 시인들의 오묘함을 깊이 얻은 것이 이와 같았구나! 編次로 보면, 당나라 시인들의 歌詠을 應制를 시작으로 하여 川瀆으로 마치면서 한 질이 이루어지도록 하였다. 부류로 모으고 사물로 갖추었으니, 題名을 가지고 말하자면 이루다 기록할 수 없는 수많은 것들이 있을 것이다. 그러나 吟詠하고 歌誦하는 즈음에 또한 詩家에게 한 도움이 될 것이다. 그 책을 보관하고 그 주관자가 된 사람은 惠山 李祥奎 詞伯이고, 시를 필사하고 가문에서 전승한 사람은 그 아들 漢穆이다. 뒷날 후손들이 이 속에서 노닐고 여기서 뒤섞이는 사람들이라면 先世의 겨레붙이들 또한 이것을 가지고 알기 쉽고 잊기 어려운 情誼를 알았다는 사실을 알게 될 것이다.

　　光武2年 戊戌 閏3월 上浣, 通訓大夫行丹城郡守敍奏任官六等 衿川 姜敎錫 삼가 쓰다.

강교석은 이상규의 작시 능력을 매우 높이 평가하면서 표현부터 기상 및 격조에 이르기까지 최고의 경지에 올랐다고 하였다. 이런 언급의 많은 부분이 발문의 성격 때문에 과장되었을 터이지만, 그 지역에서 이상규의 문학적 영향력은 상당히 컸을 것으로 여겨진다. 시를 끊임없이 읊조리기도 하지만 손에서 강독하는 책을 놓지 않았다는 것에서 우리는 그의 독서광적인 면모를 발견한다. 이러한 면모가 방대한 시선집 편찬으로 이어졌음은 물론이다.

　　이상규의 『당률휘수』는 기존의 시선집에서는 잘 채택하지 않는 選詩 기준으로 편찬된 저작이다. 주제 중심의 部類別 편찬이라는 특징을 부각시키기 위해서, 장황하기는 하지만 조선 시대 律詩 중심의 시선집과 그 체제의 흐름을 먼저 살펴보도록 하겠다.

　　고려 시대 시문선집이 편찬된 이래 조선 시대에 들어서면서 본격적으로 시선집이 나타난다. 조선 전기에 편찬된 『東文選』은 동시대까지 발전해 온 우리 한문학의 수준을 단적으로 보여주는 시문선집이었거니와, 이후로도 많은 선집들이 기존의 편저작들을 비판 수용하면서 계속 편찬된다. 그러나 이들 선집은 대부분 編次 기준이 비슷하다. 『東文選』을 비롯한 조선 시대의 시선집은 한결같이 詩體에 의한 체계로 단순화되어 있다. 하위 분류도 마찬가지다. 대개 다 작자의 생몰연대라는 일차적 기준에 따라 단조롭게 열거하였다. 물론 柳希齡의『新編類聚大東詩林』처럼 '詩體類 - 왕조별 - 작자의 신분 - 생몰연대'라는 네 가지 기준을 동시에 적용한 것도 있고2), 栗谷 李珥의『精言妙選』처럼 시의 品格을 설정한 뒤 자신이 내세운 명확한 기준에 의해 시 작품을 선별하여 수록하는 것도 있다. 그렇지만『唐律彙髓』처럼 주제별로 부문을 나눈 뒤 작품을 배열하는 경우는 흔치 않다. 이것은 무엇의 영향일까?

우선 조선 전기에 學詩者들에게 유행했던 책을 확인할 필요가 있다. 당시에는『三體詩』·『唐詩鼓吹』·『聯珠詩格』·『瀛奎律髓』·『唐詩品彙』·『詩學大成』등이 조선 전기에 널리 성행한 것으로 알려져 있다.『삼체시』와 같은 책은 江西詩派에 반발하여 이 같은 책들이 널리 읽혔을 것이고『영규율수』의 경우는 강서시파의 중요한 책이라는 점 때문에 유행하는 등 그 선집의 성격에 따라 유행하는 시기나 독자층에 일정한 차이를 보였으리라 생각된다.

이 같은 독서 성과를 바탕으로 조선 중기에 들어서면 허균이『唐詩選』·『唐絶選刪』·『四體盛唐』등을 편찬하였고, 이수광이 편찬한『唐詩彙選』·李敏求의『唐律廣選』등이 이어서 편찬된다. 특히『당률광선』은 初唐, 盛唐, 中唐, 晩唐 등으로 시대를 나누어 율시만을 선집한 것이다.3) 물론 이 책들은 각각 약간씩의 차이는 있지만 대체로 절구 및 율시와 같은 근체시를 익히는 데 매우 유용했을 것이다. 그 외에도 黃山谷, 李白, 杜甫 등의 시가 언해되어 읽히고 있었다는 사실도 빼놓을 수 없다.

『唐律彙髓』와 관련하여 우리가 주목하고자 하는 책은『瀛奎律髓』이다. 대부분의 시선집들은 詩體別로 분류하거나 시대별로 분류를 한 뒤 그 안에서 다시 작가의 생몰 연대를 중시하여 배열하는 체재를 따르고 있지만,『瀛奎律髓』는 주제에 의한 부문별 분류를 채택하고 있다. 이해를 돕기 위해『瀛奎律髓』의 각 부문을 수록 순서대로 보이면 다음과 같다.

登覽, 朝省, 懷古, 風土, 昇平, 宦情, 風懷, 宴集, 老壽, 春日, 夏日, 秋日, 冬日, 晨朝, 暮夜, 節序, 晴雨, 茶, 酒, 梅花, 雪, 月, 閑適, 送別, 拗字, 變體, 着題, 陵廟, 旅況, 邊塞, 宮闈, 忠憤, 山巖, 川泉, 庭宇, 論詩, 技藝, 遠外, 消遣, 兄弟, 子息, 寄贈, 遷謫, 疾病, 感舊, 俠少, 釋梵, 仙逸, 傷悼 (총49권 49항목)

위의 항목을 일별하기만 해도 이상규의『唐律彙髓』와 흡사하다는 점을 알 수 있다.『영규율수』에서 없는 것들이『唐律彙髓』에 더러 설정되어 있기는 하지만, 기본적으로는 이상규가『영규율수』의 영향을 상당히 받았다는 사실을 짐작하게 한다.

---

2) 황위주, 「夢庵 柳希齡의 한시선집 편찬」,『한국한문학연구』제19집, 한국한문학회, 1996, 242쪽 참조. 황위주에 의하면 유희령의 이같은 편찬은 조선에서는 흔치 않지만 중국에서는 비교적 자주 나타난다고 한다. 예를 들면『宋文鑑』·『唐詩品彙』·『文館詞林』등이 거기에 속한다.

3) 이 부분에 대해서는 이종묵의『한국 한시의 전통과 문예미』(태학사, 2002) 제3부에서 자세히 논의된 바 있다.

『영규율수』의 편찬자 方回는 杜甫를 중국 고전시에 있어 시조의 위치에 놓고서 杜詩를 배우고자 했는데, 자신보다 먼저 杜詩의 요체를 체득했다고 간주되는 黃庭堅과 陳師道, 陳與義를 두시 학습의 징검다리로 삼으려 했던 것이다.4) 흔히 1祖3宗說로 불리는 것은 두보를 '祖'로 삼고 세 사람의 시인을 3宗으로 삼아 기준을 세웠기 때문이다. 이 책은 임진왜란 이후에도 꾸준히 간행되었는데, 이를 통해서 우리는 조선 후기 선비들의 學詩 안내서 혹은 典故 서적으로서의 의미를 여전히 가지고 있었음을 알 수 있다.5)

여기에 또 하나의 주목할 만한 책이 바로 虞集이 편찬한 『虞註杜律』이다. 이 책은 조선 성종 2년(1471) 청주에서 판각한 복각본이 확인되는 바, 두보의 율시만을 모아서 편집한 이 책이 당시에 그렇게 관심의 대상이 되었던 것은 律詩를 공부하는 중요한 교과서 역할을 할 수 있었기 때문이다.6) 이 외에도 조선 전기에 蘇東坡의 율시를 모아서 중국의 劉弘이 편찬한 『蘇詩摘律』이라든지, 『鼓吹續編』 등은 모두 칠언율시를 전문적으로 편집한 책들이다. 특히 2권으로 된 『우주두율』은 편집 방식이 부문별로 주제를 나누는 것을 채택하였다. 이 책의 부문별 항목을 보이면 다음과 같다.

- 卷上: 紀行(2), 述懷(8), 懷古(6), 將相(3), 宮殿(8), 省宇(2), 居室(3), 題人室壁(3), 宗族(2), 隱逸(3), 釋老(1), 寺觀(3), 四時(21)
- 卷下: 節序(12), 晝夜(2), 天文(4), 地理(3), 樓閣(7), 眺望(2), 亭榭(2), 果實(2), 舟楫(2), 橋梁(1), 燕飮(2), 音樂(1), 禽獸(3), 蟲類(1), 簡寄(17), 尋訪(5), 酬寄(3), 送別(12), 雜賦(1)

위의 항목 역시 이상규의 『당률휘수』와 겹치는 항목이 다수 발견된다. 『우주두율』은 『영규율수』의 기본 입장인 두보 존숭과 맞물리면서 조선 전기 學詩者들을 이끌었다고 할 수 있다.7)

이처럼 여러 종의 시선집 중에서 율시만을 전문으로 하는 책이 여러 종 발간되었다는 것은 조선 전기에 이미 율시가 중요한 詩體로 자리 잡았으며, 그것이 보여주는 명확한 사상 전개와 운율의 운용 등이 조선의 선비들에게 각광을 받았다는 증거가 된다. 율시가 조선의 선비들에게 널리 사랑 받으며 관련 시선집이 읽히는 분위기는 조선 후기까지 계속 이어진다. 『영규율수』 서문에서도 이미 언급한 바 있듯이, '문장 중에서 정묘한 것이 시이고 시 중에서 정묘한 것이 율시'8)라는 인식은 조선 전기에도 어느 정도 인식되고 있었던 것이다.

---

4) 고진아, 「金元代 杜詩學」, 『중국학연구』 제24집, 중국학연구회, 2003, 12쪽.
5) 김상일, 「영규율수」와 조선 시대 수용의 의미」, 『한국문학연구』 제23집, 동국대 한국문학연구소, 2000, 139쪽 참조.
6) 이 문제에 대해서는 심경호의 『조선시대 한문학과 시경론』(일지사, 1999)의 345쪽을 참조할 만하다.
7) 이 외에도 중국의 張性이 편찬한 『杜律演義』(全2卷) 역시 칠언율시만 151수를 수록한 책이며, 주제에 의한 부문을 나누어 편집하고 있다. 그 항목을 보면 다음과 같다. 前集: 雨暘, 山川, 時序, 花果, 禽鳥, 宮殿省宇, 居室, 隱居 / 後集: 樓閣橋梁, 寺觀, 音樂, 將師, 宗族, 釋子, 紀行, 述懷, 懷古, 游宴眺望, 簡寄酬贈, 尋訪送餞, 雜賦

　　정조는 자기 시대의 詩學 교정을 위해 시선집을 편찬하는데, 그 중『杜律分韻』·『陸律分韻』
등(1798년 간행, 정조22)에서 볼 수 있듯이 율시를 매우 중시했다. 모두 운자에 따른 분류이기
는 하지만, 그가 漢詩體 중에서 율시, 율시 중에서 특히 칠언율시를 시의 정화로 여겼음은 이
미 두보와 육유의 시를 선발하는 과정에서 보았다. 이는 오언보다는 칠언, 절구보다는 율시에
능했던 우리 나라 한시의 특성을 반영한 것이기도 하였다.9)

　　이 같은 詩學의 분위기로 인하여 율시를 중시하는 태도가 꾸준히 이어지는 가운데 조선 말
기 이상규의 시선집『당률휘수』가 편찬된 것이다.

　　출판을 전제로 편찬했다 하더라도 이 책이 간행되었을 가능성은 희박하다. 그렇게 볼 수 있
는 이유로 우리는 두 가지 점을 들 수 있다.

　　첫째, 작가에 대한 표기가 완전하지 않다는 점이다. 상당히 많은 작품에서 작가 표기가 공백
으로 남아있는 것을 발견할 수 있다. 특히 '守宰'편에는 전체 수록 작품 58수 중 50수의 작자
표기가 되어 있지 않고, '風土'편에는 38수 중 5수, '科第'편에서는 23수 중 13수가 표기되어 있
지 않는 등 적지 않은 편수의 작자 표기가 정리되어 있지 않다. 게다가 드물기는 하지만 작가
표기가 정확하지 않은 것도 발견된다.

　　둘째, 작가의 배열이 정리되어 있지 않다. 시선집을 편찬할 때 작가를 어떤 순서로 배치하는
가 하는 점은 미리 확정되어 있어야 한다. 일반적으로 작가의 생몰연대를 따른다. 그러나『唐
律彙髓』는 같은 부문 안에서 출현하는 동일한 작가의 작품이 한군데 모여 있는 것이 아니라
두 군데 이상 흩어져 있는 경우를 발견할 수 있다. 이것은『唐律彙髓』전편에 걸쳐서 나타나는
현상이다.

　　이상 두 가지 점을 통해서 우리는『唐律彙髓』가 완성본이라기보다는 출간 직전의 가편집본
형태에 더 가깝다는 사실을 알 수 있다. 특히 같은 작가의 작품이 흩어져 있다는 것은 여러 시
선집을 참고하면서 눈에 띄는 대로 필사를 해 두었다가 이곳에 옮겨 적으면서 편찬했다는 증
거로 보인다. 가지런하게 정리하기 이전의 초고본이 아니라면 편집상 가장 기초적인 부분을
소홀히 한다는 것은 이해하기 어렵다.


## 4. 가치

　　『唐律彙髓』의 가치는 크게 두 가지 점에서 정리할 수 있다.

　　첫째, 내용 중심 편찬 시선집이면서 율시만을 정리해서 편집한 개인 시선집으로는 가장 방

---

8) 文之精者爲詩, 詩之精者爲律. (方回, <瀛奎律髓序>:『瀛奎律髓彙評(上)』, 上海古籍出版社, 2005), 1
　　쪽.
9) 강혜선,『정조의 시문집 편찬』, 문헌과해석사, 2000, 25쪽.

대한 저작이다. 우리 나라 시선집의 기준은 品格을 기준으로 편찬된 것이나 韻字에 의한 분류로 편찬된 일부 저작을 제외하면, 대부분 '詩體別 - 작자의 생몰 순'으로 편찬되었다. 그러나 『당률휘수』는 唐詩와 율시를 존중하는 기존의 전통을 충실히 이으면서, 주제별 部類에 의한 편찬을 통하여 가독성을 한층 높인 저작이라 할 수 있다. 많은 시선집이 詩體나 王朝別 편찬 기준을 大目으로 삼기 때문에 같은 주제 및 소재의 작품을 동시에 살펴보기가 불가능한 반면, 『唐律彙髓』와 같은 편찬 방식은 서로 다른 작자의 작품을 비교하면서 그 내용과 홍취, 주제나 소재를 다루는 솜씨를 살필 수 있다는 점에서 장점이 있다.

둘째, 조선 말기 경상도 지역 문인들의 시적 경향을 살필 수 있는 자료이다. 조선 말기가 되면 唐詩가 전국의 學詩者들에게 하나의 보편적 기준이 되었다는 사실을 다시 한 번 확인하게 한다. 또한 『唐律彙髓』가 詩體와 같은 형식적 측면이나 韻字 중심의 시적 음악성을 강조하기보다는 내용을 통한 분류로 문학적 감흥을 중시하는 편찬 방식을 취한 것이기 때문에, 경상도 지역을 중심으로 하는 詩壇의 시적 경향을 관찰할 수 있는 자료로 활용될 수 있을 것으로 보인다. 送別, 閑適, 仙道와 같은 항목에 특히 많은 작품을 수록한 것을 통해서 그 지역 詩壇이 선호하는 시적 경향을 짐작할 수 있다.

【김풍기】

# 唐詩畫意

申緯(1769~1845) 編.

藁本. 15卷5冊：上下單邊 左右雙邊 半郭 18.0×13.2cm, 烏絲
欄, 10行18字, 無魚尾; 23.0×15.5cm.

印記：漢叟讀中, 徐耕輔印, 任世.

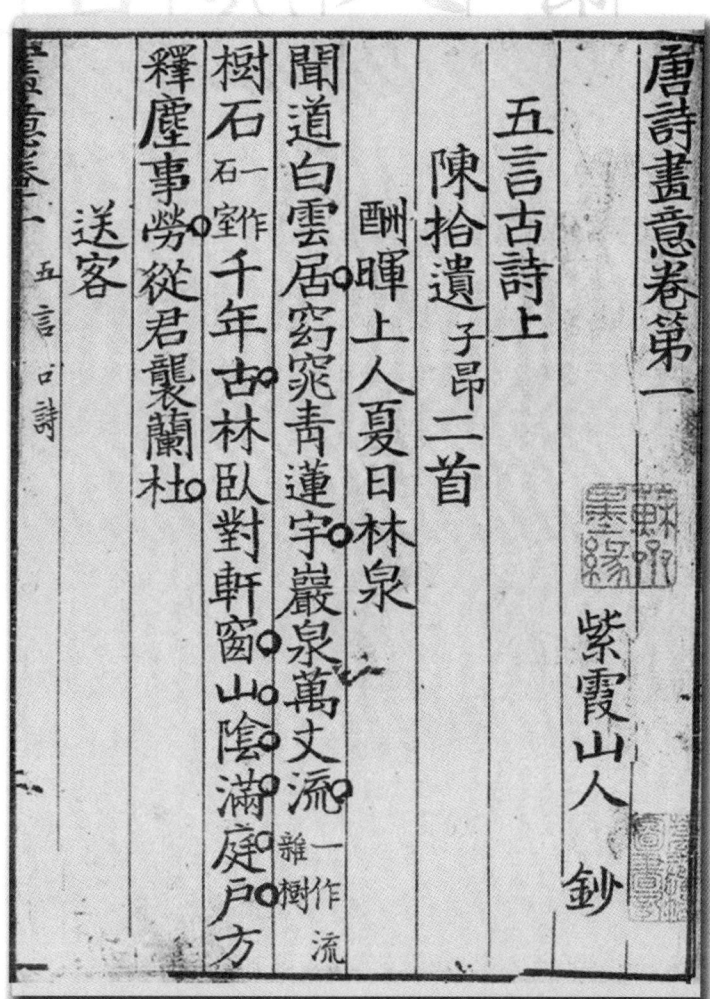

## 1. 편자

申緯(1769~1845)에 대해서는 본『고서해제』Ⅵ의 小樂府 外 편을 참조.

## 2. 구성

연세대 중앙도서관 소장 귀중본(귀305)인『唐詩畵意』[1]는 15권 5책, 9행18자의 필사본이다. 속표지에는 '唐詩畵意'라는 제목 옆에 '紫霞山人鈔, 凡十五卷, 例目各一卷, 庚辰秋八月, 碧蘆舫 藏本'이라는 내용이 적혀있어, 15권 5책을 申緯가 春川府使에서 罷職한 이듬해인 庚辰年(1820) 가을, 경기도 시흥에 있는 자신의 私邸 碧蘆舫에서 선집하였음을 알 수 있다. 전체 구성을 살펴보면 다음과 같다.

* 序文 4편
* 例言十五則
* 畵意總目(118인 詩 540수 목록)
唐詩畵意卷第一 五言古詩 上
唐詩畵意卷第二 五言古詩 下 (제1책)
唐詩畵意卷第三 七言古詩
唐詩畵意卷第四 五言律詩 上
唐詩畵意卷第五 五言律詩 下 附 摘句圖(제2책)
唐詩畵意卷第六 七言律詩 上
唐詩畵意卷第七 七言律詩 下 七言排律 附 摘句圖
唐詩畵意卷第八 五言絶句 上(제3책)
唐詩畵意卷第九 五言絶句 下 六言絶句
唐詩畵意卷第十 七言絶句 上
唐詩畵意卷第十一 七言絶句 中

---

1) 이 밖에 국립중앙도서관본 (필사본, 元亨利貞 4책, 위창문고, 盧見曾의 '贅言'無, 내지: 申紫霞先生親筆), 한국학중앙연구원 장서각본(필사본, 不分卷 5책: 그 중 第一冊만 남아있고, 第2-第5冊은 缺), 대전광역시 향토사료관(필사본, 5책)이 있다. 미국 버클리 대학 아사미문고에 소장된『唐詩畵意』(필사본, 권1~6, 11~15)는 趙重弼 輯으로 알려져 있으나(書: 庚辰(고종 17, 1880년)夏六月 荷花生日紫霞山樵客書. 趙重弼印), 필자가 그 내용은 확인해보지 못했다. 현재까지 판본이 확인된 바 없어 판각여부를 알 수 없다.

　　唐詩畫意卷第十二 七言絶句 下(제4책)
　*  畫意總目 (24인 詞 91수 목록)
　　唐詩畫意卷第十三 詞 上
　　唐詩畫意卷第十四 詞 下
　　唐詩畫意卷第十五 附編
　*  跋文 2편
　*  題詞 1편
　*  贅言 1편(제5책)

　맨 앞에 '序' 4편이 실려 있다. 申緯의 自序 2편, 徐耕輔(卯翁, 1771~?)[2])와 徐淇修(筱齋, ?~?)의 序文이 그것이다. 다음으로 申緯가 기술한 범례(例言 15則, 紫霞山人 述)가 실려 있다. 이는 『唐詩畫意』의 선집방법 및 그 배경에 대하여 설명한 것이다. 이 범례의 내용을 토대로 본 책의 구성을 차례로 소개하면 다음과 같다.

　例言 第五에서 조선에서 唐詩와 관련해 선집된 당시 유행했던 시선집들 (『河嶽英靈集』(唐 殷翻), 『中興間氣集』(高仲武), 『才調集』(蜀, 韋縠), 『百家詩選』(宋 王荊公), 『三體唐詩』(宋, 周弼), 『唐詩鼓吹』(金, 元遺山), 『唐音』(元, 楊士宏), 『唐詩品彙』(明, 高棅), 『唐賢三昧集』(淸, 王士禎))을 두루 거론하며, 이 선집들은 시로 시를 選集한 것이고, 자신은 그림으로 시를 뽑는다고 밝히고 있다. 역시 그가 이 책을 선집하는데 참고로 했음을 알 수 있다. 그러나 이들 책 중에 어느 부분을 수용했는지 구체적으로 그 내용을 밝히지 않았다. 다만, 송나라 孫紹遠의 『聲畫集』이란 이름이 이 책과 가까우나, 손소원의 것은 원래 題畫의 작품이고, 당·송 두 시대를 겸하여 채록하였으니, 이와는 의미와 범례가 다름을 밝혀두고 있다. 또 例言 第十五에서 이르길, 옛날에는 매사에 모름지기 '畫意'라는 말이 있어 이를 '선집'의 이름으로 취한다고 했다. 짐작하건대, 이때 기왕의 시선집에서 보여준 감식안에 문제를 제기하면서 자신의 감식안에 의해 새로이 시를 선발하거나 혹은 문단의 추이에 따라 시체별로 시를 선발했음을 추측할 수 있다. 여기에 선집한 작품 중, 王維의 「桃源行」·李白의 「蜀道難」·杜甫의 「飮中八仙歌」·「麗人行」은 유독 長篇인데, 例言 第六에서 이르길, '이 선집은 한결같이 畫意를 위주로 한, 하나의 시체를 갖추어 선집된 것이 모두 短篇이다. (그러나) 王右丞의 「도원행」·李翰林의 「촉도난」·杜文貞의 「음중팔선가」·「여인행」, 이 네 편은 스스로 畫意의 진수를 갖추고 있어 여기에서 예외다'라고 했다.

　다음 '畫意總目'에는 例言 第一에서 밝힌 대로 詩體別 所載 詩人 目錄이 실려 있고, '紫霞山人鈔'라는 소개와 함께 '唐詩畫意卷第一'에서 '唐詩畫意卷十五'까지 118인의 詩 540수와 24인의 詞 91수가 실려 있다.

―――――――――――――――――
2) 徐耕輔, 『卯翁集』 <唐詩畫意序> 규장각소장본, 권8.

卷第五와 卷第七의 '摘句圖'는 例言 第十二의 지적대로, 전편을 모두 수록하지 못하고 그림이 될 만한 詩句를 뽑아내 유형별로 부분 부분을 넣었다고 밝혔다. 그리고 필사본 板心에는 '畵意卷一' 등의 문자가 기록되어 있다. 부편(부록)으로 白居易의 <池上篇>과 司空圖의 『二十四詩品』이 실려 있다. 申緯는 例言 第十四에서, 이들 작품은 畵意가 뛰어나서 전편을 수록하지 않을 수 없었고, 가장 뒤에 부록으로 실은 이유에 대해서는 백거이 자신이 이 작품을 詩도 아니고 賦도 아닌 애매한 문체로 평가했고, 『二十四詩品』도 『全唐詩』 맨 뒤에 부록해 놓은 점을 감안해 별도로 詞 작품 뒤에 別編으로 넣었다고 밝혔다.

마지막으로 洪顯周(約軒, 1793~1865)와 柳本學(問菴, ?~?)의 跋文 2편이 실려 있으며, 尹定鉉(梣溪, 1793~1874)의 題詞, 청대 학자 盧見曾(雅雨, 1690~1768)의 贅言 등이 실려 있다.


## 3. 내용

### 1) 4편의 서문(申緯 自序 2편, 徐耕輔·徐淇修 序文 각 1편)

이 책에 실린 네 편의 서문에는 申緯의 '畵意' 인식배경이 담겨있다.

그는 詩와 그림을 하나로 보는 '詩畵一律'을 제시하였는데, 시도 되고 그림도 될 수 있는 시인의 창조적 시 정신과 畵人의 예술 정신이 담긴 것이다. 이러한 시 인식의 내용을 더욱 구체적으로 설명한 『唐詩畵意』 序文의 일부를 보자.

> 詩에는 畵意가 있으니 『詩經』 삼백 십일 편은 모두 畵家의 근원적인 교본이다. 진수와 유수가 넘실거린다는 구절은 화창한 봄날 경치이고, 회오리바람이 몰아친다는 구절은 몹시 추운 겨울 경치이며, 꾀꼬리가 날아서 관목에 모인다는 구절은 짙푸른 여름 경치이고, 우거진 갈대와 흰 이슬 내려 서리되었다는 구절은 맑게 갠 가을 경치이다. 초라한 집과 넘쳐흐르는 물은 은거를 묘사한 그림이고, 눈비 흩날리고 버들 하늘거린다는 구절은 나그네를 그린 그림이다. 누각을 직선으로 긋는 화법은 <斯干>章이고, 병풍의 경직도는 <七月>篇이다. 닭과 쉬파리 우는 소리는 曹不興이고, 통발에 걸린 물고기, 자가사리와 모래무지는 徐邈이다. 戴嵩이 그린 소는 귀가 꿈틀거리는 것이고, 薛稷의 학 그림은 백조가 희고 깨끗한 것이며, 顧野王의 草蟲畵는 메뚜기가 뛰는 것이고 房從眞의 수렵도는 몰이꾼이 와자지껄하는 것이다. 청부루, 월다말, 공골말, 가라말 구절에서는 완연히 韓幹을 대하는 듯하고 매미 이마에 나비 눈썹 구절에서는 주방을 보는 것 같다…… 나는 시를 읽을 때 그림의 묘미를 읽을 수 있었는데 이와 같다. 이는 내가 『唐詩畵意』를 선집한 이유이다. 어떤 사람이, '그렇다면 『詩經』 시인의 작품에서 하지 않고 唐人에서 이를 선집하였는가'라고 물었다. 내가 말하기를, '당인의 시는 시일뿐이고, 風人의 시는 經이다. 시는 진실로 선집할 수 있으나 경은 선집할 수 없다. 대저 시는 한위로 부터 내려와서 당에 이르기까지 크게 갖추어 졌다. …… 진실로 繪事를 마음에 두고 궁구하고자 한다면, 시에게 그림을 징험해야 한다면 당인을 버리고서 어찌하겠는가? 당 이전 시대에서 선집한다면 그 편벽됨을 꺼릴 것이고, 당 이후 시대에서 선집한다면 나는 그 지

나침을 두려워할 것이다. 선집함이 당에 그쳤으니 어찌 까닭이 없겠는가?'라고 하니 굽실거리며 물러갔다. 나는 장차 삼백십일 편을 읽는 마음으로 그림을 읽었고, 그림을 읽는 마음으로 唐人의 시를 읽었다. (申緯, 『唐詩畫意』「(申緯)序一」)

申緯는 『唐詩畫意』選集 動機를 시속의 畫意를 읽어내려는데 두고 이를 杜詩와 나란히 여겼던 『詩經』의 작품들에서 찾고 있다. 그는 『詩經』작품의 특별한 구절을 들어 그것을 각각 그림에 대비, 연결시켰다. 예를 들어 초라한 집에 마음 편히 지낼 수 있고, 넘쳐흐르는 샘물에 배고픔을 면한다고 한 <陳風> 衡門章의 구절에서 은거생활을 묘사한 그림을 연상해내고, 역으로 화가가 궁실 누대를 그리려고 界尺을 사용하여 직선을 긋는 섬세한 필법인 界畫에서 <小雅> 斯干章을 연상하는 것이 그것이다. 또는 落筆의 점을 잘못하여 파리로 고쳐 그림을 바쳤었는데, 손권이 살아있는 것으로 생각하여 손으로 쳤다고 한 고사로 유명한 曹不興의 그림을 <齊風> 鷄鳴章의 구절에 연결시켰다. <秦風> 小戎章중에서 '청부루와 월다말은 가운데 공골말과 가라말은 참마'라는 구절에서 말 그림으로 뛰어난 당나라때의 화가 韓幹을 연상하거나 '이는 가지런한 박씨 같고 매미 이마에 나비 눈썹'이라는 <衛風> 碩人章의 한 구절에서 인물화에 뛰어난 당나라때의 화가 周昉을 보는 듯하다는 언급을 통해서도 이를 확인할 수 있다. 이처럼 『詩經』 작품 중에서 형상묘사가 특출한 구절을 화가, 화풍, 회화기법, 회화 작품 등에 구체적으로 대비시키는 것에서 우리는 예술적 형상의 선명성과 생동성에 대한 그의 인식을 엿볼 수 있다.

신위는 『당시화의』를 읽음으로써 마음에 맞고 '遊神悅性'의 경지에 도달할 수 있었으며, 천지 음양의 이치와 우주 만물의 동정을 모두 손바닥 위에 놓고 가지고 노는 듯한 경지에 들어갔다고 보았다. 아래 서문을 보자.

나는 근래에 새로움을 창조하는데 있어서 방편을 토론하고, 뜻을 부치는 것에 관한 범례를 일으켰다. 당인의 시 가운데서 畫趣에 관섭하는 것을 줄이고 가려뽑아 하나의 선집으로 정리하여 『당시화의』라고 이름 붙였다. 입으로 노래하고 마음에 맞아서 정신에 노닐고 성정을 기쁘게 하였다. 음양의 두 갈래 뜻이 대치하고 만 가지 동정이 모두 책 속에 모여서 손바닥 가운데서 가지고 놀 수 있게 되었다. ( 申緯, 『唐詩畫意』「(申緯)序二」)

그는 어려서 그림공부와 盛唐詩를 배운 뒤로 詩學의 實質과 本領을 唐詩에 두고, 王維의 '神理'와 杜甫의 '神氣'를 함께 중시했다. 또 '神理'의 영역을 궁극적 지향처로 삼으면서 그것에 도달하는 방법으로서 '實境'을 시문창작의 근간으로 인식하고, 서경보의 질문에서 이렇게 대답했다.

『唐詩畫意』는 자하 申幼經(申緯)이 손수 초한 것이다. 유경이 나에게 와서 말하였다. "시와 그림은 두 가지 이치가 아니다. 그림을 잘 그리는 자는 일찍이 솜씨있게 하는데 관심을 두지 않았다. 그래서 오직 그림 그려진 것을 보는 자가 정신으로 실경을 상상할 수 있으니, 이는 寫意로 그려진 까닭이다. 뜻이 넉넉하면 境이 따른다. 시도 또한 그러하다. 마음을 수고로이 하고 그림을 그리고 글씨를 아로새기는 것은 시의 지극함이 아니다. 오히려 시사에 재주있는 자는 자연의 묘미를 얻어야 하고 理致를 주장하는 자는 언외의 뜻이 있어야 한다. 이것을 가지고 物事를 읊는다면 해, 달, 별, 바람, 눈, 새벽, 저녁, 흐림, 맑음의 기후가 드러나게 되고 산림, 강, 바다, 성궐, 누대, 초목, 꽃, 과일, 새, 짐승, 벌레, 물고기 등등의 모양이 갖추어지며 신선, 은자, 유자, 불자, 농부, 나뭇꾼, 어부, 병사, 봄을 그리워하는 여인, 늙은 남자, 술 취한 사람, 묵객 등등의 성정이 닮게 되니 形과 象이 갖추어지지 아니함이 없다. 그것은 다른 것이 아니라 그 뜻이 족하기 때문이다. 이 뜻이란 무슨 뜻인가? 시의 뜻이 아니고 그림의 뜻이 아니며, 바로 나의 뜻인 것이다. 나의 뜻으로 시를 짓고 그림에 부친다면 무릇 시와 그림으로 이루어 낼 수 있는 것은 모두 나의 實境이 된다 …… 이에 정신이 산꼭대기와 물가에 노닐매 바람과 안개의 변화, 누대의 나타났다 사라짐, 초목, 짐승, 물고기의 출몰이 한 순간에 만가지로 변한다. 또한 고인과 더불어 만나 서로 소요, 배회하며 자적하는 듯하여 슬픈 노래에 강개하고 질타하는 소리에 내달리는 것을 유쾌하게 여기고 농염한 곳에서는 질탕하게 놀고 낙엽지는 때에 이별을 하고 시끄럽고 고요한 것이 번갈아들며 나타났다가 사라지는 것을 완상하며 참된 것과 환상적인 것을 두루 살피고 기쁨과 슬픔을 나누매 네 계절이 하루와 같고 천년이 하루 같고 만리가 지척같다고 하였다." (申緯, 『唐詩畵意』 「(徐耕輔)序三」)

‘나의 뜻으로 시를 짓고 그림에 부친다면 무릇 시와 그림으로 이루어 낼 수 있는 것은 모두 나의 실경이 된다(以吾之意, 得於詩而寓之畵, 則凡詩之所有, 畵之所能爲者, 皆爲吾之實境也)’라고 하여 자기 시를 짓기 위한 방편으로 ‘寫意’라는 실질적인 시세계의 구축을 위한 창신의 寓意를 주장한 것이다. 곧 공교하게 ‘形似’하는데 머물지 않고 정신으로써 생각을 모아 實境을 파악해야 한다는 말이다. 申緯는 寫意에 대한 관점을 설명하면서 독자들의 풍부하고 다채로운 상상력을 논하였다. 그것은 천지자연의 모든 만물을 손바닥 안에서 쥐고 흔들 수 있으며, 흰 파도와 푸른 산봉우리가 마치 곁에 있는 착각을 불러일으킨다. ‘四序一日也, 千載一朝也, 萬理咫尺’에서 처럼 시간과 공간의 제약을 넘어 자유자재로 비상하는 초현실적 특징을 가지고 있다.

徐淇修는 신위야말로 ‘시화일치’의 진정한 自得의 일가를 이룬 시인으로서 신위의 시를 구하려 한다면 시가 아니라 반드시 그림에서 구해야 할 것이요, 신위의 그림을 구하려 한다면 그림이 아니라 반드시 시에서 구해야 할 것이라고 극찬하였다.

하루는 나의 친구 자하(申緯)가 『당시화의』15권을 찾아 엮고 나에게 한마디 말을 요구하여 말하였다. "당시의 畵趣에 관한 것을 취하였다. 글을 가리고 詩句를 모으며, 번잡함을 베어내고 간소함에 나아가서 한 권의 選集을 이루니 시가 무릇 540수요, 지은이가 무릇 118인이다. ……"라고 하였다. 그래서 내가 말하기를, "그림은 만물의 名目이요, 시 3백편은 그림이 나온 바의 성정이니 시의 뜻이라고 말해도 가능하며, 그림의 뜻이라고 말해도 가능한가?" 라고 하였다. 자하는 불우하여 벼슬하지 못하고 있는 선비이다. 높은 재주를 지녔어도 때를 만나지 못하여 우울하고 낙망한 뜻이 시에 드러나 있다. 시가 바로 盛唐에 가까웠으며, 大曆이하는 내뱉어 버리고는 돌아보지도 않았다. 또 枯木과 竹石을 잘 그렸고 팔뚝 가운데 소동파의 기운을 갖추고 있었다. 이제 자하의 시를 구하려한다면 시가 아니라 반드시 그림에서 구해야 할 것이요, 이제 자하의 그림을 구하려 한다면 그림이 아니라 반드시 시에서 구해야 할 것이다. 진정한 自得의 일가를 이룬 이가 이른바 먼 옛날의 시인과 지난 시대의 畵家인 것이다. (申緯, 『唐詩畵意』「(徐淇修)序四」)

## 2) 畵意總目(118인 詩 540수 목록)

'唐詩畵意卷第一'에서 '唐詩畵意卷十二'까지는 詩體別로 나열되어있다. 이에 앞서 제시한 화의총목은 詩體別 所載 詩人의 目錄이다. 그 시인별 수록작품 수를 보면 다음과 같다.

王績, 五律 1수/盧照隣, 五絶 1수/張九齡, 五律 1수/宋之問, 五律 1수, 五排1수/王勃, 七古 일수/陳子昻, 五古 2수, 七古 1수, 五律 1수/張說, 五古 1수, 七律 1수/沈佺期, 七古 1수, 七律 1수/包融, 五古 1수/王灣, 五律 1수/孫逖, 五律 1수/盧象, 五律 1수/王維, 五古 8수, 七古 3수, 五律 11수, 七律 9수, 五絶 10수, 七律 2수, 六絶 5수/裴迪, 五絶 5수/邱爲, 五古 1수/崔顥, 七律 1수/祖詠, 五律 2수/李頎, 五古 1수, 七律 2수, 七絶 1수/儲光羲, 五古 5수, 五絶 1수, 七絶 1수/王昌齡, 五古 1수, 五絶 1수, 七絶 3수/常建, 五古 2수, 五律 2수/劉長卿, 五律 3수, 七律 1수, 五絶 5수, 六絶 2수, 七絶 1수/崔曙, 七律 1수/孟浩然, 五古 5수, 七古 1수, 五律 10수, 五絶 2수, 七絶 1수/李白, 五古 8수, 七古 4수, 五律 6수, 五絶 6수, 七絶 2수/韋應物, 五古 10수, 五律 1수, 五絶 5수, 七絶 1수/張謂, 七絶 1수/岑參, 五古 3수, 五律 4수, 七律 1수, 五絶 2수/李嘉祐, 七律 1수, 七絶 1수/皇甫曾 五絶 1수/高適, 七古 3수, 七絶 1수/杜甫, 五古 4수, 七古 3수, 五律 16수, 七律 20수, 七絶 1수, 五絶 2수, 七絶 2수/錢起, 五律 1수, 五絶 9수, 七絶 3수/元結, 七古 1수/張繼, 七古 1수, 五律 1수, 六絶 2수, 七絶 1수/韓翃, 七律 1수, 五絶 1수, 七絶 3수/郞士元, 五律 2수, 七絶 1수/皇甫冉, 五絶 1수, 七絶 1수/王之渙, 五絶 1수, 七絶 1수/劉愼虛, 五古 1수, 五律 1수/柳中庸, 五絶 1수/秦系, 五律 1수/嚴維, 七絶 2수/顧況, 五絶 3수, 七絶 3수/耿湋, 五律 1수, 五絶 1수/戎昱, 七絶 1수/竇叔向, 七律 1수/竇鞏, 五律 1수, 七絶 1수/戴叔倫, 五絶 1수/盧綸, 五律 4수, 五絶 2수, 七絶 2수/李益, 七絶 2수/李端, 五絶 2수/暢當, 五絶 2수/司空曙, 五絶 4수, 七絶 1수/王建, 五絶 5수, 七絶 9수/劉商, 五絶 2수, 七絶 1수/邱丹, 五絶 1수/于鵠, 七絶 1수/權德輿, 五絶 3수, 七絶 1수/羊士諤, 五絶 1수, 七絶 1수/楊巨源, 七絶 1수/裴度, 五絶 1수, 七絶 1수/韓愈, 五古 1수, 七古 1수, 五絶 4수, 七絶 3수/王涯, 七絶 3수/歐陽詹, 七絶 1수/柳宗元, 五古 8수, 七古 1수, 七律 1수, 五絶 1수, 七絶 1수/張仲素, 五絶 10수/李翶, 七絶 1수/呂溫, 七古 1수/張籍, 五律 2수, 五絶 3수, 七絶 2수/盧玉川, 七絶 1수/元稹, 七律 1수, 七絶 3수/白居易, 五律 1수, 七律 11수, 五絶 2수, 七絶 4수, 附 池上篇/張佐輔, 七絶 1수/孫革 五絶 1수/徐　, 五絶 1수/李涉, 七絶 3수/李紳, 七絶 1수/張祜, 五律 1수/裴夷直, 七絶 1수/朱慶餘, 七絶 2수/雍陶, 七絶 1수/李遠, 七律 1수/杜牧, 七律 8수, 五絶 2수, 七絶 11수/許渾, 五律 1수, 七律 1수, 五絶 1수, 七絶 2수/李商隱, 五律 2수, 七律 10수, 五絶 2수, 七絶 8수/趙嘏, 七律 1수, 七絶 3수/盧肇, 七絶 1수/馬戴, 五絶 2수, 七絶 1수/薛能, 七絶 3수/賈島, 五律 1수, 七絶 1수/溫庭筠, 五律 1수, 五絶 1수/

劉賀, 五絶 1수/趙鄴, 七絶 1수/千武陵, 五絶 1수/高騈, 七絶 2수/張演, 七絶 1수/皮日休, 七絶 1수/陸龜蒙, 七絶 7수/司空圖, 五絶 4수, 七絶 1수, 附 詩品 24則/方干, 七絶 1수/高蟾, 五絶 1수/唐彦謙, 五絶 1수/鄭谷, 五律 1수, 七絶 5수/崔塗, 七絶 1수/韓偓, 七絶 2수, 五絶 2수, 七絶 7수/吳融, 七絶 2수/杜荀鶴, 七絶 1수/韋莊, 七絶 2수/李洞, 七絶 1수/滕白, 七絶 1수/徐仲雅, 七絶 1수/孫光憲, 七絶 1수/太上隱者, 五絶 1수/宣宗宮人, 五絶 1수/花蘂夫人徐, 七絶 4수

### 3) 畵意總目 (24인 詞 91수 목록)

'唐詩畵意卷第十三'에서 '唐詩畵意卷十四'까지는 詞가 실려있다. 사인별 사수록작품 수를 보면 다음과 같다.

李隆基, 詞 1수/李存勗, 詞 2수/李景, 詞 1수/李白, 詞 1수/張志和, 詞 1수/白居易, 詞 2수/溫庭筠, 詞 8수/皇甫松, 詞 3수/司空圖, 詞 1수/韋莊, 詞 6수 /毛文錫, 詞 4수/和凝, 詞 4수/薛昭蘊, 詞 8수/顧敻, 詞 4수/尹鶚, 詞 1수/毛熙震, 詞 1수/李珣, 詞 2수/歐陽炯, 詞 6수/閻選, 詞 1수/孫光憲, 詞 5수/張泌, 詞 3수/馮延己, 詞 12수/徐鉉, 詞 1수

### 4) 附編

選詩와 곁들여진 司空圖의 풍격 24개條. 이 작품은 4언 '贊'체의 서술형식을 취하고 있다. 매수 4언12구 隔句韻, 一韻到底의 정연한 형식을 지닌 시 24수로 이루어져 있다. 이런 까닭에 『全唐詩』에서는 『二十四詩品』을 시로 간주하여 사공도의 시 끝머리에 부록해 놓았다. 그러나 대부분의 경우 『二十四詩品』은 詩論書로 취급된다. 보통의 詩話類와는 판연히 다른 형태를 갖추고 있음에도 불구하고 『歷代詩話』에 이 책이 실려있는 것은 그러한 사정을 충분히 반영하고 있다. 『二十四詩品』의 거의 매 편에는 隱顯중에 인물의 형상이 나타나는데, 중국의 순수예술 경향이 궁극적으로 인간(자아)과 자연(외물)의 합일을 추구한다는 점을 감안할 때, 이 인물들의 형상은 마치 산수화에서 點景인물의 역할을 한다고 봐도 될 것 같다. 전체적인 화면에서 주도적인 역할을 한다고는 말할 수 없어도, 그 화면 궁극적으로는 자연의 일부로서의 역할을 충분히 담당하고 있는 것이다. 한마디로 '畵意'의 내용을 일목요연하게 정리한 24篇의 비평 시라고 할 수 있어, 申緯의 '畵意'인식에 유용한 자료라고 생각된다.

### 5) 跋文 2편

신위의 청을 받아 쓴 홍현주와 유본학의 발문이 각각 실려있다. 洪顯周의 跋文은 고려대 도서관에 소장된 그의 문집 『玉壺消夏集』에도 실려 있다. 홍현주는 정조의 사위이고, 申緯와의 관계는 1827년(추정) 이들 申緯와 홍현주, 김정희 3인이 쓴 13편의 화답시 『雲外夢中帖』

(총26면)에 잘 드러나 있다.3)유본학은 유득공의 학문을 계승하여 詩書畵에 남다른 재능을 지니고 있었다. 이 두 편의 발문은 신위의 시론 뿐만 아니라 조선 후기 시의식의 단면을 고찰하기에 충분하다. 한·중 회화의 작품 및 그 내용을 소개한 글로 문예사상사적으로 훌륭한 자료라고 생각된다.

## (1) 홍현주 발문

당나라 시인의 시작품 전부는 한결같이 화려한 빛을 지닌다. 초당에 대해 말한다면 마치 조화를 널리 펼치는 듯 옛 화보의 화첩마다 남달리 짙은 붓놀림이 없다. 흐리고 여린 문채가 어울리면서 다섯가지 채색이 서로 펼쳐졌는데, 오직 대력(중당)의 재줏꾼들만 그렇게 할 수 있었다. 골육의 미는 오직 이백·두보가 전문이었는데, 곧 진자앙을 전형으로 삼아 마땅히 세 종조의 한 갈래가 되었다. 예스럽기는 왕유·맹호연과 같은 것이고, 비로소 우뚝 육유에 들어가서 은미함을 탐구하여 오묘함을 뚫었도다. 그 나머지는 시사에 따르면 모두 붓을 놀리고 먹을 타지만 다만 點染조차 그리지 못한다. 중당은 破墨처럼 무성하고 기험하였으며, 또 색을 놓음이 더욱 공교하여 새롭고도 곧다고 논하지만, 또한 凌烟의 버금이다. "향기상자에는 남몰래 질투하고 시기하는 마음이 가득하고, 옥빛 경대에는 어여쁜 여인이 화사하게 화장하네" 라고 하여 궤짝을 열면 곧 그림이요, 廚房을 열면 곧 시이지만, 기묘함이 마치 호박에 겨자 놓은 꼴과 같구나. 마음이 곧 부처이니, 완연히 삼매의 창고로다. 오묘하고 환연한 禪境에서 노니는 자가 앉아서 이 책을 읽고 더욱 좋은 맛을 느끼는 것과 어찌 같겠는가?

대저 시는 운율을 좇고 어금니, 앞니, 혀, 입술의 화협에서 나오는 것이고, 저 회화도 색깔의 다섯이니 어찌 어금니, 앞니, 혀, 입술 등이 화협하지 않고서 손가락의 오로지 마땅함이 생길 수 있겠는가. 자하노인의 선집은 반드시 화의에 들어갔도다.

약헌거사가 발하노라.

## (2) 유본학 발문

일찍이 복희씨가 괘를 그려서 천지 만상과 인사, 조수초목, 궁실의 기용과 형제 등 모두 이에 갖추어 졌으니 효의 해석한 뜻을 지적한다면 이와 같지 않음이 없을 것이다. 대저 괘라는 것은 그림이다. 태초 이후로 비로소 먼저 나와 천지 만물을 헤아려서 육서의 상형에 이르렀으니 가장 자세하고 명석한 것이 되었다. 그렇다면 민생의 일용 만물을 모두 그림으로써 의론할 수 있을 것이다.

시는 人事 가운데 하나이지만, 그 성정을 읊조리고 많은 品物을 그려내는데 미친다면 아주 좋고 또 공교롭다. 그 정신으로써 변화시킴이 화가의 경물을 형상하는 것과 같아서 그것을 보는 자가 곧장 알고, 읊조리는 자가 충분히 감동한다. 그 비일비재한 것들이 모두 진정한 그림일 것이다. 진실로 시를 지음에 걸리고 껄끄러우며 두리 뭉실하여 말할 바가 무엇인지, 가리키는 바가 무엇인지 알지 못한다면 또한 괘를 긋기 이전 태초의 캄캄함과 무엇이 다르겠는가?

비록 그렇지만 시는 정밀하게 도달하기가 어려우니 어찌 지난 시대를 따르면서 문득 오직 당나라 시인들만을 들 수 있겠는가? 자하 申侍郞은 쉬는 여가중에 당나라 시인의 시 가운데서 좋고도

---

3) 유홍준, 「김정희필 『운외몽중첩』고증」, 『완당평전』, 학고재, 2002 참조.

공교하며 정신을 변화시킬 수 있는 것을 선별하여 약간 권을 엮었는데, 『당시화의』라고 이름하였다. 그것을 당시에 견주어보면 당시를 이해한 것이 고쳐되었고, 책에서 찾은 것이 더욱 좋았다. 엄우의 '水月鏡象'에 대한 비평이 부족했지만 이전 것보다 기이하다고 말할 수 있다.

공이 스스로 책머리에 서문을 쓰고 발문은 나에게 맡기는 까닭에 사양하지 못하였다. 엉성하고 부족하나마 말을 만들어 복희씨가 괘를 그은 것으로써 이 시선집이 '화의'로써 이름하지 않을 수 없다는 것을 밝힌다.

문암 유본학이 삼가 발한다.

### 6) 題詞

윤정현이 쓴 제사이다. 윤정현은 신위의 이 책을 두고 "시 가운데 화의는 삼당의 묘한 곳에 들어있으니 너무 많아서 헤아릴 수 없다.(詩中畵意, 在三唐妙處, 如如不可量)"고 말하며 모든 시 가운데 『시경』의 전범과 같은 경계를 이룬 당시의 예술적 가치를 인정한 신위의 고민을 높이 평가하고 있다.

### 7) 贅言

노견증의 췌언이다. 노견증은 王士禎의 『漁洋山人感舊集』을 補傳한 사람이다. 작시의 평측을 전수함에 있어 신중했던 왕어양의 시격과 그 문단의 영향력을 논한 글이다.

## 4. 가치

申緯는 姜世晃의 畵風을 이어받아 朝鮮風의 남종문인화풍을 이루어낸 화가였다. 그는 비록 독자적인 화론을 따로 언급하지는 않았지만, 문집에 실린 시 4,000여수 중 그림, 詩卷, 畵帖 등에 題한 시가 대략 250여 수나 된다는 점에서 예문적 취향을 詩化한 실상을 어느 정도 가늠할 수 있을 것이다. 詩·書·畵 三絶이라 불렸던 신위가 唐詩 가운데 '畵意'가 풍부한 작품을 뽑아 筆寫한 『唐詩畵意』15권 5책은 연세대에 완질로 소장되어있는 귀중본이다. 뽑힌 詩·詞 작품과 함께 수록된 서문·발문 등은 당대 문인사대부들의 예술동향과 의식을 살피는 데도 유용할 것이고, 선집자인 申緯 예술론의 윤곽을 추론해볼 수 있는 기초자료라고 생각된다.

【금지아】

# 唐詩彙選

李睟光(1563~1628) 編.

1) 訓鍊都監字本. 卷2(권1 끝부분 六言(5면) 포함, 零本)：四周 雙邊 半郭 23.1×17.4cm, 有界, 10行16字, 上下內向花紋魚 尾；31.0×22.0cm.
2) 訓鍊都監字本. 卷6(零本)：四周雙邊 半郭 23.1×17.4cm, 有界, 10行16字, 上下內向花紋魚尾；31.0×22.0cm.
印記：白川.

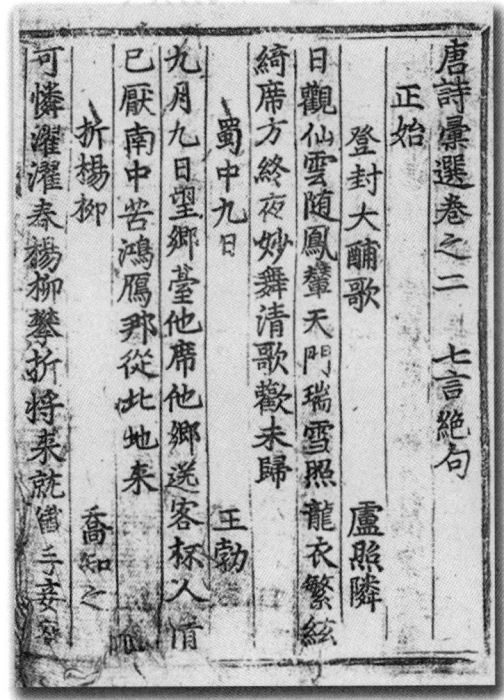

**唐詩彙選**
1) 訓鍊都監字本. 卷2(권1 끝부분 六言(5면) 포함, 零本)

**唐詩彙選**
2) 訓鍊都監字本. 卷6(零本)

# 1. 편자

李睟光(1563~1628)의 本貫은 全州, 字는 潤卿, 諡號는 文簡이다. 이 책은 편자 이수광이 明初 高棅(1350~1423)의 『唐詩品彙』(90권, 拾遺 10권)에서 선발하여 엮은 것을 1615년 경에 尹暄이 경주에서 10권으로 간행한 것이다.[1] 그의 문학론은 『芝峰類說』(20권) 「文章部」(권9~14)와 『芝峰集』(34권) 「雜著」(권21) 등에 잘 드러나 있다. 興趣와 神 등을 중시하여 盛唐 시를 준범으로 삼았음에도 宋詩를 비롯해 元, 明詩 등을 학습, 조망하고 있는 것은 當代 풍토에서는 선진적인 일면이다. 『堯山堂外紀』, 楊愼, 王世貞 등의 詩話, 『格致叢書』(明 胡文煥 編)에 수록된 당송대의 詩格書, 명대 출판된 『唐詩紀』(170권, 明 黃德水 等編), 『唐詩類苑』(200권, 明 張之象 編), 『唐詩解』50권, 明 唐汝詢 輯), 『唐百家詩』(明 朱警 編, 조선간본도 있음), 『唐十二家詩』(明 楊一統 編) 등이 學詩와 시론에 활용되었다. 이수광은 『唐音』은 선발된 시가 적은데다 율시와 절구가 더욱 적고, 이백, 두보, 한유의 문집에서는 선발하지 않아 소략하고, 『唐詩鼓吹』는 칠언 율시만을 선발한 점, 『三體詩』는 古詩가 없다는 점을 들어 이런 결점을 보완하고 있는 『당시품휘』를 높이 평가하고 있다.[2]

본서의 간행자인 尹暄(1573~1627)의 자는 次野, 호는 白沙이다. 영의정 尹斗壽의 아들로 牛溪 成渾의 門人이다. 1625년 평안도관찰사로 부임한 뒤 1627년 정묘호란이 일어나자 副體察使를 겸직하여 평양에서 成川으로 후퇴하였다는 이유로 강화도에서 효수되었다. 10대손 尹容求가 『棄庵集』(2권, 尹澄之 찬)와 함께 『白沙集』(重刊本, 3권, 「丁卯事跡錄」 1권, 습유 3권)을 간행하였다. 본서는 1615년 尹暄이 경주부윤으로 부임했을 때 간행한 것이다. 이수광의 둘째 아들 李敏求는 윤훤의 형 長洲 尹暉의 첫째 사위로 인척 관계에 있다.

원편자 高棅(1350~1423)의 자는 彦恢, 호는 漫士, 뒤에 廷禮로 개명했다. 명초 시단에 林鴻 등과 함께 福建省 지역에 활동하면서, '閩中十子詩派'(『閩中十子詩集』 30권)의 일원으로 활동하였다. 『당시품휘』(90권, 620家, 6700여수. 五古 24권, 七古 13권, 附長短句; 五絶 8권, 附六言絶句; 七絶 10권; 五律 15 ; 五排 11卷; 七律 9卷, 附七排. 明 洪武 26年(1393) 완성, 다시 31年에 61家, 900여 수를 증보하여 『唐詩拾遺』 10권을 만듦), 『唐詩正聲』(22권) 등을 만들어 明清은 물론 조선에도 많은 영향을 끼쳤다. 특히 이전 선집이 晚唐詩를 중심으로 선발했다는

---

1) 현전 전질은 尹暄의 발문이 실려 10卷10冊으로 玉山書院에 소장되어 있다. 발문에 '萬曆乙卯(1615)暮秋海平尹暄次野書于鷄林之倚竹堂'이라는 기록이 있다는 사실을 옥영정 선생님(한중연)의 도움으로 확인할 수 있었다. 아쉽게도 전질을 확인할 수 없어 이수광의 쓴 서문에는 8권이라 했는데, 10권으로 편차된 이유를 명확히 알 수 없다. 권6이 '正始'에서 '接武 上'까지 편차되어 있어 아마도 편집상 10권으로 늘어난 것이 아닌가 여겨진다. 영본으로 경기대(권7), 경북대(권2), 계명대(권3), 성암문고(권7), 개인(권7-8), 개인(권3, 권5) 등에 소장되어 있다.

2) 『芝峯類說』권7, <經書部>3, 「書籍」 "余謂唐音之選, 世號精粹, 然其詩僅一千三百四十一首, 而律絶尤少. 且不及李杜韓集, 未免疎略. 鼓吹所編, 只七言近體, 而三體無古選長篇, 其最優者, 唯品彙乎"

한계에서 벗어나 盛唐詩에 주지를 두고 있다는 점은 후일 근체시 창작에 성당을 전범으로 삼았던 前後七子의 시론을 개창한 선집이라는 평가를 받고 있다(『四庫全書總目提要』 참고). 더불어 호한한 『당시품휘』에서 다시 정선하여 간행한 『당시정성』은 본서와 상통하는 점이기도 하다.　명대에만 간행된 『당시품휘』만 해도 10여종(張璁 刻本, 張璁 重修本, 姚芹泉 刻本, 牛斗 刻本, 屠隆 刻本, 陸允中 刻本, 金陵 富春堂 刻本, 汪宗泥 校訂本, 明末 張恂 刻本)이 있어 그 유행을 짐작케 한다. 조선에서도 『당시품휘』, 『당시정성』 등이 간행되었으며, 『당시품휘』의 경우 조선에서는 이른 시기에 갑진자로 간행한 바, 馬得華, 王偁, 林慈, 高棅의 서문, 인용서목, 歷代名公叙論, 凡例, 詩人爵里詳節 등의 편차로 되어 있으며, 간혹 評註가 달려있다(이인영, 『청분실서목』 참고). 논자에 따라 그의 선집은 성당을 높이 평가하여 선발하고, 많은 작품을 수록하였으나, 간혹 지나치게 호한한 점과 선발된 시가 만당의 성격인 화려한 면을 추구한 점은 조선 문인에게 비판의 대상이 되기도 하였다.[3]

## 2. 구성

　본서의 서명은 '『당시품휘』에서 선발'한 것이라는 뜻이다. 『당시품휘』의 체제를 따라 편집하여 시체를 나누고[4], 다시 작자를 시대에 따라 九品(正始, 正宗, 大家, 名家, 羽翼, 接武, 正變, 余響, 旁流)으로 나눠 선발하였다. 四唐說을 적용하여 대체적으로 初唐詩는 정시에, 盛唐詩는 정종, 대가, 명가, 우익에, 中唐詩는 접무에, 晚唐詩는 정변, 여향에 배속시켰다(방류는 시대에 상관없이 方外, 異人, 閨秀 등을 선발). 다만 간혹 보이는 劉辰翁 등의 評註는 반영되어 있지 않다.

　본서에 수록된 내용은 다음과 같다(괄호 안은 『당시품휘』 선발/『당시휘선』 선발을 표시. 선발한 시가 동일할 때는 선발된 작품 수만 기입, 맨끝 괄호는 汪宗泥本의 권차.)

### 권1[부분]
　六言: 李景伯(1/0), 張說(1), 王維(5), 劉長卿(4), 張繼, 皇甫冉(3/2), 韓翃(1/0), 盧綸(1), 顧況(1), 王建(1), 劉禹錫(1/0), 周賀(1/0)(이상 권45, 五言絶句八 附)

---

3) 『惺所覆瓿稿』권4 「文部」一, 「唐詩選序」 "其詳而敷縟者, 曰高棅唐詩品彙"; 『海左集』 권20, 「石門遺稿序」 "明高棅, 選唐人詩, 其所尙多淸空婉麗之詞, 而少渾莽質直之作. 取舍甚褊, 鑑識不恢, 識者以爲恨"

4) 詩體의 순서는 차이가 있다. 권1 말에 육언 절구를, 권2가 칠언절구인 것을 보면, 권1에는 오언절구와 육언절구를 선발했을 것이다. 권6-7에 칠언 율시가 선발되어 있는 것을 볼 때, 권3-5는 오언율시와 오언배율이 선발되었을 것이고, 권8-10에는 오언고시와 칠언고시가 수록되었던 듯하다. 『당시품휘』의 시체 배열과는 달리 근체시를 앞쪽에 편차하고 있다.

## 권2

正始: 許敬宗(1/0), 盧照鄰(2/1), 王勃(1), 喬知之(1), 杜審言(2/1), 劉庭琦(2/0), 沈佺期(2), 宋之問(2), 李嶠(2/1), 李乂(2/0), 徐彦伯(1), 岑羲(1), 劉憲(1), 趙彦昭(1/0), 李適(1), 徐堅(1/0), 馬懷素(1), 武平一(2/0), 蘇頲(2/1), 張說(5/2), 賀知章(3/2), 王翰(2/1), 玄宗皇帝(1/0)(이상 권46, 七言絶句 一)

正宗: 李白(39/32) 王昌齡(42/28)(이상 권47, 七言絶句 二)

羽翼 : 王維 (12/8), 賈至 (15/11), 岑參 (20/16), 儲光羲 (8/5), 杜甫 (7/3), 常建 (8/5), 高適 (5/4), 孟浩然 (2), 李頎 (2), 崔國輔 (2), 張謂 (2/1), 王之渙 (2/1), 綦毋潛 (1/0), 薛據 (1/0), 蔡希寂 (1/0), 沈頌 (1/0), 張俌 (1/0), 吳象之 (1/0), 張潮 (2), 元結 (2), 嚴武 (1), 李華 (1/0), 獨孤及 (2/0)(이상 권48, 七言絶句 三)

接武: 劉長卿(18/6), 錢起(10/3), 韋應物(12/7), 皇甫冉(8/2), 韓翃(11/8), 盧綸(10/7)(이상 권49, 七言絶句 四)

接武: 劉方平(4), 朱放(1), 皇甫曾(2/0), 秦系(2/1), 嚴維(1), 李嘉祐(3/0), 郎士元(5/3), 司空曙(6/5), 李端(4/1), 耿湋(3/2), 崔峒(1), 包何(1/0), 張繼(2/1), 顧況(10/7), 戎昱(6/4), 長孫翺(/0), 衛象(1), 柳談(1), 宋濟(1), 楊憑(1/0), 長孫佐輔(2), 劉商(9/4), 于鵠(4/3), 戴叔倫(8/5), 德宗皇帝(1)(이상 권50, 七言絶句 五), 李益(16/7), 劉禹錫(28/23), 張籍(23/16), 王建(17/14), 王涯14(/5)(이상 권51, 七言絶句 六), 武元衡(14/3), 楊巨源(6/3), 張仲素(9/6), 權德輿(4/2), 李涉(12/8), 竇鞏(7/6), 竇牟(1), 竇庠(1), 雍裕之(1), 李約(1), 陸暢(2/0), 劉言史(1), 呂溫(2/1), 羊士諤(2/1), 令狐楚(2/1), 陳羽(6/2), 柳宗元(3), 韓愈(6/3), 歐陽詹(1/0), 元稹(2), 白居易(4/3), 鮑溶(2/1), 孟郊(1), 李賀(1), 盧仝(2/1), 李紳(1/0), 顧非熊(1), 張祜(6/3), 朱慶餘(4/3), 徐凝(1/0), 賈島(2), 姚合(1), 王表(1), 裴夷直(1/0), (이상 권52, 七言絶句 七),

正變: 李商隱(21/15), 杜牧(23/16), 許渾(14/10), 趙嘏(12/7), 溫庭筠(10/8)(이상 권53, 七言絶句 八)

餘響: 雍陶(6/4), 劉得仁(3/2), 陳陶(4/3), 馬戴(1/0), 薛逢(2/1), 薛能(4/2), 孟遲(4/4), 項斯(1/0), 段成式(2/1), 李羣玉(2), 韓琮(1), 司馬禮(3/2), 杜荀鶴(2), 李頻(1/0), 劉駕(1/0), 儲嗣宗(1/0), 陸龜蒙(2/1), 張蠙(1), 方干(1/0), 唐彦謙(3/2), 張喬(3/1), 司空圖(1), 高駢(3/0), 羅鄴(2/1), 李拯(1/0), 崔魯(3), 崔塗(2), 章碣(2), 鄭谷(2), 高蟾(2/1), 曹松(1), 王駕(2), 吳融(1/0), 李洞(2), 韋莊(8/4), 韓偓(1),江爲(1), 李建勳(1), 張泌(1), 孫光憲(2)(이상 권54, 七言絶句 九)

傍流: 水調歌(5/2), 涼州歌(3/0) 大和(2/0), 伊州歌(4/2), 蓋羅歌(1), 水鼓子(1), 景龍館學士(1/0), 開元名公(1), 才調詩(1), 惆悵詩(2/1), 蘆中集(1/0), 君山父老(1), 胡笳曲(1), 王烈(2), 張敬忠(1/0), 王喬(1/0), 李中(1/0), 劉昭禹(1), 楊達(1), 張諤(1/0), 樓穎(1/0), 王偃(1), 朱晦(1/0), 宋邕(1), 裴交泰(1), 吳商浩(1), 盧弼(4), 杜常(1), 皎然(8/0), 靈一(3/1), 靈澈(1), 淸江(1), 法振(1), 無本(2/1), 無悶(1), 齊已(1), 曹唐(4/2), 魚玄機(2), 上官昭容(1/0), 梅妃(1/0), 關盼盼(2), 杜羔妻(1/0), 張窈窕(1), 劉瑗(1), 裴羽仙(1), 廉氏(1/0), 崔公達(1/0), 姚月華(2), 花蕊夫人(2), 薛濤(3/2),

故臺城妓(1/0)(이상 권55, 七言絶句 十)

拾遺: 杜審言(1), 宋之問(1), 王維(1), 韋應物(2), 秦係(1), 李嘉祐(1), 包佶(1), 韓翃(1), 徐凝(1), 武元衡(1), 張仲素(1), 張籍(4), 沈亞之(1), 杜牧(1), 許渾(3), 陳陶(1), 王駕(1), 韋莊(1)(이상 拾遺 권4).

## 권6

正始: 杜審言(3/1), 沈佺期(12/8), 宋之問(2), 蘇瓌(1), 韋元旦(2), 宗楚客(1), 盧藏用(1), 李嶠(2), 趙彦昭(3/2), 李適(3), 劉憲(1), 岑羲(1/0), 徐彦伯(1), 馬懷素(2/1), 鄭愔(2/0), 蘇頲(8/6), 張說(5/1), 賈曾(2/1), 武平一(1), 李邕(1), 蔡希周(1/0), 張九齡(1/0), 孫逖(1)(이상 권83, 七言律詩 一)

正宗: 崔顥(2), 李白(6/3), 賈至(6/1), 王維(13/3), 李憕(10), 李頎(7/5), 祖咏(1), 崔曙(1), 孟浩然(1), 萬楚(1), 張謂(1), 高適(4/2), 岑參(10), 王昌齡(1/0)(이상 권84, 七言律詩 二)

大家: 杜甫(37/35)(이상 권84, 七言律詩 三)

羽翼(권85): 錢起(19/13), 劉長卿(21/17)(이상 권85, 七言律詩 四)

接武上(권86): 韋應物(4/2), 皇甫冉(9/5), 皇甫曾(4), 李嘉祐(9/5), 劉方平(2/0), 郎士元(5), 韓翃(9/7), 盧綸(5/4), 司空曙(7/4), 李端(3/2), 秦系(2), 竇叔向(1), 張志和(1), 嚴維(1), 崔峒(4/3), 耿湋(3/2), 張繼(1), 張南史(1/0), 于鵠(2/1)(이상 권86, 七言律詩 五)


## 3. 내용

본서의 전권을 확인할 수 없어 아쉬운 감이 있으나, 이수광의 서문이 그의 시론과 함께 선발 이유를 말해준다.[5]

> 내가 평소에 좋아하는 것이 없었지만 좋아하는 것은 시뿐이었으며 당나라 때 작품을 가장 편벽되이 좋아하였다. 마치 귀머거리가 소리를 좋아하고, 장님이 그림을 좋아하는 것과 같아 사람들이 간혹 비웃으며 배척하고 불쌍히 여기지도 않았다. 무릇 시도는 당에서 크게 갖추어져 수백 년간에 체식이 여러 번 변하고 기격이 점점 하강하였다. 그런 이유로 始唐[初唐], 盛唐, 中唐, 晩唐의 구분이 있게 되었다. 이른바 만당에 여러 체식이 섞여 나와 잘못된 병을 가릴 수는 없다하더라도 그 品格을 논하면 여전히 당시의 특성은 잃어버리지 않았다. 맛에 비유하자면 시당과 성당의 시는 누구나 좋아하는 八珍과 가는 회와 구운 고기 같으며, 만당의 작품도 禁臠의 餘味가 있으니 좋아할 만하다는 것은 매한가지다. 다만 세상에서는 간혹 만당만을 좋아하고, 시당과 성당의 좋아할 만하다는 것을 모르고 있으니 미혹된 것이다. 『정음』, 『당시고취』, 『삼체시』 등의 책들도 만당을 중심으로 선발하여 간혹 지나치게 간략하지만, 오직 『당시품휘』만이 뽑은 시들이 자못 넓고 分門이 매우 정밀하여 諸家와 비교해 봐도 뛰어나다. 다만 편질이 많은 것 같으니 배우는 사람들이 병통으로 여겼다. 내가 예전에 그 중에 더욱 읊을 만한 것을 가려내어 여덟 권으로 만들고 『당시휘선』이

───────────────

5) 『芝峯集』 권21, <雜著>, 「唐詩彙選序」

라 하였다. 개인적으로 몰래 음미할 뿐이지 다른 사람에게 보여주기 위한 것은 아니었다. 尹暄[字次野]이 경주부윤으로 가서 편서를 보고는 기뻐하고 가져다가 간행하여 오래도록 전하려 하였다. 아, 세상 사람들이 당시를 좋아하는 자가 적고 나도 좋아하기는 하지만 그 맛을 알지 못하는 사람이다. 지금 이 선집은 나의 손에서 나왔으나 장차 이 책을 보는 자가 입에도 맞지 않을 뿐만 아니라 반드시 그 냄새를 맡고 달아나버리는 자도 있을 것이다. 그러나 좋아하고 좋아하지 않는 것으로 단연코 넣거나 빼지는 않았다. 가만히 공의 뜻을 보니 나와 좋아하는 것이 같다. 이런 이유로 사양하지 못하고 글을 써 돌려 보낸다.

우선, 선발기준이 다른 글에도 드러나는 바이지만, 盛唐詩 애호에서 그의 시관이 출발하고 있음을 볼 수 있다. 당시 晩唐 애호 열풍에서 벗어나 초, 성당의 시를 적극적으로 변호하고, 아울러 만당시가 갖고 있는 미적 특징 역시 수용하고 있음을 볼 수 있다. 그러나 기왕의 당시 선집들이 갖고 있는 만당 편향을 본서에서 극복하고자 하는 일면은 특징적인 일면이라 할 수 있다.

둘째로 본서가 결본으로 남아 있어 전체적인 검토는 어렵지만, 작가의 특장에 따라 선발된 것이 아닌가 한다. 우선 한두 수만 뽑힌 小家의 작품이 많이 탈락되어 있으며, 두보의 칠언절구와 왕유의 칠언율시의 선발을 보면, 그들의 시체의 특장이라고 여겨지지 않는 부분은 많은 수를 선발에서 제외시켰다. 특히 왕유의 칠언율시는 성당 율시의 작품의 수로나 작가의 비중으로나 매우 중요함에도, 궁정 應制詩와 「早朝大明宮」 등의 雄麗한 작품을 제외하고는 선발되지 않았다. 이는 칠언절구 선발에서 유장경, 전기 등의 작품이 상당수 선발되지 않은 것과 같은 원칙이 적용된 것이다.

셋째, 본서는 편서과정에서 『당시품휘』의 시체 배열 순서를 따르지 않고 근체시를 중심으로 선발했다. 이수광의 개인적 취향도 있겠지만, 당시 근체시가 가장 중요한 학시 대상이었음을 반영한 것이 아닌가 한다.


## 4. 가치

이수광의 선집은 學唐論이 구체적으로 반영된 선집으로 중국의 한시 선집을 그대로 습용한 것이 아니라, 다시 조선에서 재편되었다는 점에서 의의를 찾을 수 있다. 후에 『당시품휘』의 영향력이 증대되면서 특정 시체만을 선발, 재편하여 學詩의 방편으로 삼는 경우도 보인다.6) 이수광은 아들 李敏求(1589~1670)의 『唐律廣選』과 함께 부자가 선집을 간행하여 選詩家로서 조선 중기에 일정한 영향을 발휘하였다.

【부유섭】

---

6) 《水村集》 권9, <題唐詩五言後>; 《謙齋集》 권43, <題手寫唐律品彙後>

# 大東續樂府

朴致馥(1824~1894) 著.
寫本. 1册(43張) ; 無界, 10行20字 註雙行, 無魚尾 ;
29.7x19.3cm.

大東續樂府
徙海家

謹按 瓊源寶碟我 仙李世長北鄙至 度
祖時威德日著小民歸附 聖祖心懷疑懼自
竄于海島民徙從者數十家

碟口嶺上松槃口園中李松老欲作薪李華欲結子
天心黙子集人事随向背小民至愚神訏口咸顧戴
不識又不知從子心靡懶在邑從于邑浮海従于海
有魚殊元種八十一鱗將化龍將化龍改窟宅鼈鮪
鯤鮞相追従發口垂沫恐不及周遽擁護西復東鱗

# 1. 저자

朴致馥(1824~1894)의 本貫은 密陽, 字는 薰卿, 號는 晚醒이다. 1824년(순조 24) 9월 2일에 慶尙道 咸安郡 安仁里에서 태어났다. 父는 朴俊蕃이고 母는 玄風 郭氏이다. 16살이 되던 1839년부터 7년 동안 寒泉齋에 기거하면서 『논어』와 『춘추』 등을 읽기를 1만 번에 이르렀는데, 이 시기에 그의 학문의 토대가 이루어졌다. 21살 되던 1844년과 이듬해 1845년에 각각 高靈 향시와 達城 향시에 응시하였으나, 할머니의 권유에 따라 會試에 응시하지 않고 安東 大坪으로 定齋 柳致明을 찾아가서 스승으로 모시고 그의 가르침에 따라 학업에 더욱 매진하였다. 37세 되던 1860년 黃梅山 남쪽 기슭에 있는 三嘉縣 大田村으로 이주하여 百鍊齋를 지어 독서하는 곳으로 삼았는데, 원근에서 배우러 오는 자들이 많아 백련재에서 모두 수용할 수 없어서 이듬해인 1861년 봄에 따로 晚醒窩를 지었다. 佔畢齋 金宗直의 뜻을 이어 제생들에게 『소학』을 가르쳤는데, 江右의 儒風이 이로부터 변하게 되었다. 이 해에 『大東續樂府』를 지었다. 당시 호남과 영남에서 민란이 크게 발생하여 임금이 田政, 軍政, 還穀 三政에 대한 정책을 조야에 물어보았는데, 39세 되던 1862년에 그에 대한 답을 조목별로 하였다. 41세 되던 1864년 가을에는 김해부사로 내려 온 性齋 許傳을 배알하고 스승으로 모셨다. 이듬해인 1865년에는 시골 士林들을 이끌어 忘憂堂 郭再佑, 龜山 尹鐸, 梅窩 盧錞 三賢의 제사를 모시는 龜淵書院을 건립하였다. 43세 되던 1866년 가을에 太學에 유학하였는데, 그곳에서 「斥洋邪論」과 「斥邪文」을 지었다. 46세 되던 1869년 가을 조정에서 學行과 經術에 뛰어난 선비를 천거하라고 하자, 방백 李參鉉이 그를 賢良으로 천거하였다. 또 58세 되던 1881년에는 허전이 왕을 보좌할 수 있는 능력을 갖추었다고 그를 조정에 천거하였지만, 끝내 수용되지 않았다. 59세 되던 1882년에 進士科에 합격하였다. 61세 되던 1884년에 태학에서 공부하면서 제생들과 함께 衣制에 대해 상소를 올렸지만 상소가 받아들여지지 않자 귀향하였다. 64살 되던 1887년에 義禁府都事로 제수되었다. 이듬해인 1888년에 상소를 올려 南冥 曺植을 문묘에 배향해야 한다는 상소를 올리고 또 時弊疏를 올렸지만 받아들여지지 않자 귀향하였다. 귀향하여서는 스승인 허전의 문집을 교열하여 간행하였고 또 세상을 떠나기 전까지 제생들을 가르치는 한편 「明德辨」, 「讀書箚錄」, 「炳燭室記」 등의 글을 짓기도 하였다. 1894년 6월 4일 세상을 떠나니 향년 71세였다.

# 2. 구성

## 1) 구성

『대동속악부』는 전체 1책으로, 지은이의 서문과 28편의 악부로 이루어졌다. 28편의 악부는 모두 '篇名 + 史話 + 樂府詩'의 형태로 구성되어 있다. 28편의 편명은 「徙海歌」·「定朝鮮」·「海州黍」·「御天龍」·「塚上薇」·「舞傞傞」·「蕩春臺」·「進白粥」·「山谷嫗」·「祭田雨」·「戒桃花」·「少微星」·「春遊詞」·「素沙捷」·「關顯聖」·「柳氏婦」·「論介巖」·「報恩錦」·「僧泛槎」·「柳下將」·「后妃諫」·「龍乘雲」·「行琴引」·「裂書哭」·「大明松」·「金壯士」·「夕陽樓」·「大報壇」등이다. 史話는 악부시의 시적 대상인 역사적 사건이나 역사적 인물과 관련된 일화를 진술한 것으로서, 악부시의 서문에 해당된다. 28편의 악부시는 一篇一解의 형식을 취하고 있는 대부분의 악부시들과는 달리 一篇三解의 형식으로 되어 있으며, 일부를 제외하고서는 모두 길이가 긴 慢詞이다.

### 2) 이본 소개

『대동속악부』는 박치복의 사후에 간행된 『晩醒集』에 수록되어 있는데, 『晩醒集』은 木活字本과 木版本 두 종류가 있다. 1896년 麗澤堂에서 간행된 목활자본은 13卷으로 구성되어 있다. 목판본은 목활자본을 수정하여 1925년 達城 廣居堂에서 간행되었는데, 18卷(부록 2권 포함)으로 구성되어 있다. 목판본은 1994년 景仁文化社에서 영인되었다. 연세대 도서관본은 1896년에 간행된 목활자본이다. 목활자본과 목판본 『대동속악부』는 대동소이한데, 두 본의 차이는 목활자본 서문의 내용 중 일부가 목판본에서는 생략되었거나 호만 제시된 목활자본과는 달리 목판본에서는 이름이 제시된 정도이다.

## 3. 내용

『대동속악부』는 서문에서 밝히고 있듯이, 박치복이 저자 미상의 『大東樂府』를 읽고 그것의 후속편으로 지은 것이다. 『대동악부』는 단군 조선과 기자 조선, 신라와 백제로부터 고려에 이르기까지의 주요 역사적 사건들을 악부체 형태로 읊은 것이기 때문에, 조선의 역사는 포함되어 있지 않다. 이를 안타깝게 여긴 박치복이 『대동악부』의 체제를 본떠 조선의 건국에서부터 英祖 때에 이르기까지 28개의 역사적 사건이나 역사적 인물과 관련된 일화를 시적 대상으로 선정하여 읊었다.

28편의 악부의 내용을 시적 대상이 된 28개의 역사적 사건이나 역사적 인물과 관련된 일화를 중심으로 살펴보면 다음과 같다.

「徙海歌」에서는 태조 이성계의 할아버지인 度祖가 禍를 피해 바다 속의 섬으로 몸을 숨겼을 때 그를 따르던 10여 집이 함께 섬으로 이주하였던 사실을 근거로 하여 조선 왕조의 기틀이 바로 이와 같은 민심의 추종에서 비롯되었음을 노래하고 있다.

「定朝鮮」에서는 태조 이성계가 왕위에 오른 후 권근 등을 시켜 중국에 국호를 요청하였을 때 중국 황제가 조선이라는 이름이 가장 아름답고 또 옛날부터 오랫동안 전해져오는 것이라고 해서 국호를 조선이라고 정하였다는 사실과 조선이라는 아름다운 이름이 이 땅에 백성이 존재할 때까지 영원히 전해질 것임을 노래하고 있다.

「海州黍」에서는 세종대왕이 당시 해주에서 기장이 나오고 남양에서 경석이 나와 朴堧과 蔣英實로 하여금 『雅樂譜』를 짓게 하였던 사실을 근거로 하여 그러한 것들이 태평성대의 상서로운 징조임을 노래하고 있다.

「御天龍」에서는 세종대왕이 박연과 장영실로 하여금 『아악보』를 짓게 하고 列聖朝의 功業의 어려움을 말하고자 『龍飛御天歌』를 짓게 하였던 사실과 열성조의 공덕에 대한 찬양을 노래하고 있다.

「塚上薇」에서는 단종이 양위할 때 관직을 버리고 고향으로 돌아가 죽을 때까지 바깥 출입을 하지 않았다가 죽어서는 무덤 위에 한 줌의 고사리가 났던 義城 현령 金係錦의 절의를 노래하고 있다.

「舞傞傞」에서는 성종이 궁궐 밖으로 행차하였다가 날이 저물어 돌아올 때 환호하는 백성들을 보고 기뻐하여 말 위에서 일어나 춤을 추었다가 다음 날 취중에 춤을 춘 것이 지나쳤음에도 불구하고 諫하지 않았다고 해서 諫官들을 축출하였던 사실을 통해 성종 당대가 君臣이 즐거움을 함께 할 정도로 태평성대였음을 노래하고 있다.

「蕩春臺」에서는 채홍사를 전국에 파견하여 미녀를 뽑아 궁중에 두고 밤마다 함께 술을 마시면서 환락에 빠졌던 연산군이 궁녀들로 하여금 알몸으로 서로 쫓아다니면서 말 구유 놀이를 하게 하였던 탕춘대에 대해 노래하고 있다.

「進白粥」에서는 중종 反正 후 폐비가 되어 모화관 근처 민가에 살면서 중종이 서쪽으로 행차하다가 집 앞을 지나가게 되면 하얀 죽을 끓여 진상하였던 端敬王后 愼氏를 시적 화자로 설정하여 그녀의 내면을 노래하고 있다.

「山谷嫗」에서는 趙光祖가 유배지에서 죽었을 때 그의 동생이 소리 내어 슬피 울면서 유배지로 가는 도중에 만났던, 산골짜기에서부터 통곡을 하면서 오던 노파를 시적 화자로 설정하여 조광조의 죽음을 애통해 하는 그녀의 내면을 노래하고 있다.

「祭田雨」에서는 咸州 땅에 사는 潘孝子가 집이 가난하여 몸소 농사를 지어 어버이를 봉양하다가 어버이가 돌아가셔서는 제사용으로 따비밭 한 구를 따로 떼어 놓았는데 날이 가물어 모가 다 말라 죽게 되자 하늘을 부르며 통곡하니 오직 그 밭에만 비가 내렸던 것에 대해 노래하고 있다.

「戒桃花」에서는 청량산 아래에 집을 지어 한가하게 살면서 바깥 세상에 대한 미련을 버린 退溪 李滉이 복사꽃을 경계하는 노래를 지어 자신의 뜻을 간접적으로 드러낸 것에 대해 노래하고 있다.

「少微星」에서는 術士 南師古가 소미성의 빛이 희미한 것을 보고 두류산에 은거하던 南冥 曹
植의 별세를 예언하였던 것을 노래하고 있다.

「春遊詞」에서는 급제하기 전에 평양 부벽루에 놀러갔다가 마침 감사가 도착하는 바람에 누
대에서 내려오게 된 荷谷 許篈이 「浮碧樓春遊詞」를 지어 감사가 부벽루에서 즐겁게 노는 상태
를 극진히 묘사하였는데 그 시가 대궐에까지 들어가 끝내는 감사가 잡혀가게 되었던 일화를
노래하고 있다.

「素沙捷」에서는 丁酉再亂 때 明 나라 楊鎬 經理와 麻貴 提督이 경기도 소사 들판에서 왜적
과 조우하여 奇計를 써서 대승을 거두었던 것을 노래하고 있다.

「關顯聖」에서는 明 나라 장군이 전쟁에서 자주 불리하자 神의 도움을 얻기 위해 관우의 사
당을 세워 제사를 지낸 다음 영묘한 효험을 얻었던 것에 대해 노래하고 있다.

「柳氏婦」에서는 임진왜란 때 安陰의 黃石城에서 存齋 郭䞭이 죽자 아들 履常과 履厚도 따라
죽었는데 柳文虎에게 시집간 딸은 남편이 성 밖에 살아 있어서 따라 죽지 않았다가 남편도 왜
적에게 잡혔다는 소식을 듣고 끝내 목을 매어 죽었던 것에 대해 노래하고 있다.

「論介巖」에서는 임진왜란 때 진주 촉석루에서 기생 논개가 倭將을 껴안고 강물 속으로 뛰어
들어 함께 죽었던 것에 대해 노래하고 있다.

「報恩錦」에서는 선조 때 義州 譯人 洪純彦이 使行을 따라 중국에 갔다가 몸을 팔아 아버지
의 장례 비용을 마련하느라 娼妓가 된 중국 여인을 만나 그녀의 딱한 사정을 알고 그녀에게
장사 대금으로 가져온 은자를 주어 속신하게 해 주었는데 훗날 중국의 병부상서의 부인이 된
여인이 중국에 다시 들어온 홍순언에게 비단으로 은혜를 갚았던 것에 대해 노래하고 있다.

「僧泛槎」에서는 倭奴들이 물러간 후 講和 회담을 할 때에도 왜구들의 침입이 계속되자 조정
에서 惟政人師를 보내 위엄과 신의를 펼쳐 왜구들이 모두 복종하여 변경이 평온해진 것에 대
해 노래하고 있다.

「柳下將」에서는 광해군 때 深河 전투에서 화살이 다 떨어지고 힘이 다한 宣川郡守 金應河가
홀로 단검을 들고 버드나무를 의지한 채 청나라 군사들을 맞이하여 용맹스럽게 싸우다가 몸에
숱한 화살을 맞고 숨이 끊어지게 되었는데도 끝내 굴복하지 않았던 것에 대해 노래하고 있다.

「后妃諫」에서는 明 나라와 淸 나라에 대한 광해군의 외교 정책에 대해 왕비 柳氏가 글을 올
려 극간하였으나 광해군이 받아들이지 않은 것에 대해 노래하고 있다.

「龍乘雲」에서는 광해군 때에 母后와 함께 西宮에 유폐되어 갖은 고초를 겪었던 貞明公主가
왕이 바뀌자 儀物을 성대하게 갖추고 시집가게 된 것에 대해 노래하고 있다.

「行琴引」에서는 인조 때 거문고를 연주하면서 길을 가던 노인이 오랑캐의 침입을 예언한 것
에 대해 노래하고 있다.

「裂書哭」에서는 남한산성이 포위당하였을 때 崔鳴吉이 강화서의 초안을 작성하였는데, 淸陰
金尙憲이 글 중에 황제 폐하라는 글자가 있는 것을 보고 글을 찢고 대성통곡하였던 것에 대해

노래하고 있다.

「大明松」에서는 明 나라가 망한 후 桐溪 鄭蘊이 安陰에 숨어 살면서 손수 푸른 소나무를 심었는데, 후대 사람들이 그 소나무를 大明의 소나무라고 불렀던 것에 대해 노래하고 있다.

「金壯士」에서는 淸 나라에 굴복한 후 鳳林大君과 麟坪大君을 陪從하여 瀋陽에 간 官軍 金汝峻이 보여준 용맹함과 기개에 관해 노래하고 있다.

「夕陽樓」에서는 大君 시절 심양에서 온갖 고초를 함께 겪은 인평대군에게 깊은 정을 느꼈던 효종이 왕위에 오른 후 그에게 베푼 두터운 우애에 대해 노래하고 있다.

「大報壇」에서는 숙종 때 창경궁의 북쪽 담 바깥에 단을 세워 임진년에 구원군을 보내준 은혜에 보답하는 뜻으로 신종 황제를 제사지냈는데, 영조 때에 이르러 명나라 의종 황제가 청나라의 공격을 받은 조선을 구원하기 위해 군대를 파견하려고 했던 사실이 알려지자 단을 증축하여 의종도 함께 제사지냈다는 것에 대해 노래하고 있다.


## 4. 가치

詠史樂府로서 『대동속악부』는 크게 두 가지 면에서 가치를 지니는 것으로 보인다. 하나는 『대동속악부』가 형식적인 면에서 다른 악부시들에서 찾아볼 수 없는 특성을 지니고 있다는 점이다. 대부분의 악부들이 一篇一解의 구성 형태를 취하고 있는 데 비해, 『대동속악부』는 악부의 완성된 체제라고 할 수 있는 一篇三解의 형식을 취하고 있다. 또 시보다 史話의 분량이 많거나 또는 시와 사화의 분량이 비슷한 대부분의 악부들과는 달리, 『대동속악부』는 사화보다 詩의 분량이 훨씬 많다. 이러한 점에서 『대동속악부』는 문학성이 뛰어난 작품이라고 할 수 있다.

『대동속악부』가 보이는 다른 또 하나의 가치는 그것을 통해 조선 왕조의 근간이 흔들리던 19세기 후반에 유학자들이 가졌던 현실 인식의 전형을 볼 수 있다는 점이다. 『대동속악부』에 반영되어 있는 작가의 현실 인식이 바로 19세기의 衛正斥邪思想과 儒家의 전통적인 倫理意識을 토대로 형성된 것이기 때문이다.[1]

【최경환】

---

1) 全智煐, 「晩醒 朴致馥의 『大東續樂府』 研究」, 부산대학교 대학원 석사학위 논문, 1998, 78~79면 참조.

# 東國山川志

李義鳳(1733~1801) 著.

手稿本. 7卷4册(全 9卷 5册中 卷5, 卷7缺) : 四周單邊 半郭
25.0×17.0cm, 烏絲欄, 10行字數不定 註雙行, 上下向2葉花紋
魚尾 ; 33.5×21.5cm.

表題 : 山川志.

## 1. 저자

李義鳳(1733~1801)에 대해서는 본 『고서해제』 III의 北轅錄 편을  참조.

## 2. 구성

서·발문 없이 모두 7권 4책으로 구성되어 있다. 책의 표지에는 모두 篆書體로 '山川志'라고 되어 있으나 卷首題는 '東國山川志'로 되어 있다. 각 책은 五行의 金, 木, 水, 土로 구분하였다. 1책(金)은 표지에 京圻라고 씌어져 있고, 내용에는 三府와 경기도라고 씌어져 있으며, 卷首와 권1이 들어 있다. 2책(木)은 표지에 湖西, 湖南이라고 씌어져 있고, 내용에는 충청도와 전라도라고 씌어져 있으며, 권2와 권3이 들어 있다. 3책(水)은 표지에 嶺南이라 씌어져 있고, 내용에는 경상도라고 씌어져 있으며, 권4가 들어 있다. 4책(土)은 표지에 海西, 關北이라고 씌어져 있고, 내용에는 황해도와 함경도라고 씌어져 있으며, 권6과 권8이 들어 있다. 하지만 이 책은 현재 권5와 권7이 缺帙인 상태로 남아 있다. 그런데 8도 중 강원도와 평안도 부분이 빠져 있는 것으로 보아 이 책의 전체적인 체재로 보았을 때에 아마 권5가 강원도, 권7이 평안도 부분에 해당 되는 것으로 추정된다. 따라서 이 책의 본래 상태는 모두 9권 5책이었던 것으로 보아야 할 것이다.

이덕무의 『청장관전서』(제71권) <附錄下>에 이광규가 쓴 「先考積城縣監府君年譜下」에 보면 "본각에서 『海東邑誌』의 편찬 인원을 써서 올렸는데 그 내용은 다음과 같다."라고 하고 그 아래에 각자가 맡은 부분을 열거하면서 이 중 李義鳳은 산천을 맡았다고 하였다. 『海東邑誌』는 1789년에 정조의 명으로 편찬이 시작된 것으로 당시의 도로, 호구, 부세 등 지방의 실정을 파악할 수 있는 필수적인 사항들이 기재되어 있는 책이다. 따라서 『동국산천지』는 이 『海東邑誌』를 편찬하기 위한 기초 자료로 사용되기 위해 어명을 받아 씌어진 책이다. 그래서 『동국산천지』에는 매 권마다 서두에 '禦侮將軍 行忠武衛 副司果臣(李義鳳奉)敎纂進'이라고 하였다. 이 때가 저자의 나이 56세 무렵이다.

책의 전체적인 체재는 대체적으로 조선시대 지방행정 단위인 府·牧·郡·縣의 순서를 따라 편성하였다. 그리고 각각 그 지역에 소속된 山, 川, 穴, 島, 浦, 津, 渡, 嶺, 洞, 臺, 溪, 池, 泉, 井, 串, 江 등의 이름을 표기하고 이에 대한 설명을 붙였다. 경기도는 모두 36관을 들었으며, 이 중 府는 10관, 牧은 3관, 郡은 9관, 縣은 14관이다. 충청도는 모두 53관으로 이 중 府는 1관, 牧은 4관, 郡은 12관, 縣은 36관이다. 전라도는 모두 56관으로 이 중 府는 9관, 牧은 4관, 郡은 10관, 縣은 33관이다. 경상도는 모두 71관으로 이 중 府는 17관, 牧은 3관, 郡은 13관, 縣은 38관이다. 황해도는 모두 23관으로 이 중 府는 5관, 牧은 2관, 郡은 7관, 縣은 9관이다. 함경도는 모두 22관으로 이 중 府는 17관, 牧은 1관, 郡은 2관, 縣은 2관이다.

각 도에 소속된 府·牧·郡·縣의 명칭만을 권별로 모두 들어보면 다음과 같다.

<卷之首> 三府: 漢城府, 開城府, 江華府

<卷之一> 京畿道(36官): 廣州府, 楊州牧, 坡州牧, 驪州牧, 水原府, 喬桐府, 長湍府, 豊德府, 南陽府, 通津府, 竹山府, 仁川府, 富平府, 高陽郡, 安城郡, 安山郡, 加平郡, 朔寧郡, 楊根郡, 金浦郡, 交河郡, 麻田郡, 龍仁縣, 振威縣, 永平縣, 陽川縣, 抱川縣, 砥平縣, 積城縣, 果川縣, 衿川縣, 漣川縣, 陰竹縣, 陽城縣, 陽智縣, 利川縣

<卷之二> 忠淸道(53官): 忠州牧, 淸州牧, 公州牧, 洪州牧, 淸風府, 林川郡, 丹陽郡, 泰安郡, 韓山郡, 舒川郡, 沔川郡, 天安郡, 瑞山郡, 槐山郡, 沃川郡, 溫陽郡, 大興郡, 文義縣, 鴻山縣, 堤川縣, 德山縣, 平澤縣, 稷山縣, 懷仁縣, 定山縣, 靑陽縣, 延豊縣, 陰城縣, 淸安縣, 恩津縣, 懷德縣, 鎭岑縣, 連山縣, 扶餘縣, 石城縣, 庇仁縣, 藍浦縣, 鎭川縣, 尼城縣, 結城縣, 保寧縣, 海美縣, 唐津縣, 新昌縣, 禮山縣, 木川縣, 全義縣, 燕岐縣, 永春縣, 報恩縣, 永同縣, 黃澗縣, 靑山縣, 牙山縣

<卷之三> 全羅道(56官): 全州府, 羅州牧, 光州牧, 綾州牧, 濟州牧, 南原府, 長興府, 順天府, 潭陽府, 礪山府, 長城府, 茂朱府, 靈巖府, 寶城郡, 益山郡, 古阜郡, 靈光郡, 珍島郡, 樂安郡, 淳昌郡, 錦山郡, 珍山郡, 金堤郡, 昌平縣, 龍潭縣, 臨陂縣, 萬頃縣, 金溝縣, 光陽縣, 龍安縣, 咸悅縣, 咸平縣, 康津縣, 扶安縣, 玉果縣, 高山縣, 泰仁縣, 沃溝縣, 南平縣, 興德縣, 井邑縣, 高敞縣, 茂長縣, 務安縣, 求禮縣, 谷城縣, 雲峯縣, 任實縣, 長水縣, 鎭安縣, 同福縣, 和順縣, 興陽縣, 海南縣, 大靜縣, 旌義縣

<卷之四> 慶尙道(71官): 慶州府, 尙州牧, 晉州牧, 星州牧, 東萊府, 大邱府, 金海府, 寧海府, 密陽府, 蔚山府, 善山府, 靑松府, 巨濟府, 咸陽府, 昌原府, 居昌府, 河東府, 仁同府, 順興府, 柒谷府, 陜川郡, 草溪郡, 淸道郡, 永川郡, 禮泉郡, 榮川郡, 興海郡, 梁山郡, 咸安郡, 金山郡, 豊基郡, 昆陽郡, 固城郡, 盈德縣, 慶山縣, 義城縣, 三嘉縣, 安東縣, 南海縣, 開寧縣, 宜寧縣, 河陽縣, 龍宮縣, 奉化縣, 淸河縣, 彦陽縣, 柒原縣, 鎭海縣, 眞寶縣, 聞慶縣, 咸昌縣, 知禮縣, 安義縣, 高靈縣, 玄風縣, 山淸縣, 丹城縣, 軍威縣, 比安縣, 義興縣, 新寧縣, 禮安縣, 迎日縣, 長鬐縣, 靈山縣, 昌寧縣, 泗川縣, 機張縣, 慈仁縣, 英陽縣,

<卷之六> 黃海道: 黃州牧, 海州牧, 平山府, 豊川府, 延安府, 瑞興府, 甕津府, 安岳郡, 鳳山郡, 遂安郡, 載寧郡, 信川郡, 金川郡, 白川郡, 新溪縣, 文化縣, 谷山縣, 長淵縣, 長連縣, 松禾縣, 殷栗縣, 兎山縣, 康翎縣,

<卷之八> 咸鏡道: 咸興府, 永興府, 吉州牧, 安邊府, 德源府, 定平府, 北靑府, 瑞川府, 明川府, 甲山府, 三水府, 鏡城府, 鍾城府, 慶源府, 慶興府, 富寧府, 穩城府, 茂山府, 文川郡, 高原郡, 洪原縣, 利城縣

## 3. 내용

각 道의 府·牧·郡·縣에 소속된 주로 산천과 관계되는 각각의 지명들에 대해 설명하고 있다. 대체적으로 그 지명의 위치만을 간략하게 서술하고 있는 것이 대부분이지만 이름난 산천이나 명승지와 같이 유서가 깊은 지명에 대해서는 그 서술이 상당히 장황한데, 특히 三府에 대한 서술이 대체적으로 그러하다. 이 경우에는 그 지역의 옛 이름이나 딴 이름 그리고 역사적인 유래, 그 산천의 형세 등을 매우 자세하게 서술할 뿐만 아니라 그 곳과 관련한 유명한 문인들의 시도 소개하고 있다. 서술하고 있는 체재는 거의 동일하기 때문에 각 지역별로 개괄해보되 편의상 각 도의 가장 앞에 나오는 지역만을 살펴보도록 한다. 다만 三府는 중요한 지역이라 그 서술이 대체적으로 길고 자세하기 때문에 다 살펴보도록 한다.

### 1) 三府

漢城府에는 三角山, 白嶽, 酏酪山, 仁王山, 木覓山, 母嶽, 文殊山, 假山, 龍山, 臥牛山, 老姑山, 鷹峯, 蠶頭峯, 鶯峯, 孝敬峯, 追慕峴, 藥峴, 萬里峴, 磚石峴, 雪馬峴, 大峴, 祭堂峴, 往十里峴, 雞堂峙, 安巖, 大隱巖, 碧松亭, 白雲洞, 金剛窟, 三淸洞, 重興洞, 漢江, 麻浦, 新浦, 豆毛浦, 露梁, 楊花渡, 中梁川, 蔓草川, 楮子島, 仍火島, 西池, 宗廟署井, 椒井, 臥巖泉 등에 대해 설명하고 있다. 이 중 三角山에 대해서는 일명 '華山'이라고 하며 도성과는 10 리의 거리에 있으며 楊州와 경계를 이루고 있고, 신라 때에는 '負兒岳'이라 일컬었다 하였다. 또 이 산은 도성의 鎭山으로 白雲峯·國望峯·仁壽峯 3峰이 있어서 '三角'이라고 이른다 하였으며, 고구려 동명왕의 아들인 沸流와 溫祚가 이 산에 머물렀다고 하였다. 이곳과 관련된 시로는 고려의 吳洵·李存吾·李穡의 시를 각각 제시하였다. 白嶽에 대해서는 도성 안 경복궁 북쪽에 있으며, 문수산으로부터 뻗어 나온다고 하였다. 도성의 主山으로 우뚝 솟아 기이하면서도 빼어난 형세라고 하였다. 老姑山에 대해서는 서쪽 10리에 있으며, 삼각산 서쪽으로부터 뻗어나온다고 하였다. 산에 초목이 없기 때문에 老姑山이라 한다 하였다. 蠶頭峯에 대해서는 속칭 加乙頭 또는 龍頭峰이라 하며, 서부 14리 양화도 동쪽 언덕에 있다고 하였다. 白雲洞에 대해서는 인왕산 山麓에 있으며, 樞府 李念義(1409~1492)의 舊居라고 하였다. 金守溫과 姜希孟의 시를 실었다. 麻浦에 대해서는 속칭 三浦라고 하며, 도성에서 40리 곧 용산강 하류에 있고 북쪽 언덕에 落帆巖이 있다고 하였다. 金壽童의 시를 실었다. 楮子島에 대해서는 三田渡 서쪽에 있으며, 고려 韓宗愈(1287~1354)의 별장이 있었다고 하였다. 세종이 貞懿公主에게 이 섬을 하사했는데, 공주의 아들인 安貧이 대대로 이를 전해오고 있다고 하였다.

開城府에는 松嶽, 龍岫山, 進鳳山, 子男山, 夜味山, 鳳鳴山, 萬壽山, 天磨山, 聖居山, 五冠山, 帝釋山, 白蓮山, 石崇山, 漁火山, 孤雲山, 金山, 高頭山, 吹笛峯, 國淸峴, 金峴, 不朝峴, 掛冠峴,

朱雀峴, 大蛇峴, 虎峴, 龍峴, 梨峴, 因論峴, 石葛峴, 土嶺, 步仙巖, 馬巖, 扈輦臺, 紫霞洞, 大興洞, 杜門洞, 靑石洞, 良醞洞, 月老洞, 書齊洞, 咸興坪, 禮成江, 後西江, 碧瀾渡, 鐵浦, 東方浦, 熊川, 白川, 沙川, 十水川, 鸎溪, 朴淵, 東池, 龍化池, 大井, 陽陵井, 紅桃井, 御井, 廣明寺井 등에 대해 설명하고 있다. 이 중 松嶽에 대해서는 初名은 扶蘇 또는 鵠嶺이며, 개성부 북쪽 5리에 있다고 하였다. 신라 때의 康忠이 이 산의 남쪽에다 소나무를 심어서 암석에 이슬이 내리지 않게 한다면 삼한을 통일할 자가 나올 것이라고 하여 강충과 고을 사람들이 이 곳으로 옮기고 산 남쪽에다 소나무를 심었기 때문에 송악이라 이르게 되었다고 하였다. 이밖에도 백제와 고려 때에 이 곳과 관련된 역사를 기록하였고, 이규보의 시와 명나라 사신 祈順의 시를 실어 놓았다. 禮成江에 대해서는 개성부 서쪽 30리에 있으며, 강의 근원이 황해도 遂安 彦眞山으로부터 나와 남쪽으로 흘러 谷山의 동쪽에 이른다고 하였다. 『府誌』에 의하면 고려가 송에 조공을 바칠 때에 다 이 곳에서 배가 떠났기 때문에 '禮成'이라고 이르게 되었다고 하였으며, 『宋史』와 『高麗史樂志』의 기록을 발췌하여 신고, 李穀의 시도 수록하였다.

江華府에는 高麗山, 摩尼岳, 傳燈山, 穴屈山, 鎭江山, 吉祥山, 綱山, 松岳山, 花山, 鳳頭山, 別立山, 大母城山, 甲串津, 德津, 龍津, 寅火津, 大淸浦, 造淸浦, 嘉陵浦, 蝦浦, 秋浦, 草芝浦, 造山浦, 昇天浦, 船頭浦, 猪川, 豆毛川, 東洛川, 高麗川, 馬場川, 吾里川, 注文島, 甫音島, 末島, 彌法島, 長峯島, 少島, 信島, 西檢島, 小檢島, 煤音島, 席毛老島, 阿此島, 今音北島, 項山島, 矢島, 北島, 月彌島, 魚里島, 甫文島, 月串, 鐵串, 長串, 濟物梁, 孫石項, 吾豆頭池 등에 대해 설명하고 있다. 이 중 摩尼岳에 대해서는 강화부 남쪽 35리에 있으며, 崔滋의 「三都賦」에서 소위 "안으로는 마니와 혈구가 첩첩히 둘러있고(內擭摩尼穴口之重匝)"라고 한 것은 바로 이 곳을 말한 것이라고 하였다. 또 고려 고종 46년에는 校書郎 景瑜의 말을 따라 이 산의 남쪽에 離宮을 창건하였다고 하였다. 花山에 대해서는 강화부 남쪽 5리에 있으며, 崔滋의 「三都賦」에서 소위 "화산이 있어 금오가 우뚝 치받쳤다(花山金鰲屹戴涯凌)"라고 한 곳이 바로 이 곳이라고 하였다. 寅火津에 대해서는 강화부 서쪽 20리에 있으며, 萬戶鎭·墩臺·喬桐이 있고, 그 왕래하는 길에 옛날에는 정자가 있었으나 지금은 없다고 하였다. 南益文의 시를 실었다. 猪川에 대해서는 강화부 남쪽 5리에 있으며, 穴山에서부터 흘러나와 동쪽으로 흘러 造山浦로 들어간다고 하였다. 末島에 대해서는 강화부 남쪽 30리에 있으며, 水路로는 70리요, 섬의 둘레는 10리이며, 보음도와는 3리이고, 양과 염소를 방목한다고 하였다.

## 2) 京畿道

廣州府에는 南漢山, 楸嶺, 門懸山, 靈長山, 光敎山, 淸溪山, 天臨山, 軍月山, 黔舟山, 修理岳, 大海山, 武甲山, 圓寂山, 光秀山, 早谷山, 梨嶺, 月川峴, 助布坪, 禿浦, 炭川, 牛川, 洗姑灘, 太湖, 渡迷津, 廣津, 王田渡, 扶老島, 舞童島, 椒泉 등에 대해 설명하고 있다. 이 중 南漢山에 대해서는 옛날에 '日長山' 또는 '淸凉山'이라고 일컬었으며, 관아와 祈雨壇이 있다고 하였다. 東北은

蜂峰, 西는 鷹峰이라고 하며, 西將臺에서의 시야가 가장 탁 트여 보인다고 하였다. 徐居正이
남긴 시를 기록하였다. 光敎山에 대해서는 광주부 서남쪽 50리에 있다고 하고, 崇禎 丙子年에
李洸이 이 산에서 淸兵에게 패하였다고 하였다. 黔舟山에 대해서는 광주부 북동쪽 10리에 있
다고 하고, 백제의 黔舟가 이 곳에 살았기 때문에 黔舟山이라고 한다 하였다. 光秀山에 대해
서는 옛날에는 伊乙洞이라 불렸고, 광주부 서쪽 20리에 있으며, 大母山 북쪽으로부터 뻗어 나
온다고 하였다. 梨嶺에 대해서는 광주부 남쪽 30리에 있으며, 중종의 御胎가 안치되어 있다고
하였다. 禿浦에 대해서는 迷湖라고도 불리며 광주부 북쪽 30리에 있다고 하였다. 李穡의 시에
"독포의 모랫벌에 저녁빛 들어오네(禿浦沙頭暝色來)"라고 하였다고 했다. 洗姑灘에 대해서는
廣州의 서쪽 45리 廣津 하류에 있다 하였고, 서거정의 시를 기록하였다. 舞童島에 대해서는
廣州의 서쪽 彦州面에 있다 하였고, 金昌翕의 시를 기록하였다.

### 3) 忠淸道

忠州牧에는 黛眉山, 毛女峴, 月嶽山, 大林山, 連珠峴, 金鳳山, 心項山, 宗堂山, 梧桐山, 犬門
山, 天燈山, 淨土山, 旺心山, 末屹山, 劍巖山, 馬山, 惡峴, 迦葉山, 愁理岳, 圓通山, 國望山, 寶連
山, 天龍山, 烏岬山, 望夷峯, 望月山, 芙蓉山, 浦灘津, 早遷津, 樽巖, 北倉津, 龍灘, 金遷津, 月落
灘, 玉江津, 荷潭津, 山溪津, 靑龍津, 德恩津, 達川 등에 대해 설명하고 있다. 이 중 毛女峴에
대해서는 충주의 동쪽 80리에 있으며, 세속에는 神女가 먹지도 입지도 않고 몸에 긴 털이 가
득 난 채로 이 산 저 산을 넘어 다녔다고 하여 毛女峴이라고 한다 하였다. 月嶽山에 대해서
는 충주 동쪽 55리에 있다고 하고 李崇仁의 시 일부를 실었다. 連珠峴에 대해서는 충주 남쪽
5리에 있으며 大林山으로부터 뻗어나온다고 하였다. 세속에서 전하는 바에는 연주의 神仙女
가 風流山에서 놀다가 혹 이 고개에 내려오기도 하였다고 하여 지금은 飛仙洞이라 한다고 했
다. 宗堂山에 대해서는 충주 북쪽 10리에 있으며 심항산에서부터 뻗어 나온다고 하였으며, 특
이한 돌이 나는데, 가늘고 촘촘하여 비석으로 쓰인다고 하였다. 天燈山에 대해서는 충주 북쪽
40리에 있다고 하였다. 이 곳에는 開天寺가 있는데, 세속에서 전하는 바로는 唐의 開元 年間
에 세웠던 비문이 있지만 낡아서 글자를 읽을 수 없다고 하였다. 劍巖山에 대해서는 충주 남
쪽 20리에 있으며, 보은 속리산으로부터 뻗어나온다고 하였다. 石峯이 깎아 세운 듯하여 마치
칼처럼 생겼다고 해서 劍巖山이라 한다고 했다. 惡峴에 대해서는 충주 서쪽 50리에 있다고
하였다. 돌길이 매우 험하였기 때문에 李承召가 시에서 "꾸불꾸불한 돌길은 하늘을 오르는 듯
하니, 피곤한 종놈들은 아휴 소리가 터져나오네(盤廻石徑若升天, 倦僕呀咻氣吐烟)"라고 썼다
하였다. 月落灘에 대해서는 충주 45리 金遷津 하류에 있으며, 于勒이 놀던 곳이라고 하였다.
安崇善의 시에 "금휴 포구엔 배 한 척만 멀어져가고, 월락탄 언저리엔 흰 물결만 잔잔하네(金
休浦口孤帆遠, 月落灘頭白浪平)"라고 하였다 했다.

### 4) 全羅道

全州府에는 乾止山, 完山, 鉢山, 高德山, 棋獜峯, 母岳山, 淸凉山, 萬馬洞山, 西方山, 可連山, 熊峙, 礪峴, 黃方山, 沃城山, 胎室山, 鳳凰巖, 萬景臺, 黃鶴臺, 鴈川, 南川, 三川, 大也所川, 新倉津, 橫灘, 泗水, 德眞池, 孔德池, 板吐浦池, 參議井, 參判坪 등에 대해 설명하고 있다. 이 중 乾止山에 대해서는 전주 북쪽 10리에 있으며, 鎭安의 馬耳峯에서부터 뻗어 나와 전주의 鎭山이 된다고 하였다. 이규보는 전주에서 이 건지산이 가장 울창하여 전주의 雄鎭이라고 하였으며, 세속의 전하는 바에는 이 곳에 태조의 陵이 있다고 하여 영조 경술년에 監司를 시켜서 이 곳에 있던 일반 백성들의 묘지를 모두 옮기도록 하였다고 했다. 熊峙에 대해서는 전주 동쪽 47리에 있다고 하였다. 또 이 곳은 정유왜란 때에 김제 군수 鄭湛과 해남 현감 邊應井이 의병을 이끌고 이 고갯길을 가로막고서 종일토록 싸워 적을 무수히 죽였지만 결국 날은 저물고 화살도 다하여 두 사람이 다 죽었고 그들을 따르던 장사들도 따라 죽었는데, 그 수가 얼마나 되는지도 모른다고 하였다. 전쟁이 끝난 후 왜적은 이들의 충의에 탄복하여 큰 무덤을 만들고 '朝鮮忠肝義膽'이라는 표목을 세웠다고 하였다. 萬景臺에 대해서는 전주 남쪽 6리에 있다고 하였다. 그 石峯이 기이하고도 빼어나며 형상이 層雲과도 같아 그 위에는 수 십 명이 앉을 수 있다고 하였고, 사면에는 나무가 울창하며 石壁이 그림과도 같다고 하였다. 서쪽으로는 群山島를 바라보고, 북쪽으로는 箕準城과 통하며, 남쪽으로는 泰山을 등지고 있어서 그 景像이 천만 가지나 된다고 하여 만경대라고 한다 하였다. 黃鶴臺에 대해서는 전주 남쪽 5리 高德山으로부터 뻗어 나온 곳에 있으며, 石峯이 첩첩히 서있고 大川이 휘감아 돈다고 하였다. 세속의 전하는 바에는 황학이 이 곳에 와서 논다고 하였다. 南川에 대해서는 전주 남쪽 3리에 있으며, 중종 기사년에 제방둑을 쌓았는데, 길이가 6千尺이 된다고 하였다.

### 5) 慶尙道

慶州府에는 狼山, 馬北山, 飛鶴山, 成峴, 紫玉山, 達城山, 非月洞山, 只火谷山, 女根谷, 斷石山, 蔚介山, 伏安山, 咽薄山, 金鰲山, 件代嶺, 箴峴, 吐含山, 楸嶺, 含月山, 柿嶺, 八助嶺, 金崗山, 兄山, 羅峴, 仙桃山, 朴加利峯, 簞山, 玉屛, 八助浦, 兄山浦, 東川, 西川, 掘淵川, 史等伊川, 蚊川, 溫之淵, 浮池 등에 대해 설명하고 있다. 이 중 狼山에 대해서는 경주부 동쪽 9리에 있고, 明活山으로부터 뻗어 나오며, 전주부의 鎭山이 된다고 하였다. 斷石山에 대해서는 月生山이라고도 하는데, 경주부 서쪽 20리에 있으며, 女根谷으로부터 뻗어 나온다고 하였다. 세속의 전하는 바에는 신라의 金庾信이 고구려와 백제를 치고자 하여 神劍을 얻어 월생산 석굴에 들어가 칼을 갈고 이를 시험해 보기 위해 큰 돌을 자른 것이 산처럼 쌓였다고 하며, 그 돌이 아직도 남아 있다고 하였다. 그리고 절을 창건하였는데, 그 이름을 斷石寺라고 하였다 한다. 女根谷에 대해서는 경주부 서쪽 41리에 있다고 하였으며, 백제 장군 듕곰가 이 곳에 복병하였다가 신라 선덕여왕이 角干 閼川에게 명하여 그를 엄습하여 죽여 없애고 남은 이들이 없게 하였다고 하였다. 金鰲山에 대해서는 일명 南山이라고 하며, 경주부 남쪽 6리에 있다고 하였고, 唐의 顧雲이 최치원에게 준 시를 기록하고 있다. 시는 "내가 듣자니 동해에 세 마리 금오가 있어, 금오가 머리에 산을 이어 높디 높다 하네(我聞海山三金鰲, 金鰲頭戴山高高)"라고 시작하고 있는데, 이 시로 인해 남산이 금오산이라고 불려지게 되었다.

### 6) 黃海道

黃州牧에는 碧花山, 明星峴, 三方山, 七峯山, 天柱山, 斗巖山, 陵山, 乾止山, 鳳鳴山, 龍伏山, 獨山, 高井山, 深源山, 易界山, 正方山, 鉢山, 月下山, 金鳳山, 德月山, 朴排浦, 石筒浦, 艾陳浦, 十二浦, 鐥島, 鐵島, 琵琶串, 急水門, 鐵和江, 貯福川, 黑橋川, 鯉魚淵, 簇錦溪, 王臨泉 등에 대해 설명하고 있다. 이 중 陵山에 대해서는 황주 동쪽 15리에 있으며, 산 위 작은 비석에 '王女福合胎室'이라는 여섯 글자가 새겨져 있어서 이 지역 사람들이 陵山이라 한다고 하였다. 深源山에 대해서는 황주 동쪽 50리에 있다고 하였다. 韓山君 李穡이 이 산이 험준하다고 하여 이곳에 營을 설치하려고 성과 연못을 만드는 일을 시작하였다 한다. 하지만 도중에 가뭄이 들어 시내와 계곡의 물이 다 말라버려 중도에 공사를 그만 두었는데, 지금도 그 짓던 성터가 남아 있다고 하였다. 易界山에 대해서는 『동국여지승람』에는 餘界山으로 되어 있다고 하였다. 황주의 동쪽 55리에 있으며, 瑞興의 慈悲嶺으로부터 뻗어 나온다고 하였다. 鐵島에 대해서는 황주 서쪽 40리에 있다고 하였다. 이곳에는 옛날에 목장이 있었는데, 성종 갑신년에 水草가 없어서 安岳의 猪島와 豊川의 椒島로 목장을 옮기자 그 후로부터 땅이 점점 비옥해지고 사람들도 많아지게 되었다고 하였다. 鐵和江에 대해서는 月唐江이라고 하며, 황주 서쪽 40리 十二浦 하류에 있다고 하였다. 고려 공민왕 8년에 浙江 사람 大尼赤이 표류하다 이 곳에 정박하자 쌀과 베를 하사해 주었으며, 行省員外 申仁의 딸을 그의 아내로 삼게 하였고, 大尼赤이 수정과 철을 바쳤다고 하였다. 또 홍건적이 이 곳에 침입하였을 때에 목사 閔翊이 적과 싸워 20여 명의 목을 베었고 1명을 포로로 잡았다고 하였다.

### 7) 咸鏡道

咸興府에는 太白山, 城串山, 五峯山, 千佛山, 白雲山, 金水窟, 中峯山, 薛列罕嶺, 黃草嶺, 盤龍山, 雪峯山, 胎峯, 輦臺峯, 鷹峯, 白岳山, 赴戰嶺, 德山, 小白亦山, 獨山, 歸州洞, 雲田社, 兎兒洞, 一遇巖, 龜景臺, 城川江, 好連川, 黑林川, 中川, 三金瀑川, 元川, 雲田浦, 微塵浦, 都連浦, 廣浦, 花島, 松島 등에 대해 설명하고 있다. 이 중 千佛山에 대해서는 함흥부 서쪽 20리에 있다고 하고, 南九萬의 「白岳瀑布記」의 일부분을 소개하였다. 盤龍山에 대해서는 함흥부 북쪽 2리에 있으며, 두 산봉우리가 마주 서 있고, 중턱이 평평하다고 하였다. 태조가 潛邸 시에 이곳에

서 말을 달렸다고 하였다. 輦臺峯에 대해서는 함흥부 동쪽 30리에 있다고 하였다. 태조가 本宮으로 행차할 때에 이곳에서 수레를 멈추었는데, 3층으로 된 흙계단이 지금도 완연하다고 하였다. 歸州洞에 대해서는 함흥부 동쪽 13리에 있으며, 慶興殿이 있다고 하였다. 이 경흥전은 태조가 潛邸 시에 머물렀던 곳이다. 이 귀주동에는 石茸峯이 있는데, 이 곳은 태조가 역시 잠저시에 이 석이봉 아래에다 초당을 짓고 책을 읽던 곳이라고 하였다. 兎兒洞에 대해서는 함흥부 북쪽 90리에 있다고 하였으며, 태조가 일찍이 李豆蘭과 함께 왜적을 격파했던 곳이라고 하였다. 一遇巖과 龜景臺는 다 같이 남구만이 쓴 記文을 발췌하여 설명했다.


## 4. 가치

『東國山川志』는 비록 缺帙인 상태로 남아 있기는 하지만 현재 연세대 도서관에만 소장되어 있는 유일본이라는 점에서 무엇보다도 그 가치가 크다. 다른 지리서들이 대체적으로 각 지역에 대한 종합적인 기술이라면 이 책은 주로 山川만을 중심으로 한 기술이라는 점에서 독특하다. 그런 점에서 그 서술한 내용이 보다 더 자세하다고 할 수 있을 것이다. 특히 이 책은 영조 때에 만들어진 『輿地圖書』에 이어 18세기 무렵 우리나라 산천의 전반적인 현황에 대해 파악할 수 있는 중요한 자료적 가치를 지니는 것으로 평가될 수 있다. 또한 이 책의 저자인 李義鳳이 어록·어휘 사전인 『古今釋林』(40권 20책)과 같은 방대한 책을 저술한 이로 조선후기 학술사에서 상당히 비중 있는 인물로 손꼽히는 데다 『海東邑誌』의 편찬에 참여할 만큼의 전문성을 지닌 인물이라는 점에서도 이 책의 가치가 뒷받침된다고 볼 수 있을 것이다.

【전송열】

# 東國詩話

洪重寅(1677~1752) 編.

　　寫本. 2卷2册 ： 無界, 10行20字 註雙行, 無魚尾 ； 23.0×
　　17.0cm.

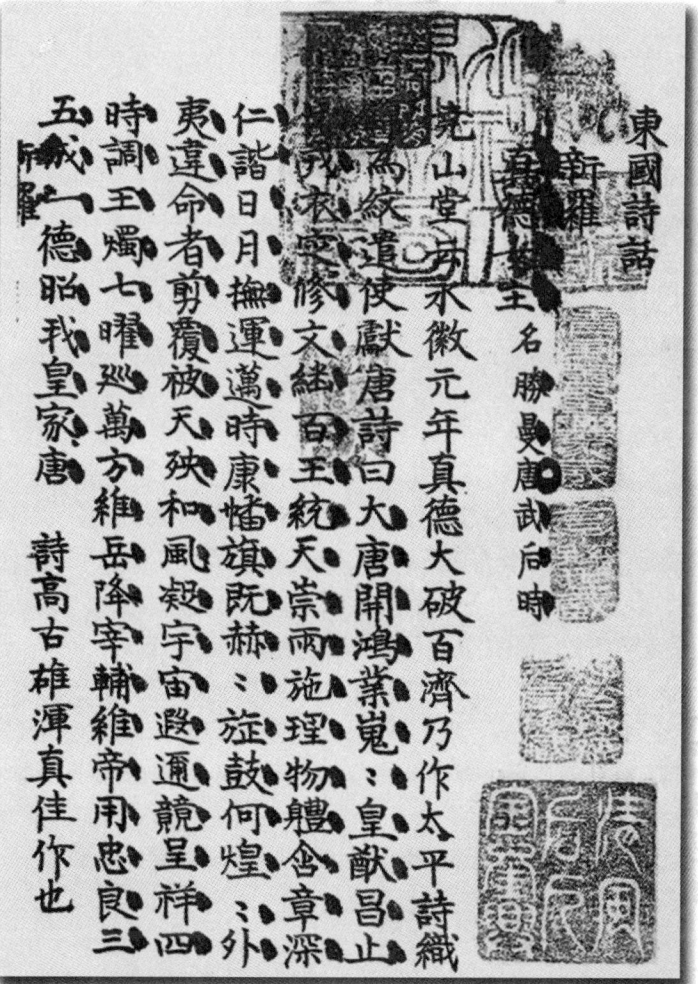

## 1. 편자

洪重寅(1677~1752)의 本貫은 豊山, 字는 亮卿, 號는 花隱이다. 조선 후기의 문신이다. 아버지 洪萬朝는 가선대부로 경기관찰사를 역임하였다. 위로 重亨, 重休의 두 형이 있고, 아우로는 重徵이 있다. 대사헌을 지낸 洪履祥이 그의 고조이고, 증조는 부사를 지낸 霱이고 조부는 현감을 지낸 柱天이고, 아버지는 貞翼公 萬朝이다. 어머니는 贈貞敬夫人 安東 權氏로 贈參議 瑱의 딸이다. 前配는 完山 李氏로 參判 奉龜의 딸인데, 천안의 선영에 祔葬하였다. 後配는 文化 柳氏로 士人 烜翼의 딸이나 자식이 없었다. 아들은 箕漢・昭漢・若漢・瞻漢・如漢의 다섯이 있다.

그는 37세 때인 1713년(숙종 39)에 增廣試에 진사 3등으로 합격하였으며, 성균관의 上舍生으로 뽑혔다. 1721년에는 宣陵參奉에 임명되었으나, 얼마 지나지 않아 벼슬을 그만두고 돌아왔다. 1724년에 都監郞에 차출되었고, 六品에 올랐다. 1726년 아버지 상을 당하여 1728년에 상을 마쳤다. 通禮院 引儀에 제배되었고 工曹와 禁府의 낭관이 되었다가, 鎭安縣監으로 나갔다. 무당이 다른 사람을 해하고자 하였는데 이를 적발하여 무당을 매로 쳐서 죽이기도 하고, 흉년이 들어 굶주릴 때에 진대법을 제대로 시행하여 백성들을 모두 살리니, 치적이 크게 드러났다. 그래서 마침내 宗簿寺에서부터 刑曹郞으로 옮겼는데, 형조판서가 郞僚들을 함부로 대하여도 아무도 항거하지 못하였다. 그는 정색을 하고 말하기를 "郞僚가 비록 지위는 낮으나, 똑같은 사대부이니, 무례하게 구는 것은 옳지 않다."라고 하다가 파면을 당하였다. 뒤에 造紙署 別提에 임명되었다가, 安山郡守가 되었으나 부임하지 않았다. 얼마 있다가 宣惠郞에 임명되고 겸하여 常平倉을 관리하였다. 뒤에 原城縣監에 임명되었는데, 원성이 원주로 승격되어 목사가 되었다. 1741년에는 또 韓山郡守가 되었다가 天安郡에 卜居하였다. 1746년에는 胤子의 벼슬이 侍從이 되어 통정대부가 되었고, 僉知中樞府事에 임명되었으나, 또다시 敦寧府 都正에 옮겨졌다. 1752년에 졸하였는데, 묘는 天安郡 花嶺 甲坐의 산에 있다. 그는 병이 심한 두 형 뒷바라지를 하고, 늙은 아버지를 봉양하느라 뒤늦게 書史를 좋아하였으나, 조금도 게을리 하지 않았다. 저서로는 『鵝州錄』 30卷이 있고, 『理氣說』 1卷이 있으며, 『東方詩話』 7卷이 있다고 하였는데, 『동방시화』가 바로 이 책의 모체인 『동국시화휘성』이다.

## 2. 구성

이 책은 乾・坤 두 책으로 되어 있으며, 乾冊의 표지에는 『東國詩話』 乾이라는 제목이 있고, 오른쪽 상단에 新羅, 高麗, 本朝 上이라는 글자가 있어, 이 책에 신라시대부터 조선의 상편 내용이 수록되어 있음을 알 수 있다. 坤冊에는 乾冊과 마찬가지로 『東國詩話』 坤이라는 제목이 있고, 오른쪽 상단에 本朝 下라는 글자가 있다.

본문이 시작되는 곳의 표제는 『東國詩話』라 되어 있으며, 新羅라는 시대구분이 있고, 다음 행에 眞德女主라는 항목의 제목이 있으며, 眞德女主 아래에 작은 글씨로 이름과 시대를 알리는 '名勝曼, 唐武后時'라는 내용이 있다. 이러한 체재는 뒤의 인물에서도 동일하게 적용되고 있다. 본문은 두 자 낮추어서 아무런 표시 없이 시작되고 있으며, 본문의 시 등에는 비점이 찍혀 있는 것을 볼 수 있다.

그리고 첫 장에는 '淸風 金奎興 家藏', '淸風後人 金奎興' 등의 도장이 다섯 개 찍혀 있다.

이 책은 본래 홍중인이 편한 『동국시화휘성』을 축약한 것이다. 『동국시화휘성』은 한국학중앙연구원에 소장된 것을 비롯하여 규장각 및 일본의 靜嘉堂文庫에 소장된 것이 알려져 있다. 한국학중앙연구원에 소장된 것은 22권 7책의 분량의 책이며, 규장각에는 22권 7책 분량으로 『시화휘성』이란 이름으로 이본이 전하고 있다. 또 일본 靜嘉堂文庫에 있는 『大東稗林』에 『詩話彙編』이라는 제목으로 전하는 것이 있다. 다만 이 본에는 本朝의 兪好仁 이전 시화가 결본으로 남아 있다.

이밖에 『東國詩話』라는 이름으로 다수의 이본이 존재하는데, 모두 홍중인의 시화를 축약한 것이다. 서울대 가람문고본은 1권 58장의 사본으로 소략한 이본이다. 陶南 趙潤濟 文庫에도 『동국시화』란 표제로 사본 51장의 시화가 소장되어 있어 진덕여왕에서부터 조선 세종 연간의 시화가 편년별로 수록되어 있다. 연세대 도서관에는 두 종이 소장되어 있는데, 『東國詩話抄』라는 제목으로 되어 있는 것은 三戒堂 抄選의 寫本으로 43장으로 되어 있으며, 부록으로 瞿祐의 『剪燈錄詩話』가 달려 있다. 다른 하나가 바로 上下 兩卷으로 되어 있는 책으로 지금 해제를 하는 책이다. 이 책은 『동국시화휘성』을 중심으로 『시화총림』의 내용까지 모은 선집이다. 부록으로 「大觀齋文談」, 「玄默子證正」을 수록하였는데, 「대관재문담」은 沈義의 문집인 『大觀齋集』 권4 「雜著」의 「記夢」이란 글을 간추려 소개한 것이다. 「현묵자증정」은 홍만종이 『시화총림』을 엮고 난 뒤에 잘못 된 것을 바로 잡기 위해 부록으로 붙인 글이다.

본래 홍중인의 『동국시화휘성』에는 홍중인의 族弟가 쓴 서문을 통해서 시화의 편찬과정과 대략적 체제를 살펴볼 수 있지만, 연세대학교 소장 상하 두 책의 『동국시화』에는 序와 跋이 모두 없어서, 이 책이 누구에 의해 어떻게 만들어 졌는가는 알 수 없다. 다만 첫 장의 도서를 통하여 淸風 金氏 金奎興이란 사람의 집에 소장되어 있었음을 알 수 있다.

이 시화의 편찬방식을 살펴보면, 주요한 작가를 시대별로 나열하고 작가에 대한 간략한 인적사항을 기록한 다음 그 아래에 해당 내용을 나열하였다. 매 시인의 작품에 대해 명편을 수록하기만 하거나 혹은 관련된 記事, 즉 本事를 수록하거나 혹은 그에 관한 品評을 수록하였다. 이러한 방식으로 만들어진 시화는 홍중인의 『동국시화휘성』이 처음으로 이 책도 이러한 방식으로 만들어졌다. 시화 내용의 대부분은 고려시대 사대부 작가와 조선시대 사대부 작가에 할애되어 이 부분이 가장 많은 분량이다.

이 책에서 시화를 채집한 자료의 범위는 매우 넓어서 역대 작가의 각 문집, 야사, 시화 등을 포괄적으로 이용하였을 뿐만 아니라 『堯山堂外紀』·『事文類聚』와 같은 중국의 掌故書에서 자료를 취해 오기도 하였다. 또한 李仁老·李奎報·李資玄·李好閔·李混 등의 조항에서 살펴볼 수 있는 바와 같이, 현존하는 여타 시화에서 찾아지지 않는 내용이 매우 많다. 이처럼 이 책에 뽑힌 많은 내용 가운데에는 일반적으로 시화에서 자료를 취택하였던 것과는 달리 개인의 문집 혹은 역사서 등에서 자료를 가져오는 경우가 제법 있음을 확인할 수 있다.

이러한 편집방침에 따라 홍중인은 기존 잡기나 문집, 시화의 내용을 단순하게 選錄하는 단계를 넘어서 해당 시화의 내용에 수정이나 辨證을 가하기도 하였다. 안대회는 『동국시화휘성』의 李安訥을 논한 조항에서 『詩評補遺』의 내용을 축약하여 수록하고 그 오류를 정정한 예를 통하여 이 사실을 드러내어 보였다.

東岳 李安訥은 晩翠 吳億齡과는 안면이 전혀 없었으나 그가 초상 당한 사실을 듣고 가서 조문하고, 만시를 지어 주었는데, 월사 이정구가 많은 만시 가운데 가장 낫다고 칭송하였고, 오억령의 명성과 절개는 이 절구 한 수로 인하여 세상에 더욱 드러나게 되었다는 것이다.[1]

여기에서 인용한 시화는 홍만종의 『시평보유』 하권의 내용이다. 여기에서는 홍만종의 시화를 절목하여 실었을 뿐만 아니라, 홍만종의 시화가 사실을 잘못 기록한 점을 변정하고 있는데, 이러한 편찬 방식은 『동국시화휘성』 곳곳에서 발견된다. 이를 통해서 『동국시화』도 단순히 과거 시화를 선록한 데 그치지 않았음을 알 수 있다.

## 3. 내용

홍중인의 『동국시화휘성』은 모두 22권으로 제1권 단군조선에서부터 제22권 보유, 무명씨까지 22권 7책의 방대한 책인데, 이 책에서는 불분권 2책으로 간략하게 축약한 것이다. 따라서 『동국시화휘성』의 권차 및 내용을 보면, 제1권 檀君朝鮮, 箕子朝鮮; 제2권 新羅; 제3권 附 高句麗; 제4권-7권 高麗; 제8권 고려 僧釋; 제9권 고려 娼類; 제 10권 고려 補遺門; 제 11권 -17권 본조; 제18권 본조 宗英; 제19권 본조 僧類; 제20권 본조 閨秀; 제21권 본조 娼類; 제 22권 본조 補遺, 無名氏로 되어 있다. 이것에서 볼 수 있는 바와 같이 홍중인의 『동국시화휘성』이 권1부터 권22까지 나누고, 권1은 단군조선, 기자조선에서부터 시작하는 것과는 달리, 권을 나누지 않았을 뿐만 아니라 단군조선, 기자조선의 내용은 모두 빼고 신라의 진덕여왕에서부터 시작하고 있다. 내용을 제목별로 정리하면 다음과 같다.

---

1) 『동국시화』의 편찬 방식에 관한 내용은 안대회, 『조선후기시화사』(소명출판, 2000) p. 114~121를 참고.

新羅

眞德女王, 薛聰, 景德王 2, 金可紀, 崔致遠 8, 王巨仁, 東京老人, 無名氏

高句麗

乙支文德, 安市城主

高麗

顯宗, 崔承老, 崔冲 4, 姜邯贊 3, 吳珣 2, 文宗, 李靈幹 2, 朴寅亮 2, 金富軾, 鄭知常 3, 金黃元, 郭輿 2, 高兆基, 睿宗, 姜日用, 鄭襲明 2, 李之氐, 鄭與齡, 崔惟淸, 李資玄 2, 崔瀹, 金禮卿, 權適, 李資諒, 印份 2, 任濡, 毅宗 2, 皇甫倬, 林春 2, 安置民, 金莘尹 2, 文克謙, 明宗, 李仁老, 吳世才 6, 金坵, 李奎報 2, 金仁鏡, 任克忠, 陳澕 3, 韓惟漢, 崔滋, 金克己, 李藏用 2, 李淳牧, 趙冲, 琴儀, 金之岱, 俞升, 安裕 2, 辛蕆, 金台鉉, 李齊賢 3, 張鎰, 權漢功 2, 崔瀣 2, 韓宗愈, 忠宣王, 李嵒, 安軸, 洪侃 4, 忠肅王, 金仁存, 李達衷, 鄭誧, 恭愍王, 鄭樞 2, 金九容, 李穡 8, 鄭夢周 4, 李崇仁 2, 李存吾 2, 元松壽, 元天錫 2, 李集 3, 吉再 2, 趙云仡, 朴信, 柳淑, 李仁復, 李堅幹, 田祿生, 崔瑩, 徐甄

高麗宗室

僧流

禪坦, 惠文, 足菴, 寥一, 圓鏡, 圓鑑

娼流

動人紅, 于咄

本朝

太祖大王, 太宗大王, 世宗大王, 文宗大王, 端宗大王, 世祖大王, 成宗大王 2, 仁宗大王, 宣祖大王, 孝宗大王

本朝

鄭道傳, 權近 2, 成石璘, 鄭摠, 朴宜中, 李詹 3, 朴訔, 金泮, 姜淮伯, 尹紹宗, 鄭以吾 2, 權遇 2, 李之直, 卞仲良, 卞季良, 李孟畇, 柳方善, 權踶, 魚變甲 2, 李石亨 2, 洪逸童, 姜希顔, 姜希孟 3, 徐居正 5, 成三問, 朴彭年, 李塏, 河緯地, 柳應孚, 金時習 2, 權擘, 朴元亨, 金守溫, 魚世謙, 成任, 成侃, 成俔 2, 南怡, 朴撝謙, 金宗直 3, 任元濬, 丁壽岡, 洪貴達, 金宏弼 2, 孫舜孝, 趙之瑞, 南孝溫 2, 辛永禧, 安應世, 洪裕孫, 俞好仁, 曺偉, 金馹孫, 申從濩 2, 李冑, 姜渾, 鄭光弼, 李鼈, 鄭希良 3, 朴誾 2, 李荇 2, 南袞, 沈貞, 鄭子堂, 朴祥, 韓忠, 鄭誠謹, 崔山斗, 洪彦忠, 柳雲, 趙光祖, 奇遵, 金淨, 金絿, 崔壽峸, 羅湜 2, 申命仁, 權橃, 成夢井, 李希輔 2, 金安國, 金正國, 沈彦光, 金

安老, 蘇世讓 2, 鄭士龍, 申光漢 4, 林億齡, 李彦迪, 徐敬德, 趙昱, 曹植, 成運, 成守琛 2, 李滉, 李賢輔, 金麟厚, 尙震, 李浚慶, 林亨秀, 鄭惟吉, 盧守愼 2, 柳希春, 尹潔 2, 魚無跡 2, 鄭磏 2, 朴繼姜, 朴枝華, 車軾 2, 曺伸 2, 魚叔權, 權應仁 2, 宋麟壽, 楊士彦 2, 沈守慶, 姜克誠, 宋寅, 朴淳, 河應臨, 李後白, 高敬命, 鄭澈, 成渾, 李珥, 宋翼弼 2, 黃廷彧, 柳永吉, 李山海, 李德馨, 李恒福, 洪迪, 沈喜壽, 讓寧大君, 朱溪君, 鳴陽正, 茂豊副正, 安平大君, 錦山君

僧流
屯雨, 參寥, 玄覺圓惠, 休靜, 處能, 太能, 處默, 妙靜

道流
栢庵, 秀演 2

閨秀
鄭麟仁 母氏, 柳眉巖夫人, 李氏 4, 許氏 4, 鄭氏, 鄭氏 2, 楊士奇妾, 鄭文榮妻, 慶氏, 洪舜彦妻, 南從萬妻, 鄭舜愼妾

娼流
黃眞, 桂娘 2, 薛玄, 翠仙, 蘆兒

補遺 10則

附大觀齋文談
附玄默子証正 6則

崔岦, 林悌 2, 車天輅, 尹安性, 崔慶昌, 李達 3, 李純仁, 柳成龍, 金應男, 尹根壽, 申欽, 李廷龜 2, 柳根, 李好閔, 梁慶遇 2, 李睟光 3, 柳夢寅, 鄭經世, 李安訥 2, 李穀, 郭再祐, 權韠 4, 權韜, 權鞱, 白光勳, 鄭之升 2, 洪鸞祥, 尹君平, 田禹治, 柳希慶, 白大鵬, 朴燁 2, 鄭蘊, 李植 2, 李敬輿, 張維, 任叔英, 趙絅, 崔鳴吉, 金尙憲, 李敏求 2, 龜川君 晬, 金緻, 許筠 2, 曺友仁, 李明漢, 睦大欽, 洪翼漢, 吳達濟, 鄭斗卿 2, 朴長遠, 申濡, 申混 2, 鄭泰齊, 蔡聖龜, 柳道三, 金得臣 2, 李志賤, 許格, 李烓, 姜栢年 2, 許穆, 尹鑴, 洪萬宗 2, 南九萬, 金昌協, 金昌翕, 金壽恒, 李昭漢, 李一相 2, 宋時烈 2, 南龍翼 4, 李瑞雨 2, 柳赫然, 李玄錫, 李玄祚, 吳道一, 蔡彭胤, 洪柱世, 任有後, 洪錫箕 3, 金錫胄 2, 洪受疇, 任埅 2, 任璟, 吳尙濂, 許奎, 李宜繩, 李秉淵, 成夢良

위에서 보듯 신라의 인물로 8인을 뽑았고, 고구려의 인물로 2인을 뽑았다. 고려의 인물로는 84인을 뽑았고, 뒤에 고려 종실을 따로 함께 두었고, 僧流로 6인을 뽑았고, 娼流로 2인을 뽑았다. 따라서 고려 이전의 인물은 모두 10인이 뽑혔고, 고려의 인물로 93인이 뽑힌 것을 알 수 있다. 특이한 것은 왕이 일반 사람들과 따로 구분되어 있지 않다는 점이다.

조선에 들어서는 고려시대의 경우 왕을 일반 사람들과 구별하지 않고 섞어 넣었던 것과는 달리 맨 앞에 10인의 왕을 위치시켰는데, 모두 대왕이란 말을 붙인 것도 특이하다. 조선의 인물을 뽑아 넣은 것은 우선 내용의 순서로 보아 크게 착간이 있는 것으로 보인다. 조선의 정도전부터 금산군까지는 사대부 138인이고, 이어서 僧流, 道流, 閨秀, 娼流, 補遺 그리고 부록으로 되어 있다. 그리고 이어서 최립에서부터 성몽량까지 사대부 91인을 두고 있다. 전후로 수록된 내용을 보면, 최립에서부터 성몽량까지를 정도전에서부터 금산군의 뒤에 이어져야 할 것이다. 이렇게 되면 조선의 사대부 229인에 이어 승류 8인, 도류 2, 규수 12, 창류 5, 보유, 부록 「대관재문담」, 「현묵자증정」의 순으로 정해질 수 있을 것이다.

그런데 이들 가운데 최치원, 이색에 대한 내용이 8칙으로 가장 많고, 뒤를 이어 오세재, 부록의 「현묵자증정」 6칙, 서거정 5칙, 최충, 홍간, 정몽주, 신광한, 옥봉 이씨, 난설헌 허씨, 권필, 남용익에 관한 것이 4칙, 강감찬, 정지상, 진화, 이제현, 이집, 이첨, 강희맹, 김종직, 정희량, 이달, 이수광, 홍석기 등이 3칙, 경덕왕, 오순, 이영간, 박인량, 곽여, 정습명, 이자현, 인빈, 의종, 임춘, 김신윤, 이규보, 이장용, 안유, 권한공, 최해, 정추, 이숭인, 이존오, 원천석, 길재, 성종대왕, 권근, 정이오, 권우, 어변갑, 이석형, 김시습, 성현, 김굉필, 남효온, 신종호, 박은, 이행, 나식, 이희보, 소세양, 성수침, 노수신, 윤결, 어무적, 정작, 차식, 조신, 권응인, 양사언, 송익필, 도류의 수연, 규수의 정씨, 창류의 계랑, 임제, 이정구, 양경우, 이안눌, 정지승, 박엽, 이식, 이민구, 허균, 정두경, 신혼, 김득신, 강백년, 홍만종, 이일상, 송시열, 이서우, 김석주, 임방 등이 2칙이며, 보유가 6칙으로 되어 있다. 이렇게 보면, 『동국시화』에 수록된 인물은 보유와 부록을 제외하고 모두 369인이며, 수록된 내용은 모두 526칙이 된다.

이 책의 제일 첫 번째 내용은 명나라 蔣一葵가 지었다고 하는 『堯山堂紀』를 인용하여 眞德女王이 비단에 수를 놓아 당나라 태종에게 올렸다는 「致唐太平頌」을 소개한 것이다. 비록 그 일 자체는 굴욕적인 측면이 없지 않으나 이전의 시들이 장편대작의 면모를 갖추지 못한 데 비하여 이 작품은 그 길이에 있어서나 내용에 있어 당시의 문학적 수준을 가늠하기에 충분하다고 생각했기 때문에 이것을 첫머리에 둔 것으로 보인다.

고구려의 시는 역시 『요산당기』를 인용하여 乙支文德의 「與隋將于仲文」 시를 소개하고 있으며, 고려의 시로는 顯宗의 「咏瀑布詩」를 가장 먼저 소개하고 있다. 그리고 신라의 金可紀 조목에 김가기의 시가 실린 것이 아니라, 김가기가 신라로 돌아올 때 당의 시인 章孝標가 지어준 送詩를 수록하고 있듯이 이후 많은 사람들의 경우도 다른 사람의 시를 수록한 경우가 많다. 강감찬의 경우도 虛白堂 成俔이 강감찬에 대해 읊은 시를 수록하고 있다.

이인로와 관련된 내용은 그가 차지하는 시화사적 위치 등과 비추어 볼 때 1칙으로 소개한 것은 매우 소홀히 취급한 측면이 없지 않아 보이나, 그 1칙의 내용이 9면에 걸쳐 있어 실상은 그렇지 않음을 알 수 있다. 이러한 예는 이규보 등에게서도 볼 수 있는데, 여러 칙 가운데 앞의 1칙이 8면이 넘으며, 다른 칙도 5면이 넘는다.

이 시화에는 오순, 안치민, 임극충, 이순목 등 고려 인물과 박은, 이지직, 정자당, 한충, 홍적, 윤안성, 윤군평, 이의승, 성봉량 등의 조선 인물, 그리고 도류의 백암, 수연 등과 같이 그간 세간에 많이 알려 지지 않았던 인물들의 시화를 많이 뽑아 넣은 것이 자주 눈에 띈다.

그러나 고려 인물의 경우 康日用, 姜邯瓚, 李之抵, 林椿姜 등의 이름이 姜日用, 姜邯贊, 李之氏, 林春 등으로 잘못되어 있으며, 조선 시대의 인물도 成石璘(혹은 珚), 李塏 등이 成石磷, 李嵦 등으로 잘못된 것을 볼 수 있다.

# 4. 가치

홍중인이 편한 『동국시화휘성』에 대해 안대회 교수는 "이 시화는 양적인 면에서 『시화총림』을 능가하는 방대한 저술일 뿐만 아니라 작가를 시대순으로 분류하여 편집한 체계적 시화집으로 그 시화사적 가치가 『시화총림』에 결코 뒤지지 않는다."(『조선후기시화사』, p. 114.)라고 하였다.

이러한 평가에서 볼 수 있듯이 『동국시화휘성』은 『시화총림』에 비교해 체제상으로 크게 차이가 있다. 주지하다시피 『시화총림』은 기존의 시화를 나름대로 정리하여 통째로 넣어 편집을 한 것이고, 『동국시화휘성』은 기존의 시화를 인물별로 다시 정리한 책이다. 이러한 편찬방식은 우리나라에서는 이전에 볼 수 없었던 것으로, 『동국시화휘성』은 방대한 내용뿐만 아니라 이같이 새로운 편찬방식으로 시화사에서 높은 위치를 차지하는 책이라 하겠다.

『동국시화』는 비록 축약된 것이기는 하지만, 『동국시화휘성』이 갖고 있는 이러한 특성과 장점을 그대로 가지고 있다. 양적으로는 비록 줄어들기는 하였지만, 인물별로 기존의 시화 및 자료를 정리한 특성은 그대로 가지고 있는 것을 볼 수 있다.

따라서 이 책에는 인물명에 대한 오류가 간간이 눈에 띄고, 또 체제상으로 크게 착간이 있는 듯이 보이며, 또한 『동국시화휘성』의 축약본이라는 한계를 가지고 있음에도 불구하고 조선후기 시화사에서 차지하는 비중은 매우 크다고 할 수 있다.

그리고 이 책이 갖는 한 가지 의의를 덧붙인다면, 다른 이본들이 불과 몇 십장에 지나지 않는 등 지나치게 소략한 것임에 비하여 이 책은 상당히 많은 분량을 갖추고 있는 점 등으로 볼 때, 이 책은 『동국시화휘성』의 축약본 가운데에는 가장 훌륭한 이본이라는 점이다.

【윤호진】

# 東國李相國後集

李奎報(1168~1241) 著.
木板本. 12卷2册 ：四周單邊 半郭 23.9×18.4cm, 有界, 12行
18字內外, 無魚尾；32.0×23.0cm.
表題：李相國集.

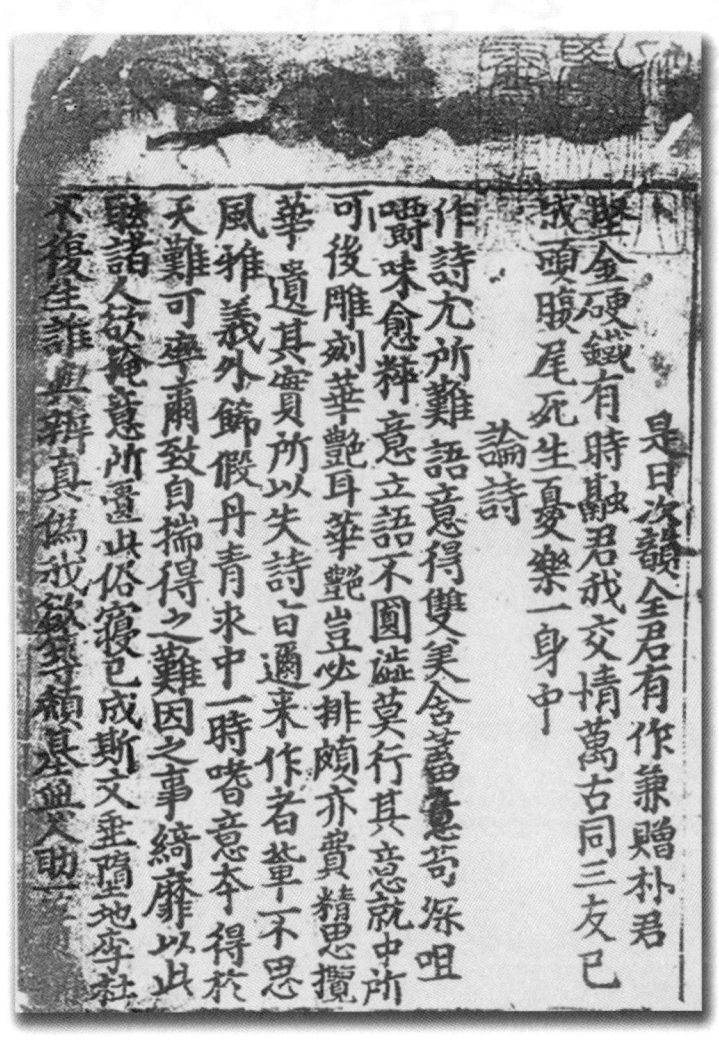

## 1. 저자

李奎報(1168~1241)의 本貫은 黃驪(驪州), 初名은 仁底, 字는 春卿, 號는 白雲居士·止軒·三酷好先生, 諡號는 文順이다. 아버지는 戶部郎中 李允綏이고, 어머니는 蔚珍縣尉 金施政의 딸이다. 어려서부터 글을 잘 짓고 博覽强記하다고 소문이 났다. 14세에는 私學12徒의 하나인 文憲公徒 誠明齋에 들어가 15세까지 수학하였다. 22세인 1189년 사마시에서 柳公權의 座下에서 장원으로 급제하고 이듬해에 禮部試에 응시하여 同進士에 합격하였다. 24세인 1191년 천마산에 우거하며 白雲居士로 自號하고 이듬해에 「白雲居士語錄」, 「白雲居士傳」을 지었으며 그 이듬해인 1193년에는 「東明王篇」을 지었다. 등과한 지 10년 만에 비로소 관직을 얻어 全州牧 司祿兼書記에 임명되었다. 1202년 경주에서 난이 일어나자 3년간 종군하였다. 최씨 무신 집권 때인 1207년 儒臣의 추천으로 비로소 翰林院에 들어 司宰丞, 禮部郎中, 寶文閣待制 등 淸職을 역임하였다. 1230년에는 八關會 施宴절차를 잘못하였다고 하여 扶安縣 蝟島로 유배를 갔다. 1232년 몽골군의 침입으로 강화도로 천도하게 되자 정부와 함께 강화도로 들어갔으며, 이후 樞密院副使, 知門下省事, 戶部尙書, 政堂文學, 集賢殿太學士 등 요직을 역임하고 1237년 나이 70에 守門下侍郎平章事 修文殿太學士 監修國史 判禮部事 翰林院事 太子太保로 致仕하였다. 치사 후에도 국가의 중요한 문장과 외교문서를 도맡아 지었다. 1241년 9월 2일에 죽고 강화도에 묻혔다.

## 2. 구성

### 1) 編次

이 해제 대상본은 李奎報의 문집 중 後集 12권 2책으로 구성되어 있다. 형태상으로는, 권1에서 권6까지가 한 책으로 제책되어 있고, 권7에서 권12 및 부록까지가 1책으로 되어 있다. 표지의 장정은 후대에 改裝된 것이다. 첫 책의 「後集序」와 卷1의 3張이 落張되었으며 권6은 마지막의 2장이 낙장되었다. 제2책은 권7의 卷首에서 4장 분량이 낙장되어 있으며 제2책의 마지막은 이규보 墓誌銘까지가 실려 있다. 내용상의 편차를 살펴보면, 卷1에서 卷10까지에는 古律詩가 수록되어 있고, 卷11에는 贊 13수, 序 2수, 記 3수, 雜議 4수, 問答 4수가 실려 있고, 卷12에는 書 11수, 表 2수, 雜著 8수, 墓誌 2수가 실려 있고, 마지막 부분인 附錄에는 右司諫 鄭芝가 왕명을 받아 찬술한 「誄書」와 侍郎 李需가 찬술한 「墓誌銘」이 실려 있다. 민족문화추진회의 『영인표점 한국문집총간』 수록 『동국이상국집』의 「후집」 부분과 편차와 내용이 일치한다. 跋文이나 刊記, 刊行者官銜은 실려 있지 않다.

## 2) 版式

판면을 보면 界線의 有無가 일정하지 않고, 行數, 字數도 드나듦이 있다. 界線은 권1, 2는 無界, 권3~권10은 有界이며, 권11에서는 張7, 13은 무계이고 나머지는 유계이며, 권12에서는 장1, 4~14는 무계이며 장2, 3만이 유계이다. 卷終(부록)에서는 6장 모두 무계이다. 계선이 없는 면을 포함하여 모두 四周單邊으로 되어 있다. 行數는 대체로 12행이나 간혹 13행이 있고 일부 10행인 경우도 있으며 1행당 字數는 17자에서부터 21자까지 다양하게 나타난다.

版心題는, 권1~2는 '李相國後集'으로 되어 있고, 권3~8은 판심제가 없이 卷次와 張次만 표시되어 있으며 권9~11까지는 '李相國集', '李相國後集' 혹은 '李相國集後'(권11 장3)이 섞여 나타나고 권12는 '後'로만 되어 있다.

魚尾는, 권1~6은 어미가 없으며, 권7은 장10에만 上下內向黑魚尾가 나타난다. 권8은 어미가 없으며, 권9는 일부는 어미가 없고, 일부는 黑魚尾와 白魚尾가 張別로 섞여서 나타난다. 권10은 장1~3은 흑어미, 장4~8은 백어미이고, 권11~12와 부록 부분은 어미가 없다. 전책에 걸쳐 白口로 되어 있다.

版心 하단부에 다수의 刻手名이 나타나는데, 분명하게 판독할 수 있는 것으로는 '文寶'(권3의 장18, 권4의 장18), '惠令'(권8의 장6), '石元'(권8의 장9), '德喧'(권8의 장15), '中'(권9의 장2) 등이 있다. 판독하기 곤란한 것까지 포함하여 모두 30여 곳에 각수명이 나타나고 있다.

판면 전체가 가지런하지 못하고 서둘러 간행된 듯한 느낌을 준다.

## 3) 이본 대조[1]

이규보의 문집은 아들 이함에 의해 全集 41권과 後集 12권으로 각각 편찬되었는데, 후집은 저자 만년의 작품과 전집 누락분이 주로 수록되었다. 1241년 저자 생전에 晉陽公 崔瑀의 명으로 전집의 간행이 착수되었으나 그는 이 책이 완간되는 것을 보지 못하고 9월에 세상을 떠났다. 이해 12월경에는 전집과 후집의 간행이 이루어진 것으로 보인다. 이 판본은 오류와 탈루가 심하여 10년 후인 1251년에 왕명으로 손자 李益培의 교감을 거쳐 分司大藏都監에서 재간행되었다. 고려, 조선시대에도 몇 차례 중간된 것으로 보인다.

『한국문집총간』에 수록된 『동국이상국집』은 조선후기 刊行本을 저본으로 하였는데, 본고에서는 『한국문집총간』수록본과 본 해제 대상본을 가지고 내용과 문자의 異同을 대조하여 보기로 한다.

우선, 『한국문집총간』본에는 頭註가 여러 곳에 나타나는데 이 해제 대상본에는 두주가 전혀 나타나지 않는다. 『한국문집총간』본의 頭註 중 '舊本'을 언급한 경우가 4차례 나오는데, 권2의

---

1) 이 해제에서 권차와 장차의 표시는 민족문화추진회 편 『영인표점 한국문집총간; 2』(1990) 수록 『동국이상국집』의 後集 부분을 기준으로 하였다.

「次韻和白樂天病中十五首幷序」의 두주가 '舊本亦下有多字'로 되어 있는데 본 해제 대상본에는 '多'자가 그대로 들어 있다. 권3의 「三月猶寒」의 두주가 '待舊本侍'로 되어 있는데, 본 해제 대상본에는 '侍'자로 되어 있다. 권4의 「次韻所寄絶句韻…」의 두주도 '舊本首下有句字'로 되어 있는데 이 해제 대상본에는 '句'자가 그대로 들어 있다. 권6의「次韻李平章仁植…幷序」의 두주가 '舊本予下有亦字'로 되어 있는데 본 해제 대상본에는 '亦'자가 있다. 이로 보아 조선후기본의 편찬 시에 대조하였던 舊本과 본 해제 대상본은 이 부분에서는 동일하다고 할 수 있다. 또『한국문집총간』본의 두주에서 缺字가 있다고 한 것이 여러 곳인데, 권5의 「鷄冠花滿苑盛開…」의 두주 '鷄下九字缺'라고 한 부분은 이 해제 대상본에는 '乎雞乎己作花胡爲舊' 9자가 제대로 들어 있다. 권9의 「夢與美人戲…」의 두주 '地下二字缺'라고 한 부분은 이 본에서는 '死或' 2자가 제대로 들어 있다. 권12의 「上崔相國…」의 두주 '激下二字缺' 부분에는 이 본에서는 '□淨'의 2자가 들어 있으나 마멸되어 있다. 같은 면의 두주 '不下一字缺 而下一字缺'에 해당하는 부분에서는 이 본에는 '不'자 아래에 '熏(?)', '而'자 아래에 '□'가 있으나 마멸되었다. 조선후기본의 편찬 시에 대조하였던 底本은 최소한 본 해제 대상본보다는 후대본임을 알 수 있다.

　夾註 중의 '一作○○○', '一本○○○'의 형식으로 별개의 異本이 있었음을 나타낸 곳이 있다. 권1의 장16, 권2의 장1, 장4, 권2의 장9, 권3의 장9 등에 나타나는데 兩本의 내용이 모두 동일하다. 그 異本이 편집 시 원고 수집단계에서의 필사본 異本인지, 先行 刊行本인지에 대한 판단은 좀더 면밀한 검토가 필요한 것으로 보인다.

　본 해제 대상본에 나타나는 문자표기상의 특징은 略字와 異體字가 다양하게 나타나고 있다는 점이다. 辭, 來, 爾, 號, 亂, 棄, 萬 자 등은 거의 대부분 약자를 사용하고 있으며, '道'자는 '導'로 쓰인 곳이 빈번히 나타난다. 得, 後, 從, 復, 彼, 待 등은 다수가 두인(彳)변 대신 인(亻)변을 사용하고 있다. 歎-嘆, 恥-耻, 烟-煙, 着-著, 獜-麟, 栖-棲, 雛-雓, 檢-撿 등을 혼용하여 쓰고 있으며, 船(권1 장8 a면 1행)[2]-舟, 獐(권1 장14 a면 9행)-麞, 御(권11 장4 a면 7행)-衘, 序(권11 장7 a면 4행)-印 등 의미가 서로 다른 글자도 상당수에 달한다. 이 중에는 해제 대상본의 오자가 바로 잡힌 것도 있고 해제 대상본에 바르게 된 것이 後代本에서 誤刻된 것도 있다. 특히 권11의 「新印詳定禮文跋尾代晉陽公行」은 후대본에서 「新序詳定禮文跋尾 代晉陽公行」으로 되어 있어 이대로 널리 알려졌으나, 본 해제 대상본의 소개를 통해서 바로 잡힌 적이 있다. 語句 단위로 보아도 不可刪(권1 장5 b면 4행)-未可刪, 仙女臺(권1 장10 b면 7행)-女仙臺, 壁破無詩(권1 장12 a면 3행 소주)-壁揭無詩, 今吾(권2 장1b면 1행)-吾今, 吟唅(권3 장22 a면 10행)-吟味, 予於某日(권2 장5 a면 8행)-予亦於某日 등의 차이가 있다.

　이 해제 대상본에서는, 고려국왕 혹은 고려국을 지칭하는 어귀 대해 恭待法을 써서 해당 어귀(國, 聖, 帝, 聖恩, 皇恩, 天恩, 吾君, 龍, 天子, 太祖, 本朝, 天賜, 批 등)의 바로 위에 한 자 칸을 비우는 空格이, 일부를 제외하고는 대부분의 경우에 나타나고 있다. 또 고려 王名을 避諱하

---

2) 앞의 것이『한국문집총간』수록본이고 뒤의 것이 본 해제 대상본이다. 아래도 같다.

여 代字이나 缺劃을 적용한 경우도 나타난다. 고려 2대 惠宗의 諱字인 '武'자에 대해 대자법을 적용하여 '武'자를 '虎'자로 바꾼 것이 나타나며, '武'자의 마지막 한 획을 결획한 형태로 나타나는 경우도 다수 나타나고 있다. 3대 정종의 휘자인 '堯'를 피휘하여 曉, 燒, 繞, 澆 등의 글자는 끝획을 缺劃하였다. 일부에서 왕명을 그대로 쓴 경우도 드물게 있으나 대체적으로는 피휘법이 엄격히 지켜지고 있다. 공대법이나 피휘법의 적용은 이 책을 고려시대 간행본으로 추정할 수 있는 중요한 근거가 되고 있다.

## 3. 내용

　본 後集의 권1에서 권10까지 실린 詩는, 일부가 전집에 누락된 것을 나중에 收拾하여 실은 것이고, 나머지 대부분은 저자 만년의 작품으로, 시기상으로는 몽골의 침입으로 고려 정부가 강화도에 천도하여 있을 때의 작품이다. 내용으로 보면 신변의 사소한 일상이나 사물을 두고 읊은 시가 많다. 白居易의 시에 次韻한 시도 많아 저자가 만년에 백거이에 크게 경도하였음을 보여 주고 있다. 또 그는 불서 중에서『능엄경』을 특히 좋아하여 외울 정도까지 되었다고 하였는데, 이 경을 두고 읊은 시도 여러 편이 된다. 권1에 실린 「兒子涵編予詩文因題其上」는 아들 李涵이 저자의 문집을 편찬한 것을 보고 쓴 것이다. 시편의 배열 순서로 보아 1237년경에 지은 것으로 보인다. 再雕大藏經을 간행할 때 校正을 맡았던 僧統 守其와 주고받은 시도 여러 편이 된다. 「二十九日又邀僧統守其大禪師志素禪師湛其及雙巖住老金員外設酒卽席得詩一首贈之」, 「二其見和復作」, 「明日僧統和寄復次韻奉呈二首」(이상 권6)이 그것이며, 권5에 실린 「誦楞嚴經初卷偶得詩寄示其僧統」, 「次韻其公見和」, 「僧統又和復答之」 등에서의 其僧統, 其公도 守其를 지칭하는 것으로 보인다. 특히 나이 70이 넘어서 지은 것으로 보이는 이들 詩와 夾註에서 저자는 이전에 守其를 外舅의 집에서 만나 한집에서 지냈다고 하였고 며느리의 堂弟라고 하고 있다. 守其와 아주 가까운 사이였던 것을 알수 있다. 권10의 마지막 시는 「七月八月因患眼不作詩」인데, 저자가 세상을 떠나기 3일 전인 1241년 8월29일에 지은 시이다.

　권11에 실린, 晉陽公 崔瑀의 命으로 지은 「東國諸賢書訣評論序幷賛」에서는 당시까지의 우리나라 4대 名筆로 金生, 坦然, 崔瑀, 柳伸을 꼽고 있다. 권11에는 목차에 序 2수가 수록된 것으로 되어 있는데, 「蔡樞密松年字序」와 진양공 최우를 대신하여 지은 「新印詳定禮文跋尾」이 그것이다. 「新印詳定禮文跋尾」는 발문의 성격인데 '序' 類에 들어 있어서인지 다른 대부분의 판본에서는 「新序詳定禮文跋尾」로 되어 있다. 이 문장에는 강화천도(1232년) 후『詳定禮文』50권을 鑄字로 28부씩 인쇄하여 諸司에 소장하게 하였다는 유명한 증언이 있다. 권12의 墓誌 2수는 吳闡猷, 李世華의 墓誌銘이다. 권12에 실린 작품 중 表 2수는 이전에 지은 것인데 全集

(前集)에 싣지 못하였던 것이며 文 3수도 微官 시에 지은 것인데 後集 편찬 시에 습득하여 수록한 것이다.


## 4. 가치

본 해제 대상본은 고려시대의 대표적 문인인 이규보의 문집 중 후집 12권에 불과하지만 고려시대 간행본으로는 매우 희귀한 판본에 속한다. 초간본인지의 여부는 좀더 면밀한 연구가 되어야 하겠지만 조선시대 간행본과의 부분적인 대조만으로도 자구 상에서 많은 차이가 나타나고 있다. 이규보 문집에 대한 원전비평의 자료로 매우 유용하게 활용될 수 있을 것이다.

【김영원】

# 東文軌範

李善和(?~?) 編.

寫本. 2卷2册：無界, 10行20字, 無魚尾；29.5×20.5cm.

## 1. 편자

李善和(?~?)의 本貫은 眞城이다. 『東文軌範』 말미에 있는 後序를 보면 편자 李善和가 병진년에 기록하였다고 하였다. 후서의 뒤에 있는 序는 이선화의 친구인 金晦鎭이 경오년에 쓴 것이다. 편집년도는 확정할 수는 없는데, 序에서 "唐宋明淸 諸子들과 울타리를 같이하고 門墻을 나란히 하여 서로 揖讓하여 앞서거니 뒤서거니 할 것이다."라고 청나라까지 언급하는 것을 보면 18세기 이후에 편집되었음을 알 수 있다.

## 2. 구성

『東文軌範』은 乾坤 2권 2책으로 되어 있다. 고려 말 益齋 李齊賢부터 조선 초 申從濩까지 총 22명의 글이 대개 시대 순으로 실려 있다. 각 인물 내에서 작품의 배열에 대해서는 일정한 원칙을 찾기 어렵다.

乾 권1의 표지에는 "益齋, 稼亭, 樵隱, 李存吾, 陶隱, 三峯" 6명이 기재되어 있다.

益齋 李齊賢의 글 「送辛員外北上序」·「送大禪師瑚公之定慧社詩序」·「送謹齋安大夫赴尙州牧序」·「書檜嚴心禪師道號堂名後」·「重修開國律寺記」·「重修乾洞禪師記」·「雲錦樓記」·「妙蓮寺石池竈記」·「上伯住丞相書」·「同崔松坡贈元郎中書」·「范增論」 11편.

稼亭 李穀의 글 「與同年趙中書崔獻納序」·「送金晦翁赴化平府序」·「小圃記」·「杯羹說」·「借馬說」·「市肆說」·「師說贈田正夫別」·「臣說送李府令歸國」·「原水旱」·「趙苞忠孝論」·「弔黨錮文」·「送揭理問序」 12편. 「送揭理問序」는 李存吾의 글 다음에 수록되어 있다. 편집의 오류로 보인다.

樵隱 李仁復의 글 「漢陽府院君韓公墓誌銘」·「鷄林府院大君王公墓誌銘」 2편.

李存吾의 글 「上玄陵封事」 1편.

陶隱 李崇仁의 글 「哀秋夕辭」·「復齋記」·「迎日縣新城記」·「星州夢松樓記」·「送李侍史知南原序」·「送李慕之赴淸州牧詩序」·「賀姜代言詩序」·「贈李生序」·「贈朴生序」·「草屋子傳」·「裴烈婦傳」 11편.

三峯 鄭道傳의 글 「登羅州東樓諭父老書」·「上遼東諸位大人書」·「河相國春亭詩序」·「送趙生赴擧序」·「贈任鎭撫詩序」·「圃隱奉使藁序」·「陶隱文集序」·「送靖安君赴京師詩序」·「石亭記」·「二樂亭記」·「靑石洞宴飮記」·「答田父」·「錦南野人」·「家難」·「讀東亭陶詩後序」·「題蘭坡四詠軸末」·「題漁村記後」·「哭潘南先生文」·「謝魑魅文」·「竹窓銘」·「上鄭達可書」·「消災洞記」·「心氣理三篇」(心難氣, 氣難心, 理諭心氣)·「佛氏昧道器辨」 24편.

坤 권2 표지에는 牧隱, 圃隱, 遁村1), 春亭, 陽村, 尹淮, 魚變甲, 魚孝瞻, 梅竹堂, 李克堪, 申叔

舟, 金守溫, 姜希孟, 李承召, 申從濩 등 15명이 기재되어 있다. 표지에는 없지만 본문에는 遁村 다음에 鄭以吾의 글이 수록되어 있으니 16명이 된다.

牧隱 李穡의 글「記碁」·「流沙亭記」·「遁村記」·「陶隱齋記」·「益齋先生亂藁序」·「贈柳思菴 詩卷序」·「農桑輯要後序」·「及菴詩集序」·「直說三篇」·「浩然說贈鄭甫州」·「侍中鄭公畵像賛」· 「上札賛」·「自儆箴」13편.

圃隱(이름을 밝히지 않았다)의 글「思美人辭」1편.

李詹의 글「鷹鷄說」·「蜜蜂說」2편.

鄭以吾의 글「阻風說」1편.

卞季良의 글「箕子廟碑銘」1편.

權近의 글「古澗記」·「月波亭記」·「送慶源鎭都兵馬使辛公有定序」·「馬氏思親堂圖詩 序」· 「送新進士韓有紋序」·「吉再先生詩卷後序」·「騎牛說贈李行」·「神[2]羅神武王復 讎論」8편.

尹淮의 글「讎校高麗史序」1편.

魚變甲의 글「闢佛疏」1편.

魚孝瞻의 글「論風水疏」1편.

梅竹堂 成三問의 글「送崔注簿歸養詩序」1편.

李克堪의 글「進高麗史節要箋」1편.

申叔舟의 글「保閑齋文」·「泰安郡壁記」·「海東諸國記序」·「宛陵梅先生詩選序」·「追慕錄序」 5편.

乖崖 金守溫의 글「送工曹判書成公任赴京序」·「送法咺道者序」·「琴軒記」3편.

姜希孟의 글「養蕉賦幷序」·「養花小錄序」·「萬休亭記」·「升木說」·「登山說」·「三雉說」·「假 山讚」7편.

李承召의 글「畜牧書序」1편.

申從濩의 글「東文粹跋」1편

권2의 끝에는 편집자인 李善和의 後序(병술년)와 친구 金晦鎭의 序(경오년)가 붙어 있다.


## 3. 내용


『東文軌範』은 고려 말 李齊賢에서부터 조선 초 申從濩까지 문인들의 산문을 편집한 책이다. 편자가 작성한「後序」에는 이 책이 이루어진 경위가 나와 있다. 편자는 친구에게서 1/3은 일실

---

1) 遁村은 李集(1314~1387)의 호. 본문을 보면 遁村文에 李詹의 글을 수록해놓았다. 이첨의 호는 雙 梅堂이다.
2) 新의 오자.

되고 남은 『東文粹』를 빌려보고는 愛玩하여, 한 부를 繕寫하고 다시 검토하여 수록되지 않은 것을 보충하였다고 하였다. 그러나 여기에 수록된 글들 가운데 『동문수』에 없는 글들이 꽤 있다. 2권은 대체로 『동문수』와 일치하지만 1권은 차이가 많다. 우선 『동문수』는 최치원, 김부식 등 신라 말 고려 초 문인들의 글이 수록되어 있지만 『동문궤범』은 고려 말 이제현부터 시작한다. 『동문궤범』에 실린 이제현의 글 가운데 7편, 이곡의 글 가운데 2편, 이인복과 이숭인의 글 모두, 정도전의 글 가운데 16편 정도는 『동문수』에 수록되지 않은 것들이다. 반면에 『동문선』과 비교할 때 『동문궤범』의 글들 가운데 『동문선』에 없는 경우는 정도전의 「登羅州東樓諭父老書」, 권근의 「吉再先生詩卷後序」와 「新羅神武王復讎論」, 신숙주의 「宛陵梅先生詩選序」, 이승소의 「畜牧書序」 정도가 해당한다. 『동문선』이 시와 산문을 같이 실은 반면 『동문수』는 산문만 실었으므로 『동문궤범』은 『동문수』를 계승한 것이다. 그러나 『동문수』의 부족한 부분을 보충할 때는 『동문선』을 참고한 것으로 보인다. 제목은 송나라 謝枋得이 편찬한 『文章軌範』을 염두에 둔 듯하다.

『동문궤범』에 수록된 글들의 내용을 간추리면 다음과 같다.

## 권1

### 益齋 李齊賢(1287~1367)

「送辛員外北上序」: 1면. 선비의 行世를 배에다 비유함. 才는 楫, 命은 風. 그리고 志가 중요하고 이외 檣義, 帆信, 纜禮, 碇智, 衣袽敬愼廉勤와 같이 비유함.

「送大禪師瑚公之定慧社詩序釋瑚」: 2면. 승려 瑚公의 중국 유학 시 있었던 일화 소개. 왕명에 따라 정혜사를 맡게 됨.

「送謹齋安大夫赴尙州牧序」: 5면. 1343년, 57세 作. 安軸(1287~1348)은 임금의 신임과 백성의 중망을 입었으니 상주와 경상도가 복이 될 뿐만 아니라 鈴閣(수령)에서 黃閣(재상)에 오를 것이라고 함.

「書檜嚴心禪師道號堂名後」: 7면. 1359년, 73세 作. 임금이 心禪師에게 글씨 '直指堂 月潭'을 하사한 일에 대해 찬양함.

「重修開國律寺記」: 8면. 1326년, 40세 작. 開國律寺는 태조가 세웠던 절. 임진년에 불에 탔는데 복구하지 않다가 南山宗師 木軒丘公이 승려들을 모아 중수함. 근래 승려들이 권세가에게 의탁하여 毒民病國하는 경우가 많은데 木軒大師는 그렇지 않다고 함.

「重修乾洞禪寺記」: 11면. 1327년, 41세 작. 楊廣道 慶原에 있는 옛 사찰 터에 何元瑞가 자비를 들여서 사찰을 중건. 서역의 指空禪師가 와서 보고는 극찬함.

「雲錦樓記」: 14면. 1337년, 51세 작. 勝景은 僻處에만 있는 것이 아니라 도시에도 있으나 心目이 미치지 못하고 있다고 함.

「妙蓮寺石池竈記」: 16면. 1337년, 51세 작. 삼장 順菴法師가 원나라 천자의 조칙을 받들어 楓岳에서 佛祠를 祝釐하고 寒松亭에서 유람할 때 石竈를 보고는, 어릴 때 妙蓮寺에서 풀섶에 묻힌 돌 2개를 보았다고 하여, 찾아서 합쳐놓고 石池籠라고 명함.

「上伯住丞相書」: 19면. 1323년, 37세 작. 원나라 재상 伯住丞相에게 보낸 편지. 1320년 원나라 간신의 참소로 귀양 간 老瀋王(忠宣王)의 解免을 건의해달라고 요청함. (편지 올린 해인 1323년 泰定帝의 즉위 후 풀려남)

「同崔松坡贈元郎中書」: 21면. 1323년, 37세 작. 내용은 위와 동일. 松坡는 崔誠之(1265~1330)의 號.

「范增論」: 25면. 漢은 三傑로써 왕이 되었고 楚는 范增을 쓰지 않아서 망하였는데, 삼걸과 범증을 비교하면 어떠한지 '或問'을 제기하고 이에 대한 반론을 폄. 범증은 陳平에게도 미치지 못한다고 함. 진평은 항우가 천하를 도모하는 데 부족함을 알고 漢으로 갔으나 범증은 항우가 약속을 어기고 무고한 이를 죽이는 것을 보고도 따르다가 자신이 의심을 받고서야 죽었기 때문임.

### 稼亭 李穀(1298~1351)

「與同年趙中書崔獻納書」: 27면. 靑雲의 知己들에게 도움을 청하는 글.

「送金晦翁赴化平府序」: 29면. 化平府(현재 光州)로 부임하는 것을 만류하는 사람들에게 金晦翁이 그곳이 나쁘지 않다고 하자, 이곡이 김회옹의 의견에 동조하여 이 점을 설파함.

「小圃記」: 31면. 1345년, 48세 작. 개성 福田坊 임대한 집에 작은 텃밭을 일구었는데 첫해엔 괜찮다가 작년과 올해 가뭄이 들어 소출이 적어지므로 천하가 어려워질 것을 예상함. 집을 나가지 않아도 세상 형편을 안다는 말이 사실이라고 함.

「杯羹說」: 32면. 項羽와 劉邦이 廣武에서 수개월 對陣하다가, 항우가 포로로 잡은 유방의 아버지 太公을 높은 탁자 위에 올려놓고는, 빨리 항복하지 않으면 태공을 삶아 죽이겠다고 하였다. 그러자 유방은 "懷王에게 명을 받을 때 내가 너와 형제가 되기로 약속하였은즉 나의 아버지는 곧 너의 아버지이다. 네가 너의 아버지를 삶으려거든 부디 나에게 국 한 그릇 나누어 다오." 하였다. 항우는 노하여 태공을 죽이려 하였으나 項伯이 불필요한 일이라고 만류하여 죽이지 않았다. 『史記·項羽本紀』에 나오는 이 사건에 대하여 이곡은 유방이 아버지에 대한 처신을 잘못한 것이라고 비판함.

「借馬說」: 35면. 빌린 말이 강하다고 마음 놓으면 실수하고, 약하다고 조심하면 무사한 것으로 미루어, 사람이 소유한 것 중에 빌리지 않은 것이 없으니 임금은 백성에게 尊富로써 힘을 빌렸고, 신하는 임금에게 寵貴로써 세력을 빌린 것이니 조심하라고 함.

「市肆說」: 36면. 여인들이 음탕함을 파는 女肆, 문서와 법령을 희롱하는 吏肆, 가뭄이 들어서 처자식을 파는 人肆에 대한 한탄.

「師說贈田正夫別」: 37면. 元에 있을 때 同年 田正夫가 왕의 사부로써 왕을 따라 고국으로 가게 됨에 이별하면서 준 글.

「臣說送李府令歸國」: 40면. 신하를 重臣, 權臣, 姦臣, 直臣, 邪臣으로 구별하여 논함. 새 왕이

귀국에 앞서 永州 이군을 先驅로 삼아 귀국하게 함.

「原水旱」: 44면. 수해와 가뭄은 天數인가 人事인가. 어떻든지 간에 요점은 관리들의 탐욕을 제거하는 데 있다고 함.

「趙苞忠孝論」: 46면. 후한 靈帝때 遼西의 태수 趙苞는 王陵의 훌륭함을 사모하였으나 실제로는 吳起의 잔인함을 얻어, 해서는 안 될 시기에 하지 않아도 될 일을 수행하였다고 평가함. 趙苞의 일은 名敎에 관계되므로 분별하지 않을 수 없다고 함. 이제현의 「杯羹說」을 인용함. 趙苞는 鮮卑족이 침략하면서 그의 어머니와 妻子를 인질로 삼았는데, 조포는 신하의 책임을 다해야 한다고 하여 인질의 죽음을 돌보지 않고 적을 물리치고는 시신을 묻은 다음 불효라고 하여 피를 토하고 죽음.

「弔黨錮文幷序」: 51면. 「黨錮傳」을 읽고 안타까움을 표출함.

「送揭理問序」: 66면. 征東省의 理問 旴江揭以忠이 부임해서 幕官 이곡에게, 사해가 한 집안인데 中朝의 법이 東國에 행해지지 않는 까닭을 물었던 일과 부임한 이후에는 조정의 대체를 잃지 아니하고 본국의 옛 풍속을 동요시키지 아니하였는데, 이제 돌아간다고 하므로 송서를 씀. 편집 오류.

### 樵隱文 李仁復(1308~1374)

「漢陽府院君韓公墓誌銘幷序」: 52면. 星山君 李兆年과 친분 있는 韓宗愈(1298~1365)의 묘지명. 瀋王暠가 왕위를 노려 충숙왕(懿陵)이 선위하려 하자 文烈公 李兆年(1269~1343, 찬자 이인복의 조부)과 더불어 만류하게 하였고, 1342년 충혜왕(永陵) 복위 3년에는 曺頔의 난으로 충혜왕이 원나라에 불려가자 따라가서 변호하였음.

「鷄林府院大君王公墓誌銘幷序」: 58면. 이제현의 처남인 王煦(본명 權載, 1296~1349)의 묘지명인데, 이제현이 이인복에게 찬술을 부탁함. 충선왕이 아들로 삼음. 충선왕이 1320년 원나라 환관의 모함으로 유배를 가자 대신 가겠다고 하여 황제를 감동시킴. 63면 '受且慈'는 '愛且慈'의 오기.

### 李存吾(1341~1371)

「上玄陵封事」: 63면. 『石灘集』과 『동문선』에는 '論辛旽疏'로 되어 있음. 궁전 안에서 文殊會가 열렸을 때에, 領都僉議 辛旽이 임금과 나란히 앉은 일을 빌미로 하여 신돈을 공격하는 글. 玄陵은 경기도 개풍군 중서면에 있는 공민왕의 능.

### 陶隱 李崇仁(1347~1392)

「哀秋夕辭」: 69면. 자신의 불우한 처지를 옥황상제에게 하소연하자, 세태에 맞게 바꾸라고 하는데 자신은 처음 뜻을 바꿀 수 없다고 함.

「復齋記」: 71면. 친구 鄭曼碩이 자기 집에 '復齋'라는 현판을 걸고 글을 청하므로 『주역』 復卦

를 이용하여 천지, 성인, 衆人으로 구별하여 도리를 서술함.

「迎日縣新城記」: 74면. 1391년, 45세 작. 영일현의 萬戶 崔自源이 성을 수축하고서 글을 청하므로 성의 중요성 등을 서술함. 『도은집』과 『동문선』에 비교하면 끝에 "侯名自源, 階奉順大夫. 落落以功名自喜. 都觀察使, 樂安金氏, 名湊. 都體察使, 宗室, 名康"이 생략되었음.

「星州夢松樓記」: 77면. 1376년, 30세 작. 1375년 丁以選이 京山에 부임하여 누대를 만들고서 글을 지으라 하므로, 즐거움을 백성과 같이 하라고 서술함. "丙辰端午前三日記"가 문집에는 "蒼龍丙辰端午前三日, 奉常大夫·前典理摠郎·寶文閣直提學知製教兼春秋館編修官 李崇仁記"로 되어 있음.

「送李侍史知南原序」: 79면. 1372년, 26세 작. 司憲侍史로 제수된 지 몇 개월 안 되어 남원으로 내려가게 되었지만 전혀 서운해 하지 않는 친구 李頤를 칭찬하며 전송하는 글.

「送李慕之赴淸州牧詩序」: 81면. 1360년 同年 李慕之가 監試에 합격한 이후 여러 벼슬을 전전하다가 재상의 천거를 받아 淸州牧으로 나가게 됨에 따라 친구들이 시를 지었고 여기에 글을 씀.

「賀姜代言詩序」: 83면. 친구 姜伯父가 右副代言에 오르자 座主인 柳巷 韓先生이 시를 써서 축하해주었고, 姜伯父는 이 시에 대한 화답시를 구하여 묶고는 서문을 청함. 85면 '眆'은 '昉'의 오기. 후반부 86면 "惟恐有遺" 다음에 "文理大興"이 누락됨.

「贈李生序」: 86면. 曹溪釋 義敎이 李生에게 주는 詩의 序를 부탁하기에, 辭章을 추종하는 세태를 비판하며 경학에 힘쓸 것을 말함. 이생은 李達衷(?~1385)의 손자. 88면 "彌彎於中"은 『동문선』의 경우 동일한데 『陶隱集』에는 "彌胸於中"으로 되어 있음.

「贈朴生序」: 89면. 친한 승려가 法川山에서 공부하는 朴章을 위해 글을 써달라고 요청하므로, 옛 학문에 힘쓰라는 내용을 서술함.

「草屋子傳」: 91면. 친구 金震陽의 傳. 대대로 유학을 공부한 집안으로, 거처는 몸 하나만 가리면 된다고 하여 초가집을 짓고 삶. 93면 "朱甍丹楹, 以自誇耀"가 문집에는 "朱甍于楹, 以自誇雄", 『동문선』에는 "朱甍千楹, 以自誇耀"로 되어 있다.

「裴烈婦傳」: 93면. 진사 裵中善의 딸이자 士族 李東郊의 아내가 1380년 왜적이 경상도 상주에 침입하였을 때 왜적에게 쫓기자 몸을 더럽히기보다 죽음을 택함.

### 三峯 鄭道傳(1342~1398)

「登羅州東樓諭父老書錦南雜題○乙卯」: 95면. 1375, 34세 작. 재상의 뜻을 거슬러 會津縣으로 쫓겨나는 길, 도중에 나주에 들러 구경하고 고려 태조가 백제를 복속할 때 나주가 앞장 서 귀화한 일 등을 서술함. 사건이나 인물에 후인의 협주가 달려 있는데, 『동문선』에는 협주 없고 문집에는 있음. 이하의 글들도 동일함.

「上遼東諸位大人書奉使雜題○甲子」: 98면. 1384, 43세 작. 명나라에 가서 鄭夢周가 表로 天壽聖節을 축하하고, 李天驥가 箋으로 千秋節을 축하하는 행차에 鄭道傳은 書狀官으로서 행사에

참여한 느낌과 獻詩를 적어서 편지를 보냄. 99면 "及原失其政"(문집은 동일)이 『동문선』
에는 "及元失其政"

「河相國春亭詩序按何相國名乙沚辛禑乙卯爲全羅道元帥」: 101면. 1375, 34세 작. 河乙沚 全羅道元帥가
　　전라도원수가 되어 부임한 후 왜적의 근심이 사라지자 정자를 짓고 자기 호를 따서 '春
　　亭'이라고 함. 春은 四時에 없는 때가 없으니 四端에 仁이 없는 곳이 없는 것과 마찬가
　　지라고 함. 『三峯集』에는 마지막에 시 구절 "節序相推自四時, 一亭佳興少人知, 悠然獨得
　　天機妙, 坐對江山賦好詩"이 있고, 『동문선』과 여기에는 시 없음.

「送趙生赴擧序按趙生名璞號雨亭」: 104면. 조심스레 관망하면서 겨우 자신을 보전할 것만을 도모
　　하는 비루한 선비가 되지 말라고 함.

「贈任鎭撫詩序甲子□按任鎭撫名誠山東人卽遼東護送将辛禑己未來索被虜人及逃軍」: 105면. 1384년, 43세 작.
　　明나라의 人才와 世道, 任鎭撫의 역량을 칭송함. 마지막에 있는 시 구절이 『동문선』에는
　　없음.

「圃隱奉使藁序丙寅」: 108면. 1386년, 45세 작. 詞章은 末藝라 하고 경학을 중시한 일화를 소개
　　함. 학문에 따라 시도 진보한 점과, 명나라에 사신으로 왕래하면서 지은 시의 대략을 서
　　술함.

「陶隱文集序戊辰十月」: 113면. 1388, 47세 작. 牧隱에서 陶隱으로 이어지는 학맥과, 명나라 천자
　　가 그의 表를 칭찬한 일을 서술함. 이번에 명나라에 사신으로 가므로 돌아와서 詩를 보
　　여주면 '觀光集'이라 명하겠다고 함.

「送靖安君赴京師詩序甲戌」: 116면. 1394년, 53세 작. 조선 태조 3년에 명나라 천자의 명에 따라
　　靖安君 李芳遠이 조회하러 나가니, 成石璘이 시를 짓고 여러 대부들이 和詩를 지었고,
　　여기에 그 내용을 간추려 서문을 적음.

「石亭記以下二首錦南雜題」: 118면. 申昌父가 권신의 미움을 받아서 시골로 물러나 정자를 짓고는
　　'石亭'이라 함. 그는 돌을 좋아하는데 기개는 돌보다 군세다고 하였음.

「二樂亭記乙亥」: 119면. 1395년, 54세 작. 조선 태조가 州郡의 통치를 위해 친한 신하를 보낼
　　때 전별하기 위해 趙浚과 金士衡 등과 함께 二樂亭에 올랐다. 그 경치가 좋아서 감흥이
　　일어 정도전에게 글을 지으라고 하였는데, 정도전은 아직은 즐길 때가 아니라고 함.

「靑石洞宴飮記」: 121면. 명나라 사신 黃永奇 등이 돌아가기에 전송하여 金郊驛까지 갔다가 돌
　　아오는 길에 무더위를 피하고자 아전들이 靑石洞 시냇가에 천막을 쳤다. 술잔을 기울이
　　다가 趙浚이 '너무 과한 것이 아닌가'하니, 정도전은 막힌 기운을 터주어야 재상의 일을
　　잘하는 것이고 조준의 말도 유념해야 한다고 하였다.

「答田父」: 122면. 정도전이 유배 가 있을 때 농부와 대화한 내용. 능력도 없이 大, 直, 古, 拂
　　上을 좋아해서 죄를 받은 것일 테니, 지금부터라도 조심하라고 함.

「錦南野人」: 126면. 錦南野人이 錦南에 사는 儒者 談隱先生에게 유자의 직분에 대해 물음. 담

은선생이 유자의 業을 말하자, 야인은 위태롭다고 하며 떠났다. 127면 "出處出就"는 "出處去就"의 오기.

「家難」: 129면. 유배를 당하자 아내가 사람을 보내어 비난하매, 각자의 본분을 다할 뿐이라고 편지로 답을 함.

「讀東亭陶詩後序」: 130면. 난리가 계속되는 때 田里로 돌아간 도연명이 왜 칭송받는지 이해할 수 없었는데, 東亭先生의 「陶詩後序」를 읽고는 나라가 망하자 두 임금을 섬기지 않고 절개를 지켰다는 것을 알게 됨. 東亭은 左使 廉興邦(?~1388)의 호. 문신들을 모함하는 등 악행을 저질렀다가 이성계 등에 의해 처형됨.

「題蘭坡四詠軸末按蘭坡淸州伯李居仁自号」: 133면. 李居仁이 松竹梅蘭을 좋아하매 그 生生의 이치로 이제 맡은 경상도 관찰사 임무를 수행하라고 함. 뒤에 「蘭坡四詠後說跋」이 붙어 있음. 『삼봉집』과 『동문선』에는 분리되어 있음. 蘭坡를 위해 松竹을 읊었는데 挺자를 피해야 한다고 해서 고심하다가 獨谷 成石璘의 도움을 받았다는 내용.

「題漁村記後按漁村孔俯号」[3]: 135면. 孔俯가 읊는 「漁父詞」와 權近이 지은 「漁村記」를 듣고 이들과 함께 하려는 마음을 기록함.

「哭潘南先生文幷序○此下二首錦南雜題○按辛禑乙卯朴公尙衷與公請却北元使遂得罪杖流道死」: 136면. 朴尙衷의 죽음에 대해 세인들은 때를 잘못 만난 것인가 의심하지만, 자신의 義를 행할 뿐이며, 고인보다는 그를 잃은 세상을 위해 통곡한다고 함.

「謝魑魅文幷序」: 140면. 會津에 유배 가 있을 때 도깨비들이 떠들어서 음양이 다름을 말하자, 자기 역량도 모르고 觸諱하다가 쫓겨났으니 우리 아니면 누가 함께 하겠냐고 함.

「竹窓銘」: 141면. 李彦暢의 호가 竹窓이라서 절개의 의미를 취한 것인가 물어보고는 단지 마음에 얻은 즐거움을 대나무에 의탁했을 뿐임을 알게 됨.

「上鄭達可書」: 144면. 나날이 성행하는 이단을 바로잡을 사람은 정몽주뿐인데, 요즘 『능엄경』을 보고 있다는 소문이 들려서 우려가 된다는 편지. 147면 "於學有正"은 "於學有不正"의 오기.

「消災洞記」: 149면. 會津縣에 유배 가 있을 때 消災洞 黃延의 집에 貰居하였는데 그곳 경치가 좋고 백성들이 잘 대해 주었다고 함.

「心氣理三篇」: 152면.

　「心難氣」: 釋氏의 修心의 뜻을 위주로 하여 老氏를 비난한 것이라는 권근의 말을 제목 아래에 부기함. 心이 氣를 힐난하기를 자기가 無念 상태로 고요히 있으면 氣가 움직이려 해도 자기의 밝음을 가릴 수 없다고 함.

　「氣難心」: 노씨의 養氣를 위주로 하여 석씨를 비난한 것이라는 권근의 말을 부기함. 氣가

---

3) 제목 밑에 '可遠陽村字'가 부기되어 있다. 문집에는 없는 글이고, 서체로 보아 후에 附記한 듯하다.

모여 만물이 이루어졌으니 기가 없으면 심이 있을 수 없다고 함.

「理諭心氣」: 儒家의 義理를 말하여 노씨와 석씨를 비난한 것이라는 권근의 말을 부기함. 천지보다 理가 먼저 있어서, 여기서 氣가 생기고 心도 품부 받는 것이라고 함.

「佛氏昧道器辨」: 154면. 제목이 문집에는 '佛氏昧於道器辨'로 되어 있음. 불교에서 道라고 하는 것은 마음을 가리켜 말하는 것이지만, 도리어 形而下인 器에 떨어짐을 깨닫지 못한다고 함.

## 권2

### 牧隱 李穡(1328-1396)

「記碁」: 1면. 제목이 문집에는 '記棋', 『동문선』에는 '碁記'로 되어 있음. 아버지를 여의고 유품을 정리하다가 바둑돌을 발견하였는데 孫君이 와서 보고는 자신이 승려에게 얻어서 드린 것인데 처음보다 많이 부족하다고 하므로, 물건마다 운명이 있음을 깨달음.

「流沙亭記」: 2면. 1362년, 35세 작. 『牧隱集』을 보면 말미에 '至正 壬寅'이라고 되어 있음. 1361년 병난을 피해 외가인 寧海로 왔는데, 형이 流沙亭 위에서 글을 청하므로, 외면이 아니라 가슴의 도량을 표현한 것이 아닌가라고 함.

「遁村記」: 4면. 李集은 자신이 지금까지 목숨을 보전한 것은 '달아남[遁]'의 힘 때문이라고 하여 자신의 거처를 '遁村'이라 하고 글을 구하므로, 『맹자』를 이용하여 서술함.

「陶隱齋記」: 7면. 李崇仁의 호에 대한 글. 오늘날 제도 가운데 오래되고 질박한 것을 숭상하는 경우는 질그릇뿐이라고 함. 한편 나는 늙어서 '隱'이 괜찮으나 이숭인은 젊은데 괜찮은가 의문을 던짐.

「益齋先生亂藁序」: 10면. 1362년, 35세 작. 익재선생은 원나라 인사들과 교유하고 원나라를 두루 유람하였으며 정치와 문학에서 큰 역할을 담당하였다고 평가함. 12면 '燼燼' 다음에 '何疑'가 없이 공란으로 되어 있음.

「贈柳思菴詩卷序」: 12면. 柳淑( ?~1368)은 재상의 자리에 올랐으나 布衣일 때와 다름 없이 생활하였고, 지금 田里에서 있어서는 몸을 보전함을 즐거워한다고 함.

「農桑輯要後序」: 14면. 고려 풍속이 치산에 어두워 경중을 알지 못하는데 姜著가 『농상집요』를 인간하기 위해 발문을 부탁하므로, 내 뜻과 같음을 말한 다음 다만 異端을 배척하는 것부터 하여야 한다고 함. 16면 '盖制民産'의 '制'가 누락됨. 16면 '眥財之所由豐'의 '眥'는 '貲'의 오류.

「及菴詩集序」: 17면. 閔思平 선생의 시는 담담한 듯하면서 천박하지 않고 화려한 듯하면서 사치스럽지 아니하여 뜻이 진실로 심원하다고 평함.

「直說三篇」: 18면. ①天은 民彝와 物則의 근원이다. ②신하와 임금의 만남에는 인연이 있다. ③마음의 작용이 크니 잃지 말아야 한다.

「浩然說贈鄭甫州」: 20면. 친구 鄭瑀가 '寓'로 이름을 바꾸고 字를 청하기에 '浩然'이라 하여 養

氣에 힘쓸 것을 당부함. 20면 '淸酌'은 '淸濁'의 오기.

「侍中鄭公畵像贊幷序」: 23면. 1362년 홍건적을 격파하고 경성을 克復한 鄭世雲이 그를 시기한 元帥에 의하여 살해당하자 廣平府院君 李公이 그 화상을 그리고는 찬을 부탁하므로, 그를 姜邯贊에 비김.

「上札贊幷序」: 25면. 임금에게서 姓名과 字號 8글자를 하사받은 金濤가 성명과 자호를 만들어 준 이색에게 찬을 부탁함.

「自儆箴幷序」: 29면. 50세 때 지은 글. "茫乎或灼焉" 앞에 "茫乎無所措也, 赫乎如有覩也, 赫乎或昧焉"가 누락됨.

### 圃隱 鄭夢周(1337~1392)

「思美人辭奇浙東郊土安」: 29면. 중국인을 그리워하며 쓴 글.

### 李詹(1345~1405)

「鷹鷄說」: 31면. 永陵(충혜왕) 때 肄鷹坊 관리가 닭을 매의 먹이로 주었다가 거의 죽게 된 닭을 자루에 넣어두었는데, 그 닭이 아침이 되자 울었고 이 소리를 들은 임금이 측은하게 여겨서 이후 이러한 일을 폐지하게 하였다. 이 일을 가지고 仁政에 대해 서술함.

「蜜蜂說」: 32면. 꿀벌을 기르는 사람이 왕벌을 침입자로 오인하고 죽였더니 꿀벌들이 모두 죽고 말았다. 그러므로 미물이라도 신하된 자가 본받을 만하다고 함.

### 鄭以吾(1347~1434)

「阻風說」: 34면. 可德島에 정박해 있다가 세찬 바람에 바다로 떠내려가니 伏波將軍 朴公의 막료 金元德의 배도 포함되어 있었는데, 김원덕의 기도로 서풍을 만나 돌아올 수 있었다. 이 일에 대해 사람들은 다만 공이 능한 바가 천지인 줄만 알고, 공이 하늘에 능한 까닭이 誠인 줄은 모른다고 함.

### 卞季良(1369~1430)

「箕子廟碑銘幷序」: 37면. 1428년에 국왕(세조)이 箕子廟 중수를 기념하여 글을 지으라고 하므로 箕子의 덕을 찬양함.

### 陽村 權近(1352~1409)

「古澗記」: 41면. 1384년, 33세 작. 然師 승려가 '古澗'이라는 편액으로 글을 청하므로 여러 물 가운데 계곡물만이 깨끗하고 萬古가 지나도 쉬지 않으니 선비의 귀감이 된다고 함.

「月波亭記」: 42면. 1401년, 50세 작. 善山 동쪽에 있는 餘次나루터 부근의 月波亭은 예전에 李文挺이 세웠다가 허물어졌는데, 1399년에 驪興伯 閔公이 이곳을 지나다가 허물어진 것을 애석히 여겨 邑宰인 崔關에게 신축하게 하였다. 3년이 지나 여흥공이 이곳을 지나가게 되어서 글을 부탁하기에 최관에게 경치를 듣고서 기술함. '崔關'의 이름이 『양촌집』에는 開로 되어 있음.

「送慶源鎭都兵馬使辛公有定序」: 45면. 1408년, 57세 작. 慶源은 다스리기 어려운 지역이라 신중하게 관리를 택하는데, 1405년에는 큰이모의 아들 朴齡이 都兵馬使로 나갔고 이제 막 내이모의 아들이자 재상으로 있던 辛有定이 후임으로 나가게 됨.

「馬氏思親堂圖詩序」: 47면. 1403년, 52세 작. 명나라 성조가 즉위한 후 태조의 孝慈皇后의 시호를 追上하여 천하에 반포하였는데, 馬麟이 조서를 받들고 왔다. 마공이 돌아갈 즈음 思親堂圖 편액을 가져와서 題詠을 청하고 자신의 역경과 어버이에 대하 그리움을 전하므로 그 효성을 칭송함.

「送新進士韓有紋序」: 50면. 1382년, 31세 작. 자신에게 『서경』을 배운 제자 韓有紋이 진사에 합격하여 청주로 어버이를 뵈러 가면서 가르침을 청하기에, 孝悌를 강조함.

「吉再先生詩卷後序」: 52면. 1405년, 54세 작. 吉再가 태종의 부름을 사양하고 물러난 후 어머니 상을 당하여 예법에 맞게 상례를 치르자 관찰사 南在가 절의와 효행을 찬미한 詩軸을 만들었고 그 아우인 승려 宗樹가 서울로 와서 나에게 보여줌.

「騎牛說贈李行」: 55면. 1404년, 53세 작. 친구 李行이 강원도 平海에 살면서 달밤이면 소를 타고 유람을 한다고 하기에 옛사람도 모르는 묘함을 얻을 수 있을 것이라고 칭찬함.

「神[4]羅神武王復讎論」: 56면. 제목이 『양촌집』 34권 東國史略論에는 "神武王元年己未 金陽討明殺之立王孫祐徵"이라고 되어 있음. 신라 興德王이 돌아가고 후사가 없자 그 아우 均貞과 조카 悌隆이 왕위를 다투었는데, 모두 嫡子가 아니므로 나이 많은 균정이 왕위에 세워져야 했다. 그런데 侍中 金明은 제륭을 받들어 균정을 죽이고 그를 세웠다. 균정의 아들 祐徵은 즉시 金陽과 함께 淸海鎭으로 도망갔다. 김명이 또 제륭을 시해하고 스스로 왕이 되자 김양은 張保皐 등과 더불어 김명을 토벌하여 죽이고 우징을 세웠다. 이는 『禮記』와 『春秋』의 의리를 얻은 것인데, 金富軾은 김명과 우징을 弑害의 역적 무리로 같이 취급하였으니 잘못이라고 함.

### 尹淮(1380~1436)

「讎校高麗史序」: 58면. 『동문선』에는 "進讎校高麗史序"라고 함. 개국 초에 鄭道傳 등이 고려사를 찬술하였으나 柳觀 등이 검토한 결과 惠宗을 惠王이라고 하여 묘호를 시호로 하는 등 오류가 있어서 본래 시호대로 하자고 건의함. 이에 왕명에 의해 당시 실록에 있는 옛 글에 따라서 宗을 고쳐 왕으로 하고, 節日을 生日로 하며, 詔를 敎로 하고, 朕을 予로 하고, 赦를 宥로 하고, 太后를 太妃로 하며, 태자를 세자로 수정함.

---

4) 新의 오자.

### 魚變甲(1380~1434)

「闢佛疏」: 61면. 水陸齋가 간소하게라도 시행되면 아랫사람들이 따라하므로 시행하지 말고 불교 행사를 근본부터 없애야 한다고 주장함.

### 魚孝瞻(1405~1475)

「論風水疏」: 68면. 풍수설은 묘지에 사용해도 안 되는 것인데 하물며 서울을 정하는 데 써서는 안 된다. 태종이 葬禮 시기의 길흉설을 없앤 것처럼 지리의 화복설을 없애야 한다고 주장함.

### 成三問(1418~1456)

「送崔注簿歸養詩序」: 78면. 친구 崔智甫의 아버지가 陽智의 별장으로 내려가자 최지보도 아버지 봉양하러 벼슬을 그만두고 내려간다고 하여, 전 예문관 직제학 최 선생이 먼저 四韻 詩를 지었기에 효를 기리는 글을 씀.

### 李克堪(1423~1465)

「進高麗史節要箋」: 81면. 1451년『高麗史節要』를 완성하고 그 경과를 기록하여 올림.

### 保閒齋 申叔舟(1417~1475)

「泰安郡壁記」: 85면. 1449년, 33세 작. 蕁城鎭이 고려 말에 폐허가 되었다가 조선에 들어와 다시 백성들이 살게 되었는데 무진년에 유리된 백성들을 본적지로 돌려보내라는 명이 내려서, 거주민들이 근심하게 되었다. 이에 이곳을 다스리던 朴弘文이 이러한 사정을 조정에 알려 이곳은 안정을 찾았다. 백성들은 그 덕에 감복하여 후세에 그 일을 남기려 한다고 서울로 와서 글을 청하기에 경과를 기록함. 85쪽 '奧區'가『동문선』에는 '沃區'로 되어 있음. 86쪽 "卽遣" 사이에 "命首戶長賈稱"이 누락됨.『동문선』에 따르면 88쪽 '辭以' 다음에 있는 빈칸에는 '距'가 들어감.

「海東諸國記序」: 88면. 1471년, 55세 작. 세조의 명에 따라 일본을 다녀온 경험을 살려서 일본에 대해 기록하여 그들과 교류할 때 참고하도록 함.

「宛陵梅先生詩選序」: 92면. 1446년, 30세 작. 梅堯臣(1002~1060)의 시집이 전해지지 않았는데 李璿이 읽고는 시가 簡古精純하고 平淡深邃하다고 평하고 선집을 만들어서는 서문을 청하기에 정확한 평가라고 함.

「追慕錄序」: 94면. 1473년, 57세 작. 성종이 덕종을 추존하고 廟를 새로 지어 畵像을 옮길 때「永慕錄」을 작성하였고, 다시 새 廟에 옮기면서「追慕錄」을 작성함. 성종의 효성을 칭함.

### 乖崖 金守溫(1409~1481)

「送工曹判書成公任赴京序」: 98면. 중국에 사신으로 가는 成任에게 중국 문물을 잘 보고 오라고 함.

「送法冏道者序」: 101면. 玄을 공부하면서 친구들이 멀어졌는데 冏道가 찾아와서 담소하고는
서문을 부탁하기에, 산림에 은거하는 것보다는 학자와 어울리는 게 낫다고 함.

「琴軒記」: 103면. 金子固가 거문고를 잘 연주하기에, 예와 음악은 체용의 관계인데, 음악은 전
하기 어렵다는 등의 견해를 기술함. 103쪽 처음에 "夫先王所以垂世立教者, 燦然備具, 而
其宏綱大節, 則不過曰禮樂而已矣. 然禮之爲之, 自二戴之外, 無慮數千餘家, 而於沿革度數之
變, 殆無餘論矣. 至於樂, 其傳蓋寡. 禮樂二者, 相爲本末而體用, 不可偏廢也. 何後世之言禮
樂者, 獨於禮之詳而樂之缺如此乎? 蓋樂者, 聲音而已矣, 而淸濁高下之謂也. 是其體乎性情
而爲之者也. 淸濁高下之疾徐, 豈言語文字之可載, 而性情之發之妙, 則又有如風之捕, 如雷之
追. 雖使游·夏命文, 班·馬操觚, 亦不若之矣. 蓋其人亡, 則性情之道, 亦隨而亡, 而無怪乎古
樂之不傳於今也."가 누락됨. 104쪽 "其亦在乎自得而已矣" 다음에 "嗚呼, 禮樂, 一致也. 禮
本於敬, 樂本於和, 惟和與敬, 卽此心之謂也. 禮之不可不本於敬, 猶樂之不可不本於和也. 自
堯舜而來, 大而朝廷君臣之際, 小而夫婦居室之間, 何嘗一日而去禮樂哉? 非不曰: 周旋拜俯,
吾有文矣. 然二帝三王禮樂致治之盛, 終不復見, 則豈非發於威儀度數之末者易爲禮, 而本於
精神心術之微者難爲樂乎? 宜乎禮盛其傳, 而樂傳之寡也."가 누락됨.

### 姜希孟(1424~1483)

「養蕉賦幷序」: 105면. 李伯玉이 파초 심는 법을 물어 보기에 賦로써 답을 함. 106쪽 '郡分'은
'群分'의 오기.

「養花小錄序」: 109면. 1473년, 50세 작. 형 姜希顔이 죽은 지 9년, 형의 손길이 닿지 않은 정원
을 보고 감회가 있어서 유고를 찾아서 世稿에 붙이고 기록함.

「萬休亭記」: 111면. 1462년, 39세 작. 懷德縣監으로 있다가 면직되어 衿陽 별장으로 온 洪君과
鄕射禮 때 술잔을 나누는데, 홍군이 정자에 이름 없음을 한탄하니 이에 이름을 짓고 記
를 씀. 113쪽 '悠悠'는 '之悠'의 오기.

「升木說」: 114면. 높은 곳에 올라 좋은 땔감을 구한다고 자랑하다가 떨어져 다치고서야 위험
함을 깨달았다는 초동 이야기. 114쪽 '儂利'는 '價利'의 오기. "庸詎知距吾遠者不爲卑乎?"
다음에 "以爾觀之, 庸詎知距爾遠者不爲高乎?"가 누락됨.

「登山說」: 117면. 訓子五說의 하나. 절름발이라도 열심히 산에 오르면, 그렇지 않은 타인보다
더 빨리 산에 오를 수 있다고 함.

「三雉說」: 119면. 訓子五說의 하나. 피리와 미끼의 꼬임에 빠지지 않는 꿩이 드문 것처럼, 그
럴 듯하게 비위맞추는 말에 따르지 않는 자가 적다고 함.

「假山讚幷序」: 123면. 친구 成任(1421~1484)이 뒷마당에 돌을 겹쳐서 가산을 만들었으니, 보는
사람의 마음에 따라서 그 眞形을 드러낸다고 함.

**李承召**(1422~1484)

「畜牧書序」: 126면. 임금이 명하기를, 국가의 대사는 군사력에 있고 군사력의 급선무는 말에
　　있으므로 『畜牧書』를 편찬하도록 하고 서문을 지으라고 함.

**申從濩**(1456~1497)

「東文粹跋」: 129면. 1488년, 33세 작. 집현전 학사들이 『東文粹』를 편찬하고 秘閣에 두었는데,
　　김종직(1431~1492)이 읽어보고는 증삭을 가하고 근래의 글들을 같이 묶어서 책을 만들
　　고 나에게 서문을 쓰라고 함. 131쪽 '首周益公'은 『동문선』에 '昔周益公'으로 되어 있음.

「後序」: 133면. 문종이 집현전 신하들에게 東文을 편집하라고 하여, 이치가 승한 것을 기본으
　　로 하고 추려서 秘閣에 두었다. 그 후에 김종직이 신종호와 증삭을 더하여 10권 3편으로
　　만들어 세상에 유포하였다. 나(李善和)는 친구에게서 이 책을 얻었는데 좀이 슬고 또한
　　1/3은 일실되었다. 한 부 잘 베껴놓고 살펴서 원집에 수록되지 않은 것을 보충하였다. 어
　　떤 이는 이 책이 비록 精華롭지만 중국 문사들에게 비할 수는 없을 것이라고 하였는데,
　　우리나라가 신라 때 문헌이 시작되어 조선 초에 극성하였으니 그 사이에 時世의 구별은
　　있지만 문예학은 이로써 가감이 있지 않고 모두 각각의 도리로써 세상에 명성을 떨쳤다
　　고 하였다. 唐宋八家가 뛰어나지만 김종직과 신종호가 고심하여 點綴한 것도 『당송팔가
　　문초』를 편찬한 茅坤(1512~1601)에게 못하지는 않을 것이라고 함.

「序」: 135면. 경오년. 宣城 金晦鎭 作. 내 친구 李元甫가 東人의 글을 輯選하여 '軌範'이라 명
　　함. 요즘 문장이 委靡枯薾하여 옛 문인들의 찌꺼기를 맛보려 해도 불가능한 실정이라고
　　하고 이 책을 읽고 힘써 옛 것으로 돌이켜야 한다고 함.


## 4. 가치


　　『동문궤범』 각권의 표지에는 수록된 글들의 저자가 기재되어 있다. 그런데 1권의 경우 益齋,
三峰 등 號로 기재되어 있는데 李存吾만 이름으로 되어 있다. 2권의 경우에는 牧隱부터 陽村까
지는 호를 기재하였고 尹淮부터 申從濩까지는 이름을 밝혔다. 여기에도 특별한 이유가 있는
것 같지는 않다. 2권 본문에서는 다른 이와 달리 정도전의 경우 圃隱이라는 호만 밝히고 이름
을 밝히지 않았다. 鄭以吾는 표지에 기재되지도 않았다. 저자를 소개하는 데에 있어서 일관성
이 결여되어 있는 것이다. 이는 편집이 엄격하게 진행되지 않았음을 말해준다. 본문에 誤記나
누락된 곳이 여러 곳 발견되는 것도 이와 관련된다. 이런 점으로 미루어보아 이 책은 완성본이
라고 하기 어렵다. 서문에 이 책이 문장을 공부하는 이에게 도움을 줄 것이라는 언급이 있는
것으로 보아 세간에 공개할 의도가 있었던 것 같지만, 아직 마무리가 된 것 같지는 않다. 이

책을 대할 때는 그런 점을 감안해야 한다.

『동문궤범』의 특징은 고려 말 조선 초라는 한정된 시기의 산문들을 모았다는 것이다. 내용을 살펴보면 주로 나라의 정치, 유교 이념의 확립과 관련된 글들이다. 많은 작품이 실린 이제현, 이곡, 이숭인, 정도전의 글들이 그러하다. 특히 정도전의 글이 다수 실린 것은 이례적인 현상이다. 조선후기에 편집된 것으로 보이는 이 책은 여러모로 사회가 혼란스러운 때에 다시금 신진사대부들과 같은 진취적인 기운이 필요하다는 점을 말하려는 의도를 담고 있는지도 모른다.

【이대형】

# 東文選

徐居正(1420~1488) 等 23人 共編.

乙亥字本. 零本1册(卷33)：四周雙邊 半郭 24.6×16.4cm, 有界, 10行19字, 上下黑口, 上下花紋魚尾；35.0×21.5cm.

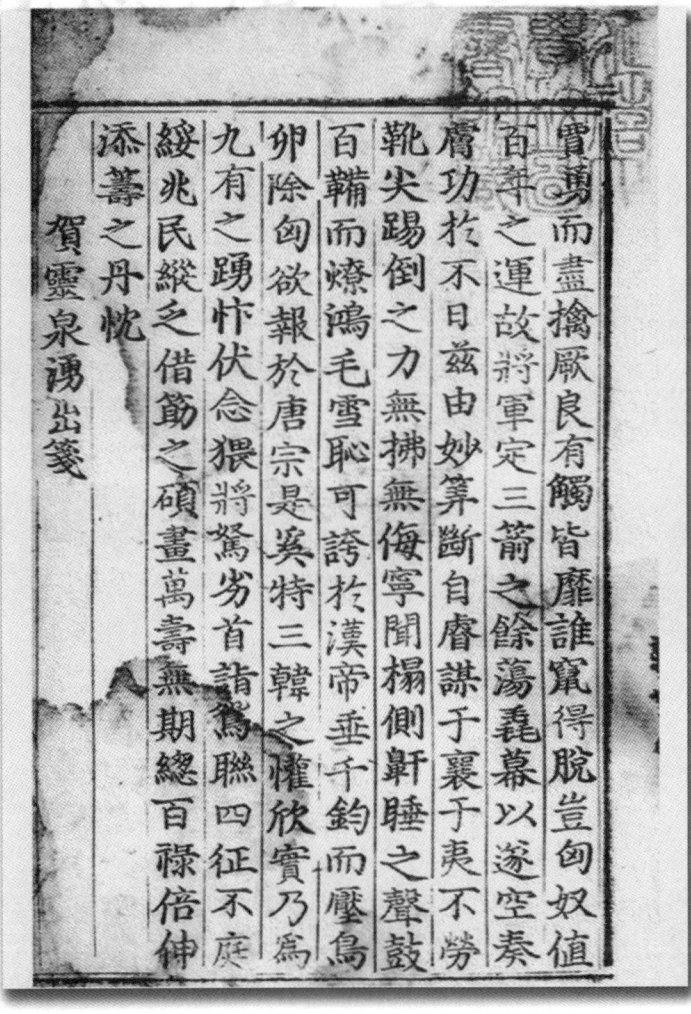

# 1. 편자

　徐居正(1420~1488)의 本貫은 達城, 字는 剛中, 號는 四佳亭이다. 이 책은 1478년(성종 9) 成宗의 명에 따라 徐居正 등 23인의 찬집관이 편찬하였다. 찬집관의 명단은 「進東文選箋」 다음에 들어있는데 당시 그들의 관함과 이름, 그리고 편찬이 완성된 1478년을 기준으로 찬집관의 나이를 보면 다음과 같다.

　영돈녕부사 겸영경연사 盧思愼 (1427~1498, 52세)
　이조판서 겸지경연사 姜希孟 (1424~1483, 55세)
　예문관대제학 지성균관사 동지경연사 오위도총부도총관 徐居正 (1420~1488, 59세)
　공조판서 겸춘추관사 홍문관대제학 梁誠之 (1415~1482, 64세)
　이조참판 겸동지경연춘추관사 李坡 (1434~1486, 45세)
　예문관직제학 지제교 겸경연시강관 춘추관 편수관 崔淑精 (1433~1480, 46세)
　승문원판교 李吉甫 (?)
　전예빈시정 崔灝元 (1431~?, 48세)
　전군자감정 朴楣 (1433~1493, 46세)
　행성균관사성 지제교 金季昌 (?~1481)
　행승문원참교 지제교 裵孟厚 (1448~1478, 31세)
　행승문원교감 黃淑 (?)
　전행승문원교감 柳自分 (?)
　행승문원교리 朴思東 (?)
　권지승문원교리 金仲演 (?)
　권지승문원교리 柳桂芬 (1412~1480, 67세)
　권지승문원교리 南悌 (?)
　행승문원교리 金學起 (1414~1488, 65세)
　행승문원교검 池達河 (?)
　승문원교검 金錫元 (?)
　전사헌부감찰 崔淑卿 (?)
　행승문원박사 鄭錫堅 (?~1476)
　권지승문원부정자 李宜茂 (1449~1507, 30세)

## 2. 구성

### 1) 편찬 간행

본래 『文選』은 梁나라 昭明太子 蕭統(501~531)이 편찬한 詩文選集이다. 뛰어난 문장을 선별하고 그것을 다시 문체별로 분류하여 편찬한 것이다. 『東文選』이란 명칭은 '東'의 文選이라는 뜻이다. 여기서 '東'이라고 하는 것은 단순히 朝鮮을 지칭하는 것이 아니다. 중국에 대하여 그 동쪽에 있는 한반도를 의미하는, 즉 공간적 개념을 가진 단어이다. 이는 金台鉉의 『東國文鑑』이나 崔瀣의 『東人之文』에서 보이는 '東國', '東人'과 같은 맥락을 가진 어휘이다. 따라서 『東文選』에서는 삼국, 신라, 고려, 조선의 모든 저작을 아우르고 있다. 즉 신라의 金仁問·薛聰·崔致遠을 비롯하여 편찬 당시의 인물까지 대략 500여명에 달하는 작가의 작품 4,302편을 수록되었다. 목록 상권 첫머리에 서거정의 序文과 양성지의 「進東文選箋」이 실려 있다.

서거정은 선정의 기준에 대하여 '詞理가 醇正하고 治敎에 도움 되는 것'을 선택하였다고 명시하였다. 또한, 우리나라의 詩文이 삼국시대에 시작되어 고려시대를 거쳐 자신이 살고 있는 시대에 극성해졌다고 보고, 역대의 빛나는 시문이 중국의 것과는 다른 특질을 가진 우리의 글임을 강조하고 이를 집대성하여 후세에 길이 전하여야 할 필요성이 있음을 역설하였다.

成宗 9년(1478) 『동문선』의 편찬이 완성된 후, 中宗 13년(1518)에 『속동문선』이 편찬되었다. 金詮은 『속동문선』의 序文에서 "지난 성종 9년에 徐居正 등이 『동문선』을 製進한 뒤 40년이 지났으니 그 뒤에 나온 시문들을 다시 抄集하여 모은 것"이라고 밝혔다. 따라서 명칭에서도 알 수 있듯이 『동문선』의 후속편인 셈이다. 찬집청 당상 申用漑·金詮·南袞 등이 중심이 되어 만들었다. 서거정 등 『동문선』 편찬에 종사하였던 관료문인의 저작과 성종에서 중종 연간의 저작들이 주로 수록되었다. 따라서 『동문선』이라고 하면 이 『속동문선』을 포함하여 말한다.

이외에도 宋相琦가 편찬한 『동문선』이 있다. 1713년 청나라에 갔던 謝恩使가 돌아오는 길에 康熙帝가 『古文淵鑑』·『佩文韻府』 등 300여권의 책을 보내주면서 우리나라의 詩賦를 보여 달라고 요청하였으므로 조정에서는 이 책을 새로이 편찬하게 된 것이다. 당대의 문집 중에는 병자호란을 겪은 뒤라 反淸思想이 담긴 글이 많으므로, 오래된 문장 중에서 뽑아 편찬하여야 한다는 중론에 따라 편찬되었으며, 삼국시대 이후 숙종 초기까지의 시문에서 청나라에 저촉되는 저작은 배제되었다. 이를 이전의 『동문선』과 구분하여 『新撰東文選』으로 부르기도 한다.

『동문선』이 최초로 인행된 것은 성종 9년에 을해자로 인행된 9행 17자본이다. 이후 여러 차례에 걸쳐 활자로 인행되었으며, 임란이후에는 목판으로 간행된 것도 있어서 면밀한 조사가 없이 그 계통을 모두 밝히기는 어렵다. 다만 이에 대하여 가장 잘 조사된 김두종의 해제(민족문화추진회 간행 국역 동문선 소재)에 제시된 『동문선』의 인출 상황을 전재하면 다음과 같다.

1.『동문선』정편
　　1) 을해자본: 성종 9년 12월 인행. 9행 17자
　　2) 갑인자본: 성종 13년 인행. 10행 18자
　　3) 을해자본 번각본: 임진왜란 이전의 번각본 추정 9행 17자
　　　　　　　　　(이인영의 청분실서목에서는 隆慶 을해자본『고사촬요』에서 김해 책
　　　　　　판조에 본서가 있는 것을 근거로 中宗朝 刻本으로 추정하였음.)

2.『속동문선』
　　1) 을해자본: 중종 13년 7월 인행. 10행 18자

3.『동문선』정속편 합본
　　1) 을해자본: 중종 명종 연간 인행. 10행 19자
　　2) 훈련도감자본: 광해군 7년 11월 인행. 10행 19자
　　3) 필서체자 목판본: 10행 19자
　　4) 훈련도감자본 번각본: 위 훈련도감자를 번각한 것 10행 19자

4. 송상기 신찬『동문선』
　　1) 현종실록자본: 숙종 39년 인출. 10행 18자
　　2) 현종실록자 번각본: 10행 18자

## 2) 연대 을해자본의 검토

　연대 을해자본『동문선』은 중종·명종연간에 인행된 것이다. 中宗·明宗間에 인행된 을해자본 『동문선』은 일본 名古屋市 蓬左文庫에 소장되어 있는 64책본이 가장 완정한 것으로 알려져 있다. 이 蓬左文庫本은 10행 19자 본으로서 상하에 黑口가 있고 內向花紋魚尾를 가진 본이다. 末松保和는 이 蓬左文庫本의 인출시기를 대략 중종·명종 연간으로 추정하고 있다. 바로 위에 언급한 정속편 합본 을해자본에 해당하는 것이다.

　이 연대 을해자본은 권33의 단 한권만이 남아 있다. 이것을 蓬左文庫本과 비교하면 거의 동일한 印本임을 알 수 있다. 글자가 마모된 부분도 동일하며, 四周나 界線의 형태도 매우 흡사하다. 그러나 전반적인 인출상태는 蓬左文庫本에 비하여 연대본이 매우 좋다. 묵색도 선명하며, 글자가 뭉개지거나 번진 부분이 없다. 蓬左文庫本은 상당부분이 번져 있으며, 글자가 뭉개진 곳도 있다. 다만 연대본에는 낙장과 착간이 있다. 그 상황은 다음과 같다.

　낙장 부분: 권33의 제1장, 제4장, 제5장, 제17장, 제20장 이상 모두 5장

착간 부분: 제13장과 14장이 뒤바뀌어 있음.

落張 중 일부는 이미 印出되어 처음 裝幀될 당시에 발생한 것으로 보인다. 즉 제18장과 제21장에는 "以上一丈落"이라고 책장 모서리에 쓰여 있다. 그러나 앞의 낙장 부분에는 이런 메모가 보이지 않는다.

## 3. 내용

『동문선』은 본문 130권, 목록 3권, 합 133권이다.

내용을 보면, 권1~3은 辭·賦, 권4와 5는 오언고시, 권6과 8은 칠언고시, 권9와 10은 오언율시, 권11은 오언배율, 권12~17은 칠언율시, 권18은 칠언배율, 권19~22는 오언절구·칠언절구·육언절구, 권23~30은 詔勅·敎書·制誥·冊文·批答, 권31~45는 表箋·批答, 권46~48은 啓·狀, 권49~51은 露布·檄書·箴·銘·頌·贊, 권52~56은 奏議·箚子·雜文, 권57~63은 書牘, 권64~95는 記·序, 권96~98은 說, 권99는 論, 권100과 101은 傳, 권102와 103은 跋, 권104는 致語, 권105는 辯·對·志·原, 권106은 牒·議, 권107은 雜著, 권108은 策題·上樑文, 권109~113은 祭文·祝文·疏文, 권114는 道場文·齋詞, 권115는 靑詞, 권116~121은 哀詞·誄·行狀·碑銘, 권122~130은 墓誌 등이다.

위에서 보는 바와 같이 많은 문체를 망라되어 있다. 문체의 종류로 보면 55종에 걸쳐 있어 『文選』의 39종보다도 많으며, 『속동문선』의 37종보다도 많다. 그 가운데는 단 1편의 작품만 있는 露布와 같은 것도 있어서 수집의 포괄성을 엿볼 수 있다.

운문과 산문의 비율을 보면 시는 약 4분의 1 정도이며, 나머지는 산문이다. 산문 가운데에도 조칙·교서·제고·비답·주의·차자 등의 功令文과 표전·축문 등 儀典적 성격이 강한 문장이 1,130편 가량 된다. 특히 '表箋' 하나만 460여 편으로 전체 수록분의 10%를 넘어서고 있다.

이렇게 공령문과 의전에 관련된 작품의 비중이 높은 것은, 바로 政治에 필요한 문장의 모범을 『동문선』을 통해서 얻으려는 의도라고 할 수 있다. 즉 華國文章을 위한 文範으로서의 기능이 강조된 것이다. 이점은 의전과 관련된 작품이 거개가 四六駢儷體로 된 화려한 문장이어서 전체적으로 형식미를 추구하고 있는 것에서도 확인된다. 따라서 選定에 있어서 내용은 크게 문제 삼지 않았던 것으로 보인다. 그 예로 崔忠獻 부자를 미화하고 찬양한 시문이 많이 실려 있고, 승려의 비명이나 塔銘, 그리고 불교의 교리를 설파한 元曉의 불서 서문이 승려의 시 82편과 함께 실려 있다.

이 책이 완성되어 유포되자 成俔은 "이것은 精選한 것이 아니고 類聚한 것이다."라고 하였고, 李睟光도 "『동문선』의 採選은 범위는 넓으나 主選者의 好惡에 따라 取捨되었다."며 공평성이 부족함을 비판하였다.

이중 연대본은 권33의 1책만 남아있다. 권33은 表箋으로서 수록된 저작은 아래와 같다. 낙장으로 인하여 일부라도 일실된 것은 옆에 일실이라고 부기하였다.

「賀白雉箋趙末生」(일실)·「賀平定北方箋崔恒」(일실)·「賀靈泉湧出箋」·「賀琉球國獻鸚鵡箋」·「賀平定北方表無名氏」(일실)·「賀討平北虜表」(일실)·「賀麒麟福祿獅子空現諸佛世尊寶塔表」(일실)·「賀甘露醴泉表」·「賀騶虞表」·「賀麟見表」·「賀定都北京建奉天華蓋謹身三殿表」·「賀車駕還京表」·「賀車駕還京表」·「新羅謝唐賜地表無名氏」·「謝加太尉表崔致遠」·「謝示南蠻通和事宜表」·「謝立西川築城碑表」·「謝賜御製眞贊表」·「謝御札衣襟幷國信表」·「謝加侍中表」·「謝加侍中兼實封表」·「謝嗣位表」(일실)·「謝恩表」·「謝賜詔書兩函表」(일실)·「謝不許北國居上表」·「上大宋皇帝謝賜曆日表郭元」·「謝毀罷鴨江前面亭子表崔惟善」·「謝勅祭仁王表」·「謝物狀」·「謝勅祭仁王表」

表箋이란 表와 牋(箋과 같은 자)을 말한다. 모두 君上에게 올리는 글의 일종이다. 天子에게 올리는 것은 表, 諸王에게는 啓, 皇后와 太子에게는 牋으로 구분하기도 하였다. 『太平御覽』에서는 表는 윗사람에게 말하는 것으로서 자신의 속뜻을 밖으로 드러내는 것(上言表 思之於內 施之於外)이라고 하였으며, 牋 역시 表現한다는 뜻으로 자신의 마음을 겉으로 표현하는 것(牋者 表也 識表其情)이라고 정의하고 있다. 이런 表箋이 특히 중요했던 것은 중국과의 事大外交에 많이 사용되었기 때문이다. 「賀白雉箋」은 흰꿩의 祥瑞를 경하하여 임금에게 올린 글이고, 「賀平定北方箋」은 건주위 야인을 정벌하는데 도움을 준 明나라에 올린 것이다. 「賀騶虞表」와 「賀麟見表」는 모두 상서로운 동물인 騶虞와 麒麟이 나타난 것을 경하하는 글이며, 「謝加太尉表」부터 「謝不許北國居上表」까지는 모두 최치원의 글로서, 「謝嗣位表」이하는 신라의 國書이다.

## 4. 가치

이 연대 을해자본『동문선』(귀231)은 비록 33권 한권에 불과하지만 中宗 明宗년간에 인출된 것이다. 현재 국내외에 소장된 상황을 보면 을해자본『동문선』은 그 숫자가 많지 않다. 더욱이 연대본은 봉좌문고본에 비하여 인출 상태가 아주 좋다. 봉좌문고본은 먹이 번진 곳이 많고 어떤 곳은 글자 자체가 뭉개져 버린 곳도 있다. 그러나 연대본은 글자가 뭉개진 곳이 거의 없을 정도로 인출상태가 훌륭하다. 하지만 보존 상태는 상당히 불량한 편이다. 이미 위에서 언급한 대로 낙장이 여러 곳이 있으며 착간도 한 곳이 있다. 특히 책이 많이 낡아서 보존에 유의하여야 할 것으로 보인다. 참고로 이 밖에도 연대에는 9행 17자로 된 목판본 1책(권23)이 있다.(귀756) 이미 위에서 언급한 대로 『청분실서목』에는 성종대 인출된 을해자본의 복각본으로 比定한 본이 있고, 그 책의 간행시기를 중종연간으로 추정하였는데, 이 목판본 1책은 바로 이 판본으로 추측된다.

【서정문】

# 東文粹

金宗直(1431~1492) 編.

1) 覆刻乙亥字本. 全10卷3册중 7卷2册(第3 · 4 · 5卷 낙질) : 四
周單邊 半郭 20.3×14.7cm, 有界, 9行17字, 上下內向黑魚
尾 ; 20.3×14.7cm.
2) 木板本. 全10卷 중 2卷1册의 零本(3 · 4권 存) : 四周單邊
半郭 20.3×14.7cm, 有界, 9行17字, 上下內向黑魚尾 ;
20.3×14.7cm.

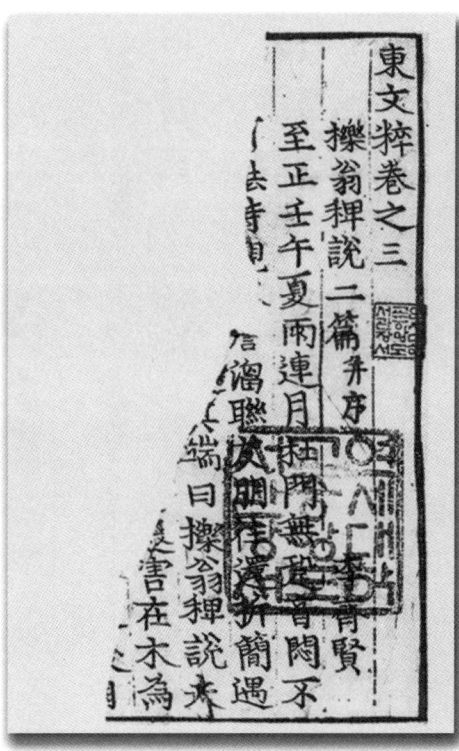

東文粹
1) 覆刻乙亥字本. 全10卷3册중 7卷2册
(第3 · 4 · 5卷 낙질)

東文粹
2) 木板本. 全10卷 중 2卷1册의 零本(3 · 4권 存)

## 1. 편자

金宗直(1431~1492)에 대해서는 본 『고서해제』 Ⅵ 佔畢齋集 편을 참조.

국립중앙도서관의 인터넷 홈페이지에서는 편자를 金宗直이라고 한 곳도 있고 集賢殿이라고 한 곳도 있어 통일되지 않았다. 집현전을 편자로 하였을 때는 김종직을 '增削'자로 보았다. 관점에 따라 집현전 학사들이나 심지어 成三問을 편자로 볼 소지가 있기는 하지만, 김종직을 편자로 보는 것이 훨씬 일반화되었고 그렇게 보아도 무리가 없기 때문에 여기서도 김종직을 편자로 규정한다. 구체적인 편찬 과정은 뒤의 '내용' 편에서 언급하기로 한다.

일부 해제에서 跋文을 쓴 申從濩를 再編자로 보는 것은 잘못이다. 신종호는 편찬에는 전혀 관여하지 않았고 김종직이 편찬을 마친 다음에 발문을 써달라는 부탁에 응하였을 뿐이다.


## 2. 구성

### 1) 구성

『東文粹』는 신라 최치원부터 김종직 당대의 인물들까지 주요 문인들의 글을 모은 문장선집인데, 중국이나 우리나라의 대부분의 문장선집이 주로 문체별 분류를 택하고 있는데 반해『동문수』는 작가별, 시대별 분류를 따르고 있다.

서두에는 목록이 있는데 일부는 본문의 제목을 약간씩 변형시켜 실은 것도 있다. 예를 들면「雙明齋詩集序」를「雙明齋詩序」로,「驅詩魔文效韓退之送窮」을「驅詩魔文」으로,「謁三王廟各獻頌」을「三王頌」등으로 한 것이다.

목록 다음에는 申從濩가 쓴 발문이 실려 있다. 발문이 앞에 놓인 게 일반적이지는 않지만, 국립중앙도서관에 소장된 天·地·人 3책의 完帙本(한貴古朝44-가154)에도 앞에 실려 있다. 국립중앙도서관에는 또 다른 판본으로 1~5권만 남은 낙질본(한貴古朝44-가156)이 있는데 이는 목록 다음에 신종호의 발문이 없고 바로 본문으로 이어진다. 후반부가 없어서 정확하게 알 수는 없지만 이 이본은 아마도 발문이 뒤에 붙어 있지 않을까 생각된다. 참고로 근래에 계명한문학연구회에서 『佔畢齋先生全書』 중에 편입하여 영인한 『東文粹』는 국립중앙도서관 소장의 완질본(天·地·人 3책본)과 똑같은 판본인데 여기에는 申從濩의 발문이 맨 뒤에 실려 있다. 두 책은 글자 형태는 물론이고 界線의 끊김이나 마모 상태까지 완전하게 일치하는 동일본인데 발문의 위치가 서로 다른 것은 의문이다. 아마도 영인본을 낼 때 '跋文'이라는 개념을 살려 영인 과정에서 일부러 뒤로 돌렸을 것으로 짐작된다.

발문 다음에 본문이 시작되는데 전체적인 수록 작품과 작가의 현황은 다음과 같다.(본 도서관 소장본은 낙질이 있는 불완전본이지만 완질본을 참고하여 전체 작품과 작자를 소개한다.)

　　<卷第一>
「檄黃巢書」(崔致遠)・「淸燕閣記」(金緣)・「上金國誓表」・「進三國史表」(이상　金富軾)・「孔方
傳」・「畫鷹記」・「中秋會飮詩序」・「與皇甫若水書」(이상 林椿)・「雙明齋詩序」(李仁老)・「尹司業
安撫南原頌」・「爲晁錯雪冤論」・「秦始皇不焚周易論」・「畏賦」(이상 李奎報)

　　<卷第二>
「祖江賦幷序」・「春望賦」・「夢悲賦」・「止止軒記」・「草堂理小圃記」・「驅詩魔文」・「續折足几
銘」・「樽銘」・「琴銘」・「自誡銘」・「思箴」・「狂辨」・「異相者對」・「桂陽望海志」(이상 李奎報)・
「上伯住丞相書」・「范增論」・「金就礪行軍論」・「伍員蘇不韋論」(이상 李齊賢)

　　<卷第三>
「櫟翁稗說二篇幷序」・「史贊二篇」・「送辛員外北上序」・「宗室傳序」・「雲錦樓記」・「三王頌」・
「白樂天眞贊」・「蘇東坡眞贊」・「崔春軒壺矢銘」・「彦陽府院君金公墓誌銘」(이상 李齊賢)・「送安
梁州序」・「送僧禪智遊金剛山序」・「送鄭仲孚書狀官序」・「送張雲龍西歸序」・「東人文序」・「送李
中父還朝序」・「崔春軒壺記」・「持平金君墓誌銘幷序」・「猊山隱者傳」(이상 崔瀣)

　　<卷第四>
「原水旱」・「趙苞忠孝論」・「杯羹說」・「借馬說」・「市肆說」・「師說」・「臣說」・「與同年崔趙兩
公書」・「送揭理問序」・「送金晦翁赴化平府序」・「小圃記」・「弔黨錮文幷序」(이상 李穀)・「漢陽府
院君韓公墓誌銘幷序」・「鷄林府院君王公墓誌銘幷序」(이상 李仁復)

　　<卷第五>
「記碁」・「流沙亭記」・「遁村記」・「陶隱齋記」・「益齋亂藁序」・「贈柳思菴詩序」・「農桑輯要後
序」・「及菴詩集序」・「元巖讌集唱和詩序」・「直說三篇」・「浩然說」・「鄭公畫像贊幷序」・「上札贊
幷序」・「自儆箴」(이상 李穡)・「思美人辭」(鄭夢周)

　　<卷第六>
「哀秋夕辭」・「復齋記」・「迎日縣新城記」・「夢松樓記」・「松李侍史知南原序」・「松李慕之赴淸
州牧序」・「賀姜代言詩序」・「贈李生序」・「贈朴生序」・「草屋子傳」・「裵烈婦傳」(이상 李崇仁)・
「上玄陵封事」(李存吾)・「賀凱還詩序」(尹紹宗)

＜卷第七＞

「上鄭達可書」・「謝魑魅文幷序」・「哭潘南先生文幷序」・「江之水辭」・「答田父」・「李子安文集序」・「消災洞記」・「題漁村記後」・「讀東亭陶詩後序」・「心氣理三篇」・「佛氏昧道器辨」(이상　鄭道傳)・「鷹鷄說」・「蜜蜂說」(이상 李詹)・「阻風說」(鄭以吾)

＜卷第八＞

「古澗記」・「月波亭記」・「送辛都兵馬使序」・「馬氏思親堂圖序」・「送新進士韓有紋序」・「吉再先生詩卷後序」・「騎牛說」・「新羅神武王復讎論」(이상　權近)・「箕子廟碑銘幷序」(卞季良)・「讐校高麗史序」(尹淮)・「闢佛疏」(魚變甲)

＜卷第九＞

「論風水疏」(魚孝瞻)・「送崔主簿歸養詩序」(成三問)・「進高麗史節要箋」(李克堪)・「泰安郡壁記」・「海東諸國記序」・「宛陵梅先生詩選序」・「追慕錄序」(이상　申叔舟)・「送判書成公赴京序」・「送法岊道者序」・「琴軒記」(이상 金守溫)

＜卷第十＞

「養蕉賦幷序」・「養花小錄序」・「萬休亭記」・「升木說」・「登山說」・「三雉說」・「假山讚幷序」(이상 姜希孟)・「畜牧書序」(李承召)

이 중에서 제5권의 「元巖讌集唱和詩序」와 제6권의 「賀凱還詩序」는 목록에만 있고 본문에는 실리지 않았다. 또 제1권의 「中秋會飮詩序」와 「與皇甫若水書」는 본문과 목록의 순서가 바뀌어 있다. 즉, 본문에는 「中秋會飮詩序」가 먼저 실려 있으나 목록에는 뒤에 실려 있다.

## 2) 판본 검토

### (1) 『東文粹』(7권・落帙本)

전10권 3책 중 중간에 한 책(제3~5권)이 누락된 결본이다. 남아 있는 책도 제2책의 첫머리 제6권이 시작되는 앞부분의 2장 반이 떨어져 나가서 李崇仁의 「哀秋夕辭」와 「復齋記」의 절반 정도가 누락되었으며, 맨 마지막도 2장이 떨어져 나가 李承召의 「畜牧書序」가 절반 정도만 남았다. 연세대학교 중앙도서관의 『고서목록』에서 '全 10卷5冊中의 零本'이라고 한 것은 잘못으로 보인다. 현재 전하는 것은 제1~2권, 제6~10권이 각각 한 책씩 묶여 두 책으로 되어 있고 낙질은 3・4・5권뿐인데, 정황상 낙질된 세 권은 한 책으로 묶였을 것이므로 전체 3책으로 본다.

『고서목록』에서는 '覆刻乙亥字本'이라고 하였다. 본 해제자가 乙亥字와 대조해서 검토한 바로는, 전체적으로는 글자체가 많이 닮아서 수긍이 되지만 일부 글자를 보면 복각본이라고 하기에 주저되는 차이점도 없지 않다. 이는 原板과 補板이 混在되었기 때문으로 보인다. 또 제7권 중 8張이하의 몇 장은 확연히 다른 글자체여서 이 부분은 따로 補刻한 것으로 보인다.

(2) 『東文粹』(2권, 零本)

『고서목록』에서는 乙亥字라고 하였으나 본 해제자가 검토한 바로는 을해자와는 차이가 있으며 목판본으로 판단된다. 전체적으로는 앞의 7권 본과 글자 형태가 유사하지만 자세하게 비교해 보면 분명한 차이가 있어 동일 판본은 아니며, 목판으로서의 성격이 더 두드러져 보인다. 지금까지 확인된 『東文粹』의 여러 판본은 모두 체제가 똑같고 글자체는 대동소이하여 하나의 계통에서 나왔음을 알 수 있다. 이 零本도 앞의 낙질본과는 다른 판본이지만 전체적으로는 같은 형태이며 다양하게 달라지는 魚尾까지 변화를 같이 따르고 있고 간혹 일부만 다를 뿐이다.


## 3. 내용

『東文粹』는 佔畢齋 金宗直이 신라 최치원부터 김종직 당대의 인물들까지 주요 문인들의 글을 모은 문장선집으로서 1488년에 간행되었다. 다만 당대의 인물이라도 세상을 떠난 사람만 대상에 포함하였다.[1] 이러한 작가 선정 원칙은 그가 편찬한 시선집인 『靑丘風雅』도 마찬가지이다.

이 책의 편찬 과정은 申從濩의 발문에 잘 드러나 있다. 이에 의하면 집현전의 여러 학자들이 東文粹[2] 약간 권을 편찬하여 秘閣에 보관해 둔 지가 오래 되었는데 점필재가 이를 얻어 보고 좋게 여기고, 다만 그 중에 마음에 안 드는 점이 없지 않아서 약간의 增削을 가하고 또 자신과 가까운 시대의 작품도 추가해 넣어 완성하였다.[3] 신종호는 처음 편집한 사람을 집현전의 여러 학자들[集賢諸公]이라고 하였으나 成俔은 구체적으로 成三問 한 사람만 지목하였다.[4] 이러한 편찬 과정 때문에 편자를 集賢殿 학사로 볼 수도 있고 金宗直 개인으로 볼 수도 있는 상황이 일어난 것이다.(成三問을 편자로 본 곳도 있다.)

選文의 기준에 대해서 발문을 쓴 신종호는 다음과 같이 말하였다.

---

1) 가장 시대가 늦은 인물인 이승소는 몰년이 1484년인데, 동문수가 간행된 것은 1488년이다.
2) 일부 해제나 연구 논문에서 '東方文粹'라고 한 것은 잘못이다. 이는 金烋의 『海東文獻總錄』에서 신종호의 발문을 인용하면서 잘못 적은 것을 따른 것이다.
3) 申從濩, 「東文粹跋」. "往時集賢諸公編東文粹若干卷, 藏在秘閣久矣. 佔畢齋得而可之. 然於其中不無病焉, 故稍可增削之, 又續以近時之作."
4) 成俔, 『慵齋叢話』 권10. "成謹甫在時編東人文, 名曰東人文寶, 未成而死, 金季昷踵而成之, 名曰東文粹."

문장은 이치가 뛰어난 것을 위주로 삼는 것이니, 이치를 근본으로 하지 않고 문자의 말단에나 자질구레한 신경을 써서 아름답게 꾸미고 교묘하게 짜맞추는 솜씨와 괴이하고 험벽한 재주를 숭상하는 글들은 선생께서는 하나도 취하지 않았고, 오직 세상에 절실하게 쓰이고 의리를 밝히는 글이어야 취하였다. 이 책은 취하고 버리는 것이 공정하고, 번잡하거나 간략함이 적당하므로 후세에 영원히 전해질 것이 분명하다.5)

그러나 성현은 이 책에 대해 약간의 부정적인 견해를 드러내었다. 그는 점필재가 글의 번화한 것을 싫어하여 溫藉한 것만을 뽑았으며, 비록 규범에 뜻을 두었으나 위축되고 기력이 없어서 볼 만한 것이 없다고 하였다.6)

이러한 평가들 때문에 『동문수』는 유가적인 관점에서 도학과 문학의 전범성을 제시한 선집이라고 논의되는 것이 일반적인 경향이다.


## 4. 가치

『동문수』는 동일인이 편찬한 시선집인 『청구풍아』에 비해서는 그리 널리 읽히지 않은 것으로 인식되어 왔다. 그것은 분량에 있어서 그다지 많지 않고 이미 동문선에서 거의 다루고 있는 작품들이어서 특별히 많은 관심을 받지 못했기 때문인 것으로 본 것이다. 그러나 여러 종류의 판본이 전하는 것으로 보아 그와 같은 기존의 인식에 재고를 요한다.

특히 이 연세대학교 도서관 소장본은 다른 곳에 소장된 것과 비교할 때 같은 계통이면서도 미세한 차이가 있는 이본이어서 판본 연구에 중요한 자료로 활용가치가 있다고 할 것이다.

【김영봉】

---

5) 申從濩,「東文粹跋」.
6) 成俔,『慵齋叢話』, 앞의 글.

# 東槎集

李廷龜(1564~1635) 等 9人 共著.

寫本. 1卷1册(47張) : 無界, 8行字數不定, 無魚尾 ; 27.5×
18.5cm.

# 1. 저자

李廷龜(1564~1635)[1]의 本貫은 延安, 字는 聖徵, 號는 月沙·保晚堂·癡菴·秋崖·習靜, 諡號는 文忠이다. 14세 때 陞補試에 장원을 하였고, 1590년(선조 23)에는 증광문과에 병과로 급제하였다. 그는 문장이 뛰어났을 뿐 아니라 중국어에도 능통하여 여러 차례 중국과의 외교임무를 맡아 성공적으로 처리하였다. 그의 가장 주요한 이력은 「戊戌辨誣奏」를 작성한 일이다. 1598년에 명나라의 병부주사 丁應泰가 임진왜란은 조선에서 왜병을 끌어들여 중국을 침범하려고 한 것이라는 무고사건을 일으키자 이정구가 陳奏副使로 명나라에 들어가 丁應泰의 무고임을 밝혀 그를 파직시켰다. 그후 大提學에 임명되었으며 여러 차례 사신의 임무를 띠고 중국을 오갔다. 이러한 능력으로 인해 왕의 신임을 받아 병조판서·예조판서·우의정·좌의정을 두루 역임하였다. 그의 문장은 정통적인 사대부 문학의 전범으로 여겨졌으며, 張維·李植·申欽과 더불어 漢文四大家로 일컬어진다.

李安訥(1571~1637)의 本貫은 德水, 字는 子敏, 號는 東岳, 諡號는 文惠이다. 18세에 진사시에서 장원하였으나, 동료들의 모함을 받아 과거 볼 생각을 버리고 문학에 열중하였다. 權韠, 尹根壽, 李好閔 등과 교우를 맺어 東岳詩壇을 결성하였다. 29세 때 다시 과거 시험을 보아 급제하였고 淸職을 두루 거친 후 1601년(선조 34) 書狀官으로 명나라에 다녀왔다. 여러 지방관직을 역임하다, 인조반정 후 예조참판에 임명되었다. 이듬해 李适의 난을 방관하였다는 명목으로 귀양을 갔다가 정묘호란이 일어나자 사면되었고 강화유수에 임명되었다. 1631년 함경도 관찰사, 1632년 예조판서 겸 예문관제학을 거쳐 충청도도순찰사에 제수되었고, 청렴근면한 관리로 뽑혀 崇政大夫에 加資된 후 형조판서 겸 홍문관제학에 임명되었다. 1636년 병자호란이 일어나자 왕을 호종하여 남한산성으로 갔다가 환도한 뒤에 병세가 악화되어 별세하였다. 그는 참신하고 기발한 시상을 통해 우리나라 한시의 차원을 한 단계 끌어올린 것으로 평가된다.

洪瑞鳳(1572~1645)의 本貫은 南陽, 字는 輝世, 號는 鶴谷, 諡號는 文靖이다. 1590년(선조 23) 진사가 되고, 1594년 별시문과에 병과로 급제하여 관직에 발을 들여놓았다. 1608년(광해군 1) 중시문과에 갑과로 급제한 뒤 賜暇讀書하였다. 1611년 金直哉獄事에 장인인 黃赫이 연루되어 삭직당하였다. 그러나 1623년 인조반정을 주동, 靖社功臣 3등에 책록되고, 益寧君에 봉해졌다. 병조참의·이조참의·대사간·동부승지·부제학·대사헌·병조참판·도승지를 역임하였고, 1628년 柳孝立의 모반을 고변, 寧社功臣 2등에 책록되고 지의금부사가 되었다. 대사헌·우참찬·이조판서·좌빈객·병조판서·예조판서·대제학·우의정·좌의정 등 요직을 거쳤다. 병자호란이 일어나자 和議를 주장, 청나라 군사 진영을 내왕하며 화의를 위한 실무를 수행하였

---

1) 『東槎集』은 여러 사람들의 酬唱詩를 엮어 놓은 것이다. 그 가운데 이 시집을 엮은 인물은 李廷龜이고, 수창에 참여했던 주요 인물은 李安訥, 洪瑞鳳, 朴東說, 車天輅, 權韠이다. 이들 외에 한두 수의 시가 보이는 인물로 李晬光, 崔岦, 李好閔이 있다.

다. 1640년부터 몰년인 1645년까지 영의정과 좌의정을 번갈아 역임하며 국왕을 적극적으로 보필하였다. 1645년(인조 23) 청나라에서 귀국한 昭顯世子가 급사하자 세손을 잇는 것이 상도常道임을 들어 鳳林大君을 세자로 책봉하려는 인조의 의사에 반대하였다.

朴東說(1564~1622)의 本貫은 潘南, 字는 說之, 號는 南郭·鳳村이다. 다섯 살에 이미 글을 읽을 줄 알았고, 1594년 정시 문과에 장원으로 급제한 후 淸職을 두루 거쳐 1601년 이조정랑에 올랐으며, 그 해 가을 遠接使의 從事官이 되어 義州에 다녀왔다. 후에 황주목사로 나가 선정을 베풀어 칭송이 자자했고, 예조참의·동부승지·우부승지·황해도관찰사·형조참의·충주목사·대사성을 거쳤다. 1609년(광해군 2) 李滉의 문묘 배향을 반대하는 鄭仁弘의 상소 때문에 유생들이 정인홍을 儒籍에서 삭제하자, 광해군이 크게 노해 유생들을 투옥시켰다. 이때 그는 이를 말리다 뜻을 이루지 못하자 자진해 나주목사로 나갔다. 1613년 廢母論에 적극 반대하다 아우 동량과 함께 옥에 갇히게 되었으나, 마침 중풍으로 석방되었다. 만년에 松楸에 은거하였다.

車天輅(1556~1615)의 本貫은 延安, 字는 復元, 號는 五山·橘室·淸妙居士이다. 1577년(선조 10) 알성문과에 병과로 급제, 1583년 문과중시에 을과로 급제하였다. 1586년 과거시험에서 呂繼先의 表文을 대신 지어주어 장원급제시킨 일이 발각되어 유배되었으나 1588년 문재가 있어 용서되었다. 1589년 통신사 黃允吉을 따라 일본에 다녀왔다. 명나라에 보내는 대부분의 외교문서를 담당, 문명이 명나라에까지 떨쳐 東方文士라는 칭호를 받았다. 明使들이 문장의 速作을 시험하려 미리 준비한 시에 거침없이 酬應하면서 더욱 문명을 드러냈다. 奉常寺判官·校理를 거쳐 광해군 때 봉상시첨정을 지냈다. 韓濩·權韠·金玄成과 書檄詞翰이라 불렸으며, 시에 능해 한호의 글씨, 崔岦의 문장과 함께 '松都三絶'이라 일컬어진다.

權韠(1569~1612)의 本貫은 安東, 字는 汝章, 號는 石洲이다. 鄭澈의 문인으로, 구속받기 싫어하여 벼슬하지 않은 채 일생을 마쳤다. 동료문인들의 추천으로 製述官이 된 적이 있으며, 또 童蒙敎官에 임명되었으나 끝내 나아가지 않았다. 임진왜란 때에는 具容과 함께 강경한 주전론을 주장했다. 任叔英이 과거시험 답안지에 柳希奮의 방종을 공격한 것이 광해군의 뜻에 거슬려 削科된 사실을 듣고 「宮柳詩」를 지어서 풍자, 비방하였다. 1612년 金直哉의 誣獄에 연루된 趙守倫의 집에서 권필의 시가 나왔으므로 이에 연좌되어 귀양가던 도중 동대문 밖 주막에서 행인들이 주는 술을 폭음하고는 이튿날 44세로 죽었다. 인조반정 이후 사헌부지평에 추증되었고, 光州 雲巖祠에 배향되었다.

李晬光(1563~1628)의 本貫은 全州, 字는 潤卿, 號는 芝峯, 諡號는 文簡이다. 1585년(선조 18) 23세에 승문원 부정자가 되면서 관직에 들어섰다. 그는 중요한 관직을 두루 거쳤고 세 차례나 명나라에 사신으로 다녀와 관료로서의 능력을 발휘했다. 임진왜란과 정묘호란을 치르고, 광해군 때의 정치적 갈등과 인조 때의 李适의 난을 겪었으나 당쟁에 휩쓸리지 않고 언제나 성실하고 양식 있는 관료이자 선비로서의 자세를 지켰다. 66세로 세상을 떠난 뒤에 영의정으로 추증되었으며, 수원의 淸水書院에 제향되었다.

崔岦(1539~1612)의 本貫은 通川, 字는 立之, 號는 簡易·東皐이다. 1559년 식년문과에 장원으로 급제한 후, 외직을 두루 거쳤으며 여러 차례 주청사의 질정관으로서 명나라에 다녀왔다. 1607년 형조판서에 이르러 사직하고 평양에 은거했다. 그는 중국과의 외교문서를 많이 작성하였을 뿐 아니라, 중국에 갔을 때 王世貞을 만나 문장을 논하여 명문장가라는 격찬을 받은 바 있다.

李好閔(1553~1634)의 本貫은 延安, 字는 孝彦, 號는 五峯·南郭·睡窩, 諡號는 文僖이다. 1584년에 별시문과에 을과로 급제하여 淸職을 거쳤다. 1592년에 이조좌랑으로 임진왜란을 만나 의주까지 왕을 호종하였으며, 遼陽으로 가 李如松의 군대를 끌어들이는 데에 크게 공헌하였다. 이호민은 1608년 永昌大君의 즉위를 반대하고 적서의 구별 없이 장자를 옹립하여야 한다고 주장했고, 광해군이 즉위하자 告訃請諡承襲使로 명나라에 가서 이러한 입장을 밝혔다. 광해군이 공을 세운 것에 대하여 포상하려 하였으나 사양하였다. 1614년 鄭蘊 등이 영창대군 살해에 대한 항의를 하다가 귀양을 가게 되자 이들의 방면을 요구하기도 하였다. 1615년(광해군 7) 鄭仁弘 등의 遠竄論에 따라 7년간 교외에서 待罪하였으며, 인조반정 후에 舊臣으로 우대를 받았다. 죽은 뒤에 청백리에 올랐다.

이들은 모두 조선 중기 문장이나 시로 이름이 난 인물들이다. 일부러 벼슬길을 마다했던 권필을 제외하면 청요직을 두루 거친 관인들이기도 한다. 李廷龜는 遠接使에, 朴東說·李安訥·洪瑞鳳은 종사관에, 車天輅·權韠은 제술관에 임명되어 1601년 명나라 사신을 맞이하러 의주까지 왕래했다. 그러는 사이 사신과 원접사를 접대하는 임무를 띠고 온 李睟光·崔岦·李好閔을 만나 수창하였다. 명나라 사신의 시험에 신속한 對作으로 이름을 알리게 된 차천로의 예에서도 보이듯이, 조선의 문명을 드러낼 수 있는 뛰어난 인재를 가려 뽑아 보내는 것이 관례였다. 그렇기 때문에 벼슬에 있지 않았지만 시명을 떨치고 있던 권필도 함께 뽑혔던 것이다. 사신을 맞이하러 가는 길은 이정구를 비롯한 이안눌, 홍서봉, 박동열, 차천로, 권필 등 한 시대를 대표할 수 있는 인물들이 한 자리에 모일 수 있는 기회를 제공했으며, 문장으로 이름이 났던 李睟光, 李好閔, 崔岦 등의 명사들과의 수창도 이루어질 수 있었다.


## 2. 구성


『東槎集』 권머리에는 1613년 3월에 쓴 이정구의 서문과 1608년 4월에 쓴 李睟光의 서문이 실려 있다. 이어지는 수창시는 모두 시간 순서대로 기재되어 있으며, 각각의 개인 문집에서도 찾아볼 수 있다. 총 199수의 시를 문집과 대조해 보면 다음과 같다.

| 동사집 | | 개인문집 | | 비고 |
|---|---|---|---|---|
| 작가 | 제목 | 제목 | 소재문집 | |
| 李廷龜 | 辛丑十一月十八日宿坡山記事奉呈同行李子敏洪輝世二學士兼示車復元秘書求和 | 宿坡山記事奉示同行求和 | 月沙集 | |
| 李安訥 | | 辛丑十一月十八日宿坡山奉次遠接使月沙李相公韻 | 東岳集 | 2수 |
| 洪瑞鳳 | | 없음 | 鶴谷集 | |
| 車天輅 | | 奉和使相宿坡山記事韻二首 | 五山集 | 2수 |
| 李廷龜 | 過臨津感舊有作 | 過臨津感舊有作 | 月沙集 | |
| 朴東說 | | 次使相臨津感舊韻 | 鳳村集 | |
| 李安訥 | | 過臨津次使相韻 | 東岳集 | |
| 洪瑞鳳 | | 次遠接使過臨津感舊有作韻 | 鶴谷集 | |
| 車天輅 | | 奉和使相臨津韻 | 五山集 | |
| 李廷龜 | 子敏疊賦闌字仍用其韻以記夜行時辛丑十一月二十日發松京宿平山 | 子敏疊賦闌字仍用其韻以記夜行 | 月沙集 | |
| 李安訥 | | 없음 | 東岳集 | |
| 朴東說 | | 次使相記夜行復用坡山韻 | 鳳村集 | |
| 洪瑞鳳 | | 없음 | 鶴谷集 | |
| 車天輅 | | 奉和使相發松京夜行韻 | 五山集 | |
| 李廷龜 | 安城館口占 | 安城館口占 | 月沙集 | |
| 朴東說 | | 次使相安城館韻 | 鳳村集 | |
| 李安訥 | | 安城館次使相韻 | 東岳集 | |
| 洪瑞鳳 | | 次遠接使月沙安城館口占韻 | 鶴谷集 | |
| 車天輅 | | 奉和使相安城館韻 | 五山集 | |
| 洪瑞鳳 | 鳳山洞仙館作 | 鳳山洞仙館作 | 鶴谷集 | |
| 李廷龜 | | 次鶴谷洪輝世洞仙館韻 | 月沙集 | |
| 朴東說 | | 次輝世公洪瑞鳳洞仙館韻 | 鳳村集 | |
| 李安訥 | | 洞仙館次從事官鶴谷洪輝世韻 | 東岳集 | |
| 車天輅 | | 奉和洪輝世洞仙館韻 | 五山集 | |
| 李安訥 | 洞仙館復用前韻 | 洞仙館復用坡山韻 | 東岳集 | |
| 朴東說 | | 次子敏李公安訥洞仙館復用坡山韻 | 鳳村集 | |
| 洪瑞鳳 | | 到黃州追次李子敏洞仙館復用坡山韻 | 鶴谷集 | |
| 朴東說 | 感舊書懷贈黃州牧使尹敬立存仲年伯 | 感舊書懷贈黃岡尹使君立存仲敬立 | 鳳村集 | |
| 李廷龜 | | 次南郭朴說之韻贈黃州牧使尹存仲 | 月沙集 | |
| 李安訥 | | 次從事官南郭朴說之贈黃州牧使尹存仲韻 | 東岳集 | |
| 洪瑞鳳 | | 없음 | 鶴谷集 | |
| 車天輅 | | 奉和朴說之贈黃牧尹存仲韻 | 五山集 | |
| 李安訥 | 冬至前一日中和途中記事口號 | 冬至前一日中和途中記事口號 | 東岳集 | |
| 李廷龜 | | 次東嶽李子敏冬至日韻 | 月沙集 | |
| 朴東說 | | 次子敏小至中和道中韻 | 鳳村集 | |
| 洪瑞鳳 | | 次遠接使冬至日韻 | 鶴谷集 | |
| 車天輅 | | 奉和李子敏中和途中韻 | 五山集 | |
| 李廷龜 | 次片雲師軸上韻 | 次軸上韻贈片雲師二首 | 月沙集 | 2수 |
| 李睟光 | 平壤淸華館錄呈遠接使吟案兼奉諸從事老兄幷車秘書求和 | 自黃州先到箕城錄奉月沙幷諸從事 | 芝峯集 | |
| 李廷龜 | | 次都可迎恩使芝峯李潤卿韻在箕城 | 月沙集 | |
| 朴東說 | | 次芝峯淸華館韻 | 鳳村集 | |
| 李安訥 | | 次都可迎恩使芝峯李潤卿令公平壤淸華館韻 | 東岳集 | |
| 洪瑞鳳 | | 次都可迎恩使兵曹參議芝峯李潤卿睟光韻 | 鶴谷集 | |
| 車天輅 | | 奉和芝峯淸華館韻 | 五山集 | |

| 李睟光 | | 贈李正郎子敏 | 芝峯集 | |
|---|---|---|---|---|
| 李廷龜 | 錄呈李郎中子敏求和 | 次芝峯韻贈子敏 | 月沙集 | |
| 李安訥 | | 次芝峯李令公寄贈韻 | 東岳集 | |
| 李安訥 | 十二月初一日謹正使相案下 | 十二月初一日謹呈使相案下 | 東岳集 | |
| 李廷龜 | | 次李子敏忌辰之作 | 月沙集 | |
| 李睟光 | | 箕城病臥遇雪錄奉月沙 | 芝峯集 | |
| 李廷龜 | | 次芝峯遇雪書懷韻 | 月沙集 | |
| 朴東說 | 遇雪書懷奉呈月沙吟案仍示南郭東嶽鶴谷三從事幷車秘書校理乞和 | 次芝峯箕城遇雪韻 | 鳳村集 | |
| 李安訥 | | 次芝峯韻 | 東岳集 | |
| 洪瑞鳳 | | 없음 | 鶴谷集 | |
| 車天輅 | | 奉和芝峯遇雪書懷韻二首 | 五山集 | 2수 |
| 崔岦 | | 奉遠接使一行求題草堂 | 簡易集 | |
| 李廷龜 | | 次東皐崔立之岦韻 | 月沙集 | |
| 朴東說 | | 次東皐韻 | 鳳村集 | |
| 李安訥 | | 次東皐崔令公岦之韻 | 東岳集 | |
| 洪瑞鳳 | 謹呈遠接使幕下三學士僉座幷車秘書權大雅二足下 | 次東皐崔立之岦韻呈遠接使幕下三學士幷車秘書權大雅韻 | 鶴谷集 | |
| 車天輅 | | 崔東皐岦寅居箕城搆草堂扁以簡易萬曆辛丑李月沙廷龜爲華使顧天俊儐接李芝峯睟光爲延慰朴南郭東說李東岳安訥洪鶴谷瑞鳳爲從事官余與金南窓玄成權石洲韠爲製述官來會箕城皆一時文章巨公也有簡易堂酬唱詩 | 五山集 | |
| 權韠 | | 奉和崔同知岦見示韻 | 石洲集 | |
| 李好閔 | 寄贈月沙令公仍示東嶽學士 | 中和謝月沙東广送馬相迎 | 五峯集 | |
| 李廷龜 | 十二月初二日行到安定館見五峯令兄寄詩傳自驛使臨行走筆次韻却寄 | 十二月初二日行到安定館見五峯寄詩傳自驛使臨行走筆次韻却寄 | 月沙集 | |
| 李安訥 | | 次義州延慰使五峯李相公韻 | 東岳集 | |
| 權韠 | | 登百祥樓 | 石洲集 | |
| 李廷龜 | | 次石洲權汝章百祥樓偶占長律韻 | 月沙集 | |
| 朴東說 | 百祥樓偶占長律一百謹呈使相閣下兼示同行諸君子求和教 | 次汝章百祥樓韻 | 鳳村集 | |
| 李安訥 | | 百祥樓次製述官石洲權汝章韻 | 東岳集 | |
| 洪瑞鳳 | | 次權汝章百祥樓偶占韻 | 鶴谷集 | |
| 車天輅 | | 奉和權汝章百祥樓韻 | 五山集 | |
| 李廷龜 | | 將發嘉平館望見諸公上齊山亭病未同登書懷奉贈 | 月沙集 | |
| 朴東說 | | 없음 | 鳳村集 | |
| 李安訥 | 將發嘉平館望見諸公齊山亭上山亭未同登書懷奉呈 | 上齊山亭次使相寄示韻 | 東岳集 | |
| 洪瑞鳳 | | 次遠接使將發嘉平館望見諸公上齊山亭病未同登書懷韻 | 鶴谷集 | |
| 車天輅 | | 奉和使相發嘉平館韻 | 五山集 | |
| 權韠 | | 登齊山亭用使相韻 | 石洲集 | |
| 李廷龜 | | 納淸亭記見 | 月沙集 | |
| 朴東說 | | 次使相納淸亭記 | 鳳村集 | |
| 李安訥 | 納淸亭記見 | 納淸亭次使相韻 | 東岳集 | |
| 洪瑞鳳 | | 次遠接使納淸亭韻 | 鶴谷集 | |
| 車天輅 | | 奉和使相納淸亭韻 | 五山集 | |

| | | | | |
|---|---|---|---|---|
| 權韠 | | 次使相納淸亭韻 | 石洲集 | |
| 李廷龜 | | 新安館夜坐待諸君不至口占促之 | 月沙集 | |
| 朴東說 | | 次使相新安館待諸君不至韻 | 鳳村集 | |
| 李安訥 | 新安館夜坐待諸君不至口占促之 | 新安館次使相韻 | 東岳集 | |
| 洪瑞鳳 | | 次遠接使新安館夜坐待諸君不至口占促之韻 | 鶴谷集 | |
| 車天輅 | | 奉和使相新安館韻 | 五山集 | |
| 權韠 | | 없음 | 石洲集 | |
| 李廷龜 | | 朝來索筆欲和諸公所作又有公事來擾書此自嘆時留新安館 | 月沙集 | |
| 朴東說 | 朝來索筆欲和諸公所作又有公事來擾書此自難時十二月初七日留新安館 | 次使相留新安館韻 | 鳳村集 | |
| 李安訥 | | 留新安館次使相韻 | 東岳集 | |
| 洪瑞鳳 | | 次遠接使欲和諸公所作又有公事來擾書此自歎韻 | 鶴谷集 | |
| 車天輅 | | 奉和使相韻 | 五山集 | |
| 權韠 | | 新安館次使相韻 | 石洲集 | |
| 權韠 | | 有懷李實之 | 石洲集 | |
| 李廷龜 | | 次汝章有懷李實之春英韻 | 月沙集 | |
| 朴東說 | 有懷李實之 | 次石洲權公韠號懷體索韻東槎錄 | 鳳村集 | |
| 李安訥 | | 次權汝章有懷李實之韻 | 東岳集 | |
| 洪瑞鳳 | | 次權汝章懷李實之春英韻 | 鶴谷集 | |
| 李廷龜 | 郭山客舍遇體察使從事官李應教綏之綏祿朴直講伯善震元卽席口占以贈 | 郭山客舍遇體察使從事官李應教綏之綏祿朴直講伯善震元卽席口占以贈二首 | 月沙集 | 2수 |
| 朴東說 | | 次使相韻再贈二年伯 | 鳳村集 | |
| 李廷龜 | | 宣川客舍次西坰韻幷序 | 月沙集 | |
| 李安訥 | 宣川館次柳西坰韻幷序 | 宣川館次使相韻 | 東岳集 | |
| 車天輅 | | 奉和使相宣川館次柳西坰韻 | 五山集 | |
| 李廷龜 | | 宣川東軒次壁上韻贈姜仁卿絅使君二首 | 月沙集 | 2수 |
| 李安訥 | 次宣川東軒壁上韻贈姜仁卿使君 | 次使相用宣川東軒壁上韻 | 東岳集 | 2수 |
| 車天輅 | | 奉和使相贈姜使君仁卿韻二首 | 五山集 | 2수 |
| 權韠 | | 次宣城客舍 | 石洲集 | |
| 權韠 | | 龍灣逢仲氏詒 | 石洲集 | |
| 李廷龜 | | 次汝章龍灣逢汝明韻 | 月沙集 | |
| 朴東說 | 逢汝明兄 | 次汝章權公韠逢仲兄韻 | 鳳村集 | |
| 李安訥 | | 次權汝章韻 | 東岳集 | |
| 洪瑞鳳 | | 次權汝章逢兄韻 | 鶴谷集 | |
| 車天輅 | | 奉和權汝章逢汝明兄韻 | 五山集 | |
| 車天輅 | | 龍灣賦一律奉呈使相兼示諸公 | 五山集 | |
| 李廷龜 | | 次五山車復元龍灣韻 | 月沙集 | |
| 朴東說 | 龍灣 | 없음 | 鳳村集 | |
| 李安訥 | | 龍灣館次車復元韻 | 東岳集 | |
| 洪瑞鳳 | | 없음 | 鶴谷集 | |
| 權韠 | | 次五山見示韻 | 石洲集 | |
| 李廷龜 | | 臘月二十四日夜獨坐無聊口占十絶錄奉同事諸君求和 | 月沙集 | 10수 |
| 朴東說 | | 次使相龍灣十絶韻 | 鳳村集 | 10수 |
| 李安訥 | 臘月二十四夜獨坐無聊口占十絶錄呈同事諸君求和 | 次使相夜坐口占十絶 | 東岳集 | 10수 |
| 洪瑞鳳 | | 次遠接使獨坐無聊口占錄奉諸君求和韻 | 鶴谷集 | 10수 |
| 車天輅 | | 奉次使相臘月廿四夜 | 五山集 | 10수 |
| 權韠 | | 次使相口占十絶韻 | 石洲集 | 10수 |

| 李廷龜 | 咸從縣令金景益德謙以詩來問次韻却寄 | 咸從縣令金景益德謙以詩來問次韻却寄二首 | 月沙集 | 2수 |
|---|---|---|---|---|
| 李安訥 | | 次使相韻二首 | 東岳集 | 2수 |
| 車天輅 | 却寄 | 奉和使相次寄金咸從景益韻二首 | 五山集 | 2수 |
| 權韠 | | 次使相答咸從韻二首 | 石洲集 | 2수 |
| 李安訥 | 臘月二十七日夜坐無聊錄懷奉呈 | 臘月二十七日夜坐無聊錄懷奉呈 | 東岳集 | |
| 李廷龜 | 走筆次子敏韻仍邀之 | 走筆次子敏韻仍邀之 | 月沙集 | |

## 3. 내용

중국 명나라 신종 29년(1601) 辛丑年 황태자가 책봉되고 그 사실을 세상에 알리는 사신이 조선에 오게 되자 이를 마중하기 위해 의주까지 접반사 일행이 마중하러 가게 되었는데 이때 선발된 문인들이 주고받은 시들을 모은 시집이 『東槎集』이다. 李廷龜의 서문에 따르면 11월 17일 辭陛하고 의주를 향해 떠났으나 도중 눈과 바람에 시달리다보니 평소 병이 심해져 세 번이나 사양하는 글을 올려 이듬해 윤2월 이호민으로 교체되었다고 한다.

이들의 창수는 11월 18일 파주 객관에서 시작되어, 臨津, 松都, 安城, 鳳山, 黃州, 平壤, 安定, 嘉平, 新安, 郭山, 宣川을 거쳐 목적지인 龍灣까지 계속되었다가, 그 이후로는 급격히 줄었다. 李廷龜는 이듬해 윤2월 교체되었지만 사신을 맞이한 이후로 조선 문사들끼리 시를 창수 할만한 여유가 없었기 때문으로 보인다.

이들의 창수는 접반사 일행을 이끄는 원접사 李廷龜의 시에 종사관들과 제술관들이 창수를 하거나, 특정 문사의 시에 李廷龜가 차운하면 다른 문사들이 따라 하는 방식으로 이루어진다. 그리고 「安城館口占」, 「新安館夜坐待諸君不至口占促之」, 「臘月二十四夜獨坐無聊口占十絶錄呈同事諸君求和」 등의 제목에서 보이듯이 특별한 목적이 있어서가 아니라 시재를 지닌 문사들이 오가는 도중 무료함을 달래기 위해서 창수하는 것이 일반적이었다. 따라서 시에는 공사의 임무를 띤 관인이기보다는 서정적 자아가 표출되는 면이 많고, 다루는 내용도 객창감이나 승경의 감상이 주류를 이룬다.

「百祥樓偶占長律一百謹呈使相閤下兼示同行諸君子求和敎」
江上飛樓近碧空　　강가 날아갈듯 누각은 푸른 하늘에 가까워
獨來臨眺思無窮　　홀로 다가가 바라보니 생각이 끝이 없다.
天低草樹微茫外　　하늘은 수풀 우거진 저 너머로 이어지고
地入雲霞縹緲中　　땅은 구름과 노을 아득한 가운데로 들어가누나.
宇宙此生都夢幻　　우주의 이생이 모두 꿈이니
山河終古幾英雄　　산하에 예부터 영웅이 몇이던고?
簾旌不動斜陽盡　　주렴과 깃발 움직이지 않은 채 석양이 다 하니
欲就新詩愧未工　　새로운 시를 지으려 해도 솜씨 없어 부끄럽네.

위는 권필이 百祥樓에 대해 지은 시이다. 백상루는 평안도 안주읍에 있던 정자로 關西八景 가운데에서도 첫손가락에 꼽혔다. 권필은 처음부터 시인의 눈으로 대상을 바라본다. 두련에서 주변 경관과 잘 어우러진 아름다운 정자를 보며 시상을 일으키려는 시인의 모습이 보인다. 함련에서는 주변 경물을 읊고 경련에서는 시선을 내면으로 돌려, 이생이 부질없음을 말하였다. 그리고 미련에서는 훌륭한 경관과 이러저러한 시상을 풀어내지 못하는 시인의 모습으로 돌아온다. 왕명을 띤 여행이지만, 권필의 시에는 관리의 모습은 전혀 드러나지 않은 채 勝景 을 읊는 시인의 모습만 보인다. 이러한 면을 권필의 개인적인 경향으로만 보기 어렵다.

| | |
|---|---|
| 樓上遊人坐半空 | 누각 위 노니는 이는 허공중에 앉았어도 |
| 樓前江闊望難窮 | 누각 앞 강이 광활하여 다 보기가 어려워라. |
| 長天飛鳥夕陽外 | 넓은 하늘 나는 새는 석양 밖에 있고 |
| 逈野圍山元氣中 | 먼 들 둘러싼 산은 원기 가운데 있구나. |
| 浮碧濟川誰擅美 | 부벽루, 제천정과 어느 쪽이 더 아름다울까? |
| 岳陽滕閣定爭雄 | 악양루, 등왕각과 웅위를 다투겠네. |
| 欲將形勝描新畫 | 아름다운 경치를 새 그림에 그려내려 해도 |
| 今世何人摩詰工 | 지금 세상 누구에게 왕마힐의 솜씨가 있으랴? |

위는 권필의 시에 이정구가 차운한 것이다. 두련의 '遊人'은 곧 시인 자신을 가리킨다. 광활 하게 펼쳐진 경관을 즐기는 모습인 것이다. 함련은 권필과 마찬가지로 주변 경물을 읊었다. 경련에서는 백상루의 뛰어남을 이름난 정자들에 비기고 있다. 마지막 미련에서는 그림으로도 다 그려내지 못할 정도로 아름다움을 강조했다. 처음부터 끝까지 승경에 도취된 시적 자아의 모습이 보일 뿐이다. '文章輔國'의 귀감으로 일컬어지는 이정구조차 창수시에서는 권필과 마찬 가지로 관리의 모습이 전혀 보이지 않는다. 이러한 점은 이안눌, 차천로, 홍서봉, 박동열의 시 에서도 공통적으로 드러난다.

사신을 맞이하러 가는 사이 이루어진 문사들의 창수는 순수한 문학적 활동이었다. 객사에 머무는 저녁 '口占', 즉 즉석에서 지어 입으로 읊었던 것이다. 이정구의 표현대로 '돌아갈 생각 을 하며 마음을 풀기도 하고 높은 곳에 올라 바라보며 흥에 부치기도 하면서 뒤섞여 여럿이 술자리에 모여 웃으며 농담하고 장난치면서 모두 마음대로 붓가는 대로(相與作爲古律長短歌 詩 或因思歸遣懷 或因登眺寓興 雜以群居酒席 談嘲笑謔 皆率意信筆)' 시를 지었다. 비록 왕명 을 받들고 사신을 영접하러 가는 길이었지만, 가는 도중 마주치는 경물과 일어나는 시상에 따라 같은 시인의 입장에서 자유롭게 시를 주고받았다. 이렇듯 훌륭한 문사들이 한꺼번에 오 랜 기간 함께 하는 것이 기이한 일이었기 때문에 이수광도 서문에서 文華의 성대함이 일찍이 없었던 일이라고 찬탄하였다.

『東槎集』은 당대를 대표하는 훌륭한 문사들이 함께 의주까지 동행하면서 풍경과 감상에 대 해 자유로이 주고받은 시를 모아놓은 시집이다.

## 4. 가치

『東槎集』은 규장각과 장서각을 비롯해 여러 군데 간본이 존재한다. 그런데, 연세대 소장본
은 사본이다. 책 말미에 '歲在庚寅之三月草得於謂樵齋中畢書是月二十九日也 時光緒十六年 今
上之十七年2)'이라는 필사기가 있다. 필사자가 밝혀져 있지 않으나 '光緒'라는 청나라 연호를
사용하는 것으로 보아 투철한 노론계 인물은 아니었을 것으로 짐작되며, 1890년 필사된 것은
분명하다. 이정구의 서문에 따르면 『東槎集』이 처음 엮인 것은 1613년이고, 이후 간행까지 되
었다. 그런데도 270여년 뒤에도 필사해서 간직하는 사람이 있었던 것이다. 그만큼 조선 중기
를 대표하는 이들의 작품집이 조선 말까지 문학적 독서물로서 효용성이 있었음을 보여준다.

【구지현】

---

2) 광서 16년은 고종 17년이 아니라 27년이다. 오기인 것으로 보인다.

# 東石遺稿

朴麟夏(1820~?) 著.
　寫本. 6卷：無界, 10行20字, 無魚尾；29.5×18.5cm.

東石遺稿卷之一

詩

睡起 乙未

楊柳絲絲拂漾濃　細雨中啼禽驚午睡　花落一窓空

新春

新春要我結芳緣　細雨香塵笙一邊　朗月許詢懷半
夜垂楊張緒愛當年　樓臺畵晴全靄城郭沉冥暮

是烟栽蔣趍玆寒食節按行花木短籬前

和南鄰

## 1. 저자

朴麟夏(1820~?)의 本貫은 密陽, 字는 仁九이다. 哲宗 1년(1850) 增廣試 丙科에 합격한 이래 仕宦의 길을 걷게 되었다. 1852년(철종 3) 正言을 거쳐, 다음해 議政府에서 거행한 都堂錄을 통해 弘文館 校理에 선임되었다. 1854년에는 全羅右道 暗行御史에 임명되어 羅州·海南·咸平·長城·礪山·全州·靈巖·萬頃·高敞·務安·參禮 등지를 돌아보고 국왕에게 鄭最朝·趙然明·權最煥·金明權·李鍾晩·李鎭晃·鄭愚容·李重根·韓取善·尹奎錫·閔致麟·李鍾祕·李益相·鄭世昌·朴鎬源·尹明儉·趙寬錫 등에게 죄를 줄 것을 청하는 所見을 올렸다. 또한 羅州牧使 金箕絢과 牧使 南秉善을 褒獎하여 陞敍할 것을 書啓하기도 했다. 이후 1858년(철종9) 成均館大司成을 거쳐 1861년(철종 12) 吏曹參議에 임명되었다.

## 2. 구성

『동석유고』는 전체 6권으로 구성되어 있다. 별도의 목차가 없는 관계로 각 권별 제목을 열거하여 정리하면 다음과 같다.

一卷 (詩)「睡起乙未」·「新春」·「和南鄰」·「登樓春望」·「岸上」·「微涼次尹松隱滋謙」·「薄暮」·「菊花」·「書懷」·「晨坐二首」·「冬夜」·「自遣丙申」·「題閒」·「春半」·「晩望二首」·「春日二首」·「感春」·「送人效東坡連環體」·「自題」·「逢曹戚兄稚學念奎共賦」·「和呈外從氏李栗里敬薄」·「秋懷」·「暮窓拈韻」·「酬松隱丁酉」·「赴金保汝夷根約」·「早春二首」·「春臥」·「春畫十首」·「題畫屛四首」·「驪湖曹戚叔著明入洛旋歸夜賦抒情」·「渡臨津江」·「花石亭」·「松京」·「南樓懷古二首」·「滿月臺」·「善竹橋」·「崧陽書院」·「將臺」·「宿大興寺」·「山行記述」·「朴淵 五首」·「出山」·「花潭五首」·「彩霞洞」·「紫霞洞」·「扶山洞」·「迎拜家大人行次伏次下示韻」·「微雨」·「偶成二首」·「會做道峰萃石叔來錫宅再從叔愚渠來厚尹松隱同集賻卽事二首」·「道峰書院敬次尤菴先生韻」·「散步」·「和李建七斗永」·「敬和上伯氏二首」·「和趙漢彩龍夏二首」·「細雨」·「答保汝」·「筆筒聯句」·「前溪觀漲」·「田家卽事」·「天竺寺」·「漢彩保汝來訪仍共乘昏上望月菴」·「與道菴聖上人共賦」·「閒步」·「別道峰」·「同金民汝性根保汝敬汝德根及趙漢彩登並營君子亭」·「書事」·「留客」·「副伯氏詩令」·「月夜志感」·「鄭黃坡煥杓來訪夜賦」·「翌朝崔愚山憲秀又至仍與拈韻」·「題壁上畫二首」·「閒適二首」·「卽事二首」·「七月十六夜作」·「早秋進退格」·「秋夜詞效玉溪三首」·「次人郊遊韻」·「卵醮」·「夜吟三首」·「感懷」·「遣意進退格」·「秋苔二首」·「夜拈杜少陵」·「述懷」·「九月五日作」·「送洪進聲原鍾觀省靈光衙二首」·「隨仲從氏往宿靜林村庄」·「轉入漢南西門石徑蘿磴巉峭仄盤」·「西將臺三首」·「開元寺」·「宿長慶寺」·「法華菴」·「觀埋火戲」·「歸路乘舟松坡下斗浦」·「次疇

人族人天錄二首」·「立春後十許日寒威栗然戊戌」·「華山老人來訪留飮」·「偶書」·「林下」·「春草」·「春夜」·「訪建七宅黃坡適至」·「剪燈又賦」·「幽居進退格」·「客來共吟二首」·「花月吟」·「妾薄吟」·「樓上懷人」·「春晩回文」·「獨坐」·「留人」·「赴漢彩約保汝建七俱」·「惜春」·「日傘」·「外從氏李溪墅馨溥入洛枉過伯氏仍要兩從氏同遊桂園余亦隨之」·「溪墅從氏旋歸錦湖共拈敍別」·「復用桂園韻抒懷」·「四月六日作」·「燈夕三首」·「稚學來訪旋歸共賦話別」·「與北社諸君子約舟遊蓉江牽拘未諧仍集保汝僦屋園裏投壺賦詩以相樂」·「翌日續會」·「雨後」·「塘曲閒詠」·「與漢彩保汝敬汝兪子致範携酒入白雲洞同黃坡主人樓上拈韻」·「漢彩在孟園下僑屋邀集保汝敬汝子洪余亦就話踏昏而還」·「秋夜」·「水一方辭贈人」·「保汝次杜草堂秋興見寄和韻以呈八首」·「簡稚學幷小序」·「遣懷」·「宿松山尹松隱宅三首」·「臨歸又示主人」·「朝坐口呼」.

**二卷** (詩). 「僑居三溪洞己亥」·「懷古」·「山樓遣興十首」·「牧牛詞」·「題張吾亭金尙書蘭淳別墅」·「靈上人來訪有吟二首」·「溪邊閒步二首」·「淸溪有怪禽」·「雨中」·「山居初夏十二首」·「溪墅從氏入洛見枉共賦二首」·「聽夜」·「山家絶句三首」·「偃仰從吾好」·「松壇」·「溪上月」·「送溪墅從氏歸錦湖」·「躑躅花爲林叢掩翳五月始開」·「溪樓」·「撤僑寓」·「送洪生鐵厚之原州」·「觀槿」·「看鏡」·「簡漢彩」·「稚學至」·「隨從伯氏入水落山歷華石宅」·「暮到松山投尹松隱宅宿」·「隱仙洞」·「內院庵」·「興國寺」·「薄暮到蘆原坪冥晦失路侵晨投華石別墅」·「宿天竺寺」·「寄保汝」·「陪家大人從氏伯氏往宿靑巖寺三首」·「奉國寺」·「新興寺二首」·「子洪將赴其伯氏江西衙署邀漢彩保汝團話余亦就別」·「子洪臨行又索贐詩走呼以副三首」·「竹西屋記述」·「池閣拈釖南」·「和子洪」·「和保汝」·「拈錢牧齋題閒二首」·「早起」·「飮民汝宅保汝敬汝漢彩建七同賦」·「追次家大人玉壺聯句韻遣興」·「客至共賦」·「春興二首」·「曉步」·「風雨連日花事闌珊」·「古詞」·「寄驪湖覃稚學」·「答子洪二首」·「偶詠」·「楊柳詞五首」·「飮東鄰」·「奉別芝叟金知縣老商赴任屛山」·「春陰」·「幽境二首」·「同保汝賦建七書屋」·「深春雜詠用韻自東至咸三十首」·「遇稚學」·「春盡」·「東郊道中」·「謹次伯氏韻二首」·「簡保汝」·「寄適」·「夏日」·「晩詠回文」·「江閣次建七韻」·「閒拈二首」·「老溪子來訪共賦三首」·「竹簡」·「約遊三溪因循未諧」·「更用書字記閒」·「遣興」·「敦下李丈鶴在枉過共賦三首」·「登洗劍亭」·「次唐詩」·「登終南營水閣」·「歸路口呼」·「送松隱避暑南阡獨吟」·「晩出三溪洞」·「群動歸吾靜」·「夜凉拈放翁三首」·「簡建七江居」·「池上」·「古意二首」·「記夢」·「同金民汝三昆季及趙漢彩訪李建七於一碧亭仍共舟遊」·「一碧亭夜共賦二首」·「歸疊舟中韻呈一碧主人」·「送洪進聲覲省嶠南營五首」·「次松隱二首」·「東籬」·「秋晩」·「全冬勞惱未有一詩偶題自嘲」·「重疊自解」·「走和子洪辛丑」· 「自適三首」·「贈松隱」·「酬畸人二首」·「閒睡」·「看山」·「春約」·「走筆寄建七二首」·「詠花」·「春閨思三首」·「逢稚學」·「洗劍亭春遊」·「春詞」·「松隱歸山滯雨未還寄懷」·「有懷」·「靜坐五首」·「稚學入洛卽歸共吟」·「新秋」·「獨吟」·「自述二首」·「曉起六言」·「畸人共賦」·「懷保汝」·「志懷」·「秋來懶成痼五首」·「武夷山拜先墓」·「邀隣叟共飮仍賦」·「散步蒼壁」·「金水亭」·「次板上朴思庵韻」·「玉屛書院二首」·「從軍行」·「稚學來訪共拈二首」·「郊野暮行」·「宿田家」·「敬次伯氏韻壬寅」·「松隱共賦二首」·「和贈湖西友人」·「春早」·「口呼」·「和贈一架

堂主人」.

　**三卷**（詩・文）．「與金保汝敬汝不以詩相屬條爲六七年偶集桂園屋抒情乙巳」・「武夷楸下記述十四首」・「朝坐」・「晚坐」・「塘曉」・「簡湖隱居士二首」・「秋日」・「待人不至仍書懷丙午」・「僑寓白雲洞水閣次板上韻金保汝敬汝李景道敏性同集二首」・「雷白雲數日因事徑歸越十日更謀三友携書復會儘亦一奇緣而于時于處少有牽惱共拈示意」・「共賦卽事二首」・「雨中觀漲」・「天大雨共出洗劍亭觀水」・「李敍五敦夏見訪約秋賞東林余適牽惱辭不赴仍書之」・「敬汝登第詩以賀之」・「冬夜題裏」・「冬日出郊」・「八月十六日秋分」・「赴金範一炳湛範初炳湛約南子裳炳吉趙公習炳學洪聖有淳大徐伊衡相殷同集」・「題澆花老人李學懋回卷拈二首戊申」・「東田三從氏定夏蕉葉題詩見寄和韻以呈」・「伯氏同諸君子秋賞南漢余以約中人未克赴翌曉要保汝景道追發路上口呼」・「入南門上下流之未遇諸君子行惆悵共賦」・「宿國淸寺」・「西將臺次板上韻」・「遙聞笙簫聲尋到長慶寺逢諸君子行」・「不淺南城餘興重謀東林淸賞景道會淹病未逐約用前軸淸字簡景道」・「復用國淸寺韻簡保汝」・「秋齋趙上舍秀三聞余南城行詩以見示卽席走次」・「宿樓院東田宅」・「樓院道中早行」・「西梧邨舍話田叟」・「武夷省先阡」・「道中遇雨」・「松隅道上記見五首」・「簡東田」・「東田手畵一樹梅尾有題見寄和其韻演ши五疊呈覽」・「續上東田三首并小序」・「夜寒月明夢奇緣奇而語且奇復用枝字俾作明證」・「大殿延祥詩四首代人作己酉」・「復成四代人作」・「大王大妃殿春拈子四首代人作」・「春拈三首」・「楸行歸路到東田宅保汝敬汝景道已滅裝來到蓋曾約今踐也遂賦」・「仍共上望月寺用前韻」・「轉到天竺寺復取前韻」・「溪墅從氏枉過走呼奉酬三首」・「大王大妃殿春拈子四首代人作」・「憲宗大王輓詞十首代人作」・「次人回甲韻庚戌」・「往東田宅拈韻共賦」・「東郊人家呼韻」・「賀呈外從氏李溪墅華甲五首辛亥」・「出東郊馬上口占」・「會飮東阡友人宅二首」・「秋居襍詠五首」・「朝拈明人韻」・「中宮殿端午拈四首壬子」・「中宮殿春拈子四首癸丑」・「中宮殿延祥詩四首」・「大殿春拈子二首代人作」・「大殿延祥詩二首代人作」・「親臨太廟春享受誓戒參班有述」・「春晝靜坐」・「大妃殿端午拈四首」・「大妃殿端午拈二首」・「剡溪李友婿書示其大人壽席韻和呈」・「大殿延祥詩四首甲寅」・「中宮殿春拈子四首」・「澆花處士李學懋輓三首」・「中宮殿春拈子四首乙卯」・「中宮殿延祥詩四首」・「大殿延祥詩三首代人作」・「大妃殿端午拈四首」・「雨中偶成丙辰」・「初伏雨中松隱共賦六首」・「更賦別松隱」・「夜詠」・「純元王后輓詞七首」・「江界舊使君朴學士承輝遞歸之路有詩寄示追和以呈其間慶謫中庚申」・「和德尹權堯章應虁」.

　**四卷**（文）．「金華溪上記并詩」・「家傳文獻序」・「水雲亭記并詩」・「金知樞八十壽序庚戌」・「憲宗大王祔廟陳賀大殿進箋文辛亥代人作」・「大王大妃殿王大妃殿大妃殿上尊號陳賀大殿進箋文代人作」・「冬至陳賀大殿進箋文代人作」・「正朝進賀大殿進箋文壬子代人作」・「朝參入侍所懷以司諫院正言登對壬子正月十五日」・「大王大妃殿加上尊號陳賀大殿進箋文代人作」・「金君致寬墓碣乙卯」・「講對奏議」・「冬至箋文丙辰代人作」・「辭吏曹參議疏戊午正月十九日代再從叔作」・「辭大司成疏戊午四月十八日」・「贈兵曹參判李公三億尙忠祠祭文己未」・「正朝陳賀大殿進箋文庚申寧邊」・「大殿誕辰進箋文庚申　寧邊」・「冬至陳賀大殿進箋文庚申寧邊」.

　**五卷**（文）．「與友人書戊戌」・「文獻補遺序」・「辭奎章閣直閣疏己酉代人作」・「諭大司憲洪直弼書

戊辛亥代人作」・「山林承論附奏擬作」・「辭校理仍陳情疏癸丑代人作」・「辭吏曹參判疏代人作」・「玉堂賓
對筵奏」・「辭大司成疏丙辰代人作」・「禁營言事疏丁巳代人作」・「李工祐植論狀丁巳代人作」・「李公興植
論狀代人作」・「辭遞吏曹參議疏戊午代人作」・「辭大司成疏代人作」・「辭奎章閣直閣疏代人作」・「抱翁鄭
公瀁論狀代人作」・「覺今堂沈公德祖論狀己未代人作」・「送書狀官趙學士赴燕五首壬寅代人作」・「金知
樞八十壽詩庚戌」・「賀人回甲二首辛亥」・「故判書徐英淳致祭文乙卯三月以校理製送」・「辭敦寧府都
正疏戊午」・「辭吏曹參議疏辛酉」・「辭嘉善疏壬戌」.

　　六卷 (文).「全羅右道暗行御史書啓甲寅」・「已上本道監司守令察訪」・「已上本道兵使水使中軍
虞候營將邊將監牧官」・「已上忠淸道沿路監司守令察訪中軍營將」・「已上京畿沿路留守令察訪中軍」
・「別單」(「田結」・「還餉」・「軍制」・「漕船」・「民庫」・「結獎」・「沿邑鎭漁鹽船稅」・「各鎭堡火藥
鉛丸」・「群山」・「監牧之官」・「孝烈之襃陽」)・「各邑救獎帖」(「礪山」・「咸平」・「海南」・「珤島」・
「務安」・「靈巖」・「羅州」・「茂長」・「興德」・「長城」・「沃溝」・「全州」・「巡營」)

## 3. 내용

『동석유고』1~4권에는 박인하의 문학적 취향을 엿볼 수 있는 詩文이 정리되어 있는데 詩
357편, 記 2편, 箋文 9편으로 구성되어 있다. 5~6권에서는 양반관료서 그의 交遊관계와 당대
현안에 대한 안목을 엿볼 수 있는 글들이 실려 있다. 특별히 6권에는 勢道政權하 兩班士大夫
의 현실인식과 經世觀이 잘 담겨져 있는데 대표적인 글로 '全羅右道暗行御史書啓(이하 서계)'
를 들 수 있다. 서계가 쓰여진 1854년(철종 5)은 세도정권에게 매우 중요한 시점이었다. 蕩平
政治의 均平과 和合 이념을 부정하면서 성립된 세도정권은 19세기 전반 이래 민들의 강렬한
저항을 물리치고 집권 기반을 확립해 나아가면서도 豊壤 趙氏, 潘南 朴氏, 安東 金氏로 대변
되는 벌열가문 상호간의 대립과 갈등이 끊이질 않았다. 결국 안동 김씨로 권력이 坐定되면서
體貌를 갖추게된 세도정권은 外戚勢力으로서의 정치적 기반을 유지하면서 현실의 강력한 정
치력을 확보해 나아갔다. 철종의 등극은 이런 점에서 세도정권에게 더 없는 호기였다. 憲宗이
後嗣가 없는 죽은 상황에서 뒤를 이을 후계자의 물색은 자연스럽게 세도정권의 권력기반을
강화시킬 수 있는 직접적인 계기로 작용하였던 것이다. 그렇다고 문제가 없었던 것은 아니다.
집권에 필요한 물적토대로서 鄕村社會의 붕괴가 그것이었다. 18세기이래 提高되었던 농업생
산력 발달과 이에 따른 상품화폐경제의 발전은 이전 어느 시대와 비견할 수 없을 정도의 생
산력 증대를 가져왔고, 그 양상은 새로운 生産樣式의 등장을 초래할 정도로 진전된 모습을
띠며 전개되었다. 문제는 생산량 증대에도 불구하고 中世 封建國家 운영구조상의 모순에서
비롯된 분배구조의 왜곡이었다. 이같은 양상이 잘 나타난 곳이 바로 박인하가 암행어사로 내
려간 전라도 지역이었다. 조선후기 이래 전라도는 三南지역을 대표하는 穀倉지대로 국가재정

운영의 根幹이 되는 稅收의 중심지였다. 따라서 三政문란으로 대변되는 각종 부조리는 집권관료 입장에서는 어떤 방식을 통해서든지 해결하지 않으면 안 될 현실적인 과제였다. 그 대표적인 방안이 바로 암행어사의 파견이었다. 암행어사의 파견은 현실문제에 대한 세도정권의 인식정도를 가늠해 볼 수 있는 기준이기도 했다. 즉 土地所有의 不均等에서 비롯된 당대 향촌의 矛盾關係를 土地改革 등의 근본적인 해결보다는, 혹은 최소한의 賦稅제도의 釐整차원보다 향촌사회 운영의 주체인 지방관의 비리를 척결하는 선에서 대처하려는 경세인식의 반영이었다. 박인하는 바로 이 같은 당대 집권세력의 정책 판단 하에서 전라우도의 암행어사로 파견되었던 것이다. 이와 같은 정책기조가 서계에 그대로 반영되어 당대 양반관료의 현실인식을 구체적으로 보여주고 있었다. 그 주요 내용은 다음과 같다.

먼저 개략적으로 전라우도의 邑幣와 民瘼에 대해서 설명하면서 본인이 암행했던 인사 별로 구체적인 범죄 행위와 폐단을 기록하며 치죄를 요청하였는데 주요인물로 鄭最初·趙然明·權最煥·金明權·李鍾晩·李鎭晃·鄭愚容·李重根·韓取善·尹奎錫·閔致麟·李鍾祕·李益相·鄭世昌·朴鎬源·尹明儆·趙寬錫 등을 들 수 있다. 이들은 모두 전라우도 일대에서 지방관을 역임했던 前職관료들로서 監司·羅州牧使·海南縣監·咸平縣監·長城府使·礪山府使·全州判官·靈巖郡守·萬頃縣監·高敞縣監·務安縣監·參禮察訪·右水使 등을 망라하였다. 이들에게서 나타나는 공통된 죄목은 역시 19세기 조선사회의 최대의 현안이었던 삼정문란 그 중에서도 還穀과 高利貸 문제였다. 본래 賑恤의 목적에서 시행되었던 환곡이 이 시기에 이르게 되면 원하지 않은 민에게까지 貸與되고 暴利에 가까운 이자를 거둠으로써 소농경제 파탄을 초래하는 직접적인 원인이 되었다. 문제는 이 같은 파행적인 운행이 지방관들에 의해 자행되고 있었다는 사실이다. 즉 지방행정체계 운영에 필요한 비용을 환곡을 통해 보충함으로써 재정파탄을 모면하려는 수단으로 강구되었기 때문이다. 이 점은 전 감사였던 정최조의 비리를 보고하는 가운데 잘 드러나고 있다. 또 한 가지 이 시기 民瘼으로 작용했던 요소로 吏胥들의 농간을 들 수 있다. 지방의 하급행정 관리였던 이서는 해당지역 상황에 능통하다는 자신들의 처지를 악용하여 私利를 충족시키기 위해 갖은 악행을 일삼고 있었다. 서계에서 박인하는 田稅나 民庫에서 농간을 부려 적지 않은 문제를 야기시켰던 이서들의 비리를 적절하게 지적하고 있었다. 이 밖에도 民訴를 제대로 처리하지 못한 官長에 대한 문책도 이어지고 있었다. 반면 羅州牧使 金箕絢의 경우는 誠信을 다해 법률에 따라 민을 다스리고 養戶의 폐단을 막아내고 간활한 이서들의 농간을 막음으로써 愛民정치를 구현하려는 노력을 평가하여 陞敍할 것을 書啓하기도 했다.

서계가 19세기 중반 세도정권하 전라우도 지역의 사회상을 반영한 것이라고 한다면 부록으로 붙은 '別單'에는 이러한 현 상황에 대한 박인하 개인의 견해가 피력되어 있다. 별단의 細目은 모두 11가지로 '田結·還餉·軍制·漕船·民庫·結幣·沿邑鎭漁鹽船稅·各鎭堡火藥鉛丸·群山·監牧之官·孝烈之褒陽'으로 이루어져 있다. 중앙에서 파견된 관리가 바라보는 폐정의 원인을 조목별로 정리한 내용들은 당시 사대부 관료들이 바라보는 향촌사회의 문제점과 이를 교정할 구체적인 경세방안이었다. 먼저 전결문제에 대해서 박인하는 국가의 大政임을 강조하면서 '經界正 貢賦均'의 원칙을 제시하였다. 즉 정확한 量田을 전제로 한 공정한 세금의 과세야말로 萬弊를 제거할 중요한 관건이라는 인식의 발로였던 것이다. 또한 경계의 올바른 확정이야말로 豪强이나 奸猾에 의한 겸병을 막는 최소한의 방안이라고 생각하였던 것으로 보인다. 두 번째 還餉문제를 거론하였다. 환곡은 본래 장마나 가뭄 혹은 春窮期의 어려움을 극복하기 위해 식량을 빌려주었다가 가을철에 거두어들이는 荒政의 일환으로 시행되었다. 하지만 법이 오래되면서 폐단이 발생하였는데 이것을 책임져야할 감사나 수령이 오히려 이를 악용하여 牟利의 수단으로 강구하는 현상이 광범위하게 나타났던 것이다. 여기에 이서들의 作奸이 더해지면서 환곡은 당시 폐정의 가장 주요한 원인이 되었다. 이에 박인하는 舊典(=經國大典)을 따라 문란함을 없애고 본래 취지에 따라 회복해야 한다는 견해를 밝히고 있다. 세 번째 軍政문제를 거론하고 있다. 삼정의 하나로서 조선후기 이래로 신분제 변동과 맞물려 族人·隣徵 등과 같이 각종 폐단이 끊이지 않았던 군역에 대해 박인하는 均布의 실현을 위해 무엇보다 관장들로 하여금 각 고을의 頉戶를 파악하고 戶籍을 하나하나 조사하여 빠지거나 겹치는 여부를 확실히 파악하며 이를 巡營에 보고하게 하여 엄격히 관리할 것을 권면하였다. 네 번째, 漕運은 호남의 지형적 특성과 관련된 사안이었다. 국가의 經用인 부세를 운반하고 납입하는 수단으로서 조운에 대한 철저한 관리를 촉구하였다. 조운을 통한 徵納의 편리함에도 불구하고 실제 納稅과정에서 漕獘가 빈번했던 것이다. 일반적으로 지적되는 사안은 漕倉에서 자행되는 斗斛의 속임이었으며, 그 배후에는 沙工輩와 納官들이 있었다. 이들의 농간으로 민들은 추구로 加徵당하는 고통을 감내해야 했다. 이에 더해 과도한 運費로 인한 민폐를 들고 있다. 불가피하게 조운을 이용할 수밖에 없는 민의 입장에서 과도한 운반비용은 民力을 위축시키는 요인으로 작용하였다. 다섯 번째, 民庫운용과 관련된 사안이다. 본래 민고는 지방에서 田賦이외의 雜役 및 기타 官用의 비용을 부담하기 위해서 설치한 농민 대용 창고의 일종이었다. 보다 현실적으로는 지방의 감사나 수령의 과다한 잡역부과에 대처하기 위해 만들어진 것이었다. 일정한 規式에 따라 뜻하지 않은 긴급한 公用이 발생하면 公文에 따라 시행되는 것이 민고의 일반적인 운영방식이었는데 점차 교활한 이서들이 名目을 轉用하여 파행적으로 운영하면서 본래 취지에서 벗어난 문제들이 발생하게 되었던 것이다. 박인하는 다시 한번 비리가 적발되는 대로 엄정히 조사하여 해당 이서들을 징계하고 엄격한 立科에 따라 민고 운영의 정상화를 촉구하였다. 여섯 번째, 結獘로 인한 民苦 해소였다. 특히 각 宮房소유 免稅結이 輪回하여 전라도에 부과되면서 나타나는 폐단이었다. 이 문제를 야기하는 주역은 간활한 이서배들이었다. 이들은 문서를 빙자하여 사사로운 이득을 취하기 위해 면세결을 前年에 비해 편중되게 과세함으로써 민들의 원성이 크게 발생하였던 것이다. 다시 한번 해당 고을에서의 엄격한 법 시행을 촉구하였다. 일곱 번째, 沿近海 고을에서 부담하는 과중한 魚鹽船稅 문제였다. 대체로 해당 稅目은 그 해 風斂凶荒 등을 고려하여 민생을 해치지 않는 범위 내에서 신축적으로 부과되었던 것이다. 문제는 바로 이러한 현실을 반영하지 않은 채 매년 거두는 액수를 점차 늘려나가면서 발생하였다. 당연히 어민들은 漁箭을 거두고 민심은 흉흉해졌다. 박인하는 과도한 징수를 자제하고 민의 부담을 고려한 적절한 책정을 청하였다. 여덟 번째, 각 鎭과 堡에서 보유한 화약과 鉛丸을 거론하면서 軍需의 중요함과 함께 民情의 어려움을 고려한 탄력적인 운영을 당부하였다. 아홉 번째는 鎭介處로서 群山의 위치를 부각하면서 關防의 중요성을 강조하였다. 열 번째는 監牧을 맡은 관리가 멋대로 자의적으로 법을 능멸하는 일에 대해서 羅州牧場의 사례를 들어 철저히 살펴 엄벌할 것을 당한 내용이다. 마지막으로 孝子나 烈女를 포상하여 드러냄으로써 民風을 純化시키는 일을 당하는 것으로 끝을 맺고 있다.

이 밖에도 박인하는 '各邑救弊帖'을 통해 礪山·咸平·海南·珸島·務安·靈巖·羅州·茂長·興德·長城·沃溝·全州의 순서대로 해당 고을의 경제 상황을 개괄적으로 설명해 놓고 시급히 처리해야할 과제를 몇 가지로 정리해 놓고 있다. 그것은 대체로 이서들의 횡포로부터 민들을 보호함으로써 民力을 유지하며, 엄격한 법적용을 통해 관장으로서의 위신을 확립하는 것이었다.


## 4. 가치


『동석유고』는 19세기 중반 중앙정계에서 활동하였던 사대부 관료의 문집이라는 점에서 주목된다. 이 시기는 세도정권의 통치 후반기에 해당하는 시점으로서 1864년 高宗의 즉위로 大院君 政權이 확립되기까지 安東 金氏 중심의 국정운영 난맥상을 직접적으로 살펴볼 수 있는 시점이라는 점에서 관심을 끈다. 더욱이 전라우도 암행어사로서의 직무를 수행하면서 남긴 서계에는 당시 사회상이 양반사대부의 관점이지만 자세히 기록되어 있다. 주지하다시피 전라도 지역은 1862년 三南民亂의 거점이자 1894년 갑오농민전쟁의 주요 근거지로서 조선후기 이래의 중세봉건국가의 체제 모순이 그대로 반영되어 나타나던 지역이었다. 따라서 1850년대 이래로 60년대를 거쳐 90년대로 이어지는 해당지역의 사회상을 繼起的으로 파악할 수 있다는 점에서 주목하지 않을 수 없다. 그리고 새삼 확인되는 사실이지만 세도정권 말기 집권 당로자들의 현실사회 모순에 대한 현실인식과 경세방안이 잘 담겨져 있다. 그것은 구래의 사회경제적 제 모순을 文物制度 정비를 통한 구조적 차원의 대처가 아니라 현실의 폐단을 미봉함으로써 기존의 이해관계를 유지하려는 차원에서 이루어지고 있었다는 사실이다. 당시 각종 사회모순을 해결하기 위한 방략으로 대략 3가지 정도의 대안이 모색되고 있었다. 하나는 土地改革論을 통한 地主佃戶制의 혁파이며, 다른 하나는 삼정문란을 초래한 부세제도 이정을 통한 방법이며, 마지막으로 제도개혁보다는 지방을 통솔하는 관장들에 대한 징계와 이를 통한 민심의 안정이었다. 『동석유고』에서는 마지막 방법을 전형적으로 잘 보여주고 있다. 박인하의 향촌사회 인식 속에는 당시 세도가들의 양반지주적인 관점이 그대로 반영되어 나타나고 있었다. 앞서 살펴보았던 서계의 별단에서 거론되었던 田結과 還餉, 軍制가 바로 대표적인 사례인 것이다. 이러한 점들에 비춰볼 때 『동석유고』는 19세기 역사상을 파악하는 데 반드시 살펴보아야 할 자료임에 틀림없다.

【원재린】

# 東詩近選

編者 未詳.

寫本. 1冊：無界, 11行21字, 無魚尾；25.0×24.0cm.

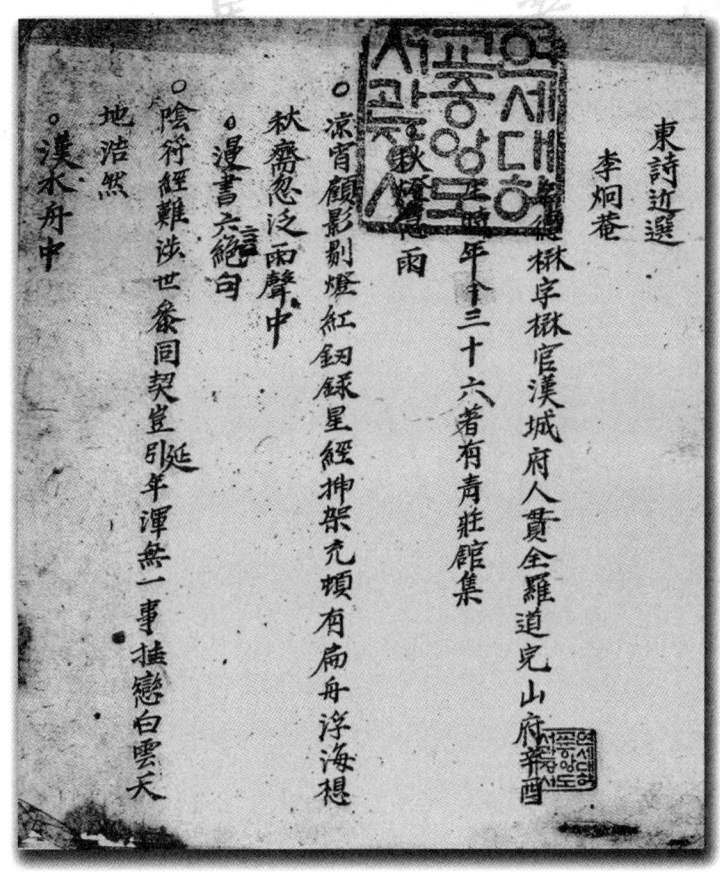

## 1. 편자

編者 未詳.

## 2. 구성

『동시근선』은 전체 1책, 8개 장으로 구성되어 있다. 8개 장의 제목은 각각 「李炯菴」, 「柳泠齋」, 「朴楚亭」, 「李薑山」, 「李海鶴」, 「李石亭」, 「小川唱酬集」, 「王小川」이다. 이 중 「小川唱酬集」 장은 시집명으로 제목을 삼았고, 나머지 7개 장은 각각 시인의 號로 제목을 삼았다. 「李炯菴」, 「柳泠齋」, 「朴楚亭」, 「李薑山」 4개 장은 각각 해당 시인의 인적 사항, 해당 시인의 시 작품들, 해당 시인의 시 작품들에서 시구를 뽑아 만든 聯句, 그리고 해당 시인의 시 작품에 대한 李調元과 潘庭筠의 詩評으로 구성되어 있다. 炯菴 李德懋(1741~1793)의 시는 13수가 실려 있고, 泠齋 柳得恭(1748~1807)의 시는 6수가 실려 있으며, 楚亭 朴齊家(1750~1806)의 시는 8수가 실려 있고, 薑山 李書九(1754~1825)의 시는 3수가 실려 있다. 「李海鶴」과 「李石亭」 2개 장은 해당 시인의 인적 사항, 해당 시인의 시 작품들, 그리고 해당 시인의 시 작품들에서 시구를 뽑아 만든 聯句로 구성되어 있다. 海鶴 李沂(1848~1909)의 시는 60수가 실려 있고, 石亭 李定稷(1841~1910)의 시는 22수가 실려 있다. 「小川唱酬集」 장은 唱酬集을 엮은 小川 王師瓚(1846~1912)의 인적 사항과 동일한 표제 아래에 여러 시인들이 唱酬하여 지은 작품들로 구성되어 있다. 왕사찬의 시가 27수, 이정직의 시가 16수, 이기의 시가 7수, 梅泉 黃玹(1855~1910)의 시가 14수, 鳳谷 吳贊(?~1904)의 시가 2수 실려 있다. 「王小川」 장은 소천 왕사찬의 인적 사항과 그의 시 작품들 및 그가 화답한 오찬과 황현의 시 작품으로 구성되어 있다. 왕사찬의 시가 25수, 오찬의 시가 1수, 황현의 시가 1수 실려 있다.

## 3. 내용

『동시근선』에 시 작품이 실린 시인들은 모두 9명이다. 이 중 이덕무, 유득공, 박제가, 이서구 4인은 이른바 朝鮮 後四家들로서 18세기 후반에 활동한 시인들이다. 이에 비해 이기, 이정직, 황현, 왕사찬, 오찬 5인은 모두 19세기 후반에 활동한 시인들이다. 9명의 시인들이 활동하였던 시기가 각각 18세기 후반과 19세기 후반으로 양분된다는 점, 18세기 후반에 활동하였던 시인들의 시 작품들보다 19세기 후반에 활동하였던 시인들의 시 작품들이 월등하게 많이 실려 있다는 점, 그리고 '동시근선'이라는 시집명으로 미루어볼 때, 편찬자의 의도는 이기, 이정직, 황현, 왕사찬, 오찬 등 19세기 후반에 활동하였던 시인들의 시 작품의 수준이 청나라 문인들에게 호평을 받았던 조선 後四家들에 못지않게 뛰어남을 널리 알리고자 한 데에 있는 것으로 보인다.

『동시근선』에 실린 후사가에 대한 인적 사항과 그들의 시 작품 그리고 이조원과 반정균의 시평은 柳璉의 『韓客巾衍集』에서 발췌한 것이다. 유득공의 숙부인 유연은 1776년 燕行길에 네 사람의 시 작품들을 모아 가지고 가서 1777년에 이조원과 반정균의 序를 얹어 그곳에서 『韓客巾衍集』이라는 이름으로 간행하였다.[1] 『동시근선』의 편찬자가 이기, 이정직, 황현, 왕사찬, 오찬 등 19세기 후반에 활동하였던 시인들의 시 작품들만 수록하지 않고 군이 후사가 시인들의 시 작품들을 함께 수록한 것은 두 詩人群 사이의 친연성 때문으로 보인다.

이덕무, 유득공, 이서구, 박제가 4인은 모두 한양에 살았는데, 燕巖 朴趾源(1735~1805)을 師友로 하여 시문을 지으면서 두터운 교우관계를 맺었다. 박제가를 제외한 나머지 3인과 박지원은 탑골에 살았다. 박제가가 그들과 어울려 담소를 나누고 시문을 짓느라고 탑골에서 열흘이고 스무날이고 머물 정도로 그들 사이의 친분이 매우 두터웠다.[2]

이에 비해 이기, 이정직, 황현, 왕사찬, 오찬 등은 모두 호남 사람들로서 구례에 살거나 또는 구례에 놀러 와서 친분을 두텁게 맺으면서 많은 시들을 지었다. 이정직은 김제에서 출생하여 전주에서 여러 해 거주하다가 김제로 돌아가 만년을 보냈는데, 구례에 놀러 갔다가 그곳 출신인 왕사찬과 황현을 만나 친분을 맺고 함께 구례 주변에 있는 명승지를 돌아다니면서 시를 짓기도 하였다. 왕사찬은 구례에 거주하였던 開城 왕씨 집안 출신으로, 개성 왕씨 집안은 근대에 이르러 왕사찬을 비롯하여 아버지인 川社 王錫輔(1816~1868), 형 鳳洲 王師覺(1836~1895)과 素琴 王師天(1842~1906)과 같은 뛰어난 문인들을 배출하였다. 왕석보는 구례 지역의 문풍을 일으켜, 구례가 詩鄕이라는 이름을 가지게 하는 데 큰 역할을 하였다. 왕석보의 셋째 아들인 왕사찬은 왕씨 일문에서 가장 뛰어난 시인으로 60년간 지은 시가 1만수에 달하였다고 한다. 황현도 원래는 광양에서 출생하였지만 왕석보의 명성을 듣고 구례에 와서 수학하게 되었는데, 그때 왕사찬과 두터운 교우 관계를 맺었다. 후일 황현은 출사에의 뜻을 버리고 은거생활을 시작하면서 완전히 구례로 이주하여 1910년 순절할 때까지 왕씨가를 비롯한 구례 지역의 문인들과 교유하면서 제자들을 가르쳤다.[3] 이기 또한 김제에서 출생하였는데, 동향인 이정직과 오랫동안 교유하였다. 이기는 과거를 단념하고 나서 전국 각처를 돌아다니다가 42세 되던 해(1890년)에 구례에서 황현을 처음 만나 교유하였으며, 45세 되던 해(1893년)에 황현과의 인연을 계기로 구례로 이주하여 왕씨가와도 교유하였다.[4]

---

1) 鄭良婉, 『朝鮮朝後期 漢詩硏究』(성신여자대학교 출판부, 1983), 2면.
2) 鄭良婉, 위의 책, 221면.
3) 장선희, 「『開城家稿』 硏究」, 『古詩歌硏究』 제12집(한국고시가문학회, 2003), 157~166면과 172~176면 참조.

다음의 시 (1), (2), (3)은 각각  왕사찬과 이정직 그리고 황현의 시로서 「소천창수집」 장에 수록된 「鰲山晩眺」 시 13수 가운데 3수이다.

(1)

| 群峰積翠恣縱橫 | 짙푸른 봉우리들 여기저기 멋대로 솟아 있는데 |
|---|---|
| 佛舍飜從石罅生 | 절 집은 하늘을 나는 듯 바위 사이에서 돋아났다 |
| 古窟常含風氣冷 | 오래된 굴은 늘 차가운 바람 머금고 있고 |
| 危巔先受日華明 | 높은 산꼭대기는 밝은 햇빛을 먼저 받는다 |
| 千秋不墮憑神力 | 오랜 세월 떨어지지 않은 건 神의 힘 때문인가 |
| 下界空瞻得磬聲 | 풍경 소리 들으며 쓸쓸히 인간 세상 바라본다 |
| 晩向神仙臺上立 | 저녁까지 신선이 되고자 臺 위에 서 있었지만 |
| 依然身在古靑城 | 여전히 몸은 옛 푸른 城에 있도다 |

(2)

| 招提一路碧蘿橫 | 절로 가는 길엔 푸른 덩굴만 비껴 있고 |
|---|---|
| 劍削奇巖天半生 | 칼로 깎은 듯한 기이한 바위 하늘 한복판에 돋아났다 |
| 萬古迢迢成突兀 | 아득한 옛날 높이 솟아올랐던 |
| 千峰寂寂入虛明 | 온갖 봉우리 고요히 밝은 대기 속에 들어 있다 |
| 江深蒸結魚龍氣 | 강이 깊어 물고기와 龍의 기운이 맺혀 있고 |
| 樹臥斜懸鳥雀聲 | 나무가 누워 있어 새소리 비스듬히 걸려 있다 |
| 下界人烟迷夕漲 | 인간 세상에는 저녁 연기가 자욱해서 흐릿한데 |
| 鳳山西指是孤城 | 鳳山 서쪽을 가리켜 바라보니 바로 외딴 城이로다 |

(3)

| 石裂天垂積翠橫 | 갈라진 바위 하늘에 드리워져 짙푸른 빛이 비껴 있는데 |
|---|---|
| 剛風無際壁間生 | 세찬 바람 끝없이 절벽 사이에서 불어 온다 |
| 崩雲向野江流細 | 흩어지는 구름 들판으로 향하고 강은 가늘게 흐르는데 |
| 紺瓦懸空佛座明 | 검푸른 기와 허공에 매달려 있어 부처님 자리 환하다 |
| 遙夜步參星斗影 | 긴 밤 거닐면서 별 자리 헤아려보고 |
| 高臺嘯作鳳鸞聲 | 높은 臺에서 휘파람 불며 봉새와 난새 소리 내어볼까 |
| 何人解把輿公筆 | 누가 흥이 나서 붓을 쥐었다 폈다 하며 |
| 霞標亭亭寫赤城 | 노을로 붉게 물든 城을 예쁘게 그려내는가 |

이 시들은 왕사찬과 이정직 그리고 황현 세 사람이 함께 구례에 있는 오산에 올라가 저녁 무렵에 산 정상에서 산 아래를 내려다보면서 지은 것들이다. 이 시들을 통해서도 구례라는 지리적 공간을 중심으로 이루어지는 세 사람의 시적 교유를 엿볼 수 있다. 그들이 함께 오산에

---

4) 朴鍾赫, 「海鶴 李沂의 思想的 轉移의 過程」, 『韓國漢文學硏究』 제12집(한국한문학연구회, 1989),
   447면 참조.

올라갔던 것은 왕사찬과 황현이 구례에 놀러온 이정직에게 구례 부근의 명승지를 보여주기 위한 것도 있지만, 뛰어난 시적 재능을 가진 사람들끼리 함께 어울려 빼어난 풍경과의 만남을 계기로 시적 재능을 한껏 발휘하기 위해서이기도 하다. 그럼으로써 서로들 상대방의 뛰어난 시적 재능을 알아주는 知己로서 교분을 두터이 쌓을 수 있었다.「소천창수집」장에는「鰲山晚眺」시 13수가 수록되어 있는데, 왕사찬과 황현의 시가 각각 4수이고, 이정직의 시가 5수이다. 뿐만 아니라 세 사람의 시들에 각각 사용된 韻字도 동일하다. 세 사람이 동일한 표제 하에 동일한 韻字를 사용하여 4편 내지 5편의 서로 다른 시들을 지었다는 것은 그들의 시적 재능이 대단히 뛰어남을 보여준다고 할 수 있다.

위의 세 편의 시들은 모두 '橫', '生', '明', '聲', '城' 자를 韻字로 하여 지어졌다. 정상 부근의 깎은 듯한 절벽과 허공에 매달려 있는 듯한 절벽 위의 암자 그리고 저녁 무렵의 산 아래의 상태가 세 편의 시들에서 모두 제시되는데, 그 상태들은 작품에 따라 상이하게 제시되고 있다. 예를 들면, 허공에 매달려 있는 듯한 절벽 위의 암자의 상태에 대해 왕사찬의 시에서는 "절 집은 하늘을 나는 듯 바위 사이에서 돋아났다(佛舍飜從石罅生)"라고 하였는데, 이정직의 시에서는 "절로 가는 길엔 푸른 덩굴만 비껴 있다(招提一路碧蘿橫)"라고 하였고, 황현의 시에서는 "검푸른 기와 허공에 매달려 있어 부처님 자리 환하다(紺瓦懸空佛座明)"라고 하였다. 세 사람이 동일한 표제 아래 4편 또는 5편의 시들을 지은 것은 오산 정상에서 바라본 빼어난 풍경 탓도 있겠지만, 아마도 세 사람마다의 서로 다른 표현이 서로의 시심을 끊임없이 자극하였기 때문으로 보인다. 즉 오산 정상에서 보고 느낀 것을 篇數를 달리하면서 여러 방식으로 표현하였던 것이다.

이상에서 살펴보았듯이,『동시근선』에는 2개의 서로 다른 부류에 속하는 시인들의 시 작품들이 실려 있다. 하나는 18세기 후반 공간적으로 한양의 탑골을 중심으로 두터운 친분을 맺으면서 활발한 시작 활동을 하였던 후사가들이다. 다른 하나는 19세기 후반 공간적으로 구례를 중심으로 하여 두터운 친분을 맺으면서 활발한 시작 활동을 하였던 호남 시인들이다.『동시근선』의 편찬자는 두 부류의 시인들의 시 작품들을 함께 수록함으로써 호남 시인들의 시 작품의 수준이 청나라 문인들에게 호평을 받았던 조선 후사가들에 못지않게 뛰어남을 널리 알리고자 한 것으로 짐작된다.

## 4. 가치

『동시근선』은 필사본으로 연세대 도서관본이 유일한 것으로 추정된다. 19세기 후반 공간적으로 구례를 중심으로 하여 두터운 친분을 맺으면서 활발한 시작 활동을 하였던 호남 시인들의 시 작품들을 주로 소개하고 있는 이 책은 크게 두 가지 면에서 상당한 자료적 가치를 지니는 것으로 보인다. 하나는 일반적으로 한문학의 쇠퇴기라고 간주되는 19세기 후반에 활발한 시작 활동을 하였던 여러 시인들의 많은 시 작품들을 수록하였다는 점이다. 이러한 점에서 이 책은 빈약하게만 인식되었던 19세기 후반의 한문학의 실상을 여실하게 살펴볼 수 있는 자료로서의 가치를 지닌다고 할 수 있다. 다른 하나는 그 시인들이 宋純(1493~1582), 林億齡(1496~1568), 鄭澈(1536~1593), 白光勳,(1537~1582), 林悌(1549~1587) 등 여러 시인들이 활발하게 시작 활동을 하였던 16세기 이후 300여 년 동안 침체되었던 호남 시단을 부흥시킨 인물들이라는 점이다. 이러한 점에서 이 책은 19세기 후반에 왕성한 움직임을 보였던 호남 시단의 면면을 살펴볼 수 있는 주요 자료라고 할 수 있다.

【최경환】

# 東詩奇談

編者 未詳.

寫本. 1册：四周雙邊 半郭 20.8×15.1cm, 朱絲欄, 13行23字,
上下向黑魚尾；27.4×19.6cm.

## 1. 편자

編者 未詳.

편자가 누구인지는 알 수 없지만, 朴齊家가 쓴 정조의 輓詩(270면)와, 李書九의 退去에 관한 기록(271면) 정도가 시기상 하한선인 것으로 보아 19세기에 저술되었음을 알 수 있다.

편자의 성향을 알려주는 자료로 '崔鳴吉과 金尙憲의 다툼과 화해'(241면)가 주목된다. 저자는 어느 한쪽에 편향되지 않고 두 인물을 각각 긍정하는 입장을 보인다. 이는 崔鳴吉과 金尙憲이 燕獄에서 經權을 토론하고, 이에 대해서 같이 갇혀 있던 李敬輿가 지은 시를 인용하는 대목에서도 드러난다. 시의 내용은 '二老經權各爲公'이라고 하여 각각의 입장을 긍정적으로 평가하고 있다. 이는 곧 저자의 입장을 반영하는 것으로 보인다. 이 기록은 『燃藜室記述』 26권에 『遲川遺事』[1] 출전으로 기재되어 있다. 『연려실기술』의 저자 李肯翊은 少論에 속하기 때문에 이러한 기록을 轉載할 수 있었던 것으로 보인다. 『동시기담』의 찬자도 노론은 아닌 듯하다. 그리고 '李滉이 서원을 창설하여 폐단의 원인을 만듦'(256면) 기록을 보면 남인일 가능성도 희박하다. 결과적으로 편자는 소론에 속한 인물이거나 아예 당색에서 자유로운 인물일 가능성이 높다.

## 2. 구성

『東詩奇談』은 1책 274면 578則의 분량으로, 우리 시와 관련된 奇談을 이전 문헌에서 선별하여 엮은 詩話 선집이다. 대체로 시간 순서대로 찬술하여 處默 등 승려들까지 다루고는 210면 380칙 '李穡이 늙음을 노래한 시'에서 다시 고려 시대로 돌아간다. 시대를 다시 거슬러 올라갔기 때문에 중복된 서술이 몇 군데 보인다. 219면 411칙은 149면 236칙과 동일하게 李洪男이 羅世讚과 시를 수창한 내용을 담고 있다. 다만 羅世讚 이름이 219면에는 '羅世績'으로 잘못 기재되어 있는 등 자구 상의 차이가 있을 뿐이다. 230면 441칙의 李滉이 19살 때 지은 시 '爾來似與源頭會'는 110면 177칙과 중복되고, 67면 117칙 成運의 行義와 處士風의 시는 234면 455칙과 중복된다. 이렇게 같은 기사가 중복된 것은 편찬자가 여러 시화를 보고 베낀 데서 발생한 실수로 보인다.

편집이 마무리되지 않았음을 보여주는 흔적들도 있다. 271면 573칙에는 "以下在於上項"이라는 頭註가 있다. 그리고 72면이나 175면처럼 詩句 가운데 빈칸으로 남겨져 있는 것들이 종종 있다. 참고한 텍스트의 글씨를 판독하기 어려웠기 때문에 빈칸으로 남겨둔 듯하다. 86면에

---

1) 遲川은 崔鳴吉의 號.

는 '爲我賦詩'를 중복하여 썼다가 고친 흔적이 남아있다. 이것은 다른 책을 베끼면서 발생한 실수를 수정한 것이 분명하다.

275면부터는 『樗湖隨錄』 235칙이 368면까지 기록되어 있다. 『저호수록』도 역시 여러 시화들을 초록하여 엮은 시화 선집이다. 이본이 여러 종류가 있어서, 널리 유통되었음을 알 수 있다.[2]

## 3. 내용

『동시기담』은 선인들의 시에 얽힌 기이한 이야기를 수록한 책이다. 시 비평에 관한 부분도 있기는 하나 드물고 대체로 흥미 위주의 내용으로 엮어졌다. 각 항목의 첫 부분을 중심으로 내용을 요약하여 제시하면 다음과 같다.

1면/1則 崔冲이 두 아들 惟善과 惟吉에게 훈계로 남긴 시 등.
3/2 吳珣이 絶句에 뛰어남.
/3 李靈幹이 고려 문종을 따라 박연폭포에 갔다가 폭풍우를 만났는데 용의 죄를 꾸짖는 글을 써서 던지자 용이 등을 드러내어 매를 맞았고 박연이 온통 붉어짐.
/4 朴寅亮은 고려 문종 때 遼主가 압록강을 건너서 경계로 삼으려 하자 陳情表를 써서 그만 두게 함.
4/5 金富儀의 「鹽州客舍」.
/6 金富軾의 「燈夕」.
/7 鄭知常이 어디선가 읊조리는 시 구절을 듣고는 과거시험에서 일등에 오름.
5/8 崔承老의 「長生殿百葉杜鵑」.
6/9 金黃元이 浮碧樓에 올라가 詩板들을 불사르고 시를 짓다가 마무리를 못함.
7/10 郭輿는 예종의 동궁 시절 僚佐인데, 예종이 즉위하자 벼슬을 내놓음.
/11 高兆基의 「山庄夜雨」.
8/12 姜日用이 시로 유명해서 임금이 불러봄.
/13 鄭襲明이 애꿎게 화를 당한 南陽의 기생에게 시를 지어 줌.
10/14 李之氐가 왕 앞에서 口號함.
/15 崔愉淸이 아들을 훈계함.
/16 李資玄이 청평산에 은거함.

---

2) 안대회, 『조선후기시화사연구』, 국학자료원, 1995, 188~190면 참조.

12/17 金禮卿이 풍악산·개골산을 시로 읊음

　/18 權適이 宋使에게 시를 줌.

13/19 印份3)의 시.

　/20 皇甫倬의 응제시.

　/21 林椿이 도망간 기생을 꾸짖는 시.

15/22 安置民이 서화에 능함.

16/23 金莘尹이 權貴의 뜻을 거슬러 紺岳寺에 피신함.

17/24 金克謙이 毅宗의 遊豫를 간언함.

18/25 李仁老가 咸眞淳의 蓄妾에 대해 시를 씀.

20/26 吳世才의 「戟岩」 등.

21/27 金垢의 「落花」 등.

　/28 李奎報가 낙동강을 지나다가 龍源寺에서 시를 읊음.

23/29 金仁鏡이 장원급제를 장담했다가 金君綏에게 밀려 차석이 됨.

24/30 任克忠의 「驪州淸心樓」.

　/31 陳澕의 五臺山詩는 너무 迫함.

25/32 韓惟漢이 崔忠獻의 전횡을 보고 은거함.

　/33 崔滋의 「鶴唳」.

26/34 金克己의 「漁翁」 등.

　/35 李藏用의 「自寬」 등.

　/36 李淳牧의 시가 遷都로 증험됨.

　/37 趙冲이 거란을 토벌하며 쓴 시.

27/38 琴英烈이 장원급제함.

　/39 金之岱가 아버지를 대신하여 출전해서 방패에 시를 씀.

28/40 兪升旦의 「趙冲獨樂園」.

　/41 安裕는 불교를 배척하고 유학을 세우려는 뜻이 절실함.

29/42 고려 문종이 꿈에 皇京을 봄.

　/43 辛藏이 강릉 기생과 이별할 때 쓴 시.

　/44 金台鉉을 과부가 유혹하려고 쓴 시.

　/45 李齊賢의 詠史詩가 뛰어남.

31/46 張鎰의 「燕子樓」.

　/47 朴忠佐가 기생을 그리며 쓴 시.

---

3)『동문선』에는 印毅로 되어 있음.

/48 崔瀣의 오만함.

/49 權漢功이 충숙왕을 따라서 元에 갔다가 유배당함.

32/50 安軸의 「牛背笛童」 등.

/51 鄭叙의 戀君之歌 등.

33/52 李崇仁의 시.

/53 任濡의 문하생이 성대함.

34/54 韓宗愈가 退老하여 楮子島를 왕래하며 지은 시.

/55 金仁存이 遼使를 맞아 지은 시.

/56 金達衷의 「竹西樓」.

/57 鄭樞의 「老妓」.

35/58 鄭誧의 시.

/59 金九容이 咨文을 잘못 써서 유배 가며 쓴 시.

/60 李穡은 중국에 가서 歐陽玄 등에게 칭찬을 들음.

38/61 鄭夢周가 金陵에 가서 白鷺洲에 정박하여 지은 시.

39/62 任元凱가 동생과 함께 장원급제했다가 후에 승려가 됨.

40/63 元天錫의 유고에는 당시 사적이 直載되어 있었는데 후손이 태웠음.

42/64 李存吾가 辛旽을 비판하고 유배 감.

/65 吉再가 어릴 때 지은 시.

43/66 趙云仡이 강릉 태수로 있을 때 기생에게 준 시.

44/67 李堅幹이 관동에 使命을 받들어 갔을 때 쓴 시.

/68 姜淮伯이 奉天殿에 가서 지은 시.

45/69 咸傅霖이 關東伯이 되어 情人과 헤어지며 쓴 시.

/70 田祿生이 鷄林 수령일 때 기생을 좋아함.

/71 韓脩이 趙須에게 堂名을 청함.

/72 成石磷[4]이 關西를 按察할 때 定州 기생을 좋아함.

47/73 尹紹宗이 어릴 때 異質이 보임.

/74 元松壽의 시.

/75 趙須의 시.

48/76 朴宜中의 시.

/77 鄭以吾의 시.

/78 權遇의 시.

---

4) 본문의 '不'은 '石'의 오기.

/79 卞仲良의 시.

/80 柳方善의 시.

/81 天使 祁順之가 徐巨正의 시에 민첩하게 응대함.

49/82 洪逸童이 詞賦에 뛰어남.

50/83 朴彭年 祠宇를 임란 때 왜적이 불태우려 했으나 훼손되지 않음.

/84 柳誠源이 王安石에 대해 논함.

51/85 金時習이 3살 때 시를 지음.

52/86 李石亨의 시.

/87 姜希孟의 시.

53/88 權擥이 경주를 지나며 쓴 시.

/89 成俔이 蔡壽와 송도를 유람함.

/90 중국 사신 董越과 王敞이 許琮을 대하여 經史를 논하고 그 식견에 감복함.

54/91 趙之瑞의 시.

55/92 金守溫의 시.

/93 魚世謙의 시.

/94 董越이 許琮을 이별하며 준 시.

/95 洪裕孫이 奇童으로 유명함.

56/96 任元濬의 응제시.

/97 洪貴達이 慶源에 유배 가서 지은 시.

/98 申用漑가 南袞에게 시를 지으라고 함.

57/99 南袞이 호남 안찰사 시절에 「招宦子辭」를 지음.

58/100 李荇이 天使 唐皐에게 시로 응대함.

59/101 李耔가 기묘사화 후에 관직이 삭탈되어 전원에 묻혀 삶.

/102 金絿가 어려서 시를 지음.

/103 崔壽峸이 萬義浮屠에 올라 지은 시.

/104 兪好仁이 부모를 봉양하기 위해 물러나려 하자 성종이 아쉬워 함.

60/105 명종이 보여준 그림을 鄭士龍이 알아봄.

61/106 崔益岭이 강릉에 있을 때 申光漢이 방문함.

/107 申光漢5)이 元兇을 거슬러 駱峯 아래로 물러남.

62/108 孫舜孝가 終南山 아래 초당을 지음.

64/109 辛永禧의 시.

---

5) '企需'는 '企齋'의 오기.

65/110 蔡紹權은 성격이 소탈함.

/111 金千齡이 어릴 때 손님의 詩句에 응대함.

/112 李彦迪의 시.

66/113 權撥의 「題鄭圃隱職牒後」 등.

/114 林億齡의 「賦酒」.

67/115 徐敬德의 시.

/116 成守琛의 필법과 시.

/117 成運6)의 行義와 處士風의 시.

68/118 曺植이 礪城尉 宋寅의 부름을 거절함.

/119 李滉의 「題燕谷草亭」은 朱子의 「雲影天光」과 의취가 같음.

70/120 金麟厚가 「離騷經」을 읽고 쓴 시.

/121 南趎가 지리산 청학동 신선들과 편지를 왕래함.

71/122 尙震은 타인의 단점을 말하지 않음.

/123 姜克誠이 宣醞을 받고 지은 시.

72/124 朴淳이 신선의 퉁소소리와 시를 들음.

74/125 李珥가 洪荷迪이 제시한 詩의 의미를 파악함.

/126 기묘사화 후에 어떤 이가 驪江에서 읊은 시.

/127 李元翼이 寒溪山에서 노옹을 만나 천상의 연회에 대해 들음.

75/128 鄭經世가 산에서 길을 잃고 노인을 만나 앞일에 대해 들음.

78/129 갑신년에 朴淳과 盧守愼 등이 장원급제하여 政府龍頭會軸을 만듦.

79/130 李恒福이 어릴 때 지은 시.

81/131 李德馨의 시.

/132 河應臨이 奇童으로 칭해짐.

82/133 李後白이 어릴 때 지은 시 등.

83/134 吳謙이 광주목사로 있을 때 奇大升과 李後白을 초청하여 詩會를 엶.

84/135 李廷龜의 꿈에서 청의동자가 『주역』을 말함.

86/136 權韠의 시를 許筠이 절대가인에 비유함.

87/137 李山海가 숙부 土亭 李之菌에게 배움.

88/138 申欽이 춘천에 유배되었을 때 李恒福과 시를 수창함.

89/139 柳永吉의 「砧杵女」.

/140 鄭磏의 「黔丹寺雪景」.

---

6) '文谷'은 '大谷'의 오기.

90/141 鄭磏이 형 鄭磺을 따라서 수련함.

/142 金德齡이 참소로 옥중에서 죽었는데 權韠의 꿈에 나타남.

91/143 柳順善의 문장이 淸麗함.

/144 柳根이 湖西伯일 때 자기 시를 외운 서생의 부탁을 들어줌.

92/145 柳成龍이 아들에게 보낸 편지.

/146 黃衡이 무관으로서 큰 공을 세움.

/147 鄭磏의 「子規」.

/148 鄭磺의 「閑居」.

93/149 高敬命이 기생 치마에 시를 써줌.

/150 尹潔이 급제하기 전에 시가 유명해서 귀인의 청을 받음.

94/151 郭再佑가 琵琶山에 살면서 쓴 시.

95/152 金應南이 제주에 있을 때 쓴 시.

/153 尹根壽의 「題僧軸」.

/154 李純仁이 李滉을 전송한 시.

96/155 성종 때 公州의 어떤 李生이 과거에 낙방한 후 우연히 禁苑에 들어갔다가 시를 짓고 임금의 눈에 띠어 장원급제하게 됨.

97/156 尹鉉이 충주 기생을 좋아함.

/157 沈守慶이 평양 기생을 좋아함.

99/158 楊士彦이 丹沙賦로 진사에 급제함.

101/159 李好閔이 진사시에 장원급제함.

/160 韓浚謙이 생원시에 장원급제함.

102/161 崔笠의 문장을 盧守愼이 극찬함.

104/162 趙翼이 시를 지어 친구 李時白을 희롱함.

/163 李貴가 광해군 때 伊川으로 쫓겨남.

/164 金宇顒이 鄭仁弘에게 준 시.

105/165 沈喜壽가 기생 貞生을 좋아함.

/166 柳根이 호서절도사일 때 수령들과 밤새 연회를 엶.

/167 車軾이 官妓와 이별하며 지은 시.

/168 金安國이 동생 正國의 시를 알아봄.

107/169 任叔英이 참선하는 승려를 보고 쓴 시.

/170 吳允謙[7]이 중국에 進賀使로 감.

---

7) '秋灘'은 '楸灘'의 오기.

108/171 鄭澈이 箕城君 宅에서 술에 취해 시를 씀.

　/172 李好敏의 시를 車天輅와 權韠이 수정함.

　/173 尹春年은 詩鑑이 있음.

109/174 林亨秀가 상관을 비판하는 시를 지음.

　/175 槐院에서 安宗道의 責罰을 고달프게 여긴 鄭夏始가 쓴 시.

　/176 趙光祖가 綾州에 유배 가서 지은 시.

110/177 李滉이 총각 때에 지은 시.

　/178 李俊民이 자기를 모함했던 李檄이 유배되자 위로함.

　/179 李珥는 어려서 꿈에 上帝를 봄.

111/180 曺植의 시.

　/181 杆城 淸澗亭을 읊은 시 중에 楊士彦이 최고.

113/182 崔慶昌이 산에서 길을 잃고 시를 씀.

　/183 李達이 기생을 위해 쓴 시.

114/184 柳錫俊이 李達의 시를 듣고 칼을 건네줌.

　/185 林悌는 호방하고 시를 잘 씀.

116/186 車天輅가 安州 百祥樓를 읊음.

118/187 車雲輅의「竹西樓」.

120/188 朴承任은 중년 이후 시를 짓지 않음.

　/189 尹潔이 어려서 지은 시.

　/190 宋翼弼의 시.

121/191 黃廷彧의「詠玉堂小梅」.

　/192 李晬光이 만년에 순천으로 벼슬 나감.

122/193 鄭鎔은 어려서 중풍에 걸림.

123/194 權韠의 필화사건.

124/195 權韐은 형인 權韠이 죽은 후 유배 됨.

125/196 梁慶遇는 반드시 시를 百鍊함.

　/197 李植이 李安訥을 찾아가서 시를 읊음.

　/198 李安訥의 시.

127/199 李植의 시.

　/200 李春英은 李廷龜와 이웃에 살았는데 오만함.

　/201 鄭光弼의 서자 鄭和의 시.

128/202 魚叔權이 중국에 간 일.

　/203 鄭文孚의 시.

/237 李綏祿의 시.

/238 朴權의 「題披香亭」.

/239 沈詻의 시.

/240 鄭彦訥은 학문이 깊음.

150/241 朴長遠이 어려서 지은 시.

/242 趙續韓의 「農家八景」.

151/243 鄭仁弘이 젊은 시절 산사에서 독서할 때 지은 시에 跋扈할 뜻이 드러남.

/244 李炷의 「挽人新嫁女」.

152/245 洪아무개의 「鷺祥」.

/246 南省身이 한림에 천거될 때 이견이 많음.

/247 朴鼎吉이 9살 때 지은 「詠雪」이 상서롭지 않음.

153/248 曹友仁이 광해군 때 分承旨로서 慶運宮에 입직함.

/249 柳夢寅이 학질에 걸린 童僕 등에 시를 붙였더니 병이 나음.

/250 尙震이 아들을 잃고 지은 시.

154/251 鄭仁弘의 「祭子文」.

/252 무명씨의 「哭女婿」 등.

/253 鄭遵이 灣尹 시절 점쟁이에게 운명을 물음.

/254 尹善道가 효종 등극한 후 내전으로부터 酒饌을 받음.

155/255 許穆은 篆法에 뛰어남.

156/256 洪萬宗이 젊을 때 成川에 가니 수령이 연회를 마련해 줌.

157/257 申混이 어렸을 때부터 문장이 유명함.

/258 具釜는 李植의 생질인데 글을 잘함.

158/259 南九萬의 庶從弟 從萬의 처가 시를 잘 지음.

/260 許積의 「箕子」.

/261 崔有淵이 崔笠과 문장에 대해 담론함.

159/262 李同揆가 김포에 退去함.

160/263 吳道一이 麟坪大君 집에 들어가서 시를 지음.

163/264 蔡彭胤이 李瑞雨를 찾아가 시를 주고받음.

165/265 孫必大가 친구 郡衙에 갔다가 대접을 못 받음.

/266 蔡裕後가 李元鎭과 東湖에서 船遊함.

166/267 申晸이 玉堂 입직을 洪柱國에 대신해달라고 청했다가 거절당함.

/268 李端夏는 매번 松葉論을 주장함.

167/269 金緻가 新安을 지나다가 지은 시.

/270 鄭太和는 文詞를 자임하지 않았으나 때때로 좋은 구절을 얻음.

168/271 趙龜錫과 徐必遠은 죽마고우로 같이 翰苑에 들어감.

/272 李玄祚가 翰林일 때 檢束이 심한 崔相國을 원망하여 지은 시.

169/273 李玄錫이 强韻에 능함.

170/274 林光弼이 14살에 應擧하여 吳道一의 칭찬을 들음.

171/275 李瑞雨가 北關에 유배되어 지은 시.

172/276 吳尙濂이 詩才가 뛰어남.

174/277 蘇斗山이 16살 때 백일장에서 우승하여 기생을 차지함.

/278 李知白이 인평대군의 명으로 시를 지음.

/279 成夢良이 安山에 거하며 쓴 시.

175/280 鄭榮邦은 鄭經世의 문인인데 시가 高妙함.

/281 吳道一이 울진에 있을 때 涵碧亭을 지음.

177/282 鄭錫儒의 「丁巳記異」-임진란 때 起兵했던 諸末에 대한 기록.

178/283 許格이 명나라 遺民으로 자처함.

179/284 고려 때의 시는 淳古하고 逼切함.

/285 李山海 시의 풍격은 溫雅함.

/286 李好閔이 龍灣으로 扈駕할 때 지은 시.

/287 숙종 때 林泳 등 名士들이 會飮함.

180/288 柳塗의 글을 李山海가 알아봄.

181/289 居昌에 사는 李翼壽는 청의동자를 만나 문장을 잘하다가 귀신이 떠나자 바보가 되었다.

/290 開寧사람 李壽仁의 「咏梅」.

182/291 실명씨의 시.

/292 孫景錫의 시.

/293 李潛의 시.

/294 姜覬의 어릴 때 시.

/295 어느 문사의 시.

183/296 李熊徵는 16세에 진사가 됨.

/297 鄭唐은 山東에서 온 鄭處의 후손임.

/298 松都사람 石萬載는 시에 능함.

184/299 李台瑞의 「芙蓉」 등.

/300 柳廣善은 希亮의 손자로서 시에 능함.

/301 숙종 임신년에 內局이 入診하여 뜸을 놓는 동안 입시한 詞臣들에게 시를 지으라고

함.

185/302 李熺는 신분은 미천하나 詩名이 남.

/303 蘇應天은 호남의 王勃이라고 함.

/304 蘇亨震의 「題漢江樓」.

/305 李萬敷의 시.

186/306 金鍰이 함경도사일 때 아비 대신 붙잡힌 소녀를 불쌍히 여김.

/307 朴文秀가 연경에 갔을 때 一目國 사신이 시를 줌.

/308 전라도에 표류한 중국인의 시.

187/309 尹暄이 연경에 가서 吳三桂의 從事 林本裕를 만남.

/310 귀한 공자가 산방에 머물다 남루한 乞客에게 시를 짓게 함.

188/311 젊은 朝士가 이웃집 소녀를 그리며 지은 시.

/312 李秉淵의 「江行」.

189/313 종로에 있는 居士에게 노인이 찾아와 재상들의 앞일을 예견함.

190/314 沈尙鼎이 어려서 꿈에 시를 지음.

/315 李邃大의 「廣陵」.

/316 權萬이 죽은 기생을 위해 쓴 시.

191/317 交河에 사는 金得臣의 시.

/318 蔡廷麟의 「挽人」.

/319 湖西에 사는 兪某의 시.

/320 朴乃貞의 시.

/321 李植이 5언근체시를 지어 李敏求에게 보여줌.

192/322 鄭士龍은 盜癖이 있음.

/323 崔笠이 我東 문장을 평함.

/324 청나라의 문책에 대한 답변을 李烓가 씀.

/325 원주에 사는 蔡甲瑞가 시를 잘 씀.

193/326 申維翰이 어렸을 때 이웃에 回卒을 맞은 이를 위해 시를 씀.

194/327 崔守亮의 「題麟平舅第」 등.

/328 李夏運의 시.

/329 李台明이 어떤 宗英을 방문했는데 접대가 소홀하자 벽에다 시를 적음.

195/330 姜樸이 楊妃 그림에 시를 씀.

/331 여주에 사는 李世原의 「雨中」.

/332 金泰演의 「哭子」.

196/333 權彦經의 시.

206/368 李舜臣이 칼에 쓴 글.

/369 鄭忠臣이 尹瓘의 碑를 보고 쓴 시.

207/370 柳赫然이 瀋陽에 가는 소현세자를 위해 쓴 시.

/371 숙종이 송도에 行幸하여 圃隱사당에 제사할 때 黃徵이 선죽교를 읊음.

208/372 영남 武弁 孫必億의 시.

/373 申翊聖의 宮婢가 지은 시.

/374 休靜은 어려서 儒家를 익힘.

209/375 妙靜은 90세가 넘어도 쇠하지 않음.

/376 栢庵大師의「送人湖西」.

/377 秀演(栢庵의 제자)의「松廣水石亭」.

/378 處能이 白馬江을 지나다가 감사에게 이끌려 시를 읊음.

210/379 處黙은 16세에 진사가 되었는데 출가함.

/380 李穡이 늙음을 노래한 시.

/381 鄭知常의「題練光亭」.8)

211/382 國初에 朴致安과 鄭郊隱의 聯句

/383 韓明澮의 압구정에 관련된 시.

/384 成三問이 白鷺障子에 쓴 시.

/385 金宗直의 글을 金守溫이 높게 평가함.

212/386 南致元(성종 때 부마)이 풍류로 유명함.

/387 朴致安이 일찍 시로 유명함.

/388 韓明澮가 渭川釣魚圖를 얻어서 金時習에게 시를 구함.

213/389 朴誾의 시.

/390 高淳은 성종 때 상소를 올려 時政을 논함.

214/391 柳雲이 湖西御使일 때 공주에서 지은 시.

/392 金大有의「自詠」.

/393 李濟臣이 죽으매 河沆이 시로 哭함.

215/394 曺植이 죽으매 盧守愼이 시로 곡함.

/395 李彦迪의 시.

/396 申光漢은 牌子에도 시를 적음.

216/397 鄭希良은 기묘사화 후에 승려가 됨.

/398 沈貞의 별장 逍遙堂에 누군가 적은 시.

---

8) 정지상의 또 다른 시로 소개된 '紫陌東風細雨過'는 『晴窓軟談』에 의하면 申從濩의 작품이다.

/432 李元翼이 노비에게 준 시.
/433 李如松의 명에 따라 車天輅가 시를 짓고 韓濩가 글씨를 씀.
228/434 崔澱의 「老馬」.
/435 洪原 기생 洪娘과 崔慶昌의 사랑.
/436 趙宗道의 죽음에 대한 鄭逑의 輓詩.
229/437 기생 一朶紅이 沈喜壽의 첩이 됨.
/438 李俊慶이 명종에 대해 쓴 輓詩.
/439 李睟光은 徐居正의 「蔚山東軒」과 安琮[9]의 「秋軒」이 좋다고 함.
230/440 田禹治의 시.
/441 李滉의 19살 때 시.
/442 曺植의 시와 成混의 시.
/443 李宏이 어릴 때 洗心臺에 쓴 시.
231/444 白光勳의 「關西別曲」이 유명함.
/445 임진왜란 때 李睟光이 꿈에 中興詩를 지음.
/446 李德馨이 李如松의 接伴으로서 시로 規風함.
/447 楊鎬가 青坡를 지날 때 농부들의 노래를 듣고 묻자 李恒福이 번역하여 줌.
232/448 李大海는 馬癖이 있고 娼妓를 좋아함.
/449 李睟光이 世傳하는 시를 평가함.
233/450 白光勳의 모습은 寢陋함.
/451 李滉이 丹陽에서 쓴 시.
/452 李明漢이 武人을 위해 쓴 輓詩.
/453 鄭澈의 「將進酒詞」.
234/454 『芝峯類說』에서 쌀을 구걸하는 노인 이야기.
/455 成運의 시.
/456 白大鵬이 술 취해 길에 누움.
/457 沈魯의 시.
235/458 尹喜元의 시.
/459 成義國이 陽州수령이 되어 기생을 좋아하자 崔慶昌이 시를 써줌.
/460 鄭仁弘의 「牧童」 등.
236/461 申從護[10]가 기생 上林春을 좋아함.
/462 盧守愼이 소나기에 쫓긴 매미를 보고 시를 지음.

9) 『芝峯類說』과 『松溪漫錄』에 '安琛'으로 되어 있음.
10) '申從濩'의 오기.

---

11) 王士禛은 후에 '王士禎'으로 이름을 바꿈.

246/492 趙秀三의 燕行詩.

/493 숙종 때 申奎가 魯山 位號의 복권을 청하는 상소 올림.

/494 許穆이 정승 자리에 나오지 않자 李瑞雨가 쓴 시.

247/495 閔點이 文衡을 천거할 때 權愈와 李瑞雨를 놓고 고민함.

/496 鄭必寧이 제주목사로 있을 때 시를 짓지 못하다가 떠날 때에야 한 수를 지어 官樓에 새김.

/497 朴緻碩은 숙종에게 還燒酒 30鍾을 하사받음.

248/498 南鶴鳴이 凌虛亭에서 벽에 쓰인 희작시를 봄.

/499 南九萬의 陪吏 金鼎泰의 시.

/500 鍾城 사람 朱震亮의 시.

/501 李雲根이 狼川 수령이 되어서 지은 시.

249/502 崔天瑞(崔慶昌의 현손)가 인현왕후 國恤 때 쓴 시.

/503 南二星이 조카 鄭維岳에게 보낸 시.

/504 南九萬이 李杭의 일을 논했다가 귀양 감.

/505 南克寬의 어릴 때 시.

250/506 李世華의 죽음에 따라 金昌翕이 輓章을 지어 보냈는데 朴世堂이 輓詩를 지었다는 소문을 듣고 돌이키려고 함.

/507 朴世堂이 漣川 大灘을 건너다 시를 지음.

/508 李世華가 중국 사행길에 술을 빚으려 했으나 잘되지 않음.

/509 宋聚行이 양식이 없어서 굶주렸는데 누군가 양식과 詩를 놓고 감.

251/510 鄭士龍의 「詠桃花馬」 등 재미있게 지은 시.

/511 『고려사』에 전하는 李成桂와 鄭夢周 이야기.

252/512 南九萬이 灣州 秦子店 벽상에 쓰인 사연을 보고 시를 씀.

253/513 任璱의 「舟行」.

/514 嚴慶遂의 「四無」.

/515 趙裕壽가 朴闥을 두고 시를 씀.

/516 朴泰輔와 崔錫鼎이 南九萬의 유배길을 전송하는 시.

254/517 李植이 任叔英의 만사를 씀.

/518 崔錫鼎이 恬軒體를 따라 쓴 시.

/519 柳逸이 任珉의 시를 칭찬함.

/520 어떤 이의 「咏鷹」.

255/521 李廷弼이 陝川 수령으로서 역적 曺鼎佐를 사살했는데 星州牧使 李晉赫이 공을 가로챔.

/522 許佖의 시.

/523 李秉淵12)이 洪司課를 송별하는 시.

/524 李匡師는 필체로 유명함.

256/525 金昌協이 아들 崇謙의 시를 보고 鬼語라고 하였는데, 얼마 후 요절함.

/526 趙貞相은 빈곤하였는데 鄭元始가 높이 평가하여 추천함.

/527 李命瑞는 시를 잘 지었는데 요절함.

/528 李滉은 서원을 창설하여 폐단의 원인을 만듦.

257/529 조선인이면서 雍正帝의 사부가 된 金尚明이 조선의 병풍과 글씨를 요구함.

/530 李悔軒이 진주목사에 제수되자 趙顯命이 계를 올려 遞職되게 함.

258/531 李玄錫의 시를 李悔軒이 높게 평가함.

/532 李正封에 대한 宋瓆의 輓詩.

/533 趙顯命과 李宗城이 주고받은 시.

/534 李壽鳳이 歇醒樓에 올라 금강산을 보고 쓴 시.

/535 단양 기생 杜陽의 무덤에 任埅이 쓴 시.

259/536 許佖에 대해 任希聖이 쓴 輓詩.

/537 李政績에 대해 宋成明이 쓴 挽詩.

/538 許霡이 만년에 지은 시

/539 李垙이 과거시험 볼 것을 권하는 任埏에게 쓴 시.

260/540 尹勉이 호남에 갔을 때 逸士가 준 「詠梳」.

/541 趙顯命이 安州에 갔을 때 기생 치마에 써 준 시.

/542 崔北이 楓嶽山을 다녀와서 쓴 시.

/543 李光佐의 「出郊庄」.

261/544 南延年이 무신년 난리 때 節死하자 趙泰億이 輓詩를 씀.

/545 黃暹의 遺稿에 있는 시.

/546 崔成大가 泰仁 기생 桂娘을 좋아함.

262/547 任珖이 질병이 심할 때 쓴 시.

/548 洪世泰는 천인인데 시가 淸麗함.

263/549 蔡彭胤이 만년에 벼슬 받고 쓴 시.

/550 李匡呂가 영조를 위해 쓴 만시.

/551 洪世泰가 錦江에서 쓴 시.

264/552 李天輔가 삼척 竹西樓에서 쓴 시.

---

12) ‘東淵’은 ‘秉淵’의 오자.

　/553 潘庭筠이 洪大容13)과 金載行을 그리며 시를 지어서 朴齊家에게 줌.

265/554 楊根에 사는 鄭樵夫의 시.

　/555 吳道一의 시구로 출제한 시험에서 증손 吳泰曾이 1등이 됨.

　/556 李晩秀, 洪義浩, 洪奭周가 평양 浮碧樓에서 시를 지음.

　/557 練光亭 詩板의 시.

266/558 실명씨의 「江行」.

　/559 丁範祖가 여주 淸心樓에서 쓴 시.

　/560 金鍾秀의 「送邊守」.

267/561 蔡濟恭의 시는 蒼健老鍊함.

268/562 丁範祖가 정조에 대해 쓴 輓詩.

　/563 呂春永 시의 好奇.

269/564 宋瓆의 「遊山寺」.

　/565 隱者의 시.

　/566 실명씨의 「詠墓上石人」.

　/567 李漢敎가 선배들과 始興에서 詩酒모임을 갖고 쓴 시.

　/568 실명씨의 시.

270/569 尹永禧의 시에는 窮愁의 뜻이 어림.

　/570 李達의 시.

　/571 朴齊家가 정조에 대해 쓴 輓詩.

271/572 李書九가 永平에 퇴거하여 시골선비를 가르침.

　/573 孟思誠의 公當問答.

　/574 尹孝孫이 朴元亨의 사위가 됨.

272/575 洪翼漢의 臨刑詩.

　/576 吳達濟의 臨刑詩

273/577 조선의 문장 연원.

274/578 慶興 사람 李應福이 吉州 기생 終娘의 비웃음을 받았지만 과거에 급제함.

## 樗湖隨錄

275/1 「違心」.

　/2 沈守慶의 『遣悶錄』14)- 奉恩寺를 방문하고 지은 시.

　/3 魚叔權15)의 『稗官雜記』- 武士 朴撝謙의 시.

---

13) 본문의 '客'은 '容'의 오기.
14) '遣悶錄'은 '遣閑雜錄'을 가리킴.

276/4 晉州 矗石樓에 대한 시는 없고 密陽 嶺南樓 읊은 시는 많음.

/5 李濟臣의『詩話』- 蘇世讓이 호남에 거할 때 尙震이 족자에 쓸 시를 청함.

/6 李希顔을 曺植이 비판한 시.

277/7 車天輅의『說林』- 金安老가 徐敬德을 모해하려다 시를 보고 그만둠.

/8 金宗直의 시가 최고로 꼽히는 것은 과장이 아님.

/9 金淨과 李胄 이후에 崔慶昌과 白光勳과 李達의 시가 유명함.

278/10 洪暹의 시를 보고 蘇世讓이 그 미래를 알아봄.

/11 鄭澈이 해직되어 쓴 시.

/12 李荇 등 근래 문장가 품평.

279/13 李睟光의『芝峯類說』- 李穡의 시.

/14 金宗直의 시.

/15 辛永禧는 史禍를 예감하고 은거함.

280/16 李彦迪의 시.

/17 鄭一蠹의「過岳陽」.

/18 河應臨과 林悌의 시.

/19 궁궐 礎石에 있는 시 등.

281/20 승려가 鄭夢周에게 은거를 권하는 시.

/21 李睟光이 연경에서 安南國 사신에게 준 시.

/22 成汝學의 시.

282/23 李珥가 大諫에서 물러나며 쓴 시.

/24 李達16)의 시는 盛唐에 가까움.

/25 柳夢寅의『於于野談』- 시는 風敎와 관련됨.

/26 임진왜란 때 강릉에 온 왜구가 官閣의 詩板 중에 杜17)億齡 것만 남기고 없애 버림.

283/27 李滉과 曺植이 酒色에 대해 대화함.

/28 李穡 등이 미인에게 준 시.

284/29 李誠中이 湖堂에 뽑힌 사연.

/30 劉希慶의 시.

285/31 시인의 재주와 궁박함.

/32 松泉精舍에서 지은 시.

/33 李廷冕의 시와 요절.

---

15) 본문의 ‘㩮’은 ‘權’의 오자.

16)『芝峯類說』권9에 ‘李達’로 되어 있음.

17) 林의 오자.

286/34 許筠의 『詩話』- 陳澕의 시.

　/35 李奎報는 富麗橫放함.

　/36 洪侃의 시는 穠艷淸麗함.

　/37 李堅幹의 시.

287/38 李穡의 「永明寺」를 天使 許穎明이 보고 감탄함.

　/39 鄭夢周는 절의와 문장이 모두 뛰어남.

288/40 曹庶가 黃州에 돌아가서 지은 시.

　/41 國初에는 鄭以吾와 李詹의 시가 으뜸.

289/42 徐巨正과 金守溫의 시.

　/43 姜希孟의 시는 청경함.

　/44 金宗直의 시.

290/45 金時習의 시문은 迢邁함.

　/46 曹偉와 兪好仁의 명성.

　/47 南袞은 金馹孫의 문장과 朴誾의 시를 칭찬함.

291/48 조선 詩壇의 전개.

　/49 金淨의 시.

292/50 崔壽峴의 「登萬義浮屠」.

　/51 申光漢의 시는 淸絶하고 雅趣가 있음. 羅湜의 시는 盛唐에 가까움.

293/52 林億齡의 시는 高邁함.

　/53 金麟厚의 시는 高曠夷粹함.

　/54 朴枝華의 「遊靑鶴洞」.

　/55 楊士彦이 강릉에 있을 때 李達이 방문함.

294/56 趙緯漢은 조선의 지명으로 시를 짓기 어렵다고 함.

　/57 朴淳의 시.

295/58 三唐派 시인의 평가.

　/59 鄭澈의 무덤에서 權韠이 읊은 시.

　/60 許筠이 驛의 벽에 적힌 시를 봄.

　/61 李安訥이 함흥에 있을 때 쓴 시.

296/62 田禹治의 시는 淸越함.

　/63 梁慶遇의 『霽湖詩話』- 劉綎 제독의 막하에 있던 서생이 쓴 시.

　/64 張維의 『謾筆』- 溫庭筠의 「渭上」과 金時習의 「渭川垂釣圖」 비교.

297/65 金得臣의 『終南叢志』- 羽士 李逗春의 「丹陽峽」.

　/66 문장의 用意處에는 기묘함이 있음.

---

18) 『東州集』에는 「猪山」으로 되어 있음.

/98 李知白은 李弘冑의 庶孫으로 詩才가 민첩함.

/99 申季良은 明人의 시를 공부함.

/100 金始振의 「遊山」.

310/101 宋浚吉과 宋時烈을 뵙고 시를 지음.

/102 任堕의 『水村漫錄』 - 安名世의 재주와 운명.

/103 孫必大의 田家詩와 金得臣의 田家詞.

/104 金得臣은 시의 조탁에 힘을 씀.

311/105 洪柱世는 문장에서 詞達理暢에 주력함.

/106 沈攸는 龍湖 江樓에서 詩酒를 즐김.

/107 金壽恒의 「題雄州客舘」.

312/108 申混의 「送濟州御使」.

/109 李瑞雨의 「悼亡記夢」.

/110 蔡彭胤이 錦江을 지나다가 方伯의 청을 받고 시를 씀.

/111 李宜繩의 「現夢」.

314/112 金萬重이 南海로 유배 가며 지은 시.

/113 洪受疇의 시.

/114 洪千海가 成川에서 지은 시.

315/115 柳道三의 「皐蘭寺」.

/116 李師命이 기생 부채에 쓴 시.

316/117 金昌協이 淸風에서 돌아오며 지은 시.

/118 尹濂의 시를 金益廉이 칭찬함.

/119 海州에 사는 士人 金萬擧의 시.

/120 어떤 승려의 시.

317/121 蘇世讓이 황진이를 두고 친구들에게 맹세함.

318/122 申斗柄과 강릉 月靜寺 암자의 승려의 교유.

/123 任璟의 『玄湖鎮19)談』 - 宋詩와 明詩의 구별.

319/124 洪柱世의 「蕭湘斑竹」.

/125 朴世堂의 詠蠹詩가 詩讖이 됨.

/126 任堕의 「拱北樓」.

/127 林泳의 시는 文만 못함.

320/128 金昌翕의 시는 淸勁富贍함.

---

19) '鎭'은 '瑣'의 오자.

337/162 일은 안 하고 새가 나는 것을 관찰한 노비 이야기.

338/163 吳瑗의 모친(金昌協의 딸)의 시.20)

/164 여염 여자의 「春日」.

/165 定平에 있는 詩妓 翠蓮의 시.

339/166 尹淳이 데려온 여인의 시.21)

/167 葛山店에서 상인이 쓴 시.

/168 吳道一이 洛山寺에서 시구를 고민할 때 吳禧昌이 비웃음.

340/169 金昌集이 沁都 重修門樓에서 연회를 베풀 때 남루한 서생이 시를 읊어서 연회를 그치게 함.

/170 金昌翕이 설악산 가다가 만난 野僧과 노인의 시 등.

343/171 金春澤의 『北軒雜識』 - 絕軒의 시와 朴誾의 시.

/172 朴誾의 시.

/173 盧守愼의 시는 老杜의 격식을 얻음.

344/174 조선의 시는 선조 때부터 쇠퇴함.

/175 鄭斗卿은 詩道를 깊이 공부하지 않고 前人의 影響을 받음.

345/176 梁慶遇의 『霽湖詩話』 - 鄭士龍의 句法은 西崑體에 가까움. 李達이 崔慶昌을 송별하는 시.

346/177 金玄成의 시.

/178 尹淳이 문과에 급제한 후 비방하는 이를 시로 감복시킴.

/179 朴長遠이 11세 때 삼각산에 가서 지은 시.

/180 李宜顯의 『陶峽叢說』 - 三田渡 비석에 대한 趙絅의 시.

347/181 詩가 사람을 궁하게 한다는 견해에 대한 반론.

/182 南龍翼의 시와 長老의 예견.

348/183 『月沙集』 - 廢母論이 나올 때 李恒福이 반대할 것을 알고 가서 이별함.

/184 洪貴達의 시집22) - 蘇軾이 彭城에서 지은 시와 盧守愼이 아우와 이별하며 지은 시가 유사함.

349/185 李滉의 시.

/186 南二星이 답장으로 쓴 시.

/187 李楫의 아내(沈光世의 딸)의 시.

/188 張維의 「雲谷詩稿序」 - 호남의 승려 徵公의 시는 淸冽함.

---

20) '以下女人詩'라는 頭註가 있음.
21) '以上女人詩'라는 頭註가 있음.
22) 기사 내용은 홍귀달의 시집이 아니라 朴長遠의 『久堂集』 권19 「箚錄」에 나옴.

/222 趙浚이 강원도에서 지은 시.

364/223 鄭惟吉이 어릴 때 지은 시.

/224 고려 때 崔婁白은 13살에 부친을 여의고 侍墓를 지냄.

/225 趙憲이 吉州에 유배 가서 지은 시.

/226 趙錫周의 시.

365/227 曹夏望이 어릴 때 병아리의 죽음을 조문하려고 쓴 시.

/228 李亮淵의 露梁[23] 六臣墓에 대한 시.

/229 田夫를 읊은 시.

366/230 諸葛武侯를 읊은 시.

/231 申潛은 기묘년에 罷科로 紅牌와 白牌가 환수됨.

/232 南趎의 「燭影賦」와 「長門賦」가 회자됨.

367/233 申命仁은 기묘사화 때 諸生을 倡率함.

/234 崔壽峎은 19세에 명산을 유람함.

/235 南袞이 산수도를 金淨에게 보내 題詩를 요구하였는데 崔壽峎이 시를 씀.

이상의 내용을 보면, 기생에 관련된 항목과 어릴 때에 시를 지었다는 항목이 많다는 점이 특징으로 꼽힌다. 기생의 치마폭에 시를 썼거나, 기생과 이별하며 시를 읊었다거나 하는 경우는 낭만성을 말하는 것이다. 그리고 어릴 때에 시를 지었다는 것은 천재성을 말한다. 기생에게 준 시와 어릴 때 지은 시, 이 두 가지가 '奇談'의 주요 내용이고 이외에 詩讖 등이 뒤를 잇는다.

131면 212칙은 鄭斗卿의 문장에 대해 다루고 있는데 6면이라는 유달리 많은 분량을 차지하고 있다. 이것이 편저자와 어떤 관련이 있는 것이 아닌지 의문이 든다.

275면부터 부기되어 있는『橋湖隨錄』은 다른 이본에 비하여 항목들이 축약되어 있다. 앞서 기재한 내용과 겹치는 부분들은 제외하였기 때문이다. 290면 46칙의 경우는『惺叟詩話』를 초록한 부분인데 원문과 비교한 결과 심각한 오류를 범하고 있다. 曹偉와 兪好仁의 명성이 대단하다고 하면서 시를 예로 들어 기술하였는데,『성수시화』를 보면 그들은 鄭希良보다는 못하다는 서술이 중간에 들어가면서 그 시들은 정희량이 지은 것임을 밝히고 있다.『한국시화총편』10[24]에 있는『저호시화』에는 정희량에 대한 서술이 있다. 한편 다른 이본의 오류가 수정되어 있는 것도 있고 확장된 항목들도 있다. 이들 이본간의 차이에 대해서는 면밀한 검토가 필요하다.

---

23) '露梁'은 '鷺梁'으로도 씀.
24) 조종업 편, 태학사, 1996.

## 4. 가치

『東詩奇談』은 詩話에 속한다. 시화는 시에 얽힌 이야기로서 비평적 내용과 흥밋거리로 채워진다. 『東詩奇談』은 흥밋거리 위주로 엮어져 있다는 점이 특징이다.

기사 대부분은 이전에 나온 시화들에서 초록한 것들이다. 그러나 18세기말의 기사들은 여기서 처음 선보이는 것이 아닌가 한다. 우선 이 문제에 대해 검토가 이루어져야 명확한 평가가 이루어질 수 있다.

264면 552칙은 시구 한 자를 고쳐주고 百文銅을 받는 사람이 있어서 李天輔가 그를 불러 자기 시를 검토하게 했다는 내용을 담고 있다. 이는 당시의 문화 풍속을 보여주는 흥미 있는 기록이다.

『樗湖隨錄』은 다른 이본에 비하여 항목의 내용이 대체로 축약되어 있다. 앞서 기재한 내용과 겹치는 부분들은 제외하였기 때문이다. 그러나 다른 본에 비하여 자세한 기록을 보여주는 대목도 있어서 정확한 평가를 위해서는 이본 비교가 필요하다.

【이대형】

# 東遊記

朴喜容(1855~?) 著.

　寫本. 1册(25張) : 無界, 9行21字 註雙行, 無魚尾 ; 27.0×19.0cm.

　表題 : 東遊誌.

　印記 : 朴喜容印.

## 1. 저자

朴喜容(1855~?)의 本貫은 密陽, 字는 穉圭이다. 自序에 보면 '聖上光御九年壬申'이라 했고 자신을 '晩醉散人'이라 했으며, 부록으로 실린 시에 '晩醉齋詩'라고 한 것으로 보면, 그는 1872년(임신) 전후에 생존했던 인물이고, 號가 晩醉散人 혹은 晩醉齋임을 알 수 있다. 여행을 시작하여 처음으로 잠시 쉰 곳이 출발지로부터 10길이라고 하고, 여행의 최종 도착지가 혜화문인 것으로 보아 저자의 집은 혜화문 근방이었던 것 같다. 또한 그와 교유했던 인물들을 작품을 통해 살펴보면, 醉儂, 成箕永, 李元榮, 成允敎(字), 종제인 穉璧, 玄谷 李源益(字 伯謙), 李源根(字 而會) 등의 이름이 보인다.

## 2. 구성

불분권 1책 25장으로 이루어진 필사본이다. 필사 연도는 여행한 해와 序를 참조할 때 1872년 이후 무렵으로 보인다. '朴喜容印'이라는 印記가 보인다. 목차는 크게 序를 포함한 日記 부분과 부록으로 실린 詩 부분으로 나뉜다.

自序:「東遊記序」(1편)
日記:「東遊記」(1편)
附晩醉齋詩(34수)

## 3. 내용

글은 서울에서 경기도 주변인 수락산, 불암산, 백로주, 창옥병 등을 보름에 걸쳐 둘러 본 탐승기이다. 첫머리에 그의 여행은 1872년(임신) 9월 4일에서 9월 18일까지 모두 15일 동안, 380리의 여정이었다고 밝혔다. 비록 먼 곳도 아니고 오랜 여정도 아니었지만, 서울에서 출발하여 경기도 포천의 창옥병까지 이루어진 여행기 치고는 아주 자세하고 여행 중에 있었던 일과 어려움, 기쁨 등이 잘 표현되어 있다.

### 「自序」

自序는 1872년(임신) 下澣에 썼다. 일찍이 중국의 역사가 사마천이 젊어서 운몽택과 동정호, 파촉의 여러 지방을 여행하고 돌아와 『史記』를 써서 그의 문체가 깊고 전아하게 되었다고 했다. 이에 임신년 늦가을을 맞아 소금강이라 불리는 도봉산과 수락산, 백로주, 창옥병 등을 탐승하여 돌아오겠다는 출발의 뜻을 적고 있다.

## 「東遊記」

· 9월 4일(을유) 맑음. 수유리까지 10리, 도봉산까지 10리, 雙碣峴까지 10리 해서 30리 길이었음. 아침에 詩朋 5명과 詩奚(詩 짓는 도구를 챙기는 여종) 2명과 함께 혜화문을 나서 수유점에 도착하여 점심. 雙碣峴에 이르러 잠시 쉬고 저녁 무렵 道峯院村에 도착. 동구에 '道峯洞門'이라고 쓴 우암 송시열의 필적을 보다. 도봉촌에 있는 知人의 別業을 방문하여 그의 아우인 醉儂의 환대를 받으며 정자에서 놀음. 근방에 폭포(지금의 구천폭포를 말함)가 한 줄기 떨어지는데, 아름다웠다. 시를 짓고 노는데 갑자기 소나기가 내리고 천둥이 쳤다.

· 9월 5일 맑음. 천축사까지 10리, 망월암까지 10리 해서 도합 20리 길을 갔다. 아침을 먹고 취농의 배웅을 받으며 천축사를 향해 출발. 천축사에 이르러 절을 구경함. 저녁 무렵 망월암에 도착하여 묵음.

· 9월 6일 맑음. 40리 길을 감. 樓院까지 10리, 홍국사까지 10리, 鶴林菴까지 20리임. 아침 일찍 일어나 주변 풍경과 스님들이 염불하는 모습을 구경함. 망월암을 출발하여 樓院店에 도착하여 요기함. 다시 수락산을 향하여 출발. 漢川을 건너 수락산 정상에 오름. 이 산의 모습은 대개 서쪽으로는 白岳(북악산을 이름)을 揖하고 동쪽으로는 불암산으로 이어짐. 학림사(지금의 학림암을 말함)에 도착하니 해가 저물어 감. 다시 홍국사를 향하여 가 불암산 아래에 이름. 이곳은 바로 德興大院君(선조의 아버지)의 묘가 있는 곳이다. 곧바로 홍국사에 이름. 홍국사의 경내를 구경하니, 커다란 土佛이 있었다. 차례차례 구경을 하며 지나가는데, 예쁜 기생과 蕩子가 놀러 나와 회회덕거리는 모습을 보았다. 이 또한 산속의 진풍경이다.

· 9월 7일 맑음. 40리 길을 감. 내원암(수락산 정상 가까이에 있음)까지 10리, 光川까지 10리, 闕基까지 20리임. 아침 일찍 聖寺(지금의 내원암으로 정조의 후궁인 수빈 박씨가 이곳에서 기도를 하여 순조를 얻었기 때문에 이렇게 불림)를 향하여 출발. 5리쯤 가니 孤店이 나오고 함께 가는 사람들이 허기를 느껴 탁주를 마심. 서쪽으로 계속 가니 거꾸로 떨어지는 듯한 물줄기가 쏟아졌다. 가히 속세의 찌든 때를 씻을 만했다. 이에 물가에 앉아서 놀았다. 석벽을 살펴보니, '玉流洞'(지금의 수락산 옥류폭포 지역을 말함)이라고 쓴 세 글자가 있었다. 또한 바위에는 4편의 시도 새겨져 있었다. 실로 금강산의 만폭동 모습과 견줄 만했다. 또 서쪽으로 오르니, 40~50丈 될 만한 폭포가 천둥소리를 내며 쏟아졌다. 바위 위에 '金流洞'(현재 수락산의 금류폭포 지역을 말함)이라고 새겨져 있었다. 금류동의 위로 내원암이 있었다. 내원암이 바로 聖寺이다. 동쪽에 미륵봉이 있고, 그 위에 석불이 하나 있다. 장차 봉선사를 향해 가려는데, 해가 저물었다. 그 사이엔 아무것도 없었으나, 달빛이 밝아 길을 찾을 수 있었다. 光川店에 이르니 거의 삼

경이 되었다. 저녁을 재촉해서 먹었다.

· 9월 8일 흐림. 오후에 출발하여 30리 길을 감. 아침 일찍 일어나 출발. 봉선사에 도착. 광릉으로 가서 奉瞻함. 화산 竹谷의 成箕永의 집에 묵음.

· 9월 9일 맑음. 10리를 감. 楸谷까지 5리, 松隅까지 5리임. 아침에 출발하려는데, 成允敎(字)가 술자리를 마련하여 그곳으로 가서 즐김. 오늘은 바로 중양절이기도 함. 평생토록 나그네가 되어 중양절을 맞기는 처음임. 오후에 출발하여 楸谷에 있는 李元榮(字 聖和)의 집에 도착. 술자리를 하여 크게 취함. 장차 출발하려는데, 만류하여 저녁밥을 먹고 감. 여러 동행들과 함께 달빛을 타고 松隅에 사는 숙부의 집에 감.

· 9월 10일 맑음. 40리 길을 감. 擺撥幕까지 10리, 問禮峴까지 10리, 舊場街까지 10리, 外北까지 10리임. 숙부를 모시고 출발함. 파발막을 지나고 문례현을 너머 외북에 있는 三省堂里에 도착. 이곳이 바로 조상의 무덤이 있는 곳이다. 몇 년 동안 오지 못했더니, 황송하기 그지없다. 올해 추석에 오려했으나 槐事가 임박하여 오지 못했다. 무덤 밑에 있는 여막에서 묵음.

· 9월 11일 맑음. 이곳에서 머물면서 산을 돌아다님.

· 9월 12일 맑음. 30리 길을 감. 鷺洲에서부터 10리, 영평군까지 10리, 梁門까지 10리임. 일찍 일어나 洞陰郡(영평의 옛이름)의 白鷺洲로 향해 감. 숙부와 從弟인 稚璧은 일이 급해 성안으로 가니 나그네길에 이별하기 더욱 어려웠다. 백로주 길은 좁아 겨우 지나갔다. 백로주에 이르니 바위에 '白鷺洲'라는 세 글자가 새겨져 있다. 이곳은 永州八景에 속한다. 영평군에 있는 玄谷 李源益(字 伯謙)의 집에 도착했다. 때마침 주인이 들로 나가 없었는데, 이 집은 곧 李道一의 형수네 집이다. 얼마 뒤에 주인이 와서 저녁밥을 재촉하여 얻어 먹었다. 이날 밤 달빛이 자못 밝고 별빛도 밝은데, 官樓에서 들려오는 鼓角 소리가 가을에 듣는 것보다도 슬펐다. 李源根(字 而會)이 찾아와 담소했다. 이원익의 집에서 묵었다.

· 9월 13일 맑음. 10리 길을 감. 金水亭까지 5리임. 일찍 일어나 詩 한수를 짓고 아침을 먹은 뒤 출발. 곧바로 金水亭을 향해 감. 10리 쯤 가서 큰 시내를 끼고 서쪽으로 가서 금수정에 도착. 정자에 걸어놓은 선현들의 시를 감상. 이 정자에 오르니 몸이 날개가 달려 붕 떠올라 仙界에 오른 듯하니, 참으로 영주팔경의 으뜸이라는 것도 마땅하다. 주변 바위 등에는 봉래 양사언과 한석봉의 글씨들이 가득했다. 시골집에서 밥을 사먹음. 금수정 아래로 蒼玉屛(포천 창수면에 있음)이 있으니, 바로 思菴 朴淳(1523~1589)을 모신 서원(玉屛書院을 말하는 듯함)의 터가 있다. 돌아서 현곡의 집에 이르니 해가 지고 달이 떠올랐다. 곧 梁門店으로 출발하여 숙소를 정할까 했는데, 이원근의 만류로 저녁을 먹고 이원익의 집에서 묵음.

· 9월 14일 맑음. 오후에 흐리다가 밤에 비 옴. 50리 길을 감. 風佩洞까지 10리, 옛날 舊場街터까지 10리, 문례현까지 10리, 송우까지 20리임. 아침 일찍 출행하여 舊場店에 시를 지어주기로 한 약속 때문에 풍패동, 문례원을 거쳐 구장점에 이르렀다. 다시 시를 지어주기로 하여 松隅庄에 도착했다. 이날은 송우의 장날이었다.

· 9월 15일 비가 내려 못 떠남. 큰 비가 하루 종일 쏟아 부었다. 길이 막히고 다니는 사람들도 드물었다. 떠나지 않을 수 없었지만, 갓도 쓰지 않고 버선도 신지 않고 서로 상대하며 시를 지었다.

· 9월 16일 잠깐 개었다가 다시 흐리고 저녁에 비가 옴. 70리 길을 갔다. 築石嶺까지 20리, 樓院까지 10리, 政坪까지 20리, 수유까지 30리이다. 아침 일찍 일어나 약속한 시를 지어주었다. 그러나 비가 개일 기미는 보이지 않음. 늦게 개어 햇빛이 나옴. 아침을 서둘러 먹고 발행하였다. 성윤실과 이도일의 집은 화산에 있는데, 겨우 한 길을 떨어져 있다. 그러나 길을 나서니 雲樹之情이 없지 않다. 서로 머뭇거리며 겨우 동구 밖에서 손을 놓고 헤어졌건만, 고개를 돌려 보니 다만 雲山으로 막혀 있다. 長水院에 이르러 점심을 먹음. 樓院店을 지나 수유점에 이르니, 해가 벌써 떨어지매 이곳에서 쉬었다. 함께 시를 지으며 달이 떠오르기를 기다렸다. 숙소를 정하려는데, 그곳에 한 예쁜 여자가 우리를 인도하여 자기 집으로 데려갔다. 가보니 그녀는 술을 파는 여자였다. 이에 艶情體 시 한편을 쓰고 밤이 깊도록 있으면서 성안으로 돌아갈 일을 도모하였다. 홀연 비가 하늘을 덮어 밤길을 갈 수가 없었다. 밤새도록 등불을 밝혀 놓고 잤다.

· 9월 17일 비가 내려 머물렀다. 비가 꼭 여름 장마 같았다. 길을 뚫고 가려 해도 어쩔 수 없었다. 빗물이 길에 가득하여 사람들도 다니지 않고 서로 바라보며 시간을 보내는 방법밖에 없었다. 오후에 비가 차츰 개어 石奴를 勛洞으로 보내어 부족한 행장을 가져오도록 했다. 詩奚 1명과 4명의 동료들과 함께 외로운 등불 아래 무료하게 지내면서 40편의 시를 지었다. 시를 다 지으니 등불이 가물가물한데, 졸음을 참을 수 없었다. 베개를 붙여 잠을 자다가 문득 문을 두드리는 소리에 깨었다. 바로 石奴가 돌아온 것이었다.

· 9월 18일 맑음. 혜화문까지 10리 길임. 석노가 돌아온 것을 보고 일어나 출발을 서둘렀다. 혜화문에 도착. 집으로 돌아와 어머니를 뵙고 문안했다. 또 숙부를 뵙고 12일 만에 돌아와 온 가족이 평안하니 위로가 되었다.

### 附晩醉齋詩

이때의 탐승 도중에 들린 곳을 중심으로 하여 33수를 지었는데, 하늘에 33天이 있는 뜻과 같다고 했다(함께 聯句로 쓴 시를 포함하면 34수). 크게 보아 도봉산 주변에 들렀을 때 쓴 작품들(「日千亭」·「宿醉儂山庄」·「又」·「又」·「天竺寺」·「望月庵」·「又」·「又」등), 수락산에 들렀을 때 쓴 작품들(「登鶴林菴碧雲樓」·「興國寺」·「內院菴」등), 광릉에 들렀을 때 쓴 작품들(「光川店」·「奉先寺」·「宿竹葉山下成竹農箕永家」·「重陽因留竹塘」·「武夷山村」·「又」·「又」등), 백로주에 들렀을 때 쓴 작품들(「白鷺洲」·「宿玄谷李雅源益家」·「又」·「又」·「懷歸」·「留別」·「金水亭」), 귀경길에 쓴 작품들(「松隅道中」·「又」·「滯雨松隅店」·「又」·「又」·「戲題之而韻」·「水踰店」)로 나눌 수 있다

## 4. 가치

이 책은 1872년 9월 초부터 보름 동안 저자가 서울과 경기도 주변의 명승지인 도봉산, 수락산, 불암산, 광릉, 백로주, 창옥병 등을 탐승하면서 쓴 기행문이다. 분량은 많지 않지만, 곳곳에서 사람들을 만나고, 함께 시를 수창하며 탐승한 과정이 저자의 진솔한 감정이 곁들여지면서 지루하지 않고 재미있게 읽을 수 있다. 더구나 유명한 명승지들을 여행한 기행문들은 많은 반면, 서울 주변을 본격적으로 돌아다닌 기행문은 드물어서 조선 후기의 새로운 여행 형태를 보는 듯하다. 그리고 자신이 걸어간 하루의 旅程을 일기의 앞부분에 일일이 里數로 표시하여 적어놓아서 마땅한 교통수단이 없던 당시에 서울과 경기도 주변을 오고 가는데 걸리는 일정 등을 살펴볼 수 있어 交通史나 生活風俗史의 참고 자료로 쓰일 수 있다.

【전관수】

# 東人詩話

徐居正(1420~1488) 著.

　　木板本. 2卷 1册(上28張, 下24張) : 四周單邊 半郭 22.7x18.0cm,

　　有界, 12行20字, 上下內向2葉花紋魚尾 ; 31.5×22.0cm.

　　手書刻跋 : 李必榮(1639).

　　刊記 : 甲辰(1664)六月 日 慶州府 重刊.

　　印記 : 順興安氏, 敏修訥甫.

## 1. 저자

徐居正(1420~1488)의 本貫은 達城, 字는 剛中, 號는 四佳亭, 諡號는 文忠이다. 조선 전기의 문신·학자이다. 그의 외조부이자 조선개국 초의 문물제도 확립에 공이 큰 權近(1352~1409)은 그의 인격과 학문 세계의 형성에 크게 영향을 끼쳤다고 할 수 있는데, 특히 시문에 있어서는 권근의 시문풍이 서거정에게 연계되어서 스스로 詞章문인으로서의 일가를 이루었다. 1438년 善山 金氏와 결혼하였고, 1444년(세종 26) 식년문과에 급제, 司宰監直長을 지냈다. 1451년(문종 1) 賜暇讀書 후 集賢殿博士 등을 거쳐 1456년(세조 2) 文科重試에 급제, 1457년 文臣庭試에 장원, 공조참의 등을 역임했다.

1460년 이조참의 때 謝恩使로 명나라에 다녀와서 대사헌에 올랐으며, 1464년 조선시대 최초로 兩館 大提學이 되었다. 1466년 다시 拔英試에 장원한 후 六曹의 판서를 두루 지내고 1470년(성종 1) 左贊成에 이르렀으며 이듬해 佐理功臣이 되고 達城君에 책봉되었다. 45년간 여섯 왕을 섬겼다. 性理學을 비롯, 천문·지리·의약 등에 정통했고, 문장과 글씨에 능했던 15세기 관학을 대표하는 인물이다. 관찬사업으로 진행된 『東文選』(1478년)·『經國大典』(1466년)·『東國輿地勝覽』(1481년)·『東國通鑑』(1485년)·『聯珠詩格諺解』(1484년) 편찬, 『鄕藥集成方』 國譯(1479년)에 참여했다.

문집에 『四佳集』(1488년, 甲辰字 초간본), 저서에 저자가 55세의 나이에 쓴 『東人詩話』(1474년)외에 『筆苑雜記』(1486년)·『太平閑話滑稽傳』(1477년)이 있으며, 글씨에는 『花山君權近神道碑』(忠州)가 있다. 大邱 龜巖書院에 제향되었다.

## 2. 구성

### 1) 구성

연세대 목판본(귀737)의 구성은 2卷 1冊(上28張, 下24張)으로 구성되어 있다.
수록 순서는 다음과 같다.

姜希孟 序(1474), 崔淑精 後序(1477), 金守溫 序(1475)
卷上: 宋太祖, 李太祖, 崔致遠, 金富軾, 鄭知常, 僧幼庵, 李承休, 李齊賢 等의 詩話. 상권 68則,
卷下: 鄭司諫, 李相國 等의 詩話, 朴贊成과 妓女와의 詩話 等. 하권74則, 합142則.
李必榮의 跋(手書刻書) - 발문형식으로 제목 없이 기록되어 있다.
刊記: 甲辰(1664)六月 日 慶州府 重刊.

## 2) 이본 소개

『동인시화』는 원래 1477년(성종 8)에 목판으로 刊印하였는데 1636년(인조 14)에 初刊本이
兵火로 거의 없어지고 원본의 板本에 잘못된 것이 많이 있으므로 廣陵 李必榮이 160여년 후
인 1639년에 改刊하였다. 제 판본의 체계와 서지는 다음과 같다.[1]

### (1) 1477년 初刊本, 密陽府 刊行本[2]

梁誠之의 명에 의해 밀양부사인 朴時衡의 주도로 이루어졌다.
현재 소장처는 한국학중앙연구원 2책 (가)(나)본, 개인소장 (다)본이 있다.
* 개인소장 (다)본 기준:
크기 30.6×21.2cm, 四周單邊, 有界, 10行17字, 上下白口, 上下內向黑魚尾, 半郭 13.8×17.0cm.

구성: 동인시화서(姜希孟)
　　　김수온(제목없음) "予嘗謂知詩之惡, 然後可以得詩之正…"
　　　상권71則, 하권77則, 합 148則.
　　　동인시화후서(崔淑精)
　　　梁誠之跋文

(가)본이 강희맹 序文의 아래 파손된 부분을 필사로 보충한 것을 제외하면 가장 완전하게
원형을 전하고 있으며, 卷首와 末에 方形의 '豊山之世' '尹銀□印'의 印文이 있다. (나)본은 崔
淑精과 梁誠之의 글은 물론 본문도 몇장 탈락. (다)본은 강희맹의 서가 한 장 반 정도 탈락,
나머지는 완전한 상태이다. 磨滅度를 통한 판본의 선후 구분: (다)-(가)-(나)의 순.
서문: 강희맹의 '동인시화서'와 김수온이 아무런 제목없이 바로 써내려간 序가 있다.
**강희맹의 서문**은 문중의 기록에서 1474년(성종 5) 가을에 서거정이 찾아와 직접 지은『동
인시화』2권을 보여주며 서를 써달라는 청과 함께 評話를 추가하여 줄 것을 바랐다는 기록과
序末의 8월이라는 기록이 서로 일치하고 있다. 서문의 내용은 강희맹의 문집인『사숙재집』
권11, 제15-16장에 걸쳐 수록되어있는 내용과 같은 것으로서, 문집에는 文末에 성명이 생략되
어 있다. 내용에 별 지장을 주지 않는 문자의 차이가 10여 군데 나타난다.
**김수온의 서문**은 1475년(성종 6)의 3월 下浣에 乖崖老人 강희맹 서문과 비교하여 7개월의
시차를 보이고 있다. 그러나, 제목 없이 시작하여, 후에 중간본에서는 뒤에서 언급될 양성지의

---

1) 이 부분은 남권희, 「동인시화의 서지적 고찰」,『서지학연구』8집(1992)에 실린 논문에 자세하다.
　 '제 판본의 계통도'와 '對校내용'은 이 논문에 상세하니 참조하기 바란다.
2) 이 판본은 각종의 기록에서 이미 알려진 것이었으나, 중간본을 위주로 한 문학적인 면의 연구로
　 실물에 대한 확인이나 비교분석이 이루어진 바 없다.

'書東人詩話後'와 합쳐서 혼란을 야기하였다.

본문은 상하의 2권으로 편성.

「**東人詩話後序**」崔淑精이 쓴 것으로, 1477년 4월 중순, 저술이 완성된 때로부터 3년이 경과한 후에 지어졌다. 이 후서는 중간본에도 수록되어 있으나, 초간본과 비교할 때 몇 곳의 缺字와 異字가 발견된다.

「**書東人詩話後**」梁誠之가 쓴 것으로, 간행의 경위를 결정적으로 밝혀주는 내용이 있다. 중간본에 없는 양성지의 글은 「書東人詩話後」란 제목으로 초간본의 맨 끝에 있다. 이 글을 통해서, 초간본이 1477년 당시 밀양부사인 박시형에 의해 간행되었음을 알 수 있다.

> 우리나라는 殷나라 태사인 箕子가 麥秀之歌를 부른 이래로 삼국, 고려를 거쳐서 지금에까지 이르렀다. 문장가들도 數百家에 그치는 것이 아니다. 왜냐하면 이들에 대한 평가는 『파한집』, 『역옹패설』 등의 여러 서적을 보면 알 수 있기 때문이다. 지금 달성 서거정 선생은 우리나라의 태평한 시대에 태어났다. 집안에서는 외조부인 陽村 선생의 직접적인 가르침을 이어받아 시단에서 독보적인 지위를 누리며 명성이 중원을 울리고 있다. 政務에 틈을 내어 직접 『동인시화』 2편을 저술하였다. 그의 記聞의 박식함, 식견의 고상함은 진실로 堂上에 있어서는 집대성하였다고 할만하다. 나는 어느날 晉山 姜希孟 선생과 함께 承文院에서 사가 선생을 만나 소위 『동인시화』를 보았다. 우리 두 사람은 끊임없이 반복해 읽고서는 서로 말하였다. '우리 학문계의 보배로서 만세토록 공유해야 합당하고 文房에 은밀히 두어서는 안 된다'고 하였다. 드디어 밀양부에서 간행하게 하여 영원히 전하게 하였다. 부사의 성은 朴, 이름은 時衡이다. 병자년(1456) 과거 榜眼이다. 이때는 成化13년 (1477)후 2월 초길일 남원 양성지 순부 삼가 발문을 쓰다.

밀양에서 간행된 이후에, 전라도 남원에서 간행되었음을 알 수 있다. 1585년 許篈이 속찬한 『故事撮要』에 남원에서 『동인시화』를 간행하였다는 기록이 있는 것으로 보아 남원 간행본은 현재 실물은 없으나 밀양 초간본을 복각한 것으로 추정된다.

(2) 1639년 李必榮 重刊本

이필영의 발문에 의하면, 重刊동기는 여러 번의 전쟁으로 남은 것이 거의 없어 질 것에 대비하여 重刊하여 길이 전한다고 하였다. 원본과 차이나는 곳이 많거나, 간혹 옛날에 보고들은 것은 크게 더하고 없애고 고치고 하였다고 초간본과의 관계를 밝히고 있다. 발문의 내용을 소개하면 다음과 같다.

> 사가 선생의 『동인시화』는 여러 번 전쟁을 겪어서 남은 것이 거의 없다. 완전히 없어질까 걱정되어 重刊하여 오래도록 전하고자 한다. 다만, 원본(초간본)에는 오류가 많아, 혹 옛적에 보고 들은 것으로서 잘못된 곳을 지우고 고치기는 했지만 학문도 없고 지식도 모자라 모두 바로잡아 고치지 못함이 한스럽다. 다만 후대의 군자를 기다린다. 숭정기묘(1639) 10월 하순 '광릉노인 이필영 씀'

중간본의 서발문은 판본 전체가 동일한 서체로 되어있다. 중간 시기는 1639년 10월 하순이다. 현재 소장처는, 한국학중앙연구원, 고려대 薪菴文庫, 동양문고, 개인소장 등이다.

구성:  동인시화서(姜希孟)
　　　　동인시화후서(崔淑精)
　　　　梁誠之跋文「서동인시화후」
　　　　김수온 서
　　　　본문
　　　　이필영발문

## (3) 1664년 甲辰六月 慶州府 重刊本

1664년(현종 5)에 慶州에서 重刊한 것이다. 양성지와 김수온의 글이 합쳐져 있다.

현재 소장처는 규장각(奎 1552), 계명대, 한국학중앙연구원, 동국대, 국립중앙도서관, 고려대 만송문고, 동양문고, 연세대(귀737) 등이 있다.

卷首에 姜希孟이 쓴 序文과 丁酉(1477)에 崔淑精이 쓴 後序 및 成化紀元之十一年蒼龍乙未(1475)에 金守溫이 쓴 後序가 있다. 초간본의 양성지가 권말에 쓴「서동인시화후」는 중간본에서는 김수온의「서동인시화후」의 앞부분에 섞여 들어가 있다. 결국 중간본의 김수온의「서동인시화후」는 양성지의 글 뒤에 김수온의 글이 합쳐진 것이라 할 수 있다.

> ‘吾東方自殷太師謂麥秀以來…… 不可以秘藏於文房而已也’ -양성지의 글
> (중간본에서는 이 부분이 초간에서 제목 없이 쓰였던 김수온의 서문 앞부분에 놓이게 되어 이 글이 마치 김수온이 쓴 것처럼 되고, 그 간행의 경위도 내용과 전혀 다른 강희맹과 김수온이 서거정을 만나 간행을 권유한 것처럼 전하게 되었다.)
> ‘予嘗謂知詩之惡, 然後可以得詩之正……서문 끝까지.’ -김수온의 글

이 상황으로 미루어 볼 때, 이필영이 경주에서 중간본을 간행할 당시는 이미 양성지의 초간본 발문 뒷장은 없는 상태에서 이루어진 것임을 알 수 있다.

또 卷末에는 崇禎己卯(1639)에 李必榮이 쓴 발문이 있으며 ‘甲辰六月日慶州府重刊’이라는 刊記가 있다. 이들을 종합하면 원래 1477년(성종 8)에 간행하였는데 丙子胡亂으로 초간본이 인멸하여 원판의 오류를 바로잡아 李必榮이 改刊하였고 이를 토대로 1664년(현종 5)에 경주에서 중간하였음을 알 수 있다. 후미에 ‘경주부중간’이라는 간기가 있다.

초간본에서는 疊語, 예를 들면 字字, 句句, 落落, 點點 등에서 뒷글자는 동일하다는 표시로 점 2개를 찍어 처리하였다. 초간본과 달리, 중간본에서는 點으로 처리하지 않고 일일이 다 적었다. 초간본에서 약자로 쓴 것을 중간본에서는 正字로 처리하였다. 초간본에 빠진 곳을 보충하였다.

(4) 그 밖에 1911년 조선고서간행회에서 중간본을 신활자본으로 영인(570~638쪽)하였고, 한국학중앙연구원소장 밀양부간 초간본(『한국시화총편』 1권, 동서문화사간, 1989)과 발문을 뺀 중간본을 영인한 것(경주부간, 중간본, 보경문화사간, 1984)이 있다.

## 3. 내용

### 1) 찬술경위

『동인시화』가 편찬된 동기에 대해서 서거정이 직접적으로 언급한 것이 없기 때문에 정확하게 제시할 수 없지만,『동인시화』 속에서나 그와 관련된 다른 기록들을 통해 살펴볼 수 있다.

『동문선』이 그 당시까지의 문학유산을 집대성해서 후인들에게 전하고자 했듯이,『동인시화』는 서거정 시대 이전까지의 시화를 집대성한 것이다.『동인시화』권상에 보면,

> 시는 비록 구차한 것이지만, 옛사람들이 시를 지을 때는 반드시 후세에 전해지기를 바랐다. 그러므로 두보의 시에 '이몸 늙어 죽으면 새로운 시 누구에게 전할꼬'라고 하였다.… 위진당송 이래로부터 우리 고려의 문사들에게 이르기까지 그러한 경향이 있었다. 근세의 뜻있는 문사들은 조금도 시에는 마음을 두지 않았으니, 하물며 후세에 전해지기를 바랐겠는가. 간혹 시문에 뜻있는 자가 자신의 시문을 가지고서 선생이나 어른에게 시문의 잘못을 바로잡아 주기를 청하면, 많은 사람들이 떼지어 모여들어 헐뜯고 비웃으니 문장의 기풍이 날로 비루해짐을 어찌 괴이하다 하겠는가.

라고 하여 자신이 살았던 당대의 지식인들이 문학의 전통성이나 본질을 올바로 이해하지 못하고 있음을 지적하고 있으니, 당대의 왜곡된 문학관을 깨고 문학비평 자료들을 모아 후세에 전하기 위하여 『동인시화』가 편찬된 것임을 알 수 있다. 서거정이『동문선』을 편찬하고 나서 지은『동문선』의 서문에 편찬동기와 의의를 설명하고 있는데, 이것은 곧 서거정이『동문선』의 편찬에 참여하면서 가졌던 撰觀이라고 할 수 있다. 그 서문 일부를 보면,

> 우리의 文은 송·원의 문이 아니며 또한 漢·唐의 문도 아니니 이는 바로 우리의 문이다. 그러하니 마땅히 중국 역대의 문과 더불어 천지 사이에서 병행되어야하는 것으로 어찌 인멸되어 전하지 않을 수 있겠는가

라고 하였다. 이글에서 보면,『동문선』의 편찬동기와 그 의의가 확연하게 나타난다. 우리나라 문인들이 우리 고유의 사상과 감정을 표출하여 이루어진 글은 비록 중국 문자로 표기되었을 망정 그것은 외국문학이 아니라 분명히 우리의 것이라는 당위성을 강조하고, 아울러 이러한 글을 반드시 후세에 전하여 미래의 후손들로 하여금 보다 진보된 문학세계를 창조하는데 기여하기 위해서 편찬했다는 것이다. 시문이 단순히 性情의 발로라는 도학적 문학관에만 얽매이지 않는 서거정의 문학에 대한 이해태도는 서거정이 당시 사회의 지배 이데올로기로 기능

하고 있던 성리학과 그리고 공리적 측면에서 용인됐던 사장의 효용성을 전반적으로 체험한 결과에서 나온 것이라고 생각된다. 여기에서 본다면『동문선』의 편찬보다 4년 먼저 완성된『동인시화』의 저술에 있어서도 거의 같은 동기와 의의를 찾을 수 있을 것이다.

### 2) 내용

이 책은 신라 시대부터 조선조에 이르기까지의 143편의 詩話를 1474년에 편집한 책으로, 고려시대에 활발하였던 詩話 創作의 전통을 이어받으면서 동시에 '詩話'라는 용어를 처음으로 사용하고 있다. 卷頭에 1474년에 晋山 姜希孟이 쓴 序文이 있다. 강희맹은『동인시화』서문에서 "문사의 아름다움만 취했을 뿐만 아니라 世敎 유지를 근본으로 삼았으니 그 노력이 대단하다." 라고 하였다. 그는『동인시화』의 대의가 '세교'임을 지적하고 있다. 또한 글은 道를 담고 있어야 한다는 문학관과 또 문학사적인 기술도 간결하게 들어 있다. 用事에 대한 언급도 많이 보인다. 특히 용사의 종류를 뜻을 그대로 사용하는 直用과 뜻을 반대로 사용하는 反用으로 분류하였다.

이어 1477년에 崔淑精이 쓴 後序와 1475년에 쓴 金守溫의 序文이 있고 卷上에는 宋太祖와 李太祖의 微時의 詩句를 들어 제왕의 문장을 말하고, 이어서 文昌侯 崔致遠, 文烈公 金富軾, 諫議 鄭知常 등의 詩話로부터 僧 幼庵, 動安居士 李承休, 益齋 李齊賢 등의 詩話에 唐宋代의 詩까지 곁들여 詩에 관한 逸話를 기록하였다. 卷下에는 高麗 光·顯宗 이후 四六文은 盛했으나 益齋, 稼亭, 牧隱, 圃隱 등에 이르러 性理學이 倡明되었다는 이야기로 始作되어 鄭司諫 李相國 등의 詩話, 朴賛成과 妓女와의 詩話 등 詩話 多數가 실려 있다. 끝에는 李必榮의 跋이 있다.

이 책에는 문학비평에 관한 서거정의 인식이 집중적으로 기술되어 있다. 작시를 둘러싼 한담을 늘어놓은 것이 아니라 한시의 구체적 작법을 설명하기 위하여 출처나 형식 등의 문제를 논하고 작품을 구체적으로 분석한 실제 비평이다.

서거정은 시의 意境이 含蓄不露해야 한다고 전제하고는 한 글자를 다듬는 鍊琢의 노력을 게을리 하지 않아야 한다고 역설하였다.

氣像의 측면에서는 臺閣의 豪邁廣豁함을 높이 평가하면서 기상을 기르는 방법으로 폭넓은 독서와 無遠不至의 유람을 행할 것을 주장하였다. 또 당시의 사대부들이 성리학적 道學을 추숭하면서 문학을 배척하자 서거정은 시의 효용이 世敎에 관계된다는 점을 들어 문학의 가치를 힘써 옹호하였다. 나아가 聖賢의 道의 구체적 현상이 시로 발현된 것을 시화를 통하여 예증하기도 한다.

시창작법에 있어서는 跳襲을 피해야 한다고 생각했지만 用事를 잘해야함을 주장한다. 특히 用事가 생경한 모방이나 표절이 되지 않도록 反意法·換骨法·飜案法 등을 활용하여 새로운 말을 만들어내야 한다고 하였다.

시의 품평에 있어서는 비교문학적인 방법으로 중국의 작품과 비교하였다. 李白·杜甫·蘇軾을 비롯하여 王安石·趙孟頫·韓愈 등 많은 중국 시인들의 시구가 언급되고 있는데, 이것은 고려와 조선 시인들의 중국시 선호의 한 경향을 말해주는 것으로 보인다. 우리나라 시인 239수, 중국시인의 작품 118수, 일본인의 작품 1수 등이 인용되어 있어, 이 책의 시평중심 대상이 중국시가 아니라 우리나라 문인의 작품임을 알 수 있다. 그리고 최치원·박인범·박인량·이규보 등의 작품이 뛰어나다고 말하며 당·송의 작품과 비견하여도 하나도 손색이 없다고 주장하고 있다. 이렇게 우리의 작품이 중국에 못지않다는 脫慕華思想의 태도를 많은 곳에서 발견하게 된다.

서거정이 인용한 시는 전편이 인용된 것(138수)과 부분이 인용된 것(220수) 모두를 포함해서 358수의 시가 인용되어있다. 작품 전편이 인용된 숫자보다 작품의 부분인 聯句나 單句가 많이 인용된 것은 시화서의 성격대로 짧게 많은 사람의 작품평을 해보고자하는 서거정의 의도를 나타낸 것이라고 볼 수 있다. 전편이 인용된 시는 오언절구 12수, 오언율시 1수, 칠언절구 109수, 칠언율시 16수 등 138수인데, 이중에 칠언절구가 다수를 차지하고 있다.

## 4. 가치

『동인시화』는 우리나라에서 '시화'라는 명칭을 처음 붙인 본격적인 시화집이다. 益齋 李齊賢의 『역옹패설』과 『동인시화』와의 거리는 130여년의 간극이 있다. 당시 시학 부분에 있어서 새로운 시화집이 출현될 수 있는 축적이 있었다고 볼 수 있다. 이러한 문학사적인 맥락에서 찬술된 『동인시화』는 당시 동양문학권에서 시화를 하나의 문학 쟝르로 분과하려는 경향을 올바로 인식한 차원에서 이루어진 작업임을 알 수 있다. 또 하나는 중국 시화의 영향에 의한 것으로 볼 수 있다. 『동인시화』 서에서 말한 것처럼, 당시까지 『總龜集』, 『苕溪魚隱叢話』, 『菊莊玉屑』 같은 송대의 시화가 고려말에서부터 본격적으로 유입되었기 때문에 우리나라 평단에 이러한 시화집들이 크게 자극을 주었을 것이고, 이에 따라 서거정에 의해 본격적 시화집으로 등장한 『동인시화』는 우리나라 고전비평의 새로운 장을 여는 단초가 되는 귀중한 자료이다.

간행경위에 따른 판본도 여러 종이다. 초간본의 바른 편차가 17세기 중엽부터 잘못 구성되기 시작하여, 양성지의 발과 김수온의 서가 뒤섞여 인용되어왔다. 초간의 후쇄에서 마지막 판이 없어지거나 마멸로 인하여 양성지의 발문을 확인할 수 없었고, 또 김수온의 서가 제목없이 시작된 때문이다. 초간과 중간본의 고쳐진 부분 등을 확인함으로써 유통 중인 영인본과 번역본의 문제점을 찾아볼 수 있는 귀중한 자료이다. 연세대 소장 목판본(귀737)은 1664년 경주부 중간본으로, 서발문이 완전한 상하 1책으로 남아있다.

【금지아】

# 晚求先生遺文

李鍾杞(1837～1902) 著.

　寫本. 1册(38張) : 四周雙邊 半郭 19.7x14.7cm, 有界, 10行20
字, 上下内向2葉花紋魚尾 ; 28.3x18.9cm.

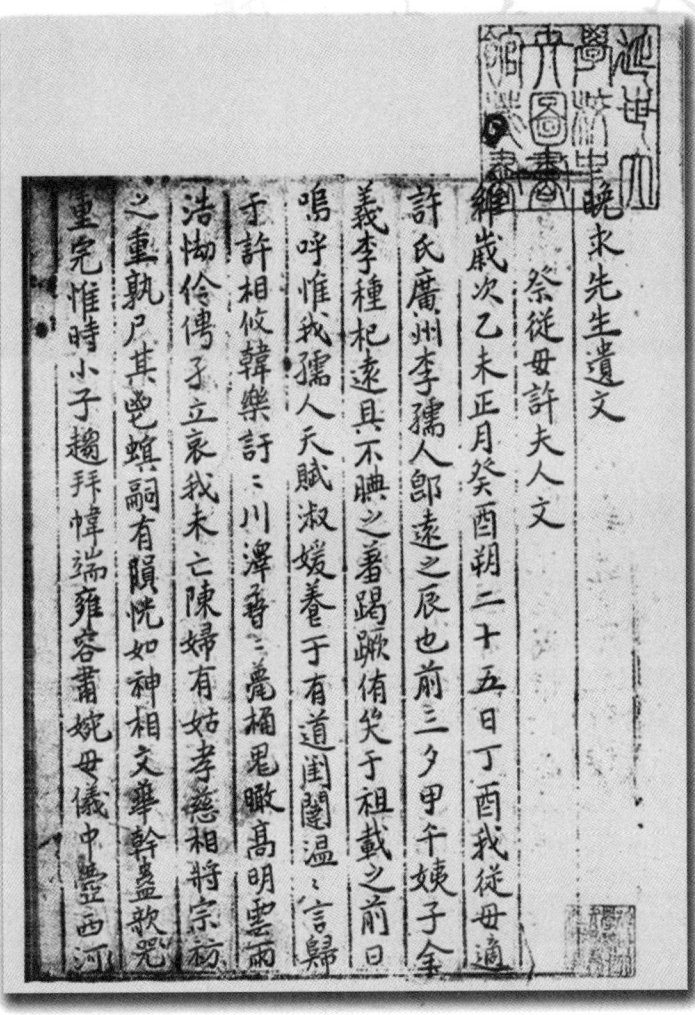

# 1. 저자

　李鍾杞(1837~1902)의 本貫은 全義, 字는 器汝, 號는 晩求・茶園居士, 初名은 種㷜이다. 憲宗 3년 지금의 경상북도 高靈郡[1] 茶山面 上谷 마을에서 출생하였다. 그의 먼 선조인 李棹는 高麗의 개국공신이었을 만큼 명문가였으나, 조선에 들어와서는 李丘直이 戶曹 典書를 지내고 그 5대 뒤의 李佀이 현감을 지내는 등 관직으로는 그리 성공하지 못한 가문이 되었다. 이필은 京南에서 大邱의 河西로 이주했으며, 3대 뒤의 茶圃 李之華가 성주의 茶山으로 이거해 왔다. 다포 이지화는 翰苑, 兵曹 參議를 역임한 박학했던 인물로서 이종기의 9대조가 된다. 이종기의 아버지는 小盧 李能容이다. 이종기는 어릴 때 從叔인 李鉉容의 양자로 들어갔기 때문에 당시석학으로 유명했던 吾盧 李在郇의 손자가 되었다.

　그는 3, 4세가 되도록 말도 할 줄 모르고 걸음마도 못했다고 하는데, 타고난 자질이 영민하여 5세 때 말문이 터지자 본격적인 공부를 시작했다고 한다. 4~5세 때에 벌써 남이 독서하면 듣기를 즐겼고, 7세 때 『十九史』를 스스로 해석할 정도였다고 한다. 이에 생부인 이능용이 그의 조숙함을 염려하여 학업을 중단시키기도 하였는데, 10세까지 학업을 중단했다가 다시 시작한 그는 12~13세 때에 이미 經史와 唐宋八大家 등의 글을 모두 외웠을 정도였다. 14세 때에 이미 百家書의 대의에 달통하여 성주에 있는 檜淵書院의 講會에 참석할 정도였으며, 이때 날카로운 질문과 토론으로 당시의 이름난 학자들마저 경탄하지 않은 이가 없었다고 한다. 15세 때(1851년) 鄕試가 열리자 생부인 이능용이 장인인 朴履坦이 향시에 관계한다는 것을 알고 청탁하였는데, 이를 눈치 챈 이종기는 "임금을 섬기려 하면서 먼저 임금을 속일 수 없다."고 말하고 스스로의 힘으로 향시에 응했다. 그후 성인의 학문에만 뜻을 두어 孔子, 孟子, 程子, 朱子의 학문에 진력하였다. 그의 학행이 널리 알려지자 조정은 여러 번 그를 불렀으나 응하지 않았고, 義禁府都事에 제수되기도 하였으나 虛名으로 임금을 속임이 매우 황송하다 하여 사양하였다. 가정에서는 敬과 謹으로 가법을 삼았다. 그는 가계가 너무나 빈곤하여 호구를 해결하기가 어려울 정도였고, 霞山, 桐谷, 館洞 등지로 자주 거처를 옮겨야만 했다. 그러나 그는 지조를 꺾지 않고 학문에만 몰두하였다. 도산서원의 원장이라 할 수 있는 陶山洞主를 역임하기도 했으며, 書洛書堂을 지어 후진 교육과 저술에 전념하다가 高宗 만년의 대한제국기에 66세의 나이로 타계했다.

　그의 문인은 200여 명에 이르는데, 대표적인 인물로 守坡 安孝濟(1850~1912), 錦洲 許埰(1859~1935), 省軒 李炳熹(1859~1938), 恭山 宋浚弼(1869~1943) 등이 있다. 그의 장례에 참여한 사림들이 천수백 명에 달한 것을 보면 당시 영남의 유림 가운데 걸출한 인물이었음을 알

---

1) 고령군은 본래 성주군이었으나, 고종 광무 10년(1906년) 고령군으로 개명되었다. 관련 자료 가운데는 이종기를 성주군 사람으로 기록한 것도 있지만 여기에서는 현재의 행정구역을 기준하여 그를 고령군 사람으로 기재한다.

수 있다. 당시 이종기와 교류했던 顧軒 鄭來錫(1808~1893), 四未軒 張福樞(1815~1900) 등은 그의 뛰어난 자질을 높이 평가하였고, 西山 金興洛(1827~1899)은 다른 사람들을 만날 때마다 이종기를 師表로 칭하였다.

　그의 사후 6년 뒤인 1907년에 17권 10책으로 된 『晩求先生文集』(이하 『문집』으로 약칭)이 간행되었고, 1936년에는 다시 『晩求先生續集』(이하 『속집』으로 약칭) 8권 4책과 『晩求先生文集附錄』(이하 『부록』으로 약칭) 2책이 간행되었다. 영인본으로는 문중에서 한 권으로 제작한 『晩求集』(高靈: 西洛書堂, 1986)이 있으며, 『韓國歷代文集叢書』 1050책부터 1054책에 묶여있는 『晩求先生文集』(서울: 경인문화사, 1994)이 있다. 이 『晩求先生遺文』은 1929년 錦洲 許埰의 손자인 許涉이 필사한 것으로 연세대학교에만 소장되어 있는 유일본이다. 허채의 문집인 『錦洲集』의 「晩求先生遺事總敍」에는 이종기의 평생 이력과 행적이 평이하게 잘 서술되어 있다.

　만구 이종기는 학문상으로는 大山 李象靖(1710~1781), 定齋 柳致明(1777~1861) 등으로 이어지는 영남 남인의 退溪學風을 계승하고는 있으나, 유치명이 退溪 李滉의 理發說을 理活物說로 심화시킨 것이나, 또 유치명을 계승한 寒洲 李震相(1818~1886)이 퇴계의 理氣互發說 대신 理發一途說을 수립한 것과 같이 퇴계학을 主理的으로 강화하는 것에 대해서는 매우 비판적이었다. 이는 理만을 중시하는 주리론의 경화 현상에 대한 주리론 내부의 자기반성에서 비롯된 태도로 보인다. 그는 율곡의 주기적 경향을 강하게 비판하고는 있지만 한편으로는 主理 일변도로 치우친 당시의 일부 퇴계학의 경향도 비판하고 있는 것이다.


## 2. 구성

　『晩求先生遺文』(이하 『유문』으로 약칭)은 1책 38장 76면으로 구성되어 있다. 주로 姨母(從母)인 허씨 부인 廣州 李氏에 대한 所懷와 허씨 부인의 손자들인 許景懋(許埰), 許景著(許岱)에게 보낸 친근한 서신들로 구성되어 있다. 이 『유문』의 후반부에 실려 있는 5편의 시에서 사용된 許景茂라는 이름은 허섭이 필사하면서 조부인 許埰를 諱하여 적은 이름이다.

　앞부분에는 從母(姨母) 허씨 부인에 대한 祭文과 大祥日(장례 후 2년째의 제삿날)에 올린 所懷, 그리고 허씨 부인의 遺事를 각각 짤막하게 실었다.
　「祭從母許夫人文」·「又大祥時」·「從母許夫人遺事」
　(이 가운데 「祭從母許夫人文」은 『문집』 권12에 이미 실려 있는데, 앞 부분 "維歲次 …" 이하 20자 3행 전체가 『문집』에는 빠져 있다. 「又大祥時」는 『속집』 권1에 「再祭許氏從母文」으로 실리게 된다. 또 「從母許夫人遺事」는 『문집』 권17에 이미 실려 있다.)

이어서 四而居士로 불린 許明耈의 행장을 싣고 있다.

「四而居士許君行狀」

(이 행장은 『문집』 권16에 이미 실려 있다.)

그 다음으로 1877년부터 1901년까지 24년간 許景懋(許埰)에게 보낸 편지 45편을 날짜별로 싣고 맨 뒤에 別紙를 달았다.

「與許景懋丁丑」・「又庚辰」・「又庚辰」・「又庚辰」・「又甲申」・「又丁亥」・「又丁亥」・「又戊子」・「又戊子」・「又己丑」・「又己丑」・「又庚寅」・「又辛卯」・「又辛卯」・「又壬辰」・「又壬辰」・「又癸巳」・「又癸巳」・「又癸巳」・「又癸巳」・「又甲午」・「又甲午」・「又甲午」・「又乙未」・「又乙未」・「又乙未」・「又丙申」・「又丙申」・「又丁酉」・「又丁酉」・「又丁酉」・「又戊戌」・「又戊戌」・「又戊戌」・「又戊戌」・「又己亥」・「又己亥」・「又己亥」・「又庚子」・「又庚子」・「又辛丑」・「又辛丑」・「又辛丑」・「又辛丑」・「別紙」

(「與許景懋」의 경우, 丁丑년의 편지부터 갑신년의 편지인 「又甲申」까지 5편은 『문집』과 『속집』 어디에도 없다. 그리고 「又丁亥」 이하의 편지들 가운데 9편만이 『속집』 권4에 실리게 되는데, 『속집』에 실린 편지들도 절삭된 부분이 많아 분량으로 볼 때 이 『유문』의 절반 정도밖에 되지 않는다.)

그리고 1891년과 1894년에 許景著에게 보낸 편지 2편을 실었다.

「與許景著辛卯」・「又甲午」

(「與許景著辛卯」는 『속집』 권4에 실리지만, 이어진 편지인 「又甲午」는 『속집』에 보이지 않는다.)

다음으로 이모 허씨 부인의 壽宴 때 지은 3수의 七言絶句를 실었다.

「許氏姨母壽宴韻」

(「許氏姨母壽宴韻」은 『속집』 권1에 실리게 된다.)

그리고 종모 허씨 부인과 관련된 七言律詩 1수와 五言律詩 1수를 싣고 있다.

「丹亭別從母」・「從母祥日有感」

(이 가운데 「丹亭別從母」는 『문집』 권1에 이미 실려 있으며, 「從母祥日有感」은 『속집』 권1에 실리게 된다.)

마지막으로 許景懋와 관련된 五言絶句 1수와 각 2수씩의 七言絶句를 싣고 있다.

「雨中懷許景茂」・「和寄許上舍景茂壽母韻」・「和許景茂珠山精舍韻」

(이 가운데 「雨中懷許景茂」와 「和許景茂珠山精舍韻」은 『문집』 권2에 「雨中懷許景懋」, 「和許景懋珠山精舍韻」으로 허경무의 이름이 휘하지 않은 상태로 이미 실려 있으며, 「和寄許上舍景茂壽母韻」의 경우는 『문집』과 『속집』에 보이지 않는다.)

## 3. 내용

「祭從母許夫人文」은 이종기의 이모인 허씨 부인 광주 이씨의 장례 때 올린 제문이다. 허씨 부인은 갑오년(1894년)에 사망하였는데, 어려서 孑孑單身이 된 자신을 자식처럼 돌보아주고, 배고플 때 먹여주었으며, 호구도 제대로 못할 정도로 어려웠던 자신을 혼인할 수 있게 도와주었던 이모 허씨 부인의 죽음을 가슴 깊이 애도하는 내용이 구구절절 배어있다.

「又大祥時」는 이모 허씨 부인의 大祥 때에 올린 제문으로, 천추만세토록 흠향받기를 바라는 마음과 말로는 그 슬픔을 다할 수 없는 심경을 담았다.

「從母許夫人遺事」는 허씨 부인의 遺事를 짤막하게 실었다. 이에 따르면, 이종기의 외조부 中園公은 실로 도리를 준수한다는 평을 듣고 있었고, 외조모 황씨도 성격이 유순하고 예뻤으며 자녀 교육에 법도가 있었다. 이모 허씨 부인은 어려서부터 이들의 훌륭한 가르침을 받아 익혀서 단정하고 얌전하였다. 이는 천성의 아름다움만이 아니었다. 19세에 허씨에게 시집갔는데, 몇 개월도 지나지 않아 지아비를 잃는 아픔을 만났다. 허씨 부인은 삶의 의욕을 잃었으나 姑夫人 장씨의 정성어린 도움으로 회복될 수 있었다. 再從兄 橫의 아들 燠를 양자로 들였는데, 燠가 당시 5, 6세에 지나지 않았어도 자질과 재주가 뛰어나고 거동에 법도가 있었다. 자식과 부모가 서로 따르며 막히거나 위태한 것이 없었으니 이는 하늘이 허씨 부인에게 보답한 것이다.

경오년(1870년)에 燠가 또 일찍 세상을 떠나니 32세였다. 그는 아들 垛와 垈를 두었다. 신묘년(1891년)에 허채가 진사가 되자 허부인이 기뻐하기를, "지아비를 잃은 사람은 아홉 번 죽어도 죽지 않으니 오늘의 기쁜 일을 보기 위해서이다."고 하였다. 허채의 字가 景懋이며, 허대의 자가 景著이다.

이종기는 중년에 이모인 허씨 부인에게 가서 의지했는데 허씨 부인은 그를 감싸주고 아내를 맞이하게 하였으니 이종기가 집안을 보존할 수 있었던 것은 모두 허씨 부인의 덕이었다. 허씨 부인은 갑오년(1894년)에 세상을 떠났다.

「四而居士許君行狀은 四而居士로 불린 許明擧의 행장이다. 明擧는 이종기의 姨從 동생이 되며, 허씨 부인이 양자로 들인 燠의 字이다. 허명거는 이종기의 再從兄 橫의 아들로 어려서 허씨 부인의 양자가 되었는데, 자질이 뛰어났으나, 두 아들 垛와 垈를 남기고 32세의 젊은 나이로 세상을 떠났다.

「與許景懋丁丑」 이하 45편은 丁丑年(1877년) 이종기의 나이 40세 때부터 辛丑年(1901년)까지 24년간 許景懋에게 보낸 편지들이다. 허경무에게 보낸 편지는 모두 각 편지마다를 한 문단으로 죽 이어서 필사한 뒤에 행과 행 사이의 구별선 위에 '又 庚辰'과 같은 형태로 뒤에 연도를 구분하여 부가하였다. 필체가 본문과는 차이가 있고, 먹의 농도도 다르며, 草書로 쓴 것도 있어서 許涉이 필사한 뒤에 누군가에 의해 부가된 것으로 보인다. 그리고 모두 온전하게 편지의 형식을 갖춘 것은 아니라서 아마도 편지의 일부를 절취한 것으로 보인다.

1877년(丁丑)에 보낸 1편은, 가난하게 살지만 훗날을 기약하며 하늘을 덮을 만한 뜻을 품고 있는 것을 칭찬하는 내용이다.

1880년(庚辰)에 쓴 3편 가운데 첫 편지는 한 편으로 묶여있지만 실제로는 두 편으로 구별해야 한다. 앞 11행은 허경무의 편지를 받고 나서 보낸 답장이며, 뒤 10행은 인편으로만 연락을 취하고 편지는 보내지 않는 것에 대해 아쉬워하는 내용이다. 아마도 훗날 연도를 부가해 넣은 사람이 엄밀하게 구별하지 않았던 것 같다. 대체로 한양에 있는 허경무의 집에 문병을 다녀온 후에 걱정하는 마음을 담고 있다.

1884년(甲申)에 쓴 1편은 유학이 외래 학문의 영향을 받아 그 의미를 잃어가고 있다는 탄식과 함께, "농업을 위주로 하면서 독서하고, 자신을 수양한 뒤에 집안을 가지런히 하며, 사람의 도리로서 마땅히 해야 할 일에 힘쓰는 것이 우리들이 서로 권면해야 할 곳이다.(課農讀書, 修身齊家, 從事於人道之所當爲, 是吾輩交勉處也.)"라는 자신의 이상을 피력하고 있다.

1887년(丁亥)에 쓴 2편은 허경무가 과거시험 날짜가 다가오면서 불안해하자 작은 일에 매달리지 말고 미래를 내다보며 득실에 따라 가벼이 행동하지 말 것을 훈계하고 있다.

1888년(戊子)에 쓴 2편은 대체로 독서의 중요성을 강조하는 내용이다.

1890년(庚寅)에 쓴 1편은 이 『유문』에는 드러나 있지 않지만 허경무의 편지에서 허경무가 비평했을 어떤 인물에 대해 사람을 판단할 때 자세히 살피지 않는 것은 말을 타고 지나치면서 사물을 보는 것과 같다고 훈계하는 내용이다.

1891년(辛卯)에 쓴 2편은 대체로 과거 준비에 분주한 허경무에게 독서의 중요성을 강조하면서, "몸을 단정히 하고 명석하게 판단하고 총명하고 명민하게 하면 반드시 성공할 수 있을 것(端明聰敏, 必能有成矣.)"이라고 격려하고 있는 내용이다.

1892년(壬辰)부터 1901년(辛丑)까지의 편지들은 대체적으로 집안의 대소사에 관련된 일들, 예를 들어 제사에 관한 일, 특히 허씨 부인의 사망 이후에는 그의 제사에 관련된 일들, 그리고 가족들의 현황에 관한 내용, 건강에 관한 내용, 훈계성의 말들로 되어 있다.

「別紙」는 허씨 부인의 사망 후 이종기 자신은 생신날에도 제사를 올리고 싶어하는데 다른 선비들이 비난하고 더 논의를 하려 하지 않자, 허씨 부인에게 친부모와 같은 효성을 다하고 싶은 마음에 지나친 禮이지만 至誠을 다하는 것이라면 무방할 것이라는 자조 섞인 생각을 별도로 묶어 놓은 것이다.

「與許景著辛卯」와 「又甲午」는 1891년과 1894년에 허경저에게 보낸 편지 2편이다. 허씨 부인의 제사가 다가오므로 준비를 잘하라는 당부가 담겨 있다.

「許氏姨母壽宴韻」은 이모 허씨 부인의 壽宴 때 지은 3수의 七言絶句이다. 첫 수는 이모에게 올리는 시이고, 둘째 수는 두 조카에게 보인 시이며, 마지막 한 수는 자술한 것이다.

「丹亭別從母」는 단정에서 이모와 이별했을 때의 감회를 적은 七言律詩 1수이다.

「從母祥日有感」은 이모의 大祥日에 느낀 감회를 담은 五言律詩 1수이다.

「雨中懷許景茂」,「和寄許上舍景茂壽母韻」,「和許景茂珠山精舍韻」은 마지막으로 許景懋를 그리워하는 五言絶句 1수, 그리고 그의 시에 화답한 각 2수씩의 七言絶句이다.


## 4. 가치

이 책은 1929년 이종기의 사후 29년째에 許涉에 의해 필사된 것이다. 허섭은 이종기의 문인이자 이종 동생인 錦洲 許埰(허경무)의 손자이며, 1941년 허채의 문집인『금주집』을 간행한 인물이기도 하다. 이『유문』은 1907년에 간행된 이종기의『文集』이후 남아있는 글들을 모아『속집』을 간행하기 위해 준비했던 자료로 보이는데, 특히 이종기의 姨母인 허씨 부인과 허씨 부인의 자손들과의 편지와 교류했던 시들, 그리고 제문들로만 구성되어 있다.

이 가운데 「祭從母許夫人文」·「從母許夫人遺事」·「四而居士許君行狀」·「丹亭別從母」·「雨中懷許景茂」·「和許景茂珠山精舍韻」은 약간의 출입이 있긴 하지만『문집』에 이미 올라있는 것들이다. 「又大祥時」와「與許景懋」의 45편의 편지 중에서 10편,「與許景著辛卯」·「許氏姨母壽宴韻」·「從母祥日有感」은『속집』에 실리게 되는데, 허경무와 허경저에게 보낸 편지들은『속집』에 실릴 때 많은 부분 삭제되었고, 각 편의 편지에서도 절삭한 부분이 많다.

이『유문』의 많은 부분이 이미『문집』에 실려 있거나 이후의『속집』에 실리기 때문에 유일본으로서의 내용상의 가치는 그리 크지 않지만, 편지들의 내용에서 절삭된 부분이 많다는 점에서 자료의 가치를 살릴 수 있다. 韓末과 日帝 초기의 유학자들과 당시의 유학의 현황은 현재잘 파악되어 있지 않은 상황이다. 벼슬하지 않고 평생 영남지방에 칩거하면서 퇴계학의 전승자로서 자부하고 당대 퇴계학의 硬化 현상에 대해 많은 우려를 나타내면서 정통 퇴계학으로의 복귀를 주장했던 巨儒 이종기의 허씨 일문과의 개인사를 파악할 수 있는 자료라고 할 수 있다. 특히「與許景懋」의 편지들은 대부분 허채가 올린 편지에 대한 답장의 형태가 많은데 허채의 문집인『금주집』이나 이종기의『문집』및『속집』에 실리지 않거나 절삭된 부분들이 많아 내용의 질적인 면과는 상관 없이 자료로서의 가치는 적지 않다고 볼 수 있다.

【황병기】

# 晚退堂集

洪萬朝(1645~1725) 著.
原稿本. 6册：無界, 10行20字 註雙行,
無魚尾；30.9x19.8cm.

晚退堂集

詩北寒錄 庚申 評事時

祝后嶺偶吟

頻呼御者問前歧山雨濛濛落日時底事辭家千里

客行：猶恨馬蹄遲

抱川客舍偶閣が

感一絕因以敬次

官居寥落似村家雨歇平林坐暎鴉屈指峽行重到

日春風驛路正開花

觀瀑 三釜落

## 1. 저자

洪萬朝(1645~1725)의 本貫은 豊山, 字는 宗之, 號는 晩退, 諡號는 貞翼이다. 조선 후기의 문신이다. 대사헌 履祥의 증손으로, 할아버지는 부사 鐲이고, 아버지는 현감 柱天이며, 어머니는 증영의정 金光燦의 딸이다.

그는 1669년(현종 10)에 성균관 유생이 되고, 1678년(숙종 4)에 증광문과에 병과로 급제한 뒤 검열을 거쳐 지평과 정언을 지냈다. 그 뒤 1688년 부수찬, 이듬해 부응교를 거쳐 1690년 충청도 관찰사로 나갔다가 다음 해 돌아와 승지와 전라도 관찰사, 도승지가 되었다.

1693년 강화유수가 되고, 1696년 사은부사로 청나라에 다녀온 뒤 다시 전라도 및 강원도, 함경도, 경상도의 관찰사 및 경기도 관찰사를 역임하였다.

홍만조의 벼슬생활은 대체로 순탄하고 중앙과 지방에 걸쳐 다양했다. 대사간, 형조참판, 한성부판윤, 좌참찬, 형조판서를 거쳐, 1718년 우참찬을 지낸 뒤 이듬해 耆老所에 들어갔다. 1721년(경종 1) 판의금부사, 좌참찬을 역임하고, 이듬해 판돈녕부사에 이르렀다. 그러나 맺고 끊는 면이 부족하여 더러 징토를 당하기도 하였다.[1]


## 2. 구성

『만퇴당집』은 모두 6冊으로 이루어져 있다. 1책~3책이 詩이고, 4책~6책이 文이다. 필사본인데, 문집을 간행하기 이전의 원고본으로 여겨진다. 책의 구분은 분명하나, 책 안에서 이루어지는 卷의 구분은 분명히 해놓지 않았다. 원고본 가운데서도 아직 준비 단계인 것 같다.

세분해 보면 詩는 거의 자신의 부임지 또는 연행 등의 공무에서 쓴 것이며, 이를 그 지명에 따라 '北塞錄', '箕城錄', '燕槎錄' 등으로 분류해 놓고 있다. 마지막에 拾遺錄이 있기는 하나, 가장 앞선 北塞錄의 1680년 북평사로 있을 때로부터, 마지막의 達城錄이 1708년 경상감사로 있을 때까지의 30여 년 사이에 집중되어 있다. 文은 4책에 引, 序, 上樑, 祭文 등이 들어 있고, 5-6은 모두 疏이다. 유독 다양하고 긴 관직생활을 한 홍만조는 관직을 그만 둘 때마다 疏를 올리고 있는데, 특히 그 양이 많은 점이 이 문집의 또 다른 특징이다.

이를 책별로 살펴보면 다음과 같다.

---

1) 여기까지는 『한국민족문화대백과사전』을 참고하였다. 그러나 문집을 조사한 결과 여러 지방직에 나간 연도가 다소 다르다. 문집에 실린 시를 엮은 해에 기준한 것인지 분명하지 않다. 이에 대해서는 다음 내용 소개에서 자세히 다루었다.

## 1) 1책(詩)

北塞錄: 1680년 북평사로 있을 때.「祝石嶺偶吟」등.
箕城錄: 1682년 함평현감으로 있을 때.「過天安有感」등.
槐谷錄: 1684년 과천현의 남쪽에 살 때.「次老杜秋興」등.
南征錄: 1687년 영남으로 나가면서.「慶山燈夕」등.
花山錄: 1687년 안동부사로 있을 때.「舟中次唐律」등.
湖西錄: 1693년 충청감사로 있을 때.「夜坐無寐憶病孫」등.
沁都錄: 1694년 강화유수로 있을 때.「江都酬唱」등.
槐谷錄: 1694년 과천현 괴곡리에 다시 집을 짓고.「敬次伯氏韻」등.

## 2) 2책(詩)

燕槎錄: 1696년 사은부사로 중국에 다녀오면서.「松都舊感」등.
箕營錄: 1699년 평안감사로 있을 때.「挽南明曳」등.
完山錄: 1701년 전라감사로 있을 때.「公山道中」등.
里仁錄: 1702년 공주의 利仁驛村에 살며.「燈夕」등.
關東錄: 1703년 강원감사로 있을 때.「憶楓嶽」등.
里仁錄: 1704년 강원도에서 옛집으로 돌아와.「馴鶴」등.

## 3) 3책(詩)

咸山錄: 1705년 함경감사로 있을 때.「挽尹政丞趾善」등.
達城錄: 1708년 경상감사로 있을 때.「到山雲詠懷」등.
拾遺錄

## 4) 4책

雜著
引:「思歸引」1편.
序跋:「有美堂序」·「擬送唐別駕序」·「慶壽禊重脩序」·「豊山洪氏族譜跋」4편.
上樑文:「藏待景賢祀上樑文」·「重修豊沛館上樑文」·「紫陽忠賢祠上樑文」3편.
碑陰·墓誌:「恭人金氏墓誌」·「折衝將軍慶尙左兵馬節度使碑陰」·「忘憂堂諡狀」·「故昌陵參奉張公墓表陰記」·「晚翠堂金公墓表陰記」·「伯氏墓碣」·「芝溪公墓碣」·「水谷設壇碑文」·「宣務郎申公墓表陰記」9편.

祭文: 「祭亡婦文」·「祭堂弟校理文」·「祭堂弟著作文」·「祭伯氏文」·「祭亡兒校理文」·「從姪重猷誄文」·「水谷設壇祭文」·「祭權監司歆文」·「祭南慶山壽奎文」·「祭申判尹厚載文」·「祭權領相文」·「祭權永川守經文」·「祭辛僉使葵文」·「祭韓察訪宗震文」·「祭睦相公文」·「祭朴參判慶後文」·「祭李生淨文」·「祭李持平翼年文」·「祭金判書昌協文」·「祭李參判震休文」·「祭宋判書奎濂文」·「祭延陵君李萬元文」·「祭嚴忠州纘文」·「祭嚴判書緝文」·「龍塘祈雨祭文」·「八公山祈雨文」·「鴨綠江祭文」27편.

『館中雜錄』

### 5) 5, 6책

疏議: 「辭忠淸監司疏」·「再疏」·「臘雷應旨疏」·「按湖南時陳病疏」·「辭都承旨疏」·「再疏」·「辭兼帶疏」·「辭籌司金吾兼帶疏」·「辭籌司金吾兼帶疏」·「歸鄕廬後辭職疏」·「再疏」·「端宗復位時收議」·「辭都承旨疏」·「辭平安監司疏」·「再疏」·「辭疏」·「再疏」·「三疏」·「四疏」·「因金構疏陳辨疏」·「再疏」·「三疏」·「四疏」·「辭咸鏡監司疏」·「陳查事嫌難冒當疏」·「辭疏」·「再疏」·「三疏」·「禪位之命還收事與道內守令聯名疏」·「辭疏」·「辭疏」·「辭疏」·「陳襃貶不敢冒當疏」·「辭禮曹參判疏」·「辭金吾兼帶疏」·「再疏」·「三疏」·「辭摠府兼帶疏」·「辭右尹疏」·「辭籌司兼帶疏」·「再疏」·「辭都承旨疏」·「諫上尊號疏」·「辭籌司堂上疏」·「再疏」·「辭左尹疏」·「辭慶尙監司疏」·「辭疏」·「陳殿最改考事引咎疏」·「因權益平疏辭免疏」·「陳臺論失實疏」·「再疏」·「三疏」·「四疏」·「五疏」·「六疏」·「辭都承旨疏」·「因李秀埠擊錚陳辨疏」·「辭疏」·「以李秀埕事陳臺啓失實疏」·「辭籌司堂上疏」·「辭疏-禮曹參判」·「再疏」·「辭籌司堂上疏」·「因臺啓引咎疏」·「辭疏」·「辭籌司堂上疏」·「辭刑曹參判疏」·「辭漢城左尹疏」·「辭金吾兼帶疏」·「辭刑曹參判疏」·「再疏」·「三疏」·「四疏」·「五疏」·「六疏」·「辭禮曹參判疏」·「辭京畿監司疏」·「因臺疏論辨疏」·「對學臺疏疏」·「因擊錚人侵斥陳辨疏」·「以擊錚人侵斥引咎疏」·「漢城府判尹寵擢後辭疏」·「陳啓嫌碍及李坤獄情疏」·「陳京兆作挐人事狀疏」·「東宮聽政備忘後勉戒疏」·「建儲時違牌待罪疏」·「請鞫聖復疏」·「請寢東宮聽政之命疏」·「判義禁寵擢後辭疏」·「金吾查事引嫌疏」·「因徐命均疏對辨疏」·「請鞫志述疏」·「辭金吾」·「因妖宦事請慰安東宮疏」·「辭疏」·「陳民弊疏」·「辭疏」·「辭疏」·「辭賓客疏」·「因臺疏辭賓客疏」·「休致疏」·「辭太常兼帶疏」·「辭太常兼陳典設司弊端疏」·「因李仁敷擊錚論辨疏」·「休致疏」·「再疏」·「辭籌司堂上疏」·「上應旨求言疏」·「典設司弊端陳疏」·「辭工曹判書疏」·「因臺疏辨志述正刑時事及李仁敷供辭疏」·「再辨臺疏疏」·「休致疏」·「因物議辭新授資級疏」·「辭疏」·「辭疏」·「辭疏」·「辭疏」·「因方萬規疏辭免疏」·「臺啓停論後辭疏」121편.

## 3. 내용

### 1) 전반적인 특징

홍만조는 34세에 증광문과의 병과로 급제한 뒤 2년간의 중앙관직을 지낸 다음 줄곧 외직으로 돌았다. 문집을 따라가 보면 1680년 36세에 북평사를 시작으로, 1682년 38세에 함평현감으로, 1687년 43세에 안동부사로, 1693년 49세에 충청감사로, 1694년 50세에 강화유수로 있었고, 52세 때인 1696년에는 사은부사로 중국에 다녀왔다. 1699년 55세에 평안감사로, 1701년 57세에 전라감사로, 1703년 59세에 강원감사로, 1705년 61세에 함경감사로 있었으며, 1708년 64세에는 경상감사를 지냈다. 이후 중앙관직을 가졌으나, 문집에 실린 시의 대부분은 이 같은 지방 관직을 지내면서 쓴 것들이다. 그리하여 시의 내용 또한 자연스레 그 지역의 풍물이나 관습 그리고 외지를 떠도는 자신의 소회를 읊는 데 바쳐졌다.

첫 외직인 북평사로 나가면서 쓴 다음과 같은 시는 홍만조의 시적 정조를 아는 데 무척 긴요하다.

頻呼御者問前歧　말몰이꾼 자주 불러 갈림길을 묻나니
山雨濛濛落日時　가랑비 흩뿌리는 산길에 해는 저무누나
底事辭家千里客　일 때문에 집을 떠난 천리 길 나그네
行行猶恨馬蹄遲　걸음걸음 한스러우나, 말발굽 더디기만.[2]

북평사는 함경도 북관에서 무관인 병마절도사를 돕는 외직이다. 祝石嶺을 넘어가며 쓴 이 작품에는 험한 부임지의 행로가 여실하다. 의정부에서 포천으로 넘어가는 고개인 축석령은 여기를 경계로 서울과 외곽이 갈리게 한다. 나라의 명을 받아 떠나는 길이나, 머나먼 북관에서 처음 맞는 외직 생활이 흔연할 리는 없겠다. 산비탈에 가랑비는 흩뿌리고 해는 넘어가는데, 이것이야말로 홍만조 자신의 심경을 적절히 나타내는 풍경의 비유이다.

그러나 생활이 그렇게 척박하지만은 않았다. 스스로 그 생활에 적응해 가며 새로운 경험을 쌓는 즐거움도 보인다. 지역의 특산인 五味에 반해 홍시, 얼린 배, 산포도, 꿀, 雪正果를 노래한 시 「謝半刺見惠五味」는 슬며시 엷은 미소를 짓게도 한다.

한편 외직을 동서남북으로 두루 돌다보니, 북관 외진 곳에서 함께 일한 사람을 남쪽 한 모퉁이에서 다시 만나는 일도 생긴다. 그 가운데 한 사람이 趙國寶인데, 북관에서 인연을 맺었다가 영남의 기산에서 다시 만나 그 해후의 정을 읊은 장편의 시 「贈趙友國寶」도 있다. 여기에다 순수한 서정을 담는 홍만조의 시적 재능이 발휘되는 시도 있는데, 『槐谷錄』에 실린 「踏靑」이 그렇다.

---

2) 「祝石嶺偶吟」

| 病裏佳辰値踏靑 | 병들어 있다 좋은 날 답청을 맞으니 |
|---|---|
| 擁衾猶自檢茶經 | 이불을 끌어 당겨 덮고서도 茶經을 찾네 |
| 扶筇縱欲成良會 | 지팡이 짚고 마음대로 좋은 모임을 이루리니 |
| 風打山扉雪灑庭 | 바람은 창문을 두드리고 눈은 녹아 마당을 씻네. |

1책에 실린 『槐谷錄』은 두 가지이다. 38세에 함평현감으로 있다가 43세에 안동부사로 나가기 전, 곧 1684년 과천현의 남쪽에 살 때의 하나이고, 50세에 강화유수로 있다가 돌아와 1694년 과천현 귀곡리에 다시 집을 짓고 살 때가 하나이다. 위 시는 첫 번째 『槐谷錄』에 나온다. 모처럼 관직에서 놓여나 한가한 생활을 누리던 때의 정서가 묻어난다.

시가 대부분 관직 생활 중에 엮어진 것처럼 산문의 대부분을 이루는 疏議 또한 관직생활과 관련된다. 관직을 그만두면서 왕에게 올린 글들이기 때문이다.

그 가운데 조금 특이한 것이 「端宗復位時收議」이다. 단종의 묘호를 다시 찾아주자는 의론은 바로 숙종 때에 일어났고 성사되었다. 이에는 홍만조도 일조한 바 있다. 바로 숙종 17년(1691)에 홍만조는 47세의 나이로 예조참의를 맡고 있었는데, 왕은 그를 묘소에 보내 致祭하게 하였던 것이다. 그의 致祭文이 실록에도 실려 있다.[3] 이런 분위기가 무르익어 숙종 24년(1698) 申奎가 장문의 상소를 올린다.[4] 사육신의 경거망동에 단종의 양위가 도리어 해를 입었으니 단종은 아무 잘못이 없고, 사육신의 충정도 이미 나라에서 인정하여 복권을 하였으니, 마땅히 魯山君으로 강등된 단종의 복위를 허락하여 달라는 것이었다. 숙종은 바로 답을 하지 않고 入侍한 대신들에게 논의하게 한다. 이 때 홍만조는 청나라에 사신으로 다녀와 내직에 있을 때였다.[5] 아마도 이 논의를 수합하여 보고할 책임이 그에게 떨어진 듯하다. 그렇다면 위의 글은 그 같은 배경에서 나왔다고 보인다.

그런데 그에 대한 중평처럼, 홍만조는 이 글에서도 특정한 자신의 주장을 강하게 내세우기보다, 衆論을 모아 적정히 뜻을 전달하는 데 주력하고 있다. 그다운 지극히 조심스러운 태도가 아닐 수 없다.

### 2) 『연사록』에 대하여

홍만조의 문집에서 가장 특징적인 부분이 『燕槎錄』이다. 표지에는 '연사록'이라 했으나, 제2책이 詩를 묶어 놓은 부분이므로, 본문에 들어가면 '만퇴당집'이라는 책명 아래 '詩燕槎錄'이라 표제하고 있다. 그 아래에 '丙子謝恩副使時'라고 주석을 달아 놓았다.

홍만조는 숙종 22년(1696) 7월 25일에 출발하는 正朝賀謝恩使의 부사로 참여하여, 다음 해인

---

3) 이는 『端宗實錄』의 부록에 실려 있다.
4) 『肅宗實錄』 卷32, 肅宗24年 9月 30日(39책 506쪽).
5) 신규의 상소가 9월 30일이고, 홍만조는 11월 11일에 도승지에 임명된다.

숙종 23년 2월 1일에 돌아왔다.6) 6개월이 조금 넘는 긴 사행기간이었다. 그렇게 된 연유에 대
해서는 자세하지 않으나, 흔히 다음의 사행일행이 늦게 도착하거나, 賀恩, 冬至, 正朝 등의 여
러 임무를 함께 맡아갈 경우에 있는 일이므로, 이 연행도 그런 사정에 기인하지 않나 한다. 특
히 중간에 정사가 도중에 병이 들어 바뀐 것으로 보아, 정사를 교체할 시기를 조정하는 한편
그 중간 역할을 위해 부사와 서장관은 그대로 머물렀을 가능성이 있다.

이 사행단의 최초의 謝恩正使에는 東平君 李杭, 副使에 홍만조, 書狀官은 任胤元이었다.7)
그러나 이듬해 돌아왔을 때는 謝恩使가 臨昌君 李焜으로 바뀌어 있다.8) 이것은 무엇에 연유
하는 것일까?

동평군은 장희빈 일족과 가까이 지내면서 함부로 권세를 부린 사람이었다. 이 때문에 많은
이들로부터 원성을 샀는데, 숙종 21년 11월에 사은정사로 뽑혀서 길을 떠난 것이었으나,9) 숙종
22년 7월 25일에 출발하여 9월 1일에 이르자 중도에서 병이 위중하다하여 稟處된 것이었다.10)
조정에서는 바로 다음 날 이 일로 다음과 같이 논의를 벌여 임창군을 대신 보낸 것이다.

> 左議政 尹趾善·兵曹判書 閔鎭長이 請對하였다. 윤지선이 말하기를,
> "東平君 李杭의 병이 위중하니, 仁祖 때의 전례에 따라 副使·書狀官만 燕京에 가게 하소서."
> 하니, 그대로 따랐다. 뒤에 윤지선이 또 箚子를 올리기를,
> "先朝 임자년 正使가 辭朝한 뒤에 아비의 喪을 만났는데, 급히 다른 사신을 차출하여 보냈다
> 하니, 지금도 다른 사신을 차출하여 보내야 하겠습니다."
> 하니, 드디어 臨昌君 李焜으로 갈음하여 차출하였다.11)

동평군은 소현세자의 손자로, 한때 역모에 휘둘려 유배생활을 하기도 했으나, 숙종은 그를
깊이 신뢰하였다. 숙종조에서 가장 많이 사행을 다녀온 사람으로 기록할 수 있을 것이다.12)
바로 이 무렵에 쓴 시를 보자.

> 不意天書降一封　　뜻밖에 임금의 글 한 통 내려
> 北庭專對付疎慵　　北으로 몸을 돌려 두려이 받았네
> 宸憂正軫王孫曰　　임금의 근심 바로 왕손이 말하길
> 古事誰援己卯冬　　옛일에 누가 기묘년의 겨울을 도우랴
> 塞路關心雲錯莫　　변방의 길 관심은 구름이 막는 것
> 客愁添鬢雪鬔鬆　　使行길 근심에 머리는 세고 헝클어져

---

6) 『肅宗實錄』 卷30, 肅宗22年 7月 25日(39책 427쪽)와 卷3, 肅宗23年 2月 1日(39책 449쪽).
7) 위의 같은 부분.
8) 위의 같은 부분.
9) 『肅宗實錄』 卷29, 肅宗21年 11月 13日(39책 401쪽).
10) 『肅宗實錄』 卷30, 肅宗22年 9月 1日(39책 431쪽).
11) 『肅宗實錄』 卷30, 肅宗22年 9月 2日(39책 431쪽).
12) 그는 이때를 비롯하여 숙종 30년과 39년에도 다녀오고 있다.

惟將一節輸夷險　　오직 절개 하나로 오랑캐 땅 지나가니
肯歎燕山踽踽蹤　　燕山의 외로운 발길 탄식하누나13)

　　한편 『연사록』에는 모두 142제의 시가 실려 있다. 한양에서 출발하여 연경에 이르기까지, 노
중에 보고 들은 바와 느낌 점을 소재로 하여 쓴 시이다.
　　시 가운데서는 특히 우리 민속놀이와 관련된 「瑞興客舍」·「鳳山途中」·「黃州兵使宴席次
韻」·「次抛毬樂韻」·「次放般樂韻」과 같은 시가 중요하게 보인다. 다음은 그 가운데 하나이
다.

玉女峯頭箭括開　　옥녀봉 앞은 살이 날 듯 열렸는데
雙雙舞隊逞奇才　　쌍쌍이 춤추는 무리 기이한 재주를 선보이네
金毬擲罷鳴還立　　金毬를 다 던지니 울림이 돌아서 오고
擬是眞仙謫降來　　이거야말로 眞仙이 이 땅에 내려옴일세14)

　　한편 떠나온 집을 그리는 「秋夕有感」·「得家信」 등은 사신들이 가진 思鄕의 정이 잘 그려
져 있고, 「上价在安西病甚不得行久滯灣館偶占一律」·「九月初六日在灣館奉有旨正使病遞余以副
价獨當使事不勝懼然吟成一律」 등은 급작스런 정사 교체에 따른 소회를 잘 그리고 있다.
　　또 「九連城口占」·「安市城」·「鳳城口占」 등에서는 이 지역이 옛 고구려 영토였음을 은근히
비추이고 있다. 이는 뒤에 『관중잡록』에서 보다 구체적으로 드러난다. 한편 「望夫石」·「山海
關」·「望海亭」·「咏射虎石」 등은 사신들이 반드시 거쳐 가면서 시를 남기는 곳이기도 하다.
목록을 보이면 다음과 같다.

　　「松京別亭休二兒」·「松都舊感」·「廻瀾石」·「瑞興客舍」·「鳳山途中」·「黃州兵使宴席次韻」·
「澄淸堂曉起」·「次抛毬樂韻」·「次放般樂韻」·「練光亭用唐律韻」·「次百祥樓韻」·「肅寧道中」·
「百祥樓」·「次安陵金使君贐行韻」·「次安陵守贈別書狀韻」·「嘉山柬寄安陵守」·「秋夕有感」·「得
家信」·「新安留別趙令」·「倚劍亭次板上韻」·「鐵山途中」·「聽流堂次板上韻」·「到龍灣」·「沈直
夫令有贈行詩臨書走次」·「次劉尙基韻」·「聚勝亭口占」·「次劉同樞」·「次高僉樞中秋翫月」·「戲
呈灣尹」·「泛舟水門江次韻」·「上价在安西病甚不得行久滯灣館偶占一律」·「奉呈伯氏仍寄一家諸
人」·「次竹堂九日韻」·「奉呈灣尹」·「九月初六日在灣館奉有旨正使病遞余以副价獨當使事不勝懼
然吟成一律」·「次贈洪生世泰」·「次洪世泰統軍亭韻」·「凝香堂舊感」·「龍灣歌」·「龍灣艷曲」·
「次洪生韻」·「次洪生贈別韻」·「凝香堂聯句十韻」·「凝香堂次板上韻」·「夢見欽兒」·「謝灣尹贈
畵屏」·「口占」·「復用溫字韻奉呈伯氏」·「次伯氏韻」·「次尹遠仲見寄韻」·「柬寄權仲章」·「九連
城口占」·「柬寄灣尹」·「穴巖通中」·「安市城」·「鳳城口占」·「通遠堡曉起」·「連山察院夜坐」·

<hr>

13) 「九月初六日在灣館奉有旨正使病遞余以副价獨當使事不勝懼然吟成一律」.
14) 「次抛毬樂韻」.

「登會寧嶺」·「欲過水站爲護行淸人所沮」·「過靑石嶺有感」·「曉發狼子山」·「北山寺」·「望遼東舊城有感」·「宿遼東新城上村」·「路傍關王廟觀戲才」·「瀋陽城」·「瀋館有感」·「築路」·「巨流河道中」·「黃旗堡雨中」·「望見醫巫閭山」·「嘲季文蘭」·「次文英韻」·「曉發十三山」·「大凌河憶張春」·「過王家碑」·「弔塔山將」·「塔山憶陳尙書壽」·「寧遠衛憶袁軍門崇煥」·「觀祖大受牌樓」·「見海」·「過吳墳」·「到兩水河書寄諸兒」·「永寧寺」·「用俳諧體述土風十韻」·「望夫石」·「山海關」·「望海亭」·「楡關」·「永平府」·「咏射虎石」·「謁淸節祠」·「撫寧縣過王學士胤祥牌樓」·「望昌黎山」·「高麗堡」·「玉田縣」·「薊州沽酒」·「臥佛寺」·「東嶽廟」·「燕都懷古」·「夜二鼓群鷄喔喔偶吟一絶嘲孟嘗君」·「燕都八景」·「玉河館逢懸弧日有感」·「次高徵厚韻」·「玉河館夢權子馨」·「懷古」·「通州」·「次書狀韻」

### 3) 『관중잡록』에 대하여

문집 4책의 끝부분에 실린 『관중잡록』은 文으로 이루어져 있으며, 연경 및 도중에 체류하는 동안 살펴보거나 입수한 지역의 특징과 인문 지리적 내용을 기술한 것이다. 이 같은 유의 산문 기록은 시 중심의 연행록 끝 부분에 딸리는 경우가 흔하다. 산문으로 된 연행록은 본격적인 정보나 필담을 중심으로 기술되는 것과 대비된다.

지리적으로는 봉천부 소속, 금주부 소속, 동명왕묘, 구원성, 안시성, 장백산, 關東人民賦役 등을 기술하는가 하면, 女服이나 女人纏足 등의 풍속을 그리고 있다.

## 4. 가치

홍만조는 肅宗祖에서 벼슬을 한 사람이다. 정치적 굴곡이 심할 때였다. 정통 관료로서 그가 어떤 생애를 살았으며, 그런 가운데 당대 관가의 분위기가 어떤 것이었는지, 홍만조의 문집은 그런 편린을 보여준다. 이는 당대 사회사를 연구하는 데에도 가치가 있으리라 본다. 비록 그에 대한 평가가 호의적이지는 않더라도, 그것이 숙종조 관료사회의 전형적인 모습이라면 도리어 현실을 적실하게 반영하는 인물이라 볼 수 있다. 詩作도 作文도 오로지 관직생활과 관련된 것에 일관하는 데에서 우리는 조선조 중기 관료문인의 전형을 보는 것이다.

특히 앞서 내용에서 보인대로 산문은 疏議가 주를 이룬다. 그 가운데서도 辭疏가 주류이다. 한번으로 그치지 아니하고 再疏까지 나가는 경우가 14회 이상, 거기서 三疏는 말할 것도 없고 六疏까지 나간 경우가 2회나 들어있을 정도이다. 자신의 의견을 관철하려 치열히 疏를 올리되, 그것이 모두 辭疏라는 점이 특이하다. 우리는 이 같은 홍만조의 태도에서 전형적인 조선시대 선비의 進退觀을 본다.

이 문집에서 우리의 눈길을 끄는 것은 역시 『燕槎錄』이다. 수많은 연행록 자료가 있으나, 홍만조의 이 연행록은 다음과 같은 특징을 가진다.

연행사들에게는 누구나 긴 여행에서 오는 쓸쓸함과 고담함이 배어 있다. 나이가 연만한 정사라 할지라도 그것은 오히려 더 한 편이다. 홍만조가 사은부사로 가는 나이는 56세였다. 나이 어린 왕족을 데리고 가는 사행이어서 오히려 심적 부담감은 더했다 할 수 있다. 당초 동평군을 모시고 가는 사행이 도중에 병으로 급히 교체되면서 임창군으로 바뀌는 일은 사행의 어려움을 가중했을 것이다. 이 같은 심정은 보다 깔끔한 한 편의 서정시로 나타나기도 한다.

| | |
|---|---|
| 聞鷄通遠堡 | 통원보에서 닭울음 들었는데 |
| 駐馬連山關 | 연산관에 말을 대네 |
| 薄暮深林靜 | 저물 무렵 울창한 숲은 고요한데 |
| 翩翩飛鳥還 | 펄펄 날아 새들은 돌아오고[15] |

시간의 경과 그리고 움직임과 고요함이 절묘하게 교차하는 풍경이다. 적어도 홍만조가 시에 대한 훈련이 무척 잘 되어 있음을 보여주는 대표적인 시편이라 할 것이다. 일정은 빡빡하고, 임무는 막중하여, 사실 다른 생각을 할 틈이 없는 형편이다. 그런 와중에 심중에 쌓인 복잡한 생각은 저물 무렵 집을 찾아 돌아오는 새들에게 의탁되어 있다.

그러나 이 연행록에서 보다 우리의 눈길을 끄는 것은, 역사와 문화 그리고 여러 환경에 얽힌 중국의 풍경을 읽는 것이다. 청나라는 아직 초창기이고, 명나라에 대한 大義尊周 분위기가 강하게 남아 있는 시기였다. 尊明意識은 다양한 형태로 나타나는 바, 홍만조는 직접적인 표현보다는(물론 직접적인 표현은 원천적으로 봉쇄되어 있었지만), 특이한 사례를 들어 우회적으로 표현하는 시를 다수 남기고 있다. 그 가운데 다음과 같은 시는 대표적이다.

먼저 시 앞에 붙인 제목을 대신한 서문이다.

季文蘭은 虞 尙卿의 처이다. 어떤 이는 蘇州에 살았다 하니 南土人이다. 열여섯 살에 경신년 吳三桂의 亂을 만나, 瀋陽 章京의 王가에게 붙잡히었다. 행차가 榛子店에 이르러 더럽힘을 입자, '萬古傷心' 넉 자를 벽에다 크게 쓰고 시 한 편을 붙였는데, 그 시는 이렇다.

| | |
|---|---|
| 堆髻空憐舊日粧 | 쪽진 머리는 부질없이 옛날을 그리워하고 |
| 征裙換盡越羅裳 | 나그네 옷은 도리어 남쪽 치마로 다하였구나 |
| 爺孃生死知何處 | 이내 몸 생사는 어찌 될 건가 |
| 痛殺春風上瀋陽 | 슬프도다, 봄바람 맞으며 심양으로 오르네 |

시의 뜻이 청완하고 아낄 만 했다.

그 후 王과 함께 살다가 죽은 지 겨우 몇 년이다. 그 사람을 생각하니, 閨中에서 글을 읽어 곰

---

15) 「連山關道中」.

발바닥과 민물고기를 가리는 방법을 알았으나, 욕을 견디며 더럽게 살아내 마침내 墜崖墮樓의 절
개16)를 본받지 못했다. 아깝다. 내가 이 때문에 한 편 지어 조롱하였다.17)

홍만조는 이 서문에서, 말로만 정절을 말하고 실은 자신의 영욕을 있는 대로 받아들여 살아
간 계문란을 조롱하고 있다. 심양에 와서 살았다 하니 청나라에 굴복한 어떤 상징으로 동원되
고 있음은 분명하다. 그에 대해 다음과 같이 시를 짓는다.

孤魂何處望南天　　외로운 어디에서 남쪽 하늘 바라보는가
怨入春山哭杜鵑　　원한으로 봄 산에 들어 두견이 슬피 우네
一死人間誰得免　　한번 죽는 일 세상에서 누가 면할 수 있으랴
憐渠埋沒亦靑年　　도랑에 묻혀 지내나니 푸른 청춘이 가여워라18)

서문에서 이미 '조롱한다'고 하였으니, 도랑에 묻혀 지내는 푸른 청춘이 아까워 진짜 절개를
버린 이 아니었느냐며, 두견이 슬피 울듯 슬퍼한 본질이 무엇이었던가, 날카롭게 지적하고 있다.

한편 아직 우리 경계에 있을 때에 사신을 위해 베풀어주는 잔치자리의 여러 풍경 가운데,
抛毬樂과 같은 의식이 등장하여 흥미를 끄는 시들이 있다. 포구락은 抛毬門을 가운데에 놓고
편을 갈라 노래하고 춤을 추며 차례로 공을 던지는데, 구멍에 넣으면 奉花가 상으로 꽃을 주
고, 넣지 못하면 奉筆이 벌로 붓에 먹을 찍어 얼굴에 墨點을 찍어주는 놀이이다.19) 그러므로
이 장면이 포구락의 어떤 상황을 재현했는지 정확하지는 않다. 오늘날 우리가 자료로서 얻어
보지 못하는 부분을 알려주고 있는지도 모르겠다.

【고운기】

---

16) 石崇의 애첩 綠珠가 趙王倫의 난 때에 절개를 지키고자 다락에서 떨어져 죽은 일.
17) 「嘲季文蘭」의 서문.
18) 「嘲季文蘭」.
19) 이에 대해서는 『한국민족문화대백과사전』의 「포구락」조 참조.

# 牧隱文藁

李穡(1328~1396) 著.

　木板本. 零本2册(卷6~9, 10~14) : 四周單邊 半郭 25.0×
19.5cm, 有界, 11行20字, 上下內向黑魚尾, 上下黑口 : 34.0×
23.5cm.

# 1. 저자

李穡(1328~1396)의 本貫은 韓山, 字는 穎叔, 號는 牧隱, 諡號는 文靖이다. 찬성사 穀과 咸昌郡夫人 김씨 사이에서 태어났으며, 知密直司事 權仲達의 딸인 안동 권씨가 부인이다. 益齋 李齊賢의 門生이다. 1341년(충혜왕 복위 2)에 진사가 되고, 1348년(충목왕 4) 원나라에 가서 국자감의 생원이 되었다. 1351년(충정왕 3) 父喪을 당해 귀국하여 1352년(공민왕 1) 田制 改革 및 국방, 교육, 불교 정책에 대한 자신의 견해를 담은 「陳時務疏」를 올렸다. 鄕試와 征東行省의 鄕試에 1등으로 합격였다. 서장관으로 원나라에 가서 1354년 制科 會試 1등, 殿試 2등으로 합격해 원나라에서 應奉 翰林文字 承事郎 同知制誥 兼國史院編修官을 지냈다. 귀국해 典理正郎 兼史館編修官 知製敎 兼藝文應敎 中書舍人 등을 역임하였다. 이듬해 다시 원나라에 가서 한림원에 등용되었으며 다음 해 귀국해 吏部侍郎 翰林直學士로서 인사행정을 주관하고 관제개혁을 건의해 政房을 폐지하게 하였다. 1357년 右諫議大夫가 되어 三年喪을 건의 시행하였으며, 1361년 홍건적이 침입했을 때 홍언박 등 28인과 함께 왕을 호종하여 1등공신이 되었다. 1367년 대사성이 되어서 성균관의 학칙을 새로 제정하고 金九容·鄭夢周·李崇仁 등을 학관으로 채용해 신유학의 보급과 성리학의 발전에 공헌하였다. 1373년 韓山君에 봉해지고, 이듬해 예문관대제학 지춘추관사 겸 성균관대사성에 임명되었으나 병으로 사퇴하였다.

1375년(우왕 1) 왕의 요청으로 다시 벼슬에 나아가 政堂文學 判三司事를 역임했고 1377년에 推忠保節同德贊化功臣의 호를 받고 우왕의 師傅가 되었다. 1388년 鐵嶺衛問題가 일어나자 화평을 주장하였다. 1389년(공양왕 1) 위화도 회군으로 우왕이 강화로 쫓겨나자 曹敏修와 함께 창왕을 옹립, 즉위하게 하였다. 판문하부사가 되어 명나라에 사신으로 가서 창왕의 입조와 명나라의 고려에 대한 監國을 주청해 李成桂 일파의 세력을 억제하려 하였다. 이 해에 이성계 일파가 세력을 잡자 吳思忠의 상소로 長湍에 유배되었으며, 이듬해 咸昌으로 이배되었다. 尹彝·李初의 獄에 연루되어 청주의 옥에 갇혔으나 水災로 함창에 안치되었다. 1391년에 석방되어 韓山府院君에 봉해졌으나 1392년 정몽주가 피살되자 衿州로 추방되었다가, 여흥·장흥 등지로 유배된 뒤 석방되었다. 1395년(태조 4)에 韓山伯에 봉해지고 이성계의 出仕 종용이 있었으나 끝내 고사하고 1396년 驪江에서 별세하였다. 한산의 麒麟峯 서쪽에 장사지냈다. 長湍의 臨江書院, 淸州의 莘巷書院, 韓山의 文獻書院, 寧海의 丹山書院 등에 제향되었다.

# 2. 구성

## 1) 간행 경위와 연대본의 位置

목은집은 1404년(태종 4) 三男 李種善이 처음으로 간행하였다. 이 초간본은 「詩藁」 35권 「文

藁」20권[1]으로 구성되어 있으며, 卷首에는 권근과 이첨의 서문을 비롯하여 권근이 찬한 행장, 하륜이 찬한 신도비명, 이맹전이 찬한 비음기 및 간략한 연보 등이 수록되었다. 이 본은 글자가 매우 작으며 따라서 책의 크기(25×15㎝)도 작은 편에 속한다. 半郭의 크기가 10行 20字에 18×12(㎝)인데, 이렇게 글자가 작은 것은 단지 이 책에 국한된 것은 아니다. 비슷한 시기에 간행된 몇 종의 문집도 『목은고』와 비슷한 크기와 판식을 가지고 있다. 예를 들어 1418년에 간행된 『圓齋集』(만송문고장본)은 반곽이 11行 20字에 19×11.5(㎝)이며, 1400년에 간행된 『惕若齋學吟集』(국립중앙도서관장본)은 12行 17字에 19×14(㎝)이다.

　『목은시정선』은 목은의 손자인 李季甸(1404; 태종 4~1459; 세조 5)에 의해서 편찬되었다. 徐居正이 쓴 서문에 의하면 李季甸이 生前에 浩瀚한 시고를 精選하여 詩體別로 분류하여 12권 6책으로 편찬하였는데, 이를 그의 아들인 全州府尹 李封이 간행하였다고 밝히고 있다. 이봉이 전주부윤에 제수된 것이 대략 1484년(성종 15)[2]이므로 이시기쯤에 간행된 것으로 보인다. 목은시정선의 편찬 이유는 「시고」의 분량이 매우 많아서 축약본이 필요했으며, 시체별로 편차하여 참고에 편리를 도모하려는 의도가 있었던 것으로 보인다.

　이어 1583년(선조 16)에는 7世孫 忠淸監司 李增이 20권인 「文藁」를 18권으로 刪節하고 洪州牧使 崔興源의 도움으로 간행하였다. 이증은 초간본의 글자가 매우 작다는 것을 改刊의 가장 큰 이유로 들고 있다. 실제로 크기를 비교해보면 초간본에 비하여 가로의 길이가 거의 배에 가까우며 따라서 글자는 거의 4배나 크게 판각한 것이다. 그러나 이 본은 단순히 글자를 키우고 訛誤를 수정한 것만은 아니다. 통행본인 重刊本과 비교해 보면 주로 불교관련 문자들이 적지 않게 산절된 것을 알 수 있다. 예를 들어 「廣通普濟禪寺碑銘」·「西天提納薄陀尊者浮屠銘」·「普濟尊者諡禪覺塔銘」의 세편으로 이루어진 중간본 권14 부분은 전체가 누락되었다. 이렇게 불교관계 문자가 대폭 누락된 것은 이른바 士林의 時代라고 하는 16세기 조선의 학문

---

1) 이 초간본에 대해서는 70권이라는 주장이 있다. 즉 『목은집』은 본래 詩稿 35권 文稿 35권 모두 70권으로 간행되었는데 태종이 정치적인 이유로 인하여 文稿 15권을 삭제하였고, 따라서 55권으로 재정리되었다는 설이다. 이렇게 주장하는 근거는 두 가지인데 동문선(중종·명종 연간에 인행된 을해자본 등)에 수록되어 있는 李詹의 목은집 서문에 명확하게 70권이라고 하였다는 것과, 李廷龜이 지은 「東閣雜記」의 記事에 1417(태종 17) 서운관에 소장되어 있던 참서 등을 없앨 때 이색문집 제15권을 推納하게 하였다고 하는 기사이다. 즉 '제15권'의 '第'자를 衍文으로 보아 목은집 70권 가운데 15권이 이때 삭제된 것으로 해석하여 35권의 문집 중 20권이 남게 되었고 따라서 문고 35권과 함께 55권으로 정리되었다는 것이다. (이은순, 「이색연구」『梨大史苑』4 1962.) 우선 第15卷의 '第'자를 연문으로 볼 근거가 없다는 것은 이미 지적되었고, (이익주, 「목은집의 간행과 사료적 가치」제34회 진단학회 『한국고전연구심포지엄』 2006.) 이첨의 서문에 70권이라고 한 것은 간행과정에서 발생한 訛誤로 생각된다. 즉 필자가 조사한 결과 현재 만송문고에 1404년 간행된 초간본 『목은고』가 있으며, 이 책에 수록된 이첨의 서문에는 분명하게 55권으로 되어있기 때문이다. 뿐만 아니라 이 초간본에 함께 수록된 權近이 찬한 이색의 행장, 河崙이 찬한 이색의 신도비명에도 모두 55권으로 되어있다. (『목은고』 고려대학교 만송문고 귀261)

2) 『成宗實錄』 卷164, 成宗 15年 3月 18日 乙巳(10책 580쪽)

경향과 무관하지 않을 것이다. 이밖에 「이자춘신도비명」도 누락되었는데, 이는 조선 태조 이성계의 선대 문제와 관련된 것이다. 이증은 「文藁」 뿐아니라 「詩藁」도 개간하려는 의도를 가지고 있었다. 즉 그는 발문에서 지금은 역량이 부족하여 「文藁」의 배가 되는 「詩藁」를 개간하지 못하지만 자신의 뒤를 이어 개간해 줄 것을 당부하고 있다.3) (이 글에서는 이본을 文藁大字本이라고 명칭하여 구분한다.)

　精選本과 文藁大字本의 출현은 자연히 초간본을 상당부분 대신하게 되었을 것이다. 우선 분량이 적어서 유통에 유리했을 뿐만 아니라, 초간본의 작은 글자를 크게 판각하여 독자의 불편을 해소했기 때문이다.4) 그러나 무엇보다도 이 두 본이 모두 저자의 직계 후손에 의해서 이루어 졌다는 점은 산절되지 않은 초간본에 대한 重刊의 필요성을 그만큼 감쇄시켰을 것이 분명하다. 이런 정황은 중간본 간행의 주체인 李德洙의 발문에서 잘 드러난다. 그는 발문에서, 위두 본이 門人弟子들에 의해서 이루어졌으므로 반드시 意義가 있겠지만, 그렇다고 全書가 後代에 전해지지 않는다면 흠결이 되기 때문에 全書(初刊本)를 중간한다고 언급하였다.5) 따라서 이덕수의 重刊 목적은 병란으로 인한 傳本의 稀少보다는 全書의 再版에 무게를 두고 있다.

　李德洙는 順天縣監으로 재직중이던 1626년 이 중간본을 간행하였다. 初刊本과 精選本, 그리고 大字本을 바탕으로 교정을 하였으며, 글자의 訛誤를 제외하고는 字行은 물론 내용도 일체 초간본에 따랐다고 발문에서 밝히고 있다. 하지만 불교관련 문자가 일부 刪削된 것으로 보아6) 초간본을 그대로 중간했다는 이덕수의 말은 일정 부분 제한적으로 이해해야 할 것으로 생각된다.

　이중 연대소장본은 1583년(선조 16)에는 7世孫 李增이 간행한 文藁大字本이다. 이상의 서술을 표로 보이면 다음과 같다.

<목은고 간행 경위>

| | 初刊本 | 詩藁精選本 | 文藁大字本 | 全書重刊本 |
|---|---|---|---|---|
| 서명 | 목은시고·목은문고 | 목은시정선 | 목은문고 | 목은시고·목은문고 |
| 설명 | 이색 사후 8년만에 간행된 본으로 偰長壽가 板下本을 書寫했다고 전함 | 시고 35권을 12권으로 刪節하고 詩體別로 再編하여 간행 | 문고 20권을 18권으로 산절하고, 大字로 간행 (불교관련 문자를 주로 산절) | 시고 35권과 문고 20권을 초간본의 체례에 따라 중간함. |

---

3) 李增, 「목은문고발」 『목은문고』, 고대 만송문고
4) 중간본을 편찬 간행한 이덕수는 발문에서, 초간본의 가늘고 촘촘한 字劃이 독자의 불만을 야기시켰으며, 따라서 이후에 간행된 정선본이나 대자본은 모두 글자를 키웠다고 지적하였다. (한국문집총간 5집 목은고 발)
5) 한국문집총간 5집 목은집 발
6) 필자가 문고 부분만 간단히 만송문고 초간본과 목록을 비교한 결과 문고 권12에서 贊에서 초간본에 있던 「達磨」, 「普賢」, 「法名」 세수가 삭제된 것을 확인하였다. 따라서 면밀하게 검토한다면 이보다 더 많은 부분이 개삭되었을 가능성이 있다.

| 간행연도<br>간행지 | 1404년 | 1484년 | 1583년 洪州 | 1626년 順天 |
|---|---|---|---|---|
| 분량 | 시고 35권<br>문고 20권 | 12권 | 18권 | 시고 35권<br>문고 20권 |
| 간행주체 | 3男 李種善 | 孫 李季甸 산정<br>曾孫 李封 간행 | 7世孫 李增 편간 | 10世孫 李德洙 |
| 서발 | 李詹 序(1404)<br>權近 序(1404) | 徐居正 序 | 李增 跋(1583) | 李德洙 跋(1626) |
| 行字 | 10行 20字 | 9行 20字 | 11行 20字 | 10行 20字 |
| 半葉匡郭 | 18×12(cm) | 24×16(cm) | 25×19.5(cm) | 20×15.5(cm) |
| 비고 | 만송문고 | 규장각 | 연대소장본 | 통행본 |

## 2) 권별 수록 내역

이미 설명한 바와 같이 현재 가장 널리 통행되는 본은 1626년 順天에서 후손 李德洙가 중간한 55권본이다. 본집을 통행본과 비교하면 2권이 적을 뿐 대부분은 동일하다.

아래 권별 목록을 나열한다.

권6 　「益齋先生亂稿序」·「雪谷詩稿序」·「近思齋逸稿後序」·「寄贈柳思菴詩卷序」·「送楊廣道按廉韓侍史序」·「送慶尙道按廉宋都官序」·「送江陵道按廉金先生詩序」·「送朴中書歸覲序」·「送徐道士使還序」·「贈金判事詩後序」 이상 10편

권7 「動安居士李公文集序」·「默軒先生文集序」·「賀竹溪安氏三子登科詩序」·「贈休上人序」·「贈宋子郊序」·「十韻詩序」·「送楊廣道按廉使安侍御詩序」·「送隱溪林上人序」·「栗亭先生逸稿序」·「贈元上人序」·「送訥上人序」 이상 11편

권8 「送慶尙道按廉李持平詩序」·「及菴詩集序」·「農桑輯要後序」·「中順堂集序」·「選粹集序」·「周官六翼序」·「贈金敬叔秘書詩序」·「元巖讌集唱和詩序」·「送儌符寶使還詩序」 이상 9편

권9 「直說三篇」·「茂珍金氏三子名字說」·「韓氏四子名字說」·「伯共說」·「子復說」·「可明說」·「子因說」·「仲至說」·「孟周說」·「之顯說」·「孟陽說」·「浩然說贈鄭甫州別」·「伯中說贈李狀元別」·「孟儀說」·「純仲說」·「平源說」·「仲英說」·「千峯說」 이상 18편

권10 　「平紅賊後陳情表」·「謝恩表」·「請改名表」·「節日表」·「皇后封冊賀表」·「皇太子千秋牋」·「謝御酒御衣表」·「謝復位表」·「皇太子凱還賀牋」·「請冠服表」·「陳情表」·「王大妃陳情表」·「請贈謚表」·「請承襲表」·「大尉謝表」·「賀登極表」·「謝恩表」·「賀平蜀表」·「請子弟入學表」·「謝賜紗羅表」·「辭左代言牋」·「辭判門下牋」·「賜贊成事潘卜海教書」·「罪三元帥教書」·「受命之頌」·「乞退書」 이상 13편

권11 「金司空眞讚」·「觀物齋讚」·「義谷淸卿四字讚」·「判三司事崔公畫像讚」·「贈侍中鄭公畫像讚」·「金畫蘭讚」·「上札讚」·「誠齋銘爲柳侍中作」·「惕若齋銘爲金敬之作」·「致堂銘爲金敬先作」·「自儆箴」·「辭辨」·「答問」 이상 7편

권12 「書上札補正雪菴大字卷後」·「書李壽父詩卷後」·「書陶隱詩稿後」·「書錦南迁叟傳後」·「題浩然字說後」·「題惕若齋學吟後」·「跋羅興儒賀詩卷」·「跋仲玉還學詩卷」·「跋愚谷諸先生送洪進士詩卷」·「跋及菴詩集」 이상 13편

권13 「全州李氏移居朔方以來墳墓記」·「有元奉議大夫征東行中書省左右司郎中高麗國端誠佐理功臣三重大匡興安府院君藝文館大提學知春秋館事謚文忠公樵隱先生李公墓誌銘」·「高麗國忠誠守義同德論道輔理功臣壁上三韓三重大匡曲城府院君贈謚忠敬公廉公神道碑」·「高麗國大匡完山君謚文眞崔公墓誌銘」·「韓文敬公墓誌銘」 이상 5편

권14 「重大匡淸城君韓謚平簡公墓誌銘」·「鷄林府院君謚文忠李公墓誌銘」·「彦陽郡夫人金氏墓誌銘」·「金純夫父母墓表」·「重大匡玄福君權公墓誌銘」 이상 5편

## 3. 내용

『목은집』은 상당부분이 『동문선』에 수록되어 있어서 많은 부분이 번역되었으며, 최근 민족문화추진회에서 다시 『목은집』 전체를 완역하여 간행하였다. 또한 『牧隱詩稿』의 역주본[7]이 번역 출간되고 있으므로 여기에서 일일이 소개하지 않는다. 다만 현재 완역된 통행본과의 연대본의 卷次를 대조하여 참고에 용이하도록 하고 아울러 연대본에 수록된 저작 중 몇 가지를 간략하게 소개하고자 한다.

| 내용 / 구분 | 文稿刪節本 (연대본) | 重刊本 (통행본) | 비 고 |
|---|---|---|---|
| 序 | 권6 | 권7 | 중간본에는 「傳燈錄序」가 더 있음 |
| 序 | 권7 | 권8 | 중간본에는 「送苡上人序」 등 3편이 더 있음 |
| 序 | 권8 | 권9 | 중간본에는 「贈一漚上人序」 등 5편이 더 있음 |
| 說 | 권9 | 권10 | 중간본에는 「雪牛說」 등 3편이 더 있음. |
| 事大表牋 | 권10 | 권11 | 동일 |
| 贊·銘 등 | 권11 | 권12 | 중간본에는 「息牧叟讚」 등 4편이 더 있음. |
| 書後·跋·祭文 | 권12 | 권13 | 중간본에는 「書證道歌後」 등 5편이 더 있음. |
| 碑銘 | 권13 | 권15 | 중간본에는 「李子春神道碑銘」 1편이 더 있음. |
| 碑銘 | 권14 | 권16 | 동일 |

---

7) 여운필·성범중·최재남 『역주 목은시고』 월인, 2000~2006

권6에서 권8까지는 序文이다. 「익재난고서」는 李齊賢의 문집에 대한 서문이다. 저자는 익재의 門生이다. 이 글에서 저자는, 元나라의 통일로 天下는 지역적 차별성이 없어졌고 이는 곧 人性의 보편성이 발현되는 계기가 되었다고 주장하였다. 따라서 변방이라도 얼마든지 걸출한 인재가 날 수 있게 되었는데 익재가 바로 그런 경우라고 하였다. 더구나 익재는 충선왕의 知遇를 받아서 燕京에 오래있으며 많은 인사와 교류하였고, 또 使命을 받아서 蜀은 물론 절강 지역까지 다녀오면서 넓힌 견문은 그의 문장을 더욱 빛나게 하였다고 칭송하였다.

「送楊廣道按廉韓侍史序」는 양광도안렴사로 나가는 韓弘道를 전송하며 지어준 送序이다. 저자는 이 글에서 자신이 한홍도와 함께 어려운 환경에서 공부한 경험을 이야기 하면서, 오랫동안 미관말직에 있으면서도 곡학아세하지 않았으니, 이제 높은 벼슬에 올라서 자신의 뜻을 펴지 못한다면 믿을 수 없다고 격려하고 있다.

권9는 說인데 대부분 名字說이다. 名이나 字에 대하여 권면하는 뜻이나 아름다운 의미를 부여해 주는 글이다. 字를 지어주면서 써준 것도 있지만 대부분은 청탁에 따라 이미 지어진 名字에 대하여 周易, 論語, 孟子 등 유학의 경전에서 의미를 찾아내고 그것을 延伸하여 지은 것이다. 「可明說」은 李百之의 자설이다. 저자는 可明에서 明(밝히다)의 의미를 『大學』의 '明明德(명덕을 밝히다)'으로 해설하면서 이름인 '百之'와 연결시키고 있다. 즉 '明明德(밝은 덕을 밝히는 일)'을 「中庸」의 '人一能之己百之'의 자세로 끊임없이 노력하라고 격려한 것이다.

권10은 表箋이고, 권11은 贊·銘인데 그 중 「上札贊」은 成均司藝인 金濤가, 공민왕이 직접 '金濤長源蘿葍山人' 8자를 써주자 이를 기리기 위하여 저자에게 글을 요청하여 저술한 것이다. '長源'은 김도의 자이고 '蘿葍山人'은 호이다.


## 4. 가치


이미 위에서 설명한 바와 같이 연대본 목은집은 文藁大字本이다. 이 文藁大字本은 1583년 洪州에서 간행된 목판본으로 傳本이 드문 편이다. 현재 확인되는 것으로는 고대 만송문고와 성암고서박물관에 零本이 소장되어있다. 이렇게 드물게 된 이유는 이 본이 간행되고 난 지 10년도 못되어 임진왜란이 발발했다는 점과 곧이어 全書重刊本이 간행됨으로써 文藁大字本의 효용성이 급격히 감소했다는 점에서 찾아야 할 것이다. 따라서 연대본의 가치는 전본의 희소성에 있다고 할 것이다.

【서정문】

# 夢翠遺稿

李國容(1834~1888) 著.

　原稿本. 3卷1冊 1包匣 : 四周單邊 半郭 23.5×16.9cm, 有界,
11行24字 註雙行, 無魚尾 ; 31.4×20.6cm.

　跋 : 己丑(1889) 趙昌赫.

# 1. 저자

李國容(1834~1888)의 本貫은 星州, 字는 君弼, 號는 夢翠·仙谷이다. '夢翠'라는 호는, 꿈에 홀로 서 있는 소나무를 본 것에서 연유한 것인데 이에 대해서는 「夢翠自敍」가 있으므로 4장에서 자세하게 기술하도록 한다. '仙谷'에 대해서는 시 「卜居仙住山下自號仙谷因賦一律」(1권 6면)이 게재되어 있어서, 仙住山 아래에 거처한 데서 연유하였다는 것을 알 수 있다. 선주산은 전라도 谷城에 있는 산이다.

『몽취유고』 3권에 있는 「行狀」을 통해 작자에 대한 대략적 사항을 알 수 있다. 부친은 李箕松이고, 모친은 珍原 朴守根의 딸이다. 집안이 가난해서 손수 책을 베껴 가며 공부에 전념하였다. 부인은 忠州 池國天의 딸이고, 1남 4녀를 두었다. 1881년 경 충청도 德恩('恩津'의 이칭)에 寓居하면서 小松 李志容(1825~1891)과 교유하였다. 이지용은 말년에 縣監을 지낸 인물로, 문집 『小松遺稿』 목판본(1893년)이 규장각에 소장되어 있다. 이지용을 知己로 여겼는지 그와 酬唱한 시가 많이 남아 있다. 덕은에 寓居한 이유는 아마도 서울과 가까운 곳에서 과거 공부를 하기 위함이었던 것으로 보인다. 짧지는 않았을 텐데, 얼마간 거처하였는지는 알 수 없다. 비록 과거에 급제하지 못하고 귀향하기는 하지만, 그곳에서 이지용을 비롯한 여러 벗들을 사귀며 시작품을 남겼다.

德恩이 그에게 중요한 공간이기는 하지만 그가 주로 산 곳은 전라도 곡성이다. 1885년에 쓴 「遊仙住山記」(2권 11면)를 보면, '浴川'(곡성의 이칭)의 남쪽에 우뚝 솟은 선주산이 있는데 그 아래에서 30여 년을 거주하였다는 기록이 있다. 1887년에 부임한 곡성현감 李啓夏[1]가 訓長을 설치할 때 훈장 직임을 맡아서 후학을 지도하는 데 매진하였다. 이국용이 살았던 곡성의 木寺洞에서 태어난 趙寅錫(1863~1931)은 이 무렵 科擧 공부를 그만 두고 이국용에게 나아가 '爲己之學'을 공부한다. 조인석은 이국용의 死後에 그의 行狀을 저술하는 등 그의 문집을 간행하는 데 힘썼던 인물이다. 국립중앙도서관에 소장된 그의 문집 『石汀集』(1935년) 石版本의 10권 「石汀先生趙公行狀」에서 이러한 사실들을 확인할 수 있다. 이국용의 문집을 통해서 볼 때, 그는 19세기 말 지방에 거주하였던 선비의 모습을 단적으로 보여주는 인물이라고 할 수 있다.


# 2. 구성

『몽취유고』의 속표지에는 "기축년(1889) 5월 7일에 凌波 晚松書室에서 필사하였다.(己丑端陽月初七芒種日書于凌波晚松書室)"는 기록이 있다. 현재 이 유고는 필사본이며 교정을 가한 기록

---

1) 『승정원일기』 1887년(고종 24) 6월 29일.

들이 있다. 저자 이국용의 아들 李敎百이나 제자 趙寅錫이 쓴 듯한데, 아직 확정할 수는 없다.
『몽취유고』는 모두 3권 57면으로 되어 있다. 권1에는 5언시와 7언시가 구별되어 실려 있다.
6면부터 7언시가 수록되어 있는데, 18면에 오언시 한 편이 놓여 있다. 편집상의 오류인 듯하다.
그리고 권2 14면에 7언시 한 편이 놓여 있는데, 여기에는 '詩卷'으로 옮기라는 頭註가 달려 있
다. 권2에는 雜著와 序 등 산문이 실려 있다. 14면에 있는 進士 李喜寅을 대신하여 쓴 「崔公
弘岷遺惠碑銘」과 16면의 「龜龍里鑿沼鳩財表」에는 삭제하라는 교정 표시가 되어 있다. 권3에는
부록으로서, 이국용에 대한 行狀과 묘지명 등이 있다. 처음에 실린 「送夢翠歸故山序」(1884년
李志容 作)와 「拜別夢翠族叔歸故山序」(1881년 李敎文 作)에는 삭제하라는 교정 표시가 되어
있다. 그리고 跋文의 경우 제목이 없이 「祭文」 앞에 기록되어 있다. 교정 표시된 것을 제외하
고 문집에 수록된 글들의 자세한 목록을 아래에 제시한다.

권1: 5언시 29題 33首. 7언시 101題 124首
권2: 雜著-「夢翠自敍」·「華陽圖詩說」·「育英開講時回文」·「講規」
　　　序-「家乘序」·「玉川趙氏家乘序」·「科契序」·「鳳亭詩社序」·「育英契序」·「合約序」·「爲
　　　　　親契序」
　　　記-「遊仙住山記」
　　　跋-「題四禮笏記後」·「題李桐溪時馨遺稿後」
　　　祝文-「龍灘祈雨文爲木寺洞鄕約作」
권3: 「行狀」·「墓誌銘」(幸州 奇宇萬 作)·「跋文」(趙昌赫 作)·「祭文」(趙昌赫 作)

## 3. 내용

『몽취유고』는 19세기 후반에 지방에서 생활한 선비의 문집이다. 전체 3권을 합쳐서 57면 정
도이므로 분량은 적은 편이다. 문집에 수록된 글들을 보면, 생활의 필요에 따라 찬술한 글들이
상당 부분을 차지한다. 1권에 게재된 시들 가운데는 시인 주변의 인물과 관련한 시들이 많으
며, 2권의 산문도 回文이나 契에 대한 서문처럼 실용적인 것들이 대부분이다. 1권의 시들은 덕
은에서 지낼 때 쓴 시들이 곡성에서 쓴 시들과 섞여서 산재해 있는 것으로 보아 세심하게 편
집한 것 같지는 않다.
권1에는 5언시와 7언시가 실려 있는데, 7언시가 3배 정도를 차지한다. 5언시나 7언시나 공통
적으로 輓詩나 唱和詩 등 주변 사람과 관련한 시들이 많다는 점을 특징으로 꼽을 수 있다. 그
가 輓詩를 지은 인물들을 수록된 순서대로 제시하면 다음과 같다.

崔弘岷(公), 申亨伯(친구), 柳通政(부친 친구), 上舍 震亨 李喜寅(친구), 都正 木隱 李敎赫(族姪), 斂楣 竹溪 趙彦植, 梁學永, 梁德永, 監役 柳濮, 同知 師峯 梁禧永, 龍巖 梁彦永, 平村 高濟仁(公), 花田處士 李敎行.

그가 시를 唱和한 인물들은 다음과 같다.

小松 李志容, 益汝 李鎰(族孫), 玉汝 李鈺(族孫), 逍遙翁 李敎昇, 敬文 趙寅錫(제자), 圻汝 吳甲善, 梁允洪(친구), 慧澈庵 保明上人, 肅川 趙鎭溥, 石芝 鄭海翊, 柳蓉峴, 醉隱, 藥圃, 匡山 朴濟馨, 百愚堂 李秉容(族兄). 文汝 梁章煥, 李鍾龜, 李鍾奎, 日峯 李敎文, 月峯 李敎○. 犀敬 趙萬采(친구), 晩齋 梁玄默(친구), 竹林 崔時瓚(친구).

次韻한 경우는 다음과 같다.

參判 海士 金聲根(1835~1919), 德浩 趙潤相(친구), 安廷洙(丈), 方丈處士 晩翠 鄭○○, 思兄.

焚黃에 따라 贈韻한 인물들은 다음과 같다.

監察 安濟遠, 持平 可隱 李箕(1792~1858), 童蒙敎官 尹玄東, 監察 柳演.

그밖에 서울 가는 편에 相國 沁庵 趙斗淳(1796~1870)에게 인사차 써서 올린 시(6면), 斂楣 竹溪 趙彦植의 回卺에 次韻한 경우, 司馬 小蕉 張錫愚의 聞喜宴에 次韻한 시(9면), 忍齋 安秉衡의 회갑에 대하여 지은 시(15면) 등이 있다. 輓詩나 이별시처럼 대개 생활상의 필요에 따라 지어진 시들이 주류를 이루고 있다. 景物을 읊은 시 등이 있기는 하지만 상대적으로 소략할 뿐이다.

『몽취유고』에 실린 시들은 시기상으로 볼 때 德恩의 錦陽에 寓居할 때 지은 시들이 상당수를 차지한다. 知己로 여겼던 小松 李志容을 비롯한 여러 친구들과 교유하며 和暢한 시들로 볼 때 이 시기가 저자 李國容에게는 가장 역동적인 시기였던 것으로 보인다. 이 시기에 해당하는 시를 예로 들면, 「共酬小松李志容德恩之錦陽寓舍三首」·「錦陽客中贈別日峯李敎文月峯敎○昆季」·「辛巳春嶠南章甫以衛正斥邪先倡叫閽余在小松川上齋感以有吟」·「登仙住山永巖二首」·「川上齋聯句」·「錦陽客中寫懷六首」 등이 있다. 그 외 「小松次朱夫子十梅韻寄余要和忘拙奉副」와 「續和小松夢中韻」 등 小松과 수창한 시들도 금양 시절에 지은 것이라고 할 수 있다. 제목이나 내용에서 금양 시절에 지은 것들로 확정할 수 있는 것들이 상당수 존재하고, 그 시들이 한 곳에 몰려 있는 것이 아니라 1권 전반에 걸쳐 두루 분포되어 있다. 「遊龍灘」(12면)·「登仙住山氷巖二首」(13면) 등 곡성에서 지은 것들과 뒤섞여 있어서 시기 상 구별이 어렵기는 한데, 금양에서 지낼 때 지은 시들이 1권에서 차지하는 비중이 적지 않다. 이러한 상황으로 보아 금양에 거하던 시절은 저자 이국용의 삶에 있어서 매우 중요한 부분을 차지한다고 평가할 수 있다. 이 시들 가운데 「共酬小松李志容德恩之錦陽寓舍三首」의 둘째 수는 저자의 生平과 관련하여 주목된다.

| | |
|---|---|
| 漸慣湖西面 | 점차 호서 지역에 익숙해지니 |
| 旅跡太遲遲 | 나그네 걸음 매우 느려지누나 |
| 野蟋方棲壁 | 귀뚜라미 방벽에서 울어대고 |
| 霜鴻已報時 | 기러기 날아 계절을 알리는데 |
| 京榜來何日 | 급제자 발표는 어느 때 되려나 |
| 家書未定期 | 집에 보낼 편지 기약이 없네 |
| 小松知我意 | 소송만은 내 마음을 알아 |
| 朝暮唱酬之 | 아침 저녁 시를 주고받네 |

저자가 과거시험을 치르고서 그 결과를 기다리는 상황임을 말해준다. 京榜은 京試의 급제자를 발표하는 榜을 가리킨다. 그렇다면 이국용은 京試를 보고나서 금양에서 그 결과를 기다렸던 것으로 짐작해 볼 수 있다. 이국용은 과거 시험 때문에 고향인 전라도에서 서울과 가까운 충청도로 옮겨 한동안 거처하였다. 타향살이에서 그는 소송 이지용 등을 만났고 그들과 교유하면서 포부를 품고 있었던 듯하다. 그러나 시간만 흐르고 결국 그는 소기의 성과를 거두지 못한 채 가족이 기다리는 전라도로 귀향하게 된다. 科業에 대해 아쉬움이 남지만 가족에 대한 걱정 때문에 귀향하지 않을 수 없는 정황은 長詩 「錦陽客中贈別日峯李敎文月峯敎○昆季」에서 엿볼 수 있다.

| | |
|---|---|
| 愧我平生業 | 부끄러워라 내 평생의 업이여 |
| 性踈學術荒 | 소활한 성품에 학업도 볼품없는데 |
| 兩鬢今已白 | 귀밑머리 이제 벌써 하얗고 |
| 萬事過中央 | 만사는 절반을 지나버렸네 |
| 縱欲加一年 | 설사 1년을 더 하고 싶더라도 |
| 其奈道路長 | 기나긴 도로에 어찌 하리 |
| 妻弱子抱疾 | 약한 아내와 병 걸린 아이들이 |
| 世慮撑胃腸 | 해마다 배를 붙잡고 걱정하네 |

그렇게 고향으로 돌아온 그는 訓長을 맡아서 제자 육성에 전념한다. 이에 대해서는 시 「育英契社開講」(27면), 「溫知堂新成」(27면), 「溫知堂揚額日小會」(28면) 등과 함께, 다음에 소개할 산문 속에서 찾아볼 수 있다.

권2에는 17편의 산문이 실려 있는데 그중 2편에는 삭제 표시가 되어 있다. 처음에 나오는 「夢翠自敍」(1면)는 자신의 호에 얽힌 내막을 적어 놓았다. 1881년 德恩의 可川에서 지낼 때, 꿈에 산에 올랐다가 빽빽이 울창하게 솟은 소나무 숲에서 뚝 떨어져 홀로 바위 옆에 외로이 서 있는 소나무를 보았다. 그 장면을 보고 저자는 "적합한 자리를 얻지 못하여 크기가 같지 않으니 운명이로다. 곧게 절개를 옮기지 않고 늦게까지 푸르러 스스로 지키니 그 성품이로다.(生不得所, 大小不齊, 其命也. 貞不移操, 晚翠自守, 其性也.)"라고 하고는, 자신의 호를 '巖松'이라고 하였다. 외로운 소나무 형상이 곧 자신의 삶인 것처럼 느껴진 것이다. 得意하지 못한 데 대한 아쉬움이 있지만, 세파에 흔들리지 않고 절개를 잃지 않겠다는 다짐을 읽을 수 있다. 이에 대해 친구인 小松 李志容은 '巖松'이 너무 노골적이라고 하고는 '夢翠'로 바꾸어주었다. 저자는 친구의 의도를 십분 이해하고 "무릇 너무 드러나면 보존하기 어렵다.(凡物太露則難保)"고 해석하면서 이 호를 사용한다.

「華陽圖詩說」(3면)은 저자의 증조부 李宅鎭에 대한 기록이다. 李宅鎭은 청주 화양동에 있는 명나라 神宗皇帝의 사당에 가서 그림을 베껴 와서 방에 걸어놓고 아침저녁으로 절을 하였고, 이와 관련하여 시를 짓고 인하여 자호를 '大明處士'로 삼았다. 저자는 이러한 일화를 기술하고, 그 시에 대해 해설을 하였다.

「家乘序」(5면)는 世系를 잘 알아야 하는데 세상 사람들이 顯祖 이외에는 알지 못한다고 세태를 개탄하면서, 族譜는 분량이 많아서 집집마다 갖추기 어려우므로 家乘이 효율적이라는 주장을 담은 글이다.

「玉川趙氏家乘序」(6면)는 제자 趙寅錫의 부탁으로 玉川(지금의 순창) 조씨의 家乘에 대해 1882년에 쓴 글이다.

「科契序」(7면)는 1864년에 과거 비용을 충당하기 위해 科契를 만든 사연에 대한 글이다. 혹 중간에 비용을 걷기 어려울 수도 있으니 땅을 사서 조세를 걷도록 하고 이 뜻을 후손에게 전하여 어기지 말도록 하자는 내용을 담고 있다. 위 여백에 "삭제해야 할 것 같다(恐刪)"는 교정 표시가 있다. 아마도 저자가 과거에서 뜻을 이루지 못한 것과 관련이 있지 않은가 추측된다. 어찌되었든 과거시험과 관련한 당시의 풍속을 이해하는 데 도움이 되는 글이다.

「鳳亭詩社序」(7면)는 필자와 같은 마을의 조씨 집안이 중심이 되어 인근 선비들과 詩社를 결성한 내력을 담고 있다. 역시 제자 趙寅錫의 부탁으로 찬술한 글이다.

「育英契序」(8면)는 곡성현감 李啓夏가 1887년에 부임하여 訓長을 설치하였을 때 저자가 그 직임을 맡았는데, 마을의 柳炳圭가 族從 李仁淳 등과 후학 교육을 위해 계를 만듦에 따라 그 내력을 적은 글이다.

「合約序」(9면)는 위의 育英契 결성에 따라 이인순을 대신하여, 유병규와 合約한 내역을 적은 글이다.

「爲親契序」(10면)는 어버이의 장례 비용 마련을 위해 계를 만든 내역을 적은 글이다. 당시 靈巖의 鳩林大同契가 유명하였다는 언급으로 보아 이런 유의 契가 일반적이었다는 점, 장례 비용이 상당히 家計에 부담이 되었다는 점 등을 알 수 있다.

「遊仙住山記」(11면)는 1885년 浴川의 남쪽에 있는 선주산에 친구들과 올라가서 노닐었던 것에 대한 기록이다. 晉나라 羊祜의 峴山과 謝安의 東山 유람에 비교하면서 그들의 유람이 유명한 것은 경치보다는 유람한 이의 뛰어남에 있으니, 훗날 우리들이 공업을 이루면 자연 오늘 일이 유명해질 것이라고 하여 포부를 드러내었다.

「題四禮笏記後」(12면)는 雁齋 張浚이 抄定한 『四禮笏記』에 대한 발문이다. 1857년 다리 통증 때문에 요양하면서 이 책을 보고는 베껴 적은 후에 쓴 글이다. 『사례홀기』가 중요한 책이기는 한데 疏漏한 데가 많아서 다른 禮書를 참조하여야 오류가 없다고 하였다.

「題李桐溪時馨遺稿後」(13면)는 곡성 선비 이시형의 유고에 대한 발문이다. 임금께 上言하여 生復을 하사받은 것을 特記하고, 젊은 나이에 타지에서 죽어 안타깝다고 하였다.

「崔公弘岷遺惠碑銘代李進士喜寅作」(14면)은 李喜寅을 대신하여 작성한 글인데 삭제 표시가 되어 있다. 최홍민은 곡성의 竹山 마을을 만든 이라고 하였다.

「龍灘祈雨文爲木寺洞鄕約作」(14면)은 저자가 거주하는 마을 木寺洞에서 기우제를 지낼 때 지은 祝文이다.

「育英開講時回文李侯啓夏氏知本縣別置訓長勸學而余時爲訓長故發文」(15면)은 현감이 訓長을 설치함에 따라, 각 글방의 생도들을 모아 교육하겠다는 내용의 回文이다.

「講規」(15면)는 위와 관련하여 교육의 규례를 적은 글이다.

「龜龍里鑿沼鳩財表」(16면)는 가뭄에 대비하여 저수지를 만들 필요성을 제기하고 그 비용을 모으고자 쓴 글이다. 삭제 표시가 되어 있다.

권3에는 저자 李國容에 대한 행장이나 제문 등이 기록되어 있다. 처음에 나오는 「送夢翠歸故山序」(1884년 李志容 作)와 「拜別夢翠族叔歸故山序」(1881년 李敎文 作)에는 삭제 표시가 되어 있다. 두 편의 글이 행장 등과 성격이 다르기 때문일 것이다. 이 두 편은 이국용이 1881년 덕은에서 곡성으로 돌아간 데 대한 送序들이다. 이후 행장 등은 앞의 글씨와는 다른 필체로 기록되어 있고 跋文은 앞의 글씨체와 동일하다. 일시에 필사되지 않고 편집된 모습을 보여준다. 교정 본 필체는 동일하므로 교정보면서 편집이 된 듯하다.

「行狀」(20면)은 1898년에 제자 조인석이 작성한 글이다. 이국용의 생몰 연대 등을 기록하고, 집안이 가난했지만 늙어서까지 새벽에 일어나 바르게 앉아서 독서하는 것을 게을리 하지 않았다고 하였다. 말미에 "門人趙昌赫改寅錫謹錄"이라고 쓰여 있는데 '昌赫改'는 지운 표시가 있고 '錄'은 '狀'으로 고치라고 교정되어 있다. '조창혁'이 '조인석'으로 개명한 것인데 문집에는 혼용되어 있다.

「墓誌銘」은 조인석의 부탁으로 松沙 奇宇萬(1846~1916)이 찬술한 글이다. 조인석은 이국용이 歿한 후 기우만에게 受學하였다. 기우만은 이국용과 직접 교유하지는 않았기에 별다른 내용은 없다. 기우만은 奇正鎭의 손자로서 의병활동을 한 인물이다.

제목 없이 서술된 跋文, 그리고 「祭文」은 趙昌赫이 1889년에 찬술하였다고 기록되어 있다.

## 4. 가치

　『夢翠遺稿』는 19세기 말 전라도 곡성에 살았던 한미한 시골 선비의 문집이다. 이 문집에서 화려한 문학적 수식이나 사상적 면모 따위를 찾아보기는 어렵지만, 실생활의 여러 면모를 엿볼 수 있다는 데 특징이 있다. 과거시험이나 어버이 장례를 위해 契를 결성하는 것, 그리고 그 비용의 유지를 위해 밭을 사서 운영하는 것은 당시 향촌의 모습을 잘 보여주는 자료이다. 그리고 곡성 지역의 산천과 사찰 등을 읊은 시들은 地域學에 참고 자료로 활용될 수 있을 것이다.

【이대형】

# 文庵集

李宜哲(1702～1778) 著.

寫本. 46卷22册：四周單邊 半郭 20.5×15.5cm, 無界, 10行
20字, 無魚尾；29.0×18.5cm.

卷首題·表題：文集.

# 1. 저자

李宜哲(1702~1778)의 本貫은 龍仁, 字는 原明, 號는 文庵이다. 아버지는 형조좌랑 世雲이며 어머니는 무과 출신인 成鏻의 딸이고, 부인은 趙汝璧의 딸이다. 서울 阿峴에서 태어났다.

1727년(영조 3) 사마시에 합격하였으나 1732년(임자)에 어머니의 喪을 당한 뒤 10여 년 동안 학문에만 매진하였다가 1743년(계해) 長陵 參奉에 제수되었다. 1745년(을축) 軍資監 奉事가 되었다가 1748년(무진) 春塘庭試에 병과로 급제하고 이듬해 검열이 되었다. 1752년(임신) 사간원 정언으로 있을 때 吳瓚이 죄를 지어 絕塞 밖 三水에서 죽은 일 등에 대해 箚子를 올렸을 때 黨習을 일으키는 말이라 하여 영조의 미움을 받고 7월에 제주도로 投畀되었다가 이듬해 봄에 방면되었다. 1754년(갑술) 시험관으로 충청도를 다녀왔고 10월에는 함경도 北評事가 되어 갔다가 이듬해 봄에 돌아와 교리가 되었다.

1756년(병자) 부수찬이 되어 經筵에 들어가 강론했다. 1758년(무인) 영월 부사로 갔다가 1760년(경진) 돌아와 사간원 대사간, 병조참의 등을 거쳐 이듬해 승지가 되었다. 1761년(신사) 봄에 승지가 되었는데, 違牌 문제로 강원도 淮陽으로 잠시 유배되었다. 1768년(무자) 봄에 회양 부사로 갔다가 이듬해 돌아왔다. 1769년(기축) 도승지가 되었다가 대사헌에 이르렀다. 이때 호남의 유생인 柳油 등이 朴世采의 문묘 배향을 문제 삼은 상소를 옹호하다가 임금의 분노를 사서 전라도 진도로 유배되었다가 이듬해 돌아왔다. 1776년(병신) 예조참판에서 도승지로 옮겼는데, 이 해 영조가 죽었을 때 撰集廳에서 영조의 행장을 썼다. 1778년(정조 2) 동중추에 제배되었으나 병으로 사직하였다.

# 2. 구성

46권 22책으로 이루어진 巨帙의 필사본이다. 문집에 실린 글을 첨삭한 흔적이 많은 것으로 보아 간행을 염두에 두고 정본을 삼기 위해 편집 중에 있던 것이 그대로 전해져 내려온 듯하다. 문집의 제목은 정하지 않고 卷首題와 표지에 모두 그냥 '文集'이라고만 쓰여 있다. 연세대학교 소장본이 유일본이다. 문집의 대체적인 구성은 다음과 같다.

**1책**
권1: 賦 1편, 詩 125 편.
권2: 詩 103편.

**2책**
권3: 詩 147편.

권4: 詩 151편.

**3책**

권5: 詩 141편.
권6: 詩 123편.

**4책**

권7: 詩 105편.
권8: 詩 142편.

**5책**

권9: 詩 127편.
권10: 詩 178편.

**6책**

권11: 上疏, 箚子, 上書 등 9편

「二宋先生辨誣疏丙辰」・「司諫院擬上朋黨箚子戊辰」・「翰林辭職書己巳」・「再書」・「請筵說弛禁疏」・「與館僚黃仁儉聯名論翰林圈事書庚午」・「因朴文秀筵奏寀復論宋文載書庚午」・「復辭史職論宋文載李徽中書」・「諫院辭職書壬申」

권12: 上疏, 上書 등 11편

「諫院言事疏」・「南遷還朝復拜正言辭免書癸酉」・「春坊辭免上書」・「春坊勸講上書」・「玉堂辭免上書乙亥」・「再書」・「復除館職因嚴教縣道上書」・「副修撰辭免上書」・「臺職辭免上書」・「玉堂論講學勤政上書」・「玉堂請御經筵開言路疏」

**7책**

권13: 上書, 上疏, 箚子 등 23편

「將赴山陵上東宮勉戒書丁丑」・「山陵都廳辭免宮官上書丁丑四月」・「承旨辭書」・「大司諫辭免上書」・「溫宮從行因政院請推參知聯名上書庚辰」・「兵曹參議辭書」・「承旨罷職後兵曹參知辭書辛巳」・「政院因臺書辭書辛巳」・「淮陽宥還大司諫罷職後兵曹參議辭免書壬午」・「承旨削職還寢大司諫辭免陳情疏癸未」・「正心誠意擬上箚子甲申」・「都承旨辭疏己丑」・「大司成辭疏」・「大司憲辭疏」・「大司成論儒疏」・「升資陳情疏癸巳」・「乞改修朱子大全語類刊本疏甲午下同」・「戶曹參判辭疏」・「同知春秋館事辭免上書丙申下幷同」・「同知經筵事辭疏」・「弘文提學辭疏」・「論治逆疏」・「因山後陳情乞退疏」

권14: 上疏, 教文, 啓, 議, 講義, 箋狀 등 25편

「大臣請推後違牌疏丙申下幷同」・「乞致仕疏」・「再乞致仕疏」・「三乞致仕疏丁酉下同」・「晝講違牌陳情乞退四疏」・「惠慶宮患候平復頒教文」・「從權庭請四啓」・「討逆庭請四啓」・「庭請五啓」・「王大妃進號收

議」、「科擧變通議」、「朝祖議」、「朝祖再議」、「春坊講義」、「寧越到任上監司禮狀戊寅」、「監司行巡入境禮狀」、「冬至賀監司狀」、「正朝賀狀」、「安邊赴任上監司狀癸未」、「爲監司賀冬至箋」、「監司冬至狀」、「正朝賀監司狀」、「王世孫定號大殿賀狀」、「擬上致仕謝箋」

### 8책

#### 권15: 書 19편

「答李先生書辛亥下同」、「上李先生」、「上李先生丙辰」、「上李先生丁巳人日」、「答先生論金潤庶子爲庶祖母服議書」、「答李先生己未」、「上李先生庚申下同」、「上李先生庚申」、「上李先生壬戌」、「上李先生癸亥下同」、「上李先生論黎湖朴公出處書癸亥」、「重答李先生論黎湖書」、「上李先生癸亥下同」、「答李先生書」、「上李先生書甲子下同」、「上李先生書」、「上李先生論小學疑義」、「答李先生書」、「上李先生書」

#### 권16: 書 14편

「上李先生書道峰講義乙丑夏」、「上李先生乙丑下同」、「答李先生書」、「答李先生論萬東祠碑文改本」、「答李先生書」、「上李先生丙寅中秋」、「上黎湖朴先生書癸亥」、「上朴黎湖丙寅六月」、「丙寅五月黎湖問答」、「答金大司憲鎭商壬申」、「答李留守箕鎭壬申」、「上兪領相拓基戊寅九月」、「答兪相國辛巳十月(1)」、「答兪相國辛巳十月(2)」

### 9책

#### 권17: 書 53편

「與李毅甫濟遠庚申」、「與李毅甫庚申」、「與李毅甫癸亥」、「與李毅甫丙寅冬」、「與李毅甫」、「答李毅甫戊辰四月」、「與李敬以存中」、「與李敬以辛未(1)」、「與李敬以辛未(2)」、「與李敬以辛未(3)」、「答李敬以壬申」、「與李敬以」、「答李敬以」、「答敬以」、「與李敬以戊寅九月」、「與李汝亮奎采庚申十一月」、「答李汝亮丁丑」、「答李汝亮戊辰四月」、「答李汝亮(1)」、「答李汝亮(2)」、「答李汝亮壬申」、「答李汝亮」、「答李汝亮辛巳」、「與洪雲紀章漢庚申五月」、「答洪雲紀壬申」、「答洪雲紀乙亥八月」、「又丙寅」、「與金濟大用謙戊辰」、「答金濟大己丑」、「與或人辛酉」、「與或人癸亥」、「與或人丁卯冬」、「與或人庚午正月」、「與或人壬申下同」、「答或人」、「與或人」、「答或人」、「與或人癸酉七月」、「與或人己卯閏六月」、「答或人辛巳七月」、「又癸未」、「又庚寅」、「與趙益章重晦癸亥」、「答趙益章壬申」、「答趙益章庚辰二月」、「與李伯心基敬庚辰下同」、「與李伯心」、「答李伯心」、「答李伯心乙未」、「別紙」、「又丙申」、「別紙」、「又答明德說丁酉」

#### 권18: 書 52편

「與尹景孺汲己巳」、「與尹景孺庚午」、「與尹景孺辛未」、「與尹景孺」、「與尹景孺辛未」、「答尹景孺壬申下同(1)」、「答尹景孺(2)」、「答尹景孺(3)」、「與尹景孺癸酉五月四日」、「與洪養之梓乙亥八月」、「與黃大卿景源戊午」、「與黃大卿辛巳」、「與黃大卿壬午」、「又癸巳」、「答洪雲章象漢壬申」、「與洪雲章戊寅」、「與閔履之百祥辛未」、「答閔履之戊寅」、「與黃景得仁儉壬申」、「答李國賓命坤壬申」、「與李宜叔天輔戊午」、「與李宜叔庚申」、「答李宜叔戊辰」、「答宜叔右相壬申」、「答閔獻納宅洙甲子」、「答閔輔德宅洙壬申」、「與閔司諫宅洙癸酉正月」、

「答柳浩然善養庚午冬(1)」·「答柳浩然庚午(2)」·「答柳浩然」·「答柳浩然庚午冬」·「答柳浩然辛未六月」·「答柳浩然辛未」·「與柳浩然」·「答柳浩然壬申下同」·「答柳浩然」·「與柳浩然辛巳」·「答柳浩然癸未」·「答柳浩然丙戌」·「答柳浩然己丑下同」·「又」·「與朴士洙聖源甲子」·「答朴士洙辛申」·「答朴士洙辛巳二月」·「答朴士洙論師門行狀書癸未四月八日」·「答朴士洙論師門文集書癸未五月十七日」·「答朴士洙(1)」·「答朴士洙(2)」·「答朴士洙癸未七月十三日」·「答朴士洙八月四日(1)」·「答朴士洙(2)」·「與朴士洙」

## 10책
### 권19: 書 42편

「與閔士元遇洙壬戌」·「與閔士元癸亥」·「與閔士元辛未」·「答兪子恭肅基戊辰五月」·「答鄭公華宋壬申」·「與鄭公華丁丑夏」·「又己丑」·「又辛卯」·「又」·「又壬辰」·「又」·「與李子三台重己巳」·「與李子三庚午春在翰林子三爲湖伯時」·「與李子三庚午九月」·「答李子三」·「重答李子三」·「答李子三兄弟辛申」·「答李子三甲戌六月十二日」·「答金穉明壬申」·「與金穉明己卯七月」·「與金穉明庚辰六月」·「與金穉明壬午正月」·「答李釣叟渭輔壬申」·「答兪淸甫直基壬申」·「答徐仲寶命孚壬申」·「與金伯春元行丁卯夏」·「答金伯春戊辰四月」·「答金伯春己巳冬」·「與金伯春辛未」·「答金伯春壬申」·「答金伯春癸酉七月六日」·「答金伯春庚辰六月」·「與金伯春辛巳」·「答宋仲習學相壬申」·「答尹仲沃兄弟啓鼎昌鼎壬申進士」·「答金致伯履遠壬申」·「與南德哉有容辛酉」·「答南德哉壬申」·「與金仲受相福壬申」·「答金相仲受庚辰」·「又丙戌」·「答黃景淳顯源壬申」·「答趙和叔明鼎己丑」

### 권20: 書 24편

「與韓季牖啓增庚午冬」·「答韓季牖壬申下同」·「答韓季牖壬申」·「答韓季牖」·「答韓季牖儀禮疑義癸酉八月」·「答韓季牖儀禮疑義甲戌八月」·「答韓季牖乙亥九月」·「答韓季牖丙子三月」·「答韓季牖丙子八月」·「答韓季牖辛巳」·「與韓季牖辛巳十一月」·「又己丑」·「又壬辰」·「又丙申」·「又(1)」·「又(2)」·「又丁酉」·「又」·「別紙」·「又」·「又戊戌下同」·「又」·「答尹仲顔景烈壬申」·「答尹仲顔」

## 11책
### 권21: 書 54편

「與韓大叔億增丙寅夏」·「答韓大叔戊辰春」·「與尹汝弼國彦丙寅七月」·「答李汝弘毅中論師門祭文書丙寅冬」·「答李汝弘戊辰八月」·「答金汝勇由行壬申」·「答李美仲彦世戊辰」·「答李章五命德戊辰」·「與元判書景夏己巳」·「答李監司成中壬申」·「答安性之允行」·「答宋持平德中壬申」·「答金性汝善材甲子」·「與金子文煥己巳」·「答申晋輝曮壬申」·「答李聖輔明翼戊辰」·「答李聖輔壬申」·「答柳文甫憼尹敍五敬倫壬子九月」·「答趙士聚明奎壬庚申」·「與洪衡伯鏡輔甲子」·「與李顯道顯重甲子」·「與李厚而敏坤乙丑」·「答李參議光運辛未」·「與李聖聞興賢癸亥」·「與張持平澍辛未」·「答趙士求台福辛未」·「答金剛伯履健壬申」·「答張舜瑞兄弟文翼虎翼壬申」·「答洪體仁致元壬申」·「與金時甫相聖己巳」·「答金時甫壬申」·「答徐信甫允修壬申」·「答金節卿履迪壬申」·「答李汝明翼鎭庚午」·「答李汝明」·「答李汝明辛未」·「又庚寅」·「與金仲陟相成承旨丙申」·

「答南正叔肅寬永春己丑」·「與柳聖瑞慶獜進士丙申」·「又別紙戊戌」·「答崔叔固祐己巳」·「答李道原命直辛未」·「答李道原壬申」·「答李仲浩道原改字乙亥五月」·「答金季成聖佑壬申」·「答柳敬叔思欽壬申」·「答柳敬叔辛巳」·「答郭鎭經壬午」·「答金平仲時準戊子」·「答金平仲丁酉」·「答或人庚寅」·「又丁酉下幷同」·「又」

### 권22: 書 11편

「答柳汝思知養小學疑義庚午」·「答柳汝思辛未」·「答柳汝思壬申」·「答柳汝思丁丑十二月」·「答柳汝思」·「答柳汝思戊寅二月」·「答柳汝思戊寅三月」·「答柳汝思戊寅四月」·「答柳汝思己卯九月」·「答柳汝思(1)」·「答柳汝思(2)」

## 12책

### 권23: 書 65편

「答李季良最中壬申」·「答李季良壬申」·「與李季良乙亥九月」·「重答季良」·「答兪士精彦鑠壬申」·「與兪士精庚辰五月」·「又壬辰下同」·「又」·「答宋仲興載中金溝己丑」·「與金新溪履坤」·「與金永同履安壬辰」·「答柳直甫懇壬申」·「答柳直甫甲戌四月八日」·「答柳季方義養戊辰」·「答柳季方己巳」·「答柳季方」·「答張申之錫履庚午」·「答趙正甫靖世癸未十月」·「與趙正甫戊戌」·「答李美甫彦中己巳」·「答洪伯孝樂純辛未」·「答洪伯孝壬申」·「答洪伯孝甲戌七月」·「又乙未」·「答金秀才載亨」·「答或人辛未」·「答或人」·「答兪德有漢吉進士壬申」·「答柳仲長得養壬申下同」·「答柳仲長」·「答柳仲長」·「答黃士直幹己丑」·「又庚寅」·「答李來壬申」·「答黃秀才晦源壬申」·「與黃允之昇源癸巳」·「答李聖唯一曾壬申」·「答李聖唯甲戌」·「與李聖唯辛卯」·「答兪聖習學中乙亥」·「答宋秀才宅奎丙子」·「答李子仁木甲戌」·「答韓公履箕鎭甲戌」·「答韓公履乙亥」·「答韓公履」·「答韓公履丙子十月」·「答李仲實禾丙子」·「答李仲宷庚辰」·「答閔易卿百師丙子」·「答徐樂甫好修丙子」·「答李秀才淞丙子」·「答宋敏相丁丑」·「答兪秀才漢耿戊寅」·「答李鳳來商芝辛巳三月」·「與或人辛巳」·「與或人壬午三月」·「答鄭右相存謙丙申」·「與兪士準海柱癸巳」·「答徐成之嘿修戊辰二月」·「答徐成之辛未下同」·「答徐成之大學疑義」·「答徐成之壬申」·「答徐成之嘿修」·「答徐成之甲戌」·「答徐成之辛卯」

### 권24: 書 67편

「答柳宜之誼辛未」·「又壬申」·「又己丑」·「又庚寅」·「又甲午」·「又」·「答金浩元養淳戊辰下同」·「答金浩元戊辰」·「答金浩元己巳」·「答金浩元丁丑」·「答金浩元庚辰三月」·「與金浩元兄壬辰」·「答金浩元兄弟」·「答金浩元乙未下同」·「又」·「又丙申」·「答呂秀才齊臣壬申」·「答洪淵之樂淵壬申」·「又丙申(1)」·「又丙申(2)」·「與尹趾仲錫烈癸未」·「答李季亮采甲申」·「又壬辰」·「又丙申下幷同」·「又(1)」·「又(2)」·「又丁丑」·「答金潛夫斗光癸巳」·「又甲午」·「又」·「答李仲明晋祥丙申」·「與鄭身之履煥丙戌七月」·「與趙明瑞曦丙戌」·「答金斗顯丙戌十一月」·「答金聖修進行丁亥四月」·「與姜獻納趾煥戊子二月」·「答徐別提宗華丙寅」·「答徐別提丁卯春」·「答李伯執敬玉癸亥」·「答李伯執壬午十月」·「答李秉漸戊辰」·「與沈監司鏽戊寅六月」·「答沈監司己卯」·「與洪寧越宗海戊寅」·「與李監司昌誼甲申正月」·「答李參議昌儀甲申」·「與李監司彦衡戊子下同」·「與李監司」·「答尹參判東昇壬辰」·「答三相公書金領相陽澤金左相尙喆鄭右相存謙丙申」·「答紫雲院儒丙申下同」·「又」·「答豊溪院儒丙申」·「答李士安靖鎭丙申」·「又」·「答李進士箕采癸巳」·「又」

**13책**

권25: 書 32편

「答趙樂之有顯庚午」・「答趙樂之辛未下同」・「答趙樂之辛未」・「答趙樂之辛未十月」・「答趙樂之朱書疑義」・「答趙樂之大學疑義」・「答趙樂之壬申」・「答趙秀才有顯壬申」・「答趙樂之癸酉三月二十三日」・「答趙秀才乙亥」・「答趙樂之丙子八月」・「答趙樂之丁丑正月」・「答趙樂之丁丑十一月」・「答趙樂之庚辰下同」・「答趙樂之」・「爲衿川諸儒上縣監書」・「與諸道儒生己巳」・「答金載遠己巳」・「答松京諸生辛未」・「答李重卿己巳」・「答林游己巳」・「答金百仲德錬己巳」・「答許增進士壬申」・「與李晦甫曄丁卯冬」・「答崔生班乙亥正月」・「答韓進士汝斗乙亥正月」・「答朴聖錫趙有顯林游丁丑」・「答禹昌洛戊寅」・「答朱參奉永錫乙酉十二月」・「答宋參奉丁亥正月三日」・「答金秀士聲始己丑」・「答」

권26: 書 5편

「答尹汝五聚東太極說疑義丁丑下幷同」・「答尹汝五中庸疑義」・「答尹汝五大學疑義」・「答尹汝五論語疑義」・「答尹汝五中庸大學戊戌」

권27: 書 23편

「與宗人論祧廟長房書辛未」・「答監役族兄」・「答聖叟宜老己巳」・「答濟卿宜楫己丑」・「答直長昆季宜耆己丑」・「答伯益普謙壬申」・「答伯益」・「答伯益乙亥十月」・「與伯益乙未」・「答光仲普觀戊辰」・「答光仲普觀辛未」・「答光仲壬申」・「答光仲(1)」・「答光仲(2)」・「答光仲乙亥」・「答光仲庚辰十二月」・「答光仲己丑」・「答孝錫景祐己丑」・「答普溫丙申」・「答完祚癸酉」・「答宗人成翼辛巳」・「答趙姉兄壬申」・「答金長甥道東壬申」

**14책**

권28: 序 26편

「宗子普行字序」・「翰子字序」・「藝文集序」・「廣州鄉人讌飲詩序」・「外姑朴氏詩序」・「鶴泉志序」・「贈李宗之詩序」・「李先生六十一壽序」・「還珠集後序」・「送金浣序」・「送南德哉序」・「金士弼輓歌詩序」・「仙源先生詩集後序」・「黔州詩序」・「送柳戶部使北庭序」・「朱子典要內集序」・「朱子典要外集序」・「四書講義目錄序」・「朱子大全箚疑後語序」・「送或人游嶺南山水序」・「李氏碑誌卷序」・「芝巖具公詩序」・「李先生詩序」・「送韓御史使濟州序」・「周禮要義序」・「周禮始末敍」

권29: 序 23편

「儀禮訓義序」・「先祖太僕公手書家券後序」・「送李汝明序」・「義城金氏族譜序」・「送兪繼之赴燕序」・「贈李汝亮序」・「閔百師字序」・「歡慶殿應旨詩序」・「御書橘盤詩卷後序」・「師友記序」・「尤庵遺書集解序」・「周易傳義精說序」・「史官時政記副本序」・「石灘李公四友歌後序」・「李先生言行總序」・「故孝子朴公廬墓詩序」・「中樞朴公詩集序」・「朴獻可師友詩卷序」・「杞溪兪公雜錄序」・「東村聯句詩序」・「贈鏡城崔生詩序」・「送淳昌守金剛伯序」・「送南正叔赴永春序」

권30: 序 15편

「趙孝子詩卷序」・「司馬溫公書儀寫本序」・「白川趙侍族譜後序」・「豊城世稿序」・「修書全集目錄敍」・

「參同契小註古今文合集序」・「朱子出處著述始終總序」・「四書或問集說序」・「花潭集序」・「金子木履湖遺稿序」・「隱巖李公恩宴詩卷敍」・「龍仁李氏族譜重修序」・「朱子語類考解序」・「海狂集序」・「朱子言行錄序」

### 15책

권31: 記 21편

「遠睦堂記」・「天文圖記」・「游龍門山記」・「泉食菴記」・「高麗中書舍人徐公遺墟記」・「寒泉守歲記」・「李氏孝行記」・「困庵記」・「知庵記」・「庶子爲祖庶母服議後記」・「道書後記」・「學制私記」・「復興君白川趙公敎旨後記」・「金濟大確室果軒記」・「旅庵記」・「霜露亭記」・「貞庵記」・「後松亭記」・「對巖齋記」・「趙正甫忍窩記」・「校理李公遺事記」

권32: 記 22편

「判官金公遺事記」・「伯氏孝行記」・「先妣遺事要略」・「忠臣宋公父子旌閭記」・「或人山水圖記」・「故將崔公旌閭記」・「中樞柳公畫像記」・「李氏登科帖記」・「迷源書院重建記」・「寧越府彰節書院重建記」・「忍齋記」・「壺觀亭記」・「金時甫共樂亭記」・「黃士直雲鳥齋記」・「司憲府重修記」・「鏡湖精舍記」・「松禾視民堂記」・「香雪軒重修記」・「三宗御書後記」・「歲寒亭記」・「恩休亭記」・「漁樵堂記」

### 16책

권33: 記 49편

山水記(28편)

「逸休亭記」・「錦江城」・「遜巖書院」・「紫霞洞記」・「超然臺」・「昭陽亭」・「合江亭」・「馬奴驛」・「新院寺」・「淸懷之間山水可游者」・「安昌江」・「甓寺」・「淸心樓」・「兜率庵」・「上水村」・「龍津」・「玉屛山水」・「八卦亭」・「皐蘭寺」・「梨浦記」・「甘露寺記」・「翠野亭記」・「許亭記」・「金剛諸名勝記」・「海旁山水記」・「北境山水記」・「漢挐山記」・「濟州井泉記」

題跋(21편)

「書東坡伊尹論」・「書東坡與秦觀論養生書後」・「題韓集褅祫議後」・「李先生旨訣跋」・「題金君得泰所書小學後」・「石灘李公文集跋」・「無何翁文集跋」・「李先生與鏡城崔君書跋」・「故尹景平勸諭鄉學榜跋」・「二陵圖帖跋」・「經選跋」・「陶庵書集刊定小識」・「陶庵詩集刊定小識」・「朴氏五孝錄跋」・「金氏舊藏李先生手帖跋」・「朱子大全箚疑後語小題」・「先妣遺事記後跋」・「淸陰先生挽詞後題」・「五老詩跋」・「李士希篆書後跋」・「書金仲陟困庵記後」

권34: 行狀 12편

「先考中直大夫行刑曹佐郎府君行狀」・「先妣淑人延安金氏行狀」・「行狀後記」・「長水黃公行狀」・「尹汝受行狀」・「禮曹參議韓公行狀」・「進士韓公行狀」・「宗兄故處士君行狀」・「高祖考承旨府君行狀」・「學生柳公行狀」・「恭人韓氏行狀」・「江原監司韓公行狀」

## 17책

### 권35: 墓誌, 碑表 19편

「君業誌文」·「趙孺人墓誌」·「從祖金山郡守府君墓誌銘」·「贈同知中樞府事全義李公墓誌」·「祖考陽川府君誌文」·「金君載厚墓誌」·「同知中樞府事張公誌」·「故大丘府事贈戶曹參判李公誌銘」·「伯氏處士府君誌文」·「贈戶曹參判金君墓銘」·「柳浩然少女壙誌」·「朴君墓誌」·「德水張平甫墓誌」·「故掌樂院僉正李公墓誌銘」·「處士李公墓誌銘」·「監役郭公墓碣陰記」·「判決事閔公誌」·「孺人李氏誌」·「平南碑」

### 권36: 墓誌, 碑表 20편

「判敦寧府事仁平君李公墓誌銘」·「敦寧府都正郭公墓誌」·「李仲浩墓誌」·「朱君平墓表」·「執義贈吏曹參議郭公誌」·「同知中樞禹君墓表」·「學生金公墓表」·「奉事李公墓表」·「亡子進士墓誌」·「從子晋衡墓誌」·「郡守韓公碣銘」·「淑夫人邊氏墓誌銘」·「進士趙公墓表」·「李德而墓誌」·「李大心墓表後記」·「戶曹佐郎李公誌銘」·「僉知中樞府事李公誌銘」·「判敦寧府事尹公墓誌銘」·「淸江趙公墓表」·「外舅徐公誌」

## 18책

### 권37: 誌表 17편

「郡守兪公墓碣銘」·「持平兪公墓碣銘」·「承文正字姜公誌銘」·「族孫鎭祜誌」·「族子普良墓誌」·「持平李公墓碣銘」·「淸州牧使李公墓表」·「大司諫韓公墓碣銘」·「僉知中樞府事權公墓誌銘」·「尹汝受墓誌後記」·「淑人金氏墓誌銘」·「處士韓公誌銘」·「金汝博墓誌銘」·「奉事贈承旨成公墓誌銘」·「兪德有墓誌銘」·「孺人趙氏誌」·「處士成公誌銘」

### 권38: 諡狀, 哀辭 9편

「故吏曹判書大提學漁村沈公諡狀」·「漢城府判尹贈領議政金公諡狀」·「刑曹判書趙公諡狀」·「李孺人哀辭」·「孺人金氏哀辭」·「二張氏哀辭」·「徐君士安哀辭」·「李君址順哀辭」·「李孺人哀辭」

## 19책

### 권39: 祭文 35편

「文正公宋時烈贈領議政致祭文」·「各邑鄕校秋釋采兼行兩宋文正公從祀大成殿告由文」·「故義州府尹贈吏曹判書大提學忠景公金壽翼致祭文」·「故監司贈左贊成諡忠簡公兪㯶賜祭文」·「文正公宋時烈致祭文」·「景慕宮還安時親祭文」·「還安後親祭文」·「祭亡弟文」·「祭徐君士安命寶文」·「祭監司黃公璿文」·「祭持平兪公彥明文」·「祭亡室趙氏文」·「祭從祖公宜得文」·「亡室禫祭告文」·「長姊遷墓祭文」·「祭金通川錫文文」·「祭亡室徐氏文」·「祭趙公台輔文」·「又祭文代述」·「又一首文代述」·「祭西原韓汝原文師閔丁巳代述」·「大心柩前告文」·「祭大心文」·「祭李宗之海老文」·「祭李先生文」·「爲梅谷書院諸生祭李先生文」·「祭李敬之奎臣文」·「告先墓文」·「祭李汝弘毅中文」·「祭黎湖朴先生文」·「祭伯氏處士府君文」·「祭朴僉樞采遠文」·「祭安達卿儞文」·「祭李毅甫濟遠文」·「祭兪子恭肅基文」

권40: 祭文 27편

「祭尹景平心衡文」·「鎭岑集成祠朱子及文正宋公畵像奉安祭文」·「故金知事鎭商文」·「李判書箕鎭靈前告文」·「閔大司憲遇洙柩前告文」·「祭宗兄宜燻文」·「祭李子三台重文」·「祭黃金川顯源文」·「祭洪夫人文」·「祭黃孺人文」·「祭亡子進士文」·「祭從女文」·「祭李敬以存中文」·「安邊府土地神祭文」·「城隍神祭文」·「咸興府彰義祠十二公還安祭文」·「祭外姑趙太淑人文」·「祭吳妻文」·「淮陽府社壇祈雨祭文」·「義館嶺廟祭神文」·「外舅趙府君墓告文」·「祭勛子婦文」·「杏村先墓告文」·「祭尹妻文」·「祭洪雲紀文」·「祭亡孫光祜文」·「亡子遷葬文」

**20책**

권41: 雜著 21편

「性說」·「爲學之方上」·「爲學之方下」·「背水陣說」·「本固邦寧說」·「復卦說」·「知而不過說」·「周禮廟祧說」·「周禮灌獻說」·「伊川主式義」·「腔子外是甚底說」·「周易論」·「爲學之原」·「爲學之要」·「讀范馬鍾律說」·「太極說」·「兩儀四象說」·「八卦說」·「周天度數說」·「鬼神理氣說」

권42: 雜著 18편

「諸書定疑」·「春秋胡傳辨疑」·「格物說」·「自欺說」·「人心道心說」·「理發氣乘說」·「鬼神合吉凶說」·「氣質之性說」·「道心惟微說」·「禮智訓說」·「格致章說」·「存養說」·「浦渚趙公大學說」·「羅整庵」·「陽明學」·「緯書」·「佛學源派」·「散記」

**21책**

권43: 雜著 1편

「論語疑義問答」

권44: 雜著 23편

「遯巖書院贈金伯衡別」·「記先訓」·「讀語孟精義法」·「讀語孟或問法」·「朱子大全校文注義目例」·「學規」·「爲學要訣」·「讀書法示學者」·「示林游」·「讀書課程」·「記黎湖語」·「記春坊講說事」·「補亡詩詁訓」·「金剛伯先代名賢行事畵贊」·「李曄傳」·「陽關詩譜」·「寒泉講規」·「爲深谷書院諸生告諸道文」·「中庸戒懼約之至靜說」·「聖學要語」·「寫照銘」·「題眞自警」·「困庵銘」

**22책**

권45: 雜著 6편

「鄕飮酒儀節」·「策問」·「又(1)」·「又(2)」·「又(3)」·「又同年會試」

권46: 對策 등 4편

「問河圖洛書」·「問六經之訓」·「問朋黨」·「故嘉義大夫禮曹參判兼弘文館提學文庵先生李公行狀」

## 3. 내용

### 1) 詩

詩는 권1~10에 걸쳐 모두 1,343편(賦 1편 포함)이 실려 있다. 실린 시들은 제목 아래 쓰여진 해의 干支를 써놓고 시기별로 묶어놓아 작품들을 쓴 해를 정확하게 알 수 있도록 되어 있다. 작품의 양으로 보나 제일 이른 시기에 쓰여진 작품들이 19세인 경자(1720)에 시작하는 것으로 보아 그는 일찍부터 詩才가 남달랐음을 알 수 있다.

### (1) 20~30대 서울 주변의 풍경을 노래한 작품들

이의철은 서울 아현에서 태어났는데, 20~30대에 지은 작품들은 대부분 서울 주변 및 춘천, 여주, 공주 등 서울에서 그리 멀지 않은 곳을 소재로 한 작품들이 많다.

> 「江聲」(1)
> 澹月隱江霧　　맑은 달 강가 안개에 사라지고
> 濤聲夜來壯　　물결 소리 밤 되자 더욱 커지네.
> 微風吹不盡　　산들바람 끝없이 불어대는데
> 喧薄到枕上　　그 소리 베갯머리 가까이 들려오네.

시의 제목 아래 '己亥年'(1719)이라고 했으니 10대 후반에 쓴 작품들임을 알 수 있다. 같은 해 쓰여진 「楊花渡道中」이라는 작품을 통해 볼 때 이 시 역시 양화나루 주변의 한강 풍경을 노래한 작품일 것이다. 저물 무렵 강가에 펼쳐진 하얀 안개, 밤 되자 더욱 커지는 강물 소리를 통해 강가의 저녁 분위기를 동양화처럼 그려놓았다. 그리고 끝에서는 베갯머리에 들려오는 바람 소리와 바람 소리에 귀 기울인 자신의 모습을 하나의 공간 속에 끌어들임으로써 주객일치의 경지를 만들어내고 있다.

> 「紫霞洞獨游」
> 四月衿陽躑躅丹　　4월 衿陽 땅에 철쭉꽃 붉게 피었는데
> 獨來林下看靑山　　홀로 숲으로 찾아와 푸른 산 바라보네.
> 樓依白石淸泉內　　누각은 맑은 물 흐르는 하얀 바위가에 서 있고
> 人在綠陰黃鳥間　　사람들은 꾀꼬리 우는 녹음 아래 앉아 있구나.
> 地淨奇岩那敢唾　　기암괴석으로 맑은 이곳 어찌 입으로 토해내나?
> 詩成落日轉忘還　　해 지도록 시 완성하느라 돌아갈 줄 모르네.
> 悠然出洞江天豁　　유연히 골짜기를 빠져나오니 강가 하늘 훤해지는데
> 厭見風沙倒急瀾　　강가 모래밭에 물결 치는 풍경 실컷 보누나.

이 시는 20대 중반인 1729년(기유) 초여름 紫霞洞에 놀러갔을 때 지은 작품이다. 자하동은 서울대학교 정문 동쪽 근방에 있던 마을이었다. 이 근방에 岩串이라는 곳이 있는데, 바로 이 의철이 옛날에 살던 곳이라고 한다. 이런 연유로 그의 시에는 자하동 주변의 풍광을 노래한 작품이 많이 나온다.

「下山次韻」
美酒三杯送客愁　맛좋은 술 세 잔으로 나그네 시름 띄워 보내고
香爐落日下西樓　향로봉에 해 질 무렵 西樓를 내려오네.
溪雲岸幘流泉遠　골짜기 구름가에 갓 높이 쓰고 앉으니 시냇물 멀리 흘러가고
野菊題詩古縣秋　들국화 아래 시 지으니 옛 고을에 가을이 깊어지네.
胸次不知滄海大　가슴은 滄海가 넓은 줄도 모르고
文章聊答友朋遊　글 지어 애오라지 벗들에게 화답하네.
此身眞有烟霞分　참으로 이 몸이 좋은 경치 즐기려면
贏得深山數日留　깊은 산에 며칠 동안 더 머물러야 하리라.

저녁에 벌인 삼막사 술자리로 묵은 회포를 풀고 산을 내려온다. 자신이 술자리를 했던 西樓 앞으로 봉우리들이 펼쳐져 있고, 봉우리 위로는 저녁 해가 떨어진다. 해 지는 풍경이 아쉬워 잠시 발걸음을 멈추고 주변을 바라본다. 저 멀리 시냇물이 흘러가고, 들국화가 곱게 핀 마을 저녁 빛에 아름답게 물들어 간다. 아마도 이러한 풍경은 바로 자신이 옛날에 살던 자하동 마을이었을 것이다.

(2) 개경 여행 중에 쓰여진 작품들

40대 중반인 1748년 春塘 庭試에 합격한 뒤 이의철은 1749년(기사) 봄 승문원 검열로 있을 때 개경의 곳곳을 여행하게 되는데, 이때 여행길에 쓰여진 글을 '海西錄'으로 전하고 있다.

「梨浦留題贈主人金時鐸子木」
已愛淸江水　이미 맑은 강가를 좋아하고
復戀幽子居　또 숨어살기를 사랑하는구나.
烟花佐尊酒　안개 같은 꽃무더기 술자리를 거들고
魚鳥遶琴書　물고기와 새들은 琴書 주변을 맴도네.
講學朋游樂　講學하며 벗들과 즐기니
移家塵事疏　옮겨온 이곳에는 세상 티끌 소원하네.
衰年厭京洛　내 몸 쇠해져 서울살이 이골이 나면
端欲置吾廬　나의 집도 이곳으로 옮겨놓고 싶구나.

이 시는 개경 근방에 사는 친구인 김시탁의 집을 찾아갔을 때 지은 작품이다. 김시탁은 이곳 梨浦 출신으로 만년에 젊은이들을 가르치며 일생을 보내기 위해 다시 이곳으로 찾아들어

집을 짓고 살았다고 한다. 시인은 그런 친구의 집을 개경 여행 중에 들렀다.

김시탁은 그의 바람대로 강가에 집을 짓고 살고 있었다. 더구나 집 주변에는 봄이 되면 꽃들이 피어나 술자리를 베풀기도 좋다. 그뿐만 아니라 학문을 강할 때면 언제나 물고기와 새들도 벗삼을 수 있을 만큼 자연이 가까이 있다. 말 그대로 이곳에 살면 鳶飛魚躍의 이치를 몸소 깨달을 수 있을 것이다. 학문을 닦으면서 산수를 즐길 수 있는 곳으로 이보다 좋은 곳은 없으리라. 그러니 서울에 매여 사는 이의철은 김시탁의 한가로운 삶이 너무 부러울 수밖에 없었을 것이다. 그래서 자신도 나이가 들어 서울살이에 싫증이 나면 이곳으로 옮겨와 살고 싶다는 바람을 끝에 붙이고 있다.

「贈童子薛儒」
理爲氣所本　　理는 氣의 근본이 되지만
唯氣能做事　　氣는 능히 事를 만든다네.
雖能做事得　　비록 事를 만들긴 한다 해도
莫如反乎理　　理로 돌아감만 못하다네.
跋馬驟十里　　말 달려 10리 길 달려왔더니
班荊忽得爾　　너를 만나 풀밭 위에서 이야기를 나누네.
吾老且居遠　　내 늙어 또한 멀리 한가한 곳에 가서 산다면
何以講古義　　어떻게 古義를 가르칠거나
惟應勤講學　　오직 講學을 열심히 하여
勿爲習所使　　습관에 부림 받지 않게 해야지.

이의철은 개경을 여행하던 중에 그곳에 사는 젊은이들과 학문에 대한 질문을 받기도 했던 것 같다. 그런 만남 중에 막 공부를 시작한 설씨 성을 가진 재기 있는 어린 아이를 우연히 길에서 만났다. 그러니 선배로서 기쁜 마음에 어린 후배에게 학문의 방법을 가르쳐 주고 싶은 생각이 들 수밖에 없었을 것이다. 무슨 체면을 차릴 것도 없으니 그냥 대충 풀밭 위에 앉아서 이야기를 해준다.

우선 학문의 방법은 근본이 중요하니, 氣보다 理를 중시해야 한다고 했다. 근본과 곁가지를 구별할 줄 알고 근본에 매진하는 일이야말로 학문을 시작함에 있어 제일로 중요하다는 것을 일찍부터 깨달아야 한다. 그래야 기질에 따라 행동하는 습관에 빠지지 않고 바른 길을 가게 되는 것이다. 자신의 기질과 습관에 얽매어 근본을 잃기 쉽다는 것은 나이가 든 자신에게도 힘든 법인데, 혈기가 방장한 젊은이라면 더 말할 것도 없으리라.

(3) 금강산 여행 중에 쓰여진 작품들

이의철은 50살 되던 해인 1751년(신미) 가을 도봉에서 출발하여 금강산 여행을 한 적이 있다. 이때 그는 포천의 백로주, 김화를 거쳐 금강산으로 들어갔다. 금강산에서는 내금강에서 외금강으로 넘어가서 해금강에 이르고, 다시 해금강에서 더 북쪽에 있는 鶴浦와 國島까지 다녀

왔다. 돌아올 때는 철원의 三釜淵, 포천의 禾積淵으로 거쳐 돌아왔다.

금강산을 향해 가는 첫 여정의 감회를 그는 다음과 같이 노래하였다.

「道峰早發示金仲受同游」

| 道峰靑滿眼 | 푸른 도봉산 눈앞에 가득하고 |
| 東路漸開顔 | 동쪽으로 갈수록 얼굴빛이 펴지네. |
| 歲月鬢邊雪 | 세월 흘러 귀밑가에 흰 눈이 내려도 |
| 蓬萊意裡山 | 봉래산은 마음속에 언제나 있었다네. |
| 尋幽從此始 | 깊은 산 찾아가는 길 여기서 시작되니 |
| 垂老轉能閒 | 늙은 몸은 도리어 마음 한가해지네. |
| 萬丈高秋色 | 가을빛에 만장봉은 높이 솟아 있는데 |
| 相將曉出關 | 함께 새벽부터 關門을 나선다네. |

이 시는 제목에서 알 수 있듯이 함께 금강산을 간 金相福(1714~1782: 字 仲受)에게 준 작품이다. 또한 당시 그는 도봉산 아래에서 김상복을 만나 함께 금강산행을 시작했다는 것도 알 수 있다.

금강산을 향해 출발할 무렵 저 멀리 우뚝이 솟아오른 도봉산의 봉우리들이 낯익은 모습으로 자신의 눈 속으로 가득 들어온다. 그래도 오늘부터는 한동안 보지 못할 것이다. 당연히 시를 남기지 않을 수 없다. 시 한 수를 쓴 뒤에 한참 서울 근방을 벗어나가자니, 정말로 금강산이 있는 동쪽으로 발걸음이 향해 간다는 느낌이 들면서 얼굴빛도 활짝 펴진다. 이 시는 50줄에 들어 귀밑머리도 하얗게 쉴 나이가 되도록 이루지 못한 금강산행의 꿈을 드디어 이룬 시인의 감회가 잘 그려져 있다.

「入嶽」

| 漸近看逾好 | 산이 가까워질수록 보기에 더욱 좋고 |
| 稍深峯更多 | 골짜기 깊어갈수록 봉우리도 더 많아지네. |
| 異香雲妙色 | 신비한 향기 속에 구름 빛도 기묘하고 |
| 微雪錦添華 | 싸락눈 휘날리니 그 더욱 좋을세라. |
| 吾老得此賞 | 내 늙어서야 이런 경치 맛보게 되었으니 |
| 塵緣應轉磨 | 티끌 세상의 인연 몽땅 사라지누나. |
| 新詩不敢敵 | 새로 시 지어 이 경치 읊어내지 못하면 |
| 聊復記經過 | 애로라지 지나온 길 글로라도 적어봐야지. |

이 시는 금강산으로 들어가면서 쓴 작품이다. 일찍이 謙齋 鄭敾의 금강산 그림에서도 볼 수 있듯이 금강산은 肉山과 石山이 어우러져 있는 산이다. 이 시에서 골짜기가 깊어갈수록 봉우리들이 더 많아진다는 것도 이런 점에서 이해할 수 있다. 그뿐 아니라 금강산 속으로 더

깊이 들어가자 가을 꽃들은 신기한 향기를 품어내고 구름도 기이한 봉우리 사이에 걸쳐 있으니 더욱 기묘하게 보인다.

그런데 지금은 가을이건만, 금강산은 지대가 높아 한 계절을 앞서서 어느새 눈이 내리고 있다. 하지만 한평생 소원이던 금강산행인데, 이런 악천후가 어찌 여행의 기쁨을 해칠 수 있겠는가. 도리어 금강산에서나 볼 수 있는 특이한 날씨를 몸으로 즐기면서 자신은 지금까지 속세의 사람이었음을 더욱 절실하게 느낄 뿐이다. 다만 한 가지 자신의 서투른 글재주로 금강산의 뛰어난 경치를 옮겨내지 못할까 걱정인 것이다.

「登毗盧調仲受不至」

| 藍擧[1]力盡半山暉 | 가마 힘 다하니 산중턱에 산빛 한창이고 |
| 古栢叢連亂石圍 | 오래된 잣나무들 빽빽한 곳에 바위들 어지러이 널려 있네. |
| 不待峰頭悲敝袴 | 꼭대기에 오르기 전에 바지 헤져 안타운데 |
| 已從嶺底破征衣 | 산 밑에서부터 이미 옷은 온통 다 헤졌다네. |
| 如非老子耽眞境 | 老子처럼 眞境을 즐기려 하지 않았다면 |
| 爭使塵蹤近翠微 | 어찌 속세의 발길 푸른 산에 가까이 댈 수나 있었으랴. |
| 絶頂秋晴成獨眺 | 꼭대기는 가을 날씨 맑아 멀리 바라볼 수 있게 되었으니 |
| 須知仙客俗緣稀 | 모름지기 仙客들은 속된 인연이 드묾을 알겠구나. |

대개 당시 양반들의 금강산 산행은 승려들이 끄는 가마를 타고 이루어졌다. 그러나 비로봉으로 오르는 길은 너무 험하여 가마로는 도저히 갈 수 없었다. 그 역시 비로봉까지는 걸어서 갈 수밖에 없었을 것이다.

힘든 산행 끝에 드디어 비로봉에 오르자 주변에는 온통 오래된 잣나무들과 바위들이 가득하다. 이런 비로봉 정상의 모습은 올라보지 못한 사람은 전혀 알 수 없는 풍경이다. 다만 아쉽게도 좋은 풍경을 보려고 험한 정상까지 오르다 보니, 자신의 옷이 모두 헤져버렸다. 하지만 이렇게 眞境을 즐기려는 열망 앞에서 옷이 헤지는 것이 무슨 상관이란 말인가. 이 시의 細註에 보면 이때 함께 온 동료인 金相福은 산 밑까지만 오고 정상에는 올라오지 않았다고 했다는데, 시의 제목에서는 오지 않은 김상복을 조롱한다고 했다. 물론 여기서 조롱이란 실제로 조롱이 아니라 정상에 올랐다는 뿌듯한 성취감이라 할 것이다.

그러나 힘들게 올라온 비로봉이라 하더라도, 비로봉 정상은 늘 안개가 끼어 있어 동해바다를 내려다볼 수 있는 기회는 매우 적다고 한다. 이의철은 정말로 운 좋게도 날씨가 맑은 날에 비로봉에 올라서 일망무제의 동해바다를 보는 행운을 잡았던 것이다. 그러니 이러한 경치를 바라보면서 승려들처럼 산속에 사는 사람들이 왜 속세의 인연이 드문가를 알게 되었다고 말해도 무리는 아닌 듯하다.

---

1) 擧는 輿의 잘못인 듯함.

비로봉을 내려오면서는 이의철은 內水站(鴈門嶺이라고도 함), 은선대, 만폭동에 있는 선담, 유점사, 원통골, 발연사, 신계사를 거쳐서 옥류동 쪽에 있는 구룡폭포까지 들렀다. 그리고 해금강 쪽으로 하산을 시작했는데, 그는 하산의 심경을 다음과 같이 노래하였다.

「下山二首」
雲間海嶽胸襟闊　　구름 낀 海嶽에 서니 가슴이 뻥 뚫리고
天下山川議論高　　천하의 산천에 대한 의론도 높아지는구나.
非必樽前供跌宕　　술동이 앞에 두고 질탕히 놀지는 않았어도
應從物外得奇遭　　응당 物外의 기묘함을 만났다고 하리라.

文章固倚觀游壯　　참으로 문장은 훌륭한 경치에 달려 있고
義理亦資山水奇　　義理 역시 기이한 山水가 바탕이 되네.
飛下祝融千載象　　천년 전 晦翁이 축융봉을 내려오던 그 모습으로
臨風嚊誦晦翁詩　　바람 맞으며 그분의 시 읊조리누나.

산은 높으니 오르는 것이고, 오르면 더 오를 곳이 없어서 내려오는 것이다. 구름 낀 비로봉 정상의 풍경을 실컷 보고 나서 그가 가슴에 얻은 것은 가슴이 뻥 뚫릴 것 같은 후련함이었다. 그리고 비로소 금강산에 오른 뒤에야 산에 올랐다고 할 수 있고, 산에 대해 말할 수 있게 된 것을 실감하게 되었다. 그러니 뛰어난 경치 앞에서 질탕히 즐기는 술자리가 없다고 해서 금강산에 오른 기쁨에 흠이 되는 것은 아니다. 그는 금강산 비로봉의 풍경을 통해 바로 物外의 기묘함을 얻은 것이 더 큰 소득이다.

두 번째 시는 이러한 그의 산수에 대한 생각을 잘 보여주는 작품이다. 문장은 훌륭한 경치에 달려 있고, 義理 역시 기이한 산수가 바탕이 되어야 한다는 것은 物外의 기묘함을 터득한 사람만이 할 수 있는 말이다. 이런 점에서 자신의 금강산행을 晦翁(朱子)이 武夷九曲을 즐긴 것에 비유한 것은 의미가 있다고 하겠다. 그는 금강산행을 통해서 성리학적 최고의 경치를 몸으로 느낄 수 있었던 것이다.

(4) 제주도 유배지에서 쓴 작품들

그는 1752년(영조 28) 사간원 정언으로 있을 때 임금의 노여움을 사 7월에 倍道로 押付되어 제주도로 유배가게 되었다. 이때 그는 천안, 공주, 노령, 나주, 영암, 해남을 거쳐 해남의 美皇寺에 들렀다가 梨津에서 배를 타고 제주도로 가다가 큰 바람을 만나 잠시 보길도로 避港했다가 다시 출발하였다. 이때 배를 타고 가면서 느낀 감회를 이렇게 술회하고 있다.

「渡海」

莽蕩天何倚　　넓디넓은 바다 위에서 무엇에 기댈 건가

飄飆舟更豪　　배는 나부끼며 높이 출렁거리네.

弛張視雲色　　돛을 늦췄다 당겼다 할 때마다 구름 속에 보이더니

爭奪赴秋毫　　다투듯 빨리 달려 작은 섬으로 달려가네.

忠信有末仗　　忠信은 아직 기댈 것이 없으니

風波那不高　　풍파가 어찌 높지 않으랴.

前賢所經過　　모두 先賢들께서 다니셨던 곳이니

猶足見奇遭　　도리어 기이한 만남 갖게 되었네.

큰 바람을 맞아 잠시 피신했던 이의철은 드디어 제주도로 가는 배에 올랐다. 임금의 미움을 받아 쫓겨 가는 마음은 누구나 똑같이 답답하겠지만, 멀리 바다까지 건너가는 유배 길이야 말할 나위도 없다. 배 위에서 바라보니, 사방은 온통 망망대해로 어디 기댈 곳 하나 없고, 바람을 맞은 배까지 큰 파도에 더욱 높이 출렁거린다. 이의철은 바로 이러한 위험한 상황 속에서 河海와 같은 임금의 은혜 속에 편히 살던 자신이 임금님에게 버림받은 채 쫓겨난 신하의 딱한 처지를 읽어내는 것이다. 그러나 임금에게 간언하다가 쫓겨나는 일은 모든 先賢들이 다 겪었던 일이고, 그들의 흔적 역시 자신이 유배를 가는 곳곳에 그대로 남아 있다. 자신도 바로 선현들의 길을 그대로 쫓고 있던 것이다. 그러니 그 만남은 또 한편으로 기이할 수밖에 없다고 한 것이다.

「到岸登望洋亭」

天水相交西北方　　서북쪽은 하늘과 물 서로 붙어 있고

片帆消息轉荒唐　　조각배에 실려 오는 소식에 마음만 더욱 공허해지네.

汝亮前言猶不忘　　옛날 汝亮이 한 말 도리어 잊지 못하리

望洋臺上莫思鄉　　望海亭 위에서는 고향 생각하지 말라는 그 말.

배에서 내려 유배지에 도착해 망양정에서 자신이 온 방향을 바라본다. 드디어 자신에게 들이닥친 불행한 일은 절감할 수밖에 없는 현실로 다가옴을 느낀다. 그래도 행여나 하는 마음에 자신이 떠나온 서북쪽을 다시 바라본다. 그러나 눈앞에선 바다와 하늘이 맞붙은 채 망망대해만 펼쳐져 있다. 이때 마침 배 한 척이 망양정 쪽으로 다가온다. 배는 자신을 유배에서 풀어준다는 임금님의 윤허 소식을 싣고 올지 모른다. 그러나 그런 소식이 없다면 지금이나 앞으로나 육지 쪽에서 오는 배를 볼 때마다 실망은 더 커질 수밖에 없을 것이다. 시의 細註에 보면 제주도로 유배왔던 汝亮(李奎采: 1703~?)의 이야기를 덧붙이고 있다. 이에 따르면 일찍이 이규채는 校理로 있다가 제주도로 유배 왔는데(1740년 11월임), 망양정에 올라서 돌아갈 마음에 탄식했다고 한다. 그러나 어떻게 해도 돌아갈 길이 망막해진 뒤로는 망양정에 올

라갈 수조차 없었다고 한다.

「癸酉正月蒙恩北歸自山南歷登州城觀德亭置酒留題二首」
雲裏兪音報逐臣　　임금님 소식 구름 뚫고 쫓겨난 신하에게 들려오니
濟州春色轉能新　　제주 땅의 봄빛 어느새 새로워졌네.
雪霜寒盡橘林雨　　차가운 눈서리 다하더니 귤나무 숲에 비 내리고
環珮香飄錦席塵　　玉佩에 향기 휘날리고 비단자리엔 티끌 떨어지네.
晩景光華供薄竄　　저녁 빛이 유배의 거처에도 비쳐주니
寸心惶感欲忘身　　이 마음 황감하여 몸 둘 바를 모르네.
判書舊井尤翁宅　　判書公의 옛우물 터는 尤翁께서 지내던 곳이라니
前輩遺風被後人　　선배들의 남긴 遺風 뒷사람들에게 끼치네.

이 시는 유배에서 풀려났다는 소식을 받은 뒤에 觀德亭에 올라가 썼다고 했다. 유배온 사람에게 풀려났다는 소식보다 기쁜 일은 없을 것이다. 봄빛이 오늘따라 더욱 새롭게 보이는 것은 너무도 당연하다. 그런데 오늘은 차가운 눈서리도 사라지고 귤나무 숲에 비가 내린다. 평소 같으면 축축한 남녘 땅의 瘴氣로 풍토병을 걱정하거나 그저 정자에 올라 고향 쪽으로 바라보며 시름을 달랬을 터이다. 그러나 오늘은 다르다. 가까이 있는 정자라도 찾아가서 술잔치를 하지 않을 수 없다.

하루 종일 옥패에 향기 풍기고 비단자리에 티끌이 떨어지도록 술잔치를 벌이는 사이 어느덧 저녁이 찾아왔다. 그리고 저녁 빛이 자신의 유배지의 거처 속으로 비쳐든다. 유배의 답답한 마음으로 보면 하루가 또 맥절없이 지나간다는 표시일 수 있겠지만, 오늘은 절대 그렇지 않다. 임금님이 외진 곳에 있는 자신에게까지 은혜를 베풀었다는 말로 읽힌다. 게다가 정자 주변에는 일찍이 判書公 金淨이 유배 와서 파놓았던 우물터가 있고, 그 우물터는 그 뒤에 다시 尤庵 宋時烈의 거처가 되기도 했다. 유배생활을 끝내며 이의철은 이러한 사연들을 생각하면서 이곳으로 유배온 옛 선배들과 심적 동질감을 표현하였다.

(5) 함경도 북평사 시절의 작품들

1754년(갑술) 10월에 북평사가 되어 함경도에 갔는데, 이때 그는 오고 가는 중에 북청의 侍中臺, 摩天嶺, 七寶山 등 여러 곳을 들르며 많은 시작품을 남기고 있다.

「德源府客舍留題」
寒樹疎烟繞一樓　　안개 덮인 찬 숲은 누각을 둘러 있고
鐵關風日作邊愁　　鐵嶺 땅 날씨는 변방 시름 돋우네.
松山積雪連行客　　눈 쌓인 松山에는 나그네들 이어지고
溟浦洪波界古州　　큰 파도 치는 溟浦는 옛 고을을 이웃했네.
長路轉窮靑海境　　먼 길은 갈수록 푸른 바다로 뻗어 있는데

| | |
|---|---|
| 壯觀欲放白頭游 | 좋은 경치 보며 흰머리에 한바탕 놀아보고자. |
| 新安院裏詩書學 | 新安院에 전해지는 詩書學은 |
| 復愛巴翁舊迹留 | 巴翁께서 남긴 자취 사모하는 일이라네. |

함경도는 변방으로 오랑캐 땅과 붙어 있는 곳이다. 가는 곳마다 높은 戍樓들이고, 가을이지만 벌써 차가워진 날씨에 한 계절 앞서서 날씨 걱정을 해야 하는 곳이다. 이의철이 돌아다닌 松山이나 溟浦(鎭溟浦)는 모두 덕원도호부에서 관리하는 요새들이 있는 곳이다. 눈이 온다고 안 갈 수 없고, 먼 바닷가에 있다고 안 갈 수 없다. 이런 곳을 돌아다니면서 軍務를 점검하는 것이 바로 북평사의 일이기도 하다. 그러다가도 좋은 경치 앞에 두고는 흰머리털 날리는 나이에도 체면을 버리고 한바탕 즐기고 싶은 생각이 나기도 한다.

巴翁은 송시열이 화양구곡의 巴串에 은거했다고 해서 부르는 말이다. 강원도 회양 근방에 있는 신안원은 일찍이 송시열이 1675년(숙종 1) 1월에 禮說때문에 귀양온 곳이다. 그런 점에서 신안원은 우암의 학문적 영향을 입은 곳이요, 그의 자취가 남아 있는 곳이기도 하다.

「城津鎭」

| | |
|---|---|
| 寒天風雪暗滄津 | 추운 날씨에 눈보라 쳐 바닷가는 어둡고 |
| 波撼危樓怒欲嗔 | 파도는 성난 소리로 높은 누대에 부딪히네. |
| 峻嶺憑空天設險 | 허공에 걸린 높은 절벽에 하늘 요새 자리잡고 |
| 孤城入海地無隣 | 바다로 뻗은 외로운 城은 홀로 솟아 있구나. |
| 長楡路遠雲連塞 | 커다란 느릅나무 따라 길은 멀고 구름은 변방으로 뻗었는데 |
| 曉角眠回月在闉 | 새벽 뿔피리 소리에 잠 깨면 성문 밖에 달 걸려 있다네. |
| 遲暮倦游歸意切 | 지친 저녁 여행길마다 고향 생각 간절한데 |
| 故園南去伴靑春 | 남쪽 고향 집으로 갈 때는 푸른 봄과 짝하겠네. |

이 시의 細註에 보면, 城津鎭은 마천령을 동쪽으로 넘어 20리 쯤 가면 있는 요새라고 했다. 그곳에는 수졸들이 수백명이 있고, 세검정이라는 정자도 있다고 한다. 일찍이 스승인 李縡가 1709년(기축)에 북평사로 이곳에 왔다가 시를 남겼고, 澤堂 李植도 시를 남겨 이의철 자신도 이곳에 시를 남긴다고 했다.

이 시는 변새풍의 시로서 눈보라 치는 바닷가 풍경, 파도에 부딪히는 바닷가 戍樓의 모습들을 통해 함경도 변방의 풍경을 잘 그리고 있다. 또한 흰 눈으로 덮인 채 길게 뻗어나 있는 키 큰 느릅나무 길과 변방까지 뻗어나 있는 구름 떼, 아침마다 변방 너머에서 들려오는 오랑캐들의 뿔피리 소리, 성가에 걸린 차가운 겨울 달 등에서도 한 겨울 혹독한 변방의 풍경이 실감 있게 그려져 있다.

「入茂山府題其客舍」

| | |
|---|---|
| 風撲旌竿塞日微 | 바람에 깃발 나부끼고 변방 햇살 희미한데 |
| 土門江急雪霏霏 | 물살 빠른 土門江엔 흰 눈 펄펄 휘날리네. |
| 胡山咫尺此何地 | 오랑캐 땅이 지척이니 여기는 어디인가 |
| 故國二千殊未歸 | 2천리 밖 고향 땅을 아직 돌아가지 못하였네. |
| 關柳聽笳愁鬢改 | 변방 호드기 소리 시름겨워 귀밑머리 희어지고 |
| 戍樓看劍壯心違 | 戍樓에서 칼 쓰다듬나니 씩씩했던 마음 어디로 갔나 |
| 白頭高興又惆悵 | 흰머리에 흥겹다가도 다시 구슬퍼지는데 |
| 西嶺遙臨半是非 | 서쪽 언덕에 앉아 바라보니 인생살이에 시비가 반이로다. |

하루 종일 이곳 저곳 군무를 챙기고 다니다가 저녁이 되어 결국 무산의 객사에 묵기로 했다. 무산은 두만강을 사이에 두고 중국 땅과 접해 있는 중요한 요충지이기도 하다. 깃발을 휘날리며 객사를 찾아드니, 어느새 저녁 해가 떨어지고 두만강 너머로 있는 토문강에는 눈발까지 펄펄 휘날린다. 더 갈 수 없는 국경의 끝에 펼쳐진 을씨년스러운 겨울 저녁 풍경이 잘 묘사되었다고 할 수 있다.

오랑캐 땅이 지척인 낯선 곳까지 왔다는 것은 그만큼 고향에서 멀어졌다는 말이다. 거리를 헤아리니 2천리는 족히 된다고 했다. 이렇게 먼 고향 생각에 잠겨 있는데, 어디선가 호드기 소리가 들려와 외로운 변방의 시름에 더욱 잠기게 한다. 시름은 결국 자신의 삶의 바닥까지 뒤돌아보게 만든다. 따지고 보니, 자신은 외진 변방에서 밤마다 칼이나 쓰다듬으며 부질없이 세월만 보냈을 뿐이요, 젊은 시절의 큰 마음을 제대로 펼쳐본 적도 없는 것 같다. 그리고 급기야는 그런 삶 가운데 다시 반은 온통 시빗거리에 휘말리며 살아온 삶이라고 토로하기에 이른다.

### 2) 序文類

「外姑朴氏詩序」

連山에 살던 저자의 외할머니 밀양 박씨가 딸이자 저자의 어머니인 조씨의 죽음을 맞아 한 글로 지은 작품에 대하여 평한 글이다. 이 글에서 저자는 박씨는 書史와 윤리에 밝고 박씨가 지은 글 역시 조리가 있어 속되지 않아서 성정의 지극함과 슬픔의 극심함을 잘 드러내어 그 시를 읽으면 그의 덕에 감복하고 그 뜻에 슬퍼하지 않을 수 없다고 하였다.

「鶴泉志序」

1738년에 썼다. 영남의 동북쪽으로 화양 근처에 鶴泉이라는 곳이 있는데, 그곳의 경치는 숲이 깊고 절벽이 높으며 골짜기에 물이 많아 왕왕 가서 즐길 만하다고 했다. 다만 서울에서 멀어 찾아오는 사람들이 적은데, 그곳에 거처를 정하여 산수 경치를 즐길 뿐 벼슬자리에 연연하지 않고 숭고한 즐거움을 즐기면서 평생을 살아가는 친구의 뜻을 기리고 있다.

「仙源先生詩集後序」

仙源의 후손인 金擇履의 집에 소장되어 있던 仙源 金尙容의 시집에 쓴 글이다. 仙源의 詩는 평이하고 和緩하여 격식에 구애받지 않았으나, 조탁하여 지은 작품들은 調諛하고 한적한 남음이 있으며 서체 역시 넉넉하고 시원시원하여 즐길만하다고 하였다. 원래 이 序는 三淵 金昌翕에게 부탁하였던 것인데, 三淵의 죽음으로 자신이 쓰게 되었다고 하였다.

「送柳戶部使北庭序」

청나라 연경에 사신 가는 사람에게 준 글이다. 이 글에서 저자는 옛날 국가를 잘 다스리는 자는 반드시 그 국가의 강약과 허실을 잘 살펴서 이를 제도화했으며 城池와 甲兵에서부터 器用과 재물의 출입에 남음이 있게 하여 부족한 부분을 채우는 데 전심전력을 다했다고 주장했다. 이에 연경으로 사신 가는 사람들도 수행 중에 사치를 줄이고 물품을 아낄 것을 권유하였다.

「送或人游嶺南山水序」

영남으로 놀러가는 사람에게 준 序이다. 이치는 형태가 없어 잡기 어렵고 사물은 흔적이 있어 눈으로 볼 수 있듯이 군자는 사물의 겉모양에 치우치지 말고 마음을 다스리고 성품을 기름에 있어 人義誠敬에 힘써야 한다는 것, 山水는 外物이지만 티끌로 가득 차고 卑俗한 곳에 빠졌던 사람들도 뛰어난 산과 큰 강을 보면 즐거워하고 마음이 상쾌해지며 찌든 때를 씻어낼 수 있어 淸明하고 高遠한 경지에 이를 수 있다는 것, 詩書와 義理는 미묘함에서 차이가 없어 배우는 사람들이 덕에 나아가는 수단으로 삼을 수 있다는 것 등을 주장하였다.

「石灘李公四友歌後序」

文貞公 李愼儀(1551~1627)가 영창대군의 일로 유배되었을 때 松竹梅菊을 소재로 하여 지은 「四友歌」에 대해 글을 써달라는 李相奎의 부탁으로 지은 글이다. 날씨가 추워진 ·뒤에 松柏이 늦게 시듦을 알 수 있듯이 군자는 학문이 강건하고 정직하며 義命에 편안해야 곤경에 처하고도 즐길 수 있다고 하면서 문정공의 「四友歌」에 담긴 뜻이 바로 그것이라고 하였다.

「修書全集目錄敍」

1761년(신사) 7월에서 자신의 거처인 修書庵에서 썼다고 했다. 100권 228편에 이르는 자신의 저술 및 雜記·見聞錄 등을 修書全集이라 이름하고 그 목록을 정리해놓은 내용을 적은 글이다. 그 목록의 대체를 보면, 四書, 儀禮訓義, 周禮要義, 春秋精義, 周易傳義, 朱子典要, 朱子

大全, 心經集說, 參同契解, 宋文正書節要集解, 藝文集, 修書外記, 典儀䄙記, 文庵見聞錄, 莊子旁注, 翰林秘史, 秦漢古書, 詩家䄙格, 文格, 館閣今文, 先友錄, 先妣遺事, 師友記 등이다.

「花潭集序」

花潭 徐敬德의 문집에 쓴 序이다. 花潭의 문집 두 본 가운데 한 古本이 洪氏本으로 개경의 崧陽書院에 소장되어 왔는데, 花潭의 사후에 문인 許曄 등이 시문을 모아 2권으로 만들어 간행했다가 임진왜란으로 없어졌다고 했다. 1605년(을사)에 洪雺이 수습하여 새롭게 판각하였는데, 글자가 부서진 것이 많아 읽기 어려워 다시 洪雺의 친구인 金用謙이 1770년(경인) 봄에 새롭게 판각하여 新本을 삼았다고 했다.

「金子木履湖遺稿序」

친구인 金時鐸이라는 사람의 『梨湖遺稿』에 쓴 序이다. 金時鐸은 개경 사람으로 젊어서 寒泉으로 가서 스승인 李縡에게서 배웠고 물러나서 梨浦에서 제자들을 길렀다고 했다. 당시 科擧의 폐해는 異端에 빠지는 것보다 심한데, 그는 학문의 先後를 잘 알아서 과거 시험의 폐해를 끊어버리고 天德과 王道의 바름에만 힘썼다고 했다.

「海狂集序」

海狂 宋齊民(1549~1602)의 문집에 쓴 序이다. 송제민은 호남 사람으로 토정 이지함에게서 수학한 인물이다. 그의 글은 난리에 망실되어 온전하지 못하였다. 그의 증손인 사헌부 장령 宋熳이 판각에 뜻을 두고 있었지만, 그 일을 이루지 못하고 죽었다. 그 뒤 종손인 益中이 문집의 판각을 완성하고 자신에게 序를 부탁했다고 했다.

### 3) 記文類

「遠睦堂記」

1721년(신축)에 伯氏가 大夫人을 위하여 衿江가에 있는 遠睦堂을 改修한 뒤에 1734년(갑인)에 쓴 記文이다. 가세가 오래되어도 이 집을 통해 자손들이 조상들의 은혜를 잊지 말고 仁孝愛親하면서 살기를 바라는 마음, 遠睦堂을 개수한 지 얼마 뒤에 죽은 대부인에 대한 그리움 등을 표현하였다.

「天文圖記」

당시 선비들은 星官의 法에 밝지 못했으나, 자신의 장인인 趙汝璧은 天官의 일을 좋아하여 밤마다 그 이치를 탐구하여 마침내 천문에 통달했다. 또한 조여벽은 「天象列次分野之圖」의 모본을 갖고 있었는데, 어두운 방안에 있어도 별들의 출입과 早晩의 때를 헤아려서 天道의 대체를 알 수 있었다고 했다. 장인이 죽은 뒤 그 집의 典籍들이 모두 산실되게 되자, 저자가 그 천문도를 구해 다시 모본을 만들어 집안에 소장하게 되었다고 했다.

### 「游龍門山記」

1734년(갑인) 11월 무렵 20일쯤 경기도 龍門山에 머물면서 쓴 기행문이다. 용문산은 일명 彌智山이라고도 하면서 용문산의 뜻을 龍蛇가 웅크려서 몸을 보존하거나 陰陽과 動靜을 언급한 『주역』의 뜻으로 풀이하였다. 또한 산은 군자로 하여금 마음을 休養하고 의리의 근원에 침잠하도록 만들게 한다고 하였다. 그러나 전체적으로 볼 때 지나치게 유학적 입장만을 견지하고 있기 때문에 기행문의 맛은 부족한 편이다.

### 「道書後記」

道家의 학설에 대한 지식과 비판을 서술한 글이다. 대개 道家의 말은 物을 빌려서 象을 드러내고, 微辭로 뜻을 드러내기 때문에 그 글을 읽으면 紛綸하고 미묘해서 그 끝을 알기 어렵다고 했다. 또한 도가에서는 精·氣·神 세 가지를 뿌리로 하는데, 精은 사람의 精液津과 血水이고, 氣는 호흡, 神은 靈化를 주재한다. 다시 精은 腎에 속하고, 氣는 心에 속하고, 神은 脾에 속한다. 천지로 말하면 精은 太陰月의 精이고 氣는 太陽日의 氣이고 神은 그 변화의 미묘한 쓰임이라고 했다. 그밖에 음양 변화의 과정, 五行과 음양의 관계, 五行과 여러 內臟의 관계 등을 서술하였다.

### 「逸休亭記」

逸休亭은 스승인 陶庵 李縡의 舊居로 高陽郡의 남쪽 陶山里에 있다. 원래 일휴정은 이재의 조부인 李翻이 만년에 은퇴의 장소로 삼기 위해 지어놓은 곳이었다. 일휴정 앞으로는 강이 흐르고 비옥한 농토가 펼쳐져 있으며, 연못가에는 소나무와 대나무, 연꽃들이 심어져 있어 도암의 일족들이 세거하는 곳인데, 자신은 어려서 도암으로 가서 四書, 詩書, 漢書, 韓文公集, 唐詩, 楚辭 등을 배웠다고 했다. 그밖에 1776년(병신)에서 1782년(임인)까지 이곳에서 수학한 일, 나태한 자신을 꾸짖으면서 心經을 읽게 한 일, 1782년 도암의 숙부가 옥사하면서 도암이 설악산 아래 4년 동안 은거한 일, 1788년(무신)에 도암이 驪州로 간 일, 陶庵 어머니의 죽음으로 寒泉의 先墓 아래서 여막살이를 한 일 등 자신과 스승인 陶庵 사이에 있었던 일들에 대해서 자세히 서술하였다.

### 「紫霞洞記」

1768년(무자) 봄에 현재 봉천동과 신림동 일대를 가족들과 함께 나들이 간 일을 적은 글이다. 漢南에는 승경처가 없는데, 衿川의 북쪽에 있는 岩串은 이의철이 옛날 살던 곳으로 큰 강이 접해 있고 볼 만한 樓亭들이 많으며, 그 남쪽인 관악산 쪽에 紫霞洞(지금의 서울대학교 동쪽에 있던 마을)이라는 곳이 있어 살만하다고 했다. 岩串에서 자하동까지는 5리쯤 되고 그 사이를 牛坡라고 부르는데 작은 구릉과 시냇가, 들판이 있고, 姜邯贊 장군을 모신 忠賢祠가 있다고 했다. 다시 그곳에서 수백 걸음을 가면 鳴岩이라는 곳이 나오는데, 두 산 사이에 놓인 바위 위로 물이 세차게 흘러 쏟아지고, 그 위로 다시 조금 올라가 남쪽으로 가면 뽕나무밭과 삼밭이 펼쳐져 있어 그곳을 新林이라고 부르며, 그곳에서 다시 조금 들어가면 바로 자하동이 나온다고 했다.

「梨浦記」·「甘露寺記」·「翠野亭記」

주로 황해도 지역의 승경처에 대해 기술하고 있다. 우선 송도에서 서쪽으로 40리쯤 가면 梨浦라는 승경처가 있다. 이곳은 金時鐸의 집안이 세거하던 곳으로 김시탁이 젊을 적에 李縡 선생에게 글을 배웠고, 말년에 이곳에서 강학을 하고 있던 일, 이포 아래쪽에 있는 감로사에 대해서는 고려 때 김부식과 이규보, 安裕, 목은 이색 등이 시를 짓고 놀았던 일, 부근에 五峯· 七浦라는 승경처가 있는데 자신이 趙克臣과 함께 와서 배를 타면 논 일 등을 기술하였다. 翠野亭에 대해서는 해주의 관아에서 서쪽으로 30리쯤 가면 취야정이 나오는데, 이곳에는 波市 와 주점이 있으며 율곡 이이의 장인인 盧慶의 別業이 있고, 율곡 역시 이곳에 있는 石潭에 기거했다는 것 등을 기술하였다.

「金剛諸名勝記」

1751년(신미) 가을에 금강산을 다녀오고 쓴 기행문이다. 금강은 원래 예맥의 땅으로 裔夷가 살던 곳인데 뒤에 불교가 독점하여 금강산의 봉우리와 계곡의 이름들은 모두 佛家의 말로 이루어져 있다고 했다. 금강산의 봉우리들은 삼각산이나 도봉산과 같고 쇠처럼 푸른 빛의 봉우리에 흰 빛이 섞여 있어 눈이 쌓여 있는 듯하다. 그래서 가까이 가면 봉우리들은 더욱 기이하고 희며 더 많이 높이 솟아 있다고 하면서 시를 지어 말하기를 "가까이 가면 더욱 기이하고 산이 깊어질수록 봉우리들은 더욱 많아진다"고 했다. 또한 무릇 物에 실상이 있은즉 그 아름다움은 쉽게 드러나지 않는 법으로 이는 마치 군자의 道와 같다고 하였다. 이어서 산영루에서 바라보는 장안사의 풍경, 정양사의 헐성루와 천일대의 풍경, 중향성의 풍경, 만폭동 계곡의 아름다움을 기술하였고, 금강산의 최고봉인 비로봉에서 동해 바닷가 쪽을 바라보는 풍경에 대해서는 『중용』의 "지극히 광대하고 정미함을 다하였다"는 말로 자신의 감탄을 대신하고 있다.

「北境山水記」

歙谷縣(현재 북쪽 강원도 통천군에 있음)에서 10여리를 가면 있는 안변의 鶴浦, 그 앞바다에 있는 靑蕪島, 元帥臺, 해당화가 아름다운 沙峰, 총석정의 돌기둥과 비견되는 바닷속에 있는

섬 國島와 國島에서 자라는 대나무숲의 모습, 안변 부근에 있는 黃龍山, 雪峰山, 설봉산에 있는 釋王寺, 옥동서원 등에 대해 기술하였다.

「漢挐山記」·「濟州井泉記」

1752년(임신) 제주도 유배 중에 쓴 두 편의 기행문이다. 「漢挐山記」는 물이 땅으로 스며들어 커다란 하천을 찾을 수 없는 제주도의 풍토, 한라산 정상 봉우리의 모습, 한여름 물이 가득한 백록담, 한라산에서 보이는 진도 등 남해의 섬들, 제주도 남쪽으로 펼쳐진 일망무제의 바다 등에 대해 서술하였다.

「濟州井泉記」는 제주도에 부족한 井泉에 대해 언급한 글이다. 우선 제주도는 井泉이나 계곡이 없어 비가 내려 넘치는 물은 곧바로 땅속으로 스며든다는 것, 오직 大靜縣 남쪽 柑山縣에 계곡이 있어 마르지 않는다. 이곳을 天帝淵이라고 부르는데, 이 물은 처음에는 땅속으로 흐르다가 이곳에 이르러 절벽을 타고 맑게 떨어져 내리지만, 그릇에 담아보면 찌꺼기가 가라앉는다고 하였다. 반면에 대정현의 성안에 있는 우물은 깊이가 10丈으로 찌꺼기는 없지만, 땅속에 숨어 있어 5~6년마다 한번 씩 밖으로 흘러나와 얼마 뒤에 말라버린다고 했다. 바닷가쪽에 땅에서 용출하는 우물이 또 하나 있어 관아의 사람들이 우마차로 물을 길어다 먹는데, 바닷물이 침범하여 하루에 한번밖에 물을 길어다 먹을 수 없다는 것 등, 제주도의 물 사정을 주로 서술하였다.

### 4) 題跋類

「石灘李公文集跋」

文貞公 李愼儀(1551~1627)가 영창대군의 일로 유배되었을 때 松竹梅菊을 소재로 하여 지은 「四友歌」를 읽고 난 뒤 다시 石灘의 문집을 그의 집에서 구하여 읽고 썼다고 했다. "그 시를 읽고 그 글을 읽으면 그 사람을 알 수 있다"는 『맹자』의 구절을 인용하면서 石灘은 正義立身의 大節을 갖추었고, 君德과 時政의 得失을 논한 글은 經世의 大法이 될 만하다고 하였다.

「陶庵書集刊定小識」

스승인 陶巖 李縡의 편지글을 모은 책에 쓴 識이다. 陶庵의 글은 주로 편지글이 대부분인데, 흩어져 온전하지 못하고 만년에 모아둔 글 역시 순서가 없어 갑술년(1754) 여름에 安汝松 등이 翠白堂에 모여 32권으로 초본을 만들고, 朴士洙 등이 加點을 치고, 李基敬이 淨寫를 하여 27편으로 정리했다고 했다. 그러나 취사선택한 것에 의론할 것이 많아 안여송이 砥平의 현감으로 있을 때 다시 초본을 취하였을 때 이의철 자신이 교정을 보아 22편으로 만들어 門下에 보이고 定本으로 삼았다고 했다.

### 5) 行狀·墓誌·碑表·諡狀

행장의 대체를 살펴보면, 아버지인 世雲과 아버지의 前室인 연안김씨, 생모인 창녕성씨의 행장, 1732년(임자) 5월에 생모를 여읜 뒤 포천현 쌍곡리에 안장하고 1734년(갑인) 3월에 쓴 行狀後記, 黃景源의 조부인 黃處義(字 子方), 자신의 친구인 尹鼎東(字 汝受), 淸州人인 예조참의 趙構(字 肯世), 진사 韓重煒(字 文遠), 從兄인 李宜得(字 德而), 高祖考인 승지 李士祥(字 善應), 자신의 친구였던 柳懋(字 德甫), 강원도관찰사 韓重熙의 딸로 柳懋에게 시집온 恭人韓氏, 강원도관찰사 韓重熙(字 熙甫, 號 民溪) 등의 행장이 실려 있다.

墓誌 및 碑表, 諡狀을 살펴보면, 李宜大(字 君業), 향년 28세에 죽은 부인인 백천조씨, 자신의 繼室인 달성서씨, 宗婦인 반남박씨, 從祖인 金山郡守 汝岳(字 子詢), 증중추부사 李汝溫, 祖考인 陽川府君 胤岳, 金載厚, 동지중추부사 張溟翼, 대구부사 李湛(字 仲久), 백씨인 處士 宜憂, 증호조참판 金尙琛(字 淑憲), 친구인 柳湖然의 딸, 朴濟儉(字 致謙), 谿谷 張維, 장악원 첨지 李公(字 季昻), 처사 李奎臣(字 敬之) 및 判決事 閔宅洙(字 聖基), 영남관찰사 黃璿(字 聖在), 外舅 徐命麟, 군수 兪命益 등의 묘지 그리고 지평 兪正基, 대사간 韓億增 등의 묘갈 그리고 이조판서 沈彦光, 한성부윤 金元澤, 형조판서 趙明履 등의 諡狀 등이 실려 있다.

### 6) 雜著

「性說」

性이 곧 理이며, 理는 大小가 없고 온전하지 않음이 없다. 사람의 一性에 萬理가 모두 갖추어져 있고 五德이 온전히 구비되어 있음은 物과 다르지 않으며, 큰 소의 性 역시 그 덕을 모두 갖추고 있어 사람과 다르지 않다고 주장하였다.

「爲學之方上」·「爲學之方下」

성인의 六經의 문을 학문의 근본으로 삼아 자신을 뒤돌아보고 법을 취하며 그 요체를 통합하여 궁극의 도착점을 살펴야 한다고 했다. 또한 실로 이치가 내 몸에 있는 뒤에 배운 바가 안에서 굳게 되며, 천명과 인심의 근본을 살피고 그 이치가 나에게 있음을 참으로 알아야만 하며, 일에 근본이 없고 道에 온전하지 못함이 있으면 비루해져서 자신이 구획한 것에 편협하게 구속된다고 하였다.

「本固邦寧說」

백성들은 국가의 근본이니 사랑해야 한다는 것, 근세에 커다란 기근이 생겨 백성들은 돌아갈 곳이 없어 관리들만 바라보는 사람이 수천명이나 되고, 어떤 백성들은 떠돌아다니거나 병이 들어서 나라에 보탬이 되지 못하니, 이래서는 임금이 된 사람이 나라를 굳건하게 세울 수 없다고 하였다. 따라서 임금은 선왕들의 지극한 정치를 행하고 천하의 鰥寡孤獨과 병으로 폐한 백성들을 보양하여야 하니, 이는 마땅히 해야 하는 일을 하는 것일 뿐 추후에 이에 따른 바람이 없어야 그 감응의 효과가 기다리지 않아도 절로 그렇게 될 것이라고 하였다.

「知而不過說」

천지의 道는 하나에서 둘이 되고 一陰一陽이 순환해야 천하의 모든 일이 완전히 다할 수 있다고 하였다. 그런데 動靜이 相須하고 體用이 相涵해야 편협하거나 폐하지 않게 되는 것이어서 성인의 학문은 內外가 서로 다하고 本末이 모두 온전함을 밝히 알고 仁으로서 행하면 知와 仁의 功이 서로 쓰임이 된다고 했다. 또한 知에 付盡이 있으면 왜 仁을 해야 하는지 모르게 된다. 또한 知에만 이르고 仁을 보존하지 못하게 되면, 마음을 空妙하고 虛曠한 것에 치달게 되어도 돌아올 줄 모른다고 하였다. 주자가 말한 知하여 仁하다는 것은 바로 知하여 지나치지 않는 것을 말한다고 하였다.

「爲學之原」·「爲學之要」

천하의 일에는 그런 까닭이 있고, 당연히 그래야 하는 것도 있는데, 당연히 그래야 하는 것은 볼 수 있지만 왜 그런지는 알기가 어렵다. 그러나 반드시 그런 까닭을 안 뒤에야 왜 마땅히 그렇게 해야 하는지를 참으로 알게 되고 이를 굳게 지킬 수 있다. 그러나 어리석은 사람들은 이를 보지 못하여 근본이 굳지 못하고 義理 또한 밝지 못하니, 배우는 것은 口耳意氣의 나머지에서 나오고 有爲의 사사로움에서 벗어날 수 없는 것이라고 했다.

爲學의 요체에 대해서는 六經의 말은 모두 학자들이 道에 나아가고 덕에 들어가는 법인데, 말은 事로서 달라지고 理는 辭로서 분별되어 그 浩繁함을 이길 수 없게 되는 것이다. 그러나 천하의 理는 달라도 하나로 귀결되고 성인의 말은 하나로 관통하여 참으로 남음이 없으니, 이것이 바로 乾坤易簡變化의 妙이다. 그래서 세상의 군자로서 求道에 뜻을 두고 그 요체를 얻지 못하면 침잠하고 積累하는 功이 없고 立本操約의 道 역시 없게 된다. 그러나 성현들의 말씀에 나아가 스스로 체득하고 생각하여 잊지 않으면, 마음과 이치가 익숙해지고 이치와 事가 바르게 되며, 本源이 깊어지고 지류가 분명해지게 된다고 하였다.

「太極說」·「兩儀四象說」

태극이 兩儀를 낳는 것은 理가 氣를 낳는 것으로 動靜에 통하고 始終에 該하여 음양보다 앞에 서며 음양의 안에서 행하는 것이다. 周子가 다시 無極을 여기에 더한 까닭은 태극의 無形無爲의 妙를 드러내고자 했던 것이라고 했다. 따라서 무극이면서 태극이라는 것은 그 이치의 지극히 미묘함을 완전히 가리킬 수 없어서 그렇게 말한 것이라고 하였다.

兩儀와 四象에 대해서는 다음과 같이 말하였다. 하나의 이치가 둘이 된다는 것은 물이 처음에는 간략했다가 나중에는 많아지고 근본은 미세한데 지류는 번잡해지기 때문이다. 그래서 조화의 유행과 인물의 相生은 항상 미세한 데서 드러남에 이르게 된다. 적은 데서 말미암아 큰 데에 이르게 되고, 陰 속에 陽이 있고 陽 속에 陰이 있는 것이다. 또한 兩儀가 四象을 낳는다는 것은 하나가 둘을 낳는다는 뜻이다. 象이란 形似의 통칭이요 老少를 구분하는 이름으로 後儒의 말에서 나온 것이라고 했다.

## 「鬼神理氣說」

理는 있지 않는 곳이 없고 氣 역시 있지 않은 곳이 없다는 것은 바로 理와 氣가 함께 한다는 것이다. 다만 氣의 所在는 物에 따라서 형체가 달라지지만, 理의 所在는 만물이 하나이니 이것이 바로 理와 氣가 다른 점이다. 지금 사람들은 다만 理의 있지 아니한 妙만을 알고 氣의 있지 아니함의 實體를 알지 못한다. 또한 理氣가 있음을 알면서 형태는 달라도 근원은 하나가 되어 각각 달라진다는 것은 모른다. 그래서 鬼神을 理라고도 하고 氣라고도 하는 일이 벌어졌다. 모름지기 귀신이란 단지 하나의 氣로서 있지 아니하는 곳이 없지만, 그 있는 곳에 따라서 각각 같지 않은 것이다. 그러나 理는 있지 아니함이 없어서 만물의 근원은 하나라고 하였다.

## 「人心道心說」

朱子의 說에 따르면 人心과 道心은 모두 氣가 발하면 이가 乘하는 것이다. 다만 발할 때 義理를 좇으면 道心이 되고 形殼을 좇으면 人心이 된다고 했다. 또한 正理에서 나오되 氣가 事를 쓰지 않으면 道心이 되고, 기가 事를 쓰면 人心이 되며 氣에 가려지면 人心이 되고 기에 가려지지 않으면 道心이 된다는 栗谷 李珥의 말을 인용하였다. 이어서 율곡의 이러한 주장에 비판적인 浦公(浦渚 趙翼)은 人心이나 道心이 모두 正理에서 나온다면, 이는 性이 참으로 있는 바이고 理가 마땅히 그러한 바이다. 어찌 氣에 가려지면 人心이 되겠는가라고 주장했다고 했다. 이에 대해 이의철은 人心과 道心은 모두 天理가 소유하고 있는 것이지, 氣에 가려지거나 理로 변화되어 人心이 되는 것은 아니다. 다만 氣稟에 淸濁이 있어 聖人과 衆人이 다른 것이라고 주장하였다.

## 「氣質之性說」

우선 滄溪 林泳의 다음과 같은 말을 인용하였다. 物이 氣의 편벽함을 얻고 변화의 理가 없은즉, 氣質은 곧 본성이어서 기질지성을 말하지 않는 것이다. 사람은 氣의 바름을 얻어 변화하는 것이어서 氣質之性을 말하여 변화의 道를 알게 하는 것이다. 결국 物은 하나의 性이고 사람은 두 개의 性을 갖고 있는 것이 아니다. 그러나 이의철은 이것은 잘못이라고 하면서 다음과 같이 설명했다. 즉 기질은 하나에 국한되어 변할 수 없는 것이다. 物도 그 근본은 사람과 동일한 性을 갖고 있다. 호랑이나 이리에게는 父子가 있으나 君臣이 없는 것은 기질이다. 그러나 사람도 역시 仁에 厚하고 義에 薄한 것은 기질이라고 주장했다.

## 4. 가치

이의철의 문집은 실로 巨帙이라고 할 수 있다. 물론 이런 거질의 문집을 만들게 됨에는 평생토록 커다란 굴곡 없이 벼슬을 했기 때문에 가능했겠지만, 학문과 문장에 대한 이의철의 남다른 탐구 정신과 기록 정신이 없었다면 불가능했을 것이다. 특히 시 문학 방면에서 많은 양의 작품을 남기고 있어 당시 그의 문학적 위상을 충분히 가늠할 수 있다. 무엇보다도 시 작품에서 주목할 것은 그의 모든 시 작품들은 시기별로 정확하게 정리되어 있어, 작품의 시기별 변모와 특징들을 구체적으로 파악하는 데 큰 도움을 준다는 점이다. 또한 기본적으로 인물성동론의 입장에서 많은 성리학적 논설을 담기고 있다는 점 역시 함께 언급되어야 할 것이다.

【전관수】

# 빅년쵸고시가

編解者 未詳.
　寫本. 1冊(22張) : 無界, 6行字數不定 註雙行, 無魚尾 ; 16.0×
11.0cm.

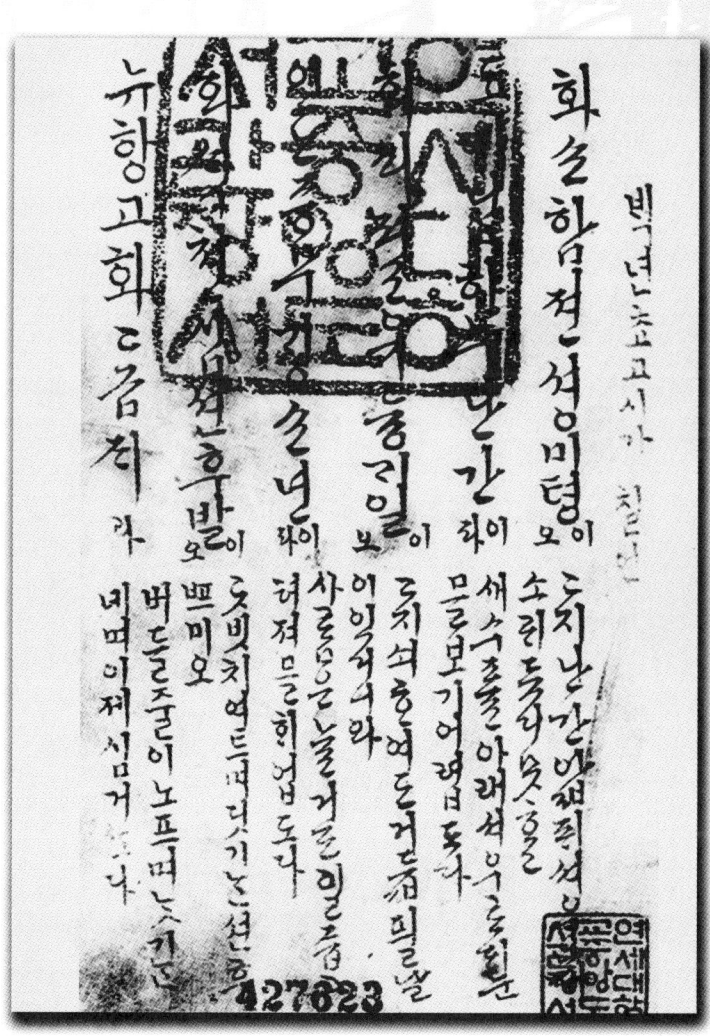

## 1. 편해자

編解者 未詳. 『百聯抄解』는 김인후가 편찬했다고 알려져 있지만 김인후 편찬설 자체가 확실한 근거를 지니지 못한데다, 이 책은 『백련초해』를 바탕으로 했지만 체재를 달리해 새로 편찬한 책이므로 김인후와 직접적인 관련은 없다.

## 2. 구성

연세대학교 중앙도서관에서 간행한 고서목록에 이 책의 제목이 『빅년쵸고시가칠언』이라 되어 있지만, 정확한 명칭이 아니다. 표제어는 없고 권수제에 '빅년쵸고시가 칠언'이라 되어 있는데, 이 가운데 '칠언'은 책의 제목이 아니라 이 책에 실린 詩句를 글자 수에 따라 분류한 명칭이다. 첫 부분에 '칠언'이 실리고, 둘째 부분에 '오언'이 실렸으며, 마지막 부분에 다시 '칠언'이 실렸다. 제대로 체재를 갖춰 필사했다면 권수제 '빅년쵸고시가' 다음에 줄을 바꾸어 '칠언'이라 써야 했겠지만, 1면에 6행씩 배열한 『百聯抄解』 체제를 따르느라고 한 줄에 권수제와 '칠언'을 함께 쓴 것이다.

이 책이 『百聯抄解』와 가장 큰 차이점은 다음 세 가지이다. 첫째, 『百聯抄解』가 칠언시 聯句를 100개 골라서 한자 뒤에 한자음을 한글로 쓰고 새김을 달거나 언해한 것에 비해, 이 책은 한자가 삭제된 채 한자음과 언해만 실렸다는 점이다. 둘째, 칠언시 聯句 뿐만 아니라 중간에 오언시 聯句도 뽑아서 실었다는 점이다. 첫 면부터 '칠언' 聯句 14개, 오언 聯句 60개, 칠언 聯句 64개가 차례로 실렸다. 중간에 '오언' '칠언'이라고 작은 제목을 달아 구분했는데, '오언'이라는 표시는 실제로 오언 聯句가 시작되는 데에서 5개나 지난 뒤에 쓰여 있다. 모두 140개의 聯句가 실려 있어, 『百聯抄解』보다 분량이 더 많다. 셋째, 첫 글자가 같은 聯句끼리 차례로 편집해, 찾아보기 쉽도록 만들었다는 점이다. 첫 번째 칠언과 오언의 앞 부분은 모두 화(花)자로 시작되는데 19개이며, 그 다음 오언은 풍(風) 3개, 산(山) 2개, 야(野) 4개 등의 순서이다. 두 번째 칠언은 산(山) 10개, 츈(春) 6개, 풍(風) 5개, 월(月) 2개, 송(松) 3개, 듁(竹) 4개, 빅(白) 2개, 홍(紅) 2개, 청(青) 2개, 강(江) 2개, 디(池) 2개 등의 순서로 편집되었다.

체재는 한자가 없이 한글로 쓴 한자음과 吐, 諺解 순으로 되었는데, 『백련초해』가 한자를 두 줄로 편집하고 諺解를 그 다음 한 줄에 편집한 것과 달리, 이 책은 한자 밑에 곧바로 諺解를 편집하였다. 諺解는 작은 글씨로 두 줄씩 썼다. 첫 번째 聯句를 예로 들면 다음과 같은 형식인데, 연대 소장본 『百聯抄解』와 비교해보면 한자음도 달라지고 언해 표기법도 달라져서 필사한 시대가 더 내려왔음을 알 수 있다.

화쇼함젼셩미텅이오   고지난간얇펴셔우으디 소리듯디못ᄒ고
됴뎨님하누난간이라   새수플아래셔우로디 눈믈보기어렵도다

앞의 칠언 聯句 부분은 한 면에 3개씩 여섯 줄로 필사되었지만, 뒤의 칠언 聯句 중반부터는 한 면에 4개씩, 여덟 줄로 필사되었다.


## 3. 내용

칠언 聯句 80개 가운데 대부분은 『百聯抄解』에 실린 것이다. 연대 소장본 『百聯抄解』와 대조해보면 다음의 聯句들이 차례로 실렸다. (숫자는 연대 소장본 『百聯抄解』의 순서임)

첫 번째 칠언: 1. 2. 6. 4. 59. 3. 7. 8. 58. 60. 2. 9. 57. 95.

두 번째 칠언: 18. 19. 90. 20. 84. 85. 86. 87. 69. 78. 44. 45. 46. 49. 50. 91. 98. 21. 89. 28. 97. 53. 12. 47. 48. 68. 35. 36. 37. 13. 80. 81. 83. 33. 79. 34. (1개는 연대 소장본 『百聯抄解』에 실리지 않은 것임.) 71. 23. 88. 24. 17. 54. 55. 56. 29. 30. 62. 10. 14. 16. 66. 67. 93. 99. 74. 63. 32. 43. 96. 72. (마지막 3개는 연대 소장본 『百聯抄解』에 실리지 않은 것임.)

이를 보면 『百聯抄解』의 교육적 효과를 잘 알고 있던 어느 문인이 교육 효과를 더 높이기 위해 오언시 聯句 60개를 추가하여 새로운 책으로 만들었음을 알 수 있다. 오언 聯句는 李白의 오언율시 「尋雍尊師隱居」의 頷聯 "花暖青牛臥, 松高白鶴眠."부터 시작되는데,

화란쳥우왜오   고지ᄃᆞ스ᄒ니프른쇠누엇고
숑고ᄇᆡᆨ학면이라   소남기노프니ᄇᆡᆨ학이죠으눈도다

의 형식으로 한자음을 달고 토를 붙인 다음 언해하였다. 오언의 마지막 聯句는 杜甫의 오언 율시 「東屯北崦」의 頷聯 "步壑風吹面, 看松露滴身."인데 위와 같은 형식으로 한자음을 쓰고, 토를 붙인 다음, 언해하였다. 오언시 聯句 60개도 칠언시 聯句와 마찬가지로 대부분 唐詩와 宋詩에서 뽑아 실은 것이다. 오언시 聯句는 推句와 같은 형태이지만, 推句 가운데 일부러 만든 구절이 많은 것과는 달리 모두 이름난 시인의 시 가운데서 뽑은 것이다.

한자를 쓰지 않고 한글로만 음을 달고 언해한 까닭은 여성 독자를 위해서인데, 한시를 아는 여성 독자들은 한자음을 읽고 언해를 읽음으로써 한자를 복원할 수 있게 만들었으며, 한자를 모르는 여성 독자들은 한글로만 읽으면서도 한시를 읽는다는 즐거움을 맛보도록 하였다. 연대 소장본 『百聯抄解』 67의 綠楊이 '녹뉴'로 표기된 것은 '綠柳'로 볼 수 있어 같은 뜻이지만, 연대 소장본 『百聯抄解』 36같이 한자와 언해가 더욱 달라진 경우도 많이 있다.

竹듁芽사似ᄉ筆필難난成셩字ᄌ
松숑葉엽如ᅀᅧ針침未미貫관絲ᄉ
댓엄싀분ᄀ토딕글ᄌ실수미어렵고
솔닙피바눌ᄀ토딕실뻬디몯ᄒ놋다

듁슌ᄉ필난셩지오     댓슌은붓ᄀ튼딕글ᄌ일우기어렵고
숑엽여침미곤식라     솔닙흔바눌ᄀ튼딕실쒜기못ᄒ놋다

연대 소장본 『百聯抄解』에서는 竹듁芽사를 '댓엄(대 움)'이라고 했는데, 이 책에서는 듁슌(竹筍)을 '댓슌'이라고 했다. 시대가 내려오면서 표기법만 고친 것이 아니라, 편찬자가 자기 나름대로 언해했음을 알 수 있다.

## 4. 가치

이 책은 『百聯抄解』의 분량을 더 늘려 칠언시 뿐만 아니라 오언시 聯句까지 싣고, 상황에 따라 필요한 聯句를 찾기 쉽도록 체재를 갖추었으며, 여성 독자를 위해 한자를 삭제하고 한자음과 吐, 諺解만으로 편집했다는 점이 특징이다. 漢詩를 音寫하고 諺解해서 읽는 습관이 18세기 이후에 여성들 사이에 일어났는데, 이 책도 漢詩를 즐겨 읽지 않던 여성 독자를 배려해서 만든 책으로서의 가치를 지녔다. 『百聯抄解』가 교육용이라면 이 책은 독서용이다.

## 5. 기타

『百聯抄解』는 후기에 오면서 諺解가 삭제되고 漢字로만 편집한 책이 일본에서 간행되었는데, 한자음이나 새김이 일본인 독자들에게는 필요없었기 때문이다. 그에 비하면 漢字를 없애고 한자음과 諺解만 편집한 이 책은 여성 독자를 위한 책인데, 두 가지 책을 같이 놓고 보면 독자에 따른 편집의 차이점을 비교할 수 있다. 연대 도서관에는 여러 종의 『百聯抄解』가 소장되어 있어, 이들을 함께 연구하면 諺解의 차이 뿐만 아니라 표기법의 변화과정까지도 비교 연구할 수 있다.

【허경진】

# 百빅聯련抄초解히

金麟厚(1510~1560) 編解.

木板本. 1册(25張) : 四周單邊 半郭 16.9×13.0cm, 有界, 6行
14字, 上下内向黑魚尾 ; 24.0×17.0cm.

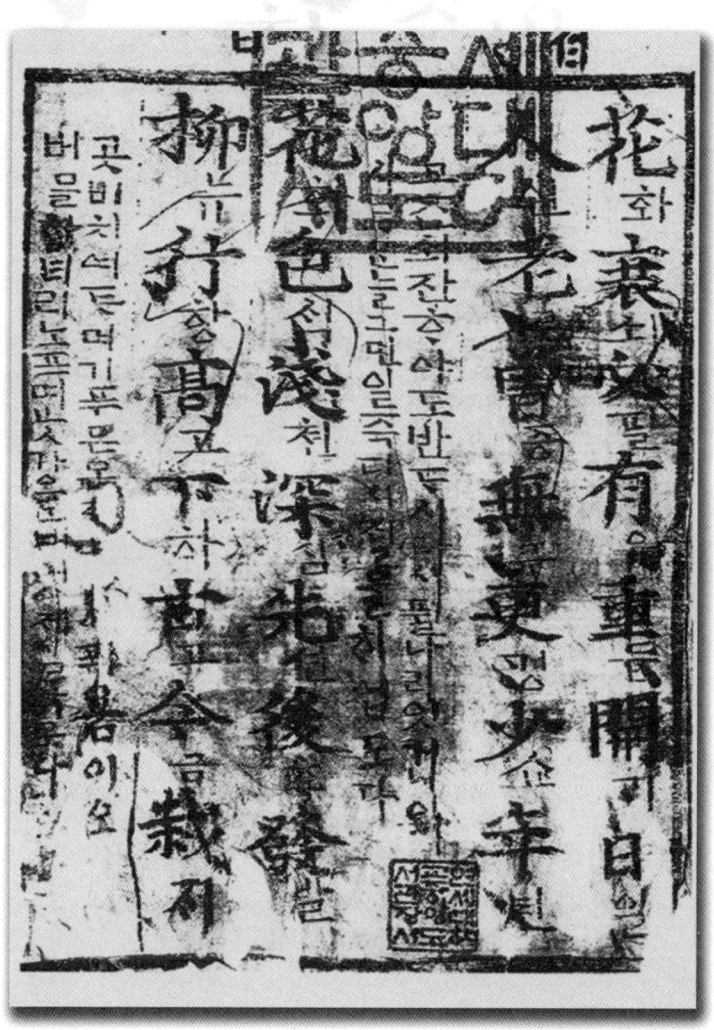

# 1. 편해자

金麟厚(1510~1560)의 本貫은 蔚山, 字는 厚之, 號는 河西이다. 1510년(중종 5) 7월 19일 전라도 장성현 대맥동 고향집에서 아버지 齡과 어머니 옥천 趙氏 孝謹의 딸 사이에서 태어났다. 5세에 아버지 齡에게서 『천자문』을 배운 첫 날, 『천자문』 첫 장의 한 구절을 이용하여 "넓고 아득한 우주에 큰 사람이 산다[宇宙洪荒大人居]"라는 구절을 지어 사람들을 놀라게 했다. 6세가 되던 이듬해에는 칠언절구를 지었으며, 8세 때에는 전라관찰사 조원기와 함께 聯句를 지었다. 어려서부터 『천자문』을 이용해 詩句를 짓고 어른들과 聯句를 지었던 경험이 뒷날 『百聯抄解』를 편찬한 동기가 된 듯하다. 10세에 慕齋 金安國에게 찾아가 『小學』을 배우면서 학문을 시작하였다. 13세에 『시경』을 공부했는데, 國風은 大註와 小註까지 천번이나 읽어 이때부터 詩에 관한 관심이 깊었다.

대제학 容齋 李荇이 성균관 학생들에게 칠석날 시험을 보였는데, 김인후가 장원하였다. 그 가운데 「鹽賦」와 「盈虛賦」는 문집에 실렸다. 22세에 司馬試에 합격했으며, 24세에 성균관에서 공부하며 退溪와 강학하였다. 31세에 별시 문과에 급제하여 승문원 副正字(종9품)에 임명되었으며, 32세에 湖堂에서 賜暇讀書하였다. 34세 되던 1543년 4월에 홍문관 박사 겸 세자시강원 說書로 승진하였다. 이때부터 동궁(뒷날의 仁宗)과 돈독한 관계가 맺어졌는데, 이 해에 동궁이 몸소 그려서 보낸 墨竹圖를 받았다. 6월에 홍문관 부수찬에 승진했으며, 12월에 옥과현감으로 나갔지만 춘추관의 겸직은 그대로 지녔다. 이듬해인 1545년에 명나라에서 張承憲이 明宗의 國喪에 弔慰使로 오자, 제술관으로 부름받아 서울에 올라왔다. 그러나 7월에 인종이 승하하자, 칭병하여 사임하고 집으로 돌아갔다. 이듬해 7월에 산으로 들어가서 仁宗의 初碁에 哭하고, 「有所思」라는 시를 지었다. 이때부터 실제로 벼슬에 나아가지 않고 인종에 대한 절의를 지키며 학문에 힘써, 뒷날 正祖로부터 "도학과 절의와 문장을 다 갖춘 사람은 河西 한 사람 뿐이다."라는 칭찬을 들었다.

39세 되던 1548년에 순창 鮎巖村에 초당을 짓고, '訓蒙'이란 편액을 걸고 제자들을 가르쳤다. 말년에 고봉 기대승과 太極圖說, 四端七情 등을 강론했는데, 退溪와 高峰의 四端七情論이 여기서 비롯되었다고 보는 학자도 있다. 1560년에 51세로 세상을 떠났는데, 임종하기 하루 전날인 1월 15일에 "내 죽은 뒤에라도 (인종께서 승하하신) 을사년(1545) 이후의 벼슬은 쓰지 말라"고 당부하였다. 문인 卞成溫 등이 선생을 제향하는 서원을 1590년 장성에 세웠으며, 1662년에 '筆巖書院'이라고 賜額받았다.

연세대학교 중앙도서관에서 간행한 『古書目錄』에는 이 책을 김인후 편저라고 했으며, 여러 학자들이 이 책의 편찬자를 김인후로 추정했지만, 김인후가 편찬했다는 직접적인 증거는 사실상 없다. 책 자체에도 편저자의 이름은 밝혀져 있지 않으며, 김인후의 연보나 행장, 문집 어디에도 이에 대한 언급은 없다. 학계에서 이 책의 편자를 김인후라고 추정하는 근거는 다음 몇 가지이다.

첫째, 김인후의 筆巖書院에 오래된 목판이 보관되어 있다는 점, 訓蒙齋를 짓고 제자들을 가르치는 과정에서 초서체『천자문』을 간행해 초학자의 교재에 관심을 쏟은 점, 가람本 말미에 "이 책은 하서 김선생이 고시 聯句 100수를 뽑아 모아 註解한 것인데, 판각의 글씨는 선생의 친필이며, 목판이 필암서원에 있다[此河西金先生選集古詩聯句百首, 而爲之註釋者也. 板刻所書, 卽先生手筆, 而版本在筆巖書院]"라고 써 있는 점, 필암서원본이 다른 이본보다 체제가 갖춰져 있는데다 壬亂 이전의 표기법이 남아 있다는 점, 김인후가 1537년 4월 연대암에서 썼다는 초서체『천자문』의 '烈'자, 김인후가 어려서부터 어른들과 聯句를 즐겨 지었다는 점 등이다. 1576년에 편찬된『攷事撮要』의 책판 목록에 의하면 평양과 전라도 장흥에『백련초해』책판이 등록되어 있는데다, 한자 새김이 광주판『천자문』과 비슷해, 전라도 장성 출신인 김인후 편찬설을 뒷받침한다. 물론 그의 편찬설을 부정하는 학설도 있기 때문에, 이 책의 편찬자를 김인후로 단정지을 수는 없다. 설사 김인후를 편찬자로 추정한다 해도 연대 소장본보다는 동경대 소장본이 김인후 편찬본에 더 가까우며, 김인후 이전부터 이러한 형태의 책이 전해오다가 김인후가 체제를 갖춰 편찬했을 가능성이 많은데, 그가 언제 편찬했는지, 諺解도 그가 한 것인지, 필암서원본이 그의 생전에 간행되었는지 하는 점들은 여전히 불확실하다.

## 2. 구성

이 책은 한 사람의 저술이 아니라, 초학자들에게 한시를 가르치기 위해 뛰어난 七言詩 가운데 聯句 100개를 뽑아서 한자음을 달고, 諺解한 책이다. 諺解는 直譯을 위주로 한『杜詩諺解』투여서, 오래 전에 언해되었음을 알 수 있다. 동경대 소장본에는 한 글자마다 새김을 달았는데, 연대 소장본에는 새김을 달지 않았다. 필암서원본에는 仄聲字 오른쪽 어깨에 ○표시가 되어 平仄의 이해를 돕게 했는데, 연대 소장본에는 이 표시도 없다. 후대에 오면서 새김과 仄聲 표시가 삭제된 듯하다. 그러나 구체적으로 諺解를 살펴보면 연대 소장본이 반드시 필암서원본보다 후대에 간행된 것이라고 볼 수는 없다. 첫 번째 聯句를 예로 들면 다음과 같다.

花화笑쇼檻함前젼聲셩未미聽텽
鳥됴啼뎨林님下하淚누難란看간
고지난간알펴셔우으디소리를듣디몯ᄒ고
새수플아래셔우로디눈므를봄이어렵도다

한 면을 6행으로 나누고, 앞의 2행에는 칠언시 聯句의 원문과 한자음을 큰 글자로 편집하고, 뒤의 1행에는 諺解를 작은 글자 두 줄로 편집했다. 첫 면만은 '百빅聯련抄쵸解히'라는 卷首題가 덧붙어 있어 7행으로 되어 있다. 필암서원본은 諺解도 2행으로 편집했으며, 卷首題 다음에 '온갓글귀**래**사긴거시라'라고 권수제의 언해가 덧붙었는데, 연대 소장본에는 이 구절이 빠졌다. 본문에는 번호가 붙어 있지 않지만, 예전의 소장자가 欄上에 붓으로 一首, 二首의 순서를 써 놓았다. 25장 분량인데, 마지막 장 뒷면에는 百首 뒤에 '百聯抄解終'이라고 밝혔다.

필암서원본은 1수가 빠진 99수라서 마지막 면에 1수만 실렸는데, 그에 비하면 연대 소장본은 온전한 편이다. 순서는 많이 다르지만, 내용은 같다. 연대 소장본의 마지막 聯句가 필암서원본에 빠졌다. 그 聯句는 아래와 같다.

纔ᄌ敪긔復복正졍荷하翻번雨우
乍사去거還환來리鷰연引인雛추
계오기오리셔다시바ᄅ니ᄂ년닙폐비뒤티미오
잠산가셔도로오ᄂ니ᄂ졔비삿길ᄅ드리미로다

앞표지 안쪽에 '朴氏家藏'이라 쓰여 있다. 뒷표지 안쪽에 '壬申五月二十四日造'라고 써 있는데, 무슨 뜻인지는 불확실하다.

## 3. 내용

초학자들이 한시의 구조를 배우기 쉽도록 칠언시 가운데 비교적 쉬운 글자로 이뤄진 聯句 100개를 뽑아서 배열한 입문서이다. 漢詩 창작의 대표적인 소재라고 할 수 있는 자연사물을 순서대로 배열했는데, '花'字로 시작되는 聯句 9개가 가장 앞에 실렸다. 그 다음에는 郊(10), 霜(11), 月(12), 竹(13), 耕(14), 聲(15), 遲(16), 螢(17), 洞(18), 山(19-20), 風(21), 月(22), 池(23), 脩(24), 石(25), 露(26), 花(27), 風(28), 雪(29), 軒(30), 前(31), 閉(32), 紅(33), 靑(34), 竹(35-37), 殘(38), 天(39), 巷(40), 贄(41), 垂(42), 糁(43), 春(44-46), 松(47-48), 春(49-50), 身(51), 獨(52), 月(53), 朝(54), 鳥(55), 螢(56), 花(57-60), 垂(61), 珠(62), 十(63), 雨(64), 庭(65), 鶯(66), 綠(67), 松(68), 山(69), 更(70), 江(71), 粧(72), 香(73), 庭(74), 輕(75), 拂(76), 村(77), 山(78), 靑(79), 白(80-82), 紅(83), 山(84-87), 池(88), 風(89), 山(90), 春(91), 野(92), 柳(93), 千(94), 花(95), 野(96), 風(97-98), 龍(99), 纔(100)자로 시작되는 聯句들이 뒤섞였다. 필암서원본과 순서가 다르지만, 대부분 같은 聯句들이다. 언해는 조금 달라졌다.

첫 글자가 다르더라도 그 다음 글자에서는 결국 자연 사물을 묘사하는 내용이 대부분이다. 첫 글자 100자를 통계내어 보면 花 15개, 山 9개, 春 6개, 風 5개, 竹 4개, 月 3개, 松 3개, 白 3

개, 螢, 庭, 池, 紅, 靑, 垂, 野 2개, 郊, 霜, 耕, 聲, 遲, 洞, 脩, 石, 露, 雪, 軒, 前, 閉, 殘, 天, 巷, 鬂, 糝, 身, 獨, 朝, 鳥, 珠, 十, 雨, 鶯, 綠, 更, 江, 粧, 香, 輕, 拂, 村, 柳, 千, 龍, 繞 1개의 빈도가 확인된다. 白·靑·紅 등의 색깔도 뒤에 오는 자연 사물을 수식해 靑山, 白鷺, 白雲 등의 단어가 되므로, 결국은 자연 사물을 나타내는 단어로 시작되는 聯句를 모은 셈이다.

이 聯句들은 김인후, 또는 이름이 알려지지 않은 어느 편찬자가 지은 것이 아니라, 예부터 잘 알려진 칠언시에서 聯句를 뽑아 모은 것이다. 원 저자의 이름을 군이 밝히지 않은 까닭은 당시에 이미 잘 알려진 구절들이었기 때문일 것이다. 이 가운데 몇 聯句의 출전을 밝히면 다음과 같다.

25. 石床潤極琴絃緩, 水閣寒多酒力微. 宋 胡宿「次韻和朱況雨中」
32. 閉門野寺松陰轉, 攲枕風軒客夢長. 宋 蘇軾「次韻平浦金山」
38. 殘星几点雁橫塞, 長笛一聲人倚樓. 唐 趙嘏「長安晩秋」
39. 天空絶塞聞邊雁, 葉盡孤村見夜燈. 唐 劉滄「咸陽懷古」
49. 春日鶯啼修竹里, 仙家犬吠白云間. 唐 杜甫「滕王亭子」
55. 鳥去鳥來山色里, 人歌人哭水聲中. 唐 杜牧「將赴宣州留題揚州禪智寺」
77. 村徑繞山松葉暗, 野門臨水稻花香. 唐 許渾「晚自朝台津至韋隱居郊園」
78. 山月入松金破碎, 江風吹水雪崩騰. 宋 坡石「次韻平浦金山」
81. 白雲斷處見明月, 黃葉落時聞搗衣. 唐 朱長文「望中有懷」
97. 風吹枯木晴天雨, 月照平沙夏夜霜. 唐 白居易「江樓夕望招客」
98. 風射破窓燈易滅, 月穿疎屋夢難成. 唐 杜荀鶴「旅中臥病」
99. 龍歸曉洞雲猶濕, 麝過春山草自香. 唐 許渾「題崔處士山居」

이상의 聯句들을 살펴보면 몇 가지 공통점이 있다. 대부분 唐詩와 宋詩 가운데 뽑았으며, 모두 칠언율시이고, 頷聯 혹은 頸聯에 해당된다. 出句 마지막 글자가 仄聲이어서 오른쪽 어깨에 ○표시가 있고, 對句 마지막 글자는 평성이어서 ○표시가 없다. 仄聲韻으로 짓는 경우를 배제하면 모두 對句의 마지막 글자가 韻이 된다. 頷聯 또는 頸聯은 對偶가 필수적이므로, 聯句를 통해서 대우와 압운을 동시에 익히도록 편집한 것이다. 조창록의 논문「조선조 한시교육의 실제와 백련초해」의 통계에 의하면 필암서원본의 韻字와 韻目은 上平聲 15韻과 下平聲 15韻 가운데 陽字韻이 13번, 庚字韻과 先字韻이 11번씩, 侵字韻이 7번, 眞字韻과 尤字韻이 5번씩, 支字韻·元字韻·蒸字韻·東字韻이 4번씩, 文字韻·微字韻·鹽字韻·靑字韻·虞字韻·冬字韻이 3번씩, 寒字韻·灰字韻·刪字韻·蕭字韻이 2번씩, 魚字韻·齊字韻·麻字韻·歌字韻·佳字韻이 1번씩 쓰였다. 상평성에서는 江字, 하평성에서는 肴·豪·覃·咸자운만 빠졌는데, 이들은 窄韻과 險韻에 해당된다. 寬韻이 많이 쓰인 것을 보더라도, 초학자들을 위한 근체시 교재임을 알 수 있다.

칠언절구, 오언율시, 칠언율시의 三體詩를 익혀나가는 과정에서 오언절구는 자연히 익히게 된다고 생각했다. 특히 칠언시에서 두 글자를 떼어내면 오언시가 되는 경우가 많다. 2번 聯句를 예로 들어보자.

花含春意無分別,    꽃은 봄뜻을 머금어 분별이 없건만
物感人情有淺深.    物은 인정에 느껴 얕고 깊음이 있네.

이 聯句에서 앞의 두 글자를 떼어내면 다음과 같은 시가 된다.

春意無分別,    봄의 뜻은 분별이 없건만
人情有淺深.    사람의 마음은 얕고 깊음이 있네.

평측에 있어서도 마찬가지로, 칠언율시의 평측을 익히면 칠언절구는 물론 오언율시나 오언절구의 평측법도 자연히 익힐 수 있다. 가령 칠언율시의 平起式首句入韻體에서 앞의 두 글자를 떼어내면 오언율시의 仄起式首句用韻體가 되고, 여기서 다시 首聯과 頷聯만 두면 오언절구의 仄起式首句不用體韻이 된다. (김상홍, 『한시의 이론』 참조) 초학자들이 칠언율시를 바로 짓기가 어렵기 때문에 짧은 聯句를 외우게 해서 對偶와 平仄을 쉽게 익히게 만들었다.

## 4. 가치

동경대 소장본에는 한자의 음만이 아니라 새김까지 달려 있는데, 연대 소장본에는 새김이 없어졌다. 필암서원본에는 平仄을 표시하기 위해 仄聲字 옆에 傍點을 붙였는데, 연대 소장본에는 방점이 없어졌다. 이러한 점을 보면 동경대본이나 필암서원본보다 후세에 간행된 것이 틀림없지만, 쓰놋다(掃 9), 뜰혜(院 11), 샐히(根 13), 뜱(庭 74) 등의 표기나 ㅎ종성 표기, 쓰(僧 14), 실(日 26) 등의 △표기를 보면 시대가 상당히 올라감을 확인할 수 있다. 필암서원본에 聯句 99개가 실려 있어 '百聯抄解'라는 이름에 어긋나는 것에 비하면 연대 소장본은 100련을 모두 확인할 수 있어 가치가 있다.

조선 전기까지 중국 시집이나 중국에서 편찬된 詩選集이 주로 읽히다가 우리나라에서 편찬된 시선집이 간행되었다는 점도 중요하며, 국가 차원이 아니라 개인 차원에서 초학자를 위해 諺解했다는 사실도 중요하다. 1640년에 曹植의 제자 河弘度가 『聯句續選』을 편찬했는데, 아이들에게 『백련초해』를 가르치다보니 시를 선발한 것에 문제가 있어 朝鮮의 시도 첨가해서 續選

을 만들었다고 한다. 이는 『백련초해』의 계승적 발전이라고 볼 수 있는데, 정작 『聯句續選』은 남아 있지 않고 『백련초해』가 계속 여러 가지 판본으로 간행된 것을 보면 오랜 기간 동안 상당한 영향력을 지녔음을 알 수 있다. 『백련초해』의 구절은 한시에 많이 변용되어 나올 뿐만 아니라, 시조나 가사, 판소리에까지 흔하게 나온다. 정익섭의 논문 「호남가단에서의 하서 김인후의 위치」에 다음과 같은 예들이 보인다.

山外에 有山ᄒ니 넘도록 뫼히로다 山不盡路無窮ᄒ니 녤길 몰라 하노라 (역대시조전서 1440)
山外有山山不盡, 路中多路路無窮. (백련초해84)

柳上鶯飛ᄂ 片片金이요 花間蝶舞ᄂ 紛紛雪이라 三春佳節 조흘시고 桃花滿發點點紅이로구나
(遊山歌 중)
花間蝶舞紛紛雪, 柳上鶯飛片片金. (백련초해8)

화쇼함젼셩미쳥ᄒ니 반가올ᄉ 호접이며, 추례로 브롤젹의 (춘향전 기생점고 장면)
花笑檻前聲未聽, 鳥啼林下淚難看. (백련초해1)

이는 『백련초해』가 오언시를 모은 『推句』 못지 않게 많이 읽히고 쓰였다는 증거이다. 연대 소장본은 많은 聯句에 비점을 찍거나 ○표시가 되어 있어, 이 책이 초학자들에게 매우 열심히 읽혀졌음을 확인할 수 있다.

## 5. 기타

연세대학교 중앙도서관 고서실에는 이 책 말고도 松廣寺에서 己丑年 季夏에 開刊된 판본과 한글 필사본 『빅년쵸고시가』 등이 소장되어 있어, 함께 비교 연구하면 더 큰 효과를 얻을 수 있다.

【허경진】

# 白峯先生遺稿

金壽賓(1626~?) 著.

原稿本. 不分卷 1冊：四周雙邊 半郭 22.3×15.5cm, 有界, 10
行20字 註雙行, 上下內向3葉花紋魚尾；29.6×19.6cm.

印記：安東世家, 金峕間印, 士敏.

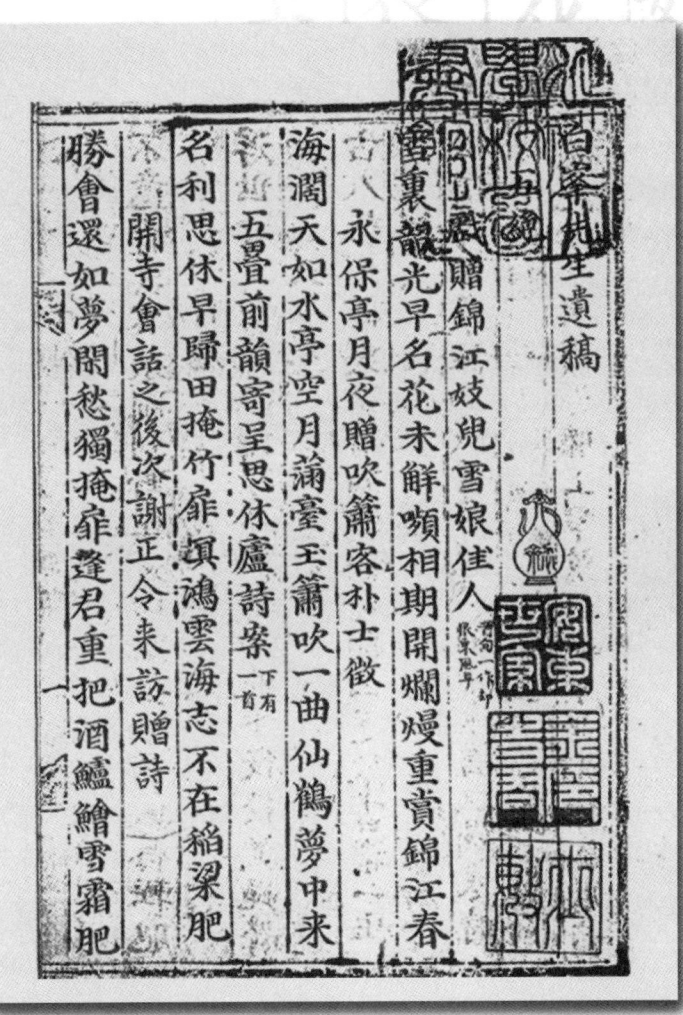

## 1. 저자

金壽賓(1626~?)의 本貫은 安東, 字는 廷叟, 號는 白峯이다. 부친은 이조참판을 지낸 水北 金光炫(1584~1647)이고 조부는 병자호란 때 순절한 仙源 金尙容(1561~1637)이다. 대표적 斥和臣으로 이름 높은 淸陰 金尙憲(1570~1652)은 김상용의 아우이다. 김수빈은 위로 형님인 金壽仁, 金壽民이 있다. 1651년(효종 2) 式年試에 進士 급제하고 沔川 郡守를 지냈으며, 품계는 通訓大夫에 兵馬同僉節制使를 지냈다. 자녀로는 嫡子인 金盛益과 庶子인 金盛蒐이 있으며 두 딸은 李健命, 李壤에게 시집갔다. 김성익에게서는 金時哲・金時發・金時逸 세 손자를 보았다.

그의 부친 김광현은 1612년(광해군 4) 생원·진사 양과에 합격하였으나 광해군의 亂政으로 文科를 단념하였다. 인조반정 후에 遺逸로 천거되어 連源道察訪에 임명되었으나 부임하기 전에 정시문과에 병과로 급제하여 史官으로 추천되었다. 1636년(인조 14) 병자호란 때 임금을 모시고 남한산성에 들어갔는데, 강화에서 분신 자결한 부친 김상용의 服喪으로 洪州에 내려갔고, 扈從의 공으로 대사간에 임명되었으나 부임하지 않았다. 그 뒤 청주목사를 지내면서 청나라의 연호가 적힌 문서에는 서명을 하지 않아 부친의 순절의 정신을 이었다. 이조참판을 지내다 政變에 연루되어 순천부사로 좌천되기도 했다.

이처럼 부친 대까지만 해도 상당한 벼슬을 하면서 節義의 집안 내력을 지켰으나 김수빈 이후로는 크게 현달하지 못해서 先代의 명성에 비하면 그 자신은 이렇다할 특기할 만한 사항이 보이지 않으며 생애에 대해서도 거의 알려진 바가 없다. 그의 형제들인 김수인, 김수민도 그다지 현달하지 못하여서 김상용의 後繼는 아우인 김상헌의 후계에 비하면 크게 零星한 편이다. 김상헌의 경우는 金光燫・金光燦 두 아들을 두었는데, 김광혁은 아들이 없어 김광찬의 둘째 아들인 金壽興을 입적하였고, 김광찬은 金壽增・金壽興・金壽恒 세 아들을 두었는데 수흥과 수항은 영의정까지 지내는 등 역사상 이름이 높다. 특히 김수항의 아들들은 金昌集・金昌協・金昌翕・金昌業 등 모두 명사들로서 조선 시대 대표적인 문벌 가문 중 하나이다.

김수빈의 바로 위 형님인 김수민의 경우는 그 손녀가 근래에 부각된 여류 시인인 浩然齋 金氏(1681~1722)로서 최근에 문학사에서 주목을 받고 있다. 즉 김수민의 첫째 아들인 金盛達의 딸이 호연재 김씨이며 김수빈에게는 從孫女가 된다. 김상용과 김상헌은 아들 대에 '光○', 손자 대에 '壽○'로 돌림자가 같이 나가다가 曾孫 대에서 '盛○'과 '昌○'으로 갈린다.


## 2. 구성

『백봉선생유고』는 불분권 1책, 119장으로 문집의 대부분은 시가 차지하고 있으며 산문 약간 편이 실려 있다. 불분권이지만 詩體별로 편차하여 각 체가 시작될 때는 장을 달리하여서 실제로는 分卷의 형식을 취하였다. 각 체별 장을 달리한 곳에서 張數 표시도 '一'부터 새로 시작하여 분권의 성격이 더욱 강하다. 그러면서도 굳이 권을 표시하지 않은 것은 오언절구나 배율, 산문 등의 분량이 너무 적어 별도로 권을 이루기에는 마땅찮았기 때문으로 보인다. 분량이 극히 적은 오언배율, 오언고시, 銘은 張數가 '一'로만 그치고 있다.

시는 五言絶句가 43題 57首, 칠언절구가 187제 292수,   五言律詩가 48제 57수, 七言律詩가 142제 167수, 五言排律이 1수, 七言排律이 5수, 五言古詩가 2수, 七言古詩가 5수로 총 586수 실려 있으며 산문은 祭文이 「祭亡侄際而文」·「祭亡女文」·「祭趙洗馬錫馨文」·「祭亡室溫陽鄭氏文」·「社稷祈雨祭文」·「一本」의 6편, 銘으로는 「木枕銘」이 한 편 실려 있다.

이 문집의 서술에 있어 가장 특이한 것은 '一作'이라는 표현으로 글자나 시구의 또 다른 표현을 수없이 여러 군데에서 소개하고 있다는 점이다. 그 위치는 대부분 제목 아래 또는 본문이 끝난 다음에 자리하고 있는데 간혹 난외에 頭註로 처리되어 있기도 하다. '칠언배율'인 「金正平挽」이라는 작품은 차이가 나는 글자도 많을 뿐만 아니라 詩句자체가 전혀 다른 표현이 많아서 '一本'이라고 하여 頭註의 형식으로 20운이나 되는 전편을 싣고 있다. 이로 보아 이 문집은 저자의 사후에 후손에 의해 편차되면서 여러 군데 흩어져 있거나 口傳으로 암송되던 자료를 수집하였다는 것을 짐작하게 한다.

시 제목 아래에는 군데군데 干支가 적혀 있어 시를 지은 연도를 표시하고 있는데, 대체로 연차순을 따르고 있지만 반드시 그런 것만은 아니다. 예를 들면 칠언절구에서 甲寅, 乙卯, 丙辰이 순서대로 나오다가 거꾸로 壬辰이 나온다.

이 문집은 분량은 적지만 全卷이므로[1] 저자의 遺文은 거의 수집된 것으로 보이며 저자가 활발한 문필 활동을 했던 인물은 아닌 듯하다.

## 3. 내용

김수빈은 충청도 洪州가 생활 근거지였기 때문에 인근에 있는 보령의 永保亭에서 지은 시가 매우 많다. 부친인 김광현이 55세 때인 1639년에 충청도 홍주 鰲頭里로 낙향을 하여 이곳이 생활의 근거지가 되었는데,[2] 자연히 인근의 명승지인 영보정에 자주 나들이를 하였던 것으로 보인다. 보령의 서쪽에 水軍節度使의 군영이 있었는데 영보정은 이 군영 안에 있던 정자였으며 호수와 산의 경치가 아름답고 활짝 틔어 있기 때문에 명승지로 이름이 높았다. 또 인근에는 寒山寺라는 절이 있었는데[3] 역시 그의 문학 활동의 공간으로 활용되었다. 다음의

---

1) 책 표지에 全卷이라고 명시가 되어 있으며 편차된 체제를 보아도 落帙은 아닌 것으로 보인다.
2) 구지현, 「김성달 집안의 문학적 공간과 교유」, 『열상고전연구』 제16집(열상고전연구회, 2002), 41면.

시는 영보정에서 한산사로 돌아와 숙박하면서 지은 작품이다.

「自永保亭回泊寒山寺時江天月黑漁火微明忽憶古人月落烏啼之句景色彷彿故復用深字韻咏一絶」
漁火微明傍樹林　숲 가에 고기잡이 등불 희미하게 비치는데,
烏啼城上月初沈　까마귀 우는 성 위에 달은 막 어둑해지네.
孤舟晩泊寒山下　날 저물어 한산사 아래 외로운 배를 정박하니,
古寺鍾聲到夜深　깊어 가는 밤 옛 절에서 종소리 들려오네.

이 시는 제목에서도 밝히고 있지만 당나라 시인인 張繼의 「楓橋夜泊」을 點化한 것이다. 장계의 시는 다음과 같다.

月落烏啼霜滿天　달 지고 까마귀 울자 하늘에는 서리 가득,
江楓漁火對愁眠　강가 단풍나무와 고기잡이 불을 시름에 졸며 바라보네.
姑蘇城外寒山寺　고소성 밖에 있는 한산사에선,
夜半鍾聲到客船　한 밤중 종소리가 나그네 배에까지 들리네.

이처럼 장계의 시를 점화한 것은 '이 때에 강가 하늘에 달은 어두워지고 고기잡이 등불이 희미하게 비치는 것(時江天月黑, 漁火微明)'이 「풍교야박」에서 읊은 시 속의 광경과 비슷하였기 때문이라고 하였지만, 사실은 그보다도 '寒山寺'라는 절 이름이 서로 같았기 때문에 의식적으로 그렇게 느낀 측면이 더 크다고 할 것이다.

김수빈의 시는 '無題'라는 題下의 시가 유달리 많은 것이 하나의 특이한 점이다. '亡題'라는 題下의 작품도 몇 수 보이는데 이들을 합하면 모두 43題 47首로 전체 586수에 비하면 매우 비중이 높은 편이다. 저자는 자신을 落魄한 신세로 보았는지 無題 시에서는 身世之感을 토로한 작품들이 많은 편이다.

欲說心中恨　마음속에 품은 한을 말하려 하면,
須憑膝上琴　무릎 위의 거문고에 의지해야지.
莫將流水曲　伯牙가 연주했던 流水曲으로,
彈作斷腸音　애끓는 소리일랑 내지 말거나.

明月淸秋夜　밝은 달 뜬 맑은 가을날 밤에,
佳人怨別情　고운 님 이별을 원망하는 마음.
瑤琴彈一曲　거문고로 한 곡조 연주하노니,
天外白雲輕　하늘 멀리 흰 구름만 가벼이 나네.

별도의 제목을 붙인 시에서도 이와 같은 신세지감의 시는 자주 보인다.

---

3) 지금의 충청남도 보령군 천북면 학성리에 있던 절이다.

「述懷」
千尺倚天劍　　천 자 높이 하늘 닿는 칼을 간직한,
男兒方寸心　　남아의 사방 한 치 마음이지만,
平生牢落意　　평생에 실의한 마음인지라,
抱膝一長吟　　무릎 안고 한 차례 길게 읊을 뿐.

이러한 작품 경향으로 보아 저자는 자신의 처지를 불우한 것으로 인식하였음을 알 수 있게 한다.

「咏月」이라는 시는 잘 알려진 황진이의 「詠半月」과 글자나 시상이 흡사하다.

誰採荊山玉　　그 누가 형산의 옥을 캐어다,
巧成一半梳　　교묘하게 반쪽 빗을 만들었는가.
自從離別後　　이별을 하고난 다음부터는,
愁亂擲空虛　　시름겨워 허공에다 던져버렸네.

이는 황진이의 시를 보고 모방하였는지 불분명하지만, 황진이의 시보다 표현면에서 오히려 퇴보한 감이 있다. 참고로 황진이의 「詠半月」은 다음과 같다.

誰斲崑山玉　　그 누가 곤륜산의 옥을 깎아다,
裁成織女梳　　직녀의 머리빗을 만들었을까.
牽牛離別後　　견우와 이별을 하고 난 뒤에,
謾擲碧空虛　　푸른 하늘 허공 속에 내버렸구나.

저자는 주로 고향에서 생활하면서 인근의 경승지들을 자주 유람하면서 이를 詩化하였다. 「過風流島」・「過安眠島」・「過竹島」・「望元山島夕烽」・「看月島寺中見月出」・「看月島復用前韻」・「船上望海中諸島」・「過湖邊浦」・「過寒山寺」・「月夜還過湖邊船上又吟一絶」 등이 그러한 예를 무수히 찾아볼 수 있다. 당시로서는 어려운 일인 금강산 유람도 경험할 기회가 있어서 칠언율시의 「金剛山作」이라는 작품도 남기고 있는데, 비로봉에 올라 눈앞에 펼쳐진 광활한 경관을 노래한 것으로 신비적 세계를 동경하는 뜻이 담겨 있다.

「傷別」이나 「歎世」 등은 이별의 슬픔과 世事의 혼탁함을 한탄한 시인데, 이는 ‘無題’ 시에서 토로한 신세지감과 궤를 같이 하는 작품으로서 저자의 인생관이 반영되어 있다. 한편으로 저자는 나름대로 자연 속에서 전원의 여유로운 삶을 추구하는 경향도 보여주는데 「江樓聞笛」・「江村卽事」・「白馬江」・「聞農歌」・「田家卽事」・「還家對菊漫吟」 등의 작품에서 그러한 성향을 엿볼 수 있다.

산문 편에서, 「祭亡姪際而文」은 병으로 일찍 죽은 조카 際而를 제사 지내는 글이다. 際而는 큰형님인 김수인의 첫째 아들 金盛遇이다. 조카가 淸秀한 외모에 학문을 좋아했는데 일찍 죽은 것을 몹시 애통해 하고 있다. 김성우는 成均進士였는데 숙부인 저자와 친하게 지냈던 듯 그와 주고받은 시가 많이 보인다. 형님인 김수인은 저자와 나이 차이가 18살이나 나는 반면 장조카인 김성우와는 4살 차이밖에 나지 않아 조카가 오히려 형제 연배였으므로 더 가까이 지냈던 셈이다.

「祭亡女文」은 일찍 죽은 딸 孝淑을 제사 지내는 글이다. 모두 58자의 의례적이고 짧은 글이다.

「祭趙洗馬錫馨文」은 妹夫인 趙錫馨을 제사지내는 글이다. 조석형은 예조참판을 지낸 趙希逸의 아들로 자는 子服이고 호는 近水軒이다. 광해군 5년(1613) 廢母論이 일자 과거 볼 것을 단념하고 있다가 인조 2년(1624)에 진사시에 1등으로 합격하여 世子翊衛司洗馬가 되었다. 벼슬에 뜻이 없어 도중에 사퇴하였고, 병자호란 후에는 고향에 머물면서 학문에 정진하였다. 이 제문에서는 초서와 시에도 뛰어났던 고인의 인품을 기리고 생전에 그와 친하게 지냈던 일을 회고하면서 죽음을 애도하고 있다.

「祭亡室溫陽鄭氏文」은 부부가 된 지 16년 만에 30세의 젊은 나이로 일찍 죽은 부인을 그리워하면서 지은 제문이다. 생전에 맑은 덕과 빼어난 성품을 간직하고 시부모에게 효성스러웠던 부인에 대한 칭송과 함께 병으로 일찍 세상을 떠난 데 대한 짙은 아쉬움을 토로하고 있다. 그는 부인에 대한 애정이 매우 깊었던 듯 몇 편의 제문 중 이 망실 제문이 가장 길다.

「社稷祈雨祭文」은 郡의 사직단에서 기우제를 지내는 글이다. 사직은 토지와 곡식을 중요하게 여기는데, 토지와 곡식은 비가 내려 윤택하게 해 주어야 함을 역설하면서 비 내리기를 기원하고 있다. 「一本」은 역시 같은 기우제문으로서 분량만 절반 정도로 줄었을 뿐 표현이나 내용은 거의 비슷하다. 제목을 「一本」이라고 한 것으로 보아 같은 때에 두 편을 지은 것으로 보인다.

「木枕銘」은 한 자도 못되는 질박한 목침의 외형을 언급한 다음 잘 잘 때 편리하게 이용되는 목침의 용도를 노래하고 그 덕을 칭송하고 있다. 각 구의 중간에 '兮'자를 넣어서 연결한 7언 10구의 글로서 入聲으로 換韻하면서 지은 운문이다. 전체적인 내용으로 보아 銘보다는 頌에 가까운 글이다.

## 4. 가치

『白峯先生遺稿』는 단권으로 비교적 편폭이 적은 문집이다. 저자가 그다지 많이 알려지지 않은 인물인 데다가 문집의 기록도 도처에 '一作'이란 표현으로 異說을 제시하고 있어 작품의 원형을 확정하는데 문제점을 안고 있다. 또 문집에 실린 작품으로 보아서 저자가 문학적으로 깊이 몰두한 것으로 보이지도 않으므로 문학사적으로 문집의 가치를 높이 평가하기에는 주저

된다. 그러나 저자 자신은 그다지 알려지지 않은 인물이지만 그의 祖父와 從祖父가 병자호란
때 節臣으로 역사적으로 이름 높은 김상용·김상헌 형제이며 이후에 이 집안이 조선 후기 세
도 정치에 크게 연관되어 있으므로 이들 인물의 가계를 연구하는 데는 이 문집이 매우 중요
한 자료가 된다.

【김영봉】

# 蓬萊遺歌

楊士彦(1517~1584) 著.

自筆藁本. 1册：無界, 行字數不定, 無魚尾；36.0×27.0cm.

## 1. 저자

楊士彦(1517~1584)의 本貫은 淸州, 字는 應聘, 號는 蓬萊·海容·完邱·滄海·海客이다. 敦寧主簿 楊希洙의 아들로 1517년(중종 12)에 출생했다. 1540년(중종 35)에 生員을 했고, 1546년(명종 1) 式年 文科에 丙科로 及第하여 1556년(명종 11)경 大同縣監을 거쳐 三登縣監·咸興府尹·平昌郡守·江陵府使·淮陽郡守 등을 지냈다. 安邊郡守로 있을 때 善政을 베풀어 通政大夫에 올랐으며, 北邊의 兵亂이 일어날 것에 대비하여 馬草를 備蓄하였다. 그러나 智陵의 화재에 대한 책임을 지고 1584년(선조 17)에 海西로 귀양 갔다가 돌아오는 길에 죽었다. 특히 淮陽郡守로 있을 때 金剛山에 자주 드나들며 경치를 즐겼는데, 金剛山 萬瀑洞의 바위에 "蓬萊楓岳 元化洞天"이라 새겨진 그의 글씨가 남아 있다. 楷書와 草書에 능하여 조선 초기 이래 安平大君·金絿·韓濩와 함께 4대 서예가로 불렸다. 漢詩에도 뛰어났으며, 歌辭 작품에 「美人別曲」등이 있고, 時調 작품에 지금도 널리 애송되는 "泰山이 놉다 ᄒ되 하ᄂᆞᆯ 아래 뫼히로다/오르고 ᄯᅩ 오르면 못 오를 리 업건마ᄂᆞᆫ/사ᄅᆞᆷ이 제 아니 오르고 뫼흘 놉다 ᄒ더라"가 있다. 문집에 『蓬萊集』이 있다.

## 2. 구성

이 책은 1冊(12張 24面)으로 구성되어 있다. 표제는 『蓬萊遺歌』이다. 歌辭 「西湖別曲」·「美人別曲」과 기타 詩文이 실려 있다. 세부 구성은 다음과 같다.

「西湖別曲」은 每面 8行, 每行 17字씩 國漢文混用으로 筆寫되어 있다. 분량은 1張부터 3張 뒤 5行까지이고, 전체 125句이다.
「簡嘲柳廣文洵之托不會」는 七言絶句이고, 분량은 3張 뒤 6行부터 8行까지이며, 전체 4句이다.
「白雲山」[1]은 七言律詩이고, 분량은 4張 앞 1行부터 5行까지이며, 전체 9句이다.
「七絶」은 七言絶句이고, 분량은 4張 앞 6行부터 8行까지이며, 전체 4句이다.
「道峯山」의 분량은 4張 뒤 1行부터 4行까지이고, 전체 8句이다.
「天寶山」의 분량은 4張 뒤 5行부터 8行까지이고, 전체 8句이다.
「雲岳山」의 분량은 5張 앞 1行부터 8行까지이고, 전체 8句이다.
「五絶」은 五言絶句이고, 분량은 5張 뒤 1行부터 2行까지이고, 전체 4句이다.

---

1) 「白雲山」부터는 "抱川山川"이라는 小題名이 있다.

「望國山」의 분량은 5張 뒤 3行부터 6行까지이고, 전체 8句이다.

「水原山」의 분량은 5張 뒤 7行부터 10行까지이고, 전체 8句이다.

「斗文山」의 분량은 6張 앞 1行부터 4行까지이고, 전체 8句이다.

「莎草」의 분량은 6張 앞 5行부터 7行까지이고, 전체 4句이다.[2]

「美人別曲」은 每面 8行, 每行 22字씩 國漢文混用으로 筆寫되어 있다. 분량은 6張 뒤부터 7張까지이고, 전체 69句이다.

「半月山」은 五言律詩이고, 분량은 8張 앞 1行부터 4行까지이고, 전체 8句이다.

「海龍山」은 五言律詩이고, 분량은 8張 앞 5行부터 8行까지이고, 전체 8句이다.

「鄭掌令浦記」는 每面 7行, 每行 20字씩 필사되어 있다. 분량은 8張 뒤부터 9張 앞 7行까지이다.

「孝友門傳」은 每面 8行, 每行 18字씩 필사되어 있다. 분량은 9張 앞 8行부터 10張 뒤 5行까지이다.

「簡答寄楊景霖聞中邀我遊白鷗洲」는 五言絶句이고, 분량은 10張 뒤 6行부터 8行까지이고, 전체 4句이다.

七言排律 2首의 분량은 11張 앞 4行부터 11張 뒤 5行까지이다.[3]

「書山石次五半山」의 분량은 11張 뒤 6行부터 12張 뒤 3行까지이다.


## 3. 내용


### 1)「西湖別曲」

壬辰倭亂 20여 년 전에 許橿(1520~1592)이 지은 歌辭 작품으로 서울의 西氷庫 부근에서 배를 타고 麻浦 西江으로 내려오는 동안의 漢江 風物과 韻致를 중국의 古事에 견주어 노래하였다.

許橿은 楊士彦, 古玉 鄭碏(1533-1603), 土亭 李之菡(1517-1578), 南士 金太鈞과 交契가 특별히 깊었다. 따라서 이들은 평소에 交流가 빈번했고, 그 과정에서 이 작품은 楊士彦이 許橿에게 받아서 原作을 臨寫한 것이고, 樂府에 올린 것이다. 그 뒤 許橿은 다시 이 작품을 손질하여 家藏하였고, 그의 孫子인 眉叟 許穆(1595~1682)이 두 本을 아울러 싣고 『先祖永言』을 만들었다.

즉, 이 작품은 『蓬萊遺歌』 외에 許穆이 撰한 『先祖永言』에도 許穆의 曾祖父인 許磁(1496~

---

2) 「莎草」의 뒤 8行에 「薜荔」이라는 詩 題名이 있는데. 이 책을 牒으로 만드는 과정에서 망실된 것으로 보인다. 작품은 책에 전하지 않는다.

3) 「簡答寄楊景霖聞中邀我遊白鷗洲」와 七言排律 사이에 "寄徐鎭之 春首 鎭之期與遊楓岳 余拘事不借 盖鎭之先往淮陽留 侯我至馳 深促行簡辭致謝"라는 文이 있는데, 작품으로 보기 어려워 제외하였다.

1551)의 時調 2首 및 許橿의 시조 7首와 함께 실려 있다. 두 책에 실린 각 작품은 별다른 차이를 보이지 않으며, 許穆이 「西湖詞跋」에서 밝힌 대로, 처음에는 6단으로 나뉜 「西湖詞」[4]가 지어졌다가, 양사언에 의하여 三腔八葉의 樂調에 어울리게 改編된 내력을 지녔다. 현전하는 가사 작품 가운데 유일하게 본문에 樂調 표시가 되어 있어서 壬辰倭亂 以前 歌辭의 歌唱 실태를 추정하는 매우 중요한 단서가 되는 작품이다.

### 2) "抱川山川" 關聯 詩文

楊士彦은 1556년(명종 11)경 大同縣監으로 나가기 전 10여 년간의 行蹟이 模糊하다. 다만, 문집인 『蓬萊集』의 詩를 통해 그의 行蹟을 類推할 수 있다. 즉, 「平望亭次古詩」라는 詩를 보면 題目에 "平望亭 卽 抱川家舍也"라는 註가 달려 있고, 그 내용[5]을 통해 그가 大同縣監으로 나가기 전 십여 년을 抱川家舍의 困厄 속에서 지냈음을 알 수 있다. 따라서 "抱川山川" 關聯 詩文들은 楊士彦이 文科에 及第한 前後의 작품들로 보인다. 내용은 대부분 抱川의 山川景槪를 담고 있으며, 특정 지역까지의 旅程 등을 담고 있다.

### 3) 「美人別曲」

"美人曲"類는 自古로 君主를 美人에 비유하여 노래하는 것이 통례였으나, 이 작품은 楊士彦이 어느 女人에게 직접 바친 듯한 내용이며, 한 女人의 아름다움을 직접 그려내고 있다. 평소 自然을 사랑한 그의 미의식이 女人을 통해 확산되는 경로를 확인할 수 있는 작품이다. 그가 지은 이러한 경향의 작품으로 長短句 「牛女詞」와 「美人曲」 등을 들 수 있다.

## 4. 가치

楊士彦은 壬辰倭亂 以前의 인물이자, 정치적으로 화려한 행보를 보인 인물이 아니기 때문에 그의 행적에 관해서 자세히 전하지 않는다. 다만, 『人物考』 등을 통해 그의 文名이 매우 뛰어났음을 확인할 수 있을 뿐이다. 아울러 그의 遺墨은 『槿墨』 등에 단편적으로 전하는 것을 제외하고는 거의 전무한 실정이다. 이런 점에서 延世大學校 所藏 『蓬萊遺歌』는 楊士彦의 親筆이 확실한 唯一本이며, 그것이 壬辰倭亂 以前의 遺物이라는 데 매우 큰 가치가 있다.

더구나 楊士彦과 兄 楊士俊, 弟 楊士奇(1531~1586) 삼 형제는 世人이 眉山의 三蘇에 비유

---

4) 『先祖永言』에 '家傳舊本'이라고 하였고, 「西湖別曲」과 나란히 실려 있다.
5) "如雲身世竟何居 蓬轉萍浮十載餘 來祭松楸霜露下 獨歸湖海伴琴書"

할 만큼 文名과 筆法이 높았는데, 草書를 비롯하여 楊士彦의 筆法을 직접 확인함으로써 壬辰倭亂 以前의 書體를 연구할 수 있다는 점도 이 자료의 소중한 가치로 간과할 수 없다.

또한 壬辰倭亂 以前의 歌辭 작품이 실려 있어 자료적 희소성을 지닐 뿐만 아니라, 「西湖別曲」에는 본문에 樂調 표시가 되어 있기 때문에 적어도 歌辭가 肅宗 以前에는 唱으로 향유되었음을 입증하며, 당시 歌辭의 歌唱 방식을 연구하는 데도 지대한 기여를 하는 귀중한 자료이다.

【김형태】

# 蓬萊日錄

趙秉均(1851~1891) 著.

寫本. 2卷1冊 ; 四周雙邊 半郭 23.0×14.0cm, 無界, 10行30字, 上下向2葉花紋魚尾 ; 29.0×18.0cm.

## 1. 저자

趙秉均(1851~1891)의 字는 國衡, 號는 希堂이다. 증광시 진사가 되었다. 그의 字가 國衡, 號가 希堂이라는 것은 李憲榮의 序와 저자가 직접 쓴 跋에 나와 있다. 日錄의 序를 쓴 李文榮이 舊韓末의 인물인 것으로 보아 그 역시 舊韓末의 인물인 듯한데 더 자세한 것은 알 수 없음.

## 2. 구성

日錄은 2권 1책으로 이루어져 있는 필사본이다. 전체의 목차는 다음과 같다.

「蓬萊日錄序」·「東遊金剛序」·「金剛山總論文」·「淮陽內山長安寺所屬」·「淮洋內山表訓寺所屬」·「高城外山楡岾寺所屬」·「高城外山神溪寺所屬」·「蓬萊日錄上」·「蓬萊日錄下」·「東征賦」·「蓬萊日錄後序」·「蓬萊日錄跋」

## 3. 내용

이 日錄은 金剛山 探勝記로서 1890년(경인)에 5월 13일 서울을 출발하여 7월 1일 다시 서울에 도착하기까지의 일을 기록하였다. 제일 먼저 1890년(경인) 仲秋 上浣에 滄厓 李文榮(1850~?)의 서가 실려 있다. 여기서 그는 우리나라에 명산이 많지만, 금강산이 최고이다. 구룡폭포는 금강산의 기괴함을 드러냄으로 금강산이 명승이 되는 까닭이라고 했다. 금강산의 최고봉인 비로봉에 오르지 않으면 가슴이 탁 트이는 마음을 느낄 수 없다고 하면서 반드시 금강산에 가서 꼭 비로봉의 안개가 거칠 때 푸른 동해 바다를 굽어보고 오라고 당부하였다. 이어서 역시 벗인 李憲榮이 중구일에 쓴 序가 실려 있다. 여기서 그는 조병균이 금강산에 가기 전에 자신을 찾아와 세속에 얽매어 가보지 못하다가 이제야 때를 얻어 금강산에 갈 뜻을 말하자 금강산에 가서 높이 솟은 금강산의 봉우리와 금강산의 깊은 웅덩이를 보고 옛사람들이 산수의 즐거움을 어떻게 즐겼는지 꼭 느껴 보고 오라고 당부했다는 말을 하고 있다.

다음은 자신이 직접 쓴 「東遊金剛序」가 실려 있다. 그는 여기서 중국 사람들이 낙랑국(우리나라를 말함)에서 태어나 금강산을 한번 보고 싶다고 했는데, 낙랑국에 태어난 자신이 금강산에 가지 못한다면 중국 사람들의 웃음거리가 될 거라고 했다. 이에 玉田 尹容燮과 南國의 文士인 蓮史 金澤柱, 선승 鵬溟과 함께 한 경위들을 설명하고 있다.

다음은 「金剛山總論文」이라고 하여 금강산에 대한 일종의 지리적 요약이 실려 있다. 제일 먼저 금강산과 한반도의 지리적 관계에 대한 설명으로서 백두산으로부터 비롯하여 금강산에 이르기까지의 백두대간에 대해 대체적인 설명을 하였다. 이어서 지리적 설명으로서 금강산 안에 있는 여러 봉우리의 위치에 대한 대체적인 내용을 설명하였다. 이어서 금강산 안에 있는 4大 사찰인 長安寺, 表訓寺, 楡岾寺, 神溪寺 등을 언급하고 이들 절에서 보이는 각각의 풍경들을 소개하고 있다. 즉 장안사에서는 영원동에서 떠오르는 해와 달 풍경과 망군대의 비안개 풍경이 뛰어나다고 했다. 표훈사에서는 만폭동의 八潭과 비로봉에서 보는 중향성 풍경, 헐성루에서 보이는 만이천봉 풍경이 뛰어나다고 했다. 유점사에서는 은선대의 절벽과 미륵봉의 웅장함 부처의 형상인 양 뛰어나다고 했다. 신계사에서는 비봉대와 은하수에서 떨어지는 물줄기 같은 구룡폭포가 뛰어나다고 했다. 이어서 해금강 쪽에 대한 설명으로, 삼일포가 관동팔경의 으뜸이라고 했고, 총석정의 기묘함을 언급하고 있다. 그리고 끝으로 중국사람들도 천하의 절경으로 친 금강산을 우리나라에서 태어난 자신이 직접 확인하고 오겠다는 다짐을 하였다.

다음으로는 금강산의 여러 풍경들을 장안사, 표훈사, 유점사, 신계사 등 금강산의 4대 사찰을 중심으로 하여 죽 열거하였다. 이어서 직접적인 금강산 여행기인 「蓬萊日錄」上下가 실려 있다.

「蓬萊日錄」上
· 5월 13일(신사). 오후 장맛비가 비로소 개여 행장을 차려 흥인문을 나서서 10리 쯤 가다가 開雲寺(원래 이름은 永度寺였다고 함) 도착. 극락전에서 함께 가기로 한 일행을 기다리며 하루 묵었다.

· 5월 14일. 흐림. 함께 가기로 한 김택주는 왔으나, 윤용섭이 오지 않았다. 교리 沈宜純, 說書 朴箕陽 등이 여행의 글을 각각 지었다. 이들 세 사람은 모두 동지들이었으나 함께 가지 못해 아쉬웠다.

· 5월 15일 맑음. 윤용섭이 왔으나 병이 있어 뒤에 따라오기로 했다. 김택주와 붕명 스님과 함께 먼저 출발하였다. 5리를 가다가 種松店에 이르러 점심. 오후에 비가 와서 급히 10리를 가 양주 圓塘里에 도착. 동악 이안눌의 舊基인 枕松 李錫永의 山亭에서 묵음.

· 5월 16일 맑음. 아침에 출발하여 樓院店에 도착. 의정부를 지나 祝石嶺에서 점심. 다시 30리를 가 포천 松隅店에 도착하여 술을 마시며 잠시 쉼. 출발하여 華山 李圭東의 집을 방문하여 묵기로 했는데, 그의 집은 백사 이항복의 묘소 아래에 있었다.

· 5월 17일 맑음. 40리를 가서 영평의 만세교에 도착. 다시 30리를 가서 屈川에 도착하여 물가에서 목욕하고 그곳에서 묵음. 옛날 함흥에서 돌아오던 태조의 흔적을 생각하며 시를 지음.

· 5월 18일 맑음. 아침 일찍 출발하여 10리를 가서 書齋店 도착. 시를 지음. 다시 40리 길을 가서 철원 경계에 도착하여 보개산의 산세를 보고 시를 지음. 15리를 가서 김화의 大聖山 아래에 도착. 물가에서 쉬면서 시를 지음. 고개를 하나 넘어 麟溪驛에 도착. 김화 吉家店에서 잠자리를 빌려 잠.

· 5월 19일 바람 불고 흐림. 김화의 현감인 족질 爰夏을 보러 가서 정담을 나누고 시를 주고 받음. 吉家에서 묵음.

· 5월 20일 맑음. 30리를 가서 龜亭津에 이르러 점심. 20리를 가서 金城邑에 도착. 鄭家店에서 묵음.

· 5월 21일 맑음. 아침에 출발하여 30리 길을 가서 倉道驛 金中軍의 집을 방문. 시를 지음. 30리를 가서 通口川에 도착. 다리가 무너져 배를 타고 건넘. 한 고개를 넘고 통구점의 黃婆家에 이르렀는데, 그 노파는 정녕 여걸이었다. 이에 그곳에 묵음.

· 5월 22일 맑음. 아침을 먹고 시를 지음. 30리를 가서 단발령 아래 抹樓店에서 점심. 시를 지음. 곧바로 단발령을 넘어 10리의 숲과 돌멩이 길을 지나니 멀리 겨우 금강산이 보이기 시작. 시를 지음. 곧바로 20리를 가서 회양 北倉店에 도착하여 쉼. 千里峴에서 자주 큰 개울을 지나니 만폭동 아래 하류에 도착. 10를 가서 탑동에 도착하고 만천교를 지나 三億洞에 이르름. 이곳은 바로 장안사의 동구임. 계속 가니 스님이 횃불을 들고 나와 우리를 맞아 海恩庵으로 들어가 묵었다. 서울서부터 400리 길을 옴.

· 5월 23일 맑음. 아침에 세조와 예종, 성종을 모신 御香閣을 배알함. 시를 지음. 오후에 指路라는 승려와 함께 장경봉에 갔다가 장경암에 감. 해은암으로 돌아와 묵음.

· 5월 24일 맑음. 장안사에서 일찍 출발하여 옥경대 앞에서 이르고 10여리를 가니 신라 경순왕의 아들 마의태자가 피해 살던 터에 이름. 영원암에 이르니 남쪽에 十王峰이 있고 앞에서는 使者峰과 罪人峰, 判官峰이 뚜렷했다. 동쪽으로 장군봉, 마두봉, 우두봉이 펼쳐져 있었다. 계속 가다가 靈源에 이르렀다. 10리를 내려가 도솔암으로 올라가니 한 반석이 나오는데, 10丈쯤 되고 그 사이로 폭포 한 줄기가 발처럼 떨어져 水簾洞 세 글자를 각자했다. 표훈사로 돌아옴.

· 그 사이 25일 비, 26일, 27일, 28일까지 비가 내려 그냥 절에 머묾.

· 5월 29일 흐림. 며칠 만에 탐방을 다시 시작. 鳴淵에 들러 명연에 빠져 죽은 金同 거사 이야기를 함.

· 5월 30일 맑음. 자신들을 안내할 스님 일행들을 만폭동으로 먼저 보냄. 정양사에 감. 헐성루에 오르고 고려 태조가 담무갈 보살을 만났다는 文藏臺에 이름. 다시 표훈사에 돌아와 묵음.

· 6월 1일 맑음. 만폭동이 시작되는 금강문에 이름. 그곳에서 '蓬萊楓嶽元化洞天'이란 양사언의 각자를 봄. 오르면서 만폭동을 봄. 보덕굴에 이름. 이어서 만폭동 팔담들의 특징들을 언

급하고 '八潭總論'이라는 제목 아래 총론에 해당하는 시 1편을 비롯하여 만폭동의 8개 용소들인 '黑龍潭', '琵琶潭', '噴雪潭', '碧霞潭', '眞珠潭', '龜潭', '船潭', '火龍潭'을 7언절구로 노래한 작품들이 실려 있다. 총론에 해당하는 시는 다음과 같다.

一抹金剛最有靈   금강산에서 가장 신령한 곳은
五仙臺下八潭淸   五仙臺 아래에 있는 맑은 八潭이라네.
試思今日行看處   오늘 나 이곳에 와서 그 모습 보나니
曲曲寒流不盡聲   굽이굽이 찬 물결 소리 끝이 없구나.

이어서 摩訶衍에 이르러서 묵음.

· 6월 2일 맑음. 아침 일찍 행장을 차려 절의 여러 스님들과 함께 佛地庵에 이름. 이어서 큰 나무다리를 건너 10여리를 가 毘盧庵 옛터에 이름. 석축만 남아 있고 나무들이 빽빽하여 인적이 없었다. 구름다리를 겨우 지나고 몸을 구부려 가면서 10여리를 가니 이미 오후가 되었다. 잠시 점심을 먹고 나뭇잎을 따서 바가지 삼아 물을 떠 먹음. 계속 힘들게 산을 올라 비로봉에 도착. 스님들이 이르기를 비로봉에 올라 100에 10번을 올라야 비로봉의 맑은 경치를 볼 수 있다고 함. 하물며 얼마 전 비가 내렸는데 이렇게 맑은 금강산을 보게 된 것이 기뻐서 『詩經』의 '文王鶴鳴장'을 읊조림. 하산하여 다시 마하연에서 묵었다. 이날 밤 비로봉에 이른 기쁨으로 쉽게 잠을 이루지 못함.

· 6월 3일 맑음. 아침을 먹고 법당에 나가 구경함. 妙吉祥庵에 이르러 묘길상을 구경함. 다시 10여리를 가 雁門嶺에 이르름.

「蓬萊日錄」下

· 6월 3일 마하연에서 출발하여 안문령에 이름. 안문령은 바로 내금강과 외금강의 경계임. 곧바로 10여리를 내려가 點心幕, 七寶臺를 지나 曉雲洞에 이름. 유점사에서 스님이 와서 영접함. 10여리를 가 塔洞에 이르는 3명의 노스님들이 이미 와서 기다리고 있음. 마하연에서 여기까지는 대략 40리 길임.

· 6월 4일 큰 바람. 아침을 먹고 헐성루 비로봉 쪽으로 놀러감. 유점사에 도착. 유점사는 바로 천하 명산 금강산에서 가장 뛰어난 福地에 세워진 절이라고 함. 그곳에서 고려조 閔漬가 쓴 '楡岾寺記'를 봄. 이 기록에 따르면 이곳은 바로 옛날의 龍湫로서 53佛이 천축국에서 올 때 배를 타고 동해 고성의 安昌港에 이르러 금강산으로 들어올 때 원래 있던 용들이 살던 곳이었다고 함.

· 6월 5일 흐렸다가 비가 옴. 탐승을 하지 못한 채 절에 머무르면서 냉면으로 점심을 때우고 송편과 식혜를 먹음.

· 6월 6일 비. 비 때문에 절에 머묾. 스님들이 아침에 종이와 붓을 가져와 금강산 경치를

읊은 시를 지어달라고 함. 이에 시를 화답하여 줌.

· 6월 7일 비. 절의 山映樓에 올라 여러 스님들과 함께 경치를 감상하고 다과를 함께함.

· 6월 8일 비. 절의 스님에게 시를 지어 줌.

· 6월 9일 비. 시를 화창함.

· 6월 10일 흐렸다가 비. 오후에 산영루에 나갔다가 興聖庵에 감.

· 6월 11일 맑음. 오후에 비로소 절을 나섬. 얼마를 가니 萬景臺에 이르러 시를 지음. 이곳에는 九連瀑(지금의 불정대 십이폭포인 듯함)이 걸려 있고 용소는 배 모양을 하고 있음. 구련폭에서 바라보니 그 위로 佛頂臺의 작은 암자가 까마득히 보임. 獅子峴 너머에는 內院庵이 있는데, 서산대사가 9년 동안 면벽하던 곳으로 알려져 있음. 그 위로 미륵봉이 있어 비로봉과 높이를 견줄 만하다고 함. 돌아와 북쪽으로 10리 쯤을 가서 빽빽한 숲과 붉은 바위봉우리를 넘어 올랐다. 이곳이 바로 隱仙臺임. 정상은 10여명이 서 있을 만하고 바위 위에는 약맷돌처럼 구멍이 나 있는데, 仙子가 가끔씩 와서 놀고 간다고 함. 북쪽으로 圓寂峰이 있고 그 아래에는 적멸궁의 옛터가 있음. 또 점점이 大藏峰의 산세가 펼쳐져 있고 그곳에는 12번 꺾이는 폭포(은선대 십이폭포를 말함)가 있다. 이 폭포는 聲聞洞 쪽으로 쏟아져 내려 잣나무숲과 바위 사이로 흘러내리니 마치 모양이 하얀 비단을 드리운 듯한데 그 소리는 마른 날 벼락 소리 같아 참으로 은하수가 九天에서 떨어지는 듯하다. 동쪽으로는 해금강이 멀리 보이고, 서쪽으로는 미륵봉이 우뚝 솟아 있어 가히 외금강의 한 장관이라고 할 수 있음. 시를 지음.

· 6월 12일 비가 퍼붓듯이 내림. 여행의 객수가 돋아나 시를 지음.

· 6월 13일 맑음. 아침 일찍 출발하여 龍吟樓와 산영루에서 丹楓橋에 이르고 여러 스님들과 작별을 함. 10여리를 가 歡喜嶺과 獐項을 넘고 狗子嶺(開殘嶺을 말함)에 이르렀다. 산길이 구불구불한데 아스라한 구름다리를 건너니 아래로 날을 듯 떨어지는 폭포들이 비끝에 힘차게 쏟아져 내렸음. 환희령, 장령, 구자령은 바로 53불이 금강산으로 들어올 때 고성의 군수인 盧春이 쫓아 오다가 53불의 자치를 잊어버렸는데, 홀연 한 개가 꼬리를 치며 나타나 앞길을 인도했다고 하여 이렇게 이름붙였다고 함. 또 노춘의 행차가 장령에 이르니 한 마리 노루가 앞길을 인도했다고 하여 이렇게 이름붙였다고 함. 구자령에서 곧바로 내려와 10여리를 가 百川橋에 이르렀다. 여기에 이르자 비로소 밭과 들이 열리고 풀들이 자라나 있었다. 시를 지었다. 다시 10여리를 가 井臼店에서 점심을 먹고 시를 지음. 10여리를 가 廣橋店에 이르러 보니 큰 강가에 배가 왕래하는 것이 보였다. 바로 동해가 멀지 않음이다. 얼마를 가서 고성읍에 이르고 李家店에서 잠시 쉬었다. 官衙를 찾아들어 이 고을 원님인 趙寬在를 보고 저녁을 먹은 뒤에 迎月軒에 올라 저녁풍경을 봄. 좌우로 뭇봉우리들이 펼쳐져 있는데, 모두 陸山으로 神溪寺에서 한 줄기가 한 30여리를 뱀처럼 뻗어져 내려와 主山을 만들었다. 서쪽 봉우리 위에는 거북처럼 생긴 커다란 바위가 있어 西龜巖이라고 부름. 동쪽에 역시 거북 모양의 바위가 있어 東龜巖이라고 불러 해와 달이 출몰하는 것을 볼 수 있음. 남쪽으로는 두 개의 노적봉이 案山

처럼 펼쳐져 있고 그 위로 커다란 바위가 있는데, 沙工巖이라고 부르고, 그곳에서 5리쯤 되는 곳에 역시 사공암이라는 바위가 있어 서로 대면하고 있으니 기이함. 그 아래로는 南江이 동쪽으로 흘러들어가니 赤壁江이라고 부름. 서쪽에는 海山亭이 있음. 길을 돌려 李家店에 묵음. 이날 밤 후덥지근한데다가 모기떼들 때문에 도통 잠을 이루지 못함.

· 6월 14일 맑음. 아침 일찍 출발하여 해변의 監營에 이르러 將校들과 함께 뱃놀이 준비를 함. 배에 올라 한 모퉁이 바위에 이르니 '海金剛' 세 글자가 새겨져 있는데, 현종조에 처사인 南弄丸이라는 사람이 이곳으로 유람왔다가 비로소 알려지게 된 것임. 이날 바닷바람이 세지 않고 물결이 맑고 고요해 물속까지 훤히 들여다 볼만했음. 해금강에도 역시 많은 봉우리들이 있는데, 그 아름다움에 금강산의 이름을 가져다가 붙인 것이 많음. 뱃놀이를 하면서 배를 가지고 시를 지음. 물가로 돌아와 보니, 관아에서 色吏(관아의 아전) 2명이 계집종 하나를 데리고 먼저 와서 밥을 짓고 있었음. 배에서 내려 밥을 먹고 육로를 5리 쯤 따라 가서 오이밭에 이르러 오이를 한 50개 사서 나누어 먹었다. 해산정에서 남쪽으로 배를 타고 얼마를 가니 노적봉 아래 이름. 깎아지른 절벽에 '赤壁江'이라는 세 글자가 새겨져 있음. 여러 나그네들과 함께 술을 마시고 뱃놀이를 하니 마치 소동파의 적벽놀이이 같았음.

· 6월 15일 맑음. 고을 원님을 찾아가 적벽놀이의 즐거움을 이야기함. 다시 광교로 나가 한 산기슭을 넘어 三日浦에 이르렀다. 근방에 한 암자가 있는데, 꿈에 한 늙은 스님이 나타나 가르쳐 주어 물을 얻었다고 하여 夢泉庵이라고 함. 원래 이름은 獅子庵이었음. 삼일포의 가운데 커다란 바위가 외로운 섬처럼 솟아 있는데, 그 위에 정자가 하나 있다. 곧 신라 말에 永郞·述郞·南石行·安詳이라는 四仙이 이곳에서 사흘을 놀았다고 하여 이곳을 三日浦라고 부르고, 정자는 四仙亭이라고 부름. 동쪽으로는 10여리를 가면 완만한 돌산이 나오는데, 36개의 봉우리가 둘러쳐 있다. 양사언이 놀던 옛터가 남아 있음. 광교점으로 돌아와 점심을 먹고 養珍驛에 이르렀다. 다시 가다가 車峴을 넘으니 바로 神溪寺의 동구였다. 빗소리가 급히 나서 절문으로 뛰어 들어가니 절의 스님들이 우리를 보고 맞아주었다.

· 6월 16일 비. 그대로 신계사에 머물렀다. 이 절은 신라 법흥왕 때 세워졌다고 함. 여러 번 무너지고 새로 지었다고 함. 앞으로 개울이 있는데 이곳까지 물고기들이 다닌다고 함. 이는 고려 명종 때 普雲道師가 절 위로는 절대로 올라오지 못하게 神術을 부려 그렇게 되었다고 함. 동쪽으로는 봉황대(문필봉이라고도 함)가 있고, 남쪽으로는 집선봉이 있음. 이날 밤 빗소리가 그치지 않아 계곡의 물소리가 요란하게 들림. 옛날부터 금강산은 5월 5일까지는 비가 오거나 날씨가 흐리기를 45일을 그렇게 계속된다고 함. 그래서 이 동안에는 비가 오지 않으면 바람이 불고 안개가 끼지 않으면 음침하다고 함. 그런데 지금 거의 40여일이 지났는데, 아직도 쾌청할 기미가 보이지 않음.

· 6월 17일 흐렸다가 비가 옴. 마침 한 손님이 찾아왔는데, 宣川에 사는 崔哥라는 사람이었다. 올해 나이가 46세이고 양친이 구존하고 8남 1녀를 두었다고 한다. 집안이 넉넉하여 전답

을 자식들에게 맡기고 명산대천을 두루 돌아다닌다고 함. 정녕 고매하고 드문 팔자의 인물이
었다. 함께 한담을 나누었다. 이날 발연사에 있는 鵬溟 스님이 우리가 이곳에 온 것을 전해
듣고 비를 무릅쓰고 찾아왔다. 함께 시를 수창함.

・6월 18일 맑음. 일찍 김택주와 崔 아무개 雅將과 함께 萬物肖(만물상을 말함)로 향하여
출발하여 極難峴을 넘어 溫井店에 도착하였다. 溫水가 바위 틈에서 솟아나와 2층탕을 이루고
구멍으로 흘러드는데, 물을 끌어들여 板屋을 해 덮어놓았다. 風疾이 있는 사람들이 이곳에서
목욕을 하면 효험이 있다고 함. 동쪽으로 食堂峰을 지나 鶴仙臺라는 곳에 이름. 萬物肖店에
이르니 신계사에서 여기까지는 대략 30리 길이다. 드디어 갓을 벗고 지팡이를 던져버리고 옷
을 걷어올리고 나막신을 신고 얼마를 올라갔다. 資生洞과 獅子項을 지나 만물초에 이르니, 세
봉우리가 있는데, 三仙峰이라 부른다. 그 가운데 한 봉우리에 굴이 하나 있는데 한번에 돌을
던져 들어가면 만사가 이루어진다는 속설이 있다고 함. 신계사로 돌아와 묵음.

・6월 19일 맑음. 아침 일찍 구룡연(지금의 구룡폭포와 상팔담 지역을 말함)으로 출발. 서
쪽으로 普光庵을 지나 船潭峴을 지나 북쪽으로 華藏庵을 바라보며 五仙巖에 이르렀다. 10여
리쯤 가니 座鼎巖이 나오고 仰止臺에 이르렀다. 5리를 더 가니 바위에 '玉龍關金剛門'이라는
여섯 글자가 새겨져 있었다. 계속해서 飛鳳臺에 이르고 비봉폭포를 보았다. 시를 지음. 더 올
라가니 골짜기가 없고 바위가 즐비하며 나무들이 가득했다. 舞鳳臺 아래에 이르렀다. 아래로
폭포 하나가 두 봉우리 사이에서 떨어져 내리니, 무봉폭포라 부른다. 이어서 淵潭橋를 건너
九龍淵에 이르렀다. 하늘이 넓게 뚫리고 바위가 펼쳐져 있는데, 꼭대기에서 한 줄기 폭포가
수백장의 길이로 용소 속으로 떨어져 내렸다. 용소의 물빛은 어둡고 파도가 치며 구름 기운
이 나비처럼 날았다. 하얗게 날리는 물방울들은 회오리바람처럼 날렸다. 정신이 어지러워 가
히 형언할 수 없었다. 위로 八潭이 있어 이곳에 이르러 아홉 구비가 되어 폭포로 쏟아지니
장관이었다. 시를 지음. 다시 옥류동으로 내려와 점심을 먹고 신계사로 향함.

・6월 20일 맑음. 붕명 스님과 함께 動石洞을 나서서 砥石峴을 넘어 20리 쯤 가서 鉢淵寺
에 도착하였다. 발연사는 신라 법흥왕 때 眞表律師가 창건했다고 함. 절 가까에는 발연폭포가
있다. 신계사로 돌아와 점심을 먹고 通天으로 향하였다. 통천의 城直店에 이르렀다. 앞으로는
長箭大浦가 펼쳐져 있었다. 바닷가로 가서 조개를 잡도록 해서 먹음. 바다를 따라 沙津店에
이르러 잘 곳을 구함.

・6월 21일 맑음. 새벽에 출발하여 禮雲峴을 넘어 雲巖에 이르고 10리를 더 가니 八松亭이
있었다. 바닷가에 수십 丈 되는 바위가 홀로 섰는데, 門巖이라 부름. 곧바로 통천읍으로 들어
가 朴相珉의 집에서 밥과 술을 먹음. 신계사에서 여기까지는 대략 100리가 됨.

・6월 22일 맑음. 새벽에 叢石亭으로 향했다. 총석정에 이르러 뱃놀이를 함. 총석정의 모습
은 마치 표면은 숯돌 같고 기둥 같으며 사각형 혹은 육각형 모습을 하고 있고, 높이는 10丈
쯤 된다. 시를 지음. 총석정 위에서 술자리를 베풀고 실컷 취했음. 마침 그 아래로 倭船이 찾

아와서 술 병 하나와 안주를 보냄. 朴店에 묵음.

· 6월 23일 맑음. 朴店에 머묾.

· 6월 24일 맑음. 한성을 향하여 출발. 30리를 가 中戎店에 이르러 점심. 楸池嶺을 향하여 감. 華川店에 이르니 이곳은 회양의 東面이다. 25리를 더 가서 葛里川에 이름 묵음.

· 6월 25일 아침부터 비 오다 늦게 맑음. 점심을 먹고 출발. 20리를 가서 新安店에 이름. 하루 종일 계속 가서 連城浦에 이름. 金城 倉道店에 도착하니 날이 저물어 감. 金 아무개 中軍의 집에 묵음.

· 6월 26일 맑음. 金城郡에 이르러 저녁에 朴家店에서 묵음.

· 6월 27일 맑음. 28일까지 이곳에 머물음.

· 6월 29일 비. 철원에 도착. 10리를 가서 柯樓峴에 이르러 쉼. 이날은 永平의 屈川店에서 묵음.

· 6월 30일 맑음. 포천역에 도착.

· 7월 1일 아침 비. 아침에 출발하여 최초의 출발지였던 開雲寺에 도착. 탐승의 날짜는 합하여 50일이고 거리로는 1,600리였음.

「東征賦」

이 작품은 앞서 이루어진 자신의 금강산 여행의 일을 賦 형식으로 쓴 장편의 詩이다. 대략 금강산까지의 여정, 금강산에서 본 수많은 경치와 사찰, 해금강의 여정 등과 자신의 느낌을 읊었다.

「蓬萊日錄後序」

1890년(경인) 中秋에 冬寤堂 洪肯厚가 썼다. 금강산의 풍경은 비로봉이 최고이고, 비로봉의 풍경은 올라가서 내려다 보는 동해바다 풍경이 최고라고 하면서 저자의 금강산행을 예찬하였다.

「蓬萊日錄跋」

霞峰 殷以垾가 쓴 跋과 저자가 직접 쓴 跋 등 2편이 실려 있다.

## 4. 가치

이 금강산 탐승기는 구한말에 금강산을 여행한 일을 적은 기행문이다. 조선조 내내 금강산을 탐승한 일을 적은 금강산 여행기들은 기본적으로 사대부적인 입장에서 쓰여진 반면, 이

기행문은 그러한 의식이 상당히 희석된 채 여행 자체에 초점이 맞추어져 있다. 이에 따라 실려 있는 글들 역시 한문학적 소양을 지닌 사대부들의 글에 비해 문학적 질이 떨어진다. 반면에 자신이 여행한 금강산을 내금강 두 지역, 외금강 두 지역으로 나누고 그에 따른 여러 명승지들을 죽 나열하여 마치 여행에 참고하도록 배려한 점이 특징이다. 따라서 문학적 가치보다는 당시에 이루어진 금강산 여행의 여정이나 금강산의 탐승 과정 등을 알아볼 때 좋은 참고가 된다.

【전관수】

# 史野集

權大肯(1790~1858) 著.

寫本. 2卷2冊：無界, 10行21字, 無魚尾；32.5×20.5cm.

史埜集卷之一

詩

中宮殿春帖子 丁亥臘月望日 立春時日

放生時勝花寒綴金銀縷

菶送辛盤節物志 禁池鱗介氤氳椒氣潔陰功發育草心滋

樛木縈敷蔿蔞枝瑞旭氤氳

四旬福履快先睹 遍列呼嵩匝玉墀

戴柤專三樂無疆 膚孝光坤元允協贊化日漸舒

長恭運回抽英祥雲和藝香九如百祿祝拜獻流霞觴

戴甲勾芒箇箇纖長秋宮裏 寶籌添春辭莫狀坤

元化慚愧詞臣雨露沾

# 1. 저자

權大肯(1790~1858)[1)]의 本貫은 安東, 字는 季構, 號는 史野[2)]이다. 조선 개국 초 文衡을 지낸 陽村 權近의 15세손이자, 판서를 지내다가 仁祖反正 직후 모함으로 억울하게 죽은 權縉의 7세손이다. 조부 權  (1729~1801, 호 葉西)은 정조 연간에 병조판서를 지내며 남인계의 핵심 인물로 부상했던 인물이다. 부친 권익은 문경현감, 가평군수, 양근군수, 장성부사를 역임했다. 권대긍은 권익과 남원윤씨(尹行淳의 딸) 사이의 4남 중 셋째로 태어나 1814년 진사시에, 1823년 문과에 합격하였다. 이후 본격적으로 관직에 진출하여 正言·司書·執義·承旨·大司諫·江華留守·參判·漢城判尹·형조 및 예조 판서 등을 역임했다. 1844년 동지 사행에 副使로, 1850년 동지 사행엔 正使로 燕行한 바 있다.[3)] 저서로 현존하는 것은 이『사야집』외에 확인된 것이 없다.[4)] 鄕邸는 경기도 포천에 있었다. 권대긍에 대한 行狀·碑傳 등은 현재 확인되지 않고 있다. 다만 世交가 있던 尙州의 학자 鄭民秉(1800~1882)이 쓴 장편의 輓詩[5)]가 있어 생애에 참조할 만 하다. 권대긍의 家系는 다음과 같다.

---

1) 『고서목록』1집(연세대 중앙도서관, 1977)에는 저자 미상으로 되어 있으나 내용을 통해 권대긍이 저자임을 확인할 수 있다. 우선 上冊 첫 머리에 수록된 黃爵滋의 「史野詩集序」에 이 책의 저자를 '史野權公'이라고 하였고, 이 책에 수록된 여러 祭文에서도 저자가 '안동권씨'임을 확인할 수 있다. 또 下冊에 수록된 「誰誰會」, 「卞山錄」 등의 글에서 본서의 저자가 '權季構'임을 확인할 수 있다. 계구는 권대긍의 자이다.

2) '史野'라는 호는『論語』「雍也篇」의 子曰, "質勝文則野, 文勝質則史, 文質彬彬, 然後君子,"에서 나온 것이다. 간송미술관에는 추사 김정희의 예서 현판 글씨 '史野'가 남아 있는데 이는 바로 사야 권대긍에게 써 준 것이다. 유홍준의『완당평전2』(학고재, 2002) 722면에는 병조판서 權大正에게 써 준 것이라고 하여 오류를 범했다.

3) 1844년 동지 사행의 정사는 흥완군 이정응, 서장관은 윤찬이었고, 1850년 동지 사행의 부사는 김덕희, 서장관은 민치상이었다. 1844년 사행의 경우 서장관 윤찬의 族弟 尹程이 남긴『西行錄』(필사본 2책, 규장각 가람문고 소장)이 전한다.

4)『北槎錄』(필사본 1책, 연세대 소장본)이란 책에 1847년 冬至使 副使 尹致定(1800~?) 외 5인의 燕行詩가 실려 있는데 이 5인 가운데 史野도 포함되어 있다. 그의 시는 「追錄史野次韻」이란 이름으로 <洞庭橘> 이하 27제의 시가 수록되어 있다. 다만『북사록』에 실린 27제의 시는『사야집』에는 실리지 않았다.『북사록』에 대해서는『고서해제』III(연세대 국학연구원 편, 2005), 김영진 해제를 참조.

5) 「輓權判書」(『箕州遺集』권2, 목활자본, 국립중앙도서관 소장본). 정민병은 본관은 진양. 愚伏 鄭經世의 후손으로, 鄭象觀의 아들이다.

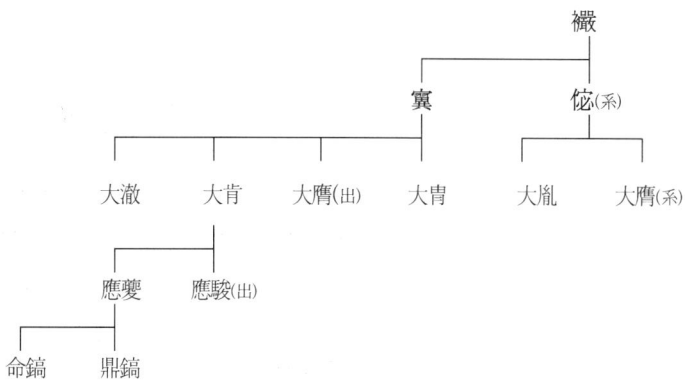

본서를 통해 확인되는 권대긍의 교유자는 다음과 같다. 金集均, 韓稷東(호 月村), 鄭德和(호 汕樵), 丁學淵(호 酉山), 權永佐(호 米山), 宋源壁(호 竹陽), 韓鎭屎(호 陶村), 權大容(호 無咎子), 柳說(호 樾渚), 李章河, 李敬仲(이름 미상), 毫宇(이름 미상), 李廣度(호 華巖), 趙秉龜(호 游荷), 任聖皇, 淸人 黃爵滋·張曜孫·張丙烘 등이다.

## 2. 구성

본서는 필사본6) 2책이다. 한 책은 표제가 '史野集', 안은 '史埜集卷之一 詩'와 '史埜集卷之二 文'으로 구성되어 있고, 또 한 책은 표제가 '史埜遺稿 未定草 下'로 되어 있다. 앞 책에 이어 '書'를 필두로 산문이 실려 있다.

제1책: 淸 黃爵滋의 「史野詩集序」가 있고 이어 卷之一 詩가 시작된다. 「中宮殿春帖子」를 시작으로 총 129제 227수가 수록되어 있다. 7언율시와 古詩가 많은 편이다. 卷之二 文에는 序·誌·題後·書 등 文 22편이 실려 있다.

제2책: 書·碑銘·墓碣銘·行狀·祭文·進香文·敎書·疏·講義·遊記 등 文 53편이 수록되어 있다.

## 3. 내용

「史野詩集序」는 淸의 문인 黃爵滋(1793~1853)가 1852년에 써준 것으로 황작자는 1837년 동지 정사 申在植(1770~1843) 등이 燕行 길에 지은 시를 엮은 『相看編』(중국목판본 1책, 건국대

---

6) 저자 친필본은 아니나 여러 주요한 교정 지시 등을 보면 저자 본인이 소장했거나 집안에서 소장했던 본으로 추정된다.

및 天理圖書館 등에 소장)[7]에도 序를 쓰는 등 조선 문사들과 교제가 잦았던 인물이다. 황작자는 사야 권공이 자신[황작자]의 문학을 과찬하고 서문을 부탁한 데에 대해 겸양의 말을 하고 이어, 권공의 '論文'에서 말한 '澹'・'質'・'簡'・'平'을 들어 권공의 문학을 칭찬하였다.

시는「中宮殿春帖子」(丁亥臘月望日注書入直時)를 시작으로 春坊(世子宮) 및 注書・摠府 재직 시의 應製作과「綏陵遷奉輓章」등 왕실 관련 輓詩가 맨 앞에 배치되어 있고, 이어「暮春拈盧漢源韻與舍弟茶村共賦」부터 일반 시가 시작된다.「游荷以小行人入燕一時鉅匠多以詩送別余獨以不嫺韻語闕之近聞索之甚勤茲憑撥使以三絶謝之」・「華巖丈以詩見贈余雖不嫺韻語茲續七律仰呈」등의 시제를 보면, 謙辭로 쓴 것이겠지만 권대긍은 시를 그리 專門으로 창작하지는 않은 듯 하다.

시는 대부분 교유와 유람 등의 일상적인 시들이 많은데, 이를 통해 저자가 綏陵參奉, 1814년 충청도 四郡 여행, 1837년 北評事 부임(금강산 유람), 강화유수, 1844년 및 1850년 燕行의 경험, 1848년 백운산 유람 등이 있었음을 확인할 수 있다. 북평사 및 연행 길에는 妓女에게 준 시도 많이 보이는데「竹枝詞三疊」,「懊憹曲八疊」등 竹枝詞 내지 玉臺香奩體 계열의 시들이 주목된다. 그 외에는 13수의 연작으로 되어 있는「梅花詩」가 주목된다.

1책과 2책에 걸쳐 있는 文은 序, 書, 疏, 墓碣, 祭文, 雜著, 遊記 등 문체별로 편집되어 있다. 2책의 끝에는「西行記見」(一冊),「銅山問答」・「諸天問答」(以上二篇別有一冊)이라 하여 본서에 수록되지 않은 별도의 단행권을 들어놓았다.「西行記見」은 燕行錄일 것으로 추정되나 나머지 두 편은 어떤 내용인지 미상이다. 본서에 수록된 문 가운데 대표적인 것은 다음과 같다.

「安東權氏族譜序」는 一族인 前郡守 權永圭와 그 아들이 새로 편찬한 집안 족보에 서문을 부탁받아 쓴 것으로, 이 족보는 권대긍의 序를 실어 1856년에 목활자로 간행되었다.「匏泉尹學士塽三行人赴燕序」는 1850년 7월 陳賀 謝恩使의 書狀官으로 燕行하는 尹塽을 餞別하며 준 送序이다.「桐溪先生續集序」는 광해군・인조 연간의 문신인 桐溪 鄭蘊(1569~1641)의 1852년 重刊(목판본)된『동계선생속집』에 붙인 글로 실제 중간본에는 序가 아닌 跋로 첨부되어 있다. 원래 北人이었던 정온이 북인과 결별하고 남인의 영수로 활약하게 되는 계기가 되었던「甲寅封事」(1614년작) 등을 언급하며 정온의 학문과 행실을 추켜 올렸다.「雲石相公趙寅永六十一歲壽序」(1842년작)는 영의정을 지내고 왕실의 인척이 되었던 趙寅永(1782~1850)의 환갑을 맞아 그의 인품을 칭송한 글이다.「仲兄益山公六十一壽序」(1848년작) 역시 익산군수를 지낸 仲兄 權大膺(1788~1850)의 환갑을 맞아 지은 글이다.「華巖李公廣度七十七歲重晬序」(1846년작),「賀山雲李知事義發八十入耆社序」(1847년작)도 비슷한 성격의 축하 글들이다. 華巖 李廣度(1770~1846)는 권대긍의 장남 應駿(在駿이란 이름도 썼음. 후에 大胄에게 入系됨)[8]의 장인이기도 하

---

7)『상간편』에 대해서는『연행록 해제1』(동국대 한국문학연구소, 2002) 김영진 해제 및 김영진,「조선후기 중국 사행과 서책 문화」(『연행의 사회사』, 경기문화재단, 2005)를 참조.

다. 「入燕留館時以蕩陰說答張虎頭丙煥」은 연경 조선관에 머무를 적에 淸人 張丙煥에게 준 글로 예전 稽侍中이 蕩陰에서 목숨을 던져 임금을 호위한 것을 두고 논설을 펼친 것이다. 「漢城府重修誌」는 1852년 봄 한성부 관아 건물이 소실되어 府誌 역시 타버렸는데 李承敬이 개연히 여기면서 해박한 아전을 동원하여 府誌를 重修한 것에 대해 한성부 판윤으로 있던 저자가 후지를 쓴 것이다. 「題李處士孝行錄後」는 기묘년(1819) 9월 家大人을 대신해 지은 것으로 호남의 유명한 승려 白坡大師의 부친 處士 李宗煥의 孝行錄에 붙인 題跋이다. 이 책에는 권대긍의 글 외에 奇正鎭이 행장을, 무장현감 任俊常은 詩와 小記를, 정읍현감 呂東根은 詩를 붙였다고 한다. 「與趙雲石書」 이하 편지 12통이 실려 있는데 조인영과 洪翰周(1798~1868)에게 보낸 것 외는 모두 淸人에게 보낸 것으로 수신자는 張虎頭·黃孝廉秩林(황작자의 아들)·黃樹齋爵滋·呂翰林量田·汪茮民·奕潤峯이다. 제2책인 『사야유고미정초 하』 역시 淸人 錢東平과 陳丹庭에게 보낸 편지로 시작한다. 대개 상대에 대한 안부 및 知人들의 현황에 대한 내용이다. 「涪溪朱處士遺墟碑銘并序」는 함경도 지역의 학자였던 朱楗(1669~1742)의 학행을 기려 쓴 것이고, 문화유씨의 학행이 있던 인물 柳義·柳孟智·柳世溫의 묘갈인 「逸掌令南亭柳公墓碣銘」·「故縣監柳公墓碣銘」·「縣監柳公世溫墓碣銘」과 지리산 아래 은거했던 학자 河成泰와 河必聖의 묘갈인 「三峙齋河公墓碣銘」·「處士河公墓碣銘」이 수록되었다. 「通政大夫兵曹參議竹麓尹公行狀」은 저자의 조부인 葉西 權    과도 교분이 깊었고, 또 고산 윤선도의 방6세손으로 정조 연간 남인 문인으로 활약했던 尹孝寬(1745~1823, 문집 『竹麓集』이 필사본으로 전함)의 行狀으로 본서에 실린 碑誌傳狀類 가운데 가장 중요한 글로 보인다. 이어 여러 편의 祭文이 실려 있는데 사돈인 雪西韓公, 장인 後厓洪公, 華巖李丈, 仲兄에 대한 제문이다. 이어 孝顯王后에 대한 進香文, 輓이 실렸고, 가야산 아래로 은거한 친구 毫宇를 기리고 그를 떠올리며 쓴 시 3편이 포함된 「與毫宇書」가 있다. 이하는 상소문으로 「辭正言疏」·「辭嘉善陞資疏」·「辭江華留守疏」·「譴削後辭試官承牌疏」·「因畿伯論啓請勘律疏」(4편)·「請先正臣冲齋權橃陞廡疏」가 실려 있다. 「請先正臣冲齋權橃陞廡疏」는 중종 연간의 이름난 학자였던 冲齋 權橃을 회재 이언적, 정암 조광조, 퇴계 이황만이 올라있는 묘당에 奉祀하게 해줄 것을 청한 글이다. 「經筵講義」는 경연에서 있었던 『논어』 해석 등에 대한 기록이다. 다음에는 1808년 겨울 저자를 포함하여 벗 3인의 冠岳山에서의 모임 기록인 「誰誰會(誰誰錄)」가 실려 있는데 우선 모임 내력을 쓴 글에 이어 3인 각각에 해당하는 「無咎子傳」·「栖歌六疊」·「竹戶記」가 실려 있고, 끝에는 「誰誰詩二十韻各拈行同倫三字」와 「誰誰會呎」가 실려 있다. 일종의 小品體 작품으로 友情과 諧謔이 드러나 있어 주목을 끈다. 「卞山錄」은 부친의 임소인 鰲山府(오산은 전라도 長城의 古號임)를 저자와 형 등이 놀러가 인근의 변산을 유람하고 쓴 유기이다. 부친 권익이 장성부사를 지낸 때는 앞서 「題李處士孝行錄後」를 통해 1818~1819년임을 알 수 있다. 따라서 본서의 끝

---

8) 국립중앙도서관 우촌문고에 그의 37세 때 試劵 및 光緖 元年(1875년, 당시 66세) 戶口單子가 남아 있다. 거주지는 포천이다.

에 기록된 이 글을 쓴 날짜 '己未九月十二日'의 '己未'는 '己卯'(1819년)의 誤寫임이 분명하다. '기미'라면 이 때 저자의 나이는 10세에 불과하다. 「東峽錄」은 두 편으로 구성되어 있다. 처음은 1848년 9월 벗 李穉憲(치헌은 李章河의 字)·李敬仲(이름 미상)·族姪 叔章(이름 미상) 등과 백운산, 永平, 華川 등을 유람하고 쓴 글이고, 또 한 편은 1849년 4월 族人 士成(이름 미상), 族姪 而廣·叔章, 벗 李穉憲·李敬仲·趙士通과 동행한 것이다. 포천 인근의 加采里에서 낚시도 하고 이어 白雲山, 九層瀑 등을 구경. 구층폭의 빼어나면서도 國中에 이름나지 못한 것을 두고 애석해하면서 명나라 초기 劉誠意의 친구인 은자 徐舫(字 方舟)을 떠올렸다. 梁文, 金華峯, 居士谷 등을 들러 포천 향제로 돌아옴. 여러 사람의 묘를 보며 풍수에 대해 언급. 서울 집으로 옴. 작품 안에 작자의 抱川 鄕第와 霞城 鄕第가 나온다.

## 4. 가치

본서는 순조·헌종·철종 연간에 判書에까지 올라 활약한 권대긍의 현존 유일본 문집으로 그의 정치적인 비중, 남인이면서도 노론과도 비교적 친밀했던 성향, 두 차례의 燕行 경험 등등을 고려할 때 상당한 의미를 갖는다고 할 수 있다.

제2책의 끝에 제목만 전하는 『西行記見』(1책)·『銅山問答』·『諸天問答』(以上 합 1책) 등을 비롯하여 그의 逸文들9)이 더 발굴된다면 권대긍의 문학과 사상이 보다 구체적으로 드러날 것으로 기대된다.

【김영진】

---

9) 李陸(1438~1498)의 『靑坡集』에 실린 권대긍의 序(1852)가 『사야집』에는 실리지 않은 것 등으로 보아 권대긍의 殘篇, 逸文들은 상당할 것으로 추정된다.

# 思穎初稿

金炳冀(1818~1875) 著.

寫本. 6冊；無界, 10行19字 註雙行, 無魚尾；32.0×21.5cm.

述懷

敬覽先祖夢窩公集中有古詩長篇以述
懷為題皆押入聲不拘通韻亦用疊文疊
韻以叙始終事實凡七百十餘句也噫不
肖孱孫識蔑學陋文章勳德不敢萬一出
入遊歷古今一致謹倣原體以述懷為題
但不押平聲用作散韻以記生來所經歷
而恐或無害於義故遂書存於私藁中云

思穎初稿卷之一

安東金炳冀聖尊 著

# 1. 저자

金炳冀(1818~1875)의 本貫은 安東, 字는 聖存, 號는 思潁, 諡號는 文獻이다. 金尙憲, 金壽恒, 金昌集 등의 巨儒를 선조로 하고, 할아버지는 대제학을 지낸 祖淳, 아버지는 판돈녕을 지낸 泳根이며, 어머니는 참판에 추증된 尹致升의 딸이다. 1843년 진사시험에 합격하여 童蒙敎官에 임명된 뒤 여러 관사의 郎官職을 거쳐 수원 판관이 되었다. 1847년(헌종 13) 정시 문과에 병과로 급제하여 사헌부 지평을 거쳐 특별히 홍문관 교리에 제수되고 應敎에 이르렀다. 1849년 (철종 즉위) 대사성·부제학을 배명하였다. 1852년 양관의 제학으로 있다가 평안도관찰사·규장각제학에 제수되었다. 1856년(철종 7) 摠戎使로 있다가 訓練大將으로 바뀌고 이어 이조판서에 임명되었다. 1862년(철종 13)에는 三政釐整廳이 설치되었는데 이곳에 堂上官으로 임명되었다. 1863년(철종 14) 호조판서가 되었고 금강산에 있는 長安寺를 重修하게 하였다. 1864년 4월부터 시작된 『철종실록』 편찬에 참여하였다.

# 2. 구성

문집으로 간행하기 이전의 초고로서 체재가 정리되어 있지 않은 6책 본이다. 詩 745수, 疏 55편, 奏議 7편, 書 5편, 序 4편, 記 34편, 說 1편, 敎文 1편, 致詞 2편, 箋文 3편, 墓誌銘 3편, 諡狀 5편, 祭文 6편, 上樑文 11편이 실려 있다. 이를 구체적으로 살펴보면 다음과 같다.

第 一冊, 表題는 思潁詩抄로, 內題는 思潁草稿 卷之一로 되어 있고, 장시인 「술회」 1수가 수록되어 있다.

第 二冊, 表題는 思潁詩抄 一로 되어 있고, 內題는 思潁詩抄 卷之一로 되어 있으며, 253題 296首가 실려 있다.

第 三冊, 표제가 思潁詩抄 二로, 내제는 思潁詩抄 卷之二와 思潁詩抄 卷之三으로 되어 있으며, 각각 124題 150首와 215題 299首가 실려 있다.

第 四冊, 표제가 '思潁文抄 三'으로 되어 있고, 內題는 각각 '思潁疏抄 卷之'로 되어 있는 2권이 실려 있다. 각권에 포함되어 있는 제목은 다음과 같다.

思潁疏抄 卷之
「因雨請寢動駕副校理丁未八月十九日」·「辭職仍請鞫李承憲聯疏校理丁未八月二十九日」·「因灾異陳勉箚校理丁未十月十四日」·「請鞫趙秉鉉聯疏副修撰丁未十一月初二日」·「辭大司成疏己酉七月二十八日」·「辭副提學疏己酉十一月二十一日」·「辭吏曹參議疏庚戌二月十一日」·「辭直提學疏庚戌七月十九日」·「再疏庚戌七月二十一日」·「辭禮曹參判疏庚戌九月初三日」·「辭吏曹參判疏辛亥六月十七日」·「請遞備局有司疏壬子二月初

十日」·「再疏壬子五月十三日」·「辭藝文提學疏壬子八月十四日」·「辭平安監司疏壬子十月二十二日」·「辭內閣提
學疏壬子十二月十三日」·「請本道設賑捄弊疏壬子十二月二十四日」·「辭戶曹判書疏癸丑四月二十九日」·「覲行
時辭戶曹判書疏癸丑十月二十一日」·「覲行時辭戶曹判書疏甲寅十月二十一日」·「辭崇秩及摠使疏乙卯正月
二十四日」·「辭訓鍊大將吏曹判書奎章閣提學疏丙辰正月初五日」·「辭宣惠堂上及諸司提調疏丙辰正月初
九日」·「辭輔國進秩疏丙辰六月二十一日」·「辭度支及惠局之任疏丁巳二月二十八日」·「乞暇省掃仍辭諸職
疏三月十九日」·「因亡妻移葬辭度支訓局兩任疏七月十五日」·「辭文陵誌文製述官及五都監提調疏八月十
四日」·「因誌文撰述錯誤自列疏戊午正月二十四日」·「辭本兼諸職疏二月初八日」·「辭本兼諸職疏庚申四月
初一日」·「乞暇省掃仍辭諸職疏四月十五日」·「西闕竣役後謝賞典仍辭本兼諸職疏九月一日」·「忠愍公致
侑時乞暇進參兼辭職疏」·「辭籌堂及勾管疏」·「辭戶曹判書疏」

思頴疏抄 卷之

「御營廳捄弊疏壬戌閏八月十一日」·「辭戶曹判書及諸司提調疏癸亥二月十四日」·「覲行時辭本兼諸職
疏癸亥八月初五日」·「覲行時辭廣州留守疏甲子四月二十日」「辭廣州留守疏甲子十月二十八日」·「辭兵曹判
書疏乙丑五月二十日」·「緬禮時辭兵曹判書疏乙丑二月二十九日」·「箕營添餉查櫛時自列疏乙丑四月十三日」
·「覲行時辭本兼諸職疏乙丑閏五月初二日」·「都政後辭兵曹判書疏乙丑六月二十六日」·「辭兵曹判書疏乙
丑十二月二十七日」·「辭本兼諸任疏丙寅十一月二十六日」·「辭吏曹判書疏丁卯十一月初八日」「辭吏曹判書疏
丁卯十二月」·「辭左贊成疏戊辰五月二十二日」·「辭本兼諸職疏辛未七月初十日」·「辭吏曹判書疏癸酉七月二
十四日」·「覲行時辭吏曹判書疏癸酉七月二十九日」·「辭吏曹判書疏癸酉十月初十日」

第 五冊, 表題가 '思頴文抄 四'로 되어 있고, 內題는 각각 '思頴文抄 卷之'로 되어 있는 2권으
로 구성되어 있다. 첫 권에는 奏議, 書, 序, 記, 說이 실려 있고, 두 번째 권에는 敎文, 致詞, 箋
文이 실려 있다. 이를 구체적으로 살펴보면 다음과 같다.

思頴文抄 卷之
奏議: 「請本道武烈祠參奉變通事奏議癸丑」·「請本道京司耗作錢本色切禁事奏議癸丑」·「請本道龍
    岡縣所在黃龍山城還餉穀換錄事奏議」·「請黃海道海州府司僕寺太作錢以本色上納事奏議」
    ·「請黃海道金川郡大興山城輸納餉還穀自本郡下捧事奏議」·「奉慕堂列聖謨訓移奉後奏
    議」·「春塘臺請築石臺奏議」
書: 「與藹士-第一壬子」·「與洪藹士-第二壬子」·「上答伯氏書甲寅」·「答申參判錫愚書甲寅」·「答趙
    內翰秉學書甲寅」
序: 「時憲紀要序」·「金氏世孝圖序-幷贊」·「白雉序」·「玉穗序」
記: 「小靑軒記」·「新建興安堂記」·「黃州三世遺愛碑閣記-癸丑」·「淸聖廟記」·「我泉亭記」·「擇
    善祠記」·「勝在樓記」·「之眉亭記」·「溪山影堂記」·「會心舍記」·「文杏館記」·「少歇樓記」
    ·「噴雪亭記」·「歸恩堂記」·「山行觀記」·「風珮亭記」·「留餘閣記」·「據閒堂記」·「濠想樓

記」・「日遲樣記」・「杏然亭記」・「紅樹亭記」・「濯纓亭記」・「陸船齋記」・「訓局新營重修記」
　・「下都監重修記」・「訓局南營重修記」・「神勒寺重修記」・「司圃署重修記」・「北二營重修記」
　・「壽進寶酌記」・「佐成堂記」
說:「贈大雲師說」

思潁文抄　卷之
敎文:「頒敎文」
致詞:「王大妃殿致詞癸丑」・「大妃殿致詞癸丑」
箋文:「王大妃殿箋文癸丑」・「大妃殿箋文癸丑」・「重建政府後賜饌進箋文」

第 六冊, 표제는 '思潁文抄 五'로 되어 있고, 內題는 '思潁文抄 卷之'로 되어 있으며, 墓誌銘,
諡狀, 誌狀, 祭文, 上樑文이 실려 있다. 구체적으로 살펴보면 다음과 같다.
思潁文抄　卷之
墓誌銘:「從叔父正文公墓誌」・「亡室貞夫人南氏墓誌銘辛亥」・「本生先府君墓表」
諡狀:「吏曹參判 贈左贊成尹公命烈諡狀甲寅」・「崇祿大夫吏曹判書金公諡狀甲寅」・「贈吏曹判書
　　松巖李公諡狀」・「綏祿大夫昌寧尉金公諡狀」・「純元王后誌狀」

思潁文抄　卷之
祭文:「宗廟親祭文」・「翼宗室親祭文」・「憲宗室親祭文」・「祭從叔父正文公溪山先生文辛酉二月十
　　四日自富林改窆于廣陵」・「祭井文」・「代素逸民人作掘井祭文」
上樑文:「白鹿山莊上樑文」・「祠宇上樑文」・「始安堂上樑文」・「則百堂上樑文」・「淸暉閣上樑文」
　　・「興安堂上樑文」・「又仙亭上樑文」・「首陽山城將臺上樑文」・「綏陵丁字閣上樑文」・「含
　　元殿上樑文」・「仁政殿上樑文」


# 3. 내용

「술회」는 710구에 달하는 長詩이다. 이 시는 김병기가 선조인 夢窩公의 문집에 실린 「술
회」라는 장편 고시의 체재를 모방하여, 자신이 태어나던 해부터 죽기 한 해전인 1874년 12월
까지의 출생·가계·학문·관직·사상·교양 및 가족들의 세세한 일 등을 기록한 것이다.
詩는 "순조 18년, 부인은 그 해의 太歲인데, 6월 13일, 寅時에 나는 태어났네.(純祖十八年,
戊寅當太歲, 六月十三日, 寅時予降世)"라는 구절로 시작된다. 그는 6세에 스승인 張奎煥에게서
천자문을 배우고(從師受千字), 7세 때에는 『小學』과 『十八史略』을 배웠다(小學讀纔畢, 承命受

史略). 9세때『通鑑』을 읽었고, 12세 때『맹자』를 공부하였다. 이후 사마천의『사기』와『주역』등을 공부하였다. 17세에 처음 과거 시험을 본 뒤의 소회를 "과거장에 들어감은 구경삼아 하는 것, 어찌 꼭 합격하기를 기약한단 말인가(入場爲觀光, 何必期見捷)"라고 서술하고 있다. 18세에 다시 과거를 보았으나 낙방하고, 24세에 다시 庭試에 응시하였으나 떨어지고 말았다.(辛丑春庭試, 赴擧又下第) 이때의 아픔을 그는 "아버님 연세 점점 높아지는데, 아들의 도리 다할 길 없네.(親年漸彌高, 無以盡子道)"라고 술회하고 있다. 이처럼「술회」시는 그가 일상적으로 겪었던 다양한 일들과 그에 관한 소회를 흥분하지 않는 잔잔한 어조로 서술하여, 그가 죽은 을해년 정월에 쓴 絶筆書 10구로 마치고 있다. 절필서에서 그는 이제까지의 삶을 회고하면서 아들인 用圭에게 아버지가 전하는 간절한 당부의 마음을 절절하게 표현하고 있다.

| | |
|---|---|
| 歸臥楸下廬 | 묘소 아래 여막에 돌아와 누우니 |
| 百感交于內 | 마음속에 백가지 감회 교차하네. |
| 幸以先世蔭 | 요행히 先世의 음덕으로 |
| 歷敭公卿座 | 公卿의 자리 두루 거쳤지만 |
| 事君未盡忠 | 임금을 섬김에 충성 다하지 못하고 |
| 事親未盡孝 | 어버이 섬김에 효도 다하지 못했네. |
| 嗟嗟應麟兒 | 아아 응린아 |
| 勉旃忠與孝 | 충성과 효도에 힘쓸지어다. |
| 忠以繼祖先 | 충성으로 선조의 유업을 계승하고 |
| 孝以顯父母 | 효도로써 부모의 이름을 빛내라. |
| 挾貴勿驕慢 | 귀하다고 교만하지 말며 |
| 恃富勿惰怠 | 富하다고 게으르지 말지어다. |
| 忠孝是爲本 | 충성과 효도는 모든 것의 근본이니 |
| 壽祿永無替 | 壽祿은 변함이 없을 것이다. |
| 汝父愚且昏 | 네 아비는 어리석고 흐리니 |
| 不須效汝父 | 네 아비를 본받지 말라. |
| 爲此絶筆書 | 이렇게 절필하는 글을 써 |
| 使汝戒終始 | 너에게 평생토록 경계하려 한다. |

　　疏의 대부분은 辭職疏이다.「因灾異陳勉箚校理丁未十月十四日」는 1847년 홍문관 교리로 있을 때 올린 것이다. 그는 일련의 氣象 災害의 원인이 漢儒들의 견강부회한 주장처럼 특정한 일의 견책으로 내려진 것은 아니지만 그렇게 된 이유는 있다고 전제한다. 그는 민생이 곤궁하고 피폐한데도 사치 풍조가 만연하여 병통으로 드러나지 않은 곳이 없어 편작과 같은 名醫도 손을 쓸 수 없는 상황이라고 진단한다. 이를 해결하기 위해서는 군주가 講學에 힘쓰는 것 이외의 다른 방법이 없다고 주장한다. 즉 군주가 經筵을 통해 성현의 학문인 窮理와 格物의 학문을 연마하여 자신의 마음을 확충하고 지혜를 개발하는 일이 급선무라는 것이다.

「請本道設賑捄弊疏壬子十二月二十四日」는 1852년(철종 3) 12월 4일 평안도 관찰사로 있을 때 올린 것으로, 1850년부터 2년간 계속된 홍수로 도탄에 빠진 백성들을 구제할 대책을 수립해 주도록 요청한 것이다.

書는 모두 5편이다. 그 가운데 「上答伯氏書」는 34세때인 1851년 太廟의 昭穆제도에 관해 백씨의 가르침을 받고 이에 답하여 쓴 글이다. 당시 태묘의 四親廟로는 眞宗, 正祖, 純祖, 翼宗이 모셔져 있었는데, 헌종이 죽자 '제후 五廟'의 원칙에 따라 사친묘 가운데 친진한 신주를 체천해야하는 상황이었다. 진종은 철종에게는 혈연적으로 증조부가 된다는 점이 문제를 복잡하게 만들고 있었다. 그는 제왕가는 왕위 계승의 순서를 중시하므로 형이 동생을 계승하고 숙부가 조카를 계승했다고 하더라도 承統을 기준으로 소목을 정한다고 본다. 이는 물론 朱子가 「周廟圖」에서 개진한 입장과 동일한 것이다. 이러한 원칙에 따라 승통의 차서에 의해 사대조에 해당하는 진종을 체천해야 한다는 것이 김병기의 주장이었다. 이에 대해 철종은 "여러 의논을 보건대 비록 한두 가지 어긋나는 말이 있기는 하나 이는 각기 소견을 말한 것일 뿐이니, 어찌 구차스레 같게 할 필요가 있겠는가? 친등이 다하지 않았는데 갑자기 조천을 의논하는 것은 天理·人情에 있어 매우 미안한 일이다. 그러나 帝王家는 承統을 중하게 여기는 것이 고금의 通誼이다. 헌종 대왕은 15년 동안 君臨하시어 正祖·純祖·翼宗의 嫡長으로서 서로 전해 내려오는 大統을 계승하였다. 지금 만약 二昭·二穆 이외에 받들어 부묘하면 천리와 인정에 더욱 어떠하겠는가? 그러니 진종을 조천하는 것은 부득이 하지 않을 수 없는 예이다. 儀曹로 하여금 조천하는 儀節을 택일해 거행하도록 하라."[1]고 결론을 내린다.

「時憲紀要序」는 1860년(철종 11) 南秉吉이 지은 『시헌기요』에 붙인 서문이다. 이 책은 시헌역법의 요체를 정리한 曆書이다. 우리나라에서는 1653년(효종 4)부터 시헌력이 사용되었으나 150년 이상 지나도록 그 요점을 정리한 입문서가 없었다. 그 때문에 초학자들은 시헌역법 이전의 역서로 역법을 학습할 수밖에 없었다. 남병길은 觀象監提調가 되자 이러한 상황을 개선하기 위해 이 책의 편찬에 착수하였다고 한다. 김병기는 이와 같은 「時憲紀要」의 의미와 가치를 서문에서 잘 설명하고 있다. 「白雉序」는 흰 꿩의 출현이 王者의 상서로운 조짐이 될 것임을 축수하는 내용이다.

「小靑軒記」는 그의 從祖弟인 冢宰君이 東城 밖에 지은 소청헌에 대한 기문으로, 소청헌이라는 이름은 본래 북산 기슭에 있던 선조들이 독서를 하던 六靑軒으로부터 연원한 것이다. 이 밖에도 집안에는 又靑軒이 있었는데, 선조의 命名을 존중하고 유지하려는 후손들의 마음이 잘 드러난 글이다. 「神勒寺重修記」는 여주 신륵사를 중수하면서 그 동기와 내역을 적은 것이다. 佛宇의 흥폐는 世敎와 무관하고 儒者들이 힘쓸 대상이 아니기는 하지만, 폐지되어서는 안 되는 것이 있기 마련인데 그 가운데 하나가 신륵사라고 평가한다. 신륵사는 고려시대 나옹화상에 의해서 창건되었고, 목은 이색 등 諸賢들의 題文과 記文이 있는 곳으로 옛 사람

---

1) 『哲宗實錄』卷3, 哲宗 2年 6月 15日, 庚午(48책 563쪽).

의 자취가 고스란히 남아 있는 곳이어서 쇠락한 채로 놓아 둘 수 없는 곳이라고 하였다.

## 4. 가치

본 『사영초고』는 문집을 간행하기 이전의 초고본이다. 체재가 정비되어 있지 않을 뿐더러 통일성도 결여되어 있는, 원고를 수합하여 필사한 상태의 것으로 추정된다. 이본이나 간본이 존재하지 않는 것으로 보아 유일본인 것으로 판단된다.

1986년 보경문화사에서 김조순의 『풍고집』, 김좌근의 『하옥유고』, 김병기의 『사영시문초』를 모아 영인하였다. 이때 『사영시문초』의 저본은 본 『사영초고』였다. 아울러 1998년 이화문화출판사에서 『사영시문초』의 「사영시초」 중 「술회」 부분만을 번역하여 출판하기도 하였다.

【장동우】

# 山水軒先生遺稿

權震應(1711~1775) 著.

寫本. 10卷5冊：四周單邊 半郭 22.0×15.5cm, 烏絲欄, 10行
20字, 無魚尾；30.5×19.0cm.

## 1. 저자

權震應(1711~1775)의 本貫은 安東, 字는 亨叔, 號는 山水軒이다. 1711년(숙종 37) 12월 2일에 忠淸道 淸風 梧江里에서 태어났다. 曾祖는 文純公 寒水齋 權尙夏(1641~1721)이고, 外高祖는 文正公 同春堂 宋浚吉(1606~1672)이다. 父는 廣興倉守 權定性이며 母는 恩津 宋氏이다. 1737년(영조 13) 27세 때에 어머니가 별세하였다. 1750년(영조 26) 40세 때에 四山監役을 제수받았으나 나아가지 않았다. 그 이듬 해 부친의 상을 당했다. 1760년(영조 31) 50세 때에 翊衛司 副率, 59세 때에 衛從司 右從司에 除授 되었으나 모두 나아가지 않았다. 1770년(영조 46) 60세 때에 侍講院 諮議에 제수되었다. 이때에 영조가 士林의 人士들이 蕩平策을 瓦解시키며 世道가 斯文에 의해 무너진다는 내용의 『裕昆錄』을 저술하자 이에 대하여 諮議職을 辭職함과 동시에 이 『裕昆錄』의 잘못된 점을 비판하는 상소를 올렸다. 이에 영조는 그를 濟州 大靜縣으로 流配시켰다. 이때 영조의 이 처사가 지나치다고 상소한 弘文館 敎理 金文淳, 副敎理 兪彦鎬·金晋淳, 그리고 承旨 閔百奮도 각각 南海·巨濟·熊川 등지로 유배되었다. 하지만 나라의 경사로 인해 이듬해 사면을 받아 귀향하였다. 그 후 1775년(영조 51) 7월 27일 65세로 正寢에서 별세하였다.

그는 內外로 學行이 성대한 가풍을 이어받아 학문을 연마하며 德器를 가다듬었고 宦路에는 아예 뜻을 두지 않았다. 한 때 親命으로 科場에 한번 나갔으나 獵官의 作態를 목격하고는 그 뜻을 접고 오로지 학문에만 정심하였다. 그는 南塘 韓元震(1682~1751)에게 나아가 이기심성설과 禮學 등을 깊이 연구하여 율곡 이이·우암 송시열·한수재 권상하로 이어지는 학설을 힘써 강명하였다.

## 2. 구성

10권 5책으로 되어 있다. 이 중 권3·4·5·6은 모두 편지글이며, 권2와 권7도 대부분이 편지글로 구성이 되어 있다. 詩는 詩體의 구별 없이 年代別로 112題 199首가 실려 있다. 이 중 濟州 謫所에서 지은 시 42수는 <瀛海錄>이라고 하여 따로 실어 놓았고, 또 解配되어 고향으로 돌아온 후에 지은 53수도 <歸山錄>이라고 하여 따로 실어 놓았다. 산문은 疏 1편, 書 176편, 雜著 6편, 記 7편, 題跋 28편, 傳 2편, 上樑致語 2편, 銘 1편, 祭文 11편, 告文 11편, 哀辭 1편, 墓誌 20편, 墓表 8편, 行狀 8편, 遺事 3편 도합 285편이 수록되어 있다. 『山水軒先生遺稿』는 현재 연세대도서관에 소장되어 있는 것이 초고본으로 가장 善本이다. 이 외에도 1995년에 傍系 7世孫인 權熙宗이 편찬한 『山水軒先生遺稿』가 있는데, 이것은 권3·4가 빠져있다. 하지만 체재와 내용은 거의 같다. 단 「拾遺」1冊을 따로 만들었는데, 여기에는 초고본에 있으면서 중편본에는 누락된 書 168편과 송시열의 5대손인 性潭 宋煥箕(1728~1807)가 쓴 「山水軒權先生墓誌銘」을 수록해 놓았다. 권별 전체 목차를 제시하면 다음과 같다.

권1: 詩 (112題 199首)

권2: 疏 (1편)
「辭諮議兼陳先冤疏」
　　書(42편)
「上暘谷先生甲子」·「上暘谷先生甲子」·「上暘谷先生乙丑」·「上暘谷先生丙寅」·「答上暘谷先生」·「上暘谷先生丁卯」·「上暘谷先生戊辰」·「答上暘谷先生」·「上暘谷先生庚午」·「上屛溪尹先生甲子」·「上屛溪尹先生丙寅」·「上屛溪尹先生甲戌」·「答上屛溪尹先生壬午」·「上屛溪尹先生」·「上屛溪尹先生乙酉」·「上屛溪尹先生丁亥」·「上陶菴李先生辛酉」·「上陶菴李先生甲子」·「答林崖韓參議啓震壬申」·「答林崖」·「答沈敎官潮乙亥」·「答宋士能能相戊辰」·「答宋士能甲戌」·「答宋內兄晦可明欽」·「與宋內兄士行文欽辛亥」·「與宋兄時諧益鉉戊辰」·「答金戚兄伯春元行丙戌」·「與金戚兄伯春己丑」·「答申明允曔」·「與金子靜亮行壬戌」·「答金子靜」·「答金子靜己卯七月」·「答金子靜庚申元月」·「與金子靜五月」·「答金子靜十一月」·「答金子靜十二月」·「與金子靜壬午九月」·「與金子靜辛卯三月」·「與金子靜四月」·「與金子靜」·「答金子靜六月」·「與金子靜七月」

권3: 書(32편)
「答金伯高鍾厚」·「與金伯高己巳」·「答金伯高辛卯五月」·「答金伯高」·「答韓仲良後邃壬申」·「答韓時伯後殷甲申」·「與尹道經心緯戊子」·「答金伯三敎行甲申」·「答金常夫謹行戊辰」·「答金常夫甲申」·「答金常夫十二月」·「答李元伯尙元壬申」·「答卞景瑞星夏己卯」·「答卞景瑞」·「與蔡李能百休乙酉」·「答李胤之胤永乙亥」·「答李尙書益輔丙子」·「答鄭身之履煥辛卯」·「答李伯益普謙庚寅」·「答南正叔肅寬」·「答南正叔辛卯十一月」·「答沈伯益鑅癸未二月」·「答沈伯益戊子」·「與趙說甫泆己丑」·「答宋君晦考相癸巳」·「答李子野思質甲子」·「答李子野辛未五月」·「答李子野壬申」·「答鄭相國存謙甲子」·「答鄭相國」·「答尹士賓得觀甲子」·「與安如松宗茂丁卯」

권4: 書(41편)
「答愼聖五奎東甲子」·「答愼聖五乙丑」·「答愼明五星東壬戌」·「答愼明五」·「答李子翼南重戊辰」·「答沈士賓觀之己巳」·「與李存吾在」·「答尹季周昌鼎」·「答李汝明翼鎭丁丑」·「答李仲明顯喆丁丑」·「答李仲明」·「答鄭汝範榘」·「答鄭汝範」·「答李章五命德戊辰」·「答李伯述光輔」·「答李公輔匡濟」·「答卞子和至鼎辛巳」·「答李姊兄聞遠東馥庚申」·「答閔姊兄君會百亨甲子」·「答李士浩長源己巳」·「答李內兄壽而奎恒」·「答李內兄壽而甲戌」·「答李內兄壽而癸未」·「答韓聖彬斌」·「答申子翊思輔丙子」·「答申伯陽昢丙子」·「答李盧義卿會周庚申」·「答吳生命世乙丑」·「答李生秉漸丁卯」·「答李生正懋己巳」·「答李生眞源」·「答梁生德垕」·「答卞士純至行壬午」·「與李原天顯民」·「答權方之必履壬午」·「答申生器達癸未」·「答南

栗汝尚寬甲午」·「答南栗汝乙未」·「答南栗可致寬壬辰」·「答南栗可甲午」·「答辛汝文昌齡甲午」

권5: 書(17편)

「答朴生時虎乙未」·「答李仲純英章甲午」·「答申士一復陽辛卯」·「答成子承祖烈」·「答成子承」·「答崔生顯靖丁亥」·「答金士心瑞復壬辰」·「答沈士善述之」·「答趙景明瑞和庚寅」·「答延膺伯東運文仲東憲癸未」·「答延膺伯昆仲」·「答延膺伯昆仲辛卯」·「答辛希文與齡甲午」·「答辛希文乙未」·「答或人」·「答或人」·「答或人」

권6: 書(27편)

「答或人」·「答或人」·「答或人」·「答李士沈洪載」·「答李士沈」·「答李士沈」·「答李士沈辛卯」·「答南從甥雲之紀澤辛卯」·「答金甥元吉履九庚辰」·「答李婿君善述源辛卯」·「答滄洲院儒呂弘周乙丑」·「答華陽院儒癸未」·「答樓巖院儒」·「答星善儒生」·「答再從祖玉所公」·「答上玉所公」·「答上玉所公」·「答上玉所公」·「上再從祖尚書公」·「答從弟元博濟應乙亥」·「答元博丁丑」·「答元博乙卯」·「答元博」·「答元博壬午」·「答元博乙酉」·「答元博丙戌」·「答三從弟景瑞祺應庚寅」

권7: 書(17편)

「答庶族弟信應辛未」·「答信應壬申」·「與中正戊寅」·「與中正庚辰」·「與中正」·「與中正」·「與中立甲申」·「與中立乙酉」·「與中立丁亥」·「與中立庚寅」·「答中立」·「與中誠辛巳」·「答守仁乙酉」·「答宜仁戊子」·「答宜仁辛卯」·「答宜仁壬辰」·「答㝡仁」

雜著(6편)

「回甲日書懷辛卯」·「宗會節目」·「濟州三姓廟節目代牧使梁世絢作」·「壇節目」·「泉谷語錄」·「瀛洲記小序」

記(7편)

「七柳軒記」·「燕申堂重建記」·「聿修堂記」·「海雲亭重修記」·「止止菴小敍趙以抃道闊書堂」·「節孝金氏閭記」·「烈女吳氏事實記」

題跋(10편)

「書先妣手筆韓氏三代錄後」·「書韓斯文炋曹靜谷筆語跋後」·「漢麓隱居圖跋」·「題趙斯文希閔六十四卦圖後」·「題李子詩所藏鄕飮圖後」·「書泣弓巖眞蹟後」·「書泣弓巖碑模本後」·「書二先生手筆帖後」·「又跋」·「書華陽崖刻後」

권8: 題跋(18편)

「書尹氏遺事後」·「五峯蔡公以恒遺蹟跋」·「題府伯任仲寬邁詩軸後」·「書擊童要訣卷末寄亡友鄭公槃靈座」·「書朴孝子繼昆贈其子致盛登科別給文後」·「書㫌義故儒生吳君興泰檄文草後」·「尤菴謫廬遺墟碑印本貼後」·「又跋」·「書萬德寺尤菴先生詩跋後」·「書家傳事文類聚後」·「書宗家祠宇所藏喪禮備要後」·「書朱書卷尾贈弟三孫宜仁」·「書蔡斯文命衍所藏三先生簡牘帖後」·「書張孝

子事蹟後」·「書張氏三世忠孝志後」·「書安士豪宗傑遺事後」·「書惟勤堂言行錄後」·「書李生夏潤所藏先曾祖筆蹟後」

傳(2편)

「忠婢高所樂傳」·「貞女姜氏傳」

上樑致語(2편)

「祠宇上樑致語」·「請院長文代源泉祠儒作」

銘(1편)

「張孝子旌閭銘幷小序」

祭文(11편)

「祭愼明五星東文」·「祭南塘先生文」·「尤菴先生遷葬時祭文」·「祭姊兄斗天窩李公東馥文」·「祭長女李氏婦文」·「直齋李先生遷葬時祭文」·「祭同敦寧金公爥文」·「祭屛溪尹先生文」·「祭醉隱鄭公槊文」·「祭遜山李公顯億文」·「宗家改建後祭土地文」

告文(11편)

「華陽書院尤菴先生影幀移奉精舍時告文」·「文純先祖影幀副本移奉華陽時寒水齋影幀告文代黃江院儒作甲申五月十三日」·「自華陽奉還先祖影幀時告文庚寅」·「南塘先生墓告文」·「先妣誌銘埋安時告文」·「第二子中立出後大宗上京時家廟告文」·「辛卯陳疏時家廟告文」·「皇考妣墓告文」·「亡室吳氏墓告文」·「先代神主埋安後將行歲一祭因正朝節祀告文」·「濟州三姓廟春秋享祝文」

哀辭(1편)

「愼明五哀辭」

권9: 墓誌(20편)

「學生南公赫寬墓誌銘」·「贈參議姜公德溥墓誌銘」·「學生李公思徽墓誌銘」·「學生徐君有恒墓誌銘」·「大司諫權公仲麟墓誌」·「執義朴公弘儁墓誌銘」·「恭人金氏墓誌」·「孺人金氏墓誌銘」·「孺人尹氏墓誌」·「孺人韓氏墓誌銘」·「皇考廣興倉守府君壙誌」·「庶叔同知君墓誌」·「伯母贈淑夫人趙氏墓誌」·「光州鄭氏墓誌」·「亡室恭人吳氏墓誌銘」·「亡子中誠壙誌」·「仲子婦李氏壙誌」·「殤女墓誌銘」·「李處女壙誌」·「第五孫鐵石壙誌」

墓表(8편)

「先祖考花川府君墓表陰記」·「判書金公時默墓表」·「府使申公命式墓表」·「金司直夫人李氏墓表」·「通德郞延公萬華墓表」·「斂樞李公萬葉墓表」·「孝子朴君繼崑墓表」·「萬戶朴君致盛墓表」

권10: 行狀(8편)

「晚翠軒朴公敏迪行狀」·「學生鄭公相元行狀」·「學生姜公宜溥行狀」·「孝子全公益昌行狀」·「同知延公世鴻行狀」·「先妣淑夫人宋氏行狀」·「伯父斂樞公行狀」·「再從祖父尙書公行狀」

遺事(3편)

「祖考府使公遺事」·「皇考廣興倉守府君遺事」·「亡子中誠遺事」

## 3. 내용

### 1) 詩

1731년(영조 7) 저자의 나이 21세 때부터 지은 칠언절구 시로부터 시작하여 1774년(영조 50) 64세에 이르기까지 지은 시들을 수록하였다. 贈別·感懷類가 대부분이며, 간혹 敍景詩도 있다. 止菴 金亮行(1715~1779)과 함께 지은 시 또는 자녀들에게 주는 시가 많다. 「聞朴中丞寬汝弘僑言事謫巨濟二首」(七絶)는 朴弘僑이 言事로 억울하게 유배되었다는 소식을 듣고 그의 孤忠을 찬양한 내용으로, 모반자들을 풍자, 비판하면서 현실을 고발하고 있다. 「華陽九曲和武夷櫂歌十首」(七絶)와 「黃江十五詠和武夷韻」(五絶), 「尤庵先生謫廬遺墟立碑日志感」(七絶) 등은 증조부였던 權尙夏와 스승 宋時烈이 거처했던 곳의 유적들을 하나하나 읊었다. <瀛海錄>에는 「三月十六夜聞大靜投畀之命」(五絶)이라고 하여 濟州道 大靜으로 유배를 보낸다는 말을 듣고 지은 시로부터 시작하여 謫所에서 지은 시 42수가 수록되어 있다. 이 중 「土俗吟九首」(七絶)는 제주도에서 본 풍경·기후·풍속 등을 노래하였다. 이 중 제1수는 "돌을 쌓아 밭을 만들고 바닷물을 막았으며, 초가에 나무를 엮어 바람을 막았네. 반찬은 감복과 생복이며, 약과로는 청피와 귤피라네(壘石爲田防馬齕, 茅家編木鎭風吹, 盤飱甘鰒兼生鰒, 藥裹靑皮與橘皮)"라고 하였는데, "성률에 매이지 않고 토속어를 섞었다(不拘聲律, 雜以俚語)"라는 註를 달았다. 「哭送亡兒靷行四首」는 저자가 64세 때에 28세의 젊은 나이로 죽은 셋째 아들 中誠의 죽음을 슬퍼하며 지은 것이다. 제2수에서 "적막함이 텅 빈 방을 뒤덮고, 먼지는 책 위에 가득하네. 절명시를 벽에 붙여 놓고는, 처절해서 읽지 못하겠구나(寂寂掩虛室, 黃塵滿書秩. 絶命詞在壁, 凄切不忍讀)"라고 하여 자식을 잃은 아버지의 뼈아픈 마음을 잘 나타냈다. 이 시의 註에 "임종 때에 절명시를 지어서 벽에 붙여 놓고는 곁에 사람에게 읽게 하고 웃었다(臨終, 作絶命詞付壁 使傍人一詠而笑)"라고 하였다.

### 2) 疏

「辭諮議兼陳先寃疏」(『英祖實錄』47年 3月 12日)는 1770년(영조 46) 저자가 侍講院 諮議에 除授되었을 때에 영조가 「裕昆錄」을 저술하여 사림들 때문에 세도가 무너진다고 하자 자의직을 사임함과 동시에 이 「유곤록」의 잘못된 점을 신랄하게 지적하면서 한편으로는 湖南의 儒生들과 李眞儒(1669~1730)·柳鳳輝(1659~1727) 등의 무리가 우암 송시열과 한수재 권상하를 誣告한 사건에 대해서도 그 始終을 거론하며 변론한 상소문이다.

## 3) 書

書는 주로 心性과 喪禮·祭禮·婚禮 및 經典의 해석에 관해 왕복한 것이 대부분이다. 이 중에서도 특히 喪禮에 관한 내용이 가장 많다. 대개 논란이 되는 일을 말하고 이에 답변하는 형식으로 쓰여 졌다. 편지를 주고받은 사람들은 상당히 많지만 대표적인 사람들만 들어보면, 南塘 韓元震, 屛溪 尹鳳九(1681~1767), 止菴 金亮行(1715~1779), 陶菴 李縡(1680~1746), 櫟泉 宋明欽(1705~1768) 渼湖 金元行(1702~1772), 靜坐窩 沈潮(1694~1756), 直菴 申暻(1696-?) 本菴 金鍾厚(?~1780), 一蟬 李洪載(1729~1794) 등을 들 수 있다. 이들은 대부분 그 당시에 理氣心性說이나 禮에 관해 상당한 학식을 갖추고 나름대로의 논리를 펴고 있던 자들이다.

편지의 수는 매우 많지만 그 중 몇 편만 대략 들어보면, 「與金伯高己巳」는 七情 가운데에서 '懼'는 이미 '樂'의 뜻을 포함하고 있다고 하는 내용이고, 「答鄭相國存謙甲子」에서는 '冠儀', '喪服', '婚禮' 등에 대해 문답 형식으로 전개하고 있으며, 「答愼聖五奎東甲子」에서는 『禮記』에서의 "葬先輕而後重喪服"에 대해 말하였고, 「答愼明五星東壬戌」에서는 『大學』의 或問 제9장에 대해, 「答愼明五」에서는 『朱子語類』의 "十分中和畧畧中和"에 대해, 「答李內兄壽而癸未」에서는 『中庸』序의 '人心惟危, 道心惟微'에 대해 각각 논하였다. 그리고 「答李生眞源」에서는 물에 빠져 죽어서 그 시신을 찾을 수 없는 경우에 마땅히 虛葬을 해야만 하는가?, 자기의 命이 되지도 않았는데 죽은 자는 사당에 들이질 못하는가? 등에 대해서 말하였고, 「答梁生德壋」에서는 10여 년 전에 바다로 나갔다가 돌아오지 않아서 그 생사를 알지 못하는 자가 있을 때 그 妻子가 追服을 해야만 하는가에 대해 말하였다. 또 「答卞士純至行壬午」에서는 『中庸』一篇은 한 마디로 말하면 誠일 뿐이라고 하여 이와 관련된 일들을 말하였고, 「答南栗汝尙寬甲午」에서는 주역에서의 占筮之法에 대해, 「答南栗可甲午」에서는 喪禮가 끝난 뒤에 그 부고를 들은 자는 부고를 들은 것과 成服이 같은 달에 있었다면 마땅히 죽은 날에 練祥을 해야만 하는가에 대해 답하였으며, 「答辛汝文昌齡甲午」에서는 伯從叔이 세상을 떠난 뒤에 庶子만 있다면 曾高祖의 奉祀는 누가 해야만 하는 것인가에 대해 답하였고, 「答成子承祖烈」에 서는 『中庸』의 篇題인 '中'자에 대한 程子와 朱子의 해석을 가지고 논하였다. 한편 권7의 편지 17편은 주로 친족과 아들, 그리고 손자들에게 보낸 편지들로 이루어져 있다.

## 4) 雜著

「回甲日書懷辛卯」는 저자가 자신의 회갑일을 맞아 그 회포를 적은 글이다. 집안에 남자가 아주 적어 딸만 7명이 있었으나 2명은 천연두를 앓아 일찍 죽었다고 하였다. 자신은 어머니가 36세 때에 낳아 그 사랑하심이 지극하였는데, 어렸을 때 홍역을 앓아 반나절 동안이나 질식 상태에 놓여 그 부모를 몹시 놀라게 하였다고도 했다. 한편 이 글 가운데에는 그의 아들 中誠에게 따로 주는 글도 삽입되어 있다. 이 글은 제주도에 유배가 있을 때에 쓴 것인 듯하다. 그래서 기쁜 회갑일임에도 비통한 자신의 심경을 주로 나타내었다.

「濟州三姓廟節目代牧使梁世絢作」은 제주도 사람의 전설적인 발상지라 일컬어지는 삼성묘에 祭享하는 節目들을 기록한 것이다. 당시 제주 목사 梁世絢을 대신하여 지은 것이라 하였다.

「壇節目」은 삼성묘단에 제사를 지낼 때의 饌品의 절목들을 기록한 것이다.

「泉谷語錄」은 1744년(영조 20) 4월 17일에 저자가 陶菴 李縡(1680~1746)를 찾아뵙고 나눈 이야기들을 문답식으로 적은 글이다. 근래의 世道, 세상의 비방에 처신하는 방법, 사림의 序次를 정하는 일, 太廟配享, 心說 등 다양한 주제로 주로 洪令純의 편지, 「答樓巖鄭丈書」・「答景孺書」・「韓原州丈別納」 등의 편지에서 논한 내용을 가지고 서로의 의견을 개진하였다.

「瀛洲記小序」는 저자가 제주도에 유배된 지 1년이 지났을 때 이 곳 향리의 어른들에게 들었던 忠孝와 節行이 뛰어난 사람들에 대해 기록한 것이다. 저자는 이처럼 荒僻한 곳에서도 이러한 자들이 있음을 감탄하면서 이러한 사실들을 글로 써서 전하지 않으면 사라져버릴 것임을 염려하였다. 그래서 들은 대로 이것을 跋이나 傳 형식으로 기록한다고 하였다. 그리고 이것을 이름하여 '瀛洲記聞'이라고 하였다.

### 5) 記

「燕申堂重建記」는 저자가 1772년에 제주도에 유배되어 갔다가 돌아오는 길에 完山 관찰사 洪子安을 만났다가 그의 先王考인 睡隱 洪錫輔(1672~1729)가 예전에 임시로 堂을 지었던 것을 그 遺志를 따라 다시 堂을 제대로 짓고 그 記를 써 줄 것을 부탁받고 쓴 것이다. 이 연신당은 이전에 鹿川 李濡(1645~1721)가 창건한 바가 있었고 扁額과 記文은 송시열이 썼다.

「聿修堂記」는 선조 때 淸難三等功臣에 책록되고 靈城君에 봉해졌던 釣隱 辛景行(1547~?)의 후손들이 그를 기리기 위한 祠堂을 짓고서 또 그 앞에다 별도로 堂을 만들어 이를 '聿修堂'이라 이름하고 저자에게 이 堂의 記를 지어줄 것을 부탁하여 쓴 것이다. 聿修堂은 淸安縣 七寶山 아래에 있다.

「海雲亭重修記」는 江陵 海雲亭을 重修하고 그 興廢와 始末을 적은 글이다. 해운정은 중종 때 이조판서를 지냈던 漁村 沈彦光(1487~?)이 세운 것인데, 그 후 100여 년이 지난 지금 퇴락하여 폐해지려고 하자 그의 嗣孫이 重修하면서 그 記를 저자에게 부탁한 것이다. 해운정에는 심언광을 비롯하여 소세양, 이이, 송시열 및 명나라 사신들의 시들이 걸려있다.

「節孝金氏閭記」는 남편과 시어머니를 따라 죽은 김씨에 대한 사실을 기록한 글이다. 저자가 제주도에 유배되어 있을 때에 들은 내용을 적은 것이다. 김씨는 17세에 姜應周라는 사람에게 시집을 왔다. 하지만 1년도 채 되지도 않아 남편이 병에 걸려 죽고 만다. 김씨도 따라 죽으려고 밤낮으로 호곡하며 물 한 방울도 입에 넣지 않았다. 그러자 그 시아버지가 김씨에게 혹 임신이라도 되었다면 살아야 되지 않느냐고 말하여 이를 그치게 하였으니 얼마 후 임신이 아님을 알게 되자 다시 죽으려고 하였다. 그런데 이때 마침 시어머니 문씨가 병에 걸리자 시어머니 때문에라도 자신이 먼저 죽을 수 없다고 하여 다시 그 시어머니를 살리기 위해 극진히 섬긴다. 하지만 그 시어머니도 죽게 되자 결국 김씨 또한 스스로 목숨을 끊어버리고 만다.

「烈女吳氏事實記」는 남편을 따라 죽은 열녀 오씨의 사실을 기록한 글이다. 오씨는 21세 때에 姜渭輔라는 사람에게 시집을 갔는데, 바로 그 다음 해에 남편이 죽자 바로 자결하려고 하였으나 그 시어머니를 생각하여 차마 죽지 못하였다. 하지만 너무도 비통해 한 나머지 머리도 풀어 헤치고 얼굴도 씻지 않은 채 울기만 할 뿐이었다. 그러다가 어느 날 갑자기 목욕을 하고 옷을 갈아입고는 미소를 지으며 다시는 슬픈 모습으로 어머니를 근심케 하지 않겠다고 한다. 그러나 그 시어머니가 잠시 외출한 사이에 오씨는 사방 문을 모두 닫아걸고 그 방에서 자결하고 만다.

### 6) 題跋

「書先妣手筆韓氏三代錄後」는 1739년(영조 15) 저자가 27세 때에 어머니인 恩津 宋氏가 직접 필사한 『韓氏三代錄』의 뒤에다 쓴 글이다. 저자는 6,7세 무렵에 어머니 곁에 있던 책을 붓으로 장난을 하여 그 책을 심히 손상시켰다가 꾸지람을 들었던 것을 회상하면서 그 때는 그 책이 그렇게 진귀한 책인 줄을 몰랐다고 하였다. 그 책은 그의 어머니가 어릴 때에 읽으면서 글을 익히던 것이라고 하였고, 錦山君 李誠胤(1570~1620)이 쓴 古跡이라고 하였다. 그 후 20년이 지난 후에 그 책을 다시 집에서 발견하게 되었는데, 주로 집안 어른들의 편지글이 대부분이었고, 그 중 한 권이 바로 어머니가 쓴 『韓氏三代錄』이었다. 하지만 책은 거의 절반이나 파손이 되어 옛날의 모양이 아니었다. 그래서 다시 책을 깨끗이 손질하고 그 책의 표제에 '先墨'이라고 쓰고, 그 아래에 그 顚末을 기록하였다고 하였다.

「漢麓隱居圖跋」은 都事 安如松의 高祖 斂正公이 광해군의 폭정을 피해 모든 것을 버리고 한록의 남쪽에 은거하며 나오지 않았는데, 이때 첨정공이 은거했던 산천과 별장의 풍경을 그림으로 그린 것에다 발문을 쓴 것이다. 그림은 謙齋 鄭歚(1676~1759)이 그렸다.

「書泣弓巖碑模本後」는 1758년(영조 34)에 일찍이 권상하가 泣弓巖에다 직접 글을 쓰고 세운 碑의 模本에다 쓴 글이다. 泣弓巖은 충북 괴산 화양구곡에 있는 것으로 일찍이 송시열이 효종이 죽자 매일 새벽 이곳에 올라가 울었다는 곳이다. 그런데 여기에 세워놓았던 碑가 물속에 잠기게 되었고 훗날 서원으로 끌어다 놓았다고 한다. 하지만 오랫동안 방치되어 있다가 저자가 이곳 서원의 책임을 맡으면서 새로 비를 만들고 새겨서 그 옛터에다 다시 세워 놓았다고 하였다.

「書二先生手筆帖後」는 권상하와 丈巖 鄭澔(1648~1736)가 일찍이 皇曆跋을 쓰면서 그 곁면에다 쓴 글씨의 뒤에다 1758년(영조 34)에 쓴 글이다. 이 중 '崇禎以下' 8자는 권상하가 쓴 것이고, '皇明以下' 17자는 정호가 쓴 것이라고 하였다.

「書尹氏遺事後」는 광해군 때의 輔德公 尹聖任의 遺事와 그가 지은 글들을 모아서 편찬한 책에다 쓴 글이다. 윤성임은 세상에 쓰일 만한 재주를 지니고 있었던 선비였지만 광해군의 폭정으로 인해 그 뜻을 접고 은거하고서 자신을 드러내지 않았다. 그 후 그의 후손인 尹鳴韓이 그의 遺事와 擬·對·疏 등을 모아서 한 권의 책으로 만들고 이를 권상하에게 보였더니 義理가 바름을 얻었다고 하였고, 일찍이 청음 김상헌도 그를 시종 안타까워하여 늘 尊問하였다고 한다. 이 책에는 원래 果齋 李中悅(1518~1547)의 발문이 붙어있었다. 하지만 윤명한의 曾孫인 尹得綏가 이 책에 대한 발문을 써달라고 저자에게 부탁하기에 쓴다고 하였다.

「書朱書卷尾贈弟三孫宜仁」은 한수재 권상하가 소장하였으며, 저자의 부친이 그 제목을 직접 썼던 『朱子大全』 63권을 손자인 宜仁에게 물려주면서 쓴 글이다. 이 책은 특히 저자의 죽은 아들인 中誠이 그 字句가 희미한 것은 직접 써넣고 보충할 정도로 매우 아끼던 책이라고 하였다.

「書蔡斯文命衍所藏三先生簡牘帖後」는 1774년(영조 50) 봄에 蔡命衍이 자신이 보관하고 있던 尤庵 宋時烈·同春堂 宋浚吉·遂菴 權尙夏 세 선생의 간독첩을 가지고 와서 보여주기에 이 첩의 뒤에다 쓴 글이다. 또 이 첩과 함께 채명연이 송준길이 쓴 承旨公의 表石 前面 글씨를 보여주었는데 이 중 10자 정도가 빠지고 없는 것이었다. 그래서 간독첩에다 이 글씨를 붙이고 다시 장정을 하여 간독첩과 함께 이를 전하고자 한다고 하였다.

「五峯蔡公以恒遺蹟跋」은 인조 때 斥和臣으로 청나라의 미움을 사 金尙憲·曹漢英 등과 함께 瀋陽에 잡혀갔다가 돌아와 소위 '죽지 않은 三學士'라 일컬어졌던 五峯 蔡以恒(1596~1666)의 유적을 모은 책에다 쓴 발문이다. 비록 그 유적이 몇 편 되지는 않지만 그 전체에 尊華攘夷의 뜻이 담겨 있다고 하였다.

「題府伯任仲寬邁詩軸後」는 저자의 벗인 任邁가 李伯益이 쓴 七言長篇 17韻을 보여주면서 자신도 이 시에다 화답한 시를 지었다고 하며 보여주기에 이 詩軸 뒤에다 쓴 글이다. 이백익은 늙도록 경전만을 연구했으나 글을 쓸 문방구조차 갖추지 못할 정도로 빈한했다고 하였다. 하지만 벗을 사귀는 데는 천고의 뜻이 있어서 진실한 사람이 아니면 卿相이나 玉帛으로도 쉽게 사귈 수 없는 사람이라고 찬탄하였다.

「書張氏三世忠孝志後」는 張靈·張啓寅·張晋漢 3대의 충효를 기록한 『張氏三世忠孝志』의 뒤에 쓴 글이다. 이들의 충효에 대해서는 「張孝子旌閭銘幷小序」에도 그 내용이 자세하게 기록되어 있다. 이들은 慶北 竺山人으로 張靈은 병자호란 당시 적과 싸우다 전사했는데, 그 때 그의 아들 張啓寅은 12살이었다. 장계인은 그 아버지의 시신을 찾아보았으나 결국 찾지 못하자 화살과 옷만으로 장사지내고 아침 저녁으로 그 무덤에 가서 절하기를 70년 동안이나 했다. 그런데 그가 85세가 되었을 때 土豪들이 그 아버지의 무덤이 要害地라고 하여 官의 위세를 빌려 壓葬시키려고 하자 아버지의 무덤 하나도 지키지 못하는 자식이라고 비관한 끝에 칼을 빼어 자결하였다. 하지만 그 아들 晋漢이 자신의 손가락을 베어 그 피를 마시게 하자 그가 3일을 더 생명을 연장하였다고 한다. 사람들이 다 충신의 집안에 이런 孝子孫이 있음을 칭찬했다 한다.

「書惟勤堂言行錄後」는 호남의 선비였던 金伯三이라는 사람의 言行錄에다 쓴 발문이다. 김백삼에 대해서는 저자가 어렸을 때부터 이미 들었는데, 1746년에 남당 한원진 선생을 만나러 갔다가 우연히 만나게 되었다고 하였다. 그런데 그의 사람됨이 너무나도 본받을 만하여 그 이후로 호남에 갈 때마다 그를 만났다고 하였다. 하지만 그가 갑자기 죽자 그의 문인인 李東允이 그의 스승에 대해 평소에 보고 들었던 것 120여조를 기록하여 '惟勤堂言行錄'이라고 이름하고 책을 펴내게 된 것이다.

「書萬德寺尤菴先生詩跋後」는 萬德寺 앞 萬景樓에 걸려있는 송시열의 시 2수에 대해 쓴 글이다. 이 시는 우암이 제주도에 유배되어 있을 때에 諮議 朴光一의 시에 화답한 것인데, 호남의 선비들이 우암의 자취라고 여기어 이 시를 새겨서 이 절에다 걸어놓은 것이다. 그 후 저자 역시 제주도에 유배되었다가 나오면서 이 절에 들렀는데, 이미 이 詩板은 불에 다 타버려서 옛 자취를 찾을 수가 없었다. 그래서 이 시를 이미 알고 있는 邑宰 李子先의 도움을 받아 다시 써서 걸어 놓는다고 하였다.

「書家傳事文類聚後」는 50여 년 가까이 집안에서 보관해오던 『事文類聚』의 뒤에다 쓴 글이다. 저자는 이 책이 집안의 보물이라고 하였다. 병자호란 때에 온 집안이 강화도로 들어갔을 때 이 책을 서울 집 창고에다 두었는데, 淸兵의 말이 이 책을 밟고 서 있어서 책에 그 밟힌 흔적이 아직까지도 남아있다고 하였다. 여러 책이 散逸되었지만 다시 보충하고 또 장정도 새롭게 한다고 하였다.

「書宗家祠宇所藏喪禮備要後」는 1773년(영조 49)에 宗家의 祠宇에 보관하고 있던 『喪禮備要』의 뒤에 쓴 글이다. 이 책의 표제는 한수재 권상하가 직접 썼고 卷首에는 그의 도장까지 찍혀 있는 것으로 늘 사당 가운데 두고 祭禮 때마다 참고하던 것이다. 한 때 이 책은 遺失되었었는데, 그의 宗從弟 權濟應이 庶叔 同知君의 喪次에서 발견하고 다시 저자에게 가지고 온 것이다. 이에 이 책을 새롭게 장정을 하고 빠진 것을 보충하여 다시 사당 가운데 두게 되었다는 내력을 적었다.

「書李生夏潤所藏先曾祖筆蹟後」는 한수재 권상하가 林溶이라는 사람에게 써준 편지를 帖으로 만든 것인데, 林溶의 수제자였던 李夏潤이 일찍이 스승에게서 이 簡帖을 받아 보관해오다가 그의 나이 90을 바라볼 즈음에 1,500리를 걸어서 저자를 찾아와 그 발문을 써달라고 부탁하기에 쓴 글이다. 이 편지는 권상하가 78세 때에 林溶의 집안에 어려운 일이 생기자 그를 위로하기 위해 쓴 것이라 한다. 글자의 안배가 方正하여 銀鉤와 같아 後學들이 마땅히 보배처럼 여기며 감상해야 할 것이라고 하였다.

## 7) 傳

「忠婢高所樂傳」은 그 주인에게 끝까지 충성을 다했던 奴婢 高所樂에 대한 傳이다. 高所樂

은 태어났을 때에 그 머리카락이 흐트러져 있었다고 한다. 그래서 우리말에서는 이를 '고소악'
이라고 한다고 한데서 그 이름을 지었다고 하였다. 고소악의 주인은 朴繼昆이었는데 그에게
는 李恒春이라는 자에게 시집갔지만 일찍이 남편과 이별하여 종신 수절하는 딸이 하나 있었
다. 이에 고소악을 이 딸의 몸종으로 주었다. 후에 고소악이 장성하여 그 주인이 혼인을 시켜
주려 하자 고소악은 자기 주인이 수절을 하고 있는데 자기가 어떻게 남자와 살면서 불결한
몸으로 그 주인을 섬길 수가 있겠는가라고 말하면서 평생을 혼인하지 아니하고 살다가 63세
의 나이로 그 생을 마쳤다고 한다.

　「貞女姜氏傳」은 姜海貞이라는 한 여자의 올곧은 생애에 대해 기록했다. 강해정은 鄕官 世隆
의 庶出이었다. 그녀는 행동거지가 莊重했으며 사려가 깊었다. 고을의 아전인 金順河에게 시집
갔으나 남편이 일찍 죽고 말았다. 이 때 그녀는 자신이 직접 낳은 자식은 아니었지만 남편의
아이들을 마치 친자식처럼 키웠다. 그런데 고을의 한 탕자가 그녀를 사모하여 매파를 넣어 만
나자고 하여 만났다. 하지만 그녀는 그가 예로써 가르치기가 어려운 사람이라고 여겨 그를 금
수처럼 여기고 정색을 하며 노하여 꾸짖고는 큰 지팡이를 잡고서 내어 쫓아버렸다고 하였다.
이후에 그녀는 굶주리는 어려운 이웃들을 돌보고 친족들을 화목하게 하여 사람들로부터 칭송
을 받았다. 그리고 나이 40이 넘어서 한글을 배워 『小學』을 친히 베껴 늘 암송하면서 올바른
삶을 살아갔다. 그 후 69세의 나이로 죽었는데, 사방의 이웃들이 와서 곡하며 마치 자신들의
친척처럼 여겼다고 하였다.


## 4. 가치


　『山水軒先生遺稿』의 저자 권진응은 우암 송시열, 한수재 권상하, 남당 한원진으로 이어지는
노론의 학통을 그대로 이어받은 자이다. 특히 그는 心性論 논쟁에서 李柬을 중심으로 한 洛
論의 人物性同論에 반대하여 인성과 물성이 다르다고 주장하는 人物性異論의 대표자인 한원
진을 사사함으로써 湖論의 입장을 확고하게 견지한 학자였다. 따라서 이 책은 그의 이러한
사상적인 배경이 투영되어 있다고 할 수 있는데, 특히 이 책의 대부분을 차지하고 있는 편지
글에는 18세기 心性論을 엿볼 수 있을 뿐만 아니라 喪禮나 祭禮, 婚禮와 같은 복잡한 禮法의
문제에 대해 매우 방대하면서도 세밀하게 논하고 있어서 이 방면의 연구에 큰 도움이 될 수
있는 중요한 자료적 가치를 지니고 있는 책이라고 할 수 있다.

【전송열】

# 三淵集拾遺

金昌翕(1653~1722) 著.

寫本. 30卷14冊(全32卷15冊中 第2冊缺)：揷圖, 四周單邊 半郭 17.3×11.7cm, 無界, 10行20字 註雙行, 無魚尾 ; 23.1× 15.8cm.

表題：三淵遺集.

三淵集拾遺卷之一

詩

呼韻 乙巳

風鳴綠竹報淸秋白鷗初飛螢火流梧桐堦下月如

水影落窗入自慈以落句爲神農巖

曉吟 庚戌

晨起坐茅亭微月當窗白河漢影淸淺村鷄聲斷續

四顧闃無人蟪蛄掛虛壁白露夜來濕秋山似膚沐

端居不可道景物日蕭索蹤跡獨彷徨幽懷更寂寞

贈豐悅上人 壬子

# 1. 저자

金昌翕(1653~1722)의 本貫은 安東, 字는 子益, 號는 三淵, 諡號는 文康이다. 百淵과 松棚이란 호도 사용했다. 병자호란 당시 척화파의 거두였던 金尙憲(1570~1652)의 증손이다. 아버지 金壽恒과 중부 金壽興은 정승을 지냈고, 백부 金壽增은 은자의 풍모가 높았던 인물로 김창흡에게 많은 영향을 끼쳤다. 어머니는 安定 羅氏로 해주목사 星斗의 딸이다. 그의 여섯 형제는 모두 재주와 품성이 뛰어나 세상에서 六昌의 일컬음이 있었다. 큰형 昌集은 老論 4대가의 한 사람으로 정승을 지냈고, 둘째 형 昌協은 학문이 높았다. 바로 아래 동생인 昌業은 풍류예인으로 유명했는데, 그가 지은 『노가재연행일기』는 연행록의 3대 저술로 꼽힌다. 昌翕은 특히 이중에서 昌協과 함께 성명이 자자하여 후세에 끼친 영향이 심대하여, 두 사람의 호를 따서 이 집안의 학문을 農淵家學이라 일컬었다.

삼연은 젊어서 어머니의 권유로 진사시에 급제하였지만, 대과에는 응시하지 않았으며 한번도 벼슬길에 나아가지 않았다. 19세에 처음 금강산에 다녀온 뒤 평생 일곱 차례나 금강산을 유람하였다. 27세에 지금의 강원도 철원군 三釜淵 근처에 은거하기 시작하여, 일생의 대부분을 벽계(경기도 양평군 서종면), 설악산(백담사와 오세암 사이의 永矢庵), 곡운(谷雲, 강원도 화천군 사내면 영당리의 화악산 북쪽 기슭) 등 산간 벽지에서 선승과 같은 생활을 하였다. 그는 정파와 상관없이 참다운 隱者로 기림을 받았으며, 조선후기 새로운 詩風은 물론 겸재 정선으로 표상되는 眞景畵壇의 진원지로 평가받고 있다. 또한 獨學自得을 중시하는 그의 학문은 외적 계보를 만들지 않았음에도 불구하고 조선후기 지성사의 한 흐름을 만들어냈다.

삼연은 당대를 대표하는 명문가에서 태어났지만 평생 벼슬길에 나가지 않았고, 사유와 행동 또한 주류 사회의 규범에 얽매이지 않았다. 기행을 일삼은 것은 아니지만, 격식과 신분에 얽매이지 않아 많은 일화를 남겼다. 아래는 삼연이라는 인물의 풍모를 여실하게 보여주는 일화이다.

> 을유년(1705) 섣달 스무날 밤 聖源(李澐)과 함께 石湖 息屨亭에서 묵었다. 새벽녘 이야기를 하다가 화제가 農巖, 三淵 두 분에 미치게 되었다. 성원은 두 분의 다른 점을 논하였다. 두 분과 함께 산수 간을 노닐게 되면 농암은 꼭 "모처가 볼 만하다고 하니 가보세."라 하고, 돌아올 때도 "이젠 돌아가세."라고 말한다. 하지만 삼연은 갈 때는 남에게 말하지 않고, 돌아 올 때도 반드시 함께 오는 것이 아니다. 하루는 성원과 함께 妙寂庵(경기도 남양주시 와부읍 팔곡산)을 방문하기로 하여 그의 湛華軒에 와서 함께 묵었다. 그런데 그날 날은 몹시 춥고 눈까지 내리려 하였다. 성원이 눈이 오려고 하니 그만두자고 하자, 삼연은 흥을 깬다며 크게 꾸짖고는 혼자 걸어 나섰다. 성원이 할 수 없이 좇아 나섰다. 계곡에 들어서자 함박눈이 쏟아져 땅에 한 자나 쌓였다. 성원이 소매로 갓에 쌓인 눈을 수시로 털면서 가다가 돌아보니, 삼연은 온몸에 눈을 뒤집어썼는데 갓이 눌려 찌그러질 정도였지만 끝내 한번도 털지 않았다. 그 모습이 마치 유리광여래가 세상에 나온 듯하였다.[1]

　　삼연을 흠모하던 후배 문인 신정하(申靖夏, 1681~1716)가 직접 겪은 회고담이다. 삼연은 일단 흥이 나면 오로지 그 흥에 맡겨 움직이던 사람이었다. 처음 금강산으로 떠날 때도 처가에 있다가 문득 생각이 일어서 나선 것이다. 담양에서 뱃놀이를 할 때, 옥순봉을 지날 무렵 문득 청산에 흰 학이 너울너울 나는 모습을 보자 흥을 이기지 못하고 갑자기 뱃전에 일어나 춤을 추었다고 하는 일화도 전한다. 삼연은 본질적으로 계산에 능하고 체면을 중시하기보다는 맑은 마음을 지니고 흥취에 몸을 맡긴 시인의 면모를 지녔던 인물이다. 위 일화는 삼연이 50세 때의 일이다. 삼연도 이때의 흥취를 아래의 시로 남겨 놓았다.

　　　大雪莫禁興　큰 눈도 이 흥취를 막지 못하니
　　　超超神欲行　신명이 먼저 일어 길을 나서네 (권 8,「雪中訪妙寂菴」)

　　삼연의 내적 형상을 잘 보여주는 예화 하나를 더 소개한다. 설악산에 머물던 삼연은 54세이던 1706년 4월 묘향산 여행에 나섰다. 일행은 두 명의 노복과 묘향산 구경을 하고 싶어 동참한 두 명의 승려 등 총 5명이었다. 당시 그의 행적은 여행일기인「關西日記」와 수많은 시편들에 잘 나타나있다. 그런데 당시 묘향산에 거처하던 승려 法宗 虛靜(1670~1733)의 문집(『虛靜集』권 상)에 삼연의 문집에는 없는 시가 한편 실려 있어 눈길을 끈다. 삼연이 허정에게 준 7언 절구이다.

　　　脚底東西南北路　두 다리 아래 동서남북 길
　　　杖頭一萬二千峯　지팡이 끝에는 일만 이천 봉.
　　　大明天下無家客　대명 천하에 집 없는 나그네
　　　太白山中有髮僧　태백산 속 머리 기른 승려라.

　　삼연의 삶은 은거와 여행의 반복이었다. 한 곳에 오래 있으면 여행을 꿈꾸었고, 길 위에서는 집의 평온함을 그리워했다. 다만 그 집은 처자가 있는 일상의 집이 아니라는 것이 남다른 점이었다. 위 시는 삼연의 그러한 일생을 잘 표상한다. 그는 언제나 동서남북으로 뻗은 길을 다녔고, 그의 지팡이 머리 위에는 산봉우리들이 솟아있었다. 집이 있었지만 묶여있는 곳이 아니니 집 없는 나그네라 할 만했고, 그건 곧 운수납승의 처지와 크게 다르지 않았다. 그는 有髮僧을 자처했던 것이다. 이 시를 받고 허정은 아래처럼 차운하여 삼연의 행색을 그려냈다.

　　　雙屐飛時路八域　나는 듯 두 다리는 8도 길을 누비고
　　　一節揮處山千層　지팡이 휘젓는 곳 산봉은 천 층이라　.
　　　淸儀落落眞仙客　빼어난 맑은 자태 참으로 선객이요
　　　行色飄飄正衲僧　표표한 그 행색은 가사 입은 스님이라.

---

1) 신정하,『恕菴集』권 16,「漫錄」

　　허정은 유자의 옷을 입었지만 신선의 자태에 승려의 행색을 지닌 것으로 삼연의 면모를 그려냈는데, 이는 많은 부분 실상에 부합한다. 삼연이 평생 존숭했던 인물이 '心儒迹佛'의 일컬음이 있었던 김시습이었거니와, 그의 사유 방식이나 행동방식은 다분히 道佛의 성향이 강했기 때문이다. 영조는 이러한 삼연의 삶을 높이 평가하여 친히 제문을 지어 칭송했던 반면, 정조는 그의 시가 治世之音이 아니니 후생들은 배워서 안 된다고 경계의 시선을 보내기도 했다. 영조 즉위 뒤에 이조판서에 추증되었으며, 양주의 石室書院, 楊根의 迷源書院, 덕원의 忠谷祠, 울진의 新溪祠, 양구의 書巖祠, 강릉의 湖海亭影堂, 포천의 堯山影堂, 한성의 篤忠堂에서 제향되었다.

## 2. 구성

### 1) 구성

　　詩: 1책(권1,2)　3책(권5,6) 4책(권7,8) 5책(권9,10) 6책(권11,12).
　　본집과 마찬가지로 창작 연대순으로 편차되어 있어 일생 행적은 물론 시세계의 변천을 파악하기에 용이하다. 각 권에 실린 시들을 창작 나이에 따라 정리하면 다음과 같다. 권1은 13세～29세, 권 2는 30세～36세, 권 5는 42세～44세, 권 6은 45세～53세, 권 7은 54세～58세, 권 8은 59세, 권 9는 60세～63세, 권 10은 64세～65세, 권 11은 66세～70세이다. 권 12에는 창작 년대를 알 수 없는 古風 4수와 젊은 시절 지은 것으로 보이는 科詩 32수가 실려 있다. 연작시의 경우 전체가 30수인데 본집에 15수가 실려 있을 경우, 여기에는 나머지 15수를 실었는데 원래의 일련 번호를 표기하고 있어, 작은 단위에서 각 작품들 사이 시상의 흐름을 파악할 수 있다.

　　書·序·記·題跋·說·雜著·上樑文·募緣文·墓誌銘·墓表·行狀·祭文·告文·日記漫錄·太極問答·語錄·附錄: 7책(권13,14) 8책(권15, 16) 9책(권17, 18) 10책(권19, 20, 21) 11책(권22, 23) 12책(권24, 25) 13책(권26, 27) 14책(권28, 29) 15책(권30, 31, 32)

　　시를 제외한 권차와　목록은 다음과 같다.
　　권13 書: 「上親庭癸亥」·「上伯父甲戌」·「上伯父丁丑」(4)·「上伯氏壬午」·「上伯氏庚寅」(4)·「上伯氏辛卯」(2)·「上伯氏壬辰」(6)·「上伯氏癸巳」·「上伯氏甲午」·「上伯氏乙未」(6)·「上伯氏丙申」(6)·「上伯氏丁酉」(3)·「上伯氏戊戌」(2)·「上伯氏己亥」(3)·「上伯氏庚子」·「別紙」·「上伯氏庚子」·「上伯氏未詳年條」(5)·「上仲氏乙卯」·「上仲氏丁巳」·「上仲氏乙丑」·「上仲氏壬午」·「上仲氏乙酉」(2)·「上

仲氏丙戌」・「上仲氏未詳年條」(2)・「上仲氏書傳問目」・「上仲氏洪兄名萬朝」(2)

권14 書: 「答大有乙酉」・「答大有辛卯」・「答大有甲午」(2)・「與大有」・「答大有」(2)・「答大有丙申」・「與大有年條未詳」・「答敬明戊辰」・「與敬明」・「與敬明癸酉」・「與敬明庚辰」・「與敬明己丑」・「與敬明辛卯」(2)・「答敬明辛卯」・「與敬明辛卯」(2)・「答敬明壬辰」・「與敬明」(2)・「答敬明」・「上從氏府使公昌國甲戌」・「上從氏府使公丙子」(5)・「上從氏府使公丁丑」・「上從氏府使公庚辰」・「上從氏府使公戊子」・「上從氏府使公癸巳」・「上從氏府使公甲午」・「上從氏府使公乙未」(4)・「上從氏府使公丙申」(2)・「寄養謙癸酉」・「寄養謙丙戌」・「寄養謙辛巳」・「寄養謙乙酉」・「寄養謙丙戌」(2)・「寄養謙戊子」・「答養謙」・「寄養謙」(2)・「寄養謙壬辰」・「答養謙甲午」・「寄養謙」(2)・「答養謙」・「寄養謙乙未」・「寄養謙丙申」(3)・「寄養謙丁酉」・「寄養謙戊戌」・「寄養謙庚子」・「寄養謙正月」・「答養謙」・「寄養謙年條未詳」(6)・「答厚謙甲申」・「答厚謙甲午」・「答厚謙年條未詳」・「寄厚謙」(2)・「答厚謙」(4)・「寄濟謙壬辰」・「答濟謙戊戌」・「寄濟謙己亥」・「答濟謙」・「寄濟謙庚子」(2)・「寄崇謙年條未詳」・「答彦謙甲午」・「答彦謙乙未」・「答彦謙年條未詳」・「寄彦謙」・「答彦謙」・「寄用謙癸巳」・「寄用謙乙未」・「寄用謙丙申」・「寄用謙」・「答用謙庚子」・「答文行庚子」・「寄文行」(3)・「寄愨行等辛卯」・「寄愨行丙申」・「答愨行」

권15 書: 「與拙修齋趙公聖期甲子」(2)・「答拙修齋趙公」・「答拙修齋趙公乙丑」(2)・「與拙修齋趙公」・「與李同甫喜朝丁丑」・「與李同甫庚辰」・「與李同甫癸未」(2)・「答李同甫」・「與李同甫」(2)・「與李同甫乙酉」(2)・「與李同甫丁亥」・「與李同甫戊子」・「與李同甫庚寅」・「答李同甫」・「與李同甫」(2)・「答李同甫」・「與李同甫辛卯」・「答李同甫」・「答李同甫年條未詳」・「與李同甫壬辰」・「與李同甫丁酉」・「答李同甫戊戌」・「與李同甫辛丑」(2)・「與李同甫年條未詳」・「答朴敎官鐔己巳」

권16 書: 「與權判書惺丁亥」・「答權判書己丑」・「與權判書庚寅」・「答權判書辛卯」・「答權判書癸巳」・「答權判書戊戌」・「與宋玉汝己卯」・「與宋玉汝乙酉」・「與宋玉汝丙戌」・「與宋玉汝辛卯」・「與宋玉汝壬辰」・「與宋玉汝甲午」(3)・「答宋玉汝乙未」(2)・「答宋玉汝丙申」・「與宋玉汝」・「與宋玉汝丁酉」・「答宋玉汝戊戌」・「與宋玉汝年條未詳」・「答宋玉汝」・「答李子東乙丑」・「與李子東」・「答李子東」(2)・「與李子東」・「答李子東」・「答李子東寅」(2)・「答權參議遂壬午」・「與權參議丁酉」・「答尹判書世紀己丑」・「答尹大諫世綏庚寅」・「答尹大諫辛卯」・「與李都正涑壬辰」・「與李參判世弼戊戌」・「答金士直㙫別紙」・「答尹承旨樟庚子」・「答尹承旨」・「與金顯甫丙辰」(2)・「答金顯甫庚申」・「答金顯甫丁丑」・「與金顯甫己卯」・「與金顯甫甲申」・「答金顯甫」(2)・「與金顯甫乙酉」・「答金顯甫丁亥」・「與金顯甫」・「與金顯甫己丑」・「與金顯甫庚寅」・「與金顯甫癸巳」・「與金顯甫丙申」・「與金顯甫己亥」

권17 書: 「與趙定而戊午」・「與趙定而己巳」・「與趙定而丁亥」(2)・「答趙定而乙未」・「答趙定而丙申」

・「答趙定而丁酉」・「與趙定而」・「與趙定而戊戌」・「與趙定而庚子」・「答兪仲强己亥」・「答兪仲强辛丑」・「與兪仲强」・「與李尙卿聖佐戊子」・「答李尙卿乙未」・「與李仲培辛未」・「答李仲培壬申」・「答李仲培癸酉」・「答李仲培己丑」・「答李仲培癸巳」・「與李仲培乙未」・「與李仲培丙申」・「與宗兄盛達乙卯」・「與宗兄癸亥」・「與鄭厚卿東後丙申」・「與鄭厚卿丁酉」・「答鄭厚卿己亥」・「答權大叔益隆庚寅」・「答梁來叔辛未」・「答梁來叔壬辰」・「答姜□□癸未」・「答尹僉正坪丁丑」・「答尹僉正」・「與李季祥徵夏年條未詳」(3)・「答李季祥」・「與李季祥」(5)・「答李季祥」・「與李季祥」(3)・「答李季祥」(2)・「與李季祥」・「答李季祥」(5)・「與李季祥」・「答李季祥」(2)・「與李季祥」・「答李季祥」・「與李季祥」・「答李季祥」(3)・「與士敬丁亥」・「答士敬癸巳」・「答士敬年條未詳」(2)・「與仲裕盛後」

卷18　書:「答時觀乙酉」・「答時觀問目年條未詳」・「答道以時佐甲申」・「答道以己丑」・「答道以乙未」・「與道以」・「答道以年條未詳」・「與道以」・「答道以」・「答安重謙癸未」・「答安重謙」・「問目」・「答魚有鳳己丑」・「答魚有鳳年條未詳」(2)・「答朴弼周年條未詳」・「與李秉淵庚寅」(2)・「答李秉淵癸巳」(3)・「與宋相維丙申」(2)・「答宋相維年條未詳庚子」・「與宋相維」・「答宋相維年條未詳」(3)・「答申命觀丁酉」・「答申命觀戊戌」(3)・「答申命觀庚子」・「答權襩己亥」・「與權襩」・「答金羲瑞辛巳」・「答金羲瑞癸未」・「與金羲瑞甲申」・「答金羲瑞乙酉」・「與金羲瑞丙戌」・「答金羲瑞」・「與金羲瑞丁亥」・「與金羲瑞庚寅」・「答金羲瑞辛卯」・「與金羲瑞壬辰」・「答金羲瑞癸巳」・「答金羲瑞乙未」・「答金羲瑞丁酉」・「與金羲瑞」・「與金羲瑞己亥」(2)・「與金禹瑞庚子」

卷19　書:「答朴泰觀癸巳」・「答朴泰觀乙未」・「答朴泰觀丙申」(2)・「與朴泰觀丁酉」・「答朴泰觀」(2)・「與朴泰觀戊戌」(2)・「答朴泰觀年條未詳」(6)・「答尹湜戊戌」(3)・「與李喜之年條未詳」(3)・「答時敏年條未詳」(3)・「與時澤壬午」・「答時澤丙戌」・「與時澤丁亥」(2)・「與時澤戊子」(5)・「答時澤」・「與時澤己丑」(2)・「與時澤辛卯」(2)・「答令行丙申」・「與令行己亥」(2)・「答令行」・「答令行庚子」・「與令行」・「答令行」(2)・「與令行」・「答令行」・「答令行辛丑」(2)・「與令行」・「答令行」(2)・「與令行」・「與魚有鵬己亥」・「答魚有鵬」(2)・「與魚有鵬庚子」(3)・「答魚有鵬」(3)・「答魚有鵬辛丑」・「與魚有鵬」・「答魚有鵬」(2)・「與魚有鵬」・「答魚有鵬」(4)・「答尹得莘庚寅」・「答尹得莘辛卯」・「與尹得莘甲午」・「答尹得莘」・「答尹得莘戊戌」・「答黃泰河辛丑」・「答安紝年條未詳」・「答李賢美年條未詳」・「答金伯雨年條未詳」(3)

卷20　書:「答邊是伯丙子」・「答邊是伯丁丑」・「答邊是伯戊寅」・「與金錫保己亥」・「答姜敏著年條未詳」・「答李喜靖」・「與李宗臣戊子」・「答兪岦乙未」・「與兪岦」・「答兪岦年條未詳」・「與李尙泰年條未詳」・「答梁翼龍丁酉」・「與梁翼龍戊戌」・「與金錫龜庚子」(2)・「答金錫龜辛丑」・「與金相星年條未詳」・「與李學顔癸亥」(2)・「答邊是陟己卯」・「答邊是陟庚辰」・「答邊是陟壬午」・「答邊是吉己卯」・「答邊是吉乙酉」・「答邊億己卯」・「答邊億辛巳」(2)・「答邊㒜庚辰」・「答尹浩戊子」(2)・「答尹浚辛卯」・「答尹浚

年條未詳」·「答李敏行丁亥」·「答李敏行壬辰」·「答李敏行甲午」·「答趙浹甲午」·「與趙浹己亥」·「答宗人戊戌」·「答某人年條未詳」·「答洪世泰甲子」·「答洪世泰辛未」

권21 書: 「答洪有人年條未詳」·「與洪有人」·「答洪有人」·「答兪命岳年條未詳」(2)·「與兪命岳」(2)·「答兪命岳孟子問目」·「與兪命岳」(2)·「答兪命岳」·「與兪命岳」·「答兪命岳」(3)·「與兪命岳」·「答兪命岳」(3)·「與兪命岳」·「答兪命岳」(2)·「與兪命岳」·「答兪命岳」(2)·「與李德載年條未詳」(14)·「答李德載」·「與李德載」(3)·「答李德載」·「與李德載」·「答李德載」(4)·「與李德載」·「答李德載」(3)·「與李德載」(3)·「答李德載」(2)·「與李德載」·「答李德載」·「與李德載」(2)·「答李德載」·「與李德載」

권22 書: 「與鄭龍河年條未詳」·「答明行年條未詳」·「與明行甲申」·「答明行」(2)·「與明行乙酉」(2)·「答明行丙戌」·「與明行丁亥」(2)·「答明行戊子」·「答明行己丑」·「與明行辛卯」(2)·「答明行丙申」·「與明行年條未詳」·「答明行」(2)·「答純行」·「答春行己丑」·「與春行」·「答春行辛卯」·「答春行乙未」(2)·「答尹瀗壬辰」·「與尹瀗」·「答尹瀗甲午」·「與尹瀗戊戌」(2)·「與尹瀗己亥」(2)·「與尹瀗庚子」·「與尹瀗年條未詳」·「答宋堯和癸未」·「與宋堯和乙酉」·「與宋堯和丁亥」·「與兪拓基年條未詳」(2)·「答兪拓基辛丑」(5)·「答鄭彦煥年條未詳」·「與鄭彦煥」(2)·「答鄭彦煥」(4)·「與兪肅基丙戌」·「答兪肅基癸巳」·「答兪肅基丁酉」·「答兪肅基戊戌」(2)·「答兪肅基中庸問目」·「與兪肅基辛丑」·「答兪彦銓年條未詳」·「與兪彦銓」(2)·「答尹萬東辛卯」(2)·「答尹萬東癸巳」·「與尹萬東丙申」·「答尹萬東丁酉」(2)·「與尹萬東戊戌」(2)·「答尹萬東」·「與尹萬東」·「答尹萬東年條未詳」·「答黃沁辛丑」·「答尹洸年條未詳」(2)·「與尹洸」·「答尹洸」(6)·「答金相復戊戌」·「答金相復庚子」·「與金相復」·「答金相復」·「與元海翼丁亥」·「答元海翼甲午」(2)·「答鄭楺丙申」(2)·「答履晉年條未詳」(2)·「與高達明年條未詳」·「答高達明」·「與李震熙己丑」·「與李震熙辛卯」·「與李震熙年條未詳」·「答李震熙」(2)·「與李震熙」(4)·「答於鳴海年條未詳」·「答於鳴海乙酉」·「與於鳴海丙戌」(2)·「答於鳴海戊子」·「答趙德粹壬辰」·「與趙德粹」(2)·「答趙德粹甲午」·「答趙德粹庚子」·「與趙德粹」·「答趙德粹」(2)·「答門人年條未詳」·「答霜勳上人庚子」

권23 序: 「宋季達昌直之岳州序」·「溟岳錄後序」·「送柳兄集仲赴自如督郵序」·「贈李喜靖序癸未」·「贈族孫春行序」·「贈尹和叔序辛卯」·「贈閔士長序己亥」·「送兪君四讀書華山序丙寅」·「贈兪君四之淸風序」·「送兪君四之平康序」·「臨湖遺稿序」·「金時中遺稿序」

記: 「籠水亭記」·「李氏名園記」·「一絲亭記」·「晩翠亭記」·「不知菴記」·「雲根亭記辛卯」·「遊鳳頂記辛卯」·「藍田九曲蘭曲七瀑合記壬辰」·「遠香亭記」·「蔚珍山水記」(又佛影寺)

권24 題跋: 「春遊酬唱錄跋」·「題海山錄後庚寅」·「對越帖跋丙申」·「赤城錄跋己亥」·「題鄭後僑

日本詩卷後」・「題柳兵使所藏尤菴筆蹟後」・「題族孫履健殤兒宗胤哀辭後庚子」・「再題」

　說:「鳥說」・「鶴說」・「韭說」・「羊說」・「雜說」・「止蚓說」

　雜著:「辭掌令再疏」・「擬白休菴書院請額疏」・「端懿嬪服制未得獻議啓戊戌」・「大行大王服制未得獻議啓庚子」・「再啓」・「先集印役匠人宴飮時小記庚辰」・「書示兪李兩生乙丑」・「又示」・「木火箴贈鄭元獻」・「書贈子安族孫謙行」・「書贈高達明」・「書示頤道人」・「書贈用謙揭齋壁」・「書贈慼行」・「謝關西伯閔聖猷送紙衣」・「答文行莊子疑處」(逍遙遊・齊物論・養生主)・「九歌解」(東皇・雲中君・湘君・湘夫人・大司命・少司命・東君・河泊・山鬼)・「左贊」(伯宗・臧武仲)・「泣贈季達」・「失題」・「白鹿潭記聞」・「代信陵君祭侯嬴文月課大作」・「藝園十趣」・「記夢」・「玉流樓上漫錄」・「鶴浦記評」・「海金剛記評」

　上樑文:「仁川書院上樑文」

　募緣文:「寶月菴募緣文」・「白雲嶺修路募緣文」

　卍25　墓誌銘:「恭人李氏金東鉉妻墓誌銘」

　墓表:「族兄牧使公金盛最墓表」・「兪童子必壽墓記」

　行狀:「監察崔公世榮行狀」・「靜觀齋先生李端相言行錄」

　祭文:　「祭朴美叔成美文」・「祭洪扶餘遠晉文」・「祭族父僉知公壽昌文」・「祭亡妹文」・「亡妹生日祭文」・「亡妹大祥祭文」・「祭亡妹遷葬文」・「季弟大祥祭文」・「祭庶從弟昌碩文」・「祭任正座文」・「祭任參議奎文」・「祭外祖母淑人金氏文」

　卍26　祭文:「祭洪仁甫文甲戌」・「祭外舅李正郎文」・「祭金參奉聲大文」・「祭黃叔輔柱河文」・「祭季舅羅敎官文」・「祭從子好謙文」・「祭邊慶興是伯文」・「祭從甥女徐氏婦文」・「祭尹達卿世憲文」・「祭姪女李氏婦文庚辰」・「祭金參奉器夏文」・「祭姪女吳氏婦文」・「祭靜觀齋先生文」・「祭靜觀齋先生遷葬文」・「祭主簿族兄盛宙文辛巳」・「祭族孫健行文」・「祭鄭載文龍河文」・「祭從弟季達文壬午」・「祭叔姑宋判書夫人文」・「祭仲母文」・「祭從姪亨謙文」・「祭仲嫂文」・「祭仲舅掌令羅公文」・「祭外兄李林川文」・「祭安參奉始泰文己亥」・「祭某人文」・「曲淵祈雨祭文」

　告文:「慼行入廟時告文」・「慼行忌日告文」・「告雪岳廟元峯文」・「告亡室忌日文」

　雜錄

　日錄

　卍27　日記:「丹丘日記戊辰」・「湖行日記壬午」・「雪岳日記乙酉」

　卍28　日記:「嶺南日記戊子」・「關西日記丙戌」・「北關日記丙申」・「南遊日記丁酉」・「南征日記己亥」

　卍29　漫錄

　卍30　太極問答

권31 語錄
권32 附錄「遺事」(趙明履)・「行狀」(金亮行)・「請享石室書院書」(李修大等)

## 2) 이본 소개

『三淵集』은 삼연 사후 10년 뒤인 1732년 門人 兪拓基 등이 가장 초고를 산정 편차하여 활자 간행하였는데, 총 분량이 36권 18책에 달한다. 하지만 이 과정에서 초고의 절반 가량이 탈락되었다. 아마 여기에는 간행 경비 등이 고려되었을 것이다. 활자화되지 못하고 남은 초고는 16권 32책의 필사본으로 전해졌다. 이것이 이른바 『三淵集拾遺』의 이름으로 전해지는 책이다. 그런데 필사 경위가 어디에도 없어 이 책이 언제 누구에 의해 필사되었는지는 아직 미상이다. 다만 추정컨대, 이 책의 권 32 부록에 1760년 楊根 유생들이 지은 「請享石室書院書」와 종손 金亮行(1715~1779, 김창업의 손)이 1768년에 찬한 「行狀이」 실려 있는 것으로 보아, 1768년 즈음에 家傳 文籍을 정리하는 차원에서 문중 사업으로 필사된 것이 아닌가 한다.

현재 발견된 필사본은 두 종류이다. 하나는 후손 金貴年이 소장하던 것으로, 이는 1980년 경문사에서 『三淵年譜』(김매순 편)과 합본되어 『三淵全集 坤』의 이름으로 영인 간행되었고, 1996년 다시 민족문화추진회에서 문집총간 제 166, 167책으로 영인 간행되었다. 연세대 소장본 삼연집습유는 앞의 본과 내용과 체재는 물론, 글자의 배치까지도 동일하다. 다만 앞의 김귀년 본이 처음부터 끝까지 한 사람의 손으로 필사된 반면, 연세대 본은 몇 사람의 필체가 섞여 있다. 또 아주 드물게 오탈자도 발견된다. 이런 몇 가지 정황으로 보아 연세대 본은 김귀년 본의 인멸을 우려하여 관리의 차원에서, 아니면 다른 필요에 의해 후대에 김귀년 본을 모본으로 재필사한 것으로 보인다.


## 3. 내용

『삼연집습유』는 정식으로 간행하고 남은 글들을 모아 편집 필사한 것이다. 일단 이 사실만 가지고도 이 책의 내용을 짐작할 수 있다. 『삼연집』을 간행할 때는 사상과 행적, 그리고 정서 등에 있어 당대의 공식 규범에서 크게 벗어나는 작품들은 배제되었다. 이념적 금기로부터 자유로울 때가 아닐뿐더러, 문집이란 근본적으로 개인의 차원을 넘어 가문을 표상하는 존재였기 때문이다. 『삼연집』의 내용만으로 삼연을 그리면 당연히 당대의 모범적인 儒者像에서 크게 벗어나지 않는다. 하지만 『삼연집습유』를 검토하면 사정은 크게 달라진다. 여기에는 불가와 도가에 심취했던 사상적 경향, 격정적이고 일탈적인 시인의 면모, 성리학의 범주에 묶이지 않는 학문 태도 등이 고스란히 들어있기 때문이다. 문집의 분량이 워낙 방대하여 상세히 소개하기 어려운 까닭에 몇 가지 요목으로 범주화하여 내용상의 특징을 제시한다.

## 1) 청년기의 정서와 지향

「呼韻」(권1)

| | |
|---|---|
| 風鳴綠竹報淸秋 | 대숲의 바람 소리 가을을 알려오고 |
| 白雁初飛螢火流 | 기러기 날아오자 반딧불이 흐르네. |
| 梧桐堦下月如水 | 오동나무 섬돌 아래 달빛은 넘실거려 |
| 影落碧窓人自愁 | 벽창의 그림자에 시름이 이는구나. |

「贈豊悅上人」(권1)

| | |
|---|---|
| 象外淸遊更未能 | 세상 밖 맑은 노님 다시 하지 못하니 |
| 夢中皆骨玉層層 | 개골산의 층층 옥봉 꿈결에 오락가락. |
| 秋來萬二千峯月 | 가을이 찾아오니 만 이천 봉 위의 달이 |
| 應照高僧禮佛燈 | 스님의 예불 등불을 비추오리다. |

유년기나 청년기의 작품에서 완숙미를 맛보긴 어렵지만, 뒷날 시세계의 원형질은 물론 평생 삶의 지향을 발견할 수 있다는 점에서 중요하다. 「呼韻」은 아직 소년의 태를 벗지 못한 13세에 어른이 제시한 운자에 즉흥적으로 지은 작품으로 『연보』에 소개되어 있다. 가을을 노래한 작품인데, 結句가 주목을 끈다. 소년 김창흡은 벽창에 어른거리는(또는 떨어지는) 오동나무잎 그림자에서, 세월의 무상을 담은 인간의 근심을 포착하고 있다. 시간의 흐름과 인간의 유한성에 대한 형상화가 관념적이고 모방의 태가 농후하긴 하지만, 나이 어린 소년의 인식치고는 조숙한 감이 있다. 結句를 농암은 神格이라 극찬했다고 하는데, 이는 아마도 벽창에 어린 그림자가 갖는 隱微함과 ‘自’가 지닌 함축 때문인 것으로 보인다. 이 시는 삼연의 평생 삶을 함축적으로 암시한다. 이 시에서는 세상사의 성취에 대한 포부와 삶에 대한 낙관적인 전망 보다는 생사의 이치에 대한 조숙한 통찰과 그로부터 생기는 고뇌 등이 포착되는데, 이는 은거와 여행과 道佛의 세계에 깊이 침잠했던 삼연의 평생 삶으로 이어진다.

20세에 지은 「贈豊悅上人」도 마찬가지다. 앞에서 보았듯 삼연은 有髮僧을 자처했고, 그의 거처는 산중 암자와 다르지 않았다. 여행을 다닐 때는 언제나 산중의 절집을 숙소로 이용했고, 승려들과 대화하기를 즐겼다. 삼연은 평생 7차례나 금강산 여행을 했는데, 19세 때 처음으로 금강산을 찾았다. 이 시는 금강산을 찾았을 때 만난 승려에게 준 시로 보이는데, 다정하게 건네는 말에 지나지 않지만 간결하면서도 고아한 풍취를 자아낸다. 삼연은 금강산 여행을 ‘象外淸遊’로 표현하였다. 方外나 格外가 아니라 象外라고 했으니, 일체의 有名 존재 이상, 大象無形을 생각했음에 틀림없다. 淸遊의 淸은 일체의 혼탁함과 번쇄함을 배제한 개념이다. 이러한 淸遊의식은 이 시기의 삼연의 의식을 지배했던 것으로 보인다. 그가 스무 살에 꿈꾸었던 금강산의 봉우리들은 이후 평생 삶의 지향이 되었다. 이 시는 여행으로 점철된 그의 일생이 언제 어떻게 잉태되었는가를 상징적으로 보여준다 하겠다.

## 2) 石室書院의 講學 풍경

숙종 연간은 換局의 시대였다. 숙종은 서인과 남인의 세력을 견제하면서 어느 한쪽에 일방적이고 지속적인 힘을 부여하지 않았다. 이로 인해 몇 차례 정국 장악권이 바뀌었다. 1689년 己巳換局은 서인이 실각하고 남인이 권력을 장악한 사건이었다. 이 와중에서 삼연의 부친 壽恒(1629~1689)이 배소에서 사사되었다. 큰 충격에 사로잡힌 삼연은 일체의 시작을 중단하고 불교에 깊이 빠져들었다. 1694년 甲戌換局으로 부친이 신원복관되면서 삼연은 다시 안정을 되찾았고 유학 공부에 전념하기 시작했다. 당시 중형 昌協은 石室에서 제자들을 모아 강학에 열중하고 있었다. 현재 경기도 남양주시 한강가에 있는 石室은 집안의 상징인 김상헌이 머물었고, 후대에는 金元行(1702~1772)을 중심으로 홍대용이나 황윤석 같은 대학자들이 모여들던 가학의 중심지였다. 1696년 12월 벽계(현재 경기도 양평군 서종면 노문리 일대)에 있던 삼연은 석실로 농암을 찾아와 며칠을 보낸 뒤 아래 글을 지었다.

丙子年(1696, 44세) 섣달 보름 뒤, 나는 석실의 강당에서 중형을 모시고 여러 선비들과 함께 밤을 지새며 경전을 논하였다. 이틀을 묵고 돌아오려고 하는데 큰 눈이 내려 할 수 없이 하룻밤을 더 묵게 되었다. 五更에 잠에서 깨어났는데 창문에 밝은 빛이 있더니 이부자리까지 스며들어왔다. 드디어 밖으로 나와 사방을 바라보니 雪雲이 아득하여 물과 뭍을 분간할 수 없었다. 그때 밤기운에 새벽빛이 하얗게 쌓인 눈 위로 어슴푸레 어리는데, 그 맑고 빛나는 광경을 말로 표현할 수 없었다. 내가 드디어 기둥을 두드리며 찬탄하자, 방에 있던 여러 군자들이 모두 글 읽기를 그치고 나와 모여들었다. 엄숙한 마음으로 옷매무새를 바로하고 동쪽을 향하여 눈도 깜짝 않은 지 한참 만에 문득 한줄기 英英한 기운이 용솟음치듯 德浦로부터 일어나 양쪽 기슭으로 스며 넘쳐 大海처럼 고르게 퍼졌다. 거북산[龜山]은 그 사이에서 물결치며 여러 차례 잠기는 듯 나오는 듯 조화를 부리더니, 장차 여기서 다하여 사라지는 듯 하였다. 먼동이 터오매 부드러이 빛을 보내오니 밤이슬은 붉은 빛을 머금었고 모래톱은 잘게 주름이 잡혔다. 이때 달도 빛을 내며 지는데, 西廂과의 거리는 백여 자 남짓으로 차갑고 빛을 더욱 강렬하게 쏘아댔다. 사람들은 섬돌을 좇아 내려와서 廣亭을 한바퀴 돌고 다시 처음 구경하던 자리로 돌아왔다. 눈 깜짝할 사이에 이처럼 아름다운 妙景의 變態가 있었다. 조카 崇謙(昌協의 아들)이 구석에 있다가 '비록 龍眠山의 名畵家(宋의 문인화가 李公麟을 가리킴)라도 이를 묘사하기 힘들겠군요.'라고 하기에 내가 말했다. '어찌 화가뿐이겠느냐? 고금의 시인들도 그 사이에는 한 구절도 지어내지 못했을 것이다. 오직 고요히 파악하고 마음을 비우고 기다리는 것만 가능할 뿐.' 드디어 오락가락하다 갑갑한 마음으로(시구를 얻지 못해) 그만 두었다. 여기 와서 약간의 시들을 얻어 지나간 자취를 새겼지만, 홀로 이 광경 하나만 빠트린 것이 못내 안타까웠다. 松栢堂으로 돌아와 문을 닫고 말없이 누웠지만 너무 맑고 또렷한 기운이 가슴속까지 퍼지고, 아까 본 광경이 자꾸 눈앞을 어른거려 떨칠 수가 없었다. 드디어 남은 淸氣를 吟弄하다가 5언 율시 한 수를 얻었다. 그 기이함과 청초함의 묘사엔 만부당하다는 것은 너무 잘 알지만, 시험 삼아 중형의 자리 아래 내놓아 가르침을 구한다. 빛나는 여러 군자들 중 나와 함께 구경한 사람 또한 여기에 이어서 화답해도 무방하다. 시를 주고받으며 아까의 奇境을 돌이켜 풀어내어 그 淸明함을 마음속에 지니고 灑落함을 얼음같이 깨끗한 가슴에 모은다면 이 또한 한 일이다. 이것이 어찌 白雪과의 相和가 아니겠는가. 또한 곧 夜氣의 講說이다.(권 5)

인용문 전체가 하나의 시 제목이지만 한편의 서정 산문으로 독립시켜도 흠잡을 데 없이 아름다운 글이다. 三冬에 강학에 빠져있는 石室의 광경이 완연하다. 삼연은 경전을 논하다 잠자리에 들었지만, 농암을 비롯한 서생들은 五更 즈음까지도 글을 읽고 있었다. 깊이 잠들지 못하고 있다가 눈에 쏟아져 반사되는 달빛에 잠을 깨서 잠을 깨서 새벽 설경에 도취하는 삼연의 모습은 그 자체 시인의 자화상이고, 눈이 오는 줄도 모르고 있던 서생들이 우르르 나와서 함께 구경하는 모습은 그 자체로 강학의 열기를 우회적으로 보여준다. 이 장면은 2장에서 제시한 息屨亭 일화와 함께 삼연의 가장 삼연다운 면모를 약여하게 보여준다. 또 삼연의 일생을 전기적으로 살필 때 여러 가지 인생 곡절을 겪고 독서에 침잠하던 40대 중반의 안정감 넘치는 모습으로도 파악할 수 있다. 『삼연연보』에 따르면 이 즈음의 農淵 형제를 세간에서는 河南의 兩程으로 比擬하였다고 한다. 시는 아래와 같다.

| | |
|---|---|
| 夜氣含沖漠 | 밤기운 태허 세상 품고 있는데 |
| 晨光妙合分 | 새벽빛에 묘하게 나뉘어지네. |
| 忽焉江變海 | 문득 강이 변하여 바다 되더니 |
| 終是雪和雲 | 끝내는 그 모두가 눈 구름일세. |
| 月岸輝輝動 | 달빛 언덕은 빛나며 굼실거리고 |
| 風灘遠遠聞 | 여울소리 저 멀리서 들려오누나. |
| 森羅講堂下 | 강당 아래 선명하게 펼쳐졌나니 |
| 天不隱諸君 | 하늘은 그대들에 감추지 않네. |

제목에 나오듯이 강당의 중형 및 여러 학도에게 보여주고 화답을 구한 것이다. 앞의 여섯 구는 述景으로 일관했고, 마지막 두 구절에 시인의 마음이 잘 드러난다. 강당 아래 삼삼하게 펼쳐진[森羅] 것은 눈 쌓인 새벽 풍경이고, 하늘이 학도에게 감추지 않는 것은 鳶飛魚躍의 이치이다. 삼연은 처음부터 학문을 서책에 가두어두지 않았으니, 만년에 제자들에게 늘 活讀書를 강조하였다.[2] 이 시는 삼연의 그러한 지적 성향이 섣달 석실의 눈 내린 새벽을 배경으로 해서 잘 드러난 작품이다.

### 3) 여행벽과 노중감회

삼연에게 있어 여행은 일종의 癖이라고 할 정도로 그의 삶을 지배했다. 그는 부단한 길 떠

---

2) 권 31, 「語錄」에서 "掩卷後, 便見義理森在目前, 是活讀書, 若於啓卷時, 有知, 掩卷後茫然, 則是死讀書."라고 하였다.

나기를 통해 미지의 세계를 탐색했고, 새로운 산천과 문물을 체험을 통해 상투와 인습에 젖은 의식에 충격을 가함으로써 인식의 갱신을 시도하였다. 삼연의 문집은 방대한 여행록이라고 해도 과언이 아니다. 『삼연집습유』에는 각 여행지에서 느낀 소소한 감회와 만남, 사람들과의 교유, 그리고 여행에 대한 인식에 이르기까지, 평생에 걸친 그의 여행 체험이 낱낱이 들어 있다. 수많은 시편들은 물론, 권 27의 「丹丘日記」, 「湖行日記」, 「雪嶽日記」와 권 28의 「嶺南日記」, 「關西日記」, 「北關日記」, 「南遊日記」, 「南征日記」 등의 여행 일기, 그리고 각종 序와 記와 편지글에 이르기까지 도처에서 삼연의 여행을 증언한다. 두어 예만 보기로 한다.

> 조카는 한달 동안 근심스러운 일들 가운데서 겨우 짬을 얻어 몸을 뽑아 여기에 오게 이르렀습니다. 문을 나서는 순간 온몸에 날개가 돋는 듯한 느낌이 들었습니다. 생각하느라 골치가 아팠지만 산과 바다가 앞에 가득하면 시원하게 번뇌의 가슴을 씻을 수 있을 듯하니, 이에 조바심이 일어 잠시도 늦출 수가 없었습니다. 산수에 온통 마음을 빼앗긴 것이 심합니다! [甚矣其狂也] 한 바퀴 둘러 본 뒤에 曲淵 洞口에 열흘에서 보름 정도 머물려고 합니다. 하늘이 도와주어 이때 한번 뵐 수 있다면 얼마나 다행이겠습니까만, 감히 바라지는 못합니다. (권 13, 「上伯父」)

> … 조카는 高城에서 관아로 막 돌아왔습니다. 말 위에서 4백 리를 오는 동안 하루도 쉰 날이 없습니다. 가슴이 씻겨지는 시원함에 절로 피곤함을 잊었지요. 또 바람이 고요하고 물결이 잠잠할 때 말없이 멀리 바라보면 지척에서 고래들이 장난치고 다리 아래서 해가 뜨는데 모두 평생 처음 구경하는 것들이었습니다. 구경에 정신이 팔린 사이 풍악산의 전체 모습이 드러났는데 완연히 10년 전의 그 모습 그대로군요. 마침 제사가 며칠 남지 않아 오르지는 못하고 돌아왔습니다. 다 풀어내지 못한 남은 뜻은 설악산에서 털어버리려 합니다. 내일 곡구에 도착하면 열흘쯤 머물 생각입니다. (권 13, 「上伯父」)

두 편 모두 1697년 삼연이 45세에 백부 김수증에게 보낸 편지이다. 편지를 보낸 曲淵은 설악산 백담사에서 永矢庵 사이의 百曲淵(百曲潭이라고도 한다)을 가리킨다. 시내 구비가 수없이 구비 친다고 하여 붙인 이름으로, 삼연이 만년에 사용했던 호 百淵은 여기서 취한 것이다. 당시 김수증은 谷雲 계곡에 살고 있었다. 삼연은 23살 때 처음 설악산에 은거할 뜻을 품었으며, 그 사이 몇 차례 그 가능성을 모색하다가 53세에 영시암에 정착하게 된다. 두 편 글은 벽계에 살면서 잠시 다녀갔을 때 지은 것인데, 삼연의 여행벽을 잘 보여준다. 벽계에 있을 때 삼연은 여러 가지 골치 아픈 일들에 시달렸는데, 설악산과 동해의 풍광을 상상만 해도 가슴이 시원해짐을 느껴 지체없이 집을 나섰다는 것이 첫 번째 편지의 내용이다. 삼연은 그러한 자신의 정서를 '狂'으로 표현했다. 삼연은 조선후기 대표적인 여행가였던 것이다. 둘째 편지는 백곡연에서 바닷길을 따라 高城에 다녀온 내용의 이야기다. 400리 길을 말 타고 이동하면서도 동해의 기경에 매료되어 피곤한 줄을 전혀 알지 못했다. 금강산은 오랜 친구처럼 친근했고, 설악산은 자기 집처럼 편안했다. 설악산과 금강산 사이에서 동해를 바라보는 그 모습이 삼연의 여행벽을 상징적으로 보여준다.

「還讀齋留題」(권6)

| | |
|---|---|
| 閑斟菊酒臥淸房 | 국화주 기울이며 맑은 방에 누웠자니 |
| 枕上時時更妙香 | 머리맡에 때때로 묘한 향 끼쳐 오네. |
| 可愛梅花方綽約 | 곱게 핀 매화 모습 사랑스러워라 |
| 各緣兒女有奔忙 | 우리 각각 자식 일로 분주하도다. |
| 人生半百常鞍馬 | 인생 반 백년을 말 위에서 보냈거니 |
| 湖路千重又雪霜 | 충청도 길 천 겹에 눈 서리 섞어치네. |
| 每怪洛園安樂叟 | 괴이하다 낙양의 안락수 소옹께선 |
| 不知何術閉門長 | 무슨 수로 오래도록 문 잠그고 지냈던가. |

50세이던 1702년 11월 막내아들 厚謙의 婚事 문제로 충청도 懷德에 갔을 때 지은 시이다. 3,4구는 열매를 맺기 위해 꽃을 피우기 분주한 매화와 자식의 혼사 일로 바쁜 자신의 처지를 여유 있고 재치 있게 등치하였다. 그리고는 자신의 반백 년 삶을 말 위에서 보낸 것으로 회고하였다. 북송 시기 낙양의 邵雍은 굳이 먼 나들이를 하지 않고, 집안에 머물면서 靜處觀動하고 觀物察理하는 삶의 방식을 고수하여 특유의 象數學을 창안하였다. 조선에서는 서경덕이 소옹의 학문을 계승하였다. 삼연은 이 소옹을 매우 존숭하였고, 그의 학문은 소옹에서 화담으로 이어지는 계보에 속해 있기도 하다. 하지만 여행을 삶의 동력으로 삼았던 삼연으로서는 언제나 고요한 곳에서 사유와 추론으로 사물의 이치를 살피는 소옹의 삶의 방식을 이해할 수 없었던 것이다. 『삼연집습유』 곳곳에는 이처럼 삼연의 여행벽과 노중감회를 엿볼 수 있는 작품들이 가득하다.

### 4) 불교 취향과 승려와의 교유

조선시대에 승려들은 지식인이면서 사회의 외곽에 머물 수밖에 없었던 계층이었으며, 이들의 입지는 운명적으로 方外일 수밖에 없었다. 끊임없이 주변을 탐색하고 외곽을 방랑한 삼연에게 있어 승려들은 늘 가까이 있는 존재였다. 山寺는 삼연이 젊어서부터 수시로 독서하던 곳이고, 여행할 때에는 휴식처였다. 그는 金剛山과 雪嶽山의 여러 名刹은 물론, 울진의 佛影寺, 가야산의 海印寺, 양산의 통도사, 지리산의 신흥·쌍계사, 묘향산의 보현사, 해주의 신광사, 속리산의 법주사, 여주의 신륵사, 樂安의 澄光寺 등 전국의 이름난 절을 다녀보지 않은 곳이 없으며, 원효, 의상, 청허와 같은 역대 고승들에게도 호의적인 관심인 표하였다. 그에게 있어 山寺로 통하는 길은 속세에서 벗어나는 길이었으며, 종소리는 공간적 제약을 넘어선 정화의 소리였다.

이러한 분위기 속에서 그는 평생 수많은 승려들과 교류하였으며, 만남의 흔적을 詩文으로 남겨놓았다. 이는 상투적이고 표피적인 만남에 그치지 않았다. 삼연은 사상과 신분의 차이에 구애받지 않고 진심으로 교감하였으며, 때로는 詩心을 교환하고, 함께 『南華經』을 강론하였다. 나아가서 자기반성의 계기로 삼고 사유의 너비를 확장할 수 있었으니, 삼연은 기질적으로 유자들보다는 승려들과 가까웠다. 문집을 간행할 때 대부분 산삭되었던 불교 관련 시문은 다행스럽게 습유에 고스란히 남아있어, 삼연의 불교 취향을 온전하게 살필 수 있다.

「本耳菴」(권6)
板屋經宵不世情　　판옥의 하룻밤은 속세와 다른 마음
簷氷滴月碎箏聲　　고드름에 달빛 지고 풍경소리 부서지네.
蒲團數尺容儒釋　　몇 자의 부들자리 선비 스님 용납하니
氣味雖殊共得清　　기미는 달라도 맑음 함께 얻었도다.

「上佛菴贈老僧海機」(권7)
趺坐仙山逈脫塵　　선산에 부좌하여 진작 속기 떨쳤으니
萬緣灰盡獨枯身　　온갖 인연 재가 된 枯木같은 몸이로다.
西來妙意何須問　　달마의 西來意를 물어서 무엇하리
巖鳥溪花自在春　　바위 위 새 시냇가 꽃 저절로 봄인 것을.

「贈致雄上人」(권7)
不信儒禪道不同　　유도 불도 다르단 말 믿지를 못하겠네
峩山洋水塵談中　　속세 얘기 속에서도 마음 서로 아는 것을.
蒲團憩占盈樓月　　포단에 앉았으니 달빛은 다락 가득
桂院吟同落木風　　계원의 읊조림은 갈바람과 똑같구나.
天乙臺前揖無竭　　천을대 앞에서는 부처님께 인사하고
毘盧頂上傲鴻濛　　비로봉 꼭대기선 거만하게 뽐내었네.
知渠活計華嚴在　　그가 사는 계책이 화엄경임 아노니
爭似吾家六六宮　　내 사는 육육궁과 너무도 비슷하네.

　　첫째 시는 50세에 속리산에 갔다가 한 암자에서 지은 작품이다. 주목해야 할 부분은 轉句이다. 蒲團은 승려들이 참선하거나 절할 때 까는 자리이다. 이 좁은 자리가 儒者와 僧侶를 포용한다고 한 것은, 단지 육체의 투숙을 나타내는 것이 아니라 심리적인 容納이라는 상징적인 의미를 지닌다. 삼연은 표면적으로는 승려들과 자리를 함께하면서도 그 이상 마음을 열지 않는 폐쇄적인 여타의 儒者들과는 달리 내적인 소통의 회로를 마련하였다. 불교에 대한 깊은 이해, 나아가서 儒佛을 通觀하는 인식태도는 이러한 내적 소통으로 가능했던 것이다.

　　삼연은 56세 때 설악산 영시암을 떠나 영남 일대를 여행한 적이 있다. 이때 지리산 쌍계사 동쪽의 上佛庵을 들렀는데, 이 암자의 주지인 海機는 영남의 大首座였다. 나이가 80에 가까웠지만 기상이 꼿꼿하였고 수작도 낭랑하였다. 삼연이 "流住想을 어떻게 하면 없앨 수가 있겠습니까?"하고 묻자, 海機는 다음과 같이 대답했다. "그것은 마음의 그림자로 잠깐 일어났다가 금세 사라지는 것으로 나의 眞空에 누를 끼칠 만한 것이 못됩니다. 『金剛經』「冶父解」에 '大海는 물고기가 뛰도록 내버려두고 長空은 새가 날도록 맡겨둔다.'(사실은 唐僧 玄覽의 詩句)고 했으니, 새는 날고 물고기는 뛰어 그것들은 제멋대로 왔다 갔다 하지만 또한 장공과 대해에 무슨 누를 끼칠 수가 있겠습니까?"3) 마음을 大海와 長空으로, 流住想을 새와 물고기로 비유하여, 그게 무슨 걱정거리라도 되느냐고 반문한 것이다. 둘째 시는 이 이야기를 듣고 삼연이 해기에게 준 것이다. 禪房에서 禪僧을 만나 禪談을 나누는 모양새가 그야말로 바위 위 새 시냇가 꽃처럼 자재롭다.

셋째 시는 58세이던 해 네 번째 금강산에 갔을 때 처음 만난 장안사의 승려 致雄에게 준 작품이다. 이 만남에서 두 사람은 지취가 서로 맞아, 금강산을 떠난 뒤에도 편지를 주고받았으며, 치웅이 입적했을 때는 삼연이 제문을 지어 보냈을 정도로 가까웠다. 삼연의 불교에 대한 인식은 첫 두 구에 명료하게 드러난다. 삼연은 유도와 불도를 구분하는 세상의 잣대를 인정하지 않았고, 마음이 오갈 수 있다면 자취에 얽매이지 않았다. 이상 세 편의 시는 삼연이 지녔던 불교 취향의 일단을 보여준 것에 불과하다.

### 5) 일상사의 단면과 아취

『삼연집습유』에는 일상사의 단면과 소소한 심정들이 묻어나는 글들이 대거 실려 있다. 그 중에는 당시 규범의 기준으로 보아 너무 자잘하거나 감성적이라고 평가받을 만했지만, 이들은 외려 오늘의 관점에서 보면 오히려 미학적인 가치가 높은 글들이 많다. 두 가지 예만 든다.

아침에 다락 위에 앉으면 너무도 고요하여 와 닿는 것이 없다. 그때 하얀 나비가 나풀나풀 연못의 풀 사이를 끝없이 날아다닌다. 이것이 장주가 그 옛날 변한 나비인가. 내 몸을 돌아보니 있는 것도 아니고 없는 것도 아니며, 텅 빈 것도 아니고 가득 찬 것도 아니다. 한참 동안이나 이런 황홀한 몽상에 사로잡혔다.

요즘 마을에 도둑들이 많다. 문을 겹겹으로 달고 담장을 높이 쌓은 집들 치고 도둑맞지 않은 곳이 드물다. 오직 담장 없이 사는 우리 집만 무사했다. 이것이 바로 병법에 있는 허허실실의 방법이다. 제갈공명이 문을 열고 거문고를 탈 때 적들은 감히 넘보지 못했다.(권 24, 「雜說」)

절벽 아래 절집에 한 해는 저물어가고 산에 눈보라 섞어 친다. 밤은 춥고 스님은 잠들었는데 혼자 앉아 글을 읽을 때.

봄가을로 한가한 날 높은 산에 올라 먼 곳을 바라본다. 몸과 정신이 시원해지면서 시상이 샘물처럼 솟구칠 때.

3) 습유 권 28, <嶺南日記> 15일조.

문 닫아 거니 꽃이 지고 발을 걷으면 새들이 노래한다. 술독을 막 열었는데 시 구절이 비로소 무르익을 때.

굽어 흐르는 물에 잔을 띄웠는데 젊은이들이 다 모였다. 한 잔 술에 한 구절 읊조리는데 모여 저절로 한 편이 될 때.

좋은 날 밤기운 맑은데 달빛이 처마에 든다. 부채로 손바닥을 치며 글을 외는데 목소리가 막힘 없이 낭랑할 때.

산천을 돌아다니는데 말은 느리고 종은 지쳤다. 안장 위에 걸터앉아 시 읊조리며 가는데, 그 시 들이 시낭을 채워갈 때.

산사에서 글을 읽다 날이 차서 집에 돌아왔다. 마음은 차고 기운은 넘쳐 붓을 들면 신들린 듯 글이 나올 때.

좋은 벗과 멀리 떨어져 있다가 홀연 서로 만났다. 그 동안 있었던 일을 이것저것 묻다 새로 지은 시를 외워보라 권할 때.

기이한 글과 구하기 힘든 책이 벗에게 있다는 말을 들었다. 종을 보내 빌려 오게 하여 급히 포장을 풀어 볼 때.

시내를 사이에 두고 숲을 나눠 벗과 마주 앉았다. 빚은 술이 잘 익었다고 알려주며 시를 보내 화답을 기다릴 때.(권 24, 「藝園十趣」)

삼연은 젊은 시절 과거를 포기하고 詩道를 선택했던 인물이다. 그만큼 문학에 대한 애착이 강했다. 두 편의 글은 언제 지어진 것인지 알 수 없지만, 시인 또는 예인으로서의 삼연을 표상하기에 모자람이 없다. 「雜說」 두 편은 봄날의 나른하고 몽롱한 마음과 마을의 작은 사건을 형식에 구애 받지 않고 자유롭게 기록한 것인데, 오히려 꾸미거나 포장하지 않은 삼연의 일상 면모가 잘 나타난다. 「藝園十趣」는 쉽게 말하면 예술가의 열 가지 아취이다. 「잡설」과는 반대로 일상과는 거리를 둔 탈속적이고 청고한 정신 지향, 또는 문인 정신의 정수를 잘 보여준다. 두 편의 글 모두 18세기에 유행했던 『채근담』류 淸言의 속성을 띠고 있어, 문학사의 관점에서도 조망할 필요가 있다.

### 6) 후학들의 증언, 어록

「葛驛雜詠」 其 171(권11)

| 平生固陋恨無師 | 평생에 고루하여 스승 없음 한했는데 |
| 老覺無師便不羈 | 늙어 보니 스승 없어 얽매이지 않았도다. |
| 箱篋文書雙眼赤 | 상자 가득 문서에 두 눈 붉게 충혈되고 |
| 揄揚事業一身疲 | 사후의 사업으로 일신이 피곤하네. |

삼연은 공식적으로 어떤 문파나 계보에도 속하지 않았다. 순전히 讀書窮理를 통해 관점과 견해를 형성해 나갔던 것이다. 이는 기질적으로 일정한 권역 안에 속하기를 싫어했던 때문이기도 하고, 학문의 자율성이 상실된 채 권위와 파벌만 난무했던 당대의 학문풍토에 대한 거

부감이 크게 작용했던 까닭이기도 하다. 권위를 업은 成見이나 체계의 도움을 입지 않았기에 얽매이지 않을 수 있었으며, 이로 인해 그의 학문은 자유와 분방함에서 나오는 긴장감으로 가득 차있다. 마지막 두 구절은 生前 死後에 스승을 헌양하느라 온 정력을 기울이는 유자들에 대한 은근한 조롱이다. 삼연은 일정한 스승을 섬기며 특정한 학통에 구속되지 않았던 것처럼, 제자들을 통한 문파를 형성하지 않았다. 그의 학문은 매우 불규칙적이고 비정형적이어서 외적 윤곽을 잡기가 쉽지 않다. 『삼연집습유』 권 31에 실려 있는 俞肅基와 趙明履 등 몇몇 門人이 남긴 삼연의 語錄은 그러한 한계를 보완하는 구실을 한다.

　　선생께서 말씀하셨다. "玄黃이나 牝牡 이외에 마음을 써야 힘을 얻을 수 있다. 속유들은 玄黃과 牝牡에 얽매이는 자들이다." 묻기를, "玄黃과 牝牡가 무엇을 이르나요?" 말씀하시길, "옛날 伯樂이 제자와 말을 보고 돌아오는데 玄黃과 牝牡는 가리지 않았다. 하지만 타보면 천리마였다. 이게 바로 안목이 玄黃과 牝牡의 밖에 있어 준마임을 알아보는 것이다. 요즘의 학자들은 한갓 章句와 訓詁 사이에만 얽매여 있으니, 바로 玄黃과 牝牡에만 마음을 쓰는 자들이다. 성현의 마음을 얻어 몸에 체현하는 자가 바로 玄黃과 牝牡의 밖에 마음을 쓰는 자이다."

　　선생께서 말씀하셨다. "선비는 세간의 時務와 국가의 치란, 법제의 연혁, 민생의 질고에 대해서는 일찍이 마음으로 궁구하여 모두 그 대책이 있어 능히 조처할 수 있는 뒤에라야 바야흐로 체용을 구비한 학문이라 할 수 있다."

　　선생께서 말씀하셨다. "근래의 학자들은 대부분 식견이 넓지 못해 탄식할 만하네." 明履가 말했다. "그렇습니다. 이름은 비록 博約을 함께 닦는다고 하지만 실제로는 陸子靜에게도 부끄러움이 있습니다." 선생이 말씀하셨다. "그렇지. 陸이 궁구한 天文과 兵書는 근래의 학자들은 대부분 알지 못하지."

　　선생께서 물으셨다. "근래에 어떤 문자를 보았는가?" 明履가 대답했다. "『性理大全』을 보기 시작했습니다." 선생이 물으셨다. "象數가 어떠하던가?" 명리가 대답했다. "상수는 通曉하기가 지극히 어렵더이다. 비록 통효한 바가 있어도 쉬이 잊으니 걱정입니다." 선생이 말씀하셨다. "그렇군." 명리가 인하여 『皇極經世書』 중에서 徐花潭이 追算한 곳을 여쭈었다. 선생이 말씀하셨다. "일찍이 졸수재에게서 이를 궁구하려 했으나 곧 致氣塞胸하여 늘 '이를 아는 사람이 있다면 마땅히 높혀 스승으로 삼을 텐데.'라고 말하곤 했네." 또 金錫文에게는 "자네가 이것을 풀이하여 나에게 가르쳐주게. 이는 궁구하기 어려운 곳으로 깨달음을 구하지 않을 수 없네."라고 하셨다.

네 인용문 모두 「어록」의 내용이다. 첫 번째는 성현의 마음과는 무관하게 뜻풀이나 훈고의 내용만을 달달 외우지만 실상 성현의 뜻에 대해서는 알지 못하는 당대 지식인들의 학문 태도를, 말을 고르면서 털의 색깔이나 암놈인가 수놈인가만 따지는 相馬者에게 견주었다. 두 번째는 학문이란 구체적인 경세의 능력을 갖추어야만 비로소 의미가 있음을 말한 것이다. 세 번째는 象山 陸九淵에 대한 호의를 밝힌 것이다. 삼연은 주자와 대립했으며 후대에 이단으로 몰린 육구연과 陳亮, 그리고 王守仁에 대해서도 편견 없는 관심을 표명하였다. 네 번째는 최초로 地轉說을 주장한 大谷 金錫文과의 친분과 아울러 천문학에 대한 관심을 보여준다. 金錫文은 '三大丸浮空說'이라는 획기적인 천문학 이론을 수립한 인물로, 연암의 『열하일기』「혹정필담」에 소개된 것으로 유명하다. 삼연이 이 希有의 학자와 교유하며 후원하였음은 頤齋 黃胤錫이 증언하고 있다.4) 몇 가지 예만 소개하였지만, 이 「어록」은 삼연의 세계관과 학문의 범주를 생생하고 구체적으로 보여주고 있다는 점에서 매우 중요하다.

## 4. 가치

『삼연집습유』는 『삼연집』이 간행되고 대략 36년이 지난 뒤에 필사되었다. 『삼연집습유』는 『삼연집』의 편차 기준을 그대로 적용하여 구성되었다. 외형상 두 본 사이에는 뚜렷한 차이의 표지가 없다. 또 삼연의 일생 궤적, 사유의 편폭, 교유의 범위, 미적 지향 등을 거의 비슷하게 보여준다. 하지만 면밀히 살펴보면 두 본에 나타난 삼연의 형상은 조금 다르다. 『삼연집』에 나타난 삼연은 품격 높고 조화로운 儒者에 가깝다. 반면 『삼연집습유』의 삼연은 서정성 짙은 詩人, 규범으로부터 자유로운 藝人, 여러 사상을 편력하는 사상가, 그리고 사회 모순과 부조리를 예리하게 지적하는 비판자 등의 다양한 모습을 지닌다. 이는 당시 공적 규범의 기준으로 보면 다분히 일탈적이고 불안하며 위험하게 비추어졌으며, 이런 이유 때문에 원집을 간행할 때 탈락했던 것으로 보인다. 하지만 오늘날의 관점으로 보면 같은 이유로 『삼연집습유』의 가치는 높아진다. 『삼연집습유』가 아니면 삼연의 삶을 입체적이고 생동감 있게 재구하는 것은 불가능하다. 삼연은 18세기 문학사, 사상사, 예술사의 주요 흐름에 심대한 영향력을 끼친 인물이다. 이는 또 『삼연집습유』가 18세기 문학사, 사상사, 예술사의 일단을 해명하는 데 매우 소중한 자료가 된다는 뜻이기도 하다.

【이승수】

---

4) 『頤齋稿』 권 6, 「書金大谷錫文易學圖解後」.

# 西征錄

韓元震(1682~1751) 著.

　草稿本. 不分卷 1册(8張) ：無界, 17行字數不定, 無魚尾 ；27.5
　×23.5cm.
　表題：西征錄　南塘草稿.
　本文：草書.

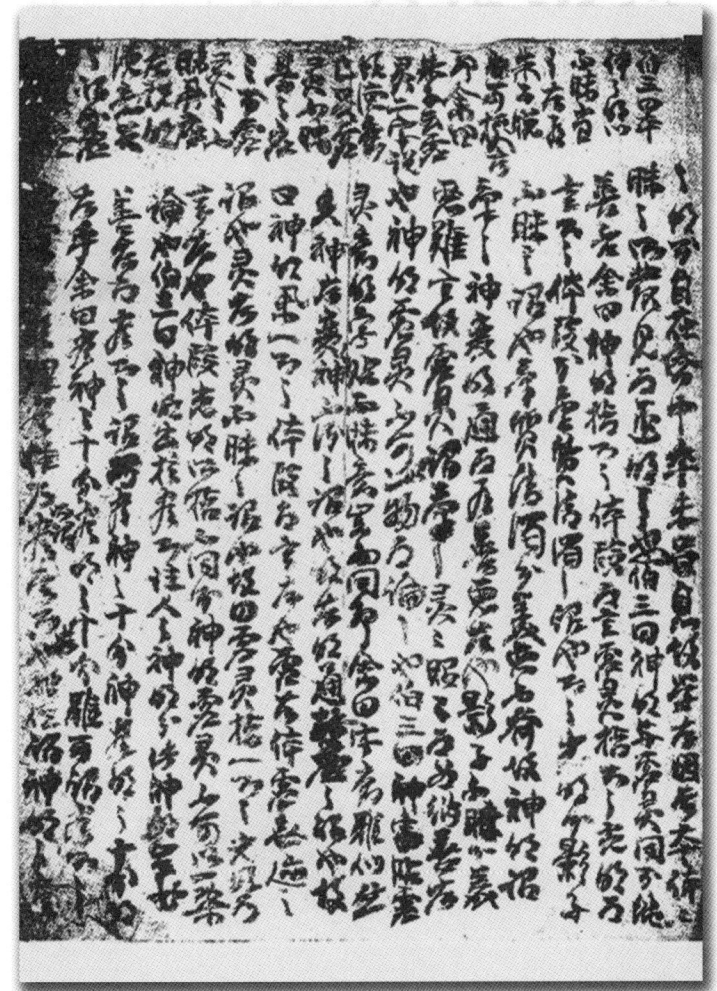

## 1. 저자

韓元震(1682~1751)에 대해서는 본『고서해제』Ⅱ의 自攷 편을 참조.

저자가 韓元震이라는 직접적인 기록은 보이지 않고 겉표지의 제목 아래에 '南塘草稿'라는 표기가 있어 일차적인 근거를 제시해 준다. 그러나 '南塘'이라는 표기만으로 저자가 한원진이라는 것을 단정할 수는 없으며 보다 확실한 근거는 내용을 살펴보아야 한다. 내용 중에 저자의 선조로 고려시대 韓脩를 언급하고 있으므로 '韓氏'라는 것은 분명하다. 또 저자가 旅程 중에 만난 사람으로 金伯三과 屛溪 先生이 등장한다. 김백삼은 이름이 敎行으로 한원진과 친했던 인물이며 屛溪 先生은 이름이 尹鳳九인데 權尙夏의 문인으로서 한원진과 함께 湖論(人物性相異論)을 주창했으며 江門八學士의 한 사람이다. 저자의 문집인『南塘集』에는 이 두 사람과 주고받은 편지가 여러 편 실려 있다. 특히 윤봉구와는 시를 화답한 것도 많다. 또 8월 2일자 기록에 김백삼과 더불어 '明德說'을 강론하는 내용이 실려 있는데 이는 한원진의『南塘集』에 실려 있는「明德說」과 유사한 내용이며 일부 문장의 표현이 거의 일치하기도 한다.[1] 이러한 정황으로 보아 이 글은 한원진의 저술임이 분명하다.

## 2. 구성

『西征錄』은 한원진이 지은 紀行 日記로 불분권 1책인데 전부 8장의 짧은 기록이다. 半葉 17행에 글자 수는 일정하지 않다. 표제 아래 '南塘草稿'라고 적혀 있어 저자의 친필본임을 알려준다. 欄外나 行間에 加筆이 많이 되어 있고 잘못된 부분을 지우거나 고친 흔적이 그대로 남아 있어 저자의 친필 草稿本임에 의심의 여지가 없다.

글씨는 몹시 거친 草書로 되어 있고 행간에 빽빽하게 가필한 곳은 글자가 겹치기도 하여 판독하기가 용이하지 않다. 여정을 서술하는 사이사이에 도중에 지은 14수의 시가 실려 있는데, 산문으로 서술한 부분은 한 글자 낮추어 썼고 도중에 삽입한 詩는 상대적으로 한 글자씩 올려 썼다. 시가 실린 부분만 행을 바꾸었으며 산문 부분은 날짜별 행 구분 없이 연이어서 기록하였다. 11일부터 13일 기사는 중복해서 기록되어 있다. 이는 처음에 기록할 때 잘못된 부분을 덧칠해서 쓴 곳이 많아 글자를 알아보기 어려운데다, 12일자에 기록된 삽입시를 다른 곳과 달리 한 글자 올려 쓰지 않고 행도 바꾸지 않아서 체제의 일관성을 잃었기 때문에 다시 적은 것으로 보인다.

---

1) 『西征錄』 8월 2일. "明德純善, 故聖凡皆同, 心有善惡, 故聖凡不同". 「明德說」, 『南塘集』 卷30, 雜著, "言心則聖凡不同, 言明德則聖凡皆同."

날짜 다음에는 日干支를 꼬박꼬박 添記하였다. 일정은 어느해[2] 7월 26일부터 시작하여 10월 11일까지인데 거의 하루도 빼놓지 않고 매일 매일의 중요 일정을 메모 형식으로 기록하였다. 몇 개 항목을 제외하고는 대부분 旅程 위주로 아주 짧게 기록한 것이다.

## 3. 내용

『西征錄』은 南塘 韓元震이 지은 紀行日記이다. 서두에 여행의 동기나 목적이 기록되어 있을 것으로 보이는데, 첫 장 前面이 너무 낡아서 글자를 판독하기가 어렵기 때문에 정확하게 밝힐 수는 없다. 종이에 보풀이 일어 글자가 뭉개지고 지워진 곳이 많은데다 여러 줄 주름이 접혀 글자를 숨기고 있는 곳도 있다. 판독 가능한 글자를 토대로 추정해 보면 친구인 安士珍과의 문답이 여행의 계기가 된 듯하다. 또 '香山'이 반복해서 언급되고 있으며 뒤에 이어지는 일기의 내용에 나타난 旅程을 보면 妙香山의 勝景을 구경하고자 유람을 한 것으로 보인다.

처음 도입부 기록에 이어 安士珍이 먼저 短律을 지어 화답하기를 요구해서 그에 차운한 시가 실려 있고 이어서 주자의 五言古詩 「遠游篇」에 차운한 「次朱子遠游篇」이 실려 있다. 이 시는 平壤과 妙香山의 壯途에 오르는 저자의 所懷를 피력한 것이다. 그 다음부터 날짜별로 본격적인 일기가 시작된다. 주요 여정을 중심으로 간추린 내용을 살펴보면 다음과 같다.

(7월) 26일(癸卯), 士珍의 집에 나가 잤다.

晦日(丁未), 金伯三의 집에 투숙하였다.

8월 2일(己酉), 金伯三과 더불어 明德說을 강론하다. 伯三이 7언 절구를 지어 나를 전송해 주었다. 7언절구 2수 실림.

3일(庚戌), 屛溪 선생을 찾아 뵙고 諸文籤論을 바치고 담론하였다.

5일(壬子), 戎串津을 건너 新昌 五山店에 투숙하였다.

6일(癸丑), 비를 무릅쓰고 平澤邑村의 姜 喪人의 집에 투숙하였다.

7일(甲寅), 中底店에서 잤다.

9일(丙辰), 陶湖 尹丈의 집에서 잤다.

11일(戊午), 서울을 떠나 慕華峴을 넘어 弘濟院을 나와 北漢築城에 도착하였다. 碧址店에서 자고 世英峙를 넘었다.

13일(庚申), 松都에서 잤다.

---

2) 첫 장에 연도를 언급한 부분이 있을 것으로 생각되나 워낙 낡아서 근거를 발견하지 못하였다. 서두 부분의 글자가 '歲甲戌春'으로 보이는데, 이는 그 다음 글들을 알아보기 어려워 이것이 여행을 떠난 해로 단정할 수는 없으며, 甲戌年이면 南塘의 나이 13살 때이므로 현실성도 없고 본문 중의 내용과도 어울리지 않는다.

14일(辛酉), 天磨山城에 들어갔다. 천마산 주변 지세를 자세히 설명하고 있다.

16일(癸亥), 송도로 돌아와서 鄭 圃隱이 목숨을 잃은 다리 선죽교를 찾았다. 선죽교 주변 상황을 묘사하고 있다.

17일(甲子), 敬德宮 옛터를 돌아보고 豊德府衙에 투숙하였다.

18일(乙丑), 祖江 北岸村에 도착하여 저녁밥을 먹고 황혼을 틈타 배를 타고 놀다가 三更 무렵에 南岸村에 투숙하였다.

21일(戊辰), 甲串津을 건너 江華를 지나 黃城에 투숙하였다.

22일(己巳), 豊德 官衙에 들어갔다.

26일(癸酉), 낮에 松都에서 말을 먹이고 靑石店에 투숙하였다.

27일(甲戌), 平山 保山驛店에서 투숙하다.

9월3) 1일(丁丑), 아침 일찍 출발하여 洞仙嶺을 넘었다. 낮에 黃州邑店에 도착하여 유숙하였다.

2일(戊寅), 中和邑店에 투숙하였다.

3일(己卯), 大同江 나루를 건너 練光亭에 올랐다.

4일(庚辰), 배를 타고 거슬러 올라가 浮壁樓 아래에 도착, 부벽루에 올랐다.

5일(辛巳), 西門을 나와 箕子墓로 가서 拜謁하였다.

6일(壬午), 將臺에 올라 사방을 조망하였다.

7일(癸未), 낮에 출발하여 順安邑에 투숙하였다.

9일(乙酉), 波之峴을 넘었다. 峴의 戰略的 위치 설명.

11일(丁亥), 일찍 밥을 먹고 藥山 東臺에 올랐다.

12일(戊子), 栖邑村 舊館으로 돌아왔다.

13일(己丑), 魚川驛에 투숙하였다.

14일(庚寅), 香山 普賢寺에 도착하였다.

15일(辛卯), 武陵瀑·上仙庵을 거쳐 內院庵에 들어가 舍利閣·金剛窟을 보았다. 내려와 祖院庵에 투숙하여 西山大師의 제8세 法孫인 華嚴宗長 覺峻大師와 四敎四集에 대하여 논하였다.

16일(壬辰), 佛影臺 올라 佛影庵에 들어갔다. 上院庵에 들어가 잠시 쉬고 引虎臺에 올랐다. 安心寺를 지나갔다.

17일(癸巳), 저녁에 출발하여 幸將倉村에 이르러 말을 먹이고 新倉村에 투숙하였다. 밤에 李光甫에게 『月沙集』을 사서 아버님에게 보여드리는 꿈을 꾸었다.

18일(甲午), 价川 西倉에 도착해 숙박하였다.

19일(乙未), 薪峴에 도착, 玄參奉 鳳謙과 天體에 대한 논의를 하고 璇璣玉衡의 원리에 대해 설명하였다.

22일(丁酉), 殷山館에 이르러 澹澹亭에 올라 앉았다.

---

3) 원전에는 8월로 되어 있으나 잘못 기록된 것으로 보인다.

23일(戊戌), 成川에 이르러 降仙樓에 올랐다.

24일(己亥), 江東에서 잤다.

25일(庚子), 平壤에 이르러 하루를 머물렀다.

27일(壬寅), 낮에 떠나서 仲4)和邑店에서 숙박하였다.

28일(癸卯), 洞仙關店에 투숙하였다.

晦日(甲辰), 儉所店에 투숙하였다.

10월 1일(乙巳), 瑞興邑店에서 조반을 먹었다.

2일(丙午), 平山 安成에서 투숙하였다.

3일(丁未), 揔秀店에서 조반을 먹고 平山邑店에 투숙하였다.

4일(戊申), 舊金川에서 조반을 먹고 新金川에서 투숙하였다.

5일(己酉), 낮에 松都에 도착하였다.

6일(庚戌), 豊德府 官衙에서 조반을 먹고 피로하여 하루 머물렀다.

8일(壬子), 長湍府 官衙에 도착하였다.

9일(癸丑), 先祖의 묘에 성묘하였다. 옛 비석에서 '韓脩之墓' 네 글자만 남아 있는 것을 보고 금천 군수가 비를 다시 세워 '高麗宰相韓脩之墓'라고 새겼다.

10일(甲寅), 새벽에 출발하여 坡州邑店에서 아침 먹고 碧蹄店에 투숙하였다.

11일(乙卯), 昌陵店에서 아침 먹었다.


## 4. 가치

『西征錄』은 韓元震의 자필 초고본 여행 일기로서 저자의 문집인 『南塘集』에도 실려 있지 않아 우선 자료의 희소가치가 높다. 여기에는 도중에 지은 14수의 시도 실려 있어 한원진의 시 세계를 살피는데 중요한 자료가 된다. 한원진의 문집에 남아 있는 시는 모두 약 250수 정도밖에 되지 않음을 감안할 때 추가로 이 정도 더 드러난 것도 상당한 의미가 있다고 할 것이다. 또 8월 2일 조에 실린 '明德說'과 3일 조에 실린 屛溪 尹鳳九와의 문답은 저자의 性理說을 살필 수 있는 좋은 자료이다.

다만 글씨가 초서로 되어 있어 일반 연구자들의 접근이 어려우므로 탈초 작업이 필요하다. 또 원본의 보존 상태가 매우 좋지 않고 특히 첫 장은 마모가 심하여 문화재 복원 전문가의 복원 작업도 필요하다.

【김영봉】

---

4) 9월 2일 조에는 中으로 되어 있다. 仲和라는 지명은 문헌에 보이지 않아 中和의 잘못인 듯하다.

# 先考毅齋遺稿

姜鑌(1857~?) 著·郭鍾錫(1846~1919) 校訂.

寫本. 7卷3冊 1包匣：無界, 10行22字 註雙行, 無魚尾；31.5×
20.7cm.

表題：校訂毅齋遺稿.

# 1. 저자

姜鑌(1857~?)의 本貫은 晉州, 號는 毅齋이다. 현재 姜鑌의 생애에 대해서는 전혀 알려진 것이 없다. 심지어 『晉州姜氏大同譜』에도 '未單'으로 되어 있어 그의 생몰년대조차 알 길이 없었다. 하지만 다행히도 그의 生年은 저자가 쓴 「祭再從姪伯受文」에서 죽은 伯受가 자신과 같은 해에 태어났다는 기록으로 미루어 1857년(철종 8)임이 확인되었다. 한편 그의 沒年은 그의 문집 속에 있는 글들 중 1911년에 쓰여진 「移徙告由文辛亥」이 가장 마지막 연대인 것으로 보아 1911년이 조금 지난 때인 것으로 추정된다. 그리고 그의 생애에 대해서는 극히 단편적인 것이기는 하지만 그의 문집 속에 들어있는 「先府君遺事」・「先妣慶州崔氏遺事」 그리고 俛宇 郭鍾錫이 쓴 그의 아버지의 墓碣銘인 「處士晋陽姜公墓碣銘」 및 여러 편지글들을 통해 다소 짐작해 볼 수 있을 뿐이다.

그의 선조는 고려말 우왕 때 보문각 대제학을 지냈던 通溪 姜淮中(1360~1421)이다. 그는 鮮初에 이성계가 판서로 3번이나 불렀으나 나아가지 않고 前朝에 대한 의리를 지켰던 충신이었다. 강빈은 이 通溪公의 博士公派 22대손이 된다. 또 그의 10세 선조로는 중종 때 예조참판을 지냈으며 錄原從功臣이었던 姜澂(1466~1536), 11세로 명종 때 사간원 정언을 지냈던 姜億(1498~1554), 12세로 선조 때 도승지 겸 예문관 직제학을 지낸 姜德瑞(1540~1614), 15세로는 숙종 때 僉知中樞府事를 지냈으며 經學行誼로 이름이 났던 省惢齋 姜鄈 (1647~1729) 등이 있다. 그리고 그의 증조부는 愚篙 姜栃(1754~1784)이었으며, 조부는 姜必鳳(1777~1835), 아버지는 字가 啓南인 姜昺奎(1821~1886)이다. 어머니는 중종 때 右贊成을 지낸 崔淑生(1457~1520)의 12세손 崔德基의 딸인 경주 최씨(1830~1903)이다. 강빈은 1남 4여 중 막내로 태어났다. 기록에 의하면 그는 자신이 '晩生'이어서 아버지의 교훈을 많이 받지 못했다고 술회하고 있다. 아버지는 저자가 29세 때 66세로 세상을 떠난 것으로 보이며, 그의 어머니는 1903년 74세로 세상을 떠났다. 강빈의 처는 眞城 李氏였으며, 1남 2여를 두었다. 그의 아들은 참봉을 지낸 것으로 나타나 있다.

그는 어떠한 관직에도 오르지 못했으며 또한 매우 貧寒하게 살았던 것으로 보인다. 하지만 그가 남긴 문집을 통해서 볼 때 그가 詩에 매우 능했으며 經學에도 매우 밝았던 인물이었음을 알 수가 있다. 그와 교유했던 인물들 중에는 구한말의 이름난 유학자로 한국유학사를 결산했다고 평가되며 항일의사이기도 했던 俛宇 郭鍾錫(1846~1919)이 있다. 저자는 「先妣慶州崔氏遺事」에서 곽종석과는 한 마을에서 10여 년간을 함께 지내면서 학문을 강마하며 매우 절친하게 지냈다고 하였고, 그의 부모도 그를 매우 아끼며 사랑하였다고 한다. 따라서 그는 정신적이나 학문적인 면에서 곽종석의 영향을 지대하게 받은 것으로 추정 된다. 그는 「答金謹夫思鎭戊申」에서 자신이 어려서부터 약간의 재주가 있어서 선생들이나 어른들로부터 칭찬을 받았다고 한다. 그래서 20세가 되어서는 과거에 응시하기도 하였지만 기예나 놀이에 빠져 뜻을 잃고 31세가 되어서도 오히려 혼미하여 자신을 돌아보지 못하였다고 하였다. 그러나 마지막에 이르러 郭鍾錫과 李正鎬, 그리고 그의 從兄이었던 梅嵒 姜鐵의 가르침에 힘입어 문자를 조금 알게 되었다고 하였다. 실제 그의 생애에서 그에게 가장 큰 영향을 미쳤던 사람은 郭鍾錫을 비롯한 李正鎬와 姜鐵이다. 이 중 이정호는 그와 거의 동년배로서 40년을 서로 사랑하며 서로 의지하였다고 하였고, 또 그를 위한 挽詩 중 제5수에서는 "나를 사랑한 자는 오직 그대뿐이었고, 그대를 알아 준 이는 나 같은 자 없었다네(愛我惟公獨, 知公莫我如)"라고 할 만큼 평생의 知己였다. 『한국민족문화대백과사전』에는 강빈이 구한말의 유학자였던 頤齋 權璉夏 (1813~1896)와 교유가 있었다고 하였다. 하지만 문집 어디에 보아도 그의 이름은 보이지 않는다.

한편 현재 강빈의 간찰 두 통이 도산서원에 소장되어 있다. 이 중 한 통은 1901년에 쓴 「與陶山書院士林」으로 문집 권4에도 수록되어 있는 것이며, 또 한 통은 문집에는 없는 것으로 1902년에 쓴 것이다. 이 1902년에 쓴 편지의 내용은 자신이 도산서원의 직임을 맡기가 어려우므로 遞職해 줄 것을 요청하는 것으로 되어 있다. 이밖에도 그의 문집에는 도산서원과 관련된 많은 편지글들이 실려 있다. 이로 보았을 때 강빈은 도산서원과 매우 밀접한 관련을 지니고 있었던 것임을 짐작할 수 있으며, 또한 그의 학문적 배경이 퇴계 이황이었음도 미루어 알수 있다. 그런데 한국국학진흥원에서 간략 해제한 것을 보면 문집에 실려 있지 않은 강빈의 이 편지에 대해 그 간행년도를 1842년으로 기록하고 있다. 하지만 강빈의 생년이 1857년이니 이는 착오임이 분명하다.

## 2. 구성

7권 3책으로 이루어져 있으며 필사본이다. 序・跋文이 없으며 간행 여부는 미상이다. 表題는 '校訂毅齋遺稿', 卷首題는 '先考毅齋遺稿'라고 되어 있다. 先考毅齋遺稿라고 題한 것으로 보아 강빈의 아들이 편찬한 것으로 보인다. 또 '郭俛宇校訂'이라고 쓰여져 있어 면우 곽종석의 교정을 거친 것을 알 수 있다. 교정은 틀린 글자마다 표시를 하고 그 옆에다 교정된 글자를 써 넣었다. 필사된 문집의 글씨는 대체로 깨끗한 편이다. 책의 첫머리에 송대의 유학자 蔡元定의 제문인 「祭蔡季通文」, 주자의 스승이었던 이연평의 제문인 「祭延平李先生文」, 주자의 제문인 「祭晦菴朱先生文」이 실려 있다. 하지만 이것은 본문의 글씨와는 차이가 있어서 혹 잘못 끼어든 글이 아닌가 의심된다. 문집의 전체적인 구성을 보면 권1・2는 시 458수, 권3・4・5는 書128편, 권6은 제문 27편, 고유문 9편, 애사 3편, 권7은 유사 2편, 묘지명 1편, 壙誌 1편, 잡저 6편, 序 6편, 記 3편, 箴銘 10편 등으로 되어 있다. 문집 전체의 목차를 제시하면 다음과 같다. 모든 제목은 교정된 글자로 표기하였다.

卷1・2: 詩

卷3: 書

「答郭俛宇丙申」・「又與郭俛宇」・「又戊戌與郭」・「己亥與郭俛宇」・「又庚子」・「又」・「又辛丑」・「又與郭俛宇」・「又」・「又癸卯」・「又戊申與郭俛宇」・「又庚戌」・「答郭俛宇甲申」・「與李東亭庚子」・「又」・「又辛丑」・「又與李東亭」・「又癸卯」・「答李東亭庚子」・「又」・「又答李東亭」・「又辛丑」・「又壬寅」・「又甲辰」・「又乙巳」・「與李正佑善求乙未」・「答李正佑癸卯」・「上李參議中斗丈」・「答李參議丈」・「上柳長馨止鎬丈」・「與李景雍豊鎬己亥」・「答權聖純璧淵」・「與權箕一」・「與曹致洪鎮宇」・「與李敬維」・「答河殷巨」・「與金君弼濟相」・「與柳君弼辛榮己亥」・「又與柳君弼」・「又庚子」・「又」・「又」・「又」・「又辛丑」・「又癸卯」・「答柳君弼庚子」

卷4: 書

「與陶山書院士林」・「與李斗瞻晩杓庚子」・「又辛丑」・「又」・「又甲辰」・「又丁未與李斗瞻晩杓」・「又己酉」・「答李斗瞻辛丑」・「又癸卯」・「與李亨一晩護」・「與李明五學鎬庚子」・「又」・「又辛丑」・「又與李明五學鎬」・「又」・「又壬寅」・「又乙巳與李明五」・「又戊申」・「又己酉」・「答李明五己亥」・「又庚子」・「又」・「又」・「又」・「又」・「又癸卯」・「又丁未」・「與金軒弼庚子」・「又與金軒弼」・「與洪時應庚子」・「又丙午」・「又戊申與洪時應」・「答洪時應癸卯」・「答洪時甫」・「答余孟觀」・「與金重一」・「與權周源」・「與洪稺顏」・「與柳季涵鼎佑」・「與金景魯」・「與孫致九」・「與李大衡謙勳戊申」・「又己酉與李大衡謙勳」・「與卜明彦」・「與朴稺玉」・「與金文顯」・「與李廣初中業」・「與李恕卿忠鎬」

卷5: 書

「與洞會僉員」・「答李佐兼弼鎬」・「與郭聖緒徽承癸卯」・「答郭聖緒己亥」・「又辛丑」・「與郭飛卿翰承」・「答洪巨源瀗戊戌」・「又乙巳答洪巨源」・「與郭叔章繡坤」・「與李亨應瑞鎬」・「答金謹夫思鎮戊申」・「又答金謹夫」・「答李仁叟根春」(1830〜1894)・「與李性純俒」・「與金德卿仁培」・「與張狷」・「與李壻中基丁酉」・「又戊戌與李壻」・「又辛丑與李壻」・「又己酉」・「答李壻辛丑」・「與柳壻正佑己亥」・「又庚子」・「又與柳壻」・「又」・「又辛丑」・「與鄭甥承禹辛丑」・「又戊申」・「與議官兄鎔」・「與再從姪海」・「與族孫應八」・「與從侄濂」

卷6: 祭文・告由文・哀辭

「祭季從叔櫟菴公文」・「祭伯從叔玄坡公文壬辰」・「祭伯從叔玄坡公文伯從叔母眞城李氏文乙未」・「祭外婿孺人晋州姜氏文」・「祭仲姊權孺人文」・「祭伯從嫂權孺人文」・「祭再從姪伯受文」・「祭叔從母李孺人文」・「祭權繼若有淵文」・「祭祖妣濟州鄭氏文戊戌緬禮時」・「祭從母金孺人文」・「祭中雷文代人作」・「祭再從兄斗庵公鑛文」・「祭靈泉文」・「祭鄭氏姊文」・「祭權姊兄遇淵文」・「代祭柳杆城止鎬文」・「代祭柳景約文」・「祭伯從兄梅嵓公文丁未」・「又己酉」・「祭亡女李氏婦文」・「祭李東亭

文戊申」・「又庚戌」・「祭仲從兄銷文」・「祭再從兄進士公鐔文」・「祭李允仲一欽文」・「祭再從兄參奉銷文」・「祖妣鄭氏緬禮後告先府君墓文」・「告中雷文」・「移山神壇告舊處文」・「移山神壇告新處文」・「移徙告由文甲辰」・「入宅告由文」・「移徙告由文丙午」・「親山墓祭使人代告文庚戌」・「移徙告由文辛亥」・「三從姪聖九淳悳哀辭」・「郭景虞鍾雲哀辭」・「權養昭誄辭」

卷7: 遺事・墓誌銘・壙誌・雜著・序・記・箴銘
「先府君遺事」・「先妣慶州崔氏遺事」・「從兄梅嵒公墓誌銘」・「李東亭壙誌」・「秦始皇鎖兵論」・「種竹說」・「書崇禎處士遺墟碑後」・「蠹對」・「丁會五全漢字辭」・「邊靖夫鎬鎭字辭」・「送李敬運序」・「送人游臨瀛序」・「送宗人道熙序」・「梅花盆記」・「愼庵記」・「望盆齋記」・「敬石銘幷引」・「兀銘」・「五箴幷小序」・「怠箴」・「欲箴」・「柔箴」・「是非箴」・「戲謔箴」・「知非箴」・「知命箴」

# 3. 내용

## 1) 詩

시는 전체 7권 중 1・2권에 수록되어 있으니 꽤 많은 편이다. 대체로 평이한 편이며 딱딱하지 않고 정감과 서정이 넘치는 시들이 많다. 각체를 구분하지 않고 수록했다. 영물시, 서경시, 서정시 등으로 이루어져 있는데, 특히 경북 지역의 명승고적을 읊은 서경시가 가장 많다. 영물시로는 「賞楓」(七律)・「探菊」(七律)・「詠乳雞」(七律)・「聽蟬」(七律)・「詠木屐」(七律)・「聽蛙」(七律)・「螢火」(七絶)・「雨傘」(七律) 등이 있다. 특히 「次梅嵒兄詠梅諸作」(七絶)은 모두 10수로 되어 있는데, 매화가 피기 전, 반쯤 핀 매화, 이미 핀 매화, 시든 매화, 떨어진 매화 등으로 매화가 피고 지는 과정을 차례대로 읊었다는 점에서 특이한 시다.

서경시로는 시의 첫머리부터 「紹修書院次板上韻」(七律)・「景濂亭次退陶韻」(五絶)・「翠寒臺退陶曾植竹栢因命名」(七絶)・「竹溪」(七絶)・「霽月橋」(七絶)처럼 퇴계 이황의 자취와 관련된 유적들을 시로 읊었으며 또 이어서 「錦城壇」(七絶)・「國望峯次退陶韻」(七絶)・「喜方瀑布二絶」(七絶)・「錦仙亭次板上韻」(五律)과 같이 경북 영주에서 이름난 명승고적들을 읊었다. 이것은 저자가 이곳에서 살았던 때문이기도 하지만 한편으로는 그가 퇴계학파와 관련이 깊은 인물임을 짐작케 한다. 또 「月影樓」(七律)・「覺華寺」(七律)・「海印寺」・「善竹橋」(七律)・「滿月臺」(五律)・「絶影島」(七絶)・「東京懷古」(七律) 등이 있는데, 표면적으로는 회고의 정을 읊고 있지만 그 내면에는 新・舊가 교체되어 가는 구한말 시기의 갈등과 고민이 은연중 내포되어 있다. 한편 이러한 갈등과 고민이 상당한 시대적 비판으로 표출된 시도 있는데, 「漢城八絶」이 바로 그러하다. 이 시는 당시 서울의 풍경을 읊은 것으로 예컨대 제5수에서 "새로운 책과 학문을 다투어 쫓아가니, 옛 것을 숭상하기가 쉬운 일이 아니로다. 그대는 보는가? 옛 것을 쫓아 스스로 힘쓴다고 하는 자들이, 무슨 일로 인과 의를 따르지 않는지를(新書新學競追從, 俗尙紛紛未易功. 君看從古自强者, 何事不由仁義中)"라고 하였고, 제6수에서는 "비행기는 하루 만에 수 천리를 달려가고, 휘황 찬 불빛은 수 백만 집에 오래도록 밝구나. 이익을 남기려고 입을 수고롭게 하지 말라! 민생은 볼수록 병만 더욱 깊어 가는구나(飛車日驟數千里, 虛燭長明百萬家. 倍利莫須努煩舌, 民生愈見病沉痾)"라고 하였다.

또 서정시 가운데에는 매우 아름다운 시들이 많다. 그 대표적인 시가「聞砧」이다. 즉 "밤들자 외론 마을 서늘한데, 깊은 산 조각달만 텅 비었네. 어디선가 은은히 들리는 다듬질 소리, 숲속 저편 바람 속에 떨어지네(夜來孤村冷, 山深片月空. 隱隱何處響, 撩落林外風)"라고 하였고, 또「夜坐」에서는 "적막한 산골 마을 여덟 아홉 집, 뽕나무 가지로 문들이 덮였구나. 밤 깊자 오히려 정신만 오롯해지는데, 반쯤 보이는 솔숲이 달빛에 고와라(寂寞山村八九家, 不堪桑樹掩門杈. 夜深還有醒心處, 半面松林月色佳)"와 같은 것들이다.

시 가운데에는 저자와 교제가 깊었던 사람들 중에서 곽종석과 관련된 시로는「陶山秋夜次俛宇進退韻乙未八月享禮時」(古詩)・「送郭俛宇鍾錫三首」(七絶)・「送郭俛宇」(五絶)・「宿寒水亭次俛宇韻」(七絶)이 있으며, 이정호와 관련된 시로는「贈別東亭二首」・「贈別李東亭正鎬三絶」・「和李東亭贈」・「酬主人東亭用前韻」(七律)・「挽李東亭七絶」・「夜與李東亭共賦」(七律)・「滯雨星臺憶東亭」(七絶)이 있다. 또 從兄 梅嵒 姜鏺과 관련된 시로는「挽梅嵒從兄七絶」・「梅嵒兄林庄與洪時應共賦」・「次梅嵒兄詠梅諸作」이 있다. 이밖에도 輓詩가 상당히 많다. 이 가운데에는 경북 예안에서 의병장으로 활약하다 1910년 일제에 의해 한국이 병탄되자 단식 24일 만에 순국했던 響山 李晩燾(1842~1910), 안동에서 의병장으로 활약했던 權世淵(1836~1899), 역시 안동 출신으로 1910년 단식하다 순절한 東隱 李中彦(1850~1910), 그리고 영남의 유명한 유학자였던 西山 金興洛(1827~1899)과 같이 주로 영남지역 출신 유학자들에 대한 만시가 많다. 시에는 이들의 충절을 높이면서 비분강개하며 울분을 토하고 있는 모습을 보여준다. 이것은 저자의 의식 또한 범상치 않았음을 보여주는 것이기도 하다. 이외에도 贈別・次韻・和答詩도 상당히 많이 보인다.

## 2) 書

書는 분량은 많으나 학문적인 내용은 단편적으로 실려 있다. 하지만 편지 가운데에는 구한 말 당시의 형편을 알 수 있게 해주는 내용들이 더러 있으며 또 도산서원과 관계된 일들이 많이 기록되어 있다. 편지를 교환한 횟수가 비교적 많은 사람들을 중심으로 살펴보면, 郭鍾錫 13편, 李正鎬 13편, 柳宰榮 10편, 李晩杓 8편, 李學鎬 17편 등이다. 몇 편만 그 내용을 대략 살펴보면 다음과 같다.

「又與李明五學鎬」는 1901년에 도산서원의 先師 李滉의 位版이 도난 당한 것에 대해 통탄하며 쓴 편지이다. 저자는 이 變故 소식을 들은 이래로 너무도 마음이 아파서 거의 잠도 잘 수 없고 밥도 먹지 못한다고 하였다. 黃玹의 『梅泉野錄』卷3(辛丑光武五年) 기사에도 "先正臣 李 滉의 서원에 도둑이 들어 그 신주를 훔쳐갔다. 禮安 郡守를 파출하도록 명하였는데, 그 서원이 예안군의 陶山縣에 있었기 때문이었다. 舊例에 비추어 奉常寺에서 신주를 다시 만들어 서원에 봉안하도록 하였다(盜入先正臣李滉書院, 竊其神主而去, 命黜禮安郡守, 以院在禮安陶山也. 照舊例, 自奉常寺更造神主, 安于院)"라고 하였다.

「又乙巳與李明五」는 1905년 을사조약이 체결된 것에 대해 통분해 하며 쓴 편지이다. 저자는 먼저 나라가 망하게 되는 근본은 倫常이 땅에 떨어지고 上下·尊卑가 뒤바뀐 데에 있음을 말하면서 지금 宗社와 生靈은 오히려 둘째가 되고 말았다며 통곡한다고 하였다. 그리고 지난 달 21일 밤에 일본의 伊藤博文이 군대를 끌고 궁궐로 들어가 위협하였음을 말하였고, 이에 당시 下鄕한 人士들이 모두 분노로 뛰면서 각국의 公館에 이 원통함을 호소하려고 서울로 집결하고자 하였다고 했다. 그리고 이 일로 各邑에 通文을 돌리고 布告를 하니 일시에 다 이에 호응하였다고 하면서 도산서원이 이러한 일에 마땅히 앞서 나가야 함을 역설했다.

「答余孟觀」은 『孟子』, 「告子章句上」에서의 "不善을 하는 것으로 말하면 타고난 재질의 죄가 아니다(若夫爲不善, 非才之罪也)"라는 것을 놓고 朱子가 "才는 材質과 같으니, 사람이면 다 할 수 있는 것이다(才猶材質, 人之能也)"라고 한데 대해 논한 것이다. 저자는 '才'라는 것은 '性'과 구별되는 것이 아니라 이미 그 性 가운데에 들어있다고 하였다. 따라서 '才'는 마땅히 본연에 속하는 것이라고 하였다.

「又辛丑」는 郭徽承에 답한 편지로 주로 『周易』을 공부하는 방법에 대해 썼다. 『周易』은 먼저 「啓蒙」편을 읽고 그 다음에 「繫辭」편을 읽어야 성현들이 지시하고 열어주는 뜻을 찾을 수 있다고 했다. 주자는 『주역』의 근본을 卜筮라고 여겨 먼저 그 本義를 보고 그 다음에 程傳을 보아야 한다고 하였으니, 卦爻의 묘함에서 바로 주역을 이해할 수가 있다고 하였다. 그리고 주역에서 가장 중요한 것은 '時'인데, 만일 이것을 알지 못한다면 근본이 설 수가 없게 되어 陰과 陽이 섞여지고 體와 用이 흐트러져서 비록 구구하게 이리저리 끌어당겨 보충하고자 해도 다 헛될 뿐이라고 하였다.

「又乙巳答洪巨源」은 洪潚이 저자에게 氣質之稟의 多寡와 偏全이 같지 아니함에 대한 것으로 시작하여 『大學』에서의 여러 조항들에 대해 질문한 데 대한 답변이다. 예컨대 『大學』의 "知止而后有定"에서의 '定'자가 章句에서는 '志'로 말하였고, 小注와 或問에서는 '理'로 말하였는데, 어느 說을 쫓아야 하는가, "明明德於天下"에서의 '明德'은 자기의 明德인가, 아니면 천하 사람들의 明德인가, "十目所視, 十手所指"는 분명 惡人을 위한 경계인데, 章句에서는 善惡을 함께 말한 것은 무엇 때문인가, '平天下'章만 結語가 없는 것은 무엇 때문인가와 같은 것들에 대한 답변이다.

「又辛丑與李壻」는 1901년 사위 李中基에게 쓴 편지이다. 독서하는 방법에 대해 말했다. 성현의 경전의 의미는 무궁하여 史書百家와 같지 않으니, 마음을 기울이지 않는다면 그 심오한 뜻을 얻을 수 없다고 하였다. 또 글자와 구절을 놓치지 말되 그 전체를 볼 것이며, 의심나는 부분은 의심이 없게 하고, 의심이 없는 부분은 의심이 나게 한 후라야 독서라고 말할 수 있을 것이다. 그렇지 않고서는 비록 하루에 수천의 글을 외운다고 하여도 자신의 것이 될 수가 없다고 하였다.

「與金德卿仁培」는 구한말 당시 유학의 도는 점점 허물어져 가고 개화에만 온통 그 정신이 쏠려 있는 경박한 세태에 대해 비판했다. 저자는 富國强兵과 功利技藝만을 주장하는 무리들이 유학의 도를 버리고서 어떻게 나라와 집안을 다스릴 수 있겠는가라고 말하면서 지금 사람들은 몽매하여 깨닫지 못한 채 倫常을 법조문처럼 여기고, 또 實理를 부화한 말 정도로만 안다고 하였다. 그러면서 저자는 누가 이 유학의 도를 짊어지고 저 미혹된 것을 부수어버릴 수 있을 것인가라고 통탄하였다. 한편 저자는 자신의 아들 또한 지금 일본에 건너갔는데, 마땅히 힘써야 할 일을 하지 못하고 있으니 무슨 희망이 있겠는가라고 한탄했다.

「與族孫應八」은 族孫인 應八이 저자에게 晬宴詩를 부탁하기에 쓴 편지로 현재 자신의 처지가 몹시 고단함을 말했다. 즉 자신이 늘그막에 고향을 떠나 궁한 처지로 살아가면서도 고향으로 돌아가고 싶지만 돌아가지 못한다고 하였다. 또 가까이로는 同黨의 질책을 받으며, 멀리로는 친구들의 비방을 받아 進退가 狼狽요, 게다가 병까지 들었으며 처자식들마저도 다 곤궁하게 만들었으니, 50년의 세월을 돌아보면 후회가 된다고 하였다.

### 3) 祭文·墓誌銘·壙誌

「祭亡女李氏婦文」은 李中基에게 시집갔던 큰 딸의 죽음을 슬퍼하여 쓴 글이다. 딸이 어릴 때부터 효성스럽고 우애가 있어서 조금이라도 부모의 뜻을 어기는 일이 없었다고 했다. 하지만 집안이 어려워 부모로서 생전에 딸에게 제대로 해주지 못했음을 몹시 안타까워했다. 그리고 "네가 정말 나를 두고 죽었구나!(汝果棄我而死乎)"라는 말을 반복하며 비통한 아버지의 심정을 드러냈다.

「從兄梅嵒公墓誌銘」은 저자와 절친했던 종형 梅嵒 姜鐐(1848~1907)에 대한 글이다. 매암은 시 짓기와 산수자연을 즐겼다. 사는 집에는 梅·松·菊·竹을 심어 놓았고 거기에다 怪石과 假山을 둘러놓았다. 또 글 읽기를 좋아하였는데, 특히 반고·사마천의 글과 唐宋八家의 문장을 좋아하여 寢食을 잊어버릴 정도였으며, 문장은 纖悉簡精하였다.

「李東亭壙誌」는 저자와 의형제를 맺어 40여 년간이나 교제했던 東亭 李正鎬(1851~1908)의 壙誌이다. 이정호는 퇴계 이황의 13대 손이다. 어릴 때부터 글을 잘 지어 藝苑에 그 이름을 떨쳤다. 또한 학문을 좋아하여 經史百家를 깊이 연구하기를 밥 먹듯이 하였다. 유생들과 함께 斥邪를 주장하는 상소를 올렸다가 화가 미치게 되자 저자가 있는 진주 鶴山里로 내려와 곽종석과 함께 머물면서 학문과 시 짓는 일로 세월을 보냈다.

## 4) 雜著

「秦始皇鎖兵論」은 秦始皇이 六國을 멸하고 천하를 통일한 후에 천하의 모든 무기들을 왜 녹여서 없애버렸는가를 놓고서 저자의 생각을 펼친 글이다. 비유를 한다면 만일 한 사람이 몽둥이를 들고 사람을 치려고 할 때 그 사람이 가진 몽둥이만을 빼앗아서 없애버린다고 해서 마음이 편해지지는 않는다. 오히려 그 말을 좋게 하고 그 노를 그치게 한 후라야 걱정이 없어진다. 진시황이 천하의 무기를 다 녹여 없애버린 것도 바로 이것과 매우 흡사하다. 말하자면 천하의 무기를 다 없앤다고 해서 사람들이 무기를 다시 만들지 않는 것은 아니라는 것이다. 예로부터 창업의 군주는 무기를 없애고 文治를 행하는 道를 썼는데, 시황제가 이것을 모르지는 않았다고 논하였다.

「種竹說」은 대나무를 심는 자가 저자를 찾아와 자신이 대나무를 좋아하는 이유를 말하자 이에 그에게 대답하는 형식으로 쓴 글이다. 대나무의 중심이 비고 그 마디가 곧은 것이 군자와 같다. 『詩經』「衛風」에서 "저 기수 벼랑을 보니, 푸른 대나무 야랑야랑하도다(瞻彼淇澳, 綠竹猗猗)"는 衛公의 학문이 저절로 닦여진 것을 비유한 것이다. 그러므로 만일 여기에 종사하게 된다면 마음을 비우고 지조가 굳세게 되어 歲寒에도 변치 않을 것이니 비록 대나무가 없더라도 괜찮을 것이라고 하였다.

「書崇禎處士遺墟碑後」는 崇禎處士라고 자칭한 현종 때의 유학자 瓢隱 金是榅(1598~1669)의 遺墟碑의 뒤에다 쓴 글이다. 김시온은 明나라에 그 의리를 지켜 벼슬길에 나가지 아니하고 大瓢山 아래에서 그 생을 마친 자이다. 後人들이 그의 뜻을 기려 비석을 세웠다. 그의 풍모와 드높은 절개는 百代를 지나도 가히 상상할 수 있다고 찬탄하였다.

「蠹對」는 좀벌레를 의인화하여 菁城子라는 가상의 인물과 대화를 나누는 형식을 취하면서 부패한 사회를 통렬하게 비판한 글이다. 좀벌레가 책과 옷 등 사람이 아끼는 것들을 좀 먹는 것에 대해 청성자가 꾸짖자 좀벌레는 천지간에 사람에게 해를 끼치는 것이 어찌 자기뿐이겠는가고 항변하면서 사람에게도 해충이 있다고 하였다. 즉 백성을 지키고 기른다고 하면서도 그 백성을 좀먹는 자는 卿士로서 곧 나라를 좀 먹는 자요, 異端은 聖道를 좀 먹는 자요, 夷賊은 나라 전체를 좀 먹는 자라고 하였다. 또한 궁실의 높고 사치함, 財用의 낭비, 아름다운 의복들을 나라를 해치는 좀이라고 하였고 심지어 인간의 감각과 여색도 人心의 좀이라고 하였다. 그러면서 좀벌레는 자신은 곡식이나 사람을 해치지 않으며, 나라의 재정을 소모시키며 백성을 병들게 하는 악을 행치 않고 가만히 엎드려 제 분수대로 살아간다고 말하면서 오히려 청성자를 향해 목소리를 높인다. 결국 청성자는 아무런 대답도 못하였다고 한다.

「丁會五奎漢字辭」는 丁奎漢이라는 사람의 字를 '會五'라고 짓게 된 데 대한 설명이다. "하늘은 극이 모여 오기를 펼치게 되고, 사람은 정신이 모여 오상을 갖추게 된다(天會于極, 五氣布焉. 人會于神, 五常具焉)"라고 하였다. 또 "體가 서야 用이 행해지는 것이요, 만이 모여 하나에로 돌아가게 되는 것이니 이를 따르게 되면 아름답고, 이를 어기면 막힌다(體立用行, 會萬歸

一, 順之則休, 悖之則窒)"라고 하였다.

### 5) 序

「送李敬運序」는 眞城 李敬運을 송별하며 쓴 글이다. 이경운은 가난한 가운데에도 늙은 어버이를 모시고 있으면서 또한 뜻이 있어서 독실하게 공부하는 선비이다. 東亭 李正鎬에게서 『大學』을 배웠고, 또 수 개 월 동안 저자와 함께 있으면서 글을 지어 그 저술한 것이 매우 많았다. 저자는 이경운을 漢나라 때의 管幼安과 宋나라 때의 金仁山과 같은 志士에다 빗대어 칭송했다. 그가 다시 어버이를 모시기 위해 떠난다고 하기에 글을 써서 격려하였다.

「送人游臨瀛序」는 臨瀛 즉 江陵으로 유람을 떠나는 친구 아무개를 위해 쓴 글이다. 이 글은 주로 지금까지도 강릉 지역에 전해오는 한 이름 없는 力士에 관한 설화에 대해 이야기 하면서 저자의 생각을 곁들인 것이다. 저자는 일찍부터 임영이 관동에서 가장 뛰어난 곳이라고 하는데도 정작 세상에 드러낼 만한 偉人이 없었음에 대해 의문을 가졌다고 했다. 하지만 한나라의 장량이 진시황을 죽이기 위해 한 力士를 얻었는데, 이 力士가 바로 臨瀛人이라는 것이다. 저자는 이것이 어디에 근거한 말인지는 알 수 없다고 했다. 하지만 古人들이 "人傑은 地靈"이라고 하였듯이 이 力士가 정말 임영인일 수도 있음을 은연중 비추었다. 친구는 저자에게 이에 대해 느낀 바를 말해 줄 것과 또 임영의 노인들에게 물어보고 자세히 알아서 이 力士를 위한 傳을 남기고 싶다고 하였다.

「送宗人道熙序」는 宗人 道熙가 저자에게서 가르침을 받고서 떠나갈 때 그에게 써 준 글이다. 도희는 允和의 아들로 父子가 다같이 재주가 있었다. 그 아버지는 비록 집이 가난하여 스스로 농사를 지으며 살았지만 글 읽기를 게을리 하지 않았고 글씨에도 뛰어나 보는 자들이 다 감탄하였다고 한다. 그 아들 도희 또한 용모가 단정하고 빼어났으며 행동거지에 법도가 있어서 학문을 하는 자였다고 하였다. 그래서 저자는 이 부자를 글씨에 뛰어나 濯纓 金馹孫과 姜渾의 인정을 받았던 朴耕과 朴訥 부자에다 빗대었다. 학문을 이루지 못할까 근심하지 말고 독실하지 못할까를 근심하라고 하면서 군자는 곤고함을 거쳐서 형통하게 된다는 말로 학문에 힘쓸 것을 격려하였다.

### 6) 記·銘·箴

「梅花盆記」는 1899년(고종 36)에 梅花를 盆栽한 사연을 기록한 글이다. 저자의 종숙부인 櫟庵 姜晉奎(1817~?)가 서울에서 고향으로 내려올 때 盆梅를 선물로 받아와서 키우다가 세상을 떠난 지 10년이 되었다. 매화도 시들해져 몇 번이나 말랐지만 그래도 다행히 살아남았다. 그 매화를 바라보며 종숙부의 모습을 회상하다가 더 오래되면 이 매화도 없어질 것이라는 두려운 생각에 새로 분재하게 되었다고 한다. 이렇게 하니 이전 매화도 처음처럼 되었고 새 매화도 무성하여 격조가 있어서 보는 사람들이 이를 기이히 여겼다고 하였다.

「愼庵記」는 저자의 벗인 金文伯이 자신의 거처를 '愼庵'이라 짓고 그 記를 써 줄 것을 청하기에 쓴 것이다. 음식을 조심하지 않아서 병이 생기고, 걸음을 조심하지 않아서 넘어지고, 말을 조심하지 않아서 욕을 받고, 일을 조심하지 않아서 실패하게 된다. 따라서 잠시라도 이 '愼'을 잊어버린다면 화가 이르게 된다. 그런데 敬은 愼의 體요, 愼은 敬의 用이 된다. 그러므로 敬이 이미 행해진다면 愼은 따라서 이루어지게 된다고 하였다.

「望益齋記」는 저자의 벗인 金德卿이 경북 청도 琴村의 북쪽에다 집을 짓고서 저자에게 이 집의 이름을 지어달라고 부탁을 하고 또 그렇게 지은 이유를 설명해 달라고 하기에 쓴 글이다. 저자는 이 집을 지은 곳이 山明水麗하며, 곡식들을 심기에 알맞은 곳이어서 마땅히 이러한 것들을 즐거워해야 한다고 하면서 도연명의 「歸園田居」 제6수 중 "바탕 마음이 바로 이와 같으니, 길을 열어 좋은 벗들을 바라보네(素心正如此, 開徑望三益)"라고 한데서 취하여 '望益齋'라고 한다 하였다. 그리고 『周易』 '風雷益卦'에서의 "단에 말하기를, 익괘는 위를 덜어서 아래에 더하니 백성의 기뻐함이 지경이 없고, 위로부터 아래로 내려오니 그 도가 크게 빛남이라(象曰 益, 損上益下, 民說无疆, 其道大光)"의 뜻을 중심으로 하여 세상에서 손해나는 일과 유익되는 일들을 자세하게 설명하였다.

「敬石銘幷引」은 돌에다 '敬'자를 새기게 된 이유를 밝힌 글이다. 천지간에 가장 존귀한 것은 道요, 또 道에 있어서도 가장 귀한 것은 敬이다. 따라서 敬은 모든 사악함을 이길 수 있다. 愼齋 周世鵬이 창건한 紹修書院은 그 터가 원래 佛舍였다. 그래서 종종 陰邪로 괴이한 일이 일어났는데, 퇴계 선생이 돌에다 敬자를 새겨 넣고 난 뒤부터는 이러한 일이 없어졌다고 한다. 그래서 後人들이 敬자를 돌에다 새기게 되었다. 옛 사람들의 글씨가 精妙入神에 드는 것도 敬에 주로 하기 때문이니 혹이라도 이 敬에서 벗어나는 일은 없었다.

「五箴幷小序」는 저자가 쓴 「五箴」에 대한 小序이다. 韓愈는 48세 때에 五箴을 지어서 스스로를 경책하였고 先儒들 또한 이를 많이 지었는데, 저자의 나이도 마침 48세가 되었다고 하였다. 그래서 자신이 가장 病이라고 생각하는 다섯 가지 조목을 몇 마디 말로 엮어서 걸어놓고 스스로를 채찍질하고자 한다고 하였다.


## 4. 가치

이 책의 저자인 姜鑌은 그리 널리 알려진 인물은 아니다. 하지만 이 문집을 통해 볼 때 그는 특별히 詩에 있어서 뛰어난 재능을 보여주고 있음을 알 수 있다. 특히 시 가운데에는 구한말 당시 의병장으로 또는 유학자로 활동하다 죽은 이들을 추모하는 시들이 많은데, 이를 통해 이들의 행적과 의식을 엿볼 수 있다는 점, 그리고 당시의 급변하는 사회에 대해 비판적인 시각을 견지하며 이를 시로 표출함으로써 당시 지식인들의 보수적 가치관이 심하게 흔들리고 있는 의식의 일면을 읽을 수 있게 한다는 점이 특징적이다. 이밖에도 이 문집의 많은 부분을 차지하고 있는 편지글에도 이러한 비판적인 의식이 매우 강하게 나타나 있다. 한편 雜著에서 특히 「蠹對」와 같은 글은 좀벌레를 의인화하여 대화체의 표현 수법으로 당시의 사회와 국가의 총체적인 부패상을 고발하고 있다는 점에서 상당히 주목할 만한 작품이다.

【전송열】

# 蟾齋遺藁

李羲老(1760~1792) 著.
　寫本. 4卷2冊 : 四周雙邊 半郭 20.0×13.5cm, 烏絲欄, 10行
　20字, 上下向黑魚尾 ; 29.0×19.0cm.
　版心題 : 蟾齋藁.

# 1. 저자

李羲老(1760~1792)의 本貫은 韓山, 字는 元卿, 號는 蟾齋處士이다. 그의 생애는 『蟾齋遺藁』 부록에 자세히 기록되어 있다.

연보에 따르면 그는 李俊永(1729~1791)과 연일 정씨의 둘째 아들로서 서울 盤松坊 雇洞, 즉 현재의 서대문구 아현동 근처에서 태어났다. 어려서 화순, 가평, 해주 등 부친 임소에서 생활하다가 13세 때 아버지가 해임되자 서울로 돌아왔다. 15세 때 沈公藝의 딸 청송 심씨와 결혼하였다. 17세 때부터 東田山莊에서 독서하였는데, 종제 李羲中이 죽었을 때 이곳으로 돌아와 곡을 했다는 기록으로 보아 동전산장은 경기도 광주 선산 근처 집안 사람들이 모여 공부하던 곳으로 보인다. 20세 때 숙부 李大永(1735~1799)의 高山 임소에 따라가서 金山寺에 들어가 잠시 공부하였는데, 이로부터 숙부의 임소로 覲親한 것으로 보아 이때쯤 숙부에게 出系한 것으로 짐작된다. 이희로는 23세까지 숙부의 임소와 동전산장을 오가며 공부하다가, 24세 때 한성시에, 25세, 26세 때 庭試에 응시하였다. 이후 죽을 때까지 동전의 섬산에서 독서하였던 것으로 보인다.

그는 23세 때 다섯 살 난 아들을, 25세 때 세 살 난 아들을 연달아 잃었다. 27세가 되어서야 다시 아들 寬在를 얻었고, 33세 때 學在를 얻었다. 그리고 32세 때 부모를 한 달 간격으로 여의었으며, 자신도 이듬해 12월에 유명을 달리했다. 1793년 생부 옆에 묻혔다가 1799년 숙부가 죽은 후 숙부 무덤 앞으로 이장되었다. 이른 나이에 죽었고 아들들도 대부분 일찍 요절하였으며 벼슬에도 나아가지 않아, 적막한 생애를 보냈다고 할 수 있다.

洪奭周(1774~1842)가 쓴 墓表에는 이희로에 대한 몇 가지 일화가 소개되어있다. 어린 시절 집에 모포가리개가 있는 것을 보고 '우리 집안은 청렴결백함을 전통으로 하니 어찌 이런 물건이 마땅하겠는가?'라며 탄식하자, 생부 이준영이 갖다 버렸다고 한다. 또 성균관의 齋任이 된 자를 과거에 합격시키는 법이 생기자 사람들이 다투어 재임을 맡으려고 했으나, 이희로는 세 번이나 초시에 합격하고도 급제하지 못하였지만 추천을 받고도 선비로서 할 일이 아니라며 거절했다고 한다. 홍석주는 이를 두고 '어려서는 화려함을 사모하지 않고 자라서는 영리를 탐내지 않았다'고 표현하였다. 이희로의 성품은 강직하고 청렴한 편이었으며, 스스로 호에 處士라는 말을 써서 '蟾齋處士'라고 한데서도 보이듯이 벼슬에 대한 욕구도 별로 많지 않았던 것으로 보인다.

이희로는 아버지가 병에 걸렸을 때 한시도 떠나지 않고 시중을 들며 밤을 새우기도 했는데, 이렇게 1년을 보냈다. 그러나 32세 때 한 달 간격으로 생부와 생모를 여의었다. 이듬해는 양모인 숙모가 돌아가셨다. 이희로는 1년 사이에 세 번이나 상을 입어야 했고, 이것이 그의 몸을 상하게 만들었다. 그의 형인 이희기가 쓴 행장에 따르면, 임종 때 형의 손을 잡고 '불효가 하늘까지 닿아 몸에 세 번의 상을 당했으나 복제를 마치지 못하여 노친께 무궁한 슬픔을

끼치고 두 고아를 형과 伯晦[홍양묵]에게 남겼으니 이것이 제가 크게 한스러워하는 것입니다'
라고 하였다.

그의 아들 관재는 18세에 요절하여 후손으로는 그가 죽기 아홉 달 전에 태어난 학재만이
남았다.


## 2. 구성


이 책은 4권 2책으로 구성되어 있고 표제는 『蟾齋遺藁』이다. 제일 앞머리에는 「蟾齋遺藁自
序」가 실려 있다. 乾冊 1권에는 시가 실려 있고, 2권에는 書·策·表가 실려 있다. 坤冊 3권
에는 序·記·題·上樑文·祭文·傳·論이 실려 있는데, 목록에 올라있는 「蟾齋遺藁自序」는
본문이 생략되어 있다. 4권에는 附錄 上·中·下가 실려 있는데, 「世系」·「年譜」 등 이희로에
관해 다른 사람이 쓰거나 정리한 것들이다. 구체적인 목차를 소개하면 다음과 같다.

乾冊 1권에 실린 시는 총 82제 131수이다.

乾冊 2권에 실린 글은 「與金仲柔鋼書」·「答金仲柔書」·「智果別族」·「擬虞四岳九官十二牧等
謝諭以欽哉惟時亮天功甲申庭試入格」·「擬周朝群臣賀卽位之後太公爲師周公爲輔召公畢公之徒左
右王修文王緖業乙巳庭試入格」이다.

坤冊 3권에 실린 글은 「第二姑母壽序」·「蟾齋藁自序」·「實菴記」·「無憫軒記」·「姜有終始煥
太白山房記」·「題洪從伯晦養默軒華陽軸後」·「實庵上樑文」·「子規樓上樑文」·「三十六官上樑文」
·「祭外舅府使沈公公藝文」·「南靈傳」·「李德裕論」이다.

坤冊 4권 「附錄上」에는 「世系」, 「附錄中」에는 「年譜」, 「附錄下」에는 「家狀」·「行錄」·「遺事」
·「墓誌」가 실려 있다.

이본인 성균관대학교 소장본은 동일한 제목이나 5권3책으로 구성되어 있다. 1책에는 詩인
「贈姜有終」·「莊獻世子遷葬輓」·「黃驪」·「南將臺」·「驪上雨後三首」·「秋水」·「歸田」·「絶句
二首」·「題詠」과 科詩인 「祠五時」·「磻溪須向釣魚人 三十韻排律」·「開門示心 三十韻排律」·
「渥洼水中得神馬使司馬相如賦詩爲歌樂府三十韻」·「斬嶰谷竹作十二月筒以吹鳳凰之鳴」·「作潮
州韓文公廟碑歎公神如水」·「仲尼爲萬世爲士」·「禹貢山川之名畵」·「薦白雉」·「丞相入祭日橐鞬
拜路左以示朝廷之尊」이 더 실려 있고, 2책에 「無憫軒記」·「蟾齋處士誄」·「恭人沈氏家狀」·「附
秀才公墓誌」가 더 실려 있으며, 3책의 5권에는 功令이 더 실려 있으나 「年譜」와 「世系」가 빠
져 있다.

## 3. 내용

### 1) 시

『섬재유고』에 실린 시는 翰墨에 종사한 지 몇 십 년 사이에 지은 것을 모아놓은 것이라고 이희로가 自序에서 밝히고 있는 점을 미루어보면, 동전산장에 들어가서 공부하던 17세 때부터 죽기 전까지 10여 년간 지은 것들이라 할 수 있다.

그는 잠깐씩 숙부의 임소로 근친하는 때를 제외하고는 평생을 주로 선산이 있는 蟾山에서 글을 읽었다. 「鳳城雜詠」, 「珍山道中」, 「鳳亭雨後敬次大人」, 「鳳亭八景」 등 초반에 시은 여러 편의 시는 숙부의 임소인 고산을 방문하며 지은 것들이다. 그 외에 경물시나 친구들과 주고받은 시들은 대체로 섬산에서 지은 것들이다.

「隣舍詩會」, 「家中詩會 二首」, 「土文宅夜集次景度韻」 등의 제목에서도 볼 수 있듯이, 이웃이나 친지들과 모여 시회를 자주 열었던 것으로 보인다. 그중에서도 가장 가까이 지내던 인물은 고종사촌인 洪養默(1764~1816)과 재종동생인 李義甲(1764~?)이었다. 이들과는 의례적인 시 말고도 파적거리로 화운시를 지어 보내기도 하였다. 특히 홍양묵에게는 죽을 때 가형과 아울러 가족을 부탁하기도 하였다.

> 「留贈元汝」
> 一日溪堂十二過　　하루에 계당을 열두번 들렀으니
> 風流却似古山河　　풍류가 옛 산하 같구려.
> 龍門伴讀期初大　　용문산에서 짝해 독서할 때 기약이 처음부터 컸었고
> 桂屋同居倚更多　　桂屋에서 함께 살 때 의지함이 더욱 많았었네.
> 桐葉包黃排夜籟　　오동잎 누렇게 변해 밤바람에 떨어지고
> 蘆根瘦白弄金波　　갈대 뿌리 하얗게 메말라 금빛 물결에 흔들리네.
> 繽紛離合吾無恨　　어지럽게 만나고 헤어지는 것은 내 한스럽지 않으니
> 有味騂弓倘復歌　　角弓篇 다시 노래하는 것도 맛이 있을 테니까.

위의 시는 이희갑에게 보낸 시이다. 열두 번을 들렀다는 말에서도 보이듯이 이희로는 이웃에 사는 이희갑과 자주 왕래하는 사이였다. 함께 공부하고 지내온 사이로, 쓸쓸한 가을밤에 생각이 나서 불현듯 찾아가도 좋은 친구였던 것이다. 마지막 연에서 길이 어긋나 만나지 못한 서운한 상황을 형제친척을 멀리 하지 말라 경계하는 시경의 「角弓」 편을 다시 읽을 맞이 나게 한다고 우스개삼아 말할 정도 허물없는 사이였다. 이렇듯 이희로의 교유관계는 가까이 실며 자라고 함께 공부하고 시를 주고받는 이웃 친지들이 대부분이었던 것으로 보인다.

또한 이렇게 유유자적하는 삶에 대해서도 별다른 불만이 없었던 듯하다.

「睡起」

| | |
|---|---|
| 茅屋數間枕竹居 | 초가집 몇 칸 대숲 기대 살면서 |
| 焚香起坐一盒書 | 향 사르고 일어나 앉아 한 상자 글 읽으면 |
| 不知身在春風裏 | 봄바람 속에 이 몸 있는 줄 모르겠으니 |
| 唯道浮榮夢蟻餘 | 다만 뜬 구름 같은 영화가 南柯一夢이라 말하노라. |

위의 시는 이희로가 고산에서 글공부를 하던 시기에 지은 것이다. 목사로 부임한 숙부를 따라 간 것이었고 이후 초시와 중시를 본 사실에서도 알 수 있듯이, 당시 20대 초반의 이희로는 한창 과거준비에 매달려 있을 때이다. 그러나 산에 들어가 공부하면서도 부귀영화가 일장춘몽처럼 덧없는 것이라 말한다. 애초부터 세속적인 영화에 관심이 없었음을 보여준다.

홍양묵은 이희로에 대해 '성품이 영특하고 뛰어나며 문장은 해박하고 지론은 고상하여 세속에 얽매이지 않았다'라고 평하였다. 시에서도 이러한 그의 품성이 그대로 드러나 대체로 잔잔하면서 담박한 시가 주조를 이룬다.

## 2) 산문

『섬재유고』에는 총 17편의 산문이 실려있는데, 서간문 2편, 책문 1편, 표문 2편, 서문 2편, 기 3편, 제발문 1편, 상량문 3편, 제문 1편, 가전 1편, 논 1편이다. 각편의 자세한 내용을 살펴보면 다음과 같다.

「與金仲柔鋼書壬子」

친구인 金鋼(1754~?)에게 1792년에 보낸 편지이다. 김강은 본관은 연안, 자는 仲柔, 호는 芭棲이다. 仁穆大妃의 아버지인 金悌男의 7대손으로, 아버지는 金載久, 어머니는 능성 구씨이다. 이희로가 참여한 家中詩會 멤버의 한 사람으로서, 사상적 교류가 가장 많았던 인물이다.

이 편지는 김강의 문장에 대한 생각을 비판한 것이다. 이희로는 "고금의 눈을 합해야 눈이 되고 만물의 지혜를 두루 해야 지혜가 된다. 얻으면 동량이 되고 잃어도 초석이 되니 내 작은 소견에 실은 바에 달려 있다. 실음에 도가 있으니 六經의 글로써 심고 백가의 문장으로써 살지게 한 연후에 바다로 들어가게 된다"라고 하여 문장을 하는데 편협하지 말 것을 권유하였다. 이에 대한 답장은 김강의 문집 『芭棲私稿』에 실려 있다.

「答金仲柔書壬子」

「與金仲柔鋼書壬子」의 답장에 이어 다시 김강에게 보낸 편지이다. 위 편지의 논의를 확대시켜 훨씬 자세하고 길게 자신의 의견을 펼쳤다.

「智果別族」

성씨는 국호나 시호에서 연유하였는데, '智'씨와 '果'씨가 갈라져 나온 '輔'씨는 그렇지 않은 의의가 무엇인가에 대한 대답으로, 성씨의 갈래를 상세하게 증명한 책문이다.

「擬虞四岳九官十二牧等謝諭以欽哉惟時亮天功甲申庭試入格」

순임금이 신하들에게 '공경하여 오직 하늘의 일을 밝히라'고 깨우친 까닭에 대해 신하가 자신의 직임을 다해야 함을 논한 책문이다.

「擬周朝群臣賀卽位之後太公爲師周公爲輔召公畢公之徒左右王修文王緒業乙巳庭試入格」

주나라가 선 후 태공이 師가 되고 주공이 輔가 되고 소공·필공 등이 왕을 도와 문왕의 유업을 이은 까닭에 대해 선왕의 유업을 잇기 위해 현명한 신하를 적당한 직책에 두어야 함을 논한 책문이다.

「第二姑母壽序」

고모의 회갑연을 맞이하여 경축하는 글로서, 고모의 장수가 덕을 쌓아 이루어진 경사임을 말하고 더할 수 없이 기쁘다고 말하였다. 제 2고모는 이희로의 가장 가까운 벗이자 고종사촌 동생인 홍양묵의 어머니이다.

「蟾齋藁自序」

『蟾齋藁』를 엮게 된 이유를 스스로 설명한 서문이다. 翰墨을 일삼은 지 수십년이 되었으나 자주 喪을 당하고 벼슬길에도 나아가지 못했으니 사람이 곤궁할수록 문장이 더욱 공교해져야 하지만, 그러하지 못하여 세상에 받아들여지지 못함을 한탄하면서도 스스로의 문장이 세상의 무늬를 이루는 문장에 참여할만한 의의가 있음을 밝혔다.

「實菴記」

1787년 이웃에 사는 李英玉의 거처 實菴이 무너져 내려 친구들이 도와 이듬해 6월 새로 단장하자, 이에 이희로가 實菴이 지어진 경위를 기록한 것이다. 이영옥은 생애가 불분명하나 그의 문집인『實菴遺稿』가 규장각과 장서각에 소장되어 있다.

「無憫軒記」

1776년 가을 이희로는 퇴직한 아버지를 따라 선대부터의 연고지였던 樂山 遯世村에 은거하였다. 이에 자신이 거처하는 집을 '세상을 피해 은거하여 번민이 없다'는 의미에서 '無憫軒'이라고 이름을 지었다. 이 글에서 '無憫軒'의 내력을 적으면서 인생에 대한 자신의 견해를 드러내었다.

「姜有終始煥太白山房記」

벗인 姜始煥의 태백산방에 관해 서술한 글이다. 이희로가 강시환을 '吾黨'이라고 표현한 것으로 보아 같이 교유하던 사람들 중 하나인 것으로 보인다. 천하의 빼어난 아름다움이 뭉쳐 있는 산인 태백산에 초당을 짓고 사는 강시환을 방문해 보니, 태백산의 정기가 드러나 그의 학문과 사람됨을 단번에 알아차릴 수 있었다고 하였다.

「題洪從伯晦養默華陽軸後」

사촌인 홍양묵이 화양동서원을 방문하고 지은 시고에 써준 글이다. 홍양묵의 할아버지인 洪翼漢(1586~1637)은 병자호란 때 화의를 적극 반대하였다가 후에 청나라에 끌려가 죽임을 당한데다 처형장소나 무덤이 확실치 않다. 홍양묵은 화양동을 방문하여 할아버지를 떠올리며 시를 지었는데, 이희로가 이에 題文을 지어 위로하고 함께 슬퍼하였다.

「實庵上樑文」

대풍에 쓰러진 이영옥의 實菴을 중건하면서 지은 상량문이다. 위의 「實菴記」와 같은 때 지어진 것으로 보인다.

「子規樓上樑文」

子規樓는 강원도 영월에 있는 누각의 이름이다. 원래는 梅竹樓라는 이름이었으나 端宗이 유배된 후 이 누각에 올라 「子規詩」와 「子規詞」를 읊어 자신의 심정을 토로한 데서 자규루로 이름이 바뀌었다. 이 상량문은 子規에 얽힌 전고와 전설을 두루 사용하여 단종의 슬픈 일을 읊은 것이다. 상량문에 들어가기 마련인 집을 짓는 내력이나 날짜가 보이지 않는 것으로 보아, 실제 상량문이라기보다는 이희로가 임의로 지은 듯하다.

「三十六宮上樑文」

건물의 명칭이나 내력, 중건 날짜 등 실제적인 정보가 전혀 드러나지 않은 것으로 보아 가상의 건물에 대한 상량문으로 추정된다. 지붕과 기둥 등 건물의 각종 구조물이 모두 易象에 따라 배치되어 있는 것으로 설명되어 있어, 이희로의 이상적 건물에 대한 견해를 드러내고자 쓴 글로 보인다.

「祭外舅府使沈公公藝文」

장인인 심공예의 상을 당해 시신을 안장시키고 나서 1787년 8월 13일 다시 와 술을 올리며 지은 제문이다.

「南靈傳」

담배를 의인화한 南靈의 假傳이다. 남령의 世系는 멀리 包羲氏에서 비롯되었는데, 아버지인 澹婆가 임진왜란을 통해 우리나라에 들어왔으며 鑛店 田氏에게 장가들어 남령을 낳게 되었다. 임경업 장군 밑에서 포수를 하면서 인정을 받아 鐵木天子의 눈에까지 들었다. 天竺, 莎車 등의 나라를 정벌하여 공을 세우고 높은 벼슬과 식읍을 받아 부귀해졌다. 죽은 후 서자인 澹排賁가 系를 이었으며, 후손만 200종이 넘는데 여러 나라에 퍼져 사랑을 받았다. 뒤에 太史公의 평과 茅氏의 南靈傳에 대한 평도 붙어 있다.

이 글 뒤에는 읽은 후 「南靈傳」을 좀더 보충하여 쓴 李英玉의 「南靈傳後敍」와 삼종숙인 李晩永의 「南靈歌」도 함께 실려 있다.

「李德裕論」

중국 당나라 때 재상인 李德裕(787~849)에 대해 논한 글이다. 명재상으로 일컬어지는 그에 대해 이희로는 '재주는 넉넉하였으나 배움이 부족하였다'고 하여 비판적으로 바라보았다.

### 3) 연보 및 행장

附錄上에 실린 「世系」에는 한산 이씨의 시조인 李允卿부터 22世인 아들 李寬在까지 기록되어 있다. 附錄中에 실린 「年譜」에는 이희로의 출생부터 1799년 무덤 이장까지 그의 행보에 대해 상세하게 기록되어있다.

附錄下에 실린 行狀은 친형인 李義耉와 고종사촌인 홍양묵이 쓴 두 편이다. 이어 실린 遺事와 墓誌 역시 홍양묵이 찬한 것이다. 제문은 1799년 3월 1일 형인 이희기와 조카인 李翼在, 1793년 8월 10일 사촌인 홍양묵, 1793년 12월 처남인 沈憲祖, 四從兄弟 李義駿·李義甲, 1793년 2월 19일 친구인 이영옥, 1793년 2월 6일 친구인 金鏋, 1973년 2월 20일 친구인 李皐와 失名인 종형제가 쓴 것이 실려 있다. 이를 통해 이희로의 대략적인 교유관계를 파악할 수 있다.

## 4. 가치

『蟾齋遺藁』에서 주목할만 것은 무엇보다도 가전인 「南靈傳」이 실려 있는 점이다. 구영진은 비슷한 시기를 살았던 李鈺의 작품인 「南靈傳」과 비교한 연구를 낸 바 있는데, 이희로의 작품을 뚜렷한 의도와 그에 따른 긴밀한 구성력을 가진 우수한 작품으로 평가하였다. 친구인 김강은 패관소설류에 매우 긍정적이었고, 「남령전」에 대해 이영옥이 후서를 쓴 것으로 미루어보아 당시 이희로 주변의 인물들은 이러한 유희적 작품에 대해 별다른 반감이 없었던 것으로 보인다. 이를 통해 당시 사대부들의 패관류에 대한 인식을 살펴볼 수 있다.

그리고 성균관대학교 소장본이 내용이 충실하지만 연세대학교 소장본에는 세계와 연보가 실려 있어, 잘 알려져 있지 않았던 작가인 이희로의 생애 연구에 좀더 기여를 할 수 있다.

【구지현】

# 惺所覆瓿藁

許筠(1569~1618) 著.

　寫本. 26卷8冊 : 無界, 10行18字 註雙行, 無魚尾 ; 24.0×14.8cm.

惺所覆瓿藁卷之一　　　　詩部·一

丁酉朝天錄

　登廣遠樓

高閣憑風迥閣登不待招亂離餘日賞吟眺始

今朝雨洗青山近烟沈綠野遙儞眺忘遠客西

下日長橋

　西京道中

牢落栽松院凄凉南浦橋江山如宿昔臺舘半

焚燒謾自悲興廢憑誰破寂寥東風知客意吹

送木蘭橈

# 1. 저자

許筠(1569~1618)의 本貫은 陽川, 字는 端甫, 號는 蛟山·喬山·白月居士이다. 1569년 11월 3일에 草堂 許曄의 3남 3녀 가운데 막내로 태어났는데, 같은 묘시에 태어난 한퇴지나 소동파 같이 시대에 버림받고 화액을 당할 것이라고 자신의 운명을 풀이하여 「解命文」을 지었다. 9세에 건천동에서 상곡으로 이사하여 임수정·임현·최천건 등과 함께 글을 배웠다. 경상감사로 부임했던 아버지가 1580년 2월 4일 상주 객관에서 세상을 떠났는데, 그는 뒷날 "아버지가 일찍 세상을 떠나는 바람에 내가 버릇없이 자랐다"고 술회했다. 14세에 작은형 허봉을 찾아온 蓀谷 李達을 처음 만나 시를 배우기 시작했다. 17세 되던 1585년 봄 한성부에서 치르는 초시에 합격하고, 金大涉의 둘째 딸과 혼인했다. 이듬해 봄에 처남 김확과 함께 백운산에 들어가 유배지에서 돌아온 작은형 허봉에게 한퇴지와 소동파의 고문을 배웠다. 그 뒤에는 작은형의 추천에 의해 서애 유성룡에게 문장을, 손곡 이달에게 시를 배웠다. 21세에 이이첨과 함께 생원시에 합격하고, 글공부를 같이 했다. 누이 난설헌이 세상을 떠나자 그의 죽음을 슬퍼하며 「毀璧辭」를 지었다. 이듬해에는 난설헌의 시 210수를 정리하여 책으로 엮고, 11월에 유성룡에게서 서문을 받았다. 그러나 얼마 뒤에 임진왜란이 일어나 초고를 잃어버렸다.

홀어머니 김씨와 만삭인 아내를 데리고 피난길에 올라 7월 7일 단천에서 첫아들을 낳았지만, 7월 10일에 아내가 죽어 임시로 묻고 갓난아이도 곧 죽었다. 가을에 강릉에 도착해 애일당 외가에 머물며 「愛日堂記」를 짓고, 뒷산 이름을 따서 蛟山이라는 호를 썼다. 이듬해 낙산사에 주로 머물며 杜甫의 시를 공부하고, 當代의 한시를 품평하는 『鶴山樵談』을 지었다. 26세 되던 1594년 2월 29일 문과에 급제하여 승문원 사관으로 요동에 다녀왔지만, 모친상 때문에 여름에 다시 강릉으로 돌아왔다. 29세 되던 1597년 봄에 예문관 검열(정9품)이 되었다가 파직당했는데, 덕분에 문과 중시에 응시해 장원급제하고 예조좌랑(정6품)으로 승진하였다. 정유재란이 일어나자 원군을 청하는 사신의 수행원으로 8월에 명나라에 갔다. 그는 평생 지은 시들을 시기별로, 또는 관직에 따라 묶어서 詩稿를 엮었는데, 이때 명나라를 오가며 지은 시 44수를 묶은 것이 『惺所覆瓿藁』 권1 첫머리에 실린 「丁酉朝天錄」이다. 그 이전에도 몇 개의 詩稿를 엮었지만 난리통에 다 없어졌는데, 기억을 더듬어 한데 엮은 「蛟山臆記詩」 154수는 규장각본에만 실려 있다. 그 해 10월에 병조좌랑이 되어 이듬해까지 명나라 장수들을 접대했는데, 명나라 종군문인 吳明濟에게 엮어준 『朝鮮詩選』을 통해 난설헌을 비롯한 조선의 대표적인 시인들 작품이 중국에 널리 퍼졌다.

31세가 되던 1599년 3월 1일에 병조좌랑으로 다시 임명되었다가 지평 남탁래에게 탄핵받았으며, 5월 25일 황해도사(종5품)가 되었다가 12월 19일에 기생을 너무 많이 데리고 다닌다는 이유로 사헌부의 탄핵을 받고 파직되었다. 이때부터 여러 차례 탄핵받거나 파직되었지만, 그 때마다 뛰어난 글재주 때문에 다시 등용되었다. 특히 명나라에서 사신이 올 때마다 접반사의 종사관이 되어 酬唱했는데, 33세 되던 1601년에는 한림원 시강 顧天峻을, 38세 되던 1606년에는 한림원 수찬 朱之蕃을, 41세 되던 1609년에는 태감 유용을 접대하였고, 그때마다 벼슬이 올랐다.

37세 되던 2월에 수안군수(종4품)로 있으면서 작은형 허봉의 문집『荷谷集』을, 40세 되던 1608년에는 공주목사(정3품)로 있으면서 누이 난설헌의 시문집『蘭雪軒集』을 간행했다. 군수나 목사는 녹봉이 넉넉한데다 인력이나 물자를 동원하기 쉬웠으므로 남매들의 문집을 간행할 수 있었던 것이다. 공주목사 시절에는 심우영·이재영·윤계영 등의 서얼 동지들을 불러다 도와주었으므로, "공주 감영에 三營이 있다"는 비난을 받았다.

42세 되던 1610년 4월에 명나라 황태자의 생신을 축하하는 千秋使에 임명되었는데, 병 때문에 갈 수 없다고 두 차례나 상소했다. 광해군이 備忘記를 내려서 잘못을 지적하자, 28일에 사헌부에서 탄핵하여 의금부에 가뒀다. 허균의 병이 깊었던 것은 사실인데, 그즈음 벗에게 편지를 보내면서 "내 목숨이 있은 다음에라야 벼슬도 있는 법이다"라고 하며 중국에 가지 않은 자신의 행동이 떳떳함을 밝혔다. 이 여름 동안 1606년에 주지번이 주고 간『棲逸傳』·『臥遊錄』·『玉壺氷』을 여러 차례 읽었는데, 세속을 떠나 자연으로 돌아간 사람들이 즐겁게 사는 이야기가 자신의 뜻과 맞았다. 그래서 이 이야기들을 네 가지 주제로 다시 엮어『閑情錄』을 만들었다. 첫째는 隱逸, 둘째는 閑寂, 셋째는 退休, 넷째는 淸事에 대한 이야기들로 묶었는데, 깨끗한 글씨로 베껴놓고는 뜻이 맞는 벗들이 찾아올 때마다 보여주었다. 언젠가 자연으로 돌아가 살게 되면 이 책을 생활지침으로 삼으리라 생각했다. 이때 만든 10권짜리『閑情錄』은 현재 남아 있지 않다.

11월에 殿試 代讀官이 되었다가 조카와 조카사위를 급제시켰다는 혐의로 탄핵받았으며, 42일 동안 의금부에 갇혀 있다가 12월에 전라도 함열로 유배되었다. 1611년 이곳에서「惺叟詩話」를 비롯한 많은 글을 짓고, 4월 23일에『惺所覆瓿藁』64권을 엮었다. 11월에 유배지에서 돌아왔다가, 부안으로 내려가 살았다.

그는 1614년에 千秋使로, 1615년에 冬至兼陳奏副使로 두 차례에 걸쳐 중국을 다녀오면서 4천여 권의 책을 사왔는데, 1614년 千秋使 때에는 짐 12개 가운데 9개가 책보따리였을 만큼 많은 책을 사왔다. 1615년에 중국을 오가며 지은 시를 모은『乙丙朝天錄』에는 李贄의 무덤이 있는 통주에서 지은 시가 몇 편 실려 있다. 그 가운데「讀李氏焚書」는 그가 李贄의『焚書』를 읽고 焚書 이후에도 태워버릴 수 없었던 그의 道를 찬양한 시인데, 허균 자신이 탄핵을 당했지만 책까지 태워 없애지지는 않아 통쾌하게 여겼음을 알 수 있다. 이때 구입해온 책들을 읽으면서 閑情에 관계되는 기록에 찌를 끼워 두었다가 나중에 옮겨 적을 때 쓰려고 했는데, 1616년에 형조판서에 임명되자 공무가 바빠 진행하지 못했다. 그러다가 1618년 1월에 제자 기준격이 상소하여 逆謀 혐의를 받자, 불안한 마음을 달래기 위해 서둘러 16권과 부록으로『閑情錄』을 마무리했다.

　대북파는 정통성이 취약한 광해군 치하에서 정권을 장악하기 위해 인목대비의 西宮幽閉 廢庶人 과정을 주도했는데, 허균이 이이첨과 함께 그 중심에 끼어들었다. 그러나 폐서인을 반대하던 영의정 기자헌의 아들 기준격이 비밀상소하여 스승 허균을 逆謀로 고발하자 궁지에 몰렸다. 50세 되던 1618년 봄에 스승 이달의 시집인 『蓀谷集』을 6권으로 간행하고, 『閑情錄』도 16권 및 부록으로 편집했다. 「凡例」에 의하면 두 번째 『閑情錄』은 자신이 권력에 집착하지 않고 자연으로 돌아가 살려 했다는 뜻을 남들에게 보여주기 위해서 편집했다고도 볼 수 있다. 그러나 그는 자연으로 돌아가 살고 싶다던 염원을 끝내 이루지 못하고, 8월 24일 決案도 없이 동지들과 함께 처형당했다.

## 2. 구성

　허균은 자신의 글에 대해 자부심이 강했으므로 습작기의 시들까지도 『北里集』이나 『蟾宮酹唱錄』 등으로 엮어 두었는데, 43세 되던 1610년 12월에 전라도 함열로 유배가면서 자신의 문집을 편집하기 위해 초고를 많이 가져 갔다. 가장 먼저 영인되어 널리 알려진 규장각 觀物軒本 『惺所覆瓿藁』에는 편집과정을 밝힌 글이 따로 없는데, 그가 1611년 4월 23일에 문집을 다 엮고 나서 쓴 발문 형식의 「翁四部覆瓿藁」가 연세대본에 실려 있다. 이 글에 의하면 "신해년(1611)에 견책받아 남쪽 고을로 유배되었는데, 다행히도 일이 없어 상자 속에 간직해 둔 詩文 초고들을 꺼내 보았다. 그 글들을 짓느라고 고심한 것이 아까워… 옮겨 써서 문집을 엮었다. 詩·賦·文·說을 각기 一部로 만들었다."고 한다. 그가 자신의 문집 이름을 '四部覆瓿藁'라고 지은 것은 이 때문인데, '四部'라는 이름은 자신이 흠모하던 명나라 문인 王世貞의 문집 『四部稿』에서 따온 것이다. 이 체제는 지금도 그대로 남아 있다.

　　1책: 目錄. 卷之一 詩部一.
　　2책: 卷之二 詩部二.
　　3책: 卷之三 賦部一. 卷之四 文部一. 卷之五 文部二. 卷之六 文部三.
　　4책: 卷之七 文部四. 卷之八 文部五. 卷之九 文部六. 卷之十 文部七.
　　5책: 卷之十一 文部八. 卷之十二 文部九. 卷之十三 文部十. 卷之十四 文部十一.
　　6책: 卷之十五 文部十二. 卷之十六 文部十三. 卷之十七 文部十四. 卷之十八 文部十五.
　　7책: 卷之十九 文部十六. 卷之二十 文部十七. 卷之二十一 文部十八. 卷之二十二 說部一.
　　8책: 卷之二十三 說部二. 卷之二十四 說部三. 卷之二十五 說部四. 卷之二十六 說部五.

　연세대본은 完帙이어서 표지에 '共八'이라 쓰인 그대로 8책이 다 남아 있지만, 허균이 편집한 64권의 모습은 아니다. 그가 쓴 「翁四部覆瓿藁」에 의하면 "文 400여 편, 詩 1,400여 편, 說 300여則"이라고 했는데, 아래의 내용을 살펴보면 절반 정도 없어졌음을 알 수 있다. 허균이 마지막으로 잡혀가게 되자 사위 이사성의 집으로 문집 초고를 보냈는데, 외손자 이필진이 만년에 이 문집을 공개하였다. 임상원도 그에게서 허균의 문집을 빌려 보았는데, "모두 15권 가운데 2책은 騈儷로 남이 빌려가 잃어버리고 말았다"고 『郊居瑣篇』에 기록하였으니 그때 이미 상당히 없어졌음을 알 수 있다. 현재 남아 전하는 『惺所覆瓿藁』의 체제와 내용은 거의 비슷한데, 연세대본의 경우는 다음과 같다.

惺所覆瓿藁序 (李廷機)
惺所覆瓿藁目錄

卷之一 詩部一
「丁酉朝天錄」(44수)·「幕府雜錄」(24수)·「戊戌西行錄」(21수)·「佐幕錄」(32수)·「南宮藁」(15수)·「南征日錄」(30수)·「壬寅西行錄」(6수)·「騎省錄」(11수)·「太僕藁」(21수)·「楓嶽紀行」(48수)·「溟州雜著 別書」·「遼山錄」(29수) (遼山錄序)·「丙午西行錄 別書」·「翁四部覆瓿藁」 이상 281수

卷之二 詩部二
「光錄藁」(11수)·「眞珠藁」(19수)·「大官藁」(18수)·「秋官錄」(13수)·「病閑雜述」(36수)·「宮詞」(100수)·「和思潁詩」(30수)·「附錄」(5수)·「續夢詩」(40수)·「和白詩」(25수) 이상 297수

卷之三 賦部一
賦
「東征賦幷序」·「思舊賦幷序」·「竹樓賦」·「北征賦」·「夢遊練光亭賦」·「東林城賦」·「次別知賦寄吊詭石洲二人」·「夢歸賦」·「續靜姬賦幷序」 (9편)
辭
「毁壁辭幷序」·「和陶元亮歸去來辭幷引」 (2편)

卷之四 文部一
序上
「送李懶翁還怾怛山序」·「石洲小稿序」·「世說刪補注解序」·「詞翰傳芳序」·「古詩選(序)」·「唐詩選序」·「宋五家詩鈔序」·「明四家詩選序」·「淸溪集序」·「攝生月纂序」 (10편)

卷之五 文部二
序下

「西邊備虜考序」・「歸田錄序」・「送釋海眼還山序」・「題黃芝川詩卷序」・「題適菴遺藁序」・「送金子中赴京序」・「送趙持世赴京序」・「閑情錄序」・「題四體盛唐序」・「題唐絶選刪序」(10刊)

卷之六 文部三
記上

「湖墅藏書閣記」・「重修化鶴樓記」・「愁歇院神詠仙贊記」・「重修靜思菴記」・「陶山朴氏山庄記」・「原州鄕校重建記」・「遊原州法泉寺記」・「祥原郡王塚記」・「臨滄軒記」・「酒吃翁夢記」・「巡軍府君廳記」・「四友齋記」(12刊)

卷之七 文部四
記下

「愛日堂記」・「盤谷書院記」・「鼈淵寺古迹記」・「故刑曹參判成公畫像記」・「修証寺楊侍中夫婦畫像記」・「探元窩記」・「慟哭軒記」・「醉鶴亭記」・「山月軒記」・「凌波書室記」・「沙溪精舍記」・「咸悅縣客舍大廳重建記」(12刊)

卷之八 文部五
傳

「嚴處士傳」・「蓀谷山人傳」・「張山人傳」・「南宮先生傳」・「蔣生傳」(5刊)

卷之九 文部六
書上

「上完城李相國書」・「上完城第二書」・「與金甥正卿書」・「與石洲書」・「上許吏曹項書」・「奉答家兄書」・「答許新昌書」.「答錦溪正書」・「與李大中第一書」・「與李大中第二書」・「與李大中第三書」(11刊)

卷之十 文部七
書下

「與成德甫書」・「答崔汾陰書」・「與任子正書」・「答任子正書」・「答長姪書」・「與趙持世書」・「奉上家兄書」・「與鄭大諫書」・「與柳侍御書」・「答鄭生書」・「答李生書」(11刊)

卷之十一 文部八

論
「學論」·「政論」·「官論」·「兵論」·「遺才論」·「厚祿論」·「小人論」·「豪民論」·「鄭道全權近論」·「金宗直論」·「南孝溫論」·「李長坤論」(12편)

卷之十二 文部九
說
「文說」·「任老人養生說」·「關東不可避亂說」(3편)
辨
「辟穀辨」·「詩辨」(2편)
解
「夢解」(1편)
雜文
「解命文幷引」·「對詰者」·「譴加林神」·「山狗偈」(4편)

卷之十三 文部十
題跋
「題石刻諸經後」·「題詩刪後」·「書李懶翁畵帖後」·「題豊干像帖後」·「題古文參同契後」·「題千古最盛後」·「題李澄畵帖後」·「批點唐音跋」·「四家宮詞跋」·「明尺牘跋」·「歐蘇文略跋」·「明詩刪補跋」·「四友叢說跋」·「使東方錄跋」·「題溫李艶體後」·「應製詩跋」·「西游錄跋」(17편)
讀
「讀諸子各題其後幷引」
「老子」·「列子」·「莊子」·「管子」·「晏子」·「商子」·「韓非子」·「墨子」·「荀子」·「楊子」·「子華子」·「孫子」·「吳子」·「呂子」·「淮南子」·「文仲子」. (16편)

卷之十四. 文部十一
箴
「睡箴幷引」·「委順箴幷引」·「煉念箴」(3편)
銘
「覺軒銘幷序」·「陋室銘」·「夢賚四物銘幷引」·「犀帶銘」·「金帶銘」·「筆橐銘」·「靴銘」·「硯銘」(7편)
頌
「御札頌 幷序」·「惺翁頌」(2편)
贊
「大嶺山神贊幷序」·「李校理畨贊幷序」·「三先生贊幷引」·「陶元亮」·「李太白」·「蘇子瞻」·「灘隱畵竹

贊題洛迦禪寺上人克融卷」·「李畵佛祖讚幷引」·「釋迦文佛」·「阿彌陀佛」·「彌勒佛」·「觀世音菩薩」·「初祖達磨」·「六祖盧能」·「維摩詰居士」·「寵居士」·「列仙贊幷引」(15편)

「漕官紀行」・「西行紀」・「丙午紀行」(3편)

卷之十九 文部十六
紀行下
「己酉西行紀」(1편)
雜記
「夢記」(1편)

卷之二十 文部十七
尺牘上
「上西厓相甲辰八月」・「又乙巳二月」・「又丙午正月」・「上漢陰相乙巳三月」・「又戊申三月」・「上鰲城相乙巳三月」・「又庚戌五月」・「上一松相乙巳二月」・「上黃芝川甲辰九月」・「又丙午八月」・「又丁未三月」・「上尹月汀丙午八月」・「又丁未八月」・「又戊申五月」・「上李五峰甲辰九月」・「又丙午三月」・「上柳西坰乙巳三月」・「又乙巳九月」・「與李月沙庚戌九月」・「又辛亥正月」・「與申玄翁戊申三月」・「又上同」・「又庚戌十月」・「又辛亥正月」・「與韓柳川辛丑八月」・(1601)「又上同」・「又辛丑九月」・「奉李滄海己酉九月」・「又上同」・「又同年十月」・「奉黃思叔己酉正月」・「與崔汾陰乙巳十一月」・「又丙午十一月」・「又丁未六月」・「又丁未八月」・「又丁未九月」・「又上同」・「又丁未十月」・「又丁未二月」・「又戊申正月」・「與崔簡易丁未三月」・「又上同」・「與鄭寒岡丙申九月」・「又上同」・「又辛丑三月」・「又癸卯八月」・「與金南窓乙巳十二月」・「又丙午七月」・「又丙午十月」・「又戊申八月」・「與沈學而戊申三月」・「與鄭和伯庚戌十月」・「與李芝峯己酉十二月」・「又庚戌四月」・「答金汝秀庚戌十二月」・「與洪鹿門丁未十二月」・「又戊申正月」・「與尹止中丙午八月」・「與南子安庚戌正月」・「答李仲集己酉正月」・「與尹次野己酉十月」・「又庚戌正月」・「與洪輝世庚戌四月」・「又庚戌七月」・「與霽江公子辛丑三月」・「又壬寅二月」・「又己酉八月」・「答李觀松戊申八月」・「又己酉九月」・「又辛亥正月」・「與李子敏庚戌三月」・「又上同」・「又庚戌四月」・「又」・「與韓石峯甲辰十月」・「又甲辰三月」・「與宋天翁辛亥二月」・「又上同」・「邀景洪乙巳四月」・「與李實之丁未六月」・「又乙巳七月」・「又丁未七月」(82편)

卷之二十一 文部十八
尺牘下
「與許兄子賀癸卯」・「又甲辰十月」・「又丁未十月」・「又己酉九月」・「又上同」・「又庚戌三月」・「又庚戌六月」・「又己酉九月」・「答任子正丁未八月」・「又丁未十月」・「又戊申十一月」・「與趙持世丁未十月」・「又丁未十二月」・「又戊申三月」・「又戊申九月」・「又戊申十二月」・「又上同」・「又己酉九月」・「又己酉十月」・「又庚戌二月」・「又上同」・「與權汝章庚戌五月」・「又上同」・「又庚戌三月」・「又辛亥二月」・「與朴叔夜己酉十二月」・「與任約初己亥五月」・(1599)「又上同」・「又己亥元月」・「又庚子二月」・「又庚子三月」・「又庚子六月」・「與林子昇庚子二月」・「又庚子三月」・「又上同」・「又上同」・「又庚子五月」・「又」・「又庚子七月」・「又辛丑二月」・「與

沈重卿庚戌九月」・「答尹鳴益庚戌十二月」・「與趙悟叔己酉九月」・「與沈扶安戊申七月」・「與趙善述庚戌九月」・「寄奇獻甫辛亥正月」・「答鄭時望庚戌十二月」・「與任茂叔庚戌七月」・「答張持國辛亥正月」・「答實姪辛亥正月」・「又辛亥三月」・「與曹養吾戊申六月名浩」・「與閔叔正戊申十二月名仁佶」・「與龍山倅辛亥三月李劼」・「謝咸山倅辛亥正月韓會一」・「又三月」・「復南宮生辛亥二月」・「答宋姪辛亥三月」・「與李蓀谷己酉四月」・「又上同」・「又庚戌十月」・「答尹梧亭己酉七月」・「又辛亥四月」・「與洪仲仁己酉九月」・「又庚戌十二月」・「與李汝仁丁酉八月」・(1597년)「又丙午二月」・「又丙午五月」・「又上同」・「又戊申正月」・「又戊申四月」・「又七月」・「又十二月」・「又己酉正月」・「又三月」・「又上仝」・「又庚戌五月」・「又辛亥三月」・「與梁子漸丁未十月」・「又己酉九月」・「與李士常己酉十月」・「與○丁未二月」・「又丁未八月」・「與李懶翁乙巳七月」・「又丁未正月」・「與西山老師壬寅二月」・「又三月」・「又四月」・「又五月」・「與松雲大師甲辰二月」・「又丙午正月」・「與海眼庚釋戊申十月」・「與桂娘己酉正月」・「又己酉九月」(94편)

「惺翁識小錄引」

卷之二十二　說部一
「惺翁識小錄上」

卷之二十三　說部二
「惺翁識小錄中」

卷之二十四　說部三
「惺翁識小錄下」
「惺叟詩話引」

卷之二十五　說部四
「惺叟詩話」
「屠門大嚼引」

卷之二十六　說部五
「屠門大嚼」
「惺所雜稿序」

그의 문집은 매우 다양한 文體로 구성되었다. 書簡 경우에 긴 것은 書로, 짧은 것은 尺牘으로 분류하였으며, 권14의 箴銘類는 箴・銘으로, 頌贊類는 頌・贊으로, 권15의 哀祭類는 誄・哀

辭・祭文으로, 권11-12의 論辨類는 論・說・辨・解로, 권4와 권13의 序跋類는 序・題跋・引・書後・讀으로, 권16-17의 碑誌類는 碑・神道碑・碣・墓表・墓誌 등으로 자세하게 나누었다. 館閣文人들에게 흔한 詔令類・奏議類는 한 편도 없으니, 여러 차례 知製敎를 겸했던 그가 자신의 창작이 아닌 글은 모두 문집에 싣지 않았음을 알 수 있다.

시는 연대순으로 편집하고, 尺牘 경우에는 신분과 나이, 연대 순으로 편집했다. 권20에는 西厓 柳成龍(1542~1607)부터 體素 李春英(1563~1606)에게 보낸 편지까지, 권21에는 水色 許禞(1563~1641)부터 梅窓(1573~1610)에게 보낸 편지까지 실었다. 대제학에 영의정까지 지낸 象村 申欽(1566~1628)은 나이를 뛰어넘어 권20에 실렸지만, 출신이 미천한 簡易 崔岦(1539~1612)이나 石峰 韓濩(1543~1605)에게 보낸 편지는 권21에 실렸다. 스승 손곡 이달을 비롯한 서얼들은 물론 권21에 실렸으며, 서얼 뒤에 서산대사와 사명당 같은 스님, 매창 같은 기생들에게 보낸 편지가 실렸다.

시는 文科 重試에 장원급제한 1597년 이후의 작품부터 실었으며, 1596년 鄭逑에게 보낸 편지 「與鄭寒岡丙申九月」, 1597년 李再榮에게 보낸 편지 「與李汝仁丁酉八月」, 1599년 任守正에게 보낸 편지 「與任約初己亥五月」, 1597년 3월 22일에 지은 「承政院右承旨朴公墓表」 같은 몇 편의 글 외에는 대부분 1600년대에 지은 글들이다. 유배지에서도 많은 글을 지었는데, 그 가운데 일부는 문집을 엮기 위해서 구색을 맞추려고 지은 글도 있다.

그는 문집을 엮은 뒤에 유배에서 풀려나 11월에 서울로 돌아왔는데, 이항복에게 찾아가 序를 받았다. 그는 『蘭雪軒集』을 엮을 때에도 가장 존경하던 유성룡에게 序를 받은 뒤에 명나라 문인 朱之蕃을 만나 引을 받고 그 글만 실어 간행했는데, 이항복에게 序를 받은 뒤에도 1613년 봄에 문집 한 질을 명나라로 보내 李廷機의 序를 받았다. 현재 전하는 『惺所覆瓿藁』에는 대부분 이정기의 序만 실려 있고, 국립중앙도서관본과 연세대본에만 이항복이 지어준 「惺所雜稿序」가 권26 뒤에 실려 있다.

역적으로 몰려 처형된 그의 문집은 그가 문집을 엮은 지 60년이 지난 1670년에야 외손자 李必進(1610~1671)에 의해 세상에 공개되었다. 그의 발문에 의하면 獄事가 이뤄지던 날 허균이 逆謀에서 벗어나지 못할 줄 알고 자신의 문집을 자기 집으로 보냈다고 하는데, 그가 옥에 갇힌 것이 8월 17일이고 20일에 집에 있던 문서들이 수색당했으니, 그 직전에 보낸 듯하다. "賦部와 文部가 6권이고, 詩部가 2권 더 있어 모두 8권이었다"고 하는데, 아마도 8책을 뜻할 것이다. 현재 전하는 8책 체제가 원본의 형태를 따른 것이 아닌가 생각된다. 이필진은 문집 8책 말고도 『甲辰溟州藁』・『西關行錄』・『癸丑南遊草』・『乙丙朝天錄』 2권을 함께 받았다는데, 문집을 엮은 뒤에 만들어진 詩稿들이라 허균 자신이 나중에 보완하려고 보관했던 듯하다. 이 가운데 『甲辰溟州藁』는 연세대본 권1 뒤에 그 서문인 「溟州雜著別書」만 실려 있고, 『乙丙朝天錄』은 국립중앙도서관에 작은형 허봉의 『朝天錄』과 함께 묶여 있던 것이 2006년에 발견되었으며, 나머지는 아직도 발견되지 않았다.

현재 전하는 異本 가운데 가장 원본에 가까운 형태는 국립중앙도서관본과 연세대본인데, 연세대본은 국립중앙도서관본 형태 그대로이다. 1면 1행에 1행 20자씩 필사했으며, 줄을 바꾼 곳까지 같다. 심지어는 권22 「惺翁識小錄中」 마지막에서 두 번째 이야기 끝에 줄을 내리그은 것까지 같다. 이야기가 끝나지 않아 줄을 바꾸지 말아야 하는데 실수로 줄을 바꿔 필사했다가, 잘못 필사한 것을 뒤늦게 알고 "加資云" 다음부터 마지막 글자가 쓰일 자리까지 줄을 내리그어서 다음 줄 "時大提學"에 이어진다는 표시를 한 것인데, 두 本이 똑 같다. 규장각본은 "加資云時大提學"으로 문장이 이어져있어, 줄을 내리그을 필요가 없었다. 권1의 別書를 보완한 것이라든가 권21에 을사년 3월 손곡에게 보낸 편지가 欄上에 補寫된 것까지 형태가 같다. 卷이 바뀔 때에는 張을 바꿔 필사를 시작하는데, 권25의 「屠門大嚼引」이 끝난 다음, 같은 張 4행부터 "惺所覆瓿藁卷之二十六 說部五"라고 필사하기 시작한 것까지도 같다. 규장각본은 새 張에서 시작하였다. 권1 뒤에 別書를 편집한 순서가 뒤바뀐 것은 단순한 실수이다. 연세대본과 국립중앙도서관본의 체제와 내용이 같은 것을 보면, 연세대본이 체제가 더 정연한 국립중앙도서관본을 보고 베낀 듯하다. 그러나 연세대본에 몇 군데 小註가 더 붙은 것을 보면 꼭 그런 것 같지도 않다. 지금은 남아 있지 않은 어느 本을 보고 서로 베꼈을 가능성이 더 크다.

## 3. 내용

권3부터 권26까지 실린 산문은 위에 소개한 제목만 보아도 내용을 짐작할 수 있기에, 시기별로 엮은 詩稿의 성격을 중심으로 소개한다.

### 권1

「丁酉朝天錄」: 1597년 가을에 명나라 북경까지 사신을 따라 오가면서 지은 시들이다. 난리통에 아내와 아들까지 잃었던 그는 전란에 휩쓸린 조국의 운명을 걱정하며 많은 시를 지었는데, 오언고시 「帝都」에 명나라 원군을 청하는 그의 임무가 잘 드러나 있다.

| | |
|---|---|
| 微禹吾其魚 | 우임금 治水 아니면 우린 모두 고기밥 |
| 感涕祝華嵩 | 감격해 눈물 흘리며 황제 수명을 비네. |
| 東海尙揚波 | 동해에는 아직도 파도가 높아 |
| 中丞受彤弓 | 중승이 붉은 활을 받았으니, |
| 願言宣九伐 | 바라건대 오랑캐 토벌 베푸시어 |
| 終使除群兇 | 흉한 도적떼를 없애 주소서. |
| 耕鑿再粒民 | 우물 파고 농사 지어 밥 먹으면서 |
| 永頌吾皇功 | 길이길이 황제 공을 찬송하리라. |

「幕府雜錄」: 1597년 10월에 병조좌랑으로 임명될 때부터 이듬해 가을까지 지은 시들이 실려 있다. 명나라 장수들을 접대하느라고 평안도를 오가며 지은 시들이다.

「戊午西行錄」: 정유재란이 일어나자 명나라에서 經理 楊鎬를 파견했는데, 울산 공격에 실패하자 그와 사이가 나빴던 兵部主事 정응태가 본국 황제에게 탄핵했으므로 황제가 給事 徐觀瀾을 파견해 진상을 조사케 했다. 허균이 1598년 가을에 의주로 그를 마중가서 서울로 돌아오던 중 임진강 나루에서 지은 시까지, 9월 한 달 동안 지은 시들이 실렸다.

「佐幕錄」: 1599년 5월 25일 황해도사(종5품)에 임명되어 파직된 12월까지 지은 시들이 실려 있다. 관리들의 부정을 감찰하고 규탄하는 임무를 맡았지만, 주로 황해도 여러 지방을 놀러다니며 지은 시들이 실렸다. 學僧들과 禪談을 즐기거나 명승지에서 신선을 그리워하며 지은 시가 많다.

「南宮藁」: 1600년 7월에 예조정랑이 되어 이듬해 봄까지 懿仁王后 朴氏의 장례를 치르는 동안 지은 시들이 실렸다.

「南征日錄」: 1601년 봄에 鄕試를 주관하러 호남을 돌며 지은 시들이 실렸다. 試官이 된 것에 자부심을 느끼며 지은 시들인데, 모두 칠언율시이다.

「壬寅西行錄」: 1602년 명나라에서 황태자 책봉을 알리는 詔使 顧天峻을 보내자, 원접사 이정구의 종사관으로 임명된 허균이 2월 13일 조정을 떠나 4월 28일 집에 돌아오기까지 100여 일 동안 평안도를 오가며 지은 시들이 실렸다.

「騎省錄」: 1602년 윤2월 13일에 병조정랑(정5품)으로 임명되어 9월말까지 일곱 달 반 동안 지은 시들이 실렸다.

「太僕藁」: 1602년 10월 1일 司僕寺正(정3품)에 임명되어 1603년 가을까지 지은 시들이 실렸는데, 여름부터는 春秋館에 겸직하며 江湖生活을 그리워했다.

「楓嶽紀行」: 1603년 가을에 벼슬에서 떨어져 고향 강릉으로 내려오는 길에 금강산을 유람하며 지은 시들이 실렸다. 48수가 한 편의 장편시라고 볼 수도 있는데, 스승 蓀谷이 "높은 것은 漢·魏와 방불하고 낮은 것도 또한 開元·大曆의 사이에 끼일 만하다"고 평하였다. 철원 주막에서 만난 주막집 노파의 사연을 듣고 지은 시 「老客婦怨」은 임진왜란의 참상을 가장 잘 나타낸 시로 꼽힌다.

「遼山錄」: 1604년 9월 6일에 황해도 수안군수(종4품)에 임명되어 모처럼 만족스럽게 살며 지은 시들이 실려 있다. 기생들과 술자리에서 지은 시가 많으며, 李楨이나 韓濩 등을 불러다 그림을 그리게 하고 글씨를 쓰게 하며 풍류를 즐긴 시도 많다.

### 권2

「光祿藁」: 1606년 명나라에서 皇長孫의 탄생을 알리기 위해 翰林修撰 朱之蕃을 詔使로 보내자, 원접사 柳根이 그를 종사관으로 추천해 義興衛 大護軍(종3품)에 임명되었다. 그가 주지번을 만나는 동안 지은 시 47수는 문집에 없고, 西行에서 돌아온 6월부터 1607년 2월 尙衣院

正에 제수되기 전까지 지은 시들이 실려 있다. 大護軍은 實職이 아니어서 한가했으므로 명나라 문집을 읽고 「讀岵峒集」이나 「讀大復集」 같은 독후감을 시로 짓거나, 장원급제하고도 벼슬길이 막힌 윤계선을 동정하는 同病相憐의 시를 지었다.

「眞珠藁」: 1607년 3월 23일 삼척부사(종3품)에 제수되어, 고을에 내려간 지 13일만에 파직될 때까지 지은 시들이 실려 있다. 아버지 허엽과 장인 김효원이 재임했던 고을이라 이름을 더럽히지 않으려고 다짐하는 시 「初到府有感」과 장삼을 입고 부처에게 절했다는 이유로 파직되었다는 소식을 듣고 오히려 즐거워하는 시 「聞罷官作」이 대조를 이룬다. 「聞罷官作」 제2수는 파직 소식을 듣고 두려워하는 것이 아니라 '그대들의 법'과 '내 삶'을 구분해, 儒家의 禮敎보다 오히려 天性에 자신의 삶을 맡기겠다고 선언하는 내용이다.

| | |
|---|---|
| 禮敎寧拘放 | 예절의 가르침이 어찌 자유를 얽매리오 |
| 浮沈只任情 | 뜨고 가라앉는 것을 다만 천성에 맡기리라. |
| 君須用君法 | 그대들은 모름지기 그대들의 법을 지키게 |
| 吾自達吾生 | 나는 나름대로 내 삶을 이루겠노라. |
| 親友來相慰 | 가까운 벗들이 서로 찾아와 위로하고 |
| 妻孥意不平 | 아내와 자식들은 언짢은 마음을 품었건만, |
| 歡然若有得 | 오히려 좋은 일이나 생긴 듯 나는 즐겁기만 하니 |
| 李杜幸齊名 | 이백이나 두보만큼 시로써 이름을 날리게 되었음일세. |

「大官藁」: 1607년 7월 19일 內資寺正(정3품)에 임명되어 공주목사로 부임할 때까지 다섯 달 동안 지은 시들이 실려 있다. 시간이 많아 명나라 문집을 많이 읽고 「讀滄溟集」·「讀弇州四部藁」·「讀徐廸功集」 등의 독후감을 시로 지었다.

「秋官錄」: 1609년 9월 6일 형조참의(정3품)에 임명되어 이듬해 4월까지 지은 시들이 실려 있다. 아직 광해군 정권에 적응하지 못해 자신을 인정해준 宣祖의 遺德을 추모하는 시를 많이 지었으며, 「梧亭寄大餠歌」를 지어 뇌물을 주고 벼슬을 얻는 세태를 풍자하였다.

「病閑雜述」: 1610년 4월에 千秋使에 임명되었지만 병이 들어 사퇴했는데, 이때부터 科擧 부정으로 귀양갈 때까지 지은 시들이 실려 있다. 의금부에서 벗들을 그리워하며 많은 시를 지었는데, 「前五子詩」는 허적·조위한·권필·이안눌·이재영을, 「後五子詩」는 정응운·기윤헌·조찬한·임숙영을 그리워한 懷人詩이다. 그가 흠모한 명나라 문장가 王世貞의 「五子詩」를 본딴 형태인데, 이들의 시와 사람됨을 높이 평가하였다. "序와 시 1편이 兵火에 유실되어 한 사람은 누군지 알 수 없다"고 小註를 붙였는데, 七庶之獄에 연관되어 처형당한 徐羊甲이 아닌가 생각된다. 역시 의금부 옥에서 감회를 읊어 기윤헌에게 보낸 시 「余以病火動不克燕行竢譴巡軍作長句贈奇獻甫以抒懷」는 최치원·이제현·이색으로부터 내려오는 우리나라 漢詩의 흐름을 자신에게로 수렴하는 포부도 놀랍거니와, "벼슬은 빼앗아도 기개야 어찌 빼앗으려[官則可

奪氣肯奪]"는 구절에 이르러선 현실체제와 적극적으로 대결하려는 자세까지 보인다. 장악원의 연주 모습을 시로 지은 「閱樂」은 국악 연구의 귀중한 자료이기도 하다.

「宮詞」: 1610년 여름에 병이 깊어지자 수표교에 있는 종의 집에 가서 요양했는데, 종의 이모가 76세 되는 退宮人이었으므로 50여년간 궁중에서 보고 듣거나 겪은 이야기를 들을 수 있었다. 그는 "후세 임금들이 옛 왕과 왕비들의 덕을 본받게 하기 위해" 궁중 이야기를 칠언절구 100수로 지었다고 밝혔지만, 늙을 때까지 왕 한 사람만 바라보며 궁에 갇혀 사는 궁녀들의 사랑과 恨을 더 잘 표현하였다.

「和思潁詩」: 1611년 1월 15일 함열에 유배와서 지은 連作詩이다. 歐陽脩가 43세에 좌천되어 살았던 潁州를 뒷날 그리워하며 지은 시들만 골라서 和韻한 형태인데, 문학·학문·정치적으로 성공한 구양수를 이상적인 인물로 생각하고 자신의 歸去來 의지를 그에 담았다. 「附錄」 5수는 구양수가 영주에 가기 전에 지은 시에 화운한 것이므로 따로 묶었다.

「續夢詩」: 1611년 4월 5일 꿈속에서 만난 명나라 시인 何景明·徐禎卿·王世貞과 같은 운을 가지고 지은 40수의 樂府體이다. 왕세정 다음으로 빨리 지어, 자신이 前後七子보다 낫다고 스스로 평가하였다. 「上淸辭」 18수에는 빨리 유배지에서 벗어나 자유롭게 노닐고 싶어하는 염원이 담겨져 있다.

「和白詩」: 백거이의 생애와 성격부터 道·佛에 깊이 빠진 것까지 비슷한데다 같은 나이에 먼 지방 江州로 쫓겨난 것까지도 우연히 같았으므로, 『白樂天集』을 유배지에 가지고 가서 江州에서 지은 시 25수에 차운하여 歸去來의 의지를 표현하였다.

그의 사상을 가장 잘 드러낸 산문은 12편의 論과 3편의 說인데, "천하에 두려워할 만한 자는 오직 백성뿐이다"라는 구절로 시작한 「豪民論」이 대표적인 論이다. 그는 이 글에서 백성을 세 가지로 나누었다. 위에서 시키는 대로 따르는 恒民, 불만을 느끼기는 하지만 힘이 없어서 원망이나 하는 怨民, 다른 마음을 품고서 세상 돌아가는 것을 엿보다가 때를 만나면 자기의 소원을 풀어보려는 豪民, 이 세 가지 백성 가운데 가장 두려운 자가 바로 豪民이라고 하였다. 그들이 앞장서면 항민과 원민도 따라나서기 때문이다. 「遺才論」에서는 "하늘이 재능있는 사람을 내었는데, 사람이 이를 家門과 科擧로 한정시키는 것은 옳지 않다"고 주장하였다.

권8에는 5편의 傳이 실렸다. 「蓀谷山人傳」은 당대 최고의 시인이었지만 서얼 출신이기 때문에 科擧에 응시할 수 없었던 蓀谷 李達의 이야기이다. 「南宮先生傳」은 아전 출신의 道士 南宮斗 이야기이다. 「蔣生傳」은 비렁뱅이 두목인 蔣生의 이야기이다. 「嚴處士傳」은 강릉 효자 嚴忠貞의 이야기이며, 「張山人傳」은 귀신을 부리던 張漢雄의 이야기이다. 다들 미천한 출신이었지만 남다른 재주를 지니고 있었으며, 세상에서 소외되었지만 올바르게 살려고 했던 사람들이다. 이 다섯 사람의 이야기를 씨줄로 삼고 「豪民論」과 「遺才論」을 날줄로 삼아 만들어낸 소설이 바로 「홍길동전」이라고 할 수 있다.

## 4. 가치

역적으로 몰려 죽은 허균의 저술이 제대로 남아 있지 않은 상황에서, 온전한 형태의『惺所覆瓿藁』완질이 남아 있어 연구자료로 가치가 크다. 허균이 의도한 '四部'의 체제를 지녔으며, 규장각본에 없는 別書를 보완하여 그의 문학적 변모를 짐작케 하고, 스승 이달에게 보낸 편지 1편을 보완해 허균이 이달과 만년까지 문학적 교유를 계속했음을 입증해준다. 다른 異本에 비해 누락되거나 誤寫된 부분이 별로 없다. 권26 마지막 장에「惺所雜稿序」까지 補寫하여, 보다 많은 자료를 보전하려고 애쓴 점이 높이 평가된다.

【허경진】

**해제(가나다순)**

강순애: 한성대 지식정보학부 교수
고운기: 연세대 국학연구원 연구교수
구지현: 연세대 국문과 강사
금지아: 연세대 국학연구원 연구교수
김영봉: 연세대 국학연구원 연구교수
김영원: 연세대 중앙도서관 국학자료실 실장
김영진: 계명대 한문교육과 교수
김풍기: 강원대 국어교육과 교수
김형태: 연세대 국문과 강사
부유섭: 홍익대 강사
서대원: 원광대 인문학연구소 연구교수
서정문: 국민대학교 한국학연구소 연구원
신승운: 성균관대 문헌정보학과 교수
심경호: 고려대 한문학과 교수
원재린: 연세대 국학연구원 연구교수
윤호진: 경상대 한문학과 교수
이강엽: 대구교대 국어교육과 교수
이대형: 연세대 국문과 강사
이상욱: 연세대 국문과 박사과정
이승수: 한양대 국문과 강사
이원택: 연세대 국학연구원 연구교수
이종수: 연세대 사학과 석박사 통합과정
장동우: 연세대 국학연구원 연구교수
전관수: 연세대 국학연구원 연구교수
전송열: 연세대 국문과 강사
정호훈: 연세대 국학연구원 연구교수
최경환: 부산외국어대 한국어문학부 교수
최우영: 성균관대 대동문화연구원 연구교수
최채기: 민족문화추진회 전문위원
한정길: 연세대 국학연구원 연구교수
허경진: 연세대 국문과 교수
황병기: 연세대 국학연구원 연구교수


**교열(가나다순)**

도현철: 연세대 사학과 교수
신승운: 성균관대 문헌정보학과 교수
이광호: 연세대 철학과 교수
허경진: 연세대 국문과 교수

연세국학총서 51
고서해제 5

**연세대학교 중앙도서관 소장**
**고서해제 V**

연세대학교 국학연구원 편

2006년 9월 25일 초판 1쇄 인쇄
2006년 9월 30일 초판 1쇄 발행

펴낸이/ 이정옥
펴낸곳/ 평민사

주소/ 서울시 서대문구 남가좌2동 370-40
전화/ 02)375-8571(영업) · 02)375-8572(편집)
fax/ 02)375-8573
e-mail/ pms1976@korea.com

등록번호/ 제10-328호

값/ 40,000원

ISBN 89-7115-466-7 94020
ISBN 89-7115-436-5 (set)